Ipsen | Allgemeines Verwaltungsrecht

Meiner Frau

Vorwort

Die freundliche Aufnahme auch der 7. Auflage meines Lehrbuchs »Allgemeines Verwaltungsrecht« hat es erforderlich gemacht, eine Neuauflage vorzulegen. In ihr sind die Änderungen in den Rechtsgrundlagen des Verwaltungshandelns ebenso berücksichtigt wie zwischenzeitlich ergangene Rechtsprechung und – in Auswahl – neuere Literatur.

Das Lehrbuch ist bewusst auf einen Umfang begrenzt, der noch lesbar ist. Allerdings ist es darauf angelegt, nicht nur gelesen, sondern durchgearbeitet zu werden. Zum Basiswissen gehört im Allgemeinen Verwaltungsrecht eine Vielzahl von Entscheidungen des Bundesverwaltungsgerichts, die den einzelnen Abschnitten des Lehrbuchs entweder als »Leitfall« vorangestellt oder im Anschluss hieran zitiert werden. Als Ergänzung zum Lehrbuch ist überdies ein Repetitorium ins Internet eingestellt worden, das unter der Adresse http://www.joernipsen.de/Kontrollfragen/Verwaltungsrecht/Fragen.html abgerufen werden kann. Die Fragen und Antworten des Repetitoriums folgen der Gliederung des Lehrbuchs und verweisen wiederum auf dessen Randziffern. Das Lehrbuch wird auf diese Weise durch ein elektronisches Medium ergänzt, ohne seine nach wie vor fundamentale Bedeutung zu verlieren.

Mein herzlicher Dank gilt meinem Wissenschaftlichen Mitarbeiter Assessor Boris Neumann, der mich bei der Neubearbeitung des Lehrbuchs hilfreich unterstützt hat.

Osnabrück, im Juni 2012   *Jörn Ipsen*

Inhaltsübersicht

Inhaltsverzeichnis

Abkürzungsverzeichnis

BBG .... Bundesbeamtengesetz
Bbg. .... Brandenburg
BbgHG .... Brandenburgisches Hochschulgesetz
Bbg OBG .... Gesetz über den Aufbau und die Befugnisse der Ordnungsbehörden des Landes
Brandenburg
BbgVerf .... Verfassung des Landes Brandenburg
BbgVwGG .... Brandenburgisches Verwaltungsgerichtsgesetz
Bd. .... Band
BeamtStG .... Beamtenstatusgesetz
Beil. .... Beilage
Bekanntm. .... Bekanntmachung
ber. .... berichtigt
Berl. .... Berlin
BerlHG .... Berliner Hochschulgesetz
BerlVerf .... Verfassung von Berlin
Beschl. v. .... Beschluss vom
BesVerwR .... Besonderes Verwaltungsrecht
BewG .... Bewertungsgesetz
BfA .... Bundesversicherungsanstalt für Angestellte
BFH .... Bundesfinanzhof
BGB .... Bürgerliches Gesetzbuch
BGBl. .... Bundesgesetzblatt
BGH .... Bundesgerichtshof
BGHZ .... Entscheidungen des Bundesgerichtshofs in Zivilsachen
BHO .... Bundeshaushaltsordnung
BImSchG .... Bundes-Immissionsschutzgesetz
BK .... Bonner Kommentar zum Grundgesetz
BMF .... Bundesministerium für Finanzen
BPersVG .... Bundespersonalvertretungsgesetz
BPolG .... Gesetz über die Bundespolizei
Brem. .... Bremen, bremisch
BremGVG .... Bremisches Gesetz über die Vollstreckung von Geldforderungen im Verwaltungs-
wege
BremHG .... Bremisches Hochschulgesetz
BremPolG .... Bremisches Polizeigesetz
BremVerf .... Landesverfassung der Freien Hansestadt Bremen
BremVwVfG ...... Bremisches Verwaltungsverfahrensgesetz
BRRG .... Beamtenrechtsrahmengesetz
BSGE .... Entscheidungen des Bundessozialgerichts
BSHG .... Bundessozialhilfegesetz
BStBl .... Bundessteuerblatt
BT .... Deutscher Bundestag
BT-Drucks. .... Drucksachen des Deutschen Bundestages
BVerfG .... Bundesverfassungsgericht
BVerfGE .... Entscheidungen des Bundesverfassungsgerichts
BVerfSchG .... Bundesverfassungsschutzgesetz
BVerwG .... Bundesverwaltungsgericht
BVerwGE .... Entscheidungen des Bundesverwaltungsgerichts
BWaldG .... Bundeswaldgesetz
bzw. .... beziehungsweise

DEG .... Diethylenglykol
ders. .... derselbe
d. h. .... das heißt
dies. .... dieselbe(n)
Dig .... Digesten
DJT .... Deutscher Juristentag
DLRL .... Dienstleistungsrichtlinie
DÖV .... Die Öffentliche Verwaltung

DRiG .... Deutsches Richtergesetz
Drucks. .... Drucksache
DVBl. .... Deutsches Verwaltungsblatt

E .... Entscheidung
EAG .... Europäische Atomgemeinschaft
EAG-Vertrag ...... Vertrag über die Europäische Atomgemeinschaft
ebd. .... ebenda
EDV .... Elektronische Datenverarbeitung
EG .... Europäische Gemeinschaft(en)
EGKS-Vertrag .... Vertrag über die Europäische Gemeinschaft für Kohle und Stahl
EGV .... Vertrag zur Gründung der Europäischen Gemeinschaft
EnWG .... Energiewirtschaftsgesetz
EU .... Europäische Union
EUDUR .... Handbuch zum europäischen und deutschen Umweltrecht
EuGH .... Europäischer Gerichtshof
EuGHE .... Entscheidungen des Europäischen Gerichtshofs
EuGRZ .... Europäische Grundrechtszeitschrift
EUR .... Euro
EUV .... Vertrag über die Europäische Union
EuZW .... Europäische Zeitschrift für Wirtschaftsrecht
e. V. .... eingetragener Verein
EWG .... Europäische Wirtschaftsgemeinschaft
EWG-Vertrag ..... Vertrag zur Gründung der Europäischen Wirtschaftsgemeinschaft

f., ff. .... folgende Seite; folgende Seiten
FamNamRG ...... Familiennamensrechtsgesetz
FeV .... Fahrerlaubnis-Verordnung
FG .... Festgabe
FGO .... Finanzgerichtsordnung
Fn. .... Fußnote
FS .... Festschrift
FStrG .... Bundesfernstraßengesetz

G .... Gesetz
GastG .... Gaststättengesetz
GBl. .... Gesetzblatt
geä. .... geändert
GefHuVO .... Verordnung über das Halten gefährlicher Hunde
gem. .... gemäß
GemS-OGB .... Gemeinsamer Senat der Obersten Gerichtshöfe des Bundes
GenBeschlG .... Genehmigungsverfahrensbeschleunigungsgesetz
GenTG .... Gentechnikgesetz
GewArch .... Gewerbearchiv
GewO .... Gewerbeordnung
GG .... Grundgesetz
ggf. .... gegebenenfalls
GjS .... Gesetz über die Verbreitung jugendgefährdender Schriften
GjSM .... Gesetz über die Verbreitung jugendgefährdender Schriften und Medieninhalte
GmbH .... Gesellschaft mit beschränkter Haftung
GO Bad.-Württ. .. Gemeindeordnung für das Land Baden-Württemberg
GO BezReg .... Geschäftsordnung der Bezirksregierung
GO LSA .... Gemeindeordnung für das Land Sachsen-Anhalt
GO NW .... Gemeindeordnung für das Land Nordrhein-Westfalen
GPSG .... Geräte- und Produktsicherheitsgesetz
GVBl. .... Gesetz- und Verordnungsblatt
GVG .... Gerichtsverfassungsgesetz

GVOBl .... Gesetz- und Verordnungsblatt
GV NW .... Gesetz- und Verordnungsblatt für das Land Nordrhein-Westfalen
GWB .... Gesetz gegen Wettbewerbsbeschränkungen

ha .... Hektar
HandwO .... Handwerksordnung
HdbStR .... Handbuch des Staatsrechts
HeimG .... Heimgesetz
Hess. .... Hessen, hessisch
Hess. HundeVO .. Hessische Gefahrenabwehrverordnung über das Halten von Hunden
HessVerf .... Verfassung des Landes Hessen
HessVGH .... Hessischer Verwaltungsgerichtshof
HEW .... Hamburgische Electricitätswerke
HG .... Hochschulgesetz
HGB .... Handelsgesetzbuch
HGO .... Hessische Gemeindeordnung
HGrG .... Haushaltsgrundsätzegesetz
HGV .... Hamburger Gesellschaft für Beteiligungsverwaltung
HHG .... Hessisches Hochschulgesetz
HKWP .... Handbuch der kommunalen Wissenschaft und Praxis
h. L. .... herrschende Lehre
h. M. .... herrschende Meinung
Hmb. .... Hamburg
HmbGVBl. .... Hamburgisches Gesetz- und Verordnungsblatt
HmbHG .... Hamburgisches Hochschulgesetz
HmbSOG .... Gesetz zum Schutz der öffentlichen Sicherheit und Ordnung der Freien und Hansestadt Hamburg
HmbVerf .... Verfassung der Freien und Hansestadt Hamburg
HmbVwVfG ...... Hamburgisches Verwaltungsverfahrensgesetz
Hrsg. .... Herausgeber
Hs. .... Halbsatz
HSOG .... Hessisches Gesetz über die öffentliche Sicherheit und Ordnung
HStS .... Hundesteuersatzung
HundeVO .... Gefahrenabwehrverordnung über das Halten von Hunden
HVwVfG .... Hessisches Verwaltungsverfahrensgesetz

i. A. .... im Auftrag
i. d. F. .... in der Fassung
IFG .... Informationsfreiheitsgesetz
insbes. .... insbesondere
i. V. .... in Vertretung
i. V. m. .... in Verbindung mit

JA .... Juristische Arbeitsblätter
jew. .... jeweils
Jura .... Juristische Ausbildung
JuS .... Juristische Schulung
JuSchG .... Jugendschutzgesetz
JustG .... Justizgesetz
JZ .... Juristenzeitung

KAG .... Kommunalabgabengesetz
KAG LSA .... Kommunalabgabengesetz des Landes Sachsen-Anhalt
Kap. .... Kapitel
KDVG .... Kriegsdienstverweigerungsgesetz
KHG .... Krankenhausfinanzierungsgesetz
KindRG .... Gesetz zur Reform des Kindschaftsrechts
km .... Kilometer

km/h .... Kilometer/Stunde
krit. .... kritisch
KritV .... Kritische Vierteljahresschrift für Gesetzgebung und Rechtswissenschaft
KrWG .... Kreislaufwirtschaftsgesetz
KultgSchG .... Kulturschutzgesetz
KWG .... Kreditwesengesetz

L .... Lernbogen
lat. .... lateinisch
LG .... Landgericht
LHG M-V .... Landeshochschulgesetz Mecklenburg-Vorpommern
LHO .... Landeshaushaltsordnung
LKA .... Landeskriminalamt
LS .... Leitsatz
LSA .... Land Sachsen-Anhalt
LStVG .... Landesstraf- und Verordnungsgesetz
LuftVG .... Luftverkehrsgesetz
LuftVZO .... Luftverkehrs-Zulassungs-Verordnung
LVwG .... Landesverwaltungsgesetz
LVwVfG .... Landesverwaltungsverfahrensgesetz
LVwVfG Bad.- ... Verwaltungsverfahrensgesetz für Baden-Württemberg
Württ. ....
LVwVfG Rh.-Pf. .. Landesverwaltungsverfahrensgesetz Rheinland-Pfalz

m. Anm. .... mit Anmerkung
mbH .... mit beschränkter Haftung
MBPlG .... Magnetschwebebahnplanungsgesetz
MDR .... Monatsschrift für deutsches Recht
Meckl.-Vorp. ...... Mecklenburg-Vorpommern
Meckl.-Vorp.Verf . Verfassung des Landes Mecklenburg-Vorpommern
MEPolG .... Musterentwurf eines einheitlichen Polizeigesetzes
MI .... Ministerium des Innern
Mio. .... Millionen
MRRG .... Melderechtsrahmengesetz
MietRVerbG .... Mietrechtsverbesserungsgesetz
MünchKom. .... Münchener Kommentar zum Bürgerlichen Gesetzbuch
m. w. N. .... mit weiteren Nachweisen

Nachw. .... Nachweise
NamÄndG .... Namensänderungsgesetz
NBauO .... Niedersächsische Bauordnung
Nds. .... Niedersachsen
Nds. AGVwGO .. Niedersächsisches Ausführungsgesetz zur Verwaltungsgerichtsordnung
Nds.GVBl. .... Niedersächsisches Gesetz- und Verordnungsblatt
Nds.MBl. .... Niedersächsisches Ministerialblatt
Nds.SOG .... Niedersächsisches Gesetz über die öffentliche Sicherheit und Ordnung
NdsStGH .... Niedersächsischer Staatsgerichtshof
NdsStGHE .... Entscheidungen des Niedersächsischen Staatsgerichtshofes
NdsVBl. .... Niedersächsische Verwaltungsblätter
Neudr. .... Neudruck
n. F. .... neue Fassung
NGefAG .... Niedersächsisches Gefahrenabwehrgesetz
NGO .... Niedersächsische Gemeindeordnung
NHG .... Niedersächsisches Hochschulgesetz
NJAG .... Niedersächsisches Gesetz zur Ausbildung der Juristinnen und Juristen
NJW .... Neue Juristische Wochenschrift
NKAG .... Niedersächsisches Kommunalabgabengesetz
NKomVG .... Niedersächsisches Kommunalverfassungsgesetz

VerwL .... Verwaltungslehre
VG .... Verwaltungsgericht
VGG .... Verwaltungsgerichtsgesetz
VGH .... Verwaltungsgerichtshof
vgl. .... vergleiche
VgRÄG .... Vergaberechtsänderungsgesetz
VgV .... Vergabeverordnung
v. H. .... vom Hundert
VOB .... Vergabe- und Vertragsordnung für Bauleistungen
VOF .... Verdingungsordnung für Freiberufliche Leistungen
VOL .... Verdingungsordnung für Leistungen (ausgenommen Bauleistungen)
Vorb. .... Vorbemerkung
VR .... Verwaltungsrundschau
VSO .... Volksschulordnung
VuR .... Verbraucher und Recht
VVDStRL .... Veröffentlichungen der Vereinigung der Deutschen Staatsrechtslehrer
VwGG .... Verwaltungsgerichtsgesetz
VwGO .... Verwaltungsgerichtsordnung
VwGOÄndG ..... Änderungsgesetz zur Verwaltungsgerichtordnung
VwVfÄndG .... Änderungsgesetz zum Verwaltungsverfahrensgesetz
VwVfG .... Verwaltungsverfahrensgesetz
VwVfG Bbg .... Verwaltungsverfahrensgesetz für das Land Brandenburg
VwVfG Berl. ...... Gesetz über das Verfahren der Berliner Verwaltung
VwVfG LSA ...... Verwaltungsverfahrensgesetz für das Land Sachsen-Anhalt
VwVfG Meckl.- Landesverwaltungsverfahrensgesetz Mecklenburg-Vorpommern
Vorp. ....
VwVfGNW .... Verwaltungsverfahrensgesetz für das Land Nordrhein-Westfalen
VwVG .... Verwaltungsvollstreckungsgesetz
VwZVG .... Verwaltungszustellungs- und Vollstreckungsgesetz

WaStrG .... Wasserstraßengesetz
wg. .... wegen
WFNG NRW ..... Gesetz zur Förderung und Nutzung von Wohnraum für das Land Nordrhein-Westfalen
WHG .... Wasserhaushaltsgesetz
WOG .... Wohnungsgesetz
WP .... Wahlperiode
WPflG .... Wehrpflichtgesetz
WRV .... Weimarer Reichsverfassung

z. B. .... zum Beispiel
ZDG .... Zivildienstgesetz
ZG .... Zeitschrift für Gesetzgebung
ZGR .... Zeitschrift für Unternehmens- und Gesellschaftsrecht
ZHR .... Zeitschrift für das gesamte Handels- und Wirtschaftsrecht
ZPO .... Zivilprozessordnung
zul. .... zuletzt
ZustVO-NGefAG Zuständigkeitsverordnung zum Niedersächsischen Gefahrenabwehrgesetz
zutr. .... zutreffend

Literaturverzeichnis (Auswahl)

1. Lehrbücher und Grundrisse

a) Allgemeines Verwaltungsrecht

Battis, Ulrich, Allgemeines Verwaltungsrecht, 3. Aufl. 2002

Bull, Hans Peter/Mehde, Veith, Allgemeines Verwaltungsrecht mit Verwaltungslehre, 8. Aufl. 2009

Detterbeck, Steffen, Allgemeines Verwaltungsrecht mit Verwaltungsprozessrecht, 10. Aufl. 2012

Erichsen, Hans-Uwe/Ehlers, Dirk (Hrsg.), Allgemeines Verwaltungsrecht, 14. Aufl. 2010

Hoffmann-Riem, Wolfgang/Schmidt-Aßmann, Eberhard/Voßkuhle, Andreas (Hrsg.), Grundlagen des Verwaltungsrechts, Bd. I, 2. Aufl. 2012; Bd. II, 2008; Bd. III, 2009

Koch, Hans-Joachim/Rubel, Rüdiger/Heselhaus, Sebastian, Allgemeines Verwaltungsrecht, 3. Aufl. 2003

Maurer, Hartmut, Allgemeines Verwaltungsrecht, 18. Aufl. 2011

Peine, Franz-Joseph, Allgemeines Verwaltungsrecht, 10. Aufl. 2011

Wallerath, Maximilian, Allgemeines Verwaltungsrecht, 6. Aufl. 2009

Wolff, Hans Julius/Bachof, Otto/Stober, Rolf/Kluth, Winfried, Verwaltungsrecht I, 12. Aufl. 2007

Wolff, Hans Julius/Bachof, Otto/Stober, Rolf/Kluth, Winfried, Verwaltungsrecht II, 7. Aufl. 2010

b) Verwaltungsprozessrecht

Hufen, Friedhelm, Verwaltungsprozessrecht, 8. Aufl. 2011

Martini, Mario, Verwaltungsprozessrecht, 5. Aufl. 2011

Schenke, Wolf-Rüdiger, Verwaltungsprozessrecht, 13. Aufl. 2012

Schmitt Glaeser, Walter/Horn, Hans-Detlef, Verwaltungsprozessrecht, 15. Aufl. 2000

Tettinger, Peter J./Wahrendorf, Volker, Verwaltungsprozessrecht, 3. Aufl. 2005

Würtenberger, Thomas, Verwaltungsprozessrecht, 3. Aufl. 2011

2. Ältere Lehrbücher

Achterberg, Norbert, Allgemeines Verwaltungsrecht, 2. Aufl. 1986

Fleiner, Fritz, Institutionen des Deutschen Verwaltungsrechts, 8. Aufl. 1928 (Nachdruck 1963)

Forsthoff, Ernst, Lehrbuch des Verwaltungsrechts, Band I, Allgemeiner Teil, 10. Aufl. 1973

Jellinek, Walter, Verwaltungsrecht, 3. Aufl. 1931 (Nachdruck 1966)

Mayer, Otto, Deutsches Verwaltungsrecht, 2 Bände, 3. Aufl. 1924 (Nachdruck 1969)

Wolff, Hans Julius, Verwaltungsrecht I, 6. Aufl. 1965

3. Kommentare

a) Verwaltungsverfahrensgesetz

Knack, Hans Joachim/Henneke, Hans-Günter, Verwaltungsverfahrensgesetz, 9. Aufl. 2010

Kopp, Ferdinand O./Ramsauer, Ulrich, Verwaltungsverfahrensgesetz, 12. Aufl. 2011

Stelkens, Paul/Bonk, Heinz Joachim/Sachs, Michael u. a., Verwaltungsverfahrensgesetz, 7. Aufl. 2008

Ziekow, Jan, Verwaltungsverfahrensgesetz, 2. Aufl. 2010

b) Verwaltungsgerichtsordnung

Eyermann, Erich, Verwaltungsgerichtsordnung, 13. Aufl. 2010

Kopp, Ferdinand O./Schenke, Wolf-Rüdiger, Verwaltungsgerichtsordnung, 18. Aufl. 2012

Redeker, Konrad/v. Oertzen, Hans-Joachim, Verwaltungsgerichtsordnung, 15. Aufl. 2010

Schoch, Friedrich/Schmidt-Aßmann,Eberhard/Pietzner, Rainer (Hrsg.), Verwaltungsgerichtsordnung, Loseblatt, 2 Bde., Stand: September 2011

Sodan, Helge/Ziekow, Jan (Hrsg.), Verwaltungsgerichtsordnung, 3. Aufl. 2010

4. Fallsammlungen und Repetitorien

Böhm, Monika/Gaitanides, Charlotte, Fälle zum Allgemeinen Verwaltungsrecht, 4. Aufl. 2007

Dietlein, Johannes/Dünchheim, Thomas, Examinatorium Allgemeines Verwaltungsrecht, 3. Aufl. 2007

Hendler, Reinhard, Allgemeines Verwaltungsrecht, Grundstrukturen und Klausurfälle, 3. Aufl. 2001

Peine, Franz-Joseph, Klausurenkurs im Verwaltungsrecht, 4. Aufl. 2010

Heyen, Erk Volkmar/Collin, Peter, 40 Klausuren aus dem Verwaltungsrecht, 10. Aufl. 2011

Schwabe, Winfried/Finkel, Sebastian, Lernen mit Fällen – Allgemeines Verwaltungsrecht und Verwaltungsprozessrecht, 5. Aufl. 2011

Schwerdtfeger, Gunther, Öffentliches Recht in der Fallbearbeitung, 13. Aufl. 2008

Stern, Klaus/Blanke, Hermann-Josef, Verwaltungsprozessrecht in der Klausur, 9. Aufl. 2008

Uerpmann-Wittzack, Robert, Examens-Repetitorium Allgemeines Verwaltungsrecht mit Verwaltungsprozessrecht, 3. Aufl. 2010

Will, Martin, Allgemeines Verwaltungsrecht, 2012 (Prüfe dein Wissen)

Würtenberger, Thomas, Verwaltungsprozessrecht, 3. Aufl. 2008 (Prüfe dein Wissen)

1. Abschnitt. Grundlagen

§ 1 Das Verwaltungsrecht als Teilgebiet des öffentlichen Rechts

> **Fall 1:** Das Schloss Herrenhausen in Hannover liegt am Rande einer ausgedehnten Parkanlage – dem »Großen Garten« –, die die Stadt Hannover im 19. Jahrhundert erworben hat und die seither der Öffentlichkeit zur Benutzung zur Verfügung steht. Nach einem Beschluss des Rates sollen rund 1.000 alte Linden gefällt werden, um Neuanpflanzungen Platz zu machen. A, engagierter Naturschützer und Vorkämpfer für das Wohl des »Individuums Baum«, protestiert gegen dieses Vorhaben unter anderem dadurch, dass er Plakate an die Bäume im »Großen Garten« heftet. Die Stadt Hannover richtet daraufhin ein Schreiben an ihn, in dem es unter anderem heißt:
>
> »Wir erteilen Ihnen ab sofort Hausverbot für den Großen Garten. Das Hausverbot bedeutet, dass Sie nicht mehr den eingefassten Teil des Großen Gartens in Herrenhausen betreten dürfen. Bei einem Verstoß werden wir Strafanzeige wegen Hausfriedensbruchs gem. § 123 des Strafgesetzbuches erstatten. Wir würden darüber hinaus die Polizei bitten, sofern dies notwendig ist, Sie aus dem Großen Garten zu entfernen.«

1

I. Öffentliches Recht und Privatrecht

Die Rechtsordnung gliedert sich in die beiden großen Rechtsgebiete des **öffentlichen Rechts** und des **Privatrechts**. Das (nationale) öffentliche Recht besteht aus dem **Staatsrecht** (Verfassungsrecht) und dem **Verwaltungsrecht**.[1] Das Verwaltungsrecht ist folglich ein Teilgebiet des **öffentlichen Rechts**. **2**

Die Einteilung einer Rechtsordnung in öffentliches Recht und Privatrecht ist nicht **apriorisch**, sondern **historisch**.[2] Das **Grundgesetz** als Verfassung der Bundesrepublik Deutschland vollzieht diese Trennung, indem es Gesetzgebung, vollziehende Gewalt und Rechtsprechung an die **Grundrechte** bindet (Art. 1 Abs. 3 GG) und dem Bürger den **Rechtsweg** eröffnet, wenn er sich durch die öffentliche Gewalt in seinen Rechten verletzt fühlt (Art. 19 Abs. 4 S. 1 GG). Die Verfassung unterwirft damit alle »staatliche Gewalt« (Art. 1 Abs. 1 S. 2 GG) besonderen rechtlichen Bindungen, die für das Verhältnis der Bürger untereinander *nicht* gelten, und weist der Unterscheidung von öffentlichem Recht und Privatrecht damit **Verfassungsrang** zu. Die im Einzelnen nicht leicht vorzunehmende Abgrenzung zwischen öffentlichem und privatem Recht dient also nicht nur dem besseren Verständnis dieser Rechtsgebiete, sondern ist **verfassungsrechtlich** vorgegeben.[3] **3**

---

1 Das Strafrecht ist seit jeher eine eigenständige Rechtsdisziplin mit besonderer wissenschaftsgeschichtlicher Bedeutung, gehört *systematisch* jedoch zum öffentlichen Recht. Das Gleiche gilt für das gesamte Prozessrecht, also auch das Zivilprozessrecht.

2 Ein eigenständiges *ius publicum* in Deutschland entwickelte sich erst gegen Ende des 16. Jahrhunderts und fällt insofern mit der Entstehung des neuzeitlichen Staates zusammen; vgl. *M. Stolleis*, Geschichte des öffentlichen Rechts in Deutschland, Bd. I, 1988, S. 73 ff., 394 ff.

3 Vgl. *O. Bachof*, VVDStRL 12 (1954), S. 65.

4 Die grundgesetzlich determinierte Unterscheidung zwischen öffentlichem Recht und Privatrecht prägt das **einfache Recht** insoweit, als die Zuordnung einer Streitigkeit zu dem einen oder dem anderen Rechtsgebiet eine Reihe **konkreter Rechtsfolgen** zeitigt.[4] Spätestens an dieser Stelle wird deutlich, dass die Unterscheidung zwischen öffentlichem Recht und Privatrecht nicht nur heuristischen Wert hat, sondern die Entscheidungspraxis von Behörden und Gerichten bestimmt.

1. Rechtsweg

5 Für **öffentlich-rechtliche Streitigkeiten** (nichtverfassungsrechtlicher Art) ist der **Verwaltungsrechtsweg** gegeben (§ 40 Abs. 1 S. 1 VwGO), während für die **bürgerlichen Rechtsstreitigkeiten** die **ordentlichen Gerichte** zuständig sind (§ 13 GVG). Sieht sich ein Bürger durch die Maßnahme einer Behörde in seinen Rechten verletzt, so ist der Rechtsweg zu den Verwaltungsgerichten gleichwohl nur eröffnet, wenn es sich um ein nach öffentlichem Recht zu beurteilendes Rechtsverhältnis handelt. Andernfalls wären die ordentlichen Gerichte zuständig.

6 Wäre das »Hausverbot« im Ausgangsfall als öffentlich-rechtlich zu qualifizieren, könnte A hiergegen vor dem örtlich zuständigen Verwaltungsgericht klagen und den Antrag stellen, das Verbot aufzuheben (§ 42 Abs. 1 VwGO). Sofern das »Hausverbot« dagegen dem Zivilrecht zuzuordnen sein sollte, wären die Zivilgerichte zuständig. Das gleichwohl angerufene Verwaltungsgericht müsste den Rechtsstreit an das zuständige Zivilgericht verweisen (§ 17 a Abs. 2 GVG).

7 Die Zuordnung einer Maßnahme zum öffentlichen Recht und die daraus folgende Eröffnung des Verwaltungsrechtswegs hat weiterhin zur Folge, dass der verwaltungsgerichtlichen Klage häufig ein **Vorverfahren** vorausgehen muss (§§ 68 ff. VwGO) und **vorläufiger Rechtsschutz** nur von den Verwaltungsgerichten begehrt werden kann (§§ 80, 123 VwGO).

8 Wäre im Ausgangsfall das »Hausverbot« dem öffentlichen Recht zuzuordnen, so hätte A vor Beschreiten des Rechtswegs (Klageerhebung) Widerspruch (§ 68 VwGO) einlegen müssen.[5] Der Widerspruch hätte – ebenso wie die Anfechtungsklage – aufschiebende Wirkung gehabt (§ 80 Abs. 1 S. 1 VwGO), so dass A nach Einlegung des Widerspruchs nicht gehindert gewesen wäre, den Großen Garten weiterhin zu besuchen. Ein vergleichbares, dem Klageverfahren vorangehendes »Vorverfahren« kennt das Zivilprozessrecht nicht. Zwar wäre auch gegen ein zivilrechtliches »Hausverbot« eine Klage denkbar, doch würde dieser keine aufschiebende Wirkung zukommen. A müsste in diesem Fall so lange warten, bis er ein für ihn günstiges Urteil erstritten hätte.

2. Verwaltungsverfahren

9 Für die öffentlich-rechtliche Verwaltungstätigkeit der Behörden gelten das **Verwaltungsverfahrensgesetz** (VwVfG) vom 25. 5. 1976,[6] das je nach Verwaltungsträger

---

4 Vgl. die Aufzählung bei *H. Maurer*, AllgVerwR, § 3 Rn. 7.
5 Nach der Einfügung des § 8 a Nds. AGVwGO durch Art. 2 Nr. 4 des Gesetzes zur Modernisierung der Verwaltung vom 5. 11. 2004 (Nds. GVBl. S. 394) und der zeitlichen Entfristung des § 8 a Nds. AGVwGO durch Art. 1 des Gesetzes zur Änderung des Niedersächsischen Ausführungsgesetzes zur Verwaltungsgerichtordnung, des Niedersächsischen Ausführungsgesetzes zum Sozialgesetzbuch und des Niedersächsischen Beamtengesetzes vom 25. 11. 2009 (Nds. GVBl. S. 437) wäre ein Widerspruchsverfahren in Niedersachsen nicht mehr statthaft. In den meisten anderen Bundesländern findet weiterhin ein Vorverfahren statt. Vgl. dazu unten Rn. 1061 (insb. Fn. 31).
6 BGBl. I S. 1253; in der Fassung der Bekanntmachung vom 23. 1. 2003 (BGBl. I S. 102), zuletzt geändert durch Art. 2 Abs. 1 des Gesetzes zur Modernisierung von Verfahren im patentanwaltlichen Berufsrecht vom 14. 8. 2009 (BGBl. I S. 2827).

entweder unmittelbar anwendbar ist[7] oder durch Landesrecht für anwendbar erklärt wird,[8] bzw. die **Verwaltungsverfahrensgesetze der Bundesländer,** die überwiegend die bundesrechtlichen Regelungen übernommen haben.[9] Für behördliche Tätigkeiten, die sich nach dem **Privatrecht** richten, gelten die Verwaltungsverfahrensgesetze *nicht.* Die Anwendbarkeit der Verwaltungsverfahrensgesetze hängt also davon ab, ob eine Verwaltungstätigkeit dem öffentlichen Recht zuzuordnen ist.

> Sofern im Ausgangsfall das »Hausverbot« dem öffentlichen Recht zuzuordnen und als Verwaltungsakt (§ 35 S. 1 VwVfG) zu qualifizieren wäre, wäre eine Anhörung des A (§ 28 VwVfG i. V. m. § 1 NVwVfG) erforderlich gewesen. Bei Zuordnung des »Hausverbots« zum Zivilrecht wäre eine vorherige Anhörung des A nicht erforderlich gewesen, weil das Zivilrecht derartige Verfahrensregelungen nicht kennt.

10

---

7 § 1 Abs. 1–3 VwVfG:
»(1) Dieses Gesetz gilt für die öffentlich-rechtliche Verwaltungstätigkeit der Behörden
1. des Bundes, der bundesunmittelbaren Körperschaften, Anstalten und Stiftungen des öffentlichen Rechts,
2. der Länder, der Gemeinden und Gemeindeverbände, der sonstigen der Aufsicht des Landes unterstehenden juristischen Personen des öffentlichen Rechts, wenn sie Bundesrecht im Auftrag des Bundes ausführen, soweit nicht Rechtsvorschriften des Bundes inhaltsgleiche oder entgegenstehende Bestimmungen enthalten.
(2) Dieses Gesetz gilt auch für die öffentlich-rechtliche Verwaltungstätigkeit der in Absatz 1 Nr. 2 bezeichneten Behörden, wenn die Länder Bundesrecht, das Gegenstände der ausschließlichen oder konkurrierenden Gesetzgebung des Bundes betrifft, als eigene Angelegenheit ausführen, soweit nicht Rechtsvorschriften des Bundes inhaltsgleiche oder entgegenstehende Bestimmungen enthalten. Für die Ausführung von Bundesgesetzen, die nach Inkrafttreten dieses Gesetzes erlassen werden, gilt dies nur, soweit die Bundesgesetze mit Zustimmung des Bundesrates dieses Gesetz für anwendbar erklären.
(3) Für die Ausführung von Bundesrecht durch die Länder gilt dieses Gesetz nicht, soweit die öffentlich-rechtliche Verwaltungstätigkeit der Behörden landesrechtlich durch ein Verwaltungsverfahrensgesetz geregelt ist.«
8 Auf das VwVfG des Bundes verweisen die Verwaltungsverfahrensgesetze **Berlins** (Gesetz über das Verfahren der Berliner Verwaltung [VwVfG Berl.] vom 8. 12. 1976 [GVBl. S. 2735]), **Brandenburgs** (Verwaltungsverfahrensgesetz für das Land Brandenburg [VwVfG Bbg] vom 7. 7. 2009 [GVBl. I S. 262, 264]), **Niedersachsens** (Niedersächsisches Verwaltungsverfahrensgesetz [NVwVfG] v. 3. 12. 1976 [GVBl. S. 311]), des Landes **Rheinland-Pfalz** (Landesverwaltungsverfahrensgesetz Rheinland Pfalz [LVwVfG Rh. Pf.] vom 23. 12. 1976 [GVBl. S. 308]), **Sachsens** (Verwaltungsverfahrensgesetz für den Freistaat Sachsen [SächsVwVfG] vom 10. 9. 2003 [GVBl. S. 614]) und des Landes **Sachsen-Anhalt** (Verwaltungsverfahrensgesetz für das Land Sachsen-Anhalt [VwVfG LSA] vom 18. 11. 2005 [GVBl. S. 698]).
9 »Vollgesetze« gibt es in den Ländern **Baden-Württemberg** (Verwaltungsverfahrensgesetz für Baden-Württemberg [LVwVfG Bad.-Württ.] vom 12. 4. 2005 [GBl. S. 350]), **Bayern** (Bayerisches Verwaltungsverfahrensgesetz [BayVwVfG] vom 23. 12. 1976 [GVBl. S. 544]), **Bremen** (Bremisches Verwaltungsverfahrensgesetz [BremVwVfG] vom 9. 5. 2003 [GBl. S. 219]), **Hamburg** (Hamburgisches Verwaltungsverfahrensgesetz [HmbVwVfG] vom 9. 11. 1977 [GVBl. S. 333]), **Hessen** (Hessisches Verwaltungsverfahrensgesetz [HVwVfG] vom 15. 1. 2010 [GVBl. I S. 18]), **Mecklenburg-Vorpommern** (Landesverwaltungsverfahrensgesetz Mecklenburg-Vorpommern [VwVfG Meckl.-Vorp.] vom 26. 2. 2004 [GVBl. S. 106]), **Nordrhein-Westfalen** (Verwaltungsverfahrensgesetz für das Land Nordrhein-Westfalen [VwVfGNW] vom 12. 11. 1999 [GV NW S. 602]), **Saarland** (Saarländisches Verwaltungsverfahrensgesetz [SVwVfG] vom 15. 12. 1976 [ABl. S. 1151]) und **Thüringen** (Verwaltungsverfahrensgesetz Thüringen [ThürVwVfG] vom 18. 8. 2009 [GVBl. S. 699]). Das allgemeine Landesverwaltungsgesetz des Landes **Schleswig-Holstein** – Schl.-H. LVwG – in der Fassung der Bekanntmachung vom 2. 6. 1992 (GVOBl. S. 243) beruht auf dem Landesverwaltungsgesetz vom 14. 8. 1976 (GVBl. S. 131) und weist daher größere Abweichungen gegenüber dem VwVfG des Bundes auf.

3. Verwaltungsvollstreckung

11 Öffentliches Recht und Privatrecht unterscheiden sich überdies im Hinblick auf die **Vollstreckung.** Privatrechtliche Forderungen können nur durchgesetzt werden, indem besondere staatliche Vollstreckungsorgane (Gerichtsvollzieher, Gericht) beauftragt werden und Vollstreckungsmaßnahmen (Pfändung usw.) vornehmen. Soweit Behörden durch Verwaltungsakte handeln, können sie diese in der Regel selbst durchsetzen.[10]

4. Schadensersatz

12 Rechtswidriges Handeln aufgrund öffentlichen oder privaten Rechts löst je unterschiedliche **Haftungsfolgen** aus. Handelt jemand in Ausübung eines ihm anvertrauten »öffentlichen Amtes« (Art. 34 S. 1 GG), so unterliegt das Handeln in Gestalt der **Amtshaftung** einem besonderen öffentlich-rechtlichen Haftungsregime (§ 839 BGB i. V. m. Art. 34 GG). Ist das behördliche Handeln nach den Vorschriften des Privatrechts zu beurteilen, sind die **zivilrechtlichen Haftungsvorschriften** anwendbar.[11]

II. Die Abgrenzung von öffentlichem Recht und Privatrecht

13 In der Regel bereitet die **Abgrenzung** zwischen öffentlichem Recht und Privatrecht keine Schwierigkeiten und lässt es als entbehrlich erscheinen, auf die jeweilige Eigenart des Rechtsgebiets vertieft einzugehen. Die Ordnungsverfügung, der Gebührenbescheid, die Gaststättenerlaubnis, aber auch die Gewährung von Sozialhilfe stützen sich eindeutig auf öffentlich-rechtliche Vorschriften mit der Folge, dass der Verwaltungsrechtsweg eröffnet ist. In **atypischen Fällen** allerdings sind Handlungen der Verwaltung nicht zweifelsfrei dem einen oder anderen Rechtsgebiet zuzuordnen, so dass es einer Abgrenzung bedarf.

14 Im Ausgangsfall ist die Stadt Hannover Eigentümerin des Großen Gartens, so dass sie nach den Vorschriften des Zivilrechts (§§ 903, 1004 BGB) A grundsätzlich von der Benutzung ausschließen könnte. Die Eigentümerbefugnisse reichen allerdings nur so weit, wie das Gesetz oder Rechte Dritter nicht entgegenstehen (§ 903 S. 1 BGB) und der Eigentümer nicht zur Duldung verpflichtet ist (§ 1004 Abs. 2 BGB). Da es sich bei dem Großen Garten offenbar um eine *öffentliche Einrichtung* der Stadt Hannover handelt, könnte sich ein Anspruch des A auf ungehinderte Benutzung aus dem öffentlichen Recht (§ 30 NKomVG) ergeben, so dass das »Hausverbot« nicht eindeutig dem Privatrecht zugeordnet werden könnte.

1. Abgrenzungstheorien

15 Dies ist die Stunde der sog. »**Abgrenzungstheorien**«.[12] Als »Theorien« bezeichnen wir in der Rechtsdogmatik gedankliche Konstruktionen, mit deren Hilfe Auslegungsprobleme – insbesondere begriffliche Abgrenzungsprobleme – für eine Vielzahl von Fällen – und damit notwendig auf einem gewissen Abstraktionsniveau – gelöst werden.[13] Der Theoriebegriff ist nur begrenzt mit dem anderer (insbesondere natur-)

---

10 Vgl. unten Rn. 860 ff.
11 Vgl. unten Rn. 1256.
12 Eine umfassende Auflistung findet sich etwa bei *D. Ehlers,* in: Schoch/Schmidt-Aßmann/Pietzner, VwGO, § 40 Rn. 220 ff.; vgl. auch *N. Achterberg,* AllgVerwR, § 1 Fn. 22, der von 20–30 solcher Theorien ausgeht. Überwiegend handelt es sich um Variationen, die entweder auf einen *materiellen* oder einen *institutionellen* Ansatz zurückgehen, wie sich sogleich zeigen wird.
13 Vgl. im Einzelnen *K. Larenz,* Methodenlehre der Rechtswissenschaft, 6. Aufl. 1991, S. 449 f.

wissenschaftlicher Disziplinen vergleichbar, insbesondere handelt es sich nicht um Annahmen von Tatsachen (Hypothesen), die dem empirischen Nachweis (Verifizierung) oder der empirischen Widerlegung (Falsifizierung) zugänglich sind.[14] Die Anforderungen an eine rechtswissenschaftliche »Theorie« sind naturgemäß andere als in den Naturwissenschaften und dienen dem Ziel, die **Handhabbarkeit,** aber auch die **Widerspruchsfreiheit** des geltenden Rechts zu gewährleisten.[15] Man könnte deshalb bescheidenerweise auch von »Abgrenzungsversuchen« sprechen. Dem Selbstverständnis der Jurisprudenz als Wissenschaft und dem üblichen Sprachgebrauch entspricht allerdings der Begriff der »Theorie«.[16]

a) »Interessentheorie«   *abzulehnen*

Die sog. »Interessentheorie« lässt sich dahin komprimieren, dass (überwiegendes) **16**
öffentliches Interesse und **öffentliches Recht, privates Recht** und (überwiegendes)
privates Interesse gleichgesetzt werden.[17] Eine solche Gleichsetzung geht an der
Normativität wie an der Realität des heutigen Staates völlig vorbei. Drei Umstände
insbesondere sind es, die die »Interessentheorie« nicht nur als unbefriedigend, sondern als unbrauchbar erscheinen lassen:

- Die öffentliche Verwaltung handelt bestimmungsgemäß im öffentlichen *Interesse,* **17**
  aber nur teilweise in den Formen des öffentlichen *Rechts.* Wenn sie sich privatrechtlicher Rechtsformen bedient, so ändert dies nichts daran, dass öffentliche
  Aufgaben wahrgenommen und mithin öffentliche Interessen verfolgt werden.[18]
- Auch Private können in den Formen des Privatrechts öffentliche Interessen ver- **18**
  folgen. Der gesamte Bereich gemeinnütziger Organisationen vollzieht sich in den
  Formen privaten Rechts, ist aber an **Gemeinwohlzwecken** orientiert und – vor
  allem steuerlich – privilegiert, weil öffentliche Interessen (Zwecke) verfolgt werden.[19]
- Umgekehrt können öffentlich-rechtliche Vorschriften auch privaten Interessen **19**
  dienen. Das **subjektiv-öffentliche Recht** beruht in seiner dogmatischen Entwicklung auf der Erkenntnis, dass öffentliches Recht keineswegs nur »öffentlichen«
  Interessen dient, sondern auch dem Einzelnen Rechtspositionen einräumen kann.
  Diese Rechtsfigur wäre theoretisch nicht begründbar, wenn man öffentliches Recht
  und öffentliches Interesse gleichsetzt.[20]

---

14 Vgl. *K. Larenz,* Methodenlehre der Rechtswissenschaft, 6. Aufl. 1991, S. 451.
15 Vgl. *K. Larenz,* Methodenlehre der Rechtswissenschaft, 6. Aufl. 1991, S. 451.
16 Die verbreitete Inanspruchnahme des Theoriebegriffs wirkt vielfach etwas vollmundig und verführt
   vor allem den Studienanfänger dazu, sich in der Darstellung von so genannten »Theoriestreitig-
   keiten« zu verlieren. »Theorien« sind für die konkrete Falllösung nur dann *relevant,* wenn sie
   Entscheidungshilfen bieten, insbesondere wenn bei Zugrundelegung unterschiedlicher Theorien
   verschiedene Entscheidungsergebnisse erzielt werden.
17 Vgl. *N. Achterberg,* AllgVerwR, § 1 Rn. 16; *Bull/Mehde,* AllgVerwR/VerwL, Rn. 67; *D. Ehlers,* in:
   Erichsen/Ehlers, AllgVerwR, § 3 Rn. 17; *H. Maurer,* AllgVerwR, § 3 Rn. 11, *K. Rennert,* in:
   Eyermann, VwGO, § 40 Rn. 23 jeweils m. w. N.
18 Vgl. *J. Ipsen/T. Koch,* JuS 1992, S. 810 m. w. N. in Fn. 12.
19 Vgl. § 52 Abs. 1 S. 1 AO: »Eine Körperschaft verfolgt gemeinnützige Zwecke, wenn ihre Tätigkeit
   darauf gerichtet ist, die Allgemeinheit auf materiellem, geistigem oder sittlichem Gebiet selbstlos zu
   fördern.«
20 Vgl. auch *H.-U. Erichsen,* Jura 1982, S. 539. Teilweise schützt der Gesetzgeber dieselben Interessen
   auch kumulativ mit den Instrumentarien des Privat- und des öffentlichen Rechts, etwa im Nach-
   barrecht; vgl. dazu m. w. N. *R. Uerpmann,* Das öffentliche Interesse, 1999, S. 206 ff.

20 Angesichts dieses Befundes verwundert es nicht, dass der Gesichtspunkt des öffentlichen Interesses sich nie zu einer »Theorie« verdichtet hat, die die Abgrenzungsprobleme zwischen öffentlichem und privatem Recht in abstrakter und widerspruchsfreier Weise zu lösen geeignet wäre. Auch sucht man vergeblich nach Autoren, die das »Interesse« als Abgrenzungskriterium von öffentlichem und privatem Recht als brauchbar ansehen.[21] Für den gegenwärtigen Stand der Diskussion lässt sich deshalb resümieren, dass die »Interessentheorie« weder den Ansprüchen an eine »Theorie« genügt noch in der Literatur und Rechtsprechung vertreten wird.[22] Wenn ihr gleichwohl ein »richtiger Kern« attestiert worden ist,[23] so liegt dieser darin, dass die in Bezug genommene Digestenstelle *institutionell* zu interpretieren ist.[24]

b) Subjektionstheorie (Subordinationstheorie)

21 Nach der **Subjektions-** (oder synonym: der Subordinations-) **theorie** ist das öffentliche Recht durch ein Verhältnis der **Über- und Unterordnung**, das Zivilrecht durch ein Verhältnis der **Gleichordnung** gekennzeichnet.[25] Im Gegensatz zu der »Interessentheorie«, die allenfalls als Argumentationstopos zu verstehen ist, ist die Subjektionstheorie in der Rechtsprechung angewandt und in der Literatur vertreten worden. Über einen längeren Zeitraum durfte sie als »herrschend« gelten.[26] Sie sieht sich ebenfalls prinzipiellen Einwänden ausgesetzt:

22 • Der Subjektionstheorie wird entgegengehalten, dass sie auf einem **Zirkelschluss** beruhe. Ein Verhältnis von Über- und Unterordnung könne sich seinerseits nur aus Rechtsnormen ergeben, deren Zuordnung zum öffentlichen oder privaten Recht in Frage stehe.[27] Der Einwand der Zirkularität setzt freilich voraus, dass ein Subjektionsverhältnis nur aufgrund *einzelner* Normen entstehen kann. Wird dagegen angenommen, der Staat sei dem Bürger *a priori* übergeordnet, dieser stehe zu jenem mithin in einem vorverfassungsrechtlichen Subordinationsverhältnis, lässt sich ein logisches Defizit dieser Theorie nicht ausmachen.[28] Unter dieser Prämisse nämlich wird das Über- und Unterordnungsverhältnis des Bürgers zum Staat durch öffentlich-rechtliche Vorschriften nicht *begründet*, sondern *ausgestaltet*.

---

21 Bemerkenswert ist, dass die »Interessentheorie« in der verwaltungsrechtlichen Literatur stets erwähnt wird, kein Autor sie sich aber zu Eigen macht, noch andere Autoren nennt, die diese Theorie »vertreten«. Nur das BVerwG hat das öffentliche Interesse in seiner früheren Rechtsprechung gelegentlich als Begründungstopos herangezogen; vgl. BVerwGE 13, 47 (49 f.) und die Nachw. bei *M. Burgi*, in: Hoffmann-Riem/Schmidt-Aßmann/Voßkuhle, Grundlagen des Verwaltungsrechts, Bd. I, § 18 Rn. 19 (mit Fn. 54).

22 So *J. Ipsen/T. Koch*, JuS 1992, S. 810.

23 So *O. Bachof*, in: FG BVerwG, S. 6; ähnlich *F. Hufen*, Verwaltungsprozessrecht, § 11 Rn. 15.

24 Üblicherweise beschränkt man sich auf das Zitat Ulpians »publicum ius est quod ad statum rei Romanae spectat, privatum ad singulorum utilitatem.« (Dig. 1, 1, 1, 2). Im Text heißt es aber weiterhin: »publicum ius in sacris, in sacerdotibus, in magistratibus consistit«, womit der *materielle* um einen *institutionellen* Ansatz erweitert wird.

25 Vgl. *F. Fleiner*, Institutionen des Deutschen Verwaltungsrechts, S. 47 f.; *W. Jellinek*, Verwaltungsrecht, S. 47 ff.; *E. Forsthoff*, Lehrbuch des Verwaltungsrechts I, S. 113 m. w. N.

26 Sie wurde vom Reichsgericht vertreten (vgl. RGZ 166, 218 [226]; 167, 281 [284]), diente aber auch dem Bundesgerichtshof (BGHZ 14, 222 [226]; 66, 229 [235 ff.]; BGH, NJW 1988, S. 1264) und dem Bundesverwaltungsgericht (BVerwGE 29, 159 [161]; 37, 243 [245]) sowie dem Gemeinsamen Senat der obersten Gerichtshöfe des Bundes (BGHZ 97, 312 [314]; 102, 280 [283]; 108, 284 [286]) als Abgrenzungskriterium.

27 Vgl. *H. Faber*, Verwaltungsrecht, 4. Aufl. 1995, § 16 II (S. 129).

28 Vgl. *J. Ipsen/T. Koch*, JuS 1992, S. 811.

Mühelos lassen sich aufgrund einer solchen Prämisse diejenigen Rechtssätze als dem öffentlichen Recht zugehörig begreifen, die im Rahmen des »allgemeinen Gewaltverhältnisses«[29] dem Bürger konkrete Verhaltenspflichten im Verhältnis zum Staat auferlegen.[30] Unter dieser Voraussetzung kann gegen die Subjektionstheorie also nicht mehr eingewandt werden, sie sei *zirkulär*. Ihr ist aber entschieden entgegenzuhalten, dass sie auf einer unrichtigen staatstheoretischen Prämisse beruht, nämlich das Verhältnis von Staat und Bürger als ein *vorrechtliches* von »Untertan« und »Obrigkeit« zu begreifen.[31]

- Gegen die Subjektionstheorie wird ferner eingewandt, sie sei *inhaltlich* unrichtig, **23**
  weil es Über- und Unterordnungsverhältnisse auch im Privatrecht gebe. Hierfür
  wird die elterliche Gewalt ebenso angeführt wie das Direktionsrecht des Arbeitgebers.[32] Bei vertraglich vereinbarten Subordinationsverhältnissen lässt sich der
  Einwand mit dem Hinweis entkräften, dass sie auf einem Akt der Gleichordnung
  beruhen und insofern als Emanation der Privatautonomie begriffen werden können. Subordinationsverhältnisse im Zivilrecht sind jedoch keineswegs immer
  rechtsgeschäftlichen Ursprungs.

Wäre im Ausgangsfall das Verhältnis zwischen A und der Stadt Hannover (ausschließlich) nach den **24** Vorschriften des Privatrechts zu beurteilen, stünden also beide in einem Verhältnis prinzipieller Gleichordnung, so könnte die Stadt dem A gleichwohl die Benutzung des Parks einseitig verbieten. Das aber bedeutet nichts anderes, als dass das Zivilrecht zwischen der Stadt und A ein Verhältnis der Über- und Unterordnung begründen würde, das sich phänotypisch von einem Subordinationsverhältnis des öffentlichen Rechts nicht unterschiede.

- Dem Einwand der inhaltlichen Unrichtigkeit ist entgegnet worden, dass die Sub **25**
  jektionstheorie keineswegs *alle* Über- und Unterordnungsverhältnisse zum öffentlichen Recht zähle, sondern nur die »Manifestationen der *öffentlichen* Gewalt«.[33]
  Damit ist dem **materiellen Definitionsmerkmal** – Subordinationsverhältnis – ein
  institutionelles hinzugefügt worden, das als Hinweis darauf gewertet werden darf,
  dass sich keine Abgrenzungstheorie auf materielle Definitionsmerkmale beschränken kann.

Im Ausgangsfall ist für die Zuordnung des gemeindlichen Handelns das materielle Kriterium der **26** Über- und Unterordnung schon deshalb nicht entscheidend, weil sich insoweit öffentliches und privates Recht nicht unterscheiden. Aber auch aus dem zusätzlichen Umstand, dass konkret ein Träger öffentlicher Gewalt – die Stadt Hannover – *einseitig* gehandelt hat, lässt sich nicht auf die Zuordnung zum öffentlichen Recht schließen, weil die Gemeinde sich als Eigentümerin des Parks auch auf zivilrechtliche Befugnisse (§§ 903, 1004 BGB) stützen kann.

- Der entscheidende Einwand gegen die Subjektionstheorie liegt in ihrer **Unvoll-** **27**
  ständigkeit. Zum einen blendet sie den gesamten Bereich des **öffentlichen Ver-**
  tragsrechts aus. Dieser gewinnt zunehmend an Bedeutung, wie überhaupt das

---

29 Dieser Begriff geht auf den Hauptvertreter des staatsrechtlichen Positivismus *P. Laband,* Das Staatsrecht des Deutschen Reiches, Bd. I, 4. Aufl. 1901, S. 422, 455, zurück.

30 Vgl. *H. Kelsen,* Allgemeine Staatslehre, 1925, S. 82; *H.-U. Erichsen,* Jura 1982, S. 539 (»Mehrwerttheorie« als Bezeichnung für die Prämisse, dass der Staat seinen Bürgern a priori übergeordnet sei).

31 Bemerkenswert ist, dass sich die für die konstitutionelle Staatsrechtslehre kennzeichnende obrigkeitsstaatliche Sicht des Verhältnisses von Staat und Bürgern auch nach Inkrafttreten des Grundgesetzes erhalten hat; typisch hierfür ist die Position *H. Krügers,* Allgemeine Staatslehre, 2. Aufl. 1966, S. 942.

32 Nachw. bei *J. Ipsen/T. Koch,* JuS 1992, S. 811 Fn. 23.

33 So *O. Bachof,* in: FG BVerwG, S. 7.

»kooperative« Verwaltungshandeln im Vordringen begriffen ist.[34] Verträge zwischen Verwaltung und Bürger stellen sich keineswegs immer als »Verwaltungsakts-ersatzverträge«[35] dar, die sich mit der Subordinationstheorie noch in Einklang bringen ließen. Das Handeln moderner Verwaltung ist im Verhältnis zum Bürger so vielfältig, dass es nicht stets auf die Denkfigur von Über- und Unterordnung reduziert werden kann.

28 • Überdies ist die Subjektionstheorie einseitig am Verhältnis Staat – Bürger orientiert und blendet das gesamte **Organisationsrecht** aus. Die Zuweisung von Zuständigkeiten an Behörden, der Behördenaufbau, die Errichtung neuer Behörden, der gesamte Bereich der »**Organgesetze**« bis hin zum Haushaltsrecht werden theoretisch nicht erfasst. Da organisationsrechtliche Rechtssätze unzweifelhaft dem öffentlichen Recht angehören, ein Subjektionsverhältnis aber nicht konstruierbar ist, erweist sich die Subjektionstheorie als lückenhaft.[36] Damit bleibt der Schluss unabweisbar, dass die »Subjektionstheorie« den Ansprüchen, die an eine Abgrenzungstheorie zu stellen sind, nicht genügt und insofern als theoretischer Entwurf für die Abgrenzung von öffentlichem und privatem Recht *unbrauchbar* ist.[37]

c) Subjektstheorie

29 Nach der Definition *Hans Julius Wolffs* sind öffentlich-rechtlich

»diejenigen Pflichten, Rechte, Ansprüche und Rechtsverhältnisse, die sich aus einem Rechtssatz ergeben, der nicht jedermann (potentiell oder aktuell) verpflichtet und berechtigt, sondern notwendig nur einen Staat, eine Religionsgemeinschaft oder ein Subjekt verpflichtet oder (!) berechtigt, das durch Staatsakt zur Wahrnehmung gemeinsamer Angelegenheiten einer über individuelle Beziehungen hinausgehenden Personenvielfalt verpflichtet ist.«[38]

30 Der definitorische Fortschritt der Subjektstheorie und letztlich ihre Überzeugungskraft bestehen darin, dass das öffentliche Recht als **Sonderrecht des Staates** gekennzeichnet wird und damit den ganzen Horizont öffentlich-rechtlichen Handelns eröffnet. Das öffentliche Recht ist also als Gesamtheit der Rechtssätze zu definieren, die sich auf **Rechtsverhältnisse** beziehen, an denen *notwendig* ein **Träger öffentlicher Verwaltung** beteiligt ist.[39] Das Kriterium der »notwendigen Beteiligung« erfordert jeweils die Hypothese, an die Stelle des handelnden Verwaltungsträgers ein privatrechtliches Rechtssubjekt zu stellen. Ändert sich das Rechtsverhältnis nicht, so ist es dem Privatrecht zuzuordnen. Erweist sich die Hypothese als mit dem geltenden Recht unvereinbar, weil an dem in Frage stehenden Rechtsverhältnis »notwendig« ein Verwaltungsträger beteiligt sein *muss,* so ist es dem öffentlichen Recht zuzuordnen.

---

34 Vgl. hierzu *E.-H. Ritter,* AöR 104 (1979), S. 389; *W. Henke,* DÖV 1985, S. 41; *M. Bullinger,* DÖV 1989, S. 277; *J. Ipsen,* VVDStRL 48 (1990), S. 177 (193 f.).

35 Vgl. unten Rn. 793.

36 Dieser Mangel ist den Vertretern der Theorie nicht verborgen geblieben, wurde aber in Kauf genommen: Nachw. bei *J. Ipsen/T. Koch,* JuS 1992, S. 812 Fn. 28.

37 Grundlegend *H. J. Wolff,* AöR 76 (1950/51), S. 205. Vgl. ferner *N. Achterberg,* AllgVerwR, § 1 Rn. 27 ff.; *Bull/Mehde,* AllgVerwR/VerwL, Rn. 70; *H. Maurer,* AllgVerwR, § 3 Rn. 12; *J. Ipsen/T. Koch,* JuS 1992, S. 812.

38 So *H. J. Wolff,* Verwaltungsrecht I, 6. Aufl. 1965, § 22 II c; in den folgenden Auflagen des Lehrbuchs werden die Religionsgemeinschaften nicht mehr erwähnt, im Übrigen bleibt die Definition unverändert: vgl. *Wolff/Bachof/Stober/Kluth,* Verwaltungsrecht I, § 22 Rn. 28.

39 Vgl. *J. Ipsen/T. Koch,* JuS 1992, S. 812 m. w. N.

Bemerkenswert ist, dass sich die »neuere« Subjektstheorie oder Sonderrechtstheorie[40] **31**
ihrerseits dem Einwand der Zirkularität ausgesetzt sieht, weil Träger öffentlicher
Gewalt »als solche« nur diejenigen seien, die gegenüber dem Bürger eine überge-
ordnete Stellung einnähmen.[41] Eine »materielle Variante« der Sonderrechtstheorie
geriete jedoch notwendig in die Nähe der Subordinationstheorie, mit der Folge, dass
die gegen sie erhobenen Einwände auch hier Gültigkeit beanspruchten. Dem gedank-
lichen Zirkel kann man deshalb nur dadurch entgehen, dass ein **institutioneller
Anknüpfungspunkt** gewählt wird. Ein Rückschluss vom Handlungssubjekt auf das
Rechtsregime ist nur in den Fällen möglich, in denen das handelnde Subjekt – der
Verwaltungsträger – nicht durch ein anderes – privatrechtliches – Handlungssubjekt
ersetzt werden kann, ohne dass sich an dem Rechtsverhältnis etwas ändern würde.[42]

Der Ausgangsfall zeigt, dass sich auch unter Zugrundelegung der Sonderrechtstheorie die Aus- **32**
legungsprobleme nicht von selbst lösen. Immerhin drängt sich der Schluss auf, dass ein durch eine
Behörde ausgesprochenes »Hausverbot« nicht um dessentwillen dem Privatrecht zuzuordnen ist,
weil es auch ein *privater* Grundstückseigentümer aussprechen könnte. Die besonderen Bindungen
nämlich, denen eine Gemeinde hinsichtlich ihrer öffentlichen Einrichtungen unterliegt, sind eindeutig *Sonderrecht*, weil an die Stelle der Gemeinde nicht der private Eigentümer treten könnte.
Hieraus wird gefolgert, dass, soweit die öffentlich-rechtlichen Bindungen reichen, auch ein »Hausverbot« dem öffentlichen Recht zuzuordnen ist.[43]

Von der Subjektstheorie nicht beantwortet wird die Frage, was die **Besonderheit** des **33**
Sonderrechts ausmacht, wenn diese nach den bisherigen Überlegungen nicht darin
besteht, ein Subordinationsverhältnis zwischen Staat und Bürger zu begründen. Der
Grund hierfür liegt in der **Rechtsgebundenheit** allen staatlichen Handelns. Während
Menschen aufgrund einer **natürlichen Freiheit** handeln, die durch die Grundrechte
gewährleistet wird,[44] ist staatliches Handeln unter dem Grundgesetz stets an das
Recht gebunden und damit **rechtfertigungsbedürftig.** Dies gilt unabhängig davon,
ob individuelle Rechte eingeschränkt werden oder nicht, weil im Bundesstaat stets
Handlungskompetenzen gegeben sein müssen.[45]

2. Qualifikations- und Zuordnungsproblematik

Ob eine Rechtsnorm als öffentlich-rechtlich oder privatrechtlich zu qualifizieren ist, **34**
kann auf der Grundlage der Sonderrechtstheorie regelmäßig ohne Schwierigkeiten
festgestellt werden. Zumeist ist leicht erkennbar, ob durch eine Rechtsnorm *notwendig* ein Träger öffentlicher Gewalt berechtigt oder verpflichtet wird. Selbst wenn
Rechtsbegriffe gebraucht werden, die aus dem Zivilrecht stammen, sind entsprechende Normen gleichwohl öffentlich-rechtlicher Natur, wenn sie den Staat oder andere
Träger öffentlicher Verwaltung *als solche* berechtigen oder verpflichten. So ist das den
Gemeinden unter bestimmten Voraussetzungen eingeräumte **Vorkaufsrecht** (§§ 24 ff.
BauGB) öffentlich-rechtlicher Natur. Zwar ist das (dingliche) Vorkaufsrecht ein

---

40 Vgl. *Wolff/Bachof/Stober/Kluth*, Verwaltungsrecht I, § 22 Rn. 28 f.
41 Vgl. *Koch/Rubel/Heselhaus*, AllgVerwR, Rn. 54 f.
42 Vgl. *J. Ipsen/T. Koch,* JuS 1992, S. 812.
43 Vgl. *J. Ipsen/T. Koch,* JuS 1992, S. 814 f.
44 Vgl. *J. Ipsen,* Staatsrecht II, 15. Aufl. 2012, Rn. 74 f.
45 Der staatsrechtliche Positivismus hat den Staat demgegenüber als »Persönlichkeit« konstruiert,
   deren Innenbeziehungen keine Rechtsqualität hatten (vgl. hierzu grundlegend *H. Uhlenbrock*, Der
   Staat als juristische Person, 2000). Die aus dem Konstitutionalismus stammende Sicht eines mono-
   lithischen Staates beeinflusst die Verwaltungsrechtslehre bis heute.

zivilrechtliches Rechtsinstitut (§§ 1094 ff. BGB), das gemeindliche Vorkaufsrecht kommt jedoch der Gemeinde als solcher zu und wird durch Verwaltungsakt ausgeübt (§ 28 Abs. 2 S. 1 BauGB).

35 Der Ausgangsfall erweist sich auch in diesem Zusammenhang als exemplarisch: Der von A geltend gemachte Benutzungsanspruch (§ 30 NKomVG) kann sich *nur* gegen eine Gemeinde richten und auf ihre öffentlichen Einrichtungen beziehen, gehört also zum öffentlichen Recht. Durch das A erteilte »Hausverbot« bestreitet die Gemeinde gleichzeitig, dass ein Benutzungsanspruch besteht, und könnte deshalb auch eine zivilrechtliche Maßnahme getroffen haben.

36 Umstritten sind nach wie vor die sog. »**Fiskusprivilegien**«, die sich verstreut im BGB, aber auch in anderen Gesetzen finden.[46] Diese Sonderrechte sind als öffentlich-rechtlich zu qualifizieren, weil sie Bund und Ländern als solchen zustehen.[47]

37 Von der – durch die Sonderrechtstheorie im Wesentlichen gelösten – **Qualifikationsproblematik** ist die Frage zu unterscheiden, welchem Rechtsregime Verwaltungshandlungen im Einzelfall **zuzuordnen** sind.

38 Im Ausgangsfall untersagte die Stadt Hannover dem A schriftlich, weiterhin den Großen Garten zu betreten. Insofern war nicht eindeutig, ob dieses Verbot dem öffentlichen Recht oder dem Privatrecht zuzuordnen war.

39 Für die Zuordnung einer Handlung zum öffentlichen Recht oder Privatrecht kommen grundsätzlich drei unterschiedliche Kriterien in Betracht.

a) Handlungsform

40 Sofern sich aus der Form des Verwaltungshandelns zweifelsfrei auf das Rechtsregime schließen lässt, ist die **Handlungsform** maßgebend, auch wenn sie verfehlt ist. Setzt eine Behörde eine privatrechtliche Forderung durch **Verwaltungsakt** (»Bescheid«) fest, so wird diese Rechtsform des öffentlichen Rechts missbraucht. Gleichwohl ist die Streitigkeit schon wegen Inanspruchnahme dieser Rechtsform dem öffentlichen Recht zuzuordnen, weil sich die Zuordnung nach der Rechts*form* (in diesem Fall gleichbedeutend mit: Rechts*natur*) und nicht nach der Recht*mäßigkeit* des Handelns richtet. Allerdings ist zu verlangen, dass die Form ihrerseits keinem Zweifel unterliegt bzw. nicht interpretationsbedürftig ist. Regelmäßig ist dies der Fall, wenn die Behörde ihre Maßnahme als »Bescheid« oder ähnlich bezeichnet und mit einer Rechtsbehelfsbelehrung versieht.[48]

41 Im Ausgangsfall hat die Gemeinde jedenfalls nicht eindeutig in der Rechtsform des Verwaltungsakts gehandelt. Es erscheint zwar nicht als ausgeschlossen, das an A gerichtete Verbot als Verwaltungsakt (= Maßnahme auf dem Gebiet des öffentlichen Rechts) auszulegen. Unzutreffend wäre es allerdings, aus dem Umstand, dass A einen Zulassungsanspruch gegen die Gemeinde haben könnte (§ 30 NKomVG), auf das Vorliegen eines Verwaltungsakts zu schließen. Bei der Handlungsform als Zuordnungskriterium kommt es darauf an, wie die Behörde gehandelt *hat*, nicht wie sie hätte handeln *müssen*.

---

46 Nachw. bei *J. Ipsen/T. Koch*, JuS 1992, S. 813 Fn. 38.
47 Vgl. *Wolff/Bachof/Stober/Kluth*, Verwaltungsrecht I, § 23 Rn. 27; *H.-U. Erichsen*, Jura 1982, S. 541.
48 Vgl. BVerwG, NJW 1978, S. 234; NVwZ 1985, S. 264.

b) »Wille der Behörde«

Wenn die Handlungsform mangels Eindeutigkeit keine sichere Zuordnung erlaubt, so 42
liegt es nahe, nach den allgemeinen Regeln der Auslegung von Willenserklärungen
vorzugehen und zu fragen, was die Verwaltung »gewollt« hat. **Willenserklärungen** der
Verwaltung sind nach allgemeinen Regeln auszulegen. Aufgrund der Rechtsbindung
der Verwaltung (Art. 20 Abs. 3 GG) wird im Zweifel anzunehmen sein, dass der
»Wille« auf rechtmäßiges Handeln gerichtet ist. Allerdings kann Verwaltungshandeln
die rechtlichen Bindungen auch verfehlen.[49] Die Vermutungsregel, im Zweifel rechtmäßig handeln zu wollen, kann deshalb nicht so weit gehen, einer Behörde Handlungsformen und Handlungsinhalte zu unterstellen, die sie ersichtlich nicht »gewollt« hat.[50]

> Im Ausgangsfall handelt es sich zwar um eine öffentliche Einrichtung der Gemeinde, so dass die 43
> Vermutung nahe läge, dass das gegenüber A erlassene Hausverbot dem öffentlichen Recht zu-
> zuordnen ist. Ersichtlich hat die Gemeinde aber privatrechtlich handeln wollen, weil sie möglicher-
> weise davon ausging, der »Große Garten« sei mangels Widmung keine öffentliche Einrichtung. Ob
> diese Auffassung unzutreffend und das auf das Eigentum gestützte Hausverbot schon aus diesem
> Grund rechtswidrig war, spielt hierbei keine Rolle, denn der erkennbare »Wille« der Verwaltung ist
> hinsichtlich der Wahl des Rechtsregimes maßgeblich. Die Zuordnung der Maßnahme zum öffent-
> lichen Recht würde nicht nur dem »Willen« der Verwaltung widersprechen, sondern auch Folge-
> probleme zeitigen, die praktisch unlösbar sind.[51]

c) Rechtsgrundlage

Soweit Handlungsform und »Wille« der Behörde keine eindeutigen Schlüsse auf das 44
Rechtsregime zulassen, muss das behördliche Handeln dem Rechtsregime mit Hilfe
der Sonderrechtstheorie zugeordnet werden. Unzutreffend wäre es demgegenüber,
allein von der Erfüllung öffentlicher Aufgaben auf das öffentliche Recht zu schließen,
wie es die »Interessentheorie« nahe legen würde. Da staatliche Organe oder andere
Verwaltungsträger definitionsgemäß öffentliche Aufgaben erfüllen, hierzu aber unterschiedliche Rechtsregimes zur Verfügung stehen, ist ein Schluss von der **öffentlichen
Aufgabe** auf das **öffentliche Recht** nicht statthaft. Es kommt also nicht darauf an,
welche Zielrichtung behördliches Handeln verfolgt, sondern nach welchen Rechtsnormen es sich richtet. Berechtigen und verpflichten die das Handeln bestimmenden
Rechtsnormen **jedermann,** so ist das Handeln dem Zivilrecht zuzurechnen; mögliche
Ansprüche sind auf dem ordentlichen Rechtsweg zu verfolgen. Liegt demgegenüber
ein Rechtsverhältnis vor, an dem notwendig ein Träger öffentlicher Verwaltung beteiligt ist, ist das Handeln dem öffentlichen Recht zuzuordnen.[52]

Bei **behördlichen Hausverboten** hat die Rechtsprechung danach differenziert, ob 45
der hiervon Betroffene das Gebäude aus öffentlich-rechtlichem (etwa Stellung eines
Antrags) oder privatrechtlichem Anlass (Vorbereitung eines Vertragsschlusses) be-

---

49 Noch *E. Forsthoff,* Lehrbuch des Verwaltungsrechts I, S. 205 ff., hat bezweifelt, ob »Anthropo-
   morphismen« – wie Meinung, Vorstellung, Gedanke, Wunsch usw. – auf die »Verwaltung« anwendbar seien. Diese Auffassung ist inzwischen überwunden, weil anerkannt wird, dass Urheber staatlicher – ggf. auch anonymisierter – Akte stets beauftragte Personen (»Akteure«) sind, die als
   »Organe« auch einen bestimmten Willen äußern können.
50 Vgl. *J. Ipsen/T. Koch,* JuS 1992, S. 814.
51 Dies gilt insbesondere für das Vorverfahren (§§ 68 ff. VwGO), das einer verwaltungsgerichtlichen
   Klage in den meisten Bundesländern vorangehen muss. Sofern eine Behörde privatrechtlich handeln
   wollte, gibt es folgerichtig auch kein Vorverfahren.
52 Vgl. oben Rn. 30.

tritt.[53] Dieser Schluss ist jedoch verfehlt, weil es bei öffentlichen Sachen darauf ankommt, ob sie bestimmungsgemäß benutzt werden. Das (privatrechtliche) Eigentum des Verwaltungsträgers wird bei öffentlichen Sachen durch das öffentliche Sachenrecht überlagert und drängt die Eigentümerbefugnis zurück. Im Ergebnis kommt es deshalb nicht darauf an, ob der Besucher eines Verwaltungsgebäudes ein öffentlich-rechtliches (Verwaltungsakt) oder privatrechtliches Handeln (Vertragsschluss) der Verwaltung anstrebt, sondern ob er sich im Rahmen der Gebäudewidmung hält. Da Verwaltungsgebäude (Rathäuser, Ministerien, andere Behördengebäude) nicht nur dem Erlass von Verwaltungsakten, sondern jeglichem Verwaltungshandeln dienen (gewidmet sind), ist das Privateigentum insoweit überlagert und ein Hausverbot dem öffentlichen Recht zuzuordnen. Wird das Gebäude dagegen jenseits seiner Widmung aufgesucht (zum »Aufwärmen«, zum privaten Besuch der Bediensteten usw.), richtet sich das Hausverbot nach privatem Recht.[54]

III. Verwaltungsrecht als Sonderrecht der öffentlichen Verwaltung

1. Der Begriff der öffentlichen Verwaltung

46 Der Begriff der »**Verwaltung**« wird in der **Alltagssprache** (Hausverwaltung, Lagerverwaltung, Platzverwaltung) wie in der **Rechtssprache** (Insolvenzverwaltung, Nachlassverwaltung, Vermögensverwaltung) gebraucht und bezeichnet eine Tätigkeit, die auf Erhalt und Entwicklung einer Sach- oder Rechtsgesamtheit gerichtet ist.[55] Dem alltagssprachlichen Begriffsgebrauch wohnt stets ein Element des *status quo* inne, er weist aber auch eine darüber hinausgehende – dynamische – Tendenz auf: Die Vermögensverwaltung soll sinnvollerweise das Vermögen erhalten, aber auch vermehren. Das statische (Erhaltung) und das dynamische (Förderung) Element sind auch der **öffentlichen Verwaltung** eigen, deren Aufgabe es ist, den erreichten Stand des öffentlichen Gemeinwesens zu erhalten, aber auch weiterzuentwickeln (oder mit einem modischen Wort: zu »optimieren«). Der Unterschied zwischen dem Begriff der öffentlichen Verwaltung und dem umgangssprachlichen Verwaltungsbegriff liegt darin, dass erstere **öffentliche Aufgaben** erfüllt, also Aufgaben, die im öffentlichen Interesse liegen oder – mit einer anderen Formulierung – dem **Gemeinwohl** (der Allgemeinheit) dienen.[56]

47 Die Bewahrung und Förderung des Gemeinwohls – die Erfüllung öffentlicher Aufgaben[57] – reicht freilich zur Definition der öffentlichen Verwaltung nicht aus, weil auch zahlreiche privatrechtlich verfasste Organisationen öffentliche Aufgaben erfüllen.[58] Zu den eben genannten Begriffsmerkmalen muss also notwendig ein **institutio-**

---

53 Vgl. BVerwGE 35, 103 (106 f.); VGH München, BayVBl. 1986, S. 271 (272); OVG Münster, NJW 1998, S. 1425; vgl. auch BGHZ 33, 230 (231 f.).
54 Vgl. *J. Ipsen/T. Koch*, JuS 1992, S. 814 f.; zum aktuellen Meinungsstand vgl. *U. Stelkens*, Jura 2010, S. 363 ff.
55 Vgl. *N. Achterberg*, AllgVerwR, § 1 Rn. 7 f.; *Bull/Mehde*, AllgVerwR/VerwL, Rn. 16 f.; *H. Maurer*, AllgVerwR, § 1 Rn. 1.
56 Vgl. *Bull/Mehde*, AllgVerwR/VerwL, Rn. 17.
57 Vgl. die Definitionsversuche bei *Bull/Mehde*, AllgVerwR/VerwL, Rn. 17 und *H. Maurer*, AllgVerwR, § 1 Rn. 1 ff.
58 Hierfür hat sich in den Verwaltungswissenschaften der Begriff »Dritter Sektor« durchgesetzt, der zwischen *Staat* und *Markt* zu lokalisieren ist, vgl. *C. Reichard*, DÖV 1988, S. 363 ff.; *G. F. Schuppert*, in: Ipsen (Hrsg.), Privatisierung öffentlicher Aufgaben, 1994, S. 18 ff. m. w. N.

nelles Merkmal hinzutreten. Öffentliche Verwaltung ist ohne Zuordnung zum Staat oder anderen Verwaltungsträgern weder zu definieren noch zu verstehen.

Die eben genannten Begriffsmerkmale – Erfüllung öffentlicher Aufgaben durch Organe des Staates oder anderer Verwaltungsträger – treffen im Grunde auch auf **Gesetzgebung, Rechtsprechung** und **Regierung** zu, und damit auf Staatsfunktionen, die gerade von der **Verwaltung** zu unterscheiden sind. Eine vieldiskutierte Frage ist deshalb, ob man über die eben getroffene Kennzeichnung hinaus die Verwaltung *materiell* bestimmen kann. *Ernst Forsthoff* war der Auffassung, es liege in der Eigenart der Verwaltung, »daß sie sich zwar beschreiben, aber nicht definieren läßt«.[59] *Hans Julius Wolff* hat demgegenüber die folgende Definition entwickelt: **48**

»Öffentliche Verwaltung im materiellen Sinne ist also die mannigfaltige, zweckbestimmte, nur teilplanende, selbstbeteiligt durchführende und gestaltende Wahrnehmung der Angelegenheiten von Gemeinwesen und ihrer Mitglieder als solcher durch die dafür bestellten Sachwalter des Gemeinwesens.«[60]   **49**

Ob hierdurch die (gesamte) öffentliche Verwaltung *definiert* und nicht nur *beschrieben* wird, mag zweifelhaft sein. Die Schwierigkeit, die mannigfaltigen Aufgaben des Gemeinwesens in einen Begriff zu fassen, hat schon frühzeitig Autoren dazu veranlasst, die öffentliche Verwaltung **negativ** – im Wege der Subtraktionsmethode – zu definieren.[61]   **50**

Die **Subtraktionsmethode** erscheint gegenüber dem Versuch, die öffentliche Verwaltung **materiell** zu bestimmen, vorzugswürdig, weil sie sich für den Wandel der öffentlichen Aufgaben offen hält und eine Verengung auf ein bestimmtes Verwaltungsbild vermeidet. Allerdings muss die Definition *Walter Jellineks*[62] um ein Merkmal ergänzt werden. Der Verwaltung nicht zuzurechnen ist auch die **Regierung,** weil sie politische Führungsaufgaben erfüllt, die als verwaltungsfremd angesehen werden. In Anlehnung an die Definition *Jellineks* ist die öffentliche Verwaltung zu definieren als   **51**

Erfüllung öffentlicher Aufgaben durch den Staat oder sonstige Verwaltungsträger außerhalb von Gesetzgebung, Rechtsprechung und Regierung.

2. Verwaltungsrecht als Rechtfertigungsrecht des Verwaltungshandelns

Auf die nahe liegende Frage, warum die Verwaltung für die Erfüllung öffentlicher Aufgaben ein »**Sonderrecht**« benötigt, findet sich herkömmlich die Antwort, Eingriffe in »**Freiheit und Eigentum**« erforderten von Verfassungs wegen ein Gesetz.[63] Das Verwaltungsrecht würde sich nach dieser Auffassung als Summe der Rechtssätze   **52**

---

59 Vgl. *E. Forsthoff,* Lehrbuch des Verwaltungsrechts I, S. 1.

60 So. *H. J. Wolff,* Verwaltungsrecht I, 6. Aufl. 1965, § 2 II 5 c.

61 Vgl. *O. Mayer,* Deutsches Verwaltungsrecht I, S. 7; *F. Fleiner,* Institutionen des Deutschen Verwaltungsrechts, S. 4; *W. Jellinek,* Verwaltungsrecht, S. 6; krit. hierzu *D. Ehlers,* in: Erichsen/Ehlers, AllgVerwR, § 1 Rn. 8.

62 »... Die Verwaltung (ist) gegenständlich zu bestimmen als die Tätigkeit des Staates oder eines sonstigen Trägers öffentlicher Gewalt außerhalb von Rechtsetzung und Rechtsprechung ...« (Verwaltungsrecht, S. 6).

63 Die Formel geht zurück auf Art. 5 und 9 der Verfassungsurkunde für den preußischen Staat vom 31. 1. 1850 (PrGS. S. 17). Art. 5: »Die persönliche Freiheit ist gewährleistet. Die Bedingungen und Formen, unter welchen eine Beschränkung derselben, insbesondere eine Verhaftung zulässig ist, werden durch das Gesetz bestimmt.« Art. 9: »Das Eigentum ist unverletzlich. Es kann nur aus Gründen des öffentlichen Wohls gegen vorgängige (...) Entschädigung nach Maßgabe des Gesetzes entzogen oder beschränkt werden.«

darstellen, die wegen der grundrechtlichen Gesetzesvorbehalte verfassungsrechtlich erforderlich sind, weil sie die »**Eingriffsverwaltung**« zu ihrem Handeln legitimieren.[64] Jenseits des Eingriffsbereichs müsste die Verwaltung folgerichtig in ihrem Handeln »frei« sein.[65] Die Vorstellung einer in irgendwelcher Hinsicht »ungebundenen« Verwaltung ist mit den Grundprinzipien der Verfassung unvereinbar und erweist sich bei näherem Hinsehen als Relikt konstitutionellen Staatsrechtsdenkens.

53 Der **konstitutionelle Staat** war dadurch gekennzeichnet, dass der Monarch der Träger der Regierung und Verwaltung des Staates war.[66] Im Kräfteparallelogramm des konstitutionellen Staates war die Verwaltung dem monarchischen Prinzip zuzuordnen und bezog hieraus ihre Legitimation.[67] Der Gesetzesvorbehalt war für das Verwaltungshandeln insofern *atypisch,* als bei Eingriffen in »Freiheit und Eigentum« die Verwaltung einer zusätzlichen – vom Parlament beschlossenen – **Legitimationsgrundlage** bedurfte.[68]

54 Mit dem historischen Sieg der **Volkssouveränität** über das monarchische Prinzip ist eine andere als die gesetzliche Legitimation der Verwaltung nicht mehr konstruierbar und folgerichtig mit der Verfassung unvereinbar. Nach Art. 20 Abs. 2 S. 1 GG geht »**alle Staatsgewalt**« vom Volke aus. Sie muss sich nach ständiger Rechtsprechung des Bundesverfassungsgerichts entweder durch Wahlen oder aufgrund einer ununterbrochenen »**Legitimationskette**« auf das Volk zurückführen lassen.[69] Die demokratische Legitimation erschöpft sich nicht in der Personalauswahl – etwa der Ernennung von oder dem Vertragsschluss mit Bediensteten der Verwaltung –, sondern erstreckt sich auf die **sachliche Legitimation.**[70] Die sachliche Legitimation aber wird durch **Rechtssätze,** die vom Parlament erlassen werden (Gesetze) oder auf das Parlament zurückführbar sind (Rechtsverordnungen, Satzungen), vermittelt. Das Verwaltungsrecht kann deshalb als

> **Summe der die Verwaltung zu ihrem Handeln – nämlich der Erfüllung öffentlicher Aufgaben – legitimierenden Rechtssätze**

definiert werden.

55 Mit dieser Kennzeichnung ist die Enge des – konstitutionellen – Eingriffsdenkens überwunden, zugleich aber dem Umstand Rechnung getragen, dass Verwaltungshandeln keineswegs nur gegenüber dem Bürger gerechtfertigt werden muss. Die Verwaltung

---

64 Vgl. *H. Maurer,* AllgVerwR, § 2 Rn. 5.

65 Vgl. BVerfGE 12, 205 (246), wo von der »gesetzesfreien Erfüllung öffentlicher Aufgaben« die Rede ist. Einen anderen Akzent setzt das BVerfG im »Sasbach-Beschluss«: »Denn die Erfüllung öffentlicher Aufgaben durch juristische Personen des öffentlichen Rechts vollzieht sich grundsätzlich nicht in Wahrnehmung unabgeleiteter, ursprünglicher Freiheiten (...), sondern aufgrund von Kompetenzen, die vom positiven Recht zugeordnet und inhaltlich bemessen und begrenzt sind.« (So BVerfGE 61, 82 [101]).

66 Vgl. *C. F. von Gerber,* Grundzüge eines Systems des Deutschen Staatsrechts, 1865, S. 77 ff.; *L. v. Rönne,* Staatsrecht der Preußischen Monarchie, Bd. 1, 5. Aufl. 1899, § 37.

67 Vgl. Art. 45 S. 1 PrVerfUrk: »Dem Könige allein steht die vollziehende Gewalt zu.«

68 Vgl. Art. 5 und 9 PrVerfUrk sowie *C. F. v. Gerber,* Grundzüge eines Systems des Deutschen Staatsrechts, 1865, S. 36 ff.; *L. v. Rönne,* Staatsrecht der Preußischen Monarchie, Bd. 2, 5. Aufl. 1906, §§ 56 ff.

69 Vgl. BVerfGE 47, 253 (275); 52, 95 (112); 77, 1 (40); 83, 60 (73); 93, 37 (66 f.); dazu *E.-W. Böckenförde,* in: Isensee/Kirchhof (Hrsg.), HdbStR II, 3. Aufl. 2004, § 24 Rn. 14, 16.

70 Vgl. nur BVerfGE 77, 1 (40); 83, 60 (73); 93, 37 (67).

eines demokratischen Bundesstaates mit verfassungsrechtlich garantierter kommunaler Selbstverwaltung (Art. 28 Abs. 2 GG) ist kein Monolith, sondern besteht aus unterschiedlichen – unterschiedlich legitimierten und um Aufgaben wie Ressourcen konkurrierenden – Verwaltungsträgern, die ihr Handeln auch untereinander rechtfertigen müssen. Verwaltungsrecht dient deshalb der sachlichen Legitimation der öffentlichen Verwaltung und stellt damit das Rechtfertigungsrecht des Verwaltungshandelns dar.[71]

3. Allgemeines und Besonderes Verwaltungsrecht

Der deutschen Gesetzgebungstradition entspricht es, die für unterschiedliche Rechtsgebiete gemeinsam geltenden Vorschriften in einem **Allgemeinen Teil** zusammenzufassen. Das Erste Buch des Bürgerlichen Gesetzbuches – »Allgemeiner Teil« – enthält Bestimmungen über Rechtsfähigkeit, Geschäftsfähigkeit und Willenserklärungen, die für die folgenden vier Bücher von Bedeutung sind. Das Strafgesetzbuch gliedert sich ebenfalls in einen »Allgemeinen Teil« (§§ 1–79 b StGB), in dem Vorschriften über Geltungsbereich, Grundlagen der Strafbarkeit, Täterschaft usw. zu finden sind, während der »Besondere Teil« (§§ 80–358 StGB) die einzelnen Straftatbestände enthält. **56**

Eine vergleichbare Kodifikation des Verwaltungsrechts existiert nicht; sie ist tatsächlich und rechtlich unmöglich.[72] Die einzelnen Zweige der öffentlichen Verwaltung sind so vielgestaltig und das ihnen zugeordnete Recht ist in einem solch ständigen Wandel begriffen, dass es weder sinnvoll noch möglich wäre, sie in einem einzigen Gesetz – einer Kodifikation – zusammenzufassen. Dies liegt zum einen an den unterschiedlichen Zuständigkeiten für die Gesetzgebung im Bundesstaat, zum anderen beruht es auf den verschiedenartigen verwaltungsrechtlichen Materien. Die frühere Diskussion über die Kodifikation im Bereich des Umweltrechts – Schaffung eines »**Umweltgesetzbuchs**« – weist auf die Schwierigkeiten von Kodifikationsvorhaben auch in Teilbereichen des Verwaltungsrechts hin.[73] Insofern kommt dem »Allgemeinen Verwaltungsrecht« eine andere Funktion zu als den »Allgemeinen Teilen« der großen Kodifikationen.[74] »Allgemeines« und »Besonderes« Verwaltungsrecht sind **rechtswissenschaftliche Ordnungsbegriffe,** mit denen die unübersehbare Rechtsmasse des Verwaltungsrechts im Bundesstaat unterteilt werden kann.[75] **57**

Einen feststehenden Kanon des **Besonderen Verwaltungsrechts** gibt es nicht; die Rechtsgebiete sind in stetem Wandel begriffen.[76] Dies gilt nicht nur für das jeweilige Rechtsgebiet, sondern auch für dessen institutionelle Entsprechungen in der Verwaltungsorganisation. Die Verwaltung und ihr Recht hängen wiederum von den Staatsaufgaben ab, unter denen es zwar Konstanten gibt – etwa die Gefahrenabwehr –, die aber auch ständigem Wandel unterworfen sind.[77] Die folgenden – für die Lehre **58**

---

71 Vgl. BVerfGE 93, 37 (66 f.); vgl. auch *D. Ehlers,* in: Erichsen/Ehlers, AllgVerwR, § 1 Rn. 33 und § 3 Rn. 11: »Rechtfertigung«.
72 Vgl. *H. Maurer,* AllgVerwR, § 5 Rn. 4.
73 Vgl. *H. Sendler,* in: Rengeling (Hrsg.), EUDUR II, 2. Aufl. 2003, § 94 m. w. N.
74 Zur Kodifikation des Allgemeinen Verwaltungsrechts vgl. *Hoffmann-Riem/Schmidt-Aßmann/ Schuppert,* Reform des Allgemeinen Verwaltungsrechts, 1991, m. w. N.
75 Vgl. *H. Maurer,* AllgVerwR, § 3 Rn. 2.
76 Bezeichnend ist, dass das von *Ingo v. Münch* herausgegebene Lehrbuch »Besonderes Verwaltungsrecht« in seiner 1. Aufl. (1969) dem »Umweltrecht« keinen eigenen Abschnitt widmet noch überhaupt den Begriff aufführt. Ein entsprechender Abschnitt findet sich erst in der 6. Aufl. (1982).
77 Vgl. grundlegend *H. P. Bull,* Die Staatsaufgaben nach dem Grundgesetz, 2. Aufl. 1977; *G. F. Schuppert,* Staatswissenschaft, 2003, S. 215 ff.

an den Universitäten wie für die Verwaltungspraxis gleichermaßen bedeutsamen – Materien des Besonderen Verwaltungsrechts seien hervorgehoben:

a) Kommunalrecht

59   Das **Kommunalrecht** steht in der Kompetenz der Landesgesetzgeber und umfasst die Rechtssätze, die die **innere Verfassung** (Kommunalverfassungsrecht) und das **spezifische Handeln** (kommunales Wirtschaftsrecht, Finanzrecht) der kommunalen Gebietskörperschaften (Gemeinden, Landkreise) betreffen. Die Bundesländer haben hierzu Gemeindeordnungen[78] und Landkreisordnungen[79] sowie eine Vielzahl von Gesetzen (Kommunalwahlgesetze, Kommunalabgabengesetze) erlassen, die das Handeln der kommunalen Gebietskörperschaften steuern. Neben zusammenfassenden Darstellungen, die auf die Gemeinsamkeiten des Kommunalrechts abzielen,[80] gibt es Einzeldarstellungen des Kommunalrechts verschiedener Bundesländer.[81] Zu den Gemeinde- und Landkreisordnungen der einzelnen Bundesländer sind überdies Kommentare erschienen.[82]

b) Polizei- und Ordnungsrecht (allgemeines Gefahrenabwehrrecht)

60   Das **Gefahrenabwehrrecht** ist teilweise Bundes-, teilweise Landesrecht. Der Bund hat Kompetenzen für spezielle Materien der Gefahrenabwehr,[83] während den Ländern die Kompetenz für das **allgemeine Gefahrenabwehrrecht** zufällt. Die Gefahrenabwehrgesetze der Bundesländer regeln überwiegend auch die Organisation und Aufgaben der **Polizei,** die grundsätzlich Landesangelegenheit ist.[84] Das Gefahrenabwehrrecht ist ebenfalls Gegenstand zusammenfassender[85] wie landesspezi-

---

78 Vgl. *G. Schmidt-Eichstädt,* Die Gemeindeordnungen und Kreisordnungen in der Bundesrepublik Deutschland, Loseblatt-Sammlung.

79 Eine Sammlung der Landkreisordnungen findet sich auch bei *H.-G. Henneke,* Kreisrecht in den Ländern der Bundesrepublik Deutschland, 2. Aufl. 2007.

80 *M. Burgi,* Kommunalrecht, 4. Aufl. 2011; *M.-E. Geis,* Kommunalrecht, 2. Aufl. 2011; *A. Gern,* Deutsches Kommunalrecht, 3. Aufl. 2003; *Schmidt-Aßmann/Röhl,* Kommunalrecht, in: Schmidt-Aßmann/Schoch (Hrsg.), BesVerwR, 14. Aufl. 2008, S. 14 f.; *O. Seewald,* Kommunalrecht, in: Steiner (Hrsg.), BesVerwR, 8. Aufl. 2006, S. 1 ff.; *Schröder/Knemeyer/Kempen/Dittmann,* Kommunalrecht, in: Achterberg/Püttner/Würtenberger (Hrsg.), BesVerwR, Bd. II, 2. Aufl. 2000, S. 1 ff.; *Tettinger/Erbguth/Mann,* BesVerwR, 10. Aufl. 2009, S. 3 ff.

81 Vgl. die Nachw. bei *Schmidt-Aßmann/Röhl,* in: Schmidt-Aßmann/Schoch (Hrsg.), BesVerwR, 14. Aufl. 2008, S. 15 f.

82 Vgl. *J. Ipsen* (Hrsg.), Kommentar zum Niedersächsischen Kommunalverfassungsgesetz, 2011 und die Nachw. bei *Tettinger/Erbguth/Mann,* BesVerwR, 10. Aufl. 2009, Rn. 8.

83 Der Bund hat durch Art. 74 Abs. 1 GG die konkurrierende Gesetzgebungszuständigkeit für das Vereinsrecht (Nr. 3), das Aufenthalts- und Niederlassungsrecht der Ausländer (Nr. 4), das Recht der Wirtschaft (Nr. 11), das Recht des Gesundheitsschutzes (Nr. 19), das Lebensmittelrecht (Nr. 20), das Straßenverkehrsrecht (Nr. 22) sowie für Materien des Umweltschutzrechts (Nr. 24). Auch im Bereich der ausschließlichen Gesetzgebungskompetenz des Bundes gibt es Kompetenztitel für das Gefahrenabwehrrecht, z. B. für den Luftverkehr (Art. 73 Abs. 1 Nr. 6 GG), das Waffenrecht (Art. 73 Abs. 1 Nr. 12 GG) und das Recht des Schutzes gegen Gefahren der Kernenergie (Art. 73 Abs. 1 Nr. 14 GG).

84 Vgl. die Übersicht bei *V. Götz,* Allgemeines Polizei- und Ordnungsrecht, 14. Aufl. 2008, § 3 Rn. 9 ff.

85 Vgl. *Drews/Wacke/Vogel/Martens,* Gefahrenabwehr. Allgemeines Polizeirecht (Ordnungsrecht) des Bundes und der Länder, 9. Aufl. 1986; *V. Götz,* Allgemeines Polizei- und Ordnungsrecht, 14. Aufl. 2008; *C. Gusy,* Polizeirecht, 8. Aufl. 2011; *F.-L. Knemeyer,* Polizei- und Ordnungsrecht, 11. Aufl. 2007; *Pieroth/Schlink/Kniesel,* Polizei- und Ordnungsrecht, 6. Aufl. 2010; *W.-R. Schenke,* Polizei- und Ordnungsrecht, 7. Aufl. 2011.

fischer[86] Darstellungen. Zu einzelnen Polizei- und Ordnungsgesetzen der Bundesländer liegen Kommentierungen vor.[87]

c) Wirtschaftsverwaltungsrecht

Das **Wirtschaftsverwaltungsrecht** ist überwiegend bundesgesetzlich geregelt **61**
(Art. 74 Abs. 1 Nr. 11 GG: »Recht der Wirtschaft«) und umfasst alle Rechtssätze,
aufgrund derer der Staat wirtschaftliches Handeln begrenzt, lenkt oder auch nur
beeinflusst.[88] Die Spannbreite der Gesetze reicht von der aus dem 19. Jahrhundert
stammenden **Gewerbeordnung**[89] bis zu speziellen Regelungen einzelner Wirtschaftszweige – etwa dem Kreditwesen[90] oder der Energiewirtschaft.[91] Einzelne
Materien, die systematisch zum Wirtschaftsverwaltungsrecht gehören, haben sich
verselbständigt und als eigenständige Disziplinen etabliert. Dies gilt insbesondere für
das stark angewachsene **Umweltrecht**[92] und das **Medien- und Telekommunikationsrecht.**[93]

d) Umweltrecht

Das **Umweltrecht** ist ursprünglich eine wirtschaftsverwaltungsrechtliche Materie, **62**
deren wesentliche Bestimmungen in der Gewerbeordnung enthalten waren (§§ 16 ff.
a. F.). Mit dem Bundes-Immissionsschutzgesetz vom 15. 3. 1974[94] wurde eine rasante
Rechtsentwicklung eingeleitet, aufgrund derer sich eine der bedeutsamsten Materien
des besonderen Verwaltungsrechts, die maßgeblich durch Unionsrecht beeinflusst ist,
entwickelt hat.[95]

e) Bau- und Raumordnungsrecht

Das Baurecht gliedert sich in die Materien des landesrechtlich geregelten **Bauord-** **63**
nungsrechts und des **Bauplanungsrechts,** für das eine Bundeskompetenz besteht[96]

---

86 Vgl. nur *J. Ipsen,* Niedersächsisches Polizei- und Ordnungsrecht, 4. Aufl. 2010; *Gallwas/Wolff/
Mößle,* Bayerisches Polizei- und Sicherheitsrecht, 3. Aufl. 2004; *Würtenberger/Heckmann,* Polizeirecht in Baden-Württemberg, 6. Aufl. 2005.
87 Vgl. die Nachw. bei *Tettinger/Erbguth/Mann,* BesVerwR, 10. Aufl. 2009, Rn. 387.
88 Vgl. *P. M. Huber,* Öffentliches Wirtschaftsrecht, in: Schmidt-Aßmann/Schoch (Hrsg.), BesVerwR,
14. Aufl. 2008, S. 323 f.; *Frotscher/Kramer,* Wirtschaftsverfassungs- und Wirtschaftsverwaltungsrecht, 5. Aufl. 2008; *U. Schliesky,* Öffentliches Wirtschaftsrecht, 3. Aufl. 2008; *R. Stober,* Allgemeines Wirtschaftsverwaltungsrecht, 17. Aufl. 2011; *Stober/Eisenmenger,* Besonderes Wirtschaftsverwaltungsrecht, 15. Aufl. 2011.
89 Die GewO i. d. F. der Bekanntm. vom 22. 2. 1999 (BGBl. I S. 202) geht auf die Gewerbeordnung
vom 21. 6. 1867 zurück, die wiederum aus der preußischen Gewerbeordnung (1845) hervorging.
90 Kreditwesengesetz (KWG) i. d. F. der Bekanntm. vom 9. 9. 1998 (BGBl. I S. 2776).
91 Energiewirtschaftsgesetz (EnWG) v. 7. 7. 2005 (BGBl. I S. 1970, ber. S. 3621).
92 Vgl. *R. Breuer,* Umweltschutzrecht, in: Schmidt-Aßmann/Schoch (Hrsg.), BesVerwR, 14. Aufl.
2008, S. 591 ff.
93 Vgl. *F. Fechner,* Medienrecht, 13. Aufl. 2012; *Kühling/Elbrächter,* Telekommunikationsrecht, 2008;
M. Paschke, Medienrecht, 3. Aufl. 2009; *Spindler/Schuster (Hrsg.),* Recht der elektronischen Medien, 2. Aufl. 2011.
94 BGBl. I S. 721; nunmehr i. d. F. der Bekanntm. vom 26. 9. 2002 (BGBl. I S. 3830).
95 Vgl. *Erbguth/Schlacke,* Umweltrecht, 4. Aufl. 2012; *M. Kloepfer,* Umweltschutzrecht,
2. Aufl. 2011; *H.-J. Koch* (Hrsg.), Umweltrecht, 3. Aufl. 2010; *R. Schmidt/W. Kahl,* Umweltrecht,
8. Aufl. 2010; *H.-W. Rengeling* (Hrsg.), Handbuch zum europäischen und deutschen Umweltrecht,
Bd. I (Allgemeines Umweltrecht), 2. Aufl. 2003, und II (Besonderes Umweltrecht), 2. Aufl. 2003.
96 Vgl. BVerfGE 76, 107 (117 ff.).

und das im **Baugesetzbuch** (BauGB) niedergelegt ist. In engem Zusammenhang mit dem Bauplanungsrecht stehen das Raumordnungsrecht[97] und das Fachplanungsrecht.[98] Das Baurecht gehört sowohl hinsichtlich der Gesamtdarstellungen[99] als auch im Hinblick auf die Kommentierung des BauGB[100] zu den am besten erschlossenen Materien des Besonderen Verwaltungsrechts.

f) Öffentliches Dienstrecht

64   Die Rechtsverhältnisse der Bediensteten in staatlicher oder kommunaler Verwaltung bilden ein eigenes Rechtsgebiet, das als »Recht des öffentlichen Dienstes«[101] bezeichnet wird. Das öffentliche Dienstrecht umfasst das **Beamtenrecht,** das **Arbeitsrecht** (insbesondere das Tarifrecht) der im öffentlichen Dienst Beschäftigten sowie das – praktisch äußerst bedeutsame – **Personalvertretungsrecht.**[102] Das Recht des öffentlichen Dienstes ist wegen der arbeitsrechtlichen Anteile keine ausschließlich öffentlich-rechtliche Materie.

g) Sozialrecht

65   Systematisch zum öffentlichen Recht gehörend, hat das **Sozialrecht** frühzeitig eine eigenständige Entwicklung genommen.[103] Die inhaltliche Spannbreite – soziale Vorsorge, soziale Entschädigung, soziale Förderung und Sozialhilfe – und ihre rechtliche Regelung[104] übertrifft andere Materien des Verwaltungsrechts bei weitem. Auch in der praktischen Bedeutung wird das Sozialrecht als Materie des Besonderen Ver-

---

97 Vgl. Raumordnungsgesetz (ROG) v. 22. 12. 2008 (BGBl. I S. 2986) und die Raumordnungsgesetze der Bundesländer.

98 Vgl. *B. Stüer,* Handbuch des Bau- und Fachplanungsrechts, 4. Aufl. 2009.

99 Vgl. *F. Stollmann,* Öffentliches Baurecht, 8. Aufl. 2011; *H.-J. Birk,* Bauplanungsrecht in der Praxis, 5. Aufl. 2007; *W. Brohm,* Öffentliches Baurecht, 3. Aufl. 2002; *Finkelnburg/Ortloff/Kment,* Öffentliches Baurecht, Bd. I, 6. Aufl. 2011; *Finkelnburg/Ortloff/Otto,* Öffentliches Baurecht Bd. II, 6. Aufl. 2010; *Gelzer/Bracher/Reidt,* Bauplanungsrecht, 7. Aufl. 2004; *Hoppe/Bönker/Grotefels,* Öffentliches Baurecht, 4. Aufl. 2010.

100 Nachw. bei *Battis/Krautzberger/Löhr,* Baugesetzbuch: BauGB, 11. Aufl. 2009, S. XXVII f.

101 Vgl. *P. Kunig,* Das Recht des öffentlichen Dienstes, in: Schmidt-Aßmann/Schoch (Hrsg.), BesVerwR, 14. Aufl. 2008, S. 775 ff.

102 Das Personalvertretungsrecht ist für Bundesbehörden im Bundespersonalvertretungsgesetz (BPersVG) vom 15. 3. 1974 (BGBl. I S. 693) geregelt. Die Bundesländer haben eigene Personalvertretungsgesetze, für die das BPersVG (§§ 94 ff.) Rahmenvorschriften enthält, die aufgrund des Art. 75 Abs. 1 S. 1 Nr. 1 GG a. F. ergangen sind.

103 Vgl. *E. Eichenhofer,* Sozialrecht, 7. Aufl. 2010, Rn. 42 ff.

104 Für das Sozialrecht ist bereits in Gestalt des Sozialgesetzbuchs (SGB) weitgehend eine Kodifikation erfolgt. In Kraft getreten sind bereits das SGB I (Allgemeiner Teil) vom 11. 12. 1975 (BGBl. I S. 3015), SGB II (Grundsicherung für Arbeitsuchende) vom 13. 5. 2011 (BGBl. I S. 850 [2094]), SGB III (Arbeitsförderung) vom 24. 3. 1997 (BGBl. I S. 594), SGB IV (Gemeinsame Vorschriften für die Sozialversicherung) vom 12. 11. 2009 (BGBl. I S. 3710, 3973; 2011, 363), SGB V (Krankenversicherung) vom 20. 12. 1988 (BGBl. I S. 2477), SGB VI (Rentenversicherung) vom 19. 2. 2002 (BGBl. I S. 754, 1404, 3384), SGB VII (Unfallversicherung) vom 7. 8. 1996 (BGBl. I S. 1254), SGB VIII (Kinder- und Jugendhilfe) vom 14. 12. 2006 (BGBl. I S. 3134), SGB IX (Rehabilitation und Teilhabe behinderter Menschen) vom 19. 6. 2001 (BGBl. I S. 1046), SGB X (Sozialverwaltungsverfahren und Sozialdatenschutz) vom 18. 1. 2001 (BGBl. I S. 130), SGB XI (Soziale Pflegeversicherung) vom 26. 5. 1994 (BGBl. I S. 1014) sowie SGB XII (Sozialhilfe) vom 27. 12. 2003 (BGBl. I S. 3022).

waltungsrechts im **Sozialstaat** kaum übertroffen. Der Bedeutung entspricht eine vielfältige rechtswissenschaftliche Bearbeitung.[105]

h) Recht der öffentlichen Sachen, Verkehrsrecht

Im Gegensatz zu den bisher genannten Materien des Besonderen Verwaltungsrechts besteht das **Recht der öffentlichen Sachen** zu einem nicht geringen Teil aus Rechtsgrundsätzen, die die Wissenschaft erarbeitet hat, und wird deshalb zum **Allgemeinen Verwaltungsrecht** gerechnet.[106] Wesentliche Teile sind jedoch gesetzlich geregelt (Fernstraßengesetz, Landesstraßengesetze, Wasserhaushaltsgesetz, Landeswassergesetze), so dass sich eigenständige Materien in Gestalt des **Straßenrechts** und **Wasserrechts** herausgebildet haben.[107] Vom öffentlichen **Sachenrecht**, das ein besonderes Rechtsregime für die unterschiedlichen Kategorien öffentlicher Sachen darstellt, ist das (Straßen-, Luft- und Wasser-)**Verkehrsrecht** zu unterscheiden, das den **Gemeingebrauch** der öffentlichen Sachen regelt. Die Bedeutung des Verkehrsrechts in einem industrialisierten Staat mit zunehmender Verkehrsdichte braucht nicht weiter betont zu werden.[108]

66

i) Steuerrecht

Die bedeutsamste Materie des Besonderen Verwaltungsrechts ist das **Steuerrecht**, das sich aber frühzeitig vom übrigen Verwaltungsrecht entfernt und so weit verselbständigt hat,[109] dass die Zugehörigkeit zum Verwaltungsrecht häufig nicht mehr bewusst ist. Mit dieser Entwicklung einher ging eine bedenkliche Vernachlässigung des Steuerrechts an den Universitäten und als Folge hiervon ein Kompetenzverlust der Rechtswissenschaft.[110] Angesichts dieser beklagenswerten Entwicklung ist daran zu erinnern, dass das Steuerrecht gewissermaßen die archetypische Materie des Verwaltungsrechts darstellt, weil es Kennzeichen eines jeden Gemeinwesens ist, seine Mitglieder zu Abgaben für öffentliche Aufgaben zu verpflichten.

67

IV. Verfassungsrecht und Verwaltungsrecht

1. Staatsrechtslehre, Verwaltungslehre und Verwaltungsrechtswissenschaft

Die im Staat der Neuzeit herausgebildete **öffentliche Verwaltung** ist stets Gegenstand wissenschaftlicher Bemühungen gewesen, die Staat und Verwaltung in seiner tatsächlichen Erscheinung umfassend darzustellen versuchten. Die Werke der älteren »**Polizeiwissenschaft**« und späteren **Verwaltungslehre**[111] wirken heute noch eigen-

68

---

105 Vgl. nur *E. Eichenhofer*, Sozialrecht, 7. Aufl. 2010; *A. Kokemoor*, Sozialrecht, 4. Aufl. 2011; *S. Muckel*, Sozialrecht, 4. Aufl. 2011; *R. Waltermann*, Sozialrecht, 9. Aufl. 2011.

106 So *H.-J. Papier*, in: Erichsen/Ehlers, AllgVerwR, §§ 38 ff.

107 Vgl. zum Straßenrecht: *T. von Danwitz*, in: Schmidt-Aßmann/Schoch (Hrsg.), BesVerwR, 14. Aufl. 2008, S. 875 ff.; zum Wasserrecht: *R. Breuer*, in: Schmidt-Aßmann/Schoch (Hrsg.), BesVerwR, 14. Aufl. 2008, S. 683 ff.

108 Vgl. nur *U. Steiner*, in: ders. (Hrsg.), BesVerwR, 8. Aufl. 2006, Abschn. IV Rn. 2.

109 Vgl. *G. Crezelius*, Steuerrecht II, 2. Aufl. 1994, § 1 Rn. 8. Zum Steuerrechtsverhältnis vgl. *Tipke/Lang*, Steuerrecht, 20. Aufl. 2010, § 1 Rn. 10.

110 Vgl. zur Entwicklung der Steuerrechtswissenschaft *H. W. Kruse*, Lehrbuch des Steuerrechts, Bd. 1, 1991, S. 18 ff.; *K. Tipke*, NJW 1976, S. 2199; *ders.*, JZ 1975, S. 558.

111 Vgl. *H. Maier*, Die ältere Staats- und Verwaltungslehre (Polizeiwissenschaft), 2. Aufl. 1980; *M. Stolleis*, Geschichte des öffentlichen Rechts in Deutschland, Bd. I, 1988, S. 366 ff.

tümlich zeitgemäß, weil sie den Bereich des Empirischen und Politischen aus ihrer Betrachtung nicht ausklammerten.[112] Die großen Werke des **staatsrechtlichen Positivismus** bezogen das Verwaltungsrecht ebenfalls in die Darstellung ein. Das Verwaltungsrecht erschien als Recht der staatlichen Verwaltung und mithin als **staatsrechtliche Disziplin**.[113] Gleichwohl gibt es schon in dieser Zeit die Forderung nach einer eigenständigen, von der Staatsrechtslehre zu trennenden Verwaltungsrechtswissenschaft.[114]

69 Die **Trennung zwischen Staatsrechts- und Verwaltungsrechtslehre** wurde erst in den letzten Jahrzehnten des 19. Jahrhunderts vollzogen.[115] Eine zentrale Rolle fiel hierbei *Otto Mayer* zu, dessen epochale Leistung darin liegt, Strukturen und Begriffe der einzelnen verwaltungsrechtlichen Rechtsgebiete zu einem »Allgemeinen Teil« des Verwaltungsrechts vereinigt zu haben.[116] Zwar wäre die Vorstellung verfehlt, *Otto Mayer* habe das deutsche Verwaltungsrecht gewissermaßen »erfunden«. Die gesetzlichen und untergesetzlichen Normen, die das Verwaltungshandeln bestimmten und begrenzten, waren in Geltung und nach dem Ressortprinzip formal gegliedert.[117] Die mehr als ein Jahrhundert später kaum noch hinreichend zu würdigende gedankliche Leistung liegt darin, die Vielfalt der rechtlichen Regelungen auf ihre Grundstrukturen zurückgeführt und damit einerseits begreifbar, andererseits aber auch handhabbar gemacht zu haben.[118] Es ist kein Zufall, dass im Zentrum des begrifflichen Systems der »Verwaltungsakt« stand, der eine Übersetzung des französischen »*acte administratif*« bildete.

70 Das 1895/96 in erster Auflage erschienene zweibändige Werk *Otto Mayers* »Deutsches Verwaltungsrecht« (2. Aufl. 1914, 3. Aufl. 1924) kann in seiner Bedeutung für die Entwicklung der Verwaltungsrechtsdogmatik nicht hoch genug eingeschätzt werden. Die folgenden Gesamtdarstellungen des Verwaltungsrechts, von denen in erster Linie *Fritz Fleiners* »Institutionen des Deutschen Verwaltungsrechts« (1911, 8. Aufl. 1928) und *Walter Jellineks* »Verwaltungsrecht« (1927, 3. Aufl. 1931) zu nennen sind, bewegen sich auf den von *Otto Mayer* vorgezeichneten dogmatischen Bahnen. Mit *Ernst Forsthoffs* »Lehrbuch des Verwaltungsrechts, Allgemeiner Teil« (1950, 10. Aufl. 1973) wurde die leistende Verwaltung (»Daseinsvorsorge«) stärker berücksichtigt, während das Lehrbuch *Hans Julius Wolffs* »Verwaltungsrecht I (1956), II (1962) und III (1966)« auf eine stärkere begriffliche Durchdringung abzielte.[119] Von den zahlreichen neueren Darstellungen sind die Werke *Norbert Achterbergs* »Allgemeines Verwaltungsrecht« (1982, 2. Aufl. 1986), *Hans Peter Bulls* »Allgemeines Verwaltungsrecht« (1982, in der 8. Aufl. 2009, unter dem Titel »Allgemeines Verwaltungsrecht mit Verwaltungslehre« gemeinsam mit *Veith Mehde* verfasst) und *Hartmut Maurers* »Allgemeines Verwaltungsrecht« (1980, 18. Aufl. 2011), hervor-

---

112 Vgl. *M. Stolleis,* Geschichte des öffentlichen Rechts in Deutschland, Bd. II, 1992, S. 419 ff.

113 Exemplarisch hierfür *P. Laband,* Das Staatsrecht des Deutschen Reiches, Bd. II, 5. Aufl. 1911, S. 172 ff.

114 So *C. F. v. Gerber,* Grundzüge eines Systems des Deutschen Staatsrechts, 3. Aufl. 1880, S. 236 f.

115 Vgl. *M. Stolleis,* Geschichte des öffentlichen Rechts in Deutschland, Bd. II, 1992, S. 394 ff.

116 Vgl. *Bull/Mehde,* AllgVerwR/VerwL, Rn. 489; *H. Maurer,* AllgVerwR, § 2 Rn. 9.

117 Vgl. *M. Stolleis,* Geschichte des öffentlichen Rechts in Deutschland, Bd. II, 1992, S. 403 ff.

118 Vgl. die Würdigung bei *M. Stolleis,* Geschichte des öffentlichen Rechts in Deutschland, Bd. II, 1992, S. 403 ff.

119 Das »Verwaltungsrecht I« ist in der Bearbeitung von *R. Stober* und *W. Kluth* in 12. Aufl. 2007 und »Verwaltungsrecht II«, in 7. Aufl. 2010 erschienen. Seit dieser Auflage erscheint das Lehrbuch statt in drei nur noch in zwei Bänden.

zuheben. Das von *Hans-Uwe Erichsen* begründete, nunmehr gemeinsam mit *Dirk Ehlers* herausgegebene »Allgemeine Verwaltungsrecht« (1975, 14. Aufl. 2010) stellt ein Gemeinschaftswerk von elf Autoren dar. Stärker ausgerichtet auf die sog. »Neue Verwaltungsrechtswissenschaft« ist das von *Wolfgang Hoffmann-Riem, Eberhard Schmidt-Aßmann* und *Andreas Voßkuhle* herausgegebene Werk »Grundlagen des Verwaltungsrechts« (Bd. I, 2. Auflage 2012; Bd. II, 2008; Bd. III, 2009[120]).

Die **Verwaltungslehre** hat sich in Deutschland getrennt von der Verwaltungsrechts-   **70a**
wissenschaft entwickelt und unterschiedliche seinswissenschaftliche Disziplinen (Organisationssoziologie, Betriebswirtschaftslehre usw.) integriert. Die Verwaltungslehre stellt sich damit gegenwärtig als (unentbehrliche) empirische Ergänzung zur Verwaltungsrechtswissenschaft dar. Hervorzuheben sind die Werke von *Werner Thieme* (Verwaltungslehre, 4. Aufl. 1984) und *Günter Püttner* (Verwaltungslehre, 4. Aufl. 2007). Einen neuartigen, überaus fruchtbaren Versuch der (Re-)Integration von Verwaltungslehre und Verwaltungs*rechts*lehre unternimmt *Gunnar Folke Schuppert* mit seinem *opus magnum* »Verwaltungswissenschaft – Verwaltung, Verwaltungsrecht, Verwaltungslehre« (2000).

2. Die dogmatische Wechselbeziehung zwischen Verfassungsrecht und Verwaltungsrecht

Im Vorwort von *Otto Mayers* 3. Aufl. des »Deutschen Verwaltungsrechts« heißt es: **71**

»Groß Neues ist ja seit 1914 und 1917 nicht nachzutragen. Verfassungsrecht vergeht, Verwaltungsrecht besteht; dies hat man anderwärts schon längst beobachtet.«[121]

Die vom Nestor der deutschen Verwaltungsrechtslehre (mit-)bewirkte Trennung von   **72**
der Staatsrechtslehre scheint sich also in dem historischen Umbruch von Krieg, Revolution und Verfassungswandel bestätigt zu haben. Indes wäre es überaus erstaunlich, wenn das Verwaltungsrecht der **konstitutionellen Monarchie**, das ja auf grundlegenden Annahmen des Verhältnisses von Bürger und Staat – Untertan und Obrigkeit – beruhte, gewissermaßen bruchlos in die demokratisch-republikanische Verfassungsordnung hätte herübergerettet werden können. Der noch von *Otto Mayer* in Anspruch genommenen **Verfassungsunabhängigkeit** (und damit Zeitlosigkeit) des Verwaltungsrechts steht die spätere Sentenz *Fritz Werners* gegenüber, der in einem 1959 erschienenen Beitrag das »**Verwaltungsrecht als konkretisiertes Verfassungsrecht**« bezeichnet hat.[122]

Beide Positionen werden in den Darstellungen des Verwaltungsrechts inzwischen als   **73**
»geflügelte Worte« verwandt und sind geeignet, die dem Verwaltungsrecht innewohnende Spannung zu verdeutlichen.[123] Das Verwaltungsrecht ist in hohem Maße durch das Verfassungsrecht geprägt und unterliegt mit diesem jedem grundlegenden Wandel. Die Revolution von 1918/19 bewirkte ja nicht nur, dass an die Stelle des erblichen Monarchen ein volksgewählter Reichspräsident trat – sich insofern also die *Staatsverfassung* änderte –, sondern hatte vor allem einen grundlegenden Wandel des Verhältnisses von Staat und Bürger zur Folge. Dieser ist im republikanisch-demokratischen Staat nicht mehr **Untertan** einer **Obrigkeit**, sondern hat teil an der **Volks-**

---

120 Dazu die Bespr. von *J. Ipsen,* Verw. 44 (2011), S. 290.
121 So *O. Mayer,* Deutsches Verwaltungsrecht I, Vorwort.
122 So *F. Werner,* DVBl. 1959, S. 527.
123 Vgl. etwa *N. Achterberg,* AllgVerwR, § 4 Rn. 1 ff.

souveränität. Ein solches Bewusstsein des Wandels tritt mit einem Phasenverzug ein und muss sich erst durchsetzen. Insofern ist die Feststellung *Otto Mayers* für jenen Zeitpunkt durchaus zutreffend, erfasst das Verhältnis von Verfassungs- und Verwaltungsrecht allerdings nicht in seiner grundsätzlichen Bedeutungsschicht.

74 Die von *Fritz Werner* angedeutete Position, das Verwaltungsrecht ausschließlich als **Funktion des Verfassungsrechts** zu begreifen,[124] erfasst das Verhältnis beider Rechtsgebiete ebenfalls nicht in jeder Hinsicht. Aufgrund der Bindung aller staatlichen Gewalt an die Grundrechte als unmittelbar geltendes Recht (Art. 1 Abs. 3 GG) und des bei Rechtsverletzungen eröffneten Rechtswegs (Art. 19 Abs. 4 GG) lässt sich das Verfassungsrecht nicht in Bürger- und Praxisferne ansiedeln. Das bedeutet jedoch nicht, dass das Verwaltungsrecht in seiner Mannigfaltigkeit sich lediglich als Ableitung, Deduktion oder Konkretisierung des Verfassungsrechts begreifen ließe.[125] Zwar lassen sich viele *Rechts*fragen letztlich auf *Gerechtigkeits*fragen zurückführen; damit aber wird die Komplexität des modernen Verwaltungsrechts nicht vollständig erfasst. Verwaltungsrecht dient stets auch der **Steuerung der Verwaltung** und verfolgt insofern Ziele, die mit Gerechtigkeitspostulaten entweder keinen oder nur einen lockeren Zusammenhang aufweisen. Überdies erfüllt das Verwaltungsrecht seine **Legitimationswirkung** nicht ausschließlich im Verhältnis zum Bürger, sondern auch im Verhältnis der Verwaltungsträger untereinander.[126] Selbst das Verwaltungsverfahrensrecht, das zu einem wesentlichen Teil dem Rechtsschutz des Einzelnen dient, lässt sich nicht als grundrechtlich vorgegeben betrachten, sondern folgt Tradition und Zweckmäßigkeit.[127]

75 Das Verfassungsrecht ist allerdings stets Prüfungsmaßstab, ob Gesetze, tradierte Rechtsinstitute oder Begriffsbildungen den verfassungsrechtlichen Anforderungen genügen. Die von *Otto Mayer* hervorgehobene Kontinuität der Verwaltungsrechtsdogmatik kann deshalb dazu führen, dass überwundene Begriffsbildung oder Vorstellungen gleichsam in dogmatischer Verkapselung – wenn man so will: Viren gleich – in einem neuen politischen System erhalten bleiben. Ein typisches Beispiel hierfür bildet die Lehre vom so genannten **»besonderen Gewaltverhältnis«.** Der konstitutionellen Staatsrechtslehre galt das Verhältnis von Bürger und Staat – Untertan und Obrigkeit – als **allgemeines Gewaltverhältnis,** in dem Eingriffe in Freiheit und Eigentum eines Gesetzes bedurften.[128] In den besonderen Gewaltverhältnissen, zu denen Schulen, Heer, Gefängnisse und andere öffentliche Anstalten gerechnet wurden, sollte der Gesetzesvorbehalt demgegenüber *nicht* gelten, weil es sich nicht um **Rechts-,** sondern um **Gewaltverhältnisse** handelte.[129] Diese Lehre ist – »Verfassungsrecht vergeht, Verwaltungsrecht besteht« – von der Weimarer Verwaltungsrechtslehre übernommen worden.[130] Auch unter dem Grundgesetz ist die Lehre vom besonderen Gewaltverhältnis trotz der unmittelbaren Geltung der Grundrechte für die Verwaltung (Art. 1

---

124 So insbesondere DVBl. 1959, S. 527 (528 f.).
125 Vgl. *N. Achterberg,* AllgVerwR, § 4 Rn. 7 ff.
126 Vgl. oben Rn. 55.
127 Vgl. hierzu die frühere Diskussion der Frage, ob die Anhörung im Verwaltungsverfahren aus Art. 103 Abs. 1 GG bzw. dem Rechtsstaatsprinzip folgt oder keinen Verfassungsrang hat: BVerwGE 49, 348 (350); 66, 184 (186 ff.); *J. Feuchthofer,* DVBl. 1984, S. 170; *H.-G. König,* DVBl. 1959, S. 189; *T. Schilling,* VerwArch 78 (1987), S. 45; *P. Weides,* JA 1984, S. 648.
128 So erstmals bei *C. F. v. Gerber,* Grundzüge eines Systems des Deutschen Staatsrechts, 1865, S. 42 Fn. 2, und bei *P. Laband,* Staatsrecht I, 5. Aufl. 1911, S. 128 ff.
129 Exemplarisch *O. Mayer,* Deutsches Verwaltungsrecht I, S. 101 ff.
130 Vgl. *F. Fleiner,* Institutionen des deutschen Verwaltungsrechts, S. 165 ff.; *W. Jellinek,* Verwaltungsrecht, S. 122 m. w. N.

Abs. 3 GG) fortgeführt worden, ohne auf nennenswerten Widerspruch zu stoßen.[131] Erst das Bundesverfassungsgericht hat in der grundlegenden **Strafvollzugsentscheidung** (1972) den Gesetzesvorbehalt auch in den so genannten »besonderen Gewaltverhältnissen« durchgesetzt.[132] Es hat nicht an Versuchen gefehlt, dieses Rechtsinstitut erneut zu beleben,[133] wobei schon die Prämisse fragwürdig ist, dass es in einem Rechtsstaat überhaupt »Gewaltverhältnisse« – und nicht nur *Rechtsverhältnisse* – geben kann.

Das **Verfassungsrecht** wirkt auf das **Verwaltungsrecht** ein, durchdringt es mit der **76** Zeit, vermag es aber niemals vollständig zu determinieren. Umgekehrt erwachsen aus dem Verwaltungsrecht und der Verwaltungspraxis neuartige verfassungsrechtliche Problemstellungen, die ggf. gesetzgeberisches Eingreifen erfordern.

Die durch die moderne Gentechnik ermöglichten Verfahren blieben zunächst ohne gesetzliche Rege- **77** lung. Dem Grundsatz folgend, dass in einem freiheitlichen Staat alles (rechtlich) erlaubt ist, was durch Gesetz nicht ausdrücklich verboten oder eingeschränkt wird,[134] hätten gentechnische Versuche deshalb ohne behördliche Erlaubnis stattfinden können. Der Hessische Verwaltungsgerichtshof vertrat demgegenüber die Auffassung, dass aus verfassungsrechtlichen Gründen ein besonderes Genehmigungsverfahren geboten und gentechnische Versuche deshalb so lange nicht zulässig seien, wie es an einer gesetzlichen Verfahrensregelung fehle.[135] Die freiheitssichernde Funktion der Grundrechte ist damit geradezu in ihr Gegenteil verkehrt worden.[136]

Verfassungsrecht und Verwaltungsrecht stehen in einem Verhältnis der **Interdepen-** **78** **denz.** Das Verfassungsrecht wirkt einerseits auf das Verwaltungsrecht ein und gibt ihm punktuell die Richtung. Aus dem Verwaltungsrecht ergeben sich andererseits ggf. neuartige verfassungsrechtliche Fragestellungen, die gesetzgeberisches Handeln gebieten.

3. Verfassungsrechtliche und »nichtverfassungsrechtliche« Streitigkeiten

Der **Verwaltungsrechtsweg** ist nur für öffentlich-rechtliche Streitigkeiten nichtver- **79** fassungsrechtlicher Art eröffnet (§ 40 Abs. 1 S. 1 VwGO). Jede Klage, die mit einer Verletzung von Grundrechten oder verfassungsrechtlichen Prinzipien (Übermaßverbot, Bestimmtheitsgrundsatz) begründet wird, müsste folgerichtig als **verfassungsrechtliche Streitigkeit** zu qualifizieren und damit von der Zuständigkeit der Verwaltungsgerichte ausgenommen sein. Aufgrund der eben dargestellten Durchdringung des Verwaltungsrechts durch das Verfassungsrecht hätte dies zur Folge, dass den Verwaltungsgerichten für wesentliche Teile des Individualrechtsschutzes gegenüber der öffentlichen Gewalt die Zuständigkeit fehlte. Da Art. 19 Abs. 4 S. 1 GG eine Rechtsweggarantie begründet und der ordentliche Rechtsweg subsidiär eröffnet ist (Art. 19 Abs. 4 S. 2 GG), ergäbe sich bei wörtlicher Auslegung des § 40 Abs. 1 S. 1 VwGO das widersinnige Ergebnis, dass die Verwaltungsgerichtsbarkeit, deren Aufgabe gerade der Individualrechtsschutz gegenüber dem Staat ist, vom hierfür essentiellen **Grundrechtsschutz** ausgeschlossen bliebe.

---

131 Vgl. *H. Krüger,* DVBl. 1950, S. 625 (629); *G. Dürig,* AöR 81 (1956), S. 117 (152); *W. Thieme,* DÖV 1956, S. 521 (523); sowie die Referate von *H. Krüger* und *C. H. Ule,* Das besondere Gewaltverhältnis, VVDStRL 15 (1957), S. 109 ff., 133 ff. auf der Tagung der Vereinigung der Deutschen Staatsrechtslehrer 1956.
132 Vgl. BVerfGE 33, 1.
133 Vgl. die Nachw. bei *N. Klein,* DVBl. 1987, S. 1102.
134 BVerfGE 84, 372 (380); dazu *J. Ipsen,* Staatsrecht II, 15. Aufl. 2012, Rn. 76 ff.
135 Vgl. VGH Kassel, NJW 1990, S. 336; vgl. auch Fall 16, unten Rn. 385.
136 Vgl. hierzu *H. Sendler,* NVwZ 1990, S. 231; *M. Rose,* DVBl. 1990, S. 279.

80 Rechtsprechung und Lehre haben dieses absurde Ergebnis dadurch zu vermeiden gewusst, dass nicht auf das anzuwendende (Verfassungs-)**Recht,** sondern auf die **Verfahrensbeteiligten** abgestellt wird.[137]

81 Nach der heute gebräuchlichen Formel liegt eine verfassungsrechtliche (und damit die Zuständigkeit der Verwaltungsgerichte ausschließende) Streitigkeit nur vor, wenn die Beteiligten auf beiden Seiten »unmittelbar am Verfassungsleben beteiligt sind« (sog. »doppelte Verfassungsunmittelbarkeit«).[138] Der Begriff der verfassungsrechtlichen Streitigkeit wird folglich **nicht materiell,** sondern **institutionell** – und zwar bei *beiden* Beteiligten – gedeutet. Mühelos lässt sich der Bogen zur Abgrenzung zwischen öffentlichem und privatem Recht schlagen, bei der sich ebenfalls herausgestellt hat, dass ein materieller Ansatz nicht durchzuhalten ist, für die Abgrenzung beider Rechtsgebiete vielmehr auf die handelnden Institutionen abgestellt werden muss.[139]

V. Rechtsprechung

82 BVerwGE 35, 103 (Hausverbot); **BVerwG,** NJW 2011, S. 2379 (Hausrecht des Gerichtspräsidenten); **BGHZ** 33, 230 (Hausverbot); **OVG Münster,** NJW 2011, S. 2379 (Rechtsweg bei Anfechtung eines für ein Jobcenter ausgesprochenen Hausverbots); **OVG Neustadt/W.,** NJW 2011, S. 3317 (Hausverbot für ein Gerichtsgebäude).

VI. Literatur

83 *O. Bachof,* Über Öffentliches Recht, FG aus Anlaß des 25jährigen Bestehens des Bundesverwaltungsgerichts, 1978, S. 1; *M. Bullinger,* Öffentliches Recht und Privatrecht, 1968; *ders.,* Öffentliches Recht und Privatrecht in Geschichte und Gegenwart, FS F. Rittner, 1991, S. 69; *H.-U. Erichsen,* Öffentliches und privates Recht, Jura 1982, S. 537; *W. Hoffmann-Riem/E. Schmidt-Aßmann/G. F. Schuppert* (Hrsg.), Reform des Allgemeinen Verwaltungsrechts, 1993; *W. Hoffmann-Riem/E. Schmidt-Aßmann* (Hrsg.), Öffentliches Recht und Privatrecht als wechselseitige Auffangordnungen, 1996; *J. Ipsen/T. Koch,* Öffentliches Recht und privates Recht – Abgrenzungsprobleme bei der Benutzung öffentlicher Einrichtungen, JuS 1992, S. 809; *W. Leisner,* Unterscheidung zwischen privatem und öffentlichem Recht, JZ 2006, S. 869; *G. Püttner,* Öffentliches und privates Recht, FS H. Maurer, 2001, S. 713; *A. Scherzberg,* Das subjektiv-öffentliche Recht – Grundfragen und Fälle, Jura 2006, S. 839; *D. Schmidt,* Die Unterscheidung von privatem und öffentlichem Recht, 1985; *E. Schmidt-Aßmann,* Das allgemeine Verwaltungsrecht als Ordnungsidee und System, 1982; *ders.,* Zur Funktion des Allgemeinen Verwaltungsrechts, Verw. 27 (1994), S. 137; *G. F. Schuppert,* Verwaltungswissenschaft, 2000; *ders.,* Verwaltungsrecht und Verwaltungsrechtswissenschaft im Wandel. Von Planung über Steuerung zu Governance?, AöR 133 (2008), S. 79; *U. Stelkens,* Das behördliche Hausrecht, Jura 2010, S. 363; *A. Voßkuhle/A.-B. Kaiser,* Grundwissen – Öffentliches Recht: Das subjektiv-öffentliche Recht, JuS 2009, S. 16; *H. J. Wolff,* Der Unterschied zwischen öffentlichem und privatem Recht, AöR 76 (1950/51), S. 205.

---

137 Vgl. unten Rn. 1018.
138 Vgl. unten Rn. 1018.
139 Vgl. oben Rn. 50 f.

§ 2 Die Normenkategorien des Verwaltungsrechts

I. Zur »Rechtsquellenproblematik«

Bei der Darstellung des geltenden Verwaltungsrechts wird herkömmlich nach **84** »**Rechtsquellen**« unterschieden, so dass sich das Verwaltungsrecht insgesamt als Summe unterschiedlicher »Rechtsquellen« darstellt.[1] Der Begriff der »Rechtsquelle« und die damit verbundene Zuweisung der Erforschung des geltenden Rechts an die »Rechtsquellenlehre«[2] ist aus mehreren Gründen problematisch. Das liegt zum einen daran, dass der Begriff der »Rechtsquelle« eine Metapher darstellt, die trotz ihrer Anschaulichkeit unpräzise ist. Das »sympathische Bild«[3] der Quelle lässt nämlich nicht erkennen, welcher **Rechtsbegriff** zugrunde gelegt wird. Ist die gesamte Rechtsmasse des Verwaltungsrechts gemeint, so ist die Metapher der »Quelle« überflüssig: Das Verwaltungsrecht würde sich – um im Bild zu bleiben – wie ein Gewässer darstellen, das aus unterschiedlichen Rechtsquellen gespeist wird. Da im modernen Gesetzgebungsstaat Recht aber nicht einfach »fließt«, sondern *gemacht* wird – nämlich durch den Gesetz-, Verordnungs- und Satzungsgeber –, erfasst der Begriff der Rechtsquelle entgegen der mit ihm verbundenen Intention nicht den Ursprung des Rechts, sondern beschreibt seine unterschiedlichen **Erscheinungsformen.**

Begreift man das durch die unterschiedlichen »Rechtsquellen« zu speisende »Recht« **85** dagegen als das im Einzelfall anzuwendende Recht, gewinnt die Metapher an Plausibilität. Bei jeder ungeklärten »Rechtslage« nämlich muss der Jurist auf unterschiedliche »Quellen« zurückgreifen, nämlich auf den Gesetzestext und die hierzu ergangene Judikatur, ggf. auf rechtswissenschaftliche Lehrmeinungen. Damit würde die »Rechtsquellenlehre« lediglich die Autoritäten benennen, auf die sich der Rechtsanwender bei der Entscheidungsfindung stützen kann, und damit das juristische Handwerkszeug beschreiben.

Der entscheidende Einwand gegen eine verwaltungsrechtliche »Rechtsquellenlehre« **86** liegt darin, dass sie die **Verbindlichkeit von Rechtsnormen** nicht zu begründen vermag. Der Grund hierfür ist denkbar einfach. Das Grundgesetz schreibt in Art. 20 Abs. 3 vor, dass die vollziehende Gewalt an Gesetz und Recht gebunden ist und unterwirft die Richter »nur dem Gesetze« (Art. 97 Abs. 1 GG). Die Verbindlichkeit des Rechts für Rechtsprechung und Verwaltung wird also durch die Verfassung selbst bestimmt, nicht durch eine diffuse Rechtsquellenlehre. Welche Kategorien von Rechtsnormen unter den Begriff des »Rechts« fallen, ist folglich eine **verfassungsrechtliche** und keine rechtsquellentheoretische Fragestellung. Der Begriff der Rechtsquelle sollte deshalb auf die rechtstheoretische Diskussion beschränkt bleiben.[4] In der Verwaltungsrechtsdogmatik stellt sich demgegenüber die verfassungsrechtliche Frage, an welche Arten von Rechtsnormen – »Normenkategorien« – Verwaltung und Rechtsprechung gebunden sind.[5]

---

1 Vgl. *N. Achterberg*, AllgVerwR, § 16 Rn. 1 ff.; *D. Ehlers*, in: Erichsen/Ehlers, AllgVerwR, § 2 Rn. 6 ff.; *H. Maurer*, AllgVerwR, § 4 Rn. 1 ff.

2 Vgl. die Nachw. bei *D. Ehlers*, in: Erichsen/Ehlers, AllgVerwR, § 2 Rn. 6 ff.; *M. Ruffert*, in: Hoffmann-Riem/Schmidt-Aßmann/Voßkuhle, Grundlagen des Verwaltungsrechts, Bd. I, § 17 Rn. 1 ff.

3 So *U. Meyer-Cording*, Die Rechtsnormen, 1971, S. 50.

4 Dieser Disziplin sind die wesentlichen Werke der Rechtsquellentheorie zuzuordnen: vgl. *A. Ross*, Theorie der Rechtsquellen, 1929; *U. Meyer-Cording*, Die Rechtsnormen, 1971.

5 Vgl. auch *Bull/Mehde*, AllgVerwR/VerwL, Rn. 206 ff., die den Begriff der »Rechtsquelle« gänzlich vermeiden.

II. Die Struktur der Rechtsnorm

87 Rechtsnormen enthalten **Sollensanordnungen,** deren Befolgung regelmäßig durch rechtliche **Sanktionen** gesichert ist. Rechtsnormen beschreiben also keine Zustände, sondern schreiben – ggf. unter bestimmten Voraussetzungen – ein bestimmtes Verhalten *vor.* Mit anderen Worten sind Rechtsnormen präskriptiv, nicht deskriptiv. Das rechtliche Sollen beschränkt sich nicht auf eine **Verpflichtung,** sondern umfasst auch die **Berechtigung** oder **Ermächtigung.**[6] Auf der Grundlage dieses Begriffsverständnisses lassen sich sämtliche Rechtsnormen darauf zurückführen, dass ein bestimmtes Verhalten *gesollt,* d. h. geboten, verboten oder erlaubt wird.

88 Rechtsnormen sind nicht identisch mit einzelnen Paragraphen, Sätzen oder Satzteilen von Gesetzen. Diese können Definitionen enthalten, deren Sinn sich nur im Zusammenhang mit anderen Rechtssätzen erschließt. Stets aber ist zu berücksichtigen, dass die Rechtsnorm sich nur auf das Verhalten von Menschen bezieht. Selbst wenn eine »Behörde« zu einem bestimmten Handeln ermächtigt oder verpflichtet wird, richtet sich die Norm letztlich nur an die in dieser Behörde tätigen *Menschen* (Amtswalter oder »Akteure«).

1. Normadressat

89 Wenn es das Kennzeichen von Rechtsnormen ist, etwas vorzuschreiben, so müssen sie sich notwendig an einen **Adressaten** wenden, weil andernfalls niemand wüsste, was er tun soll, darf oder kann. Im Gegensatz zum **Verwaltungsakt,** dessen Adressat individuell bestimmt ist, hat die Norm regelmäßig keinen bestimmten Adressaten, ist also nicht individuell, sondern **individualisierungsbedürftig.** Soweit der Normadressat als generell bezeichnet wird,[7] zielt dies in die gleiche Richtung, lässt aber die graduelle Unbestimmtheit des Adressatenkreises außer Acht.

2. Normgegenstand

90 Normen bezeichnen das gesollte Verhalten regelmäßig auf einem bestimmten Abstraktionsniveau, das der Konkretisierung bedarf. Im Gegensatz zum Verwaltungsakt, der einen Einzelfall regelt (§ 35 S. 1 VwVfG), muss die Norm erst auf einen Einzelfall bezogen (»angewandt«), also »konkretisiert« werden.

91 Die Vorschriften des Abgabenrechts schreiben regelmäßig bis auf den Cent genau vor, in welcher Höhe Abgaben zu leisten sind. Gleichwohl muss die Norm auf den einzelnen Fall bezogen – »konkretisiert« – werden, damit der Adressat weiß, wie hoch seine Abgabenschuld ist.[8]

3. Normsituation

92 Wenn deutlich ist, *wer* sich *wie* zu verhalten hat, so bleibt gleichwohl offen, *wann* und *wo* das Verhalten gesollt ist. Normen können als drittes Strukturelement also Bestimmungen über die **Regelungssituation** enthalten. Sofern eine Norm derartige Strukturelemente nicht aufweist, gilt sie zeitlich unbegrenzt, ist hinsichtlich ihrer **räumlichen Geltung** allerdings durch die Zuständigkeit des Normgebers beschränkt.[9]

---

6 Vgl. hierzu grundlegend *H. Kelsen,* Reine Rechtslehre, 2. Aufl. 1960, S. 15.
7 Vgl. *J. Ipsen,* Rechtsfolgen der Verfassungswidrigkeit von Norm und Einzelakt, S. 183.
8 Vgl. das Beispiel bei *J. Ipsen,* Rechtsfolgen der Verfassungswidrigkeit von Norm und Einzelakt, S. 183.
9 Vgl. *J. Ipsen,* Rechtsfolgen der Verfassungswidrigkeit von Norm und Einzelakt, S. 183.

Alltäglich sind Rechtsvorschriften, die Pflichten an eine bestimmte Jahreszeit oder Tageszeit knüpfen. **93** Auch ist denkbar, dass Normen (etwa kommunale Satzungen) sich auf bestimmte kommunale Einrichtungen (etwa einen Park oder eine Badeanstalt) beschränken. Typischerweise aber ist die Situation, in der das Verhalten gesollt wird, durch die Norm nicht festgelegt, also fixierungsbedürftig.

4. Hypothetische und kategorische Normen

Häufig ist das in Rechtsnormen enthaltene Sollen an bestimmte **Voraussetzungen** **94** (»Wenn, dann«) geknüpft. Diese für die moderne Gesetzgebung typische Erscheinungsform der – »hypothetischen« – Norm verleitet nicht selten zu der Annahme, eine Rechtsnorm – oder ein Rechtssatz – habe *notwendig* eine hypothetische Struktur.[10] Diese Fehlannahme wird dadurch begünstigt, dass zahlreiche Gesetze ein derartiges »Konditionalprogramm«[11] aufweisen. Indes enthält auch jede (hypothetische) Strafnorm zunächst einmal das *kategorische* Verbot des strafbaren Verhaltens und knüpft lediglich an die Überschreitung dieses Verbots eine Sanktion.[12] Zahlreiche Verwaltungsgesetze legen jedoch Gebote und Verbote fest oder begründen Pflichten, um Zuwiderhandlungen in einem späteren Abschnitt (»Straf- und Bußgeldvorschriften«) mit einer Sanktion zu belegen.

Die in der Straßenverkehrsordnung (StVO) enthaltenen Verkehrsregeln richten an die Verkehrsteil- **95** nehmer (unbedingte) Gebote und Verbote, sind kategorisch formuliert und weisen eine eingliedrige Struktur auf.[13] Die Sanktionsvorschrift des § 49 Abs. 1 Nr. 1 StVO, nach der ordnungswidrig handelt, wer vorsätzlich oder fahrlässig gegen eine Vorschrift über das allgemeine Verhalten im Straßenverkehr nach § 1 Abs. 2 StVO verstößt, weist demgegenüber die für hypothetische Normen typische »Wenn-Dann-Struktur« auf.

III. Bundesrecht

Rechtsnormen lassen sich hinsichtlich ihres **Urhebers** (Normgebers) und ihres **Ran- 96 ges** in der **Normenhierarchie** unterscheiden. Soweit Organe des Bundes (Bundestag, Bundesrat, Bundesregierung, Bundesministerien, Bundesoberbehörden oder andere Bundesbehörden) die Normen – gleich welchen Ranges – erlassen haben, handelt es sich um **Bundesrecht**.[14] Auch die von den bundesunmittelbaren Körperschaften, Anstalten und Stiftungen erlassenen Rechtsnormen sind – autonomes – Bundesrecht, weil der Normgeber der **Bundesverwaltung** zugerechnet wird. Der Rang der einzelnen Normenkategorien ist ebenfalls rechtlich determiniert, so dass eine Rangfolge von Normenkategorien entsteht, die mit dem Begriff der »**Normenpyramide**« anschaulich gemacht wird.[15]

1. Bundesverfassungsrecht

Als »**Verfassungsrecht**« wird die Summe der im Grundgesetz enthaltenen Rechts- **97** normen bezeichnet.[16] Die Verfassung ist Akt der **verfassunggebenden Gewalt,** hat

---

10 Vgl. *H. Maurer,* AllgVerwR, § 7 Rn. 2.
11 Vgl. *N. Luhmann,* Rechtssoziologie, 3. Aufl. 1987, S. 227.
12 Vgl. *J. Ipsen,* Rechtsfolgen der Verfassungswidrigkeit von Norm und Einzelakt, S. 179 m. w. N.
13 Vgl. § 1 Abs. 2 StVO: »Jeder Verkehrsteilnehmer hat sich so zu verhalten, daß kein Anderer geschädigt, gefährdet oder mehr, als nach den Umständen unvermeidbar, behindert oder belästigt wird.«
14 Vgl. *P. M. Huber,* in: Sachs (Hrsg.), GG, 6. Aufl. 2011, Art. 31 Rn. 10; *B. Pieroth,* in: Jarass/Pieroth, GG, 11. Aufl. 2011, Art. 31 Rn. 2 jeweils m. w. N.; vgl. auch BVerfGE 18, 407 (414).
15 Vgl. *J. Ipsen,* Staatsrecht I, 24. Aufl. 2012, Rn. 779.
16 Vgl. *J. Ipsen,* Staatsrecht I, 24. Aufl. 2012, Rn. 21.

insofern einen besonderen **Entstehungsmodus** und ist nur unter erschwerten Bedingungen änderbar (Art. 79 GG). Sie bildet die rechtliche Grundordnung des Staates, konstituiert die obersten Staatsorgane und grenzt ihre Zuständigkeiten untereinander ab. Sie enthält neben **Staatszielbestimmungen** (Art. 20 Abs. 1, 20 a GG) in Gestalt der **Grundrechte** Begrenzungen staatlichen Handelns, auf die sich der Bürger gegenüber der »öffentlichen Gewalt« berufen und zu deren Verteidigung er die Gerichte anrufen kann (Art. 19 Abs. 4 GG). Mit den bundesstaatlichen Bestimmungen werden das Verhältnis und die Kompetenzen von Bund und Ländern im Einzelnen festgelegt (Art. 30 ff., 70 ff., 83 ff., 92 ff., 104 a ff. GG). Daneben enthält das Grundgesetz Bestimmungen, die sich traditionell in deutschen Verfassungen finden[17] sowie Übergangs- und Schlussbestimmungen (Art. 116–146 GG).

98 Das Verfassungsrecht ist also keine umfassende Normenkategorie, sondern beschränkt sich häufig auf punktuelle Regelungen.

99 Nimmt man den für die moderne Zivilisation so bedeutsamen Straßenverkehr als Beispiel, so enthält das Grundgesetz lediglich die Bestimmung, dass auf diesem Gebiet eine (konkurrierende) Gesetzgebungszuständigkeit des Bundes besteht (Art. 74 Abs. 1 Nr. 22 GG) und die Länder die Bundesautobahnen und sonstigen Bundesfernstraßen im Auftrage des Bundes verwalten (Art. 90 Abs. 2 GG). Ein spezielles Grundrecht auf Teilnahme am Straßenverkehr gibt es nicht; diese ist jedoch Teil der allgemeinen Handlungsfreiheit (Art. 2 Abs. 1 GG), die einschränkenden Maßnahmen entgegengesetzt werden kann.[18] Überdies können der aus dem Rechtsstaatsprinzip abzuleitende Bestimmtheitsgrundsatz und das Übermaßverbot begrenzend wirken.

100 Wegen ihres begrenzten normativen Gehalts vermag die Verfassung das Verwaltungsrecht zu *inspirieren*, nicht aber vollständig zu *determinieren*.[19] Wegen des Beharrungsvermögens der Verwaltungsrechtsdogmatik[20] erfordert die verfassungsrechtliche Durchdringung des Verwaltungsrechts unter Umständen längere Zeiträume.[21]

101 Die Besonderheit des Verfassungsrechts ist sein **Geltungsvorrang** vor allen anderen Normenkategorien. Der Geltungsvorrang wird zwar im Grundgesetz selbst festgelegt (Art. 1 Abs. 3, 20 Abs. 3, 97 Abs. 1, 100 GG), liegt aber ohnehin im Wesen der Verfassung als **rechtlicher Grundordnung** des Staates.[22] Der Geltungsvorrang der Verfassung gegenüber anderen Normenkategorien zeigt sich darin, dass letztere **nichtig** sind, wenn sie gegen die Verfassung verstoßen. Sofern es sich um ein förmliches (nachkonstitutionelles) Gesetz handelt, dessen Vereinbarkeit mit dem Grundgesetz in Frage steht, besteht ein **Verwerfungsmonopol** des Bundesverfassungsgerichts. Das entscheidende Gericht muss bei Zweifeln über die Verfassungsmäßigkeit das Gesetz dem Bundesverfassungsgericht zur Entscheidung vorlegen (Art. 100 Abs. 1 GG). Sofern ein Gericht eine untergesetzliche Rechtsnorm für

---

17 Z. B. Art. 27 GG (»Alle deutschen Kauffahrteischiffe bilden eine einheitliche Handelsflotte.«), der im Wortlaut mit Art. 54 RV und Art. 81 WRV übereinstimmt.

18 Vgl. BVerfGE 59, 275 (Helmtragepflicht für Motorradfahrer); BVerfG, NJW 1987, S. 180 (Anschnallpflicht).

19 Vgl. *N. Achterberg*, AllgVerwR, § 4 Rn. 7 ff.

20 Vgl. oben Rn. 71 f.

21 Vgl. oben Rn. 71 ff.

22 Während der Vorrang der Verfassung und das richterliche Prüfungsrecht in den U. S. A. seit der Entscheidung des U. S. Supreme Court aus dem Jahr 1803 (»Marbury v. Madison«) anerkannt war (vgl. *W. Heun*, Der Staat 42 [2003], S. 267), ist in Deutschland noch die Weimarer Staatsrechtslehre von einer Kontroverse über den Rangunterschied von Gesetz und Verfassung gekennzeichnet; vgl. *J. Ipsen*, Rechtsfolgen der Verfassungswidrigkeit von Norm und Einzelakt, S. 59 f.

verfassungswidrig hält, kann es diese in eigener Zuständigkeit außer Anwendung lassen.[23]

2. Bundesgesetze

Das »einfache« Gesetz oder **Parlamentsgesetz** bildet die wichtigste Normenkategorie **102** des Verwaltungsrechts. Dies liegt zum einen daran, dass Grundrechtseingriffe oder -beschränkungen nur durch Gesetz oder aufgrund eines Gesetzes erfolgen dürfen, die Grundrechte also überwiegend unter **Gesetzesvorbehalt** stehen.[24] Entgegen dem durch die Formel von »Freiheit und Eigentum« erweckten Eindruck, es gebe einen generellen Gesetzesvorbehalt,[25] muss festgehalten werden, dass es nicht nur *einen*, sondern *zahlreiche* Gesetzesvorbehalte gibt, die sich in den einzelnen Grundrechten finden und unterschiedlich konstruiert sind.[26] Sofern Spezialgrundrechte nicht einschlägig sind, folgt die Notwendigkeit einer gesetzlichen Grundlage für belastende Maßnahmen aus Art. 2 Abs. 1 GG.[27]

Neben die (grundrechtlichen) Gesetzesvorbehalte tritt ein durch das Bundesverfas- **103** sungsgericht entwickelter **Parlamentsvorbehalt.** Das Bundesverfassungsgericht hat auch in Fällen, in denen keine Grundrechtsbeschränkung herkömmlicher Art vorlag, ein Parlamentsgesetz für erforderlich gehalten, wenn es sich um »wesentliche« sozialgestaltende Fragen handelte.[28] Die »**Wesentlichkeitstheorie**« ist keine wissenschaftliche Lehrmeinung, sondern ein vom Bundesverfassungsgericht entwickelter Versuch der Kompetenzabgrenzung zwischen Legislative und Exekutive. Die vom Bundesverfassungsgericht entschiedenen Fälle[29] lassen nicht notwendig erkennen, dass es sich hier um ein **Kompetenzverteilungsprinzip** von großer Tragweite handelt. Wenn die Verwaltung für sozialgestaltende Entscheidungen eines Gesetzes bedarf, so ist hiermit dem Parlament ein bisher strittiger Bereich zur eigenverantwortlichen Entscheidung zugeordnet. Die Bedeutung des Kompetenzverteilungsprinzips wird nicht dadurch gemindert, dass es im Einzelfall schwierig ist, zwischen »wesentlichen« und »unwesentlichen« Sachverhalten zu unterscheiden.[30] Ein dem Parlamentsvorbehalt entgegenzusetzender »**Verwaltungsvorbehalt**« ist demgegenüber als verfassungsrechtliches Kompetenzverteilungsprinzip nicht anzuerkennen.[31]

Auf dem Gebiet des Straßenverkehrs hat der Bund aufgrund des Art. 74 Abs. 1 Nr. 22 GG das **104** Straßenverkehrsgesetz erlassen. Es enthält Vorschriften über die Zulassung von Kraftfahrzeugen (§ 1), die Fahrerlaubnis (§§ 2 ff.), die Haftpflicht (§§ 7 ff.) sowie Straf- und Bußgeldvorschriften (§§ 21 ff.). Hinzugekommen sind Bestimmungen, in denen die Datenerhebung, -speicherung und -verwendung geregelt sind (§§ 28 ff. StVG). Der zunehmende Normenbestand im StVG zeigt insofern, welche Gegenstände im Laufe der letzten Jahrzehnte als gesetzlicher Regelung bedürftig angesehen worden sind. Bezeichnenderweise gehören die Verkehrsregeln nicht hierzu; das StVG beschränkt sich insoweit auf eine Verordnungsermächtigung (§ 6 Abs. 1 StVG).

---

23 Vgl. *J. Ipsen*, Staatsrecht I, 24. Aufl. 2012, Rn. 935.

24 Vgl. *J. Ipsen*, Staatsrecht II, 15. Aufl. 2012, Rn. 172 ff.

25 Vgl. etwa BVerfGE 8, 155 (166 f.).

26 Im Einzelnen sind Eingriffs-, Schranken- und Regelungsvorbehalte zu unterscheiden: vgl. *J. Ipsen*, Staatsrecht II, 15. Aufl. 2012, Rn. 174 ff.

27 Vgl. *J. Ipsen*, Staatsrecht II, 15. Aufl. 2012, Rn. 781 ff.

28 Vgl. *J. Ipsen*, Staatsrecht I, 24. Aufl. 2012, Rn. 768, 800.

29 Vgl. BVerfGE 34, 165 (»Förderstufe«); 41, 251 (»Speyer-Colleg«); 45, 400 (»Hessische Oberstufe«); 47, 46 (»Sexualkundeunterricht«); 58, 257 (»Schulentlassung«).

30 Vgl. die Nachw. bei *M. Sachs*, in: ders. (Hrsg.), GG, 6. Aufl. 2011, Art. 20 Rn. 117, Fn. 462.

31 Vgl. insbes. *H. Maurer*, VVDStRL 43 (1985), S. 146 ff.

3. Rechtsverordnungen

105 Rechtsverordnungen sind **untergesetzliche Rechtsnormen,** die von **Verwaltungs-behörden** aufgrund einer **gesetzlichen Ermächtigung** erlassen werden. Die Recht-setzung durch die Exekutive bedeutet eine **Gewaltenverschränkung** und ist deshalb verfassungsrechtlich von engen Voraussetzungen abhängig gemacht worden. Das Gesetz muss **Inhalt, Zweck** und **Ausmaß** der erteilten Ermächtigung bestimmen (Art. 80 Abs. 1 S. 2 GG); die Rechtsgrundlage ist in der Verordnung anzugeben (Art. 80 Abs. 1 S. 3 GG).[32] Mögliche Verordnungsgeber sind die **Bundesregierung,** ein **Bundesminister** oder die **Landesregierungen** (Art. 80 Abs. 1 S. 1 GG). Sofern Landesregierungen ermächtigt werden, sind die von ihnen erlassenen Verordnungen Landesrecht.[33] Statt Rechtsverordnungen zu erlassen, können die Bundesländer die Regelung auch durch (Landes-) Gesetz vornehmen (Art. 80 Abs. 4 GG).

106 Auf dem Gebiet des Straßenverkehrs hat der Bundesminister für Verkehr aufgrund der in § 6 Abs. 1 StVG enthaltenen Ermächtigung die Straßenverkehrsordnung (StVO), die Straßenverkehrszulassungs-ordnung (StVZO) und die Fahrerlaubnis-Verordnung (FeV) erlassen. Erst in diesen Verordnungen finden sich die Verkehrsregeln (StVO) und die Voraussetzungen für die Teilnahme am Straßenverkehr (StVZO, FeV).

107 Die Zahl der (Bundes-)Rechtsverordnungen beträgt etwa das Dreifache der Par-lamentsgesetze;[34] Rechtsverordnungen sind deshalb für die **Verwaltungspraxis** von großer Bedeutung. Die Steuerung des Verwaltungshandelns durch Rechtsnormen nimmt prinzipiell mit dem Grad ihrer Detaillierung zu. Es besteht deshalb Anlass zu der Vermutung, dass die »Steuerungsfähigkeit« von Rechtsverordnungen die der einfachen Gesetze regelmäßig übersteigt. Für das konkrete Verwaltungshandeln lässt sich feststellen, dass es durch den detailliertesten, nicht durch den ranghöchsten Rechtssatz gesteuert wird.

4. Satzungen (autonomes Recht)

108 Satzungen haben mit Rechtsverordnungen gemeinsam, dass sie **untergesetzliches Recht** darstellen. Der Unterschied zwischen beiden Normenkategorien besteht darin, dass Satzungen die spezifische Normenkategorie **autonomer Körperschaften** bilden, also solcher juristischen Personen des öffentlichen Rechts, die ihre Angelegenheiten durch eigene Rechtsetzung regeln können. Für bundesrechtliche Satzungen kommen nur bundesunmittelbare **Körperschaften** und **Anstalten des öffentlichen Rechts** in Betracht.

109 Nach § 367 Abs. 1 SGB III ist die Bundesagentur für Arbeit eine rechtsfähige Körperschaft des öffentlichen Rechts mit Selbstverwaltung. Die Satzung wird vom Verwaltungsrat beschlossen und bedarf der Genehmigung des Bundesministeriums für Arbeit und Soziales (§ 373 Abs. 5 i. V. m. § 372 Abs. 2 SGB III).

110 Nach ständiger Rechtsprechung des Bundesverfassungsgerichts gelten die in Art. 80 Abs. 1 GG für Verordnungsermächtigungen festgelegten Grundsätze nicht für Sat-zungsermächtigungen.[35] Dies ist folgerichtig, weil mit der gesetzlichen Errichtung von Selbstverwaltungskörperschaften ihre Autonomie (Rechtsetzungsbefugnis) an-erkannt wird. Die hiermit bewirkte **Staatsferne** würde wieder rückgängig gemacht,

---

32 Vgl. *J. Ipsen,* Staatsrecht I, 24. Aufl. 2012, Rn. 790 ff.
33 So BVerfGE 18, 407 (414).
34 Vgl. *J. Ipsen,* Staatsrecht I, 24. Aufl. 2012, Rn. 788, Fn. 12.
35 So z. B. BVerfGE 12, 319 (325); 33, 125 (157 f.); 49, 343 (362); std. Rspr.

wenn Anforderungen an die Satzungsermächtigungen gestellt würden, die denen in Art. 80 Abs. 1 GG ähnlich sind, denn

»es macht einen erheblichen Unterschied aus, ob der Gesetzgeber seine – der Materie nach prinzipiell **111** unbeschränkte und allen Bürger gegenüber wirksame – Normsetzungsbefugnis an eine Stelle der bürokratisch-hierarchisch organisierten staatlichen Exekutive abgibt oder ob er innerhalb eines von vornherein durch Wesen und Aufgabenstellung der Körperschaft begrenzten Bereichs einen bestimmten Kreis von Bürgern ermächtigt, durch demokratisch gebildete Organe ihre Angelegenheiten zu regeln. Das Bedürfnis, eine Macht zu zügeln, die versucht sein könnte, praktisch-effiziente Regelungen auf Kosten der Freiheit der Bürger durchzusetzen, ist, wie die geschichtliche Erfahrung bestätigt, im ersterwähnten Fall ungleich fühlbarer.«[36]

IV. Landesrecht

1. Landesverfassungsrecht

Die Länder haben **Staatsqualität** und verfügen über eigene, aufgrund der verfassung- **112** gebenden Gewalt entstandene **Landesverfassungen**.[37] Das Landesverfassungsrecht ist die höchste Normenkategorie des Landesrechts. Da die Landesverfassungen entweder eigene Grundrechtskataloge aufweisen[38] oder den Grundrechtskatalog des Grundgesetzes inkorporieren,[39] bestimmen und begrenzen auch **Landesgrundrechte** das Verwaltungshandeln.

Die Grundrechte und Garantien der Landesverfassungen haben nicht notwendig den **113** gleichen Inhalt und Umfang wie die des Grundgesetzes. Für Grundrechte legt Art. 142 GG ausdrücklich fest, dass diese auch insoweit in Kraft bleiben, als sie über die Gewährleistungen des Grundgesetzes hinausgehen.[40] Auf andere verfassungsrechtliche Gewährleistungen – etwa die Garantie der kommunalen Selbstverwaltung – findet dieser Grundgedanke ebenfalls Anwendung.[41]

2. Landesgesetze

Soweit dem Bund durch das Grundgesetz keine Gesetzgebungskompetenzen einge- **114** räumt sind (Art. 73 ff. GG) bzw. er von diesen keinen Gebrauch gemacht hat, sind die Länder für die Gesetzgebung zuständig (Art. 70 Abs. 1 GG). Obwohl der **Schwerpunkt der Gesetzgebung** wegen der zahlreichen Bundeszuständigkeiten eindeutig beim Bund liegt, sind die Länder nach wie vor für die wichtigen Bereiche des

---

36 So BVerfGE 33, 125 (157).
37 Vgl. BVerfGE 36, 342 (361).
38 Vgl. Art. 98 ff. BayVerf; Art. 6 ff. BerlVerf; Art. 5 ff. BbgVerf; Art. 1 ff. BremVerf; Art. 1 ff. HessVerf; Art. 1 ff. Rh.-Pf.Verf; Art. 1 ff. SaarlVerf; Art. 14 ff. SächsVerf; Art. 4 ff. Sachs.-Anh.Verf; Art. 1 ff. ThürVerf.
39 Vgl. Art. 2 Abs. 1 Verf. Bad.-Württ.; Art. 5 Abs. 3 Meckl.-Vorp.Verf; Art. 3 Abs. 2 NV; Art. 4 Abs. 1 NWVerf; Art. 2 a Schl.-H.Verf. Das Vorhandensein einer Inkorporationsnorm schließt dabei die punktuelle Nennung einzelner Landesgrundrechte nicht aus, vgl. etwa Art. 6 ff. Meckl.-Vorp. Verf.
40 Vgl. hierzu *F. Hufen*, NdsVBl. 2010, S. 123; *R. Uerpmann*, Der Staat 35 (1996), S. 428; *A. v. Campenhausen*, in: v. Mangoldt/Klein/Starck, GG, Bd. III, 6. Aufl. 2010, Art. 142 Rn. 6.
41 Ein Beispiel bietet die institutionelle Interpretation der Garantie der kommunalen Selbstverwaltung durch das Bundesverfassungsgericht (BVerfGE 91, 228 [241 f.]), während der Niedersächsische Staatsgerichtshof der landesverfassungsrechtlichen Garantie (Art. 57 Abs. 1 NV) einen Art. 28 Abs. 2 GG überschießenden Gehalt zuspricht (NdsStGHE 3, 199 [213 f.]; vgl. hierzu auch F. Niebaum, DÖV 1996, S. 900).

allgemeinen **Gefahrenabwehrrechts**, des **Kommunalrechts**, des **Medienrechts** und des **Schul- und Hochschulrechts** zuständig. Da das Gefahrenabwehrrecht (Polizei- und Ordnungsrecht) und das Kommunalrecht zu den Pflichtfächern des juristischen Studiums gehören, spielt das Landesrecht in der juristischen Ausbildung eine erhebliche Rolle.

3. Rechtsverordnungen

115 **Landesrechtliche Rechtsverordnungen** folgen den gleichen Grundsätzen, wie sie für die bundesrechtlichen Rechtsverordnungen skizziert worden sind.[42] Die auf Landesrecht beruhenden landesrechtlichen Rechtsverordnungen sind allerdings nicht am Maßstab des Art. 80 Abs. 1 GG, sondern an den entsprechenden Vorschriften der Landesverfassungen zu messen, die jedoch einen Art. 80 Abs. 1 GG vergleichbaren Inhalt haben.[43]

116 Sofern ein Bundesgesetz **Landesregierungen** zur Verordnungsgebung ermächtigt, richtet sich diese Ermächtigung nach Art. 80 Abs. 1 GG, obwohl die entsprechenden Verordnungen als Landesrecht zu qualifizieren sind.[44]

4. Satzungen

117 Für das **autonome Recht** der landesunmittelbaren Körperschaften und Anstalten des öffentlichen Rechts gelten die gleichen Grundsätze, wie sie für die mittelbare Bundesverwaltung aufgezeigt worden sind.[45] Auch die Satzungen der **Gemeinden** und **Kreise** sind dem Landesrecht zuzuordnen, obwohl die Satzungsgeber **kommunale Gebietskörperschaften** sind. Aus Art. 93 Abs. 1 Nr. 2 GG folgt indes, dass – mangels Staatsqualität der kommunalen Gebietskörperschaften – das autonome Recht nicht als vierte Rechtsschicht neben dem Bundes-, Landes- und Unionsrecht anzuerkennen ist. Kommunale Satzungen werden deshalb den **Ländern** zugeordnet und stellen Landesrecht im Sinne des Art. 93 Abs. 1 Nr. 2 GG dar.[46]

V. Europäisches Unionsrecht

118 **Fall 2:** Mehrere Richtlinien der Europäischen Union sehen vor, dass öffentliche Aufträge, die bestimmte Schwellenwerte überschreiten, europaweit ausgeschrieben werden müssen. Die Bundesrepublik hatte zur Umsetzung der Richtlinien zunächst nur die §§ 57 a ff. HGrG erlassen, die den Kreis der öffentlichen Auftraggeber benannten und im Übrigen die Bundesregierung zum Erlass von Rechtsverordnungen zur Regelung im Bereich des Vergabewesens ermächtigten. Die aufgrund dieser Ermächtigung ergangene Vergabeverordnung (VgV) und die Nachprüfungsverordnung (NpV) räumten den Bietern keinen Anspruch auf Berücksichtigung ein.

(EuGHE 1995, I-2303, Kommission/Deutschland)

---

42 Vgl. oben Rn. 105.
43 Vgl. Art. 55 Nr. 2 BayVerf; Art. 61 Abs. 1 Verf. Bad.-Württ.; Art. 64 Abs. 1 BerlVerf; Art. 124 BremVerf; Art. 80 Bbg.Verf; Art. 53 HmbVerf; Art. 118 HessVerf; Art. 57 Abs. 1 Meckl.-Vorp. Verf.; Art. 43 NV; Art. 70 NWVerf; Art. 110 Abs. 1 Rh.-Pf.Verf.; Art. 104 Abs. 1 SaarlVerf; Art. 75 Abs. 1 SächsVerf; Art. 79 Abs. 1 Sachs.-Anh.Verf; Art. 38 Schl.-H.Verf; Art. 84 Abs. 1 ThürVerf.
44 Vgl. BVerfGE 18, 407 (416 f.).
45 Vgl. oben Rn. 108 ff.
46 Vgl. *O. Klein*, in: Benda/Klein/Klein, Verfassungsprozeßrecht, 3. Aufl. 2012, Rn. 718.

1. Primäres Unionsrecht

Die (völkerrechtlichen) Verträge, mit denen die **Europäische Gemeinschaft für**   **119**
Kohle und Stahl (EGKS oder »Montanunion«), die **Europäische Wirtschafts-**
gemeinschaft (EWG) und die **Europäische Atomgemeinschaft** (EAG) gegründet
und die durch den **Unionsvertrag** (»Maastricht«) sowie die **Verträge von Ams-**
terdam und **Nizza** weiterentwickelt worden sind, bildeten das »primäres Gemeinschaftsrecht«. Über ihren völkerrechtlichen Entstehungsgrund hinaus bildeten sie die
Verfassung der »Europäischen Gemeinschaft« (EG), die sich zu einem Staatenver-
bund in Gestalt der **Europäischen Union** weiterentwickelt hatte.[47] Der **Europäische**
Verfassungsvertrag, der am 29. 10. 2004 von den 25 Mitgliedstaaten der Union
unterzeichnet worden war, ist wegen negativer Referenden in Frankreich und den
Niederlanden nicht in Kraft getreten.[48] Stattdessen wurde am 13. 12. 2007 der »**Ver-**
trag von Lissabon zur Änderung des Vertrags über die Europäische Union und
des Vertrags zur Gründung der Europäischen Gemeinschaft« geschlossen[49] der
ursprünglich zum 1. 1. 2009 in Kraft treten sollte, nach Ratifizierung durch die
Bundesrepublik als einem der letzten Unterzeichnerstaaten am 1. 12. 2009 in Kraft
getreten ist.[50] Das Vertragswerk gliedert sich in den »Vertrag über die Europäische
Union« (**EUV**) und den »Vertrag über die Arbeitsweise der Europäischen Union«
(**AEUV**). Beide Verträge sind rechtlich gleichrangig (Art. 1 Abs. 3 S. 2 EUV). Gemäß
Art. 1 Abs. 3 S. 3 EUV tritt die Union an die Stelle der Europäischen Gemeinschaft,
deren Nachfolgerin sie ist. Die Europäische Gemeinschaft ist als Völkerrechtssubjekt
untergegangen. An ihre Stelle ist die durch den Reformvertrag gegründete Europäische Union getreten,[51] die deshalb mit der bisherigen Union nicht zu verwechseln ist.
Auch das Bundesverfassungsgericht hat keine Einwände gegen das Vertragswerk
erhoben.[52]

Die Verträge (EUV, AEUV) sind folglich nicht nur Gründungsvertragsrecht, sondern   **120**
das **Verfassungsrecht** der **Europäischen Union**[53] als eines über den Mitgliedstaaten
stehenden Rechtssubjekts mit eigenen Organen und eigener Rechtsetzung.[54] Der
Europäische Gerichtshof hat hierzu ausgeführt:

---

47 Dagegen bildet die EU keinen Bundesstaat, der sich auf ein europäisches Staatsvolk stützen könnte;
  vgl. hierzu BVerfGE 89, 155 (188): »Staaten*verbund*«, bestätigt durch BVerfGE 123, 267 (370 ff.).
  Siehe dazu auch *J. Ipsen*, Staatsrecht I, 24. Aufl. 2012, Rn. 58; *T. Oppermann*, in: Oppermann/
  Classen/Nettesheim, Europarecht, 5. Aufl. 2011, § 4 Rn. 29.
48 Vgl. hierzu *Streinz/Ohler/Herrmann*, Die neue Verfassung für Europa, 2005.
49 Vgl. zur Entstehungsgeschichte des Lissabon-Vertrags *Streinz/Ohler/Herrmann*, Der Vertrag von
  Lissabon zur Reform der EU, 3. Aufl. 2010, § 2; *T. Oppermann*, DVBl. 2008, S. 473; *A. Weber*,
  EuZW 2008, S. 7.
50 Abl. 2007 Nr C 306/1; Zust. des Bundestages durch Beschl. v. 24. 4. 2008, PlenProt. 16/157, S.
  16482D, des Bundesrates durch Beschluss vom 25. 5. 2008, PlenProt. 844, S. 136.
51 Art. 1 Abs. 3 EUV.
52 Vgl. BVerfGE 123, 267.
53 Vgl. grundlegend *Pernice/Huber/Lübbe-Wolff/Grabenwarter*, Europäisches und nationales Verfassungsrecht, VVDStRL 60 (2001), S. 148 ff.
54 Von den Gründungsverträgen (EGKS-Vertrag, EWG-Vertrag und EAG-Vertrag) besteht nur noch
  der Vertrag über die Europäische Atomgemeinschaft als primäres Unionsrecht fort; vgl. Protokoll
  Nr. 2 zur Änderung des Vertrags zur Gründung der Europäischen Atomgemeinschaft; siehe auch
  M. Herdegen, Europarecht, 14. Aufl. 2012, § 1 Rn. 3; *S. Hobe*, Europarecht, 7. Aufl. 2012, § 10
  Rn. 7.

121 »Zum Unterschied von gewöhnlichen internationalen Verträgen hat der EWG-Vertrag eine eigene Rechtsordnung geschaffen, die bei seinem Inkrafttreten in die Rechtsordnungen der Mitglieder aufgenommen und von ihren Gerichten anzuwenden ist. Denn durch die Gründung einer Gemeinschaft für unbegrenzte Zeit, die mit eigenen Organen, mit der Rechts- und Geschäftsfähigkeit, mit internationaler Handlungsfähigkeit und insbesondere mit echten, aus der Beschränkung der Zuständigkeit der Mitgliedstaaten oder der Übertragung von Hoheitsrechten der Mitgliedstaaten auf die Gemeinschaft herrührenden Hoheitsrechten ausgestattet ist, haben die Mitgliedstaaten, wenn auch auf einem begrenzten Gebiet, ihre Souveränitätsrechte beschränkt und so einen Rechtskörper geschaffen, der für ihre Angehörigen und sie selbst verbindlich ist.«[55]

122 Das primäre Unionsrecht ist unmittelbar anwendbar, soweit seine Adressaten natürliche und juristische Personen (des privaten wie des öffentlichen Rechts) sind, die Vorschriften sich also nicht lediglich an die Mitgliedstaaten richten. Dies gilt insbesondere für die **Grundfreiheiten,** nämlich die **Freiheit des Warenverkehrs** (Art. 28 ff. AEUV), die **Freizügigkeit der Arbeitnehmer** (Art. 45 ff. AEUV), die **Niederlassungsfreiheit** (Art. 49 ff. AEUV), die **Dienstleistungsfreiheit** (Art. 56 ff. AEUV) und die **Freiheit des Kapital- und Zahlungsverkehrs** (Art. 63 ff. AEUV). Auf diese Grundfreiheiten können sich die Unionsbürger gegenüber den Mitgliedstaaten mit der Folge berufen, dass die Verwaltung ihre Anwendbarkeit im Einzelfall prüfen muss.[56]

123 Die im Ausgangsfall erlassenen EU-Richtlinien über die Vergabe öffentlicher Aufträge sind vor dem Hintergrund der im AEUV[57] niedergelegten Grundfreiheiten zu sehen, wobei für das öffentliche Auftragswesen vor allem die Dienstleistungs-, die Niederlassungs- und die Warenverkehrsfreiheit einschlägig sind.[58] Diese nämlich könnten leerlaufen und das allgemeine Diskriminierungsverbot – sowie den unabhängig von einer Diskriminierung geltenden »Grundsatz der Gleichbehandlung und Transparenz« – verletzen, wenn die öffentlichen Aufträge (die nach Schätzungen bis zu 16% des Bruttoinlandsprodukts der EU ausmachen)[59] jeweils nur inländischen Unternehmen erteilt würden. Voraussetzung dafür, dass ein Wettbewerb um öffentliche Aufträge innerhalb der Gemeinschaft stattfinden kann, ist die nicht nur öffentliche, sondern europaweite Ausschreibung.[60] Da bei kleineren Aufträgen der mit einer europaweiten Ausschreibung verbundene Aufwand nicht gerechtfertigt wäre, sehen die Richtlinien sog. »Schwellenwerte« für das Auftragsvolumen vor.[61] Zudem legt ein geringer Auftragswert ein grenzüberschreitendes Handelsinteresse nicht nahe, so dass die öffentlichen Auftraggeber bei geringen Auftragswerten nicht mit entsprechend komplexen Verfahren belastet werden sollen.[62]

---

55 So EuGHE 1964, 1251 (1269) – »Costa/ENEL«.

56 Vgl. *P. M. Huber,* Allgemeines Verwaltungsrecht, 2. Aufl. 1997, S. 30; ferner etwa *M. Ruffert,* JuS 2009, S. 97 ff.

57 Im Zeitpunkt der Entscheidung des EuGH galt noch der EGV, der aber inhaltsgleiche Grundfreiheiten wie der AEUV enthielt.

58 Die Vergaberichtlinien müssen also im Lichte der Bestimmungen und Ziele des Primärrechts ausgelegt werden, sie dürfen nicht die Reichweite der Grundfreiheiten beschneiden, vgl. *M. Bungenberg,* in: Loewenheim/Meessen/Riesenkampff (Hrsg.), Kartellrecht, 2. Aufl. 2009, GWB, Vor §§ 97 ff. Rn. 50.

59 Vgl. *Dietlein/Fandrey,* in: Byok/Jaeger, Kommentar zum Vergaberecht, 3. Aufl. 2011, Einl. Rn. 2; *Wolff/Bachof/Stober/Kluth,* Verwaltungsrecht I, § 55 Rn. 48.

60 Vgl. hierzu *K. Hailbronner,* in: Ipsen (Hrsg.), Öffentliches Auftragswesen im Umbruch, 1997, S. 19 ff; *R. Leinemann,* Die Vergabe öffentlicher Aufträge, 5. Aufl. 2011, Rn. 487 ff.

61 Vgl. dazu *H. Höfler/B. Bert,* NJW 2000, S. 3310 (3311); *T. Puhl,* in: Ipsen/Rengeling (Hrsg.), Gemeinden und Kreise in einem vereinten Europa, 1999, S. 111 (116).

62 Das entspricht der starken Rückkopplung des Vergaberechts zu den Grundfreiheiten sowie seiner Funktion für die Verwirklichung des Binnenmarktes, vgl. *W. Frenz,* Handbuch Europarecht, Bd. 3, 2007, Rn. 1869.

2. Sekundäres Unionsrecht

Unter »sekundärem« Unionsrecht ist das von den **Organen** der Europäischen Union 124
gesetzte **Recht** zu verstehen. Es handelt sich um eine eigenständige, dem nationalen
Recht im Rang vorgehende Normenkategorie.[63]

Im Einzelnen sind als verbindliche Rechtsetzungsakte die **Verordnung**, die **Richt-** 125
linie und der **Beschluss** zu unterscheiden.

* Die **Verordnung** ist eine unionsrechtliche Normenkategorie, die in allen ihren 126
  Teilen verbindlich ist und unmittelbar in jedem Mitgliedstaat gilt (Art. 288 Abs. 2
  AEUV).
* Die **Richtlinie** ist für jeden Mitgliedstaat, an den sie gerichtet wird, hinsichtlich des 127
  zu erreichenden Zieles verbindlich, überlässt jedoch den innerstaatlichen Stellen
  die Wahl der Form und der Mittel (Art. 288 Abs. 3 AEUV). In der Bundesrepublik
  erfolgt die Umsetzung in der Regel durch formelle Gesetze. Der nach Art. 30,
  70 ff. GG kompetente Bundes- oder Landesgesetzgeber erlässt dann ein Gesetz,
  das inhaltlich den Vorgaben der Richtlinie entspricht.
* Der **Beschluss** ist ein Einzelakt und nur für den Adressaten verbindlich (Art. 288 128
  Abs. 4 AEUV).[64]

Nehmen die Verträge hinsichtlich der Annahme eines Rechtsaktes auf das ordentli- 129
che Gesetzgebungsverfahren Bezug, wird der Rechtsakt auf Vorschlag der Kommission vom Parlament und Rat beschlossen (Art. 294 AEUV). Soweit in den Verträgen
auf das besondere Gesetzgebungsverfahren Bezug genommen wird, erlässt allein der
Rat den Rechtsakt. Das Parlament ist je nach Regelung entweder anzuhören
(z. B. Art. 21 Abs. 3 AEUV) oder kann seine Zustimmung erteilen oder verweigern
(z. B. Art. 19 Abs. 1 AEUV). Die sonstigen Rechtssetzungsakte werden vom Europäischen Rat, dem Rat oder der Kommission erlassen. Das Parlament wirkt hierbei
nicht mit.[65]

> Im Ausgangsfall hat der Rat Richtlinien erlassen, die der Umsetzung durch die Mitgliedstaaten 130
> bedurften. Zur Umsetzung der Baukoordinierungs-, Sektoren- und Dienstleistungsrichtlinie wurden
> die §§ 57 a–c in das Haushaltsgrundsätzegesetz eingefügt, auf deren Grundlage die Vergabever-
> ordnung (VgV) und die Nachprüfungsverordnung (NpV) erlassen worden sind. Hierbei handelte es
> sich um Normenkategorien des *deutschen* Rechts; der Umstand, dass Rechtsnormen zur Umsetzung
> von Richtlinien der Union ergangen sind, änderte nichts an ihrem Rang in der Normenhierarchie.

Da die Richtlinien den Mitgliedstaaten hinsichtlich der Umsetzung einen gewissen 131
Spielraum lassen, ist nicht selten zweifelhaft, ob Vorschriften des nationalen Rechts
richtlinienkonform sind. Die Europäische Kommission kann in derartigen Fällen

---

63 Vgl. EuGHE 1964, 1251 (1270) – »Costa/ENEL« –; vgl. dazu *Haratsch/Koenig/Pechstein*, Europarecht, 7. Aufl. 2010, Rn. 329 ff.; *P. M. Huber*, Das Recht der Europäischen Integration, 1996,
   S. 121 ff.
64 Der Beschluss ersetzt die frühere Entscheidung. Er unterscheidet sich von der Entscheidung
   dadurch, dass er nicht an eine bestimmte Person gerichtet sein muss. Vgl. hierzu *S. Hobe*, Europarecht, 7. Aufl. 2012, § 10 Rn. 36 ff.
65 Vgl. *S. Hobe*, Europarecht, 7. Aufl. 2012, § 10 Rn. 74. Ein knapper, aber instruktiver Überblick
   über die Kompetenzen der EU-Organe findet sich bei *S. Lorenzmeier*, Europarecht, 4. Aufl. 2011,
   S. 115 ff. Vgl. ferner *R. Streinz*, Europarecht, 9. Aufl. 2012, Rn. 262 ff. und 463 ff.; *M. Herdegen*,
   Europarecht, 14. Aufl. 2012, § 7 und § 8 Rn. 34 ff.; *M. Nettesheim*, in: Oppermann/Classen/Net-
   tesheim, Europarecht, 5. Aufl. 2011, § 5 und § 9 Rn. 64 ff.

gegen den Mitgliedstaat vor dem Europäischen Gerichtshof klagen und eine **Vertragsverletzung** geltend machen.[66]

132   Im Ausgangsfall ist die »haushaltsrechtliche Lösung« bewusst gewählt worden, um subjektive Rechte von Bietern auszuschließen.[67] Intention des Richtliniengebers war demgegenüber, durch Einräumung *subjektiver Rechte* den grenzüberschreitenden Wettbewerb innerhalb der Gemeinschaft (nunmehr: Union) zu fördern.[68] Die Bundesrepublik ist bereits vor der Novellierung des HGrG von der Europäischen Kommission vor dem EuGH verklagt und verurteilt worden, eine richtlinienkonforme Umsetzung vorzunehmen,[69] was in Gestalt der §§ 57 a–c HGrG aber zweifelhaft war. Das am 1. 1. 1999 in Kraft getretene Vergaberechtsänderungsgesetz, das zu einer Änderung des Gesetzes gegen Wettbewerbsbeschränkungen (GWB) führte[70] – und deshalb auch als »kartellrechtliche Lösung« bezeichnet wird –, zeigte bereits eine deutliche Akzentverschiebung. Hervorzuheben ist insbesondere die Einführung des vom Gemeinschaftsrecht (nunmehr: Unionsrecht) geforderten gerichtlichen Verfahrens zur Durchsetzung des subjektiven Anspruchs der Bieter auf Einhaltung der Bestimmungen über das Vergabeverfahren (§ 97 Abs. 7 GWB). Das am 24. 4. 2009 in Kraft getretene »Gesetz zur Modernisierung des Vergaberechts«[71] brachte weitere umfangreiche Änderungen für das GWB[72] (§§ 97 ff.) und die Vergabeverordnung[73] (VgV) mit sich. Es soll das Vergaberecht modernisieren, vereinfachen sowie transparenter und mittelstandsfreundlicher ausgestalten und zugleich der Umsetzung weiterer Regelungen der Vergaberichtlinien dienen.

133   Die Mitgliedstaaten können sich der Verpflichtung, die Richtlinien der Union umzusetzen, nicht dadurch entziehen, dass sie die Rechtsetzung unterlassen. Abgesehen davon, dass auch hier das Vertragsverletzungsverfahren zu Gebote steht, hält der EuGH die **Richtlinien** unter bestimmten Voraussetzungen für **unmittelbar anwendbar**.[74] Das Bundesverfassungsgericht hat diese Rechtsprechung ausdrücklich gebilligt.[75]

---

66 Art. 258 AEUV. Zum Vertragsverletzungsverfahren ausführlich *R. Streinz,* Europarecht, 9. Aufl. 2012, Rn. 622 ff.

67 Vgl. im Einzelnen *J. Pietzcker,* in: Ipsen (Hrsg.), Öffentliches Auftragswesen im Umbruch, 1997, S. 43 ff.; BT-Drucks. 12/4636, S. 12.

68 Vgl. die Mitteilung der Kommission »Das öffentliche Auftragswesen in der Europäischen Union« v. 11. 3. 1998, KOM (98) 143, S. 1; *K. Hailbronner,* in: Ipsen (Hrsg.), Öffentliches Auftragswesen im Umbruch, S. 19 ff.

69 Vgl. EuGHE 1995, I-2303 – Kommission/Bundesrepublik Deutschland –.

70 Vgl. Gesetz zur Änderung der Rechtsgrundlagen für die Vergabe öffentlicher Aufträge (Vergaberechtsänderungsgesetz – VgRÄG) v. 26. 8. 1998 (BGBl. I S. 2512). Auf der Grundlage der in den §§ 97 Abs. 6, 127 GWB enthaltenen Ermächtigung ist die »Verordnung über die Vergabe öffentlicher Aufträge (Vergabeverordnung – VgV)« v. 9. 1. 2001 (BGBl. I S. 110) erlassen worden.

71 Gesetz zur Modernisierung des Vergaberechts (VergaberechtsmodernisierungsG) v. 20. 4. 2009 (BGBl. I S. 790).

72 Gesetz gegen Wettbewerbsbeschränkungen (GWB), i. d.F der Bekanntm. v. 15. 7. 2005 (BGBl. I S. 2114); zuletzt geändert durch Gesetz v. 22. 12. 2011 (BGBl. I S. 3044).

73 Vergabeverordnung (VgV), i. d.F der Bekanntm. v. 11. 2. 2003 (BGBl. I S. 169); zuletzt geändert durch Verordnung v. 14. 3. 2012 (BGBl. I S. 488).

74 Nach der Rechtsprechung des EuGH kann eine Richtlinie ausnahmsweise dann unmittelbare Anwendung finden, wenn sie trotz Fristablaufes nicht in innerstaatliches Recht umgesetzt worden ist und die Richtlinie von ihrem Inhalt her unbedingt und hinreichend bestimmt ist, um im Einzelfall angewendet zu werden. Vgl. EuGHE 1982, 53; EuGHE 1986, 723; vgl. dazu *M. Herdegen,* Europarecht, 14. Aufl. 2012, § 10 Rn. 1 ff.; *H. D. Jarass/S. Beljin,* JZ 2003, S. 770. Zur Haftung der Mitgliedstaaten bei Nichtumsetzung von EU-Richtlinien vgl. ferner etwa EuGHE 1991, I-5357 – »Francovich«.

75 Vgl. BVerfGE 75, 223 (233 ff.).

3. »Europäisierung« des Verwaltungsrechts

Jenseits der Normenkategorien des positiven Rechts ist eine zunehmende »Euro- 134
päisierung« des Verwaltungsrechts zu beobachten, die einen Schritt auf dem Weg zu
einem gemeinsamen europäischen Verwaltungsrecht darstellen könnte.[76] Das (deutsche) Verwaltungsrecht lässt sich zwar nicht lediglich als »konkretisiertes Gemeinschaftsrecht«[77] (jetzt: »Unionsrecht«) begreifen, weil hierbei die kompetenzrechtlichen
Grenzen unbeachtet blieben. Da das Unionsrecht jedoch überwiegend durch die mit-
gliedstaatlichen Verwaltungen ausgeführt wird, ergibt sich im – auch *allgemeinen* –
Verwaltungsrecht eine Gemengelage, die wesentliche Rückwirkungen auf das nationale Recht zeitigt. Zudem stößt auch der EuGH mit einer ganzen Reihe von Urteilen in
den Kern des deutschen Verwaltungsrechtsverständnisses vor:[78] Angriffe auf das »subjektiv-öffentliche Recht«, tiefgreifende Modifikationen beim verwaltungsgerichtlichen
vorläufigen Rechtsschutz, im Staatshaftungsrecht oder bei der »Bestandskraft von
Verwaltungsakten«. Der Verwaltungsrechtswissenschaft ist dabei nicht nur die Aufgabe gestellt, diesen osmotischen Prozess zu beschreiben, sondern auch die Grenzen
aufzuzeigen, die sich aus dem Prinzip der begrenzten Einzelermächtigung ergeben.
Die Parallele zu den unitarischen Tendenzen in einem Bundesstaat liegt auf der Hand.
Soweit unionsrechtliche Einwirkungen auf das nationale Recht *nicht* vorliegen, besteht
kein Anlass, bewährte Institute des Verwaltungs- und Verwaltungsverfahrensrechts in
Frage zu stellen.[79] Hier eröffnet sich ein weites Forschungsfeld, das von der Verwaltungsrechtswissenschaft immer mehr aufgegriffen wird.[80]

VI. Gewohnheitsrecht und Richterrecht

Fall 3: Der Bundesgerichtshof vertritt in ständiger Rechtsprechung die Auffassung, dass es neben der 135
Enteignungsentschädigung und dem Schadensersatz wegen Amtspflichtverletzung (§ 839 BGB
i. V. m. Art. 34 GG) auch eine Entschädigung aus »enteignungsgleichem Eingriff« geben könne
(BGHZ 6, 270). Das Bundesverfassungsgericht hat in einer Grundsatzentscheidung betont, dass eine
Enteignungsentschädigung durch Gesetz vorgesehen sein müsse und nicht im Fall jeder als über-
mäßig angesehenen Einwirkung auf das Eigentum gewährt werden könne (BVerfGE 58, 300). In der
Folgezeit wurde diskutiert, ob die vom Bundesverfassungsgericht aufgestellten Grundsätze auch der
Gewährung einer Entschädigung »aus enteignungsgleichem Eingriff« entgegenstünden. Der BGH hat
dies jedoch verneint.

(BGHZ 90, 17)

---

76 Vgl. dazu *T. von Danwitz*, Europäisches Verwaltungsrecht, 2008; *D. Ehlers*, in: Erichsen/Ehlers,
    AllgVerwR, § 5 Rn. 2 ff.; *P. M. Huber*, Allgemeines Verwaltungsrecht, 2. Aufl. 1997, S. 91 f.; *H.
    Maurer*, AllgVerwR, § 2 Rn. 41 ff.; *W. Kahl*, NVwZ 2011, S. 449; *M. Ruffert*, Verw. 36 (2003), S.
    293 ff.; *Zuleeg/Rengeling*, Deutsches und europäisches Verwaltungsrecht – Wechselseitige Einwir-
    kungen, VVDStRL 53 (1994), S. 155 ff., 202 ff.
77 So *Wolff/Bachof/Stober/Kluth*, Verwaltungsrecht I, § 17 Rn. 8; *U. Battis*, DÖV 2001, S. 988.
78 Vgl. die Nachw. bei *W. Kahl*, NVwZ 2011, S. 449.
79 In der Tendenz anders *H. Maurer*, AllgVerwR, § 2 Rn. 44 f.; *P. M. Huber*, FS H. Maurer, S. 1165 ff.;
    zurückhaltend dagegen *M. Schmidt-Preuß*, FS H. Maurer, S. 797 f.
80 Nachw. bei *E. Schmidt-Aßmann*, in: Schmidt-Aßmann/Hoffmann-Riem (Hrsg.), Strukturen des
    Europäischen Verwaltungsrechts, 1999, S. 9; *M. Ruffert*, in: Hoffmann-Riem/Schmidt-Aßmann/
    Voßkuhle, Grundlagen des Verwaltungsrechts, Bd. I, § 17 Rn. 8 ff., 30 ff., 121 ff.; *ders.*, DÖV 2007,
    S. 761; *Wolff/Bachof/Stober/Kluth*, Verwaltungsrecht I, § 16 Rn. 1 ff.

136 Die für den Staat der Gegenwart kennzeichnende unablässige Normenproduktion, die schon zu einer Gegenbewegung der »**Deregulierung**«[81] geführt hat, ist der Entstehung von Gewohnheitsrecht nicht günstig. Diese Normenkategorie gehört ruhigeren Zeitläuften an, in denen sich Rechtsnormen auch jenseits hektischer Parlaments- oder Ministerialaktivität entwickeln konnten. Die gewöhnlich an Gewohnheitsrecht gestellten Anforderungen – eine jahrzehntelange Rechtsausübung, die unwidersprochen bleibt – tun ein Übriges, dass Gewohnheitsrecht nur in seltenen Fällen nachweisbar ist.[82] Im Vordergrund des rechtswissenschaftlichen Interesses hat in den vergangenen Jahren deshalb zu Recht die **richterliche Rechtsfortbildung** – das »Richterrecht« – gestanden.[83] Die Typen richterlicher Rechtsfortbildung – »gesetzesvertretendes«, »gesetzeskonkretisierendes« oder »gesetzeskonkurrierendes« Richterrecht bis zur Rechtsfortbildung *contra legem*[84] – sind als Bestandsaufnahme von Interesse, beantworten jedoch nicht die Frage, ob es sich um Normenkategorien im Sinne der Art. 20 Abs. 3 und 97 Abs. 1 GG handelt.

137 Bei der Entwicklung der Haftung aus »enteignungsgleichem Eingriff« ging der BGH ursprünglich davon aus, die (entschädigungspflichtige) Enteignung gewissermaßen nur mit negativem Vorzeichen (als rechtswidrigen Eingriff) abzubilden.[85] Es lag deshalb nahe, bei einer der Enteignung vergleichbaren Einwirkung auf das Eigentum einen Entschädigungsanspruch in Analogie zu Art. 14 Abs. 3 GG anzunehmen.[86] In der Folgezeit subsumierte der BGH auch *schuldhafte* Handlungen, für die im Grunde ein anderes Haftungsregime vorgesehen war, dem »enteignungsgleichen Eingriff«.[87] In der Sache hatte sich der BGH damit von den ursprünglichen dogmatischen Grundlagen entfernt und einen eigenständigen Tatbestand der Staatshaftung begründet.[88]

138 Richterliche Rechtsfortbildungen sind kein »Gesetz« im Sinne des Art. 97 Abs. 1 GG, so dass andere Gerichte hieran nicht gebunden sind. Eine **faktische Verbindlichkeit** kann jedoch dadurch entstehen, dass die obersten Gerichtshöfe des Bundes an ihrer eigenen Rechtsprechung festhalten, wenn gegen abweichende Entscheidungen der unteren Instanzen Rechtsmittel eingelegt werden. Entsteht auf diese Weise eine »**ständige Rechtsprechung**«, die auch in der Literatur gebilligt wird und von Seiten des Gesetzgebers unwidersprochen bleibt, so kann sich nach längerer Zeit die faktische zu einer **normativen Verbindlichkeit** verdichten. Dies hätte zur Folge, dass die richterrechtlichen Grundsätze nicht nur »präsumtiv« *(Kriele)*, sondern von Rechts wegen verbindlich wären.[89]

139 Im Ausgangsfall war die Anknüpfung an die Enteignung (Art. 14 Abs. 3 GG) von vornherein verfehlt, weil eine Enteignung nicht nur durch ihre gesetzliche Grundlage, sondern auch durch ihre *Rechtmäßigkeit* gekennzeichnet ist, sich also von rechtswidrigen Einwirkungen auf das Eigentum prinzipiell unterscheidet. Ein rechtswidriger Eingriff in das Eigentum löst deshalb einen Schadens-

---

81 Vgl. den Bericht der Bundesregierung über Deregulierungsmaßnahmen des Bundes, BT-Drucks. 12/7468; Gesetz zur Umsetzung von Vorschlägen aus Regionen zu Bürokratieabbau und Deregulierung vom 21. 6. 2005 (BGBl. I S. 1666).
82 Vgl. *D. Ehlers*, in: Erichsen/Ehlers, AllgVerwR, § 2 Rn. 60: »(...) spielt das Gewohnheitsrecht nicht mehr dieselbe Rolle wie in früheren Zeiten«.
83 Vgl. nur F. Ossenbühl, in: Isensee/Kirchhof (Hrsg.), HdbStR V, 3. Aufl. 2007, § 100 Rn. 51 ff.; *V. Rieble*, NJW 2011, S. 819; *B. Rüthers*, NJW 2011, S. 1857.
84 Vgl. *J. Ipsen*, Richterrecht und Verfassung, S. 63 ff.
85 Vgl. unten Rn. 1306.
86 Grundlegend BGHZ 6, 270.
87 Vgl. unten Rn. 1306.
88 Vgl. *J. Ipsen*, DVBl. 1983, S. 1029 (1032 f.).
89 Vgl. unten Rn. 1242.

ersatzanspruch (nach Amtshaftungsgrundsätzen) aus. Der BGH hat mit der Analogie zu Art. 14 Abs. 3 GG einen eigenen Staatshaftungstatbestand geschaffen, der folgerichtig von der Rechtsprechung des Bundesverfassungsgerichts zur *Enteignung* unberührt bleiben musste.[90] Zum Zeitpunkt des Nassauskiesungsbeschlusses des Bundesverfassungsgerichts (1981) hatte der BGH schon fast 30 Jahre eine Entschädigung aus enteignungsgleichem Eingriff gewährt, ohne dass diese Rechtsprechung ernsthaft in Frage gestellt worden wäre. Insofern dürften hier die Voraussetzungen für die Entstehung von **Gewohnheitsrecht** vorgelegen haben.[91]

Gewohnheitsrecht ist der staatlichen Ebene zuzuordnen, die über die Gesetzgebungskompetenz verfügt. Insofern kann es **Bundes-** oder **Landesgewohnheitsrecht** geben. Da sich Gewohnheitsrecht unbemerkt entwickelt, kann die Zuordnung erst im Nachhinein vorgenommen werden.[92] **140**

Im **allgemeinen Verwaltungsrecht** hat die Richterrechtsbildung seit jeher eine gewichtige Rolle gespielt, weil es bis zum Inkrafttreten des Verwaltungsverfahrensgesetzes an einer gesetzlichen Regelung fehlte.[93] Die vom Bundesverwaltungsgericht entwickelten Grundsätze geben noch heute reichen Beleg dafür, dass Rechtsgebiete nicht notwendig gesetzlich normiert sein müssen, um zu rechtsstaatlichen Verfahrensweisen zu gelangen.[94] Das tastende und abwägende Vorgehen der Verwaltungsgerichte bei der Entwicklung der Grundsätze des allgemeinen Verwaltungsrechts verdient auch heute noch hohe Anerkennung und hat seinen Niederschlag in den positiven Regelungen des Verwaltungsverfahrensgesetzes gefunden.[95] Die notwendige Behutsamkeit judizieller Rechtsbildungen sollte aber auch zur Warnung dienen, verfrüht gewohnheitsrechtliche – und damit bindende – Verfestigungen des Richterrechts anzunehmen.[96] **141**

VII. Verwaltungsvorschriften als eigene Normenkategorie?

Einen noch höheren Detaillierungsgrad als Rechtsverordnungen weisen die **Verwaltungsvorschriften** auf, die unter unterschiedlichen Bezeichnungen erlassen werden.[97] Verwaltungsvorschriften sind notwendige **Steuerungsmittel der Verwaltung**, weil Verwaltungsgesetze und – noch so detaillierte – Rechtsverordnungen stets Interpretations- oder Konkretisierungsspielräume offenlassen, die andernfalls bei jeder Einzelfallentscheidung ausgefüllt werden müssten.[98] **142**

---

90 Vgl. BGHZ 90, 17 (31).

91 So *J. Ipsen*, DVBl. 1983, S. 1029 (1036).

92 Das BVerfG hat in seiner Entscheidung vom 19. 10. 1972 eine Bundeskompetenz zum Erlass eines Staatshaftungsgesetzes aus Art. 74 Nr. 1 GG a. F. verneint (BVerfGE 61, 149). Folgerichtig müsste der durch den BGH entwickelte Staatshaftungstatbestand insoweit dem Landesrecht zuzuordnen sein, als die Haftung für Amtsträger der *Bundesländer* betroffen war (vgl. *J. Ipsen*, DVBl. 1983, S. 1029 [1036 f.]).

93 Vgl. *F. Ossenbühl*, in: Erichsen/Ehlers, AllgVerwR, 12. Aufl. 2002, § 6 Rn. 74 ff. m. w. N.

94 Vgl. etwa BVerwG, DVBl. 1973, S. 373 f. (Rücknahme/Widerruf von Verwaltungsakten); BVerwG, DÖV 1971, S. 857 f. (Grundsatz der Verhältnismäßigkeit); BVerwGE 18, 308; 20, 295 (öffentlich-rechtlicher Erstattungsanspruch).

95 So z. B. BVerwG, DVBl. 1961, S. 380; DVBl. 1973, S. 373 f. zum Verhältnis zu §§ 48, 49 VwVfG.

96 Vgl. zum Verhältnis von Gewohnheitsrecht und Richterrecht sowie zur (eingeschränkten) Verbindlichkeit von Richterrecht etwa *F. Ossenbühl*, in: Erichsen/Ehlers, AllgVerwR, 12. Aufl. 2002, § 2 Rn. 72 ff., insb. 79 ff.

97 Üblich sind »Allgemeine Verwaltungsvorschrift«, »Anordnung«, »Richtlinie«, »Anweisung«, »Dienstanweisung«, »Runderlass«, »Rundverfügung« usw.

98 Vgl. *D. Ehlers*, in: Erichsen/Ehlers, AllgVerwR, § 2 Rn. 65 ff.; *G. F. Schuppert*, Verwaltungswissenschaft, 2000, S. 262 ff.

143 Das StVG enthält eine Vorschrift über Ordnungswidrigkeiten (§ 24), die in (vorsätzlichen oder fahrlässigen) Zuwiderhandlungen gegen StVO, StVZO und FeV bestehen (§§ 49 StVO, 69 a StVZO, 75 FeV). Da bei geringfügigen Ordnungswidrigkeiten die Verwaltungsbehörde den Betroffenen verwarnen und ein Verwarnungsgeld von 5 bis 35 EUR erheben kann (§ 56 Abs. 1 S. 1 OWiG), stünde es grundsätzlich im Ermessen der (Polizei-)Beamten, in welcher Höhe sie ein Verwarnungsgeld erheben wollen. Dies würde bei den massenhaften Verkehrsordnungswidrigkeiten, die sich jeden Tag ereignen, zu einer kaum zu vermeidenden Ungleichbehandlung führen. Der Verwarnungsgeldkatalog, den der Bundesminister für Verkehr erlassen hatte, füllte die Ermessensspielräume aus und bestimmte für einzelne Ordnungswidrigkeiten ein Verwarnungsgeld, das von allen Behörden in der Bundesrepublik gleichmäßig zu erheben war.[99] Der Verwarnungsgeldkatalog ist in die am 1. 1. 2002 in Kraft getretene Bußgeldkatalog-Verordnung einbezogen worden,[100] so dass die Höhe der Verwarnungsgelder seitdem durch *Rechtsverordnung* bestimmt wird.

144 Verwaltungsvorschriften lassen sich als vorweggenommene und – wenn man so will – »gebündelte« **innerdienstliche Weisungen** verstehen. Ein Vorgesetzter kann seinem Mitarbeiter für dessen Zuständigkeitsbereich einzelne Weisungen erteilen, wie die Amtsgeschäfte zu erledigen sind. Werden derartige Anweisungen an mehrere Bedienstete gegeben, so ist es sinnvoll, sie als »Dienstanweisungen« und damit **generell** (hinsichtlich des Adressatenkreises) und **abstrakt** (hinsichtlich der zu entscheidenden Fälle) zu formulieren. Die vorgesetzte Behörde hat diese Befugnis für alle nachgeordneten Behörden, eine oberste Bundes- oder Landesbehörde (Ministerium) für alle Behörden des betreffenden Ressorts.[101]

145 *Dass* Verwaltungsvorschriften aufgrund der Weisungsbefugnis vorgesetzter und übergeordneter Behörden – gleich welcher Stufe – ergehen können, ist unbestritten. Die besondere Erwähnung der Verwaltungsvorschriften im Grundgesetz (Art. 84 Abs. 2 und 85 Abs. 2 S. 1 GG) folgt daraus, dass bei der **Landesverwaltung** unter Bundesaufsicht und im Bundesauftrag die Frage geklärt sein muss, ob in diesem Fall auch **Bundesorgane** Verwaltungsvorschriften erlassen können. Die Regelung des Grundgesetzes – Ermächtigung der Bundesregierung, Zustimmungsvorbehalt zugunsten des Bundesrates – trägt dem Umstand Rechnung, dass durch das Medium der Verwaltungsvorschriften der Bund auf die Verwaltungstätigkeit der Länder (Landesbehörden, Gemeinden und Landkreise) in detaillierter Weise einwirkt.[102]

146 Der Verwarnungsgeldkatalog bildete hierfür ein anschauliches Beispiel: Der Bund bestimmte im Einzelnen das Handeln von Landes-(Polizei-)Beamten und der Bediensteten in Gemeinden und Landkreisen. Dieser Durchgriff auf die Landes- und Kommunalverwaltung erforderte Kompensation durch die Zustimmung des Bundesrates. Nach Art. 84 Abs. 2, 85 Abs. 2 S. 1 GG kann jedoch nur die *Bundesregierung*, nicht ein einzelner *Bundesminister* Verwaltungsvorschriften erlassen.[103]

147 Da sich Verwaltungsvorschriften typischerweise an eine Vielzahl von Behörden (oder Bediensteten) richten, hinsichtlich des Adressaten also **generell** (individualisierungsbedürftig) sind, und eine unbestimmte Zahl von »Fällen« regeln, also **abstrakt** (kon-

---

99 Vgl. Allgemeine Verwaltungsvorschrift für die Erteilung einer Verwarnung bei Straßenverkehrsordnungswidrigkeiten (VerwarnVwV) v. 12. 6. 1975 (BAnz. Nr. 109, S. 4).

100 Vgl. Bußgeldkatalog-Verordnung vom 13. 11. 2001 (BGBl. I S. 3033).

101 Vgl. BVerwGE 67, 222 (229): »Die Befugnis ... ist der Exekutivgewalt inhärent, soweit ihre Organisations- und Geschäftsleitungsgewalt jeweils reicht.«

102 Vgl. *J. Ipsen*, Staatsrecht I, 24. Aufl. 2012, Rn. 623 ff., 640.

103 Das BVerfG betont in seiner neuesten Rechtsprechung das Kollegialprinzip (BVerfGE 100, 249), während es in der früheren Rechtsprechung eine gesetzliche Ermächtigung einzelner Bundesminister zum Erlass von Verwaltungsvorschriften für ausreichend gehalten hatte (BVerfGE 26, 338 [395 ff.]).

kretisierungsbedürftig) sind, ist nach den Begriffsmerkmalen einer Norm[104] eindeutig, dass es sich – rechtstheoretisch – um **Normen** handelt.

Der »Verwarnungsgeldkatalog« kannte weder individualisierte Adressaten noch eine fixierte Regelungssituation. Allein ein Teil des Regelungsgegenstandes, nämlich die Höhe des Verwarnungsgeldes war konkretisiert. Ob im Einzelfall eine Ordnungswidrigkeit welcher Intensität (Geringfügigkeit, Behinderung, Gefährdung, Sachbeschädigung) vorlag, musste auch im Einzelfall entschieden werden. **148**

Die zentrale – und noch immer umstrittene – Frage lautet, ob es sich bei diesen Normen um *Rechts*normen handelt.[105] Die Rechtsqualität von Verwaltungsvorschriften ist indes lediglich eine Chiffre für ihre **Verbindlichkeit**; die Fragestellung muss deshalb dahin lauten, ob und für wen Verwaltungsvorschriften verbindlich sind.[106] Angesichts des diffusen Rechtsquellenbegriffs[107] ist die Frage nach der Rechtsquelleneigenschaft von Verwaltungsvorschriften demgegenüber geeignet, zu **Zirkelschlüssen** zu führen. Fraglos bestimmen Verwaltungsvorschriften die Normanwendung im Einzelfall und steuern damit das Verwaltungshandeln. Insofern ergibt sich die jeweilige »Rechtslage« nicht zuletzt durch die jeweils geltenden Verwaltungsvorschriften. Aus der faktischen Bedeutung der Verwaltungsvorschriften lässt sich deshalb nur im Wege des Zirkelschlusses auf ihre Rechts-(Quellen-)Qualität schließen, weil die Verbindlichkeit eine Funktion des Rechts bildet und nicht etwa all das Rechtsqualität hat, was faktisch verbindlich ist.[108] **149**

Die Verbindlichkeit von Rechtsnormen folgt aus dem Grundgesetz (Art. 20 Abs. 3 und 97 Abs. 1 GG), so dass die **verfassungsrechtliche Frage** zu stellen ist, ob Verwaltungsvorschriften als »Gesetz« oder »Recht« im Sinne dieser Grundgesetzvorschriften zu qualifizieren sind. Das **Bundesverfassungsgericht** hat diese Frage verneint und zur Rechtsqualität von Verwaltungsvorschriften ausgeführt: **150**

»Die Gerichte sind bei der Kontrolle des Verwaltungshandelns an das Gesetz gebunden (Art. 20 Abs. 3, Art. 97 Abs. 1 GG). Sie dürfen ihren Entscheidungen also nur materielles Recht – Verfassungsrecht, förmliche Gesetze, Rechtsverordnungen, autonome Satzungen und auch Gewohnheitsrecht – zugrunde legen. Allgemeine Verwaltungsvorschriften und sonstige Anweisungen, durch die eine vorgesetzte Behörde verwaltungsintern auf ein einheitliches Verfahren oder eine bestimmte Ermessensausübung, aber auch auf eine bestimmte Gesetzesauslegung und -anwendung durch die ihr nachgeordneten Behörden hinwirkt, sind keine Gesetze im Sinne des Art. 20 Abs. 3 GG und des Art. 97 Abs. 1 GG (...).«[109] **151**

Verwaltungsvorschriften sind deshalb auch kein tauglicher Gegenstand der abstrakten Normenkontrolle und somit nicht als »Bundesrecht« im Sinne von Art. 93 Abs. 1 Nr. 2 GG zu qualifizieren.[110] Das Normenkontrollverfahren ist darauf angelegt, die Verbindlichkeit von Rechtsnormen zu durchbrechen. Da Verwaltungsvorschriften für die Rechtsprechung aber gerade *nicht* verbindlich sind, stellen sie für die richterliche Kontrolle des Verwaltungshandelns keinen rechtlichen Maßstab dar, der ggf. im Wege des Normenkontrollverfahrens auf seine Übereinstimmung mit dem Grundgesetz überprüft werden könnte. **152**

---

104 Vgl. zur Normstruktur oben Rn. 87 ff.
105 Vgl. *H. Maurer,* AllgVerwR, § 24 Rn. 15 ff.
106 Vgl. oben Rn. 89.
107 Vgl. *F. Ossenbühl,* in: Erichsen/Ehlers, AllgVerwR, 12. Aufl. 2002, § 6 Rn. 41 m. w. N.
108 Vgl. allerdings *H. Maurer,* AllgVerwR, § 24 Rn. 3, der von einer Indizwirkung der Verbindlichkeit spricht.
109 So BVerfGE 78, 214 (227 m. w. N.).
110 Vgl. *E. Klein,* in: Benda/Klein/Klein, Verfassungsprozeßrecht, 3. Aufl. 2012, Rn. 678.

153 Der Einwand, durch dieses Ergebnis werde konstitutionelles Gedankengut wiederbelebt,[111] schlägt fehl: Die Exemtion des Binnenbereichs der Verwaltung vom Rechtssatzbegriff, wie sie für die konstitutionelle Staatsrechtslehre kennzeichnend war,[112] sollte parlamentarische Einflussnahme durch das Medium des Gesetzes verhindern. Die Qualifizierung von Verwaltungsvorschriften als (auch für die Verwaltungsgerichtsbarkeit) verbindliche **Rechtsnormen** würde im Grunde in die gleiche Richtung zielen: Die Verwaltung wäre in der Lage, ohne gesetzliche Ermächtigung ihr **Eigenrecht** und damit den Maßstab für das Verwaltungshandeln herauszubilden. Im Ergebnis würde also keine Kontrolle des Verwaltungshandelns am Maßstab des Gesetzes, sondern am Maßstab selbst gesetzter Normen erfolgen.

154 Das **Bundesverwaltungsgericht** hat in komplexen Genehmigungsverfahren, in denen es um die Anwendung technischer Standards und die Erkenntnisse von Wissenschaft und Technik ging, die Verwaltungsgerichte an Regelwerke, die als Verwaltungsvorschriften ergangen sind, gebunden gesehen.[113] Das **Bundesverfassungsgericht** hat die atomrechtliche Genehmigung als »Sonderfall« bezeichnet[114] und es insofern offen gelassen, ob es von den zur Verbindlichkeit von Verwaltungsvorschriften entwickelten Grundsätzen Ausnahmen geben könnte.

155 **Technische Anleitungen** und vergleichbare Verwaltungsvorschriften folgen indes den gleichen Regeln wie andere Verwaltungsvorschriften. Sofern die Verwaltung eine rechtliche **Bindungswirkung** erreichen will, steht mit der **Rechtsverordnung** eine Normenkategorie zur Verfügung, die jede gewünschte Flexibilität aufweist, allseits verbindlich ist und deren Rechtsqualität außer Frage steht.[115]

156 Wenn die Verwaltung bewusst zu einem Instrument der **Binnensteuerung** greift, lässt sich hierfür auch nicht ausnahmsweise die **allseitige Verbindlichkeit** postulieren. Das bedeutet nicht, dass sich die Verwaltungsgerichte gewissermaßen beliebig über den technischen Sachverstand hinwegsetzen können, der sich in den Verwaltungsvorschriften – insbesondere den Technischen Anleitungen[116] – niedergeschlagen hat. Soweit kein Anhaltspunkt dafür besteht, dass die Verwaltungsvorschriften nicht in Übereinstimmung mit Gesetzen und Verordnungen stehen, sondern sich innerhalb der ihnen regelmäßig eröffneten Interpretations- und Konkretisierungsspielräume halten, sind die auf ihnen basierenden Verwaltungsentscheidungen rechtmäßig. Die Rechtmäßigkeit von Verwaltungsakten kann indes *nicht* damit begründet werden, dass sie mit den Verwaltungsvorschriften übereinstimmen: Insofern gilt auch in diesem Sachbereich der Satz, dass Verwaltungsvorschriften »Gegenstand, nicht jedoch Maßstab richterlicher Kontrolle« sind.[117]

157 Die in der deutschen Rechtsprechung ganz überwiegend vertretene Auffassung, dass Verwaltungsvorschriften **keine** die Verwaltungsgerichtsbarkeit bindenden **Rechtsnormen** darstellen, wird durch den **Europäischen Gerichtshof** bestätigt, der es nicht

---

111 Vgl. *F. Ossenbühl*, in: Erichsen/Ehlers, AllgVerwR, 12. Aufl. 2002, § 6 Rn. 41.
112 Vgl. *G. Anschütz*, Kritische Studien zur Lehre vom Rechtssatz und formellen Gesetz, 1891, S. 76; siehe auch *U. Di Fabio*, DVBl. 1992, S. 1342.
113 Vgl. BVerwGE 72, 300 (320) – »Wyhl«. Vgl. ferner BVerwGE 107, 338; 110, 216; 114, 342.
114 BVerfGE 78, 214 (227).
115 Ähnlich *U. Battis*, AllgVerwR, S. 33.
116 Vgl. *J. Ipsen*, VVDStRL 48 (1989), S. 190 f.
117 So BVerfGE 78, 214 (227).

für ausreichend angesehen hat, dass **Richtlinien** der Europäischen Union durch Verwaltungsvorschrift umgesetzt werden.[118]

Der Europäische Gerichtshof hat hierzu ausgeführt: **158**

»Die Bundesrepublik Deutschland und die Kommission streiten nämlich darüber, inwieweit in der **159** deutschen Lehre und Rechtsprechung technischen Verwaltungsvorschriften zwingender Charakter zuerkannt wird (...). Es ist festzustellen, daß die Bundesrepublik Deutschland im konkreten Fall der TA Luft keine nationale Gerichtsentscheidung angeführt hat, mit der dieser Verwaltungsvorschrift über ihre Verbindlichkeit für die Verwaltung hinaus unmittelbare Wirkung gegenüber Dritten zuerkannt wurde. Es läßt sich also nicht sagen, daß der einzelne Gewißheit über den Umfang seiner Rechte haben kann, um sie gegebenenfalls vor den nationalen Gerichten geltend machen zu können, noch daß auch diejenigen, deren Tätigkeit geeignet ist, Immissionen zu verursachen, über den Umfang ihrer Verpflichtungen hinreichend unterrichtet sind.«[119]

Letztlich zeigt sich am Beispiel der Verwaltungsvorschriften, wie vieldeutig und **160** rechtlich kaum greifbar der Begriff der »Rechtsquelle« ist. Die Metapher deutet auf den – nie bezweifelten – Umstand hin, dass das tatsächlich angewandte Recht der Verwaltung im Wesentlichen durch Verwaltungsvorschriften bestimmt wird, nicht zuletzt also aus der »Quelle« der Verwaltungsvorschriften gespeist wird. Von dieser bildhaften Vorstellung ist aber streng zu unterscheiden, ob den Verwaltungsvorschriften über ihre tatsächliche Bedeutung hinaus die Qualität von **Rechtsnormen** zukommt. Letzteres ist zu verneinen, weil das Grundgesetz insoweit eindeutige Bestimmungen enthält.

VIII. Rechtsprechung

BVerfGE 78, 214 (Verwaltungsvorschriften); BVerwGE 72, 300 (normkonkretisierende Verwaltungs- **161** vorschriften); E 107, 338 (Rahmen-Abwasser-Verwaltungsvorschrift); E 114, 342 (TA-Luft als normkonkretisierende Verwaltungsvorschrift); E 121, 103 (Beihilfevorschriften); E 122, 264 (Bekanntmachung von Verwaltungsvorschriften); BayVGH, DVBl. 2001, S. 311 (Verwaltungsvorschriften als untauglicher Gegenstand einer Normenkontrolle).

IX. Literatur

U. Battis, Verwaltungsrecht als konkretisiertes Gemeinschaftsrecht, DÖV 2001, S. 988; *T. von* **162** *Danwitz*, Rechtsverordnungen, Jura 2002, S. 93; *ders.*, Rechtswirkungen von Richtlinien in der neueren Rechtsprechung des EuGH, JZ 2007, S. 697; *U. Di Fabio*, Verwaltungsvorschriften als ausgeübte Beurteilungsermächtigung, DVBl. 1992, S. 1338; *H.-U. Erichsen/C. Klüsche*, Verwaltungsvorschriften, Jura 2000, S. 540; *H. Goerlich*, Good Governance und Gute Verwaltung, DÖV 2006, S. 313; *C. Gusy*, Richterrecht und Grundgesetz, DÖV 1992, S. 461; *P. M. Huber*, Das duale Regelungsregime als Sackgasse der Europäisierung, FS H. Maurer, 2001, S. 1165; *J. Ipsen*, Richterrecht und Verfassung, 1975; *ders.*, Rechtsfolgen der Verfassungswidrigkeit von Norm und Einzelakt, 1980; *ders.*, Verfassungsrechtliche Schranken des Richterrechts, DVBl. 1984, S. 1102; *S. Kadelbach*, Allgemeines Verwaltungsrecht unter europäischem Einfluss, 1999; *W. Kahl*, 35 Jahre Verwaltungsverfahrensgesetz – 35 Jahre Europäisierung des Verwaltungsverfahrensrechts, NVwZ 2011, S. 449; *T. Koch*, Probleme administrativer Außenrechtserzeugung am Beispiel der Verdingungsordnungen, VerwArch 91 (2000), S. 354; *K.-H. Ladeur*, Normkonkretisierende Verwaltungsvorschriften als Recht privat-öffentlicher Kooperationsverhältnisse, DÖV 2000, S. 217; *A. Leisner*, Verwaltungsgesetzgebung durch Erlasse, JZ

---

118 So EuGHE 1991, I-2567 (TA-Luft); EuGH, DVBl. 1993, S. 167 (Trinkwasser).
119 So EuGHE 1991, I-2607 (2632) (TA-Luft).

2002, S. 219; *U. Meyer-Cording*, Die Rechtsnormen, 1971; *M. Nettesheim*, Subjektive Rechte im Unionsrecht, AöR 132 (2007), S. 215; *T. Oppermann*, Die Europäische Union von Lissabon, DVBl. 2008, S. 473; *B. Remmert*, Rechtsprobleme von Verwaltungsvorschriften, Jura 2004, S. 728; *V. Rieble*, Richterliche Gesetzesbindung und das BVerfG, NJW 2011, S. 819; *M. Ruffert*, Von der Europäisierung des Verwaltungsrechts zum Europäischen Verwaltungsverbund, DÖV 2007, S. 761; *B. Rüthers*, Klartext zu den Grenzen des Richterrechts, NJW 2011 S. 1856; *J. Saurer*, Verwaltungs-vorschriften und Gesetzesvorbehalt, DÖV 2005, S. 587; *T. I. Schmidt*, Abschied vom Verwaltungs-gewohnheitsrecht, NVwZ 2004, S. 930; *E. Schmidt-Aßmann*, Die Europäisierung des Verwaltungs-verfahrensrechts, FG Bundesverwaltungsgericht, 2003, S. 487; *M. Schmidt-Preuß*, Das Allgemeine des Verwaltungsrechts, FS H. Maurer, 2001, S. 777; *A. Söllner*, Der Richter als Ersatzgesetzgeber, ZG 1995, S. 1; *R. Streinz/C. Herrmann*, Der Anwendungsvorrang des Gemeinschaftsrechts und die »Normverwerfung« durch deutsche Behörden, BayVBl. 2008, S. 1; *G. Sydow*, Vollzug des europäi-schen Unionsrechts im Wege der Kooperation nationaler und europäischer Behörden, DÖV 2006, S. 66; *R. Uerpmann*, Normkonkretisierende Verwaltungsvorschriften im System staatlicher Handlungs-formen, BayVBl. 2000, S. 705; *R. Wahl*, Verwaltungsvorschriften: Die ungesicherte dritte Kategorie des Rechts, FG Bundesverwaltungsgericht, 2003, S. 571.

§ 3 Das Verwaltungsrechtsverhältnis

Die öffentliche Verwaltung ist als Erfüllung öffentlicher Aufgaben durch den Staat oder **163** sonstige Verwaltungsträger außerhalb von Gesetzgebung, Rechtsprechung und Regierung definiert worden.[1] Die öffentlichen Aufgaben werden durch die unterschiedlichen Normenkategorien des Verwaltungsrechts definiert und ihre Erfüllung durch die Verwaltungsbehörden legitimiert.[2] Die Erfüllung der öffentlichen Aufgaben im Einzelnen ist herkömmlich Gegenstand der Lehre vom Verwaltungshandeln, in deren Mittelpunkt der Verwaltungsakt steht.[3] Im neueren Schrifttum hat sich zunehmend die Erkenntnis durchgesetzt, dass nicht allein die Handlungsformen der Verwaltung, sondern das **Verwaltungsrechtsverhältnis** Beachtung verdient.[4] Obwohl die Denkfigur des »Rechtsverhältnisses« in der Verwaltungsrechtsdogmatik keineswegs neu ist,[5] hat sie zu einem heftigen »Richtungsstreit« in der Verwaltungsrechtslehre geführt.[6] Jenseits der Kontroverse um die dogmatische Leistungsfähigkeit dieser Denkfigur im Einzelnen,[7] erweist sich das Verwaltungsrechtsverhältnis als Schlüsselbegriff des von einer demokratisch-rechtsstaatlichen Verfassung geprägten Verwaltungsrechts.

Der Begriff des Verwaltungsrechtsverhältnisses ist in seinen drei Bestandteilen von **164** erheblicher Aussagekraft:

- Das Rechtsverhältnis muss zur **Verwaltung** bestehen, also zu Trägern öffentlicher **165** Verwaltung, die im Sinne der Sonderrechtstheorie nicht durch Privatrechtssubjekte ersetzt werden können.

- Es handelt sich um ein Rechtsverhältnis, womit eine Absage an (allgemeine oder **166** besondere) »Gewaltverhältnisse« oder andere »Nichtrechtsverhältnisse« verbunden ist.

- Es handelt sich um ein Rechtsverhältnis, also eine Beziehung zwischen unter- **167** schiedlichen Rechtssubjekten, die vom Recht geprägt ist.

Noch so schroffe Ablehnung dieser dogmatischen Figur[8] muss die Erkenntnis be- **168** rücksichtigen, dass das Recht als Sollensordnung stets intersubjektiv wirkt, die Rechtsordnung also generell als Ordnung von Rechtsverhältnissen zu verstehen ist.[9] Der Paradigmenwechsel, den die neuere Verwaltungsrechtslehre mit der (Wieder-) Entdeckung des Verwaltungsrechtsverhältnisses vollzogen hat,[10] besteht darin, dass

---

1 Vgl. oben Rn. 51.
2 Vgl. oben Rn. 55.
3 Stellvertretend für viele *H. Maurer*, AllgVerwR, §§ 9 ff.
4 So *N. Achterberg*, AllgVerwR, § 20 Rn. 34 ff.; *Bull/Mehde*, AllgVerwR/VerwL, Rn. 287 ff.; *B. Remmert*, in: Erichsen/Ehlers, AllgVerwR, § 18 Rn. 1 ff.; *P. M. Huber*, Allgemeines Verwaltungsrecht, 2. Aufl. 1997, S. 18 ff.; *Wolff/Bachof/Stober/Kluth*, Verwaltungsrecht I, § 32 Rn. 35 ff.
5 Nachw. bei *H. Bauer*, Verw. 25 (1992), S. 315 f., *T. Hase*, Verw. 38 (2005), S. 453 f.
6 Vgl. *H. Bauer*, Verw. 25 (1992), S. 306 ff. Bezeichnend ist, dass in dem von Hoffmann-Riem, Schmidt-Aßmann und Voßkuhle herausgegebenen dreibändigen Werk »Grundlagen des Verwaltungsrechts« das Verwaltungsrechtsverhältnis als dogmatische Figur keine Erwähnung findet. Die mit diesem Werk intendierte »neue Verwaltungsrechtswissenschaft« kann freilich nicht dadurch begründet werden, dass rechtsdogmatische Grundlagen mit Schweigen übergangen werden; krit. dazu *J. Ipsen*, Verw. 44 (2011), S. 290 ff.
7 Vgl. *O. Bachof*, VVDStRL 30 (1972), S. 193 (231 ff.); *H. Bauer*, Verw. 25 (1992), S. 319 ff.; *W. Löwer*, NVwZ 1986, S. 793 ff.; *E. Schmidt-Aßmann*, DVBl. 1989, S. 533 ff.
8 Vgl. nur *H. Meyer*, VVDStRL 47 (1988), S. 241: »keinerlei Erkenntniszuwachs«.
9 Vgl. *N. Achterberg*, AllgVerwR, § 20 Rn. 14 ff. mit umfangr. Nachw.
10 Aus der umfangreichen Literatur nur *H. Bauer*, Verw. 25 (1992), S. 301 ff.; *P. Häberle*, in: ders., Die Verfassung des Pluralismus, 1980, S. 248 ff. Vgl. auch die Einschätzung von *R. Stober*, in: Wolff/

einerseits die Intersubjektivität jeglichen Verwaltungshandelns *erkannt,* andererseits die Rechtssubjektivität der Akteure *anerkannt* worden ist.[11] Ersteres stellt sich als rechtstheoretisch, letzteres als verfassungsrechtlich unabweisbar dar.

I. Definition des Verwaltungsrechtsverhältnisses

169 Ausgehend von der Definition des **Rechtsverhältnisses** als einer rechtsnormgestalteten **Beziehung** zwischen zwei oder mehreren **Rechtssubjekten,**[12] werden Verwaltungsrechtsverhältnisse als nach dem **Verwaltungsrecht** zu beurteilende Rechtsbeziehungen zwischen Rechtssubjekten definiert.[13] Das *allgemeine* Verhältnis zwischen Bürger und Staat soll mangels Konkretisierung kein Rechtsverhältnis sein.[14] Bei dieser Definition wird freilich nicht berücksichtigt, dass die Beziehung zwischen Verwaltung und Bürger nicht zuletzt durch die Grundrechte geprägt wird, die dem Verfassungsrecht zuzuordnen sind.[15] Zwar werden im Verhältnis von Bürger und Staat regelmäßig auch Normen des Verwaltungsrechts anzuwenden sein, die Definition des Verwaltungsrechtsverhältnisses sollte jedoch eine solche Verengung vermeiden. Ähnlich wie bei der Abgrenzung zwischen öffentlichem und privatem Recht[16] ist es deshalb unabweisbar, ein **institutionelles Begriffsmerkmal** in die Definition aufzunehmen. Das Verwaltungsrechtsverhältnis lässt sich somit als Rechtsverhältnis zwischen zwei Rechtssubjekten begreifen, von denen eines notwendig Träger öffentlicher Verwaltung ist.[17]

170 Die Definition ist insofern noch nicht vollständig, als auch das **abstrakte Verhältnis** zwischen »Bürger« und »Staat« – das »Staatsbürgerverhältnis« – hierunter fallen könnte, weil auch der »Staat« – in Gestalt der Bundesrepublik Deutschland oder der Bundesländer – Verwaltungsträger ist. Dieser Umstand veranlasst einige Autoren, das *allgemeine* Verhältnis von Bürger und Staat nicht als »Rechtsverhältnis« zu begreifen.[18] Damit würde entweder der Weg zum überwunden geglaubten »allgemeinen Gewaltverhältnis« gewiesen[19] oder aber jegliche Beziehung zwischen Bürger und Staat in Abrede gestellt. Letzteres ist unhaltbar, weil zwischen Bürger und Staat bereits aufgrund der Staatsangehörigkeit Rechtsbeziehungen bestehen, ersteres weil die Beziehungen zwischen Bürger und Staat ausschließlich durch das Recht bestimmt werden.[20]

Bachof/Stober/Kluth, Verwaltungsrecht I, § 32 Rn. 38: »Zu Recht wird das Rechtsverhältnis als ein Institut bezeichnet, das es verdiene, eine beherrschende Stellung im Verwaltungsrecht einzunehmen«.

11 Vgl. *H. Bauer,* Verw. 25 (1992), S. 315 ff.

12 Vgl. *H. H. Rupp,* Grundfragen der heutigen Verwaltungsrechtslehre, S. 15 ff.

13 Vgl. *Bull/Mehde,* AllgVerwR/VerwL, Rn. 43; *B. Remmert,* in: Erichsen/Ehlers, AllgVerwR, § 18 Rn. 1; *H. Maurer,* AllgVerwR, § 8 Rn. 17.

14 So *H. Maurer,* AllgVerwR, § 8 Rn. 17; *F.-J. Peine,* AllgVerwR, Rn. 266.

15 Vgl. oben Rn. 101 ff.

16 Vgl. oben Rn. 13 ff.

17 Ähnlich *Bull/Mehde,* AllgVerwR/VerwL, Rn. 303; *P. M. Huber,* Allgemeines Verwaltungsrecht, 2. Aufl. 1997, S. 19; *B. Remmert,* in: Erichsen/Ehlers, AllgVerwR, § 18 Rn. 5; *H. Schmitz,* in: Stelkens/Bonk/Sachs, VwVfG, § 9 Rn. 16.

18 So *H. Maurer,* AllgVerwR, § 8 Rn. 17; *F.-J. Peine,* AllgVerwR, Rn. 266.

19 Vgl. oben Rn. 75.

20 Zutr. *Bull/Mehde,* AllgVerwR/VerwL, Rn. 288, die von einem »allgemeinen Rechtsverhältnis« sprechen.

Eine weitere Schwierigkeit tritt hinzu. Als »Rechtssubjekte« im Sinne dieser Definiti- **171**
on sind nicht nur **rechtsfähige** natürliche oder juristische Personen – des öffentlichen
oder privaten Rechts – zu verstehen, sondern auch **nichtrechtsfähige Teile** der Verwaltungsorganisation, nämlich Behörden oder Organwalter.[21]

Aus diesem Grund ist es auch unerheblich, ob das Verwaltungsrechtsverhältnis **172**
durch **subjektive Rechte** im herkömmlichen Sinne geprägt wird oder sich auf
»Innenrechtsbeziehungen« in Gestalt von **Zuständigkeiten** oder **Kompetenzen** beschränkt. Ein wesentliches Anliegen der Rechtsverhältnislehre ist es, in Abkehr von
der Impermeabilitätstheorie und der Differenzierung von Innen- und Außenrechts-
beziehungen den Blick auf die Vielfalt der Rechtsbeziehungen im Verwaltungsrecht
zu öffnen.[22]

Die dogmatisch gleichermaßen unzuträgliche Begriffsausweitung wie Begriffsver- **173**
engung lässt sich vermeiden, wenn das Verwaltungsrechtsverhältnis definiert wird als

> durch Rechtssatz oder auf andere Weise konkretisierte Rechtsbeziehung zwischen Rechtssub-
> jekten, die nicht rechtsfähig sein müssen, von denen eines aber notwendig ein Verwaltungs-
> träger ist oder ihm zugeordnet werden kann.

II. Die Begründung von Verwaltungsrechtsverhältnissen

Die dogmatische Bedeutung der Lehre vom Verwaltungsrechtsverhältnis wäre gering **174**
zu veranschlagen, wenn Verwaltungsrechtsverhältnisse sich stets als Folge des **Verwaltungshandelns** darstellten. Dies würde zweifellos der überkommenen (Wunsch-)
Vorstellung von einer initiativen und aktiven Verwaltung entgegenkommen, entspricht aber nicht dem positiven Recht. Verwaltungsrechtsverhältnisse können vielmehr durch Rechtsnorm, Verwaltungshandeln jeder Art oder durch Handeln des
Bürgers begründet werden. Sie entstehen mit anderen Worten **mit, ohne** oder **gegen**
den **Willen** der Verwaltung.

1. Entstehung durch Rechtssatz

Rechtsnormen lassen normalerweise keine Verwaltungsrechtsverhältnisse entstehen, **175**
weil es den in ihnen niedergelegten Rechten und Pflichten an der Konkretisierung fehlt.
Allerdings kann ein Verwaltungsrechtsverhältnis ausdrücklich durch **Gesetz** begründet werden. Beispiele hierfür sind das Steuerschuldverhältnis, dessen Ansprüche entstehen, sobald der Tatbestand verwirklicht ist, an den das Gesetz die Leistungspflicht
knüpft (§ 38 AO) und das Sozialrechtsverhältnis, in dem Ansprüche entstehen, sobald
ihre im Gesetz bestimmten Voraussetzungen vorliegen (§ 40 Abs. 1 SGB I).[23] Auch
Bebauungspläne, die in der Rechtsform der (kommunalen) Satzung ergehen (§ 10
Abs. 1 BauGB), begründen Verwaltungsrechtsverhältnisse, weil der Kreis der Betroffenen und die ihnen eingeräumten Rechte und Pflichten bereits weitgehend konkretisiert sind.[24] Eine gesetzliche Pflichtenstellung, wie sie in Gestalt der allgemeinen Wehr-

---

21 Vgl. insbesondere *N. Achterberg*, AllgVerwR, § 20, Rn. 49 ff.
22 Vgl. *N. Achterberg*, AllgVerwR, § 20 Rn. 20; zur Differenzierung zwischen Innen- und Außen-
   rechtsverhältnissen vgl. grundlegend *H. H. Rupp*, Grundfragen der heutigen Verwaltungsrechtslehre, S. 19 ff., 104 ff.; *D. Jesch*, AöR 85 (1960), S. 472 (485).
23 Vgl. *H. U. Erichsen*, in: Erichsen/Ehlers, AllgVerwR, 12. Aufl. 2002, § 11 Rn. 6.
24 Vgl. BVerfGE 79, 174 (187); *Bull/Mehde*, AllgVerwR/VerwL, Rn. 297.

pflicht (§ 1 WPflG)[25] bzw. Zivildienstpflicht (§ 1 KDVG)[26] statuiert wird, genügt für ein Verwaltungsrechtsverhältnis demgegenüber nicht. Hier bedarf es der Wehrerfassung (§ 15 WPflG), um ein Verwaltungsrechtsverhältnis zu begründen.[27]

176 Das Entstehen von Verwaltungsrechtsverhältnissen durch Rechtssatz ist gleichwohl **atypisch,** weil Rechtssätze hinsichtlich der Adressaten individualisiert und hinsichtlich des Regelungsinhalts konkretisiert werden müssen.[28]

2. Entstehung durch Verwaltungsakt

177 Der als behördliche Einzelfallregelung auf dem Gebiet des öffentlichen Rechts definierte **Verwaltungsakt** (§ 35 S. 1 VwVfG) ist ein typischer Entstehungstatbestand von Verwaltungsrechtsverhältnissen. Rechtsnormen bedürfen, um sich in der sozialen Wirklichkeit auszuwirken, regelmäßig der Umsetzung durch Einzelakte, die den Adressaten individualisieren und den Regelungsinhalt konkretisieren.[29] Die Umsetzung von abstraktem zu konkretem Sollen, von genereller zu individueller Adressateneigenschaft wird im Verwaltungsrecht typischerweise, aber nicht ausschließlich durch den Verwaltungsakt geleistet. An der zentralen Bedeutung des Verwaltungsakts hat sich deshalb auch durch die dogmatische Erschließung des Verwaltungsrechtsverhältnisses nichts geändert.[30] Verfehlt wäre indes die Annahme, dass Verwaltungsrechtsverhältnisse *erst* und *nur* durch Verwaltungsakte begründet werden. Dies gilt namentlich für den Fall, dass der Bürger einen Antrag auf Erlass eines Verwaltungsakts stellt. Mit dem Antrag beginnt ein Verwaltungsverfahren (§ 9 VwVfG), das selbst ein Verwaltungsrechtsverhältnis darstellt.[31] Insofern darf die unverminderte dogmatische Bedeutung des Verwaltungsakts nicht zu der Fehlannahme verleiten, die Verwaltung begründe stets oder auch nur überwiegend Verwaltungsrechtsverhältnisse durch **einseitige Akte.**

3. Entstehung durch öffentlich-rechtlichen Vertrag

178 Die Begründung eines Verwaltungsrechtsverhältnisses kann zwischen Verwaltung und Bürger auch **vereinbart** werden, sofern dem rechtsgeschäftlichen Handeln der Verwaltung keine Rechtsvorschriften entgegenstehen (§ 54 VwVfG). Anerkannt ist, dass bereits mit Aufnahme von Verhandlungen ein Verwaltungsrechtsverhältnis entsteht, das wechselseitige Rechte und Pflichten begründet.[32]

---

25 Durch das Gesetz zur Änderung wehrrechtlicher Vorschriften 2011 vom 28. 4. 2011 (BGBl. I S. 678) wurde die allgemeine Wehrpflicht des § 1 WPflG nicht abgeschafft, sondern ausgesetzt. § 2 S. 1 WPflG bestimmt nunmehr, dass die §§ 3 bis 53 WPflG (u. a. die Pflicht zur Leistung des Grundwehrdienstes) nur im Spannungs- und Verteidigungsfall gelten.

26 Auch der Zivildienst wurde nicht abgeschafft, sondern ausgesetzt. § 1 Abs. 2 KDVG bestimmt nunmehr, dass anerkannte Kriegsdienstverweigerer im Spannungs- und Verteidigungsfall statt des Wehrdienstes Zivildienst zu leisten haben; vgl. Gesetz zur Einführung eines Bundesfreiwilligendienstes vom 28. 4. 2011 (BGBl. I S. 687).

27 Vgl. *H.-U. Erichsen,* in: Erichsen/Ehlers, AllgVerwR, 12. Aufl. 2002, § 11 Rn. 5; anders offenbar *Bull/Mehde,* AllgVerwR/VerwL, Rn. 294.

28 Vgl. oben Rn. 87 ff.

29 Vgl. oben Rn. 87 ff.

30 Vgl. *O. Bachof,* VVDStRL 30 (1972), S. 193 (231); *Bull/Mehde,* AllgVerwR/VerwL, Rn. 294; *H. Maurer,* AllgVerwR, § 8 Rn. 25 f.

31 Vgl. *Bull/Mehde,* AllgVerwR/VerwL, Rn. 618.

32 Vgl. *Bull/Mehde,* AllgVerwR/VerwL, Rn. 300; grundlegend *V. Schlette,* Die Verwaltung als Vertragspartner, 2000, S. 414 f.

4. Entstehung durch informelles Verwaltungshandeln (Realakte)

Verwaltungshandeln erschöpft sich nicht im Erlass von Verwaltungsakten oder im Abschluss öffentlich-rechtlicher Verträge, sondern ist an keine Form gebunden.[33] Die Fokussierung der Verwaltungsrechtslehre auf den Verwaltungsakt hat das vielfältige nichtförmliche Verwaltungshandeln stets in den Hintergrund treten lassen.[34] Häufig erfüllt die Verwaltung ihre öffentlichen Aufgaben durch Auskünfte, Beratung oder anderes **(tatsächliches) Handeln,** das in den überkommen Handlungskanon nicht eingeordnet werden kann. Dieses Handeln begründet gleichwohl stets ein Verwaltungsrechtsverhältnis.[35]

179

5. Entstehung durch Handeln des Bürgers

Verwaltungsrechtsverhältnisse werden vielfach – wenn nicht in der Mehrzahl – durch **Handeln** des **Bürgers** begründet. Häufig werden Verwaltungsbehörden (erst) tätig, wenn Anstöße »von außen« erfolgen.[36] Dies müssen nicht notwendig Anträge auf Erlass eines Verwaltungsakts (etwa auf Gewährung einer Leistung) sein, die Anstöße können auch auf andere Handlungsformen oder nichtförmliches Verwaltungshandeln gerichtet sein. So tritt der Bürger an die Verwaltungsbehörden häufig zunächst mit der Absicht heran, sich die notwendigen Sachkenntnisse anzueignen. Bereits die Aufnahme solcher Kontakte begründet eine Nähe zur Verwaltung, die alle Tatbestandsmerkmale des Verwaltungsrechtsverhältnisses erfüllt. Eine völlig andere Frage ist, durch *welche* Rechte und Pflichten ein solches Verwaltungsrechtsverhältnis ausgestaltet wird. Ein seit jeher anerkannter Entstehungstatbestand von Verwaltungsrechtsverhältnissen durch Handeln des Bürgers ist die **tatsächliche Inanspruchnahme** einer öffentlichen Einrichtung.[37]

180

III. Arten von Verwaltungsrechtsverhältnissen

Die Bildung einzelner Kategorien von Verwaltungsrechtsverhältnissen ist dogmatisch notwendig, angesichts ihrer Vielfalt jedoch nicht einfach.[38] Die Schwierigkeit liegt darin, dass die Kategorien sich an bestimmten Unterscheidungsmerkmalen zu orientieren haben und deshalb auf ganz unterschiedlichen Ebenen liegen. So können Verwaltungsrechtsverhältnisse nach ihrem **Inhalt** oder nach den an ihnen **Beteiligten** unterschieden werden.[39] Letzteres ist insofern von Interesse, als Verwaltungsrechtsverhältnisse nicht notwendig zwischen Bürger und Verwaltung, sondern auch innerhalb von Verwaltungsorganisationen bestehen.[40]

181

---

33 Vgl. § 10 VwVfG.
34 Vgl. *G. Robbers,* DÖV 1987, S. 272; *J. Scherer,* NJW 1989, S. 2724; sowie die Monographie von *M. Schulte,* Schlichtes Verwaltungshandeln, 1995.
35 Vgl. *Bull/Mehde,* AllgVerwR/VerwL, Rn. 302, die den Entstehungstatbestand aber auf die gesetzliche Regelung zurückführen; dies würde indes auch für Verwaltungsakte gelten.
36 Vgl. etwa § 16 SGB I.
37 Vgl. *N. Achterberg,* AllgVerwR, § 20 Rn. 44; *Bull/Mehde,* AllgVerwR/VerwL, Rn. 947 ff. Sofern die Benutzung öffentlicher Einrichtungen keinen besonderen Zulassungsakt (Verwaltungsakt, Vertrag) voraussetzt, entsteht das Benutzungsverhältnis mit der tatsächlichen Inanspruchnahme der Einrichtung, vgl. *B. Remmert,* in: Erichsen/Ehlers, AllgVerwR, § 18 Rn. 9; vgl. auch oben Rn. 45.
38 Vgl. *N. Achterberg,* AllgVerwR, § 20 Rn. 34 ff.; *Bull/Mehde,* AllgVerwR/VerwL, Rn. 880 ff.; *P. M. Huber,* Allgemeines Verwaltungsrecht, 2. Aufl. 1997, S. 20 ff.
39 Vgl. *Bull/Mehde,* AllgVerwR/VerwL, Rn. 303 ff.
40 Vgl. grundlegend *H. H. Rupp,* Grundfragen der heutigen Verwaltungsrechtslehre, S. 19 ff.; vgl. auch *N. Achterberg,* AllgVerwR, § 20, Rn. 52 ff.; *B. Remmert,* in: Erichsen/Ehlers, AllgVerwR, § 18 Rn. 7 m. w. N.

182 Naheliegend wäre es, eine Typologie der Verwaltungsrechtsverhältnisse zu entwickeln, die Anleihen beim zivilrechtlichen Schuldverhältnis macht.[41] Auch die
Rechtsverhältnisse des bürgerlichen Rechts – etwa die gesetzlichen Schuldverhältnisse
– entstehen vielfach unabhängig von dem Willen der Beteiligten, so dass die herkömmliche Gegenüberstellung der das öffentliche Recht vermeintlich kennzeichnenden »Einseitigkeit«[42] und der für das Zivilrecht typischen »Zweiseitigkeit«[43] jeweils
nur Teilbereiche dieser Rechtsgebiete erfasst.

183 Im Folgenden werden **typische Verwaltungsrechtsverhältnisse** skizziert und unterschiedlichen **Verwaltungstypen** zugeordnet.

1. Abgabenrechtsverhältnisse

184 **Abgabenrechtsverhältnisse** sind dadurch gekennzeichnet, dass die öffentliche Verwaltung von einem Rechtssubjekt eine **Abgabe** – mit anderen Worten: eine Geldzah-
lung – verlangen kann. Die Abgaben können ganz unterschiedlicher Natur sein, nämlich Steuern, Gebühren, Beiträge oder Sonderabgaben.[44] Wichtigste Erscheinungsform
des Abgabenrechtsverhältnisses ist das Steuerschuldverhältnis (§§ 37 ff. AO), das seit
jeher detailliert geregelt ist.[45] Aber auch die Zahlung von **Beiträgen** (z. B. von Erschlie-
ßungsbeiträgen: §§ 127 ff. BauGB), **Gebühren**[46] oder **Sonderabgaben**[47] kann Gegenstand eines Abgabenrechtsverhältnisses sein. Abgabenrechtsverhältnisse entstehen
durch **Gesetz** (§ 38 AO) oder **Verwaltungsakt** (Beitrags-, Gebühren- bzw. Bußgeld-
bescheid), können aber auch einen rechtsgeschäftlichen Entstehungstatbestand haben.[48]

185 Die Erhebung von Abgaben wird herkömmlich als »**Eingriffsverwaltung**« bezeichnet, weil sie regelmäßig mit Belastungen für den Bürger verbunden ist.[49] Dem aus der
konstitutionellen Epoche stammenden Begriff der »Eingriffsverwaltung« kommt kein
dogmatischer, aber auch kein deskriptiver Erkenntniswert zu. In der Realität gibt es
keinen Verwaltungszweig, dessen ausschließliche Aufgabe es wäre, in »Freiheit und
Eigentum« der Bürger – so die herkömmliche Formel[50] – einzugreifen. Am ehesten
träfe dies für die Finanzverwaltung zu, die wegen ihrer vielfältigen Aufgaben jedoch
ebenfalls mit dieser Formel nicht erschöpfend beschrieben wird.[51] Wegen der **Ambivalenz** allen Verwaltungshandelns[52] kann das vertraute Begriffspaar von »Eingriffs-

---

41 Vgl. die seit jeher bestehende Figur des »verwaltungsrechtlichen Schuldverhältnisses« (BGHZ 54,
   299; 59, 303; 61, 7); dazu *H.-J. Papier*, Die Forderungsverletzung im öffentlichen Recht, 1970;
   K. Windthorst, JuS 1996, S. 605.
42 Die sog. »verwaltungsrechtlichen Schuldverhältnisse« stellen indes nur einen kleinen Ausschnitt der
   Verwaltungsrechtsverhältnisse dar.
43 Vgl. *V. Götz*, Allgemeines Verwaltungsrecht, 4. Aufl. 1997, S. 67 ff.
44 Vgl. *D. Birk*, Steuerrecht, 14. Aufl. 2011, Rn. 110, 117 ff.
45 Vgl. §§ 33 ff., §§ 37 ff. und §§ 218 ff. AO; dazu *Tipke/Lang*, Steuerrecht, 20. Aufl. 2010, § 7
   Rn. 1 ff.
46 Vgl. nur §§ 4, 5 NKAG; §§ 5, 6 NWKAG und §§ 4, 5 KAG LSA.
47 Vgl. BVerfGE 57, 139 (167); 67, 256 (275); 82, 159 (179 ff.); dazu *K. H. Friauf*, JA 1981, S. 261;
   W. Schmidt, NVwZ 1991, S. 36.
48 Vgl. BVerwGE 8, 329; 48, 166 und BVerwG, NJW 1984, S. 2113.
49 Vgl. *Bull/Mehde*, AllgVerwR/VerwL, Rn. 27 f.; *H. Faber*, Verwaltungsrecht, 4. Aufl. 1995, S. 172 ff.
50 Vgl. *E. Forsthoff*, Lehrbuch des Verwaltungsrechts I, S. 127.
51 Vgl. zu Aufgaben und Organisation der Finanzverwaltung *Tipke/Lang*, Steuerrecht, 20. Aufl. 2010,
   § 3 Rn. 73 ff.
52 Vgl. *D. Ehlers*, in: Erichsen/Ehlers, AllgVerwR, § 1 Rn. 59, der diese »Mischwirkung« am Beispiel
   des durch Zwang (Eingriff!) erfolgten Anschlusses an die Wasserversorgung (Leistung!) illustriert.

und Leistungsverwaltung« lediglich **Schwerpunkte** des Verwaltungshandelns bezeichnen und ist ohne weiteren heuristischen Wert.

2. Andere Handlungs-, Unterlassungs- oder Duldungspflichtverhältnisse

Inhalt eines Verwaltungsrechtsverhältnisses kann weiterhin das Bestehen anderer **186** **Handlungs-, Unterlassungs-** und **Duldungspflichten** sein. Derartige Pflichten sind keineswegs auf den Bürger beschränkt und entsprechende Verwaltungsrechtsverhältnisse entstehen nicht nur durch Verwaltungsakt. Soweit nämlich der Bürger gegenüber der **Verwaltung** einen Anspruch auf Handlungen (Unterlassungen, Duldungen) hat, bilden *deren* Pflichten den wesentlichen Inhalt des Verwaltungsrechtsverhältnisses.[53]

Auch die Auferlegung von Handlungen, Duldungen oder Unterlassungen wird her- **187** kömmlich der »Eingriffsverwaltung« zugerechnet.[54] Diese Zuordnung ist ebenfalls eindimensional und trägt der Ambivalenz des Verwaltungshandelns nicht hinreichend Rechnung. Die Ordnungsverfügung als Musterbeispiel der Eingriffsverwaltung[55] ergeht nicht selten auf **Anregung** oder auf **Antrag** eines **Dritten** – etwa eines Nachbarn im Sinne des Baurechts – und stellt für diesen eine **Leistung** dar.[56]

3. Leistungsverhältnisse

Als typisches Beispiel für **Leistungsverhältnisse** gilt das **Sozialrechtsverhältnis**, in **188** dem Ansprüche auf soziale Leistungen geltend gemacht und erfüllt werden.[57] Zu dieser Kategorie sind jedoch auch andere Verwaltungsrechtsverhältnisse zu zählen, in denen Leistungen ausgetauscht werden.[58]

Auch diese Kategorie von Verwaltungsrechtsverhältnissen lässt deutlich werden, dass **189** der Begriff der »Leistungsverwaltung« keinen wesentlichen Erkenntniswert hat, weil die Gewährung von Leistungen stets mit der Begründung von Pflichten verbunden ist, häufig auch von **Gegenleistungen** abhängig gemacht wird.

4. Planungsrechtsverhältnisse

Die Erfüllung öffentlicher Aufgaben, durch die die öffentliche Verwaltung definiert **190** wird,[59] erfordert vielfach die Vorbereitung durch **Planung** mit der Folge, dass die Verwaltung im Staat der Gegenwart zu einem nicht geringen Teil **Planungsverwaltung** ist.[60] Pläne der Verwaltung sind auf Umsetzung in die Wirklichkeit angelegt, sollen also die Umwelt verändern. Von ihnen ist stets eine mehr oder minder große

---

Auch die Abgabenerhebung ist stets ambivalent, weil sie die Voraussetzung für die Erfüllung öffentlicher Aufgaben darstellt.
53 Vgl. unten Rn. 1348 ff.
54 Vgl. *H. Faber*, Verwaltungsrecht, 4. Aufl. 1995, S. 35, 172 ff.
55 Vgl. unten Rn. 319, 372 ff.
56 Vgl. *D. Ehlers*, in: Erichsen/Ehlers, AllgVerwR, § 1 Rn. 59; *V. Götz*, Allgemeines Verwaltungsrecht, 4. Aufl. 1997, S. 58.
57 Vgl. *B. Remmert*, in: Erichsen/Ehlers, AllgVerwR, § 18 Rn. 11; *A. Hänlein*, in: Kreikebohm/Spellbrink/Waltermann, Kommentar zum Sozialrecht, 2. Aufl. 2011, SGB 1, §§ 1 – 10 Rn. 9; *Bley/Kreikebohm/Marscher*, Sozialrecht, 9. Aufl. 2007, Rn. 9.
58 Etwa Versorgungsverhältnisse, soweit diese öffentlich-rechtlich ausgestaltet sind; vgl. hierzu *J. Ipsen*, Niedersächsisches Kommunalrecht, 4. Aufl. 2011, Rn. 696 ff.
59 Vgl. oben Rn. 163.
60 Vgl. *B. Stüer*, Handbuch des Bau- und Fachplanungsrechts, 4. Aufl. 2009, Rn. 2 ff.; *G. Roellecke*, DÖV 1994, S. 1024 (1025 ff.).

Zahl von Menschen in unterschiedlicher Weise betroffen. Für die **Betreiber** eines **Vorhabens** stellen sich Planungsverfahren und -entscheidung naturgemäß anders dar als für die **Planbetroffenen.** Die ambivalente Wirkung der Entscheidung wird mit der Rechtsfigur des »Verwaltungsakts mit Doppelwirkung«[61] eingefangen, der insoweit jedoch nur eine »Momentaufnahme« enthält.[62] Regelmäßig liegen die sachlichen Entscheidungen weit vor dem Erlass des Verwaltungsakts – etwa eines Planfeststellungsbeschlusses – oder einer Rechtsnorm – z. B. eines Bebauungsplans –. Unterschiedliche gesetzliche Regelungen sehen deshalb vor, dass die Planbetroffenen in unterschiedlicher Weise am Planungsverfahren zu beteiligen sind.[63] Die dogmatische Bewältigung der Planung und ihrer Durchführung hat die Verwaltungsrechtslehre vor nicht geringe Schwierigkeiten gestellt, die mit der Figur des mehrseitigen – polygonalen – Rechtsverhältnisses lösbar sind.[64]

191 Vorbehalte bestehen jedoch, dem Begriff der »Planungs-« oder »Infrastrukturverwaltung«[65] einen zusätzlichen Erkenntniswert zuzumessen. Da Planung stets auf Veränderung der Umwelt gerichtet ist, kann sich der Plan(-feststellungsbeschluss) für den Planbetroffenen ohne weiteres als Eingriffsakt darstellen, wenn Letzterer nämlich Emissionen eines genehmigten Vorhabens dulden muss.[66] Das Gleiche gilt für die Anlage von Straßen, Flughäfen oder anderer Infrastrukturmaßnahmen, die ebenfalls stets »Eingriffscharakter« haben.[67]

5. Statusverhältnisse

192 Im Regelfall wird die Distanz zwischen Bürger und Verwaltung nur punktuell durchbrochen, weil entweder der Bürger von der Verwaltung oder die Verwaltung von dem Bürger »etwas« will. Eine Vielzahl von Rechtsverhältnissen zwischen Verwaltung und Bürger sind demgegenüber durch eine hierüber hinausgehende dauerhafte oder temporäre **Nähebeziehung** gekennzeichnet. Es handelt sich um die früher so bezeichneten »besonderen Gewaltverhältnisse«, die in der Verwaltungsrechtsdogmatik stets eine besondere Rolle gespielt haben.[68] Nachdem das Bundesverfassungsgericht in seinem – grundlegenden, aber überfälligen – »Strafvollzugsbeschluss« die Geltung der Grundrechte und damit den Gesetzesvorbehalt auch in »Sonderstatusverhältnissen« bekräftigt hat,[69] ist die dogmatische Klammer, die völlig heterogene Beziehungen zum Staat umschloss – nämlich die prinzipielle Unanwendbarkeit von *Recht* – entfallen. Bei nüchterner Betrachtung präsentieren sich Rechtsverhältnisse unterschiedlicher Art und Inhalte, die als Gemeinsamkeit letztlich nur eine diffuse im Einzelfall ohnehin rechtlich zu regelnde – »Nähe« zum Staat aufweisen. Demgegenüber überwiegen die Besonderheiten und Unterschiede bei Weitem. Das Verhältnis des Schülers zur Schule ist ein anderes als das des Strafgefangenen zur Vollzugsanstalt,

---

61 Vgl. unten Rn. 412 ff.
62 Vgl. hierzu *H. Bauer,* Verw. 25 (1992), S. 314; die Kennzeichnung des Verwaltungsakts als »Momentaufnahme« geht auf *O. Bachof,* VVDStRL 30 (1972), S. 193 (231), zurück.
63 Vgl. nur § 73 VwVfG; §§ 3, 4 BauGB; § 10 BImSchG.
64 Vgl. *H. Bauer,* Verw. 25 (1992), S. 320 f.; *Bull/Mehde,* AllgVerwR/VerwL, Rn. 303.
65 Vgl. *H. Faber,* Verwaltungsrecht, 4. Aufl. 1995, S. 350 f.
66 Durch die Genehmigung eines Vorhabens werden regelmäßig privatrechtliche Abwehransprüche ausgeschlossen (§§ 75 Abs. 2 S. 1 VwVfG, 14 BImSchG).
67 Vgl. BVerwGE 34, 301 (304); 48, 56 (59).
68 Vgl. die Nachw. oben Rn. 75.
69 Vgl. BVerfGE 33, 1.

der Beamte steht zu seinem Dienstherrn in einem anderen Rechtsverhältnis als früher der Wehrdienstleistende oder Zivildienstleistende zum »Bund«. Das Gleiche gilt nunmehr für die freiwillig Wehrdienst leistenden Soldaten und die Angehörigen des Bundesfreiwilligendienstes.

Angesichts dieses Befundes empfiehlt es sich, auf eine gemeinsame Kategorie der **193** »Sonderstatusverhältnisse« zu verzichten, weil mit ihnen kaum ein Erkenntnisgewinn, dafür aber die Gefahr verbunden ist, die unterschiedlichen rechtlichen Regelungen einzuebnen.[70] Dies bedeutet wiederum, dass das

- Beamtenverhältnis,
- Ausbildungsverhältnis in Schule und Hochschule,
- Wehrdienstverhältnis bzw. Freiwilligendienstverhältnis,
- Strafgefangenenverhältnis

als jeweils **eigenständiges Rechtsverhältnis** betrachtet und in seiner Eigenart dargestellt wird.

Die Lehre von den »besonderen Gewaltverhältnissen« hat ihre historische Rolle aus- **194** gespielt und kann auch nicht unter der Bezeichnung des »Sonderstatusverhältnisses« erneut belebt werden.[71] Soweit der Begriff des »Sonderstatus« nicht ausschließlich *deskriptiv* gebraucht wird, sollte er gänzlich vermieden werden.[72]

IV. Privatrechtliches Verwaltungshandeln

Die **Erfüllung öffentlicher Aufgaben** durch die Verwaltung vollzieht sich nicht **195** notwendig in den Formen des **öffentlichen Rechts,** sondern ist vielfach dem **bürgerlichen Recht** zuzuordnen. Üblicherweise wird das privatrechtliche Handeln der Verwaltung in drei unterschiedliche Anwendungsbereiche unterteilt, nämlich in erwerbswirtschaftliches, verwaltungsprivatrechtliches und fiskalisches Handeln.[73] Der öffentlichen Verwaltung stehen damit prinzipiell **zwei Rechtsregimes** zu Gebote, um ihre öffentlichen Aufgaben zu erfüllen. Die Abgrenzung zwischen öffentlichem und privatem Recht erweist sich insbesondere als notwendig, weil Verwaltungsbehörden *auch* nach den Vorschriften des bürgerlichen Rechts handeln können (sog. Lehre von der »Formenwahlfreiheit« der Verwaltung).[74] Die behördliche »Wahlfreiheit« gilt für das gesamte Verwaltungshandeln, mit Ausnahme der Eingriffsverwaltung, für die das Zivilrecht keine passenden Formen bereitstellt.[75] Da Verwaltungshandeln aber vor-

---

70 Vgl. *N. Achterberg,* AllgVerwR, § 20 Rn. 48; *Bull/Mehde,* AllgVerwR/VerwL, Rn. 290; *H. Maurer,* AllgVerwR, § 8 Rn. 31; *J. Ipsen,* FS K. Ipsen, 2000, S. 711 ff.

71 Vgl. aber die Ansätze bei *W. Loschelder,* Vom besonderen Gewaltverhältnis zur öffentlich-rechtlichen Sonderbindung, 1982; *M. Ronellenfitsch,* in: D. Merten (Hrsg.), Das besondere Gewaltverhältnis, 1985, S. 40 ff., insbes. S. 51: »Das besondere Gewaltverhältnis ist kein Relikt. Es hat bleibende Bedeutung im Verwaltungsrecht.«; zur dogmatischen Entwicklung vgl. *L. Wenninger,* Geschichte der Lehre vom besonderen Gewaltverhältnis, 1982.

72 Vgl. nur *Bull/Mehde,* AllgVerwR/VerwL, Rn. 189 f.; *F. E. Schnapp,* DÖV 1986, S. 812 f.

73 Vgl. *S. Detterbeck,* AllgVerwR, Rn. 903 ff.; *H. Maurer,* AllgVerwR, § 7 Rn. 7 ff.; *Stelkens/Schmitz,* in: Stelkens/Bonk/Sachs, VwVfG, § 1 Rn. 92 ff.

74 Vgl. oben Rn. 14; dazu auch *J. Dietlein,* Jura 2002, S. 445 (451); *W. Rüfner,* in: Isensee/Kirchhof (Hrsg.), HdbStR IV, 3. Aufl. 2006, § 96 Rn. 67; *Schmidt-Aßmann/Röhl,* in: Schmidt-Aßmann/ Schoch (Hrsg.), BesVerwR, 14. Aufl. 2008, 1. Kap., Rn. 123 ff.; *Stelkens/Schmitz,* in: Stelkens/ Bonk/Sachs, VwVfG, § 1 Rn. 84.

75 Vgl. *D. Ehlers,* Verwaltung in Privatrechtsform, 1984, S. 65.

wiegend auf die Begründung, Änderung oder Beendigung von **Rechtsverhältnissen** abzielt, lässt sich resümieren, dass sich die Verwaltung zur Erfüllung öffentlicher Aufgaben der Verwaltungsrechtsverhältnisse *oder* privatrechtlicher Rechtsverhältnisse bedienen kann.[76]

1. Zur Abgrenzung von Verwaltungsrechtsverhältnissen und Privatrechtsverhältnissen

196 Die Abgrenzung der Verwaltungsrechtsverhältnisse von den Privatrechtsverhältnissen vollzieht sich nach der (institutionellen) **Sonderrechtstheorie,** so dass ein Verwaltungsrechtsverhältnis nur dann vorliegt, wenn eines der Rechtssubjekte *notwendig* ein Träger öffentlicher Verwaltung ist.[77]

197 Im Hinblick auf die ubiquitäre Grundrechtsgeltung, die unabhängig davon ist, in welcher Rechtsform der Staat auftritt[78] oder handelt,[79] ergibt sich scheinbar ein Dilemma: Wenn die Verwaltung stets grundrechtsgebunden ist, wird auch jedes privatrechtliche Rechtsverhältnis, an dem sie beteiligt ist, notwendig durch Grundrechte geprägt und müsste folglich als »Verwaltungsrechtsverhältnis« angesprochen werden.[80] Die Grundrechtsgeltung auch in Privatrechtsverhältnissen, an denen der Staat beteiligt ist, bewirkt indes *nicht* ihre Mutation zu Verwaltungsrechtsverhältnissen. Die dogmatische Abgrenzung kann dahin vorgenommen werden, dass ein Verwaltungsrechtsverhältnis nur dann vorliegt, wenn ausschließlich öffentlich-rechtliche Vorschriften Anwendung finden.[81]

2. Verwaltungsprivatrecht

198 Der von *Hans Julius Wolff* geprägte Begriff des »Verwaltungsprivatrechts«[82] bezeichnet eine privatrechtliche Tätigkeit der Verwaltung, die öffentlich-rechtlichen Bindungen unterliegt.[83] Der Begriff des Verwaltungsprivatrechts hat sich seit langem durchgesetzt,[84] ohne dass die Umrisse dieser Kategorie deutlich geworden wären.[85] Ungeachtet der Frage, wie weit man den Anwendungsbereich verwaltungsprivatrechtlicher Grundsätze erstrecken will, sagt der Begriff insofern Selbstverständliches,

---

76 Vgl. *B. Remmert,* in: Erichsen/Ehlers, *AllgVerwR,* § 17 Rn. 4 f.

77 Vgl. oben Rn. 30.

78 Vgl. *H. Maurer,* AllgVerwR, § 17 Rn. 1 ff.

79 Vgl. *Bull/Mehde,* AllgVerwR/VerwL, Rn. 182 ff.

80 Vgl. *T. Koch,* Der rechtliche Status kommunaler Unternehmen in Privatrechtsform, 1994, S. 82 ff.

81 Vgl. *T. Koch,* Der rechtliche Status kommunaler Unternehmen in Privatrechtsform, 1994, S. 93.

82 Vgl. *H. J. Wolff,* Verwaltungsrecht I, 2. Aufl. 1958, § 23 I b.

83 Nach der üblichen Charakterisierung wird das grundsätzlich zur Verfügung stehende Privatrecht in diesen Fällen durch etliche Bestimmungen des öffentlichen Rechts »ergänzt, überlagert oder modifiziert«, vgl. BGHZ 91, 84; *D. Ehlers,* in: Erichsen/Ehlers, AllgVerwR, § 3 Rn. 84 ff.; *W. Löwer,* VVDStRL 60 (2001), S. 416 (418 ff.). Ein Überblick der einzelnen Erscheinungsformen verwaltungsprivatrechtlicher Tätigkeiten findet sich bei *Wolff/Bachof/Stober/Kluth,* Verwaltungsrecht I, § 23 Rn. 63.

84 BGHZ 52, 325 (328); 65, 284 (287); 91, 84 (96 f.); OVG Lüneburg, NVwZ 1990, S. 91 f.; *Bull/Mehde,* AllgVerwR/VerwL, Rn. 252; *D. Ehlers,* in: Erichsen/Ehlers, AllgVerwR, § 3 Rn. 78 ff.; *G. Dürig,* in: Maunz/Dürig, GG, Bd. I, Loseblatt, Stand: Januar 2012, Art. 3 I Rn. 480; *H. Meyer,* in: Knack/Henneke, VwVfG, § 1 Rn. 29.

85 Kritisch insbesondere *N. Achterberg,* AllgVerwR, § 1 Rn. 20 ff.; *M. Burgi,* in: Hoffmann-Riem/Schmidt-Aßmann/Voßkuhle, Grundlagen des Verwaltungsrechts, Bd. I, § 18 Rn. 66; *J. Masing,* EuGRZ 2004, S. 395 (397).

als die Verwaltung sich ihrer öffentlich-rechtlichen Maßstäbe nicht dadurch zu entledigen vermag, dass sie ein anderes Handlungsregime wählt.[86]

Verfassungsrechtlich vorgegeben ist der rein instrumentelle Charakter des Privatrechts für das Verwaltungshandeln. Die Verwaltungsbehörden handeln – anders als Private – nicht in Ausübung einer ursprünglichen Freiheit, die sich im Privatrecht als »Privatautonomie« darstellt,[87] sondern aufgrund ihnen durch Verfassung und Gesetz zugewiesener – und somit begrenzter – **Kompetenzen.** Bei Ausübung dieser Kompetenzen ist die Verwaltung stets an **Grundrechte** gebunden und wird hiervon auch nicht dispensiert, wenn sie die Rechtsform des Privatrechts wählt.[88] Dies gilt sowohl für die so genannten »fiskalischen Hilfsgeschäfte« als auch für jegliches andere Handeln des Staates in Privatrechtsform.[89] Völlig zu Unrecht werden die Geschäfte, die der Deckung des Verwaltungsbedarfs dienen, teilweise aus dem Verwaltungsprivatrecht ausgenommen.[90] Auch mit der Bedarfsdeckung erfüllt die Verwaltung öffentliche Aufgaben und unterliegt den rechtlichen Bindungen wie bei jeder anderen Tätigkeit. Sie bleibt auch bei der Teilnahme am Privatrechtsverkehr zu Beschaffungszwecken »Sachwalter der Allgemeinheit«.[91] Das bedeutet in erster Linie, dass Aufträge nach Kriterien zu erteilen sind, die am Maßstab des Art. 3 Abs. 1 GG Bestand haben.[92] Das öffentliche Vergaberecht ist gegenwärtig in einem Wandel begriffen, wobei zweifelhaft bleibt, ob es allen rechtsstaatlichen Anforderungen genügt.[93] Es macht hierbei keinen Unterschied, ob besondere Lenkungs- und Steuerungszwecke mit der Auftragsvergabe verfolgt werden; entscheidend ist die Erfüllung öffentlicher Aufgaben, die als solche die **strikte Beachtung** des **Gleichheitssatzes** erfordert.

199

3. Erwerbswirtschaftliche Tätigkeit

Die erwerbswirtschaftliche Tätigkeit wird vom Verwaltungsbegriff genau genommen nicht erfasst, weil sie nicht – jedenfalls nicht unmittelbar – der **Erfüllung öffentlicher Aufgaben** dient. Sofern sich der Staat an privatwirtschaftlichen Unternehmen beteiligt, deren Gegenstand *nicht* der **Allgemeinheit** dient, fehlt es an einem **öffentlichen**

200

---

86 Vgl. *H.-H. Trute,* in: Hoffmann-Riem/Schmidt-Aßmann (Hrsg.), Öffentliches Recht und Privatrecht als wechselseitige Auffangordnungen, 1996, S. 167 (179).

87 Vgl. *C.-W. Canaris,* FS P. Lerche, S. 873 (875); *D. Ehlers,* in: Erichsen/Ehlers, AllgVerwR, § 3 Rn. 88 m. w. N.

88 Vgl. *W. Hofling,* in: Sachs (Hrsg.), GG, 6. Aufl. 2011, Art. 1 Rn. 103; *J. Ipsen,* Staatsrecht II, 15. Aufl. 2012, Rn. 67; *H. D. Jarass,* in: Jarass/Pieroth, GG, 11. Aufl. 2011, Art. 1 Rn. 38.

89 Vgl *D. Ehlers,* in: Erichsen/Ehlers, AllgVerwR, § 3 Rn. 85 ff.; *ders.,* Verwaltung in Privatrechtsform, 1984, S. 212 ff.

90 Zutr. *U. Stelkens,* Verwaltungsprivatrecht, 2005, S. 23 ff. Ähnlich auch *S. Kadelbach,* Allgemeines Verwaltungsrecht unter europäischem Einfluß, 1999, S. 353; *H. C. Röhl,* JuS 2002, S. 1053 (1054); *M. Wallerath,* Öffentliche Bedarfsdeckung und Verfassungsrecht, 1988, S. 221 ff.

91 Vgl. *F.-J. Kunert,* Staatliche Bedarfsdeckungsgeschäfte und Öffentliches Recht, 1977, S. 110; *C. Starck,* in: v. Mangoldt/Klein/Starck (Hrsg.), GG, Bd. I, 6. Aufl. 2010, Art. 1 III Rn. 229; *K. Zeidler,* VVDStRL 19 (1961), S. 208 (229).

92 Vgl. BVerfGE 116, 135 (153); *M. Burgi,* JZ 1999, S. 873 (876 ff.); *P. F. Bultmann,* Beihilfenrecht und Vergaberecht, 2004, S. 234 f.; *M. Bungenberg,* Vergaberecht im Wettbewerb der Systeme, 2007, S. 213 ff.; *P. M. Huber,* JZ 2000, S. 877 (878); *H. Maurer,* AllgVerwR, § 3 Rn. 22, 28; *T. Puhl,* VVDStRL 60 (2001), S. 456 (478 ff.).

93 Die Allgemeinen Vertragsbedingungen für die Ausführung von Leistungen, die Vergabe- und Vertragsordnung für Bauleistungen – früher: »Verdingungsordnung für Bauleistungen« – sowie die Verdingungsordnungen für Leistungen und Freiberufliche Leistungen (VOB, VOL, VOF), die das öffentliche Vergabewesen im Wesentlichen steuern, sind ihrer Rechtsnatur nach Verwaltungsvorschriften, deren Anwendung durch haushaltsrechtliche Vorschriften gesichert wird.

Zweck. Die Gewinnerzielung und ein möglicher (meist ausbleibender) Ertrag für den Haushalt vermögen den öffentlichen Zweck nicht zu begründen.[94] Zum einen ist die Erwirtschaftung von Mitteln keine **Aufgabe,** sondern **Voraussetzung** für die Erfüllung öffentlicher Aufgaben. Zum anderen erwirtschaften Unternehmen nicht ständig Gewinne, sondern auch Verluste, so dass folgerichtig die Erfüllung der öffentlichen Aufgabe stets von der Ertragslage abhinge.

201   Die Bundeshaushaltsordnung (§ 65 BHO) und die entsprechenden Vorschriften der Landeshaushaltsordnungen (§§ 65 LHOen) enthalten Restriktionen hinsichtlich der Gründung privatrechtlicher Unternehmen, ohne dass diese völlig eindeutig wären. Die Diskussion hierüber ist noch im Fluss.[95]

V. Rechtsprechung

202   **BGHZ** 65, 284 (Wasserversorgung im Eigenbetrieb); **BFH,** BStBl. II 1985, 354 (Treu und Glauben im Steuerrechtsverhältnis); **BFH,** BStBl. II 1991, 673 (Treu und Glauben im Steuerrechtsverhältnis).

VI. Literatur

203   *H. Bauer,* Verwaltungsrechtslehre im Umbruch?, Verw. 25 (1992), S. 301; *ders.,* Geschichtliche Grundlagen der Lehre vom subjektiven öffentlichen Recht, 1986; *P. Häberle,* Das Verwaltungsrechtsverhältnis, in: ders., Die Verfassung des Pluralismus, 1980, S. 248; *F. Hase,* Das Verwaltungsrechtsverhältnis, Überlegungen zu einem Grundbegriff des Öffentlichen Rechts, Verw. 38 (2005), S. 453; *P. Krause,* Rechtsverhältnisse in der Leistungsverwaltung, VVDStRL 45 (1987), S. 212; *W. Löwer/T. Puhl/M. Holoubek,* Der Staat als Wirtschaftssubjekt und Auftraggeber, VVDStRL 60 (2001), S. 416 ff.; *A. Peters,* Nebenpflichten im Verwaltungsrechtsverhältnis?, Verw. 35 (2002), S. 177; *E.-H. Ritter,* Der kooperative Staat, AöR 104 (1979), S. 389; *H. H. Rupp,* Grundfragen der heutigen Verwaltungsrechtslehre, 2. Aufl. 1991; *F. E. Schnapp,* Rechtsverhältnisse in der Leistungsverwaltung, DÖV 1986, S. 811; *K. Stein,* Der technische Fortschritt als Herausforderung für die Systematik verwaltungsrechtlicher Handlungsformen. Am Beispiel der automatischen Mauterhebung, DVBl. 2008, S. 1546; *M. Zuleeg,* Hat das subjektive öffentliche Recht noch eine Daseinsberechtigung?, DVBl. 1976, S. 509.

---

94 Vgl. BVerfGE 61, 82 (107); *J. Erdmann,* in: Ipsen (Hrsg.), Niedersächsisches Kommunalverfassungsgesetz, 2011, § 136 Rn. 9.
95 Vgl. hierzu *W. Löwer,* VVDStRL 60 (2001), S. 416 (418 ff.).

§ 4 Die Organisation der Verwaltung

Fall 4: Durch den niedersächsischen Landkreis L sollte ein Transport mit abgebrannten Brennstäben   **204** von Kernkraftwerken (»Castor«) führen. Der Kreistag hatte sich zuvor für alle Maßnahmen der Gefahrenabwehr bei künftigen Castortransporten für zuständig erklärt, weigerte sich aber, ein Versammlungsverbot zu erlassen. Die Bezirksregierung[1] unterrichtete daraufhin den Landkreis, dass sie zur Sicherung des Transports im Wege des Selbsteintrittsrechts ein Versammlungsverbot im Landkreis L erlassen werde.

(OVG Lüneburg, NVwZ-RR 1997, 474)

I. Grundbegriffe und Prinzipien des Organisationsrechts

Die Organisation der öffentlichen Verwaltung wird durch das **Organisationsrecht**   **205** bestimmt. Organisationsrechtliche Normen finden sich im **Grundgesetz,** den **Landesverfassungen,** in einer Fülle von **Bundes- und Landesgesetzen** sowie in zahlreichen **Rechtsverordnungen,** zu deren Erlass die Bundes- und Landesgesetze ermächtigen. Soweit Fragen der Organisation durch Gesetz oder Verordnung nicht geregelt werden, wird dieser Freiraum durch Verwaltungsvorschriften (Erlass, Rundverfügung oder andere behördeninterne Maßnahmen) ausgefüllt.[2] Die Detailliertheit organisationsrechtlicher Vorschriften (bis zum einzelnen »Dienstposten«) ist nicht nur ein rechtsstaatliches Desiderat (weil es andernfalls zu Doppelzuständigkeiten kommen könnte), sondern auch betriebswirtschaftlich notwendig. Das Organisationsrecht wird durch das **Haushaltsrecht** ergänzt, denn die öffentliche Verwaltung erfordert auf allen Stufen bedeutende Finanzmittel, die jährlich im Haushaltsplan veranschlagt und durch das Haushaltsgesetz festgestellt werden müssen.

1. Verwaltungsträger

Die **öffentliche Verwaltung** ist eine reale, täglich wirksame Erscheinung, kein ge-   **206** dankliches Konstrukt. Sie besteht aus Menschen, die in amtlicher Eigenschaft öffentliche Aufgaben erfüllen (»Akteure«). Diese Akteure setzen sich für das Gemeinwohl nicht in eigenem Namen ein, ihre Aufgaben sind ihnen vielmehr von einer **Organisation** übertragen worden, zu der sie in einem **Dienstverhältnis** stehen. Für Organisationen, die Aufgaben **öffentlicher Verwaltung** wahrnehmen, hat sich der Begriff des »**Verwaltungsträgers**« eingebürgert,[3] der in seiner Nüchternheit durchaus aussagekräftig ist. Ein Verwaltungsträger »trägt« die Verwaltung insofern, als die Bediensteten von ihm angestellt, finanziert und ihre Handlungen ihm zugerechnet werden. Auch die Ausstattung mit Sachmitteln ist Aufgabe des Verwaltungsträgers.[4]

---

1 Durch Art. 1 des Gesetzes zur Modernisierung der Verwaltung vom 5. 12. 2004 (Nds. GVBl. S. 394) sind in Niedersachsen die Bezirksregierungen aufgelöst worden. Nach neuem Recht wäre im vorliegenden Fall die Polizeidirektion als Fachaufsichtsbehörde zuständig (§ 24 Abs. 3 S. 1 NVersG vom 7. 10. 2010 [Nds. GVBl. S. 465]).

2 Vgl. oben Rn. 142 ff.

3 Vgl. *M. Burgi,* in: Erichsen/Ehlers, AllgVerwR, § 8 Rn. 6 ff.; *P. M. Huber,* Allgemeines Verwaltungsrecht, 2. Aufl. 1997, S. 14 ff.; *H. Maurer,* AllgVerwR, § 21 Rn. 1 ff.

4 Möglich ist, dass aufgrund organisationsrechtlicher Regelungen mehrere Verwaltungsträger einander ergänzen. Das Schulwesen etwa ist dadurch gekennzeichnet, dass die *Länder* das Lehrpersonal anstellen (und besolden), während die kommunalen *Schulträger* die Schulgebäude errichten und unterhalten bzw. für die sachliche Ausstattung der Schule sorgen.

207 Eine Organisation kann Bedienstete nur beschäftigen, wenn sie **rechtsfähig** ist, also (zivilrechtliche) **Rechtsgeschäfte** abschließen kann. In der öffentlichen Verwaltung erfüllen Bedienstete ihre Aufgaben vielfach nicht aufgrund von **Arbeitsverträgen,** sondern stehen in einem »öffentlich-rechtlichen Dienst- und Treueverhältnis« (Art. 33 Abs. 4 GG), dem **Beamtenverhältnis.** Um derartige Bedienstete einstellen zu können, muss der Verwaltungsträger die »**Dienstherrnfähigkeit**«, nämlich das Recht, »Beamte zu haben«, besitzen (§ 121 BRRG[5], § 2 BBG, § 2 BeamtStG).

208 Die Rechtsfähigkeit der Verwaltungsträger ergibt sich aus **Verfassung** und **einfachem Gesetz;** die Dienstherrnfähigkeit wird ebenfalls durch Gesetz zuerkannt.[6] Da die Rechtsfähigkeit sich nicht nach den Vorschriften des Privatrechts richtet, sondern Voraussetzung für die selbständige Erfüllung öffentlicher Aufgaben ist, sprechen wir von **juristischen Personen des öffentlichen Rechts.**[7] Die juristischen Personen des öffentlichen Rechts haben mit den juristischen Personen des Privatrechts gemeinsam, dass sie **Zuordnungssubjekte** von Rechten und Pflichten sind, unterscheiden sich von jenen aber dadurch, dass sie nur durch **Gesetz** oder aufgrund Gesetzes durch **Verwaltungsakt** errichtet werden können.[8]

209 Verwaltungsträger sind der **Bund,** die **Bundesländer,** die **kommunalen Gebietskörperschaften** (Gemeinden, Landkreise) und andere **Anstalten, Körperschaften** oder **Stiftungen des öffentlichen Rechts.** Die diesen juristischen Personen eigene Rechtsfähigkeit würde indes für ihre Charakterisierung als »Verwaltungsträger« nicht ausreichen: Es muss ein eigener Haushalt und eigenes Personal hinzukommen.

---

5 Vgl. hierzu Rn. 997.

6 § 121 BRRG: »Das Recht, Beamte zu haben, besitzen außer dem Bund
    1. die Länder, die Gemeinden und die Gemeindeverbände,
    2. sonstige Körperschaften, Anstalten und Stiftungen des öffentlichen Rechts, die dieses Recht im Zeitpunkt des Inkrafttretens dieses Gesetzes besitzen oder denen es nach diesem Zeitpunkt durch Gesetz, Rechtsverordnung oder Satzung verliehen wird; derartige Satzungen bedürfen der Genehmigung durch eine gesetzlich hierzu ermächtigte Stelle.«
    § 2 BBG: »Das Recht, Beamtinnen und Beamte zu haben, besitzen der Bund sowie sonstige bundesunmittelbare Körperschaften, Anstalten und Stiftungen des öffentlichen Rechts, die dieses Recht zum Zeitpunkt des Inkrafttretens dieses Gesetzes besitzen oder denen es danach durch Gesetz oder aufgrund eines Gesetzes verliehen wird.«
    § 2 BeamtStG: »Das Recht, Beamtinnen und Beamte zu haben, besitzen
    1. Länder, Gemeinden und Gemeindeverbände,
    2. sonstige Körperschaften, Anstalten und Stiftungen des öffentlichen Rechts, die dieses Recht im Zeitpunkt des Inkrafttretens dieses Gesetzes besitzen oder denen es durch ein Landesgesetz oder aufgrund eines Landesgesetzes verliehen wird.«

7 Vgl. nur *N. Achterberg,* AllgVerwR, § 10 Rn. 3; *Bull / Mehde,* AllgVerwR/VerwL, Rn. 65 ff.; *M. Burgi,* in: Erichsen/Ehlers, AllgVerwR, § 8 Rn. 6 ff.; *H. Maurer,* AllgVerwR, § 21 Rn. 4. Die Einwände, die gegen die Lehre vom Staat als juristischer Person erhoben werden (vgl. insbes. *E.-W. Böckenförde,* FS H. J. Wolff, S. 294 ff.), resultieren in erster Linie aus der Begriffsgeschichte, vgl. hierzu *H. Uhlenbrock,* Der Staat als juristische Person, 2000, S. 145 ff.

8 Auch für die Gründung privatrechtlicher juristischer Personen (eingetragener Verein, GmbH, AG, Genossenschaft) bedarf es *staatlicher* Mitwirkungsakte (Eintragung ins Handels- oder Vereinsregister), die sich strukturell u. U. von denen bei der Gründung juristischer Personen des öffentlichen Rechts (z. B. Genehmigung eines Zweckverbands) nicht unterscheiden. Der Errichtungsmodus ist indes ein je verschiedener, weil die Gründung juristischer Personen des öffentlichen Rechts nicht jedermann offen steht, sondern nur durch den Staat oder andere Verwaltungsträger erfolgen kann, soweit nicht ohnehin ein Gesetz erforderlich ist. Juristische Personen des Privatrechts können demgegenüber von jedermann gegründet werden.

Im Ausgangsfall haben wir es mit zwei unterschiedlichen Verwaltungsträgern zu tun, nämlich dem **210** Landkreis L und dem Land Niedersachsen. Die Bezirksregierung war dagegen eine *Landesbehörde* und wurde als solche vom Land Niedersachsen »getragen«.

2. Verwaltungsbehörde

a) Behördenbegriffe

Der Begriff der **Verwaltungsbehörde** oder kurz »**Behörde**« gehört zum alltäglichen **211** Sprachgebrauch, ist rechtlich jedoch keineswegs eindeutig.[9] Das Grundgesetz setzt ihn schlicht voraus.[10] Das Bundesverfassungsgericht hat in seiner frühen Rechtsprechung die Behörde definiert als

»eine in den Organismus der Staatsverwaltung eingeordnete, organisatorische Einheit von Personen und sächlichen Mitteln, die mit einer gewißen Selbständigkeit ausgestattet dazu berufen ist, unter öffentlicher Autorität für die Erreichung der Zwecke des Staates oder von ihm geförderter Zwecke tätig zu sein.«[11]

Die (einzige) **gesetzliche Definition** des Behördenbegriffs in § 1 Abs. 4 VwVfG ist **212** vergleichsweise lapidar:

»Behörde im Sinne dieses Gesetzes ist jede Stelle, die Aufgaben der öffentlichen Verwaltung wahrnimmt.«

Behörden sind folglich **Verwaltungsstellen** und deshalb prinzipiell vom **Verwal-** **213** **tungsträger** zu unterscheiden. Verwaltungsträger *haben* Behörden, *sind* aber *keine* Behörden. Dies ist bei Bund und Ländern evident, denn diese haben eine Vielzahl von Bundes- und Landesbehörden, die jeweils eigene Behördenbezeichnungen führen. Andere Verwaltungsträger haben jedoch nur *eine* Behörde, so dass es nahe läge, in diesen Fällen von einer begrifflichen Identität auszugehen.[12] Zwischen der rechtsfähigen Organisation – dem Verwaltungsträger – und der »Verwaltungsbehörde« ist jedoch stets zu unterscheiden. Abgesehen von der organisatorischen Verselbständigung nämlich ist die Behörde die Form – wenn man so will die »Firma«[13] –, unter der der Verwaltungsträger im Rechtsverkehr auftritt. Für den Behördenbegriff kommt es deshalb nicht auf die organisatorische Verselbständigung, sondern darauf an, ob das Organ oder der Teil der Verwaltungsorganisation »nach außen« – und d. h. im Rechtsverkehr – handelt.[14]

Im Ausgangsfall wird die Differenz zwischen Verwaltungsträger und Behörde offenbar: Verwaltungs- **214** träger und damit Zurechnungsobjekt allen Handelns war der Landkreis. Der Kreistag als Organ des Landkreises beanspruchte die Entscheidungszuständigkeit für gefahrenabwehrende Maßnahmen im Zusammenhang mit den Castor-Transporten. *Behörde* – nämlich die nach außen auftretende

---

9 Vgl. *M. Burgi*, in: Erichsen/Ehlers, AllgVerwR, § 8 Rn. 29.

10 Art. 35 Abs. 1, 36 Abs. 1, 37 Abs. 2, 84 Abs. 1 und 3, 85 Abs. 1 und 3, 86, 87 Abs. 1 und 3, 87 b Abs. 2, 108 GG.

11 So BVerfGE 10, 20 (48).

12 Vgl. unten Rn. 216 ff.

13 Die Parallele zum Firmenrecht ist insofern nicht abwegig, als auch die Firma der Name ist, unter dem der Kaufmann im Handel seine Geschäfte betreibt und die Unterschrift abgibt (§ 17 Abs. 1 HGB).

14 Der Erlass von Verwaltungsakten ist demgegenüber als Kriterium für den Behördenbegriff ungeeignet, weil öffentliche Aufgaben in vielfältigen Handlungsformen erfüllt werden können und die Verwaltung keineswegs auf den Erlass von Verwaltungsakten beschränkt ist; vgl. dazu *M. Burgi*, in: Erichsen/Ehlers, AllgVerwR, § 8 Rn. 29; *H. Maurer*, AllgVerwR, § 21 Rn. 33.

> »Stelle« der Verwaltung – war demgegenüber »Der Landrat«, der wiederum nicht mit dem *Organ* gleichen Namens identisch ist.

b) Behördenbezeichnungen

215 Da Behörden selbständige Organisationsteile sein können, aber nicht müssen, spielt die **Behördenbezeichnung** eine besondere Rolle. Hier haben sich **Anachronismen** erhalten, die zu steter Verwirrung Anlass geben. Dies gilt besonders für die Verwendung des Begriffes »Amt«, das Behördenbezeichnung sein kann (Finanzamt, Landesamt für Statistik, Kraftfahrtbundesamt), aber nicht muss. In der Kommunalverwaltung hat sich die Tradition erhalten, die **Abteilungen** als **Ämter** (Ordnungsamt, Einwohnermeldeamt, Kulturamt, Standesamt) zu bezeichnen.[15] Nur im ersteren Fall handelt es sich um eine Behördenbezeichnung, während im letzteren Fall unselbständige Organisationseinheiten der Kommunalverwaltung gemeint sind.[16]

216 Völlig unzeitgemäß und geeignet, Missverständnisse zu provozieren, sind die noch immer verbreiteten **monokratischen** Behördenbezeichnungen. Einer ungebrochenen Verwaltungstradition folgend, werden Behörden immer noch nach dem Behördenleiter benannt: »Der Bürgermeister«, »Der Landrat«, »Der Regierungspräsident«, »Der Minister für …« sind typische Beispiele. Die monokratischen Behördenbezeichnungen sind missverständlich, weil sie nicht das (funktionelle) Amt des Behördenleiters oder gar seine Person bezeichnen, sondern Behörde und Behördenleitung begrifflich identifizieren.

217 > »Der Regierungspräsident« wäre im Ausgangsfall sowohl die Bezeichnung für den Leiter der *Bezirksregierung* als auch – wie dies in manchen Bundesländern auch heute noch der Fall ist – für die Behörde als solche gewesen. »Der Landrat« wäre ebenfalls sowohl die Bezeichnung für den Leiter der Landkreisverwaltung (Hauptverwaltungsbeamter) als auch für die *Kreisbehörde*.

218 Unzweckmäßig ist die monokratische Behördenbezeichnung, weil sie den Eindruck der Allmacht, Allgegenwärtigkeit und Allzuständigkeit des Behördenleiters vermittelt, der einer modernen, arbeitsteiligen Verwaltungsorganisation inadäquat ist. Unbeschadet der Weisungsbefugnisse des Behördenleiters beim monokratischen Verwaltungsaufbau[17] sind die Zuständigkeiten auch *innerhalb* einer Behörde vielfältig und die Befugnisse der einzelnen Mitarbeiter mehr oder weniger umfassend.[18] Hinzu kommt, dass die monokratischen Behördenbezeichnungen den Eindruck erwecken, Behördenleiter sei stets ein *Mann,* und deshalb von weiblichen Führungskräften in der Verwaltung als diskriminierend empfunden werden. Dies ist insofern unzutreffend, als mit der Behördenbezeichnung gerade nicht die *Person* des Behördenleiters gemeint ist, andererseits dieses Missverständnis geradezu herausgefordert wird. Der in der Verwaltungspraxis zu beobachtende Wechsel der Behördenbezeichnungen je

---

15 Vgl. *O. Gönnenwein,* Gemeinderecht, 1963, S. 342; die »Ämterverfassung« der Kommunalverwaltung ist Gegenstand der kommunalen Verwaltungsreform in Gestalt des sog. »Neuen Steuerungsmodells«; vgl. dazu *J. Ipsen,* DVBl. 1998, S. 805 ff. m. w. N.

16 Vgl. *M. Burgi,* in: Erichsen/Ehlers, AllgVerwR, § 8 Rn. 30.

17 Vgl. hierzu *Bull/Mehde,* AllgVerwR/VerwL, Rn. 389 ff.

18 Dies wird durch das sog. »Zeichnungsrecht« erreicht, mit dem den Mitarbeitern einer Behörde die verantwortliche Erledigung eines mehr oder minder großen Kreises von Geschäften übertragen wird. In der Verwaltungspraxis ist es üblich, dass nur der Behördenleiter ohne Zusatz, der (oder die) Vertreter mit dem Zusatz »i. V.« (»in Vertretung«), alle anderen Mitarbeiter mit dem Zusatz »i. A.« (»im Auftrag«) zeichnen dürfen. Die Parallele zum Zeichnungsrecht bei Firmen (»ppa.«) liegt auf der Hand.

nach Geschlecht des Behördenleiters/der Behördenleiterin ist demnach kein gangbarer Weg: Abgesehen davon, dass Behördenbezeichnungen vielfach durch Gesetz vorgegeben sind, widerspricht die geschlechtsspezifische Bezeichnung dem Umstand, dass gerade nicht eine *Person*, sondern eine *Organisation* bezeichnet wird. *De lege ferenda* sind deshalb geschlechtsneutrale Behördenbezeichnungen angezeigt.[19]

c) Verfahrensrechtliche Folgen

Die Behördeneigenschaft hat konkrete **verwaltungsverfahrensrechtliche** und **verwaltungsprozessuale** Folgen. Behörden sind fähig, am Verwaltungsverfahren beteiligt zu sein (§ 11 Nr. 3 VwVfG) und können Verfahrenshandlungen vornehmen (§ 12 Abs. 1 Nr. 4 VwVfG). *Nur* Behörden können Verwaltungsakte erlassen (§ 35 S. 1 VwVfG), was aber nicht den Umkehrschluss zulässt, dass die Behördeneigenschaft von der Befugnis zum Erlass von Verwaltungsakten abhängt.[20]   **219**

Behörden sind nach Maßgabe des Landesrechts zudem fähig, am verwaltungsgerichtlichen Verfahren beteiligt zu sein (§ 61 Nr. 3 VwGO). Sofern dies der Fall ist, sind Anfechtungs- und Verpflichtungsklagen gegen die Behörde, die den angefochtenen Verwaltungsakt erlassen oder den beantragten Verwaltungsakt unterlassen hat, zu richten (§ 78 Abs. 1 Nr. 2 VwGO).[21] Für Behörden des Bundes und der kommunalen Gebietskörperschaften ist die Beteiligungsfähigkeit demgegenüber nicht vorgesehen, so dass die Körperschaft selbst am Verfahren beteiligt ist und durch die jeweilige Behörde vertreten wird.[22]   **220**

> Im Ausgangsfall war die Bezirksregierung als Landesbehörde beteiligtenfähig, weil dies durch das niedersächsische Landesrecht vorgesehen war (und ist: § 8 Abs. 1 Nds. AG VwGO). Demgegenüber war der Landkreis nur als Körperschaft beteiligtenfähig (§ 61 Nr. 1 VwGO) und wurde durch den Landrat vertreten.   **221**

3. Zuständigkeit

a) Begriffliches

Die **Zuständigkeit** ist der Schlüsselbegriff des Organisationsrechts und ist zu definieren als   **222**

Zuordnung von Aufgaben zu einem Verwaltungsträger und seinen Behörden.[23]

Die Zuordnung erfolgt durch **Rechtssatz** (Verfassung, einfaches Gesetz, Rechtsverordnung) oder behördenintern durch **Verwaltungsvorschrift**. Die Zuständigkeit   **223**

---

19 Beispielhaft hierfür war, dass die ursprünglich in Niedersachsen verwandte Behördenbezeichnung »Der Regierungspräsident« durch die Bezeichnung »Bezirksregierung« ersetzt wurde (vgl. § 52 Abs. 1 S. 1 GO BezReg [RdErl. des MI v. 10. 4. 1979, Nds.MBl. S. 656]). Die Kreisverwaltung firmiert allerdings weiterhin als »Der Landrat«, wäre aber ohne weiteres durch »Kreisverwaltung« zu ersetzen.

20 Vgl. oben Rn. 177, 211 ff.

21 Z.B. § 8 Abs. 2 BbgVwGG; § 8 S. 2 AGVwGO LSA; § 8 Abs. 2 Nds. AGVwGO; § 5 Abs. 2 AGVwGO NW; vgl. die Übersicht bei *C. Meissner*, in Schoch/Schmidt-Aßmann/Pietzner, VwGO, § 78 Rn. 37.

22 Vgl. BVerwGE 14, 330 (331); 20, 21 (22); *Kopp/Schenke*, VwGO, § 61 Rn. 13; so nunmehr auch: *Redeker/v. Oertzen*, VwGO, § 61 Rn. 6.

23 Vgl. nur *N. Achterberg*, AllgVerwR, § 13 Rn. 19; *Bull/Mehde*, AllgVerwR/VerwL, Rn. 386; *M. Burgi*, in: Erichsen/Ehlers, AllgVerwR, § 8 Rn. 35; *H. Maurer*, AllgVerwR, § 21 Rn. 44.

begründet nicht nur eine **Berechtigung,** sondern auch eine **Verpflichtung** zur Aufgabenerfüllung.[24]

224 Zuständigkeitsregelungen sind schon aus Gründen der Verwaltungsökonomie erforderlich, weil Verwaltungsorganisationen jeder Art hohe Mittel beanspruchen und deshalb **Doppelzuständigkeiten** vermieden werden müssen. Dazu tritt die **Steuerungsfunktion** von Zuständigkeitsvorschriften. Mit der Zuweisung von Aufgaben an Verwaltungsträger oder Behörden wird gleichzeitig über die Art der Aufgabenerledigung entschieden. Es macht z. B. einen wesentlichen Unterschied, ob öffentliche Aufgaben von staatlichen Behörden erfüllt oder den kommunalen Gebietskörperschaften zur Erfüllung *übertragen* werden.

225 Im Ausgangsfall ging es um Aufgaben der Gefahrenabwehr, für die grundsätzlich die Gemeinden und Kreise im übertragenen Wirkungskreis zuständig waren (§ 96 NGefAG),[25] während die (institutionelle) Polizei eine Angelegenheit des *Landes* war (§ 87 Abs. 1 NGefAG).[26] Der Unterschied zwischen kommunaler und staatlicher Aufgabenerledigung auf diesem Gebiet ergibt sich schon daraus, dass in der Kommunalverwaltung die Vertretungskörperschaften (Gemeinderat, Kreistag) Einfluss auf die Aufgabenerledigung haben.

226 Zuständigkeitsregelungen haben schließlich eine **Rechtsschutzfunktion** und erweisen sich damit als rechtsstaatliches Desiderat. Der Bürger hat einen (grundrechtlichen) Anspruch darauf, nur durch zuständige Behörden in seinen Rechten verkürzt zu werden (Art. 2 Abs. 1 GG), so dass Zuständigkeitsvorschriften »subjektiviert« werden.[27] Soweit nicht besondere **Heilungsvorschriften** (§ 46 VwVfG) eingreifen, sind Verwaltungsakte **unzuständiger** Behörden rechtswidrig und auf die Klage Betroffener aufzuheben (§ 113 Abs. 1 S. 1 VwGO).

227 Der Begriff der **Kompetenz** wird im Verwaltungsorganisationsrecht nur vereinzelt und dann als Synonym für den Begriff der Zuständigkeit gebraucht.[28] Mit dem inzwischen üblichen Sprachgebrauch unvereinbar wäre es, mit *Hans Julius Wolff*[29] unter Kompetenz den **Gegenstand** der Zuständigkeit, nämlich die wahrzunehmende **Aufgabe** zu verstehen.[30] Der Unterschied liegt darin, dass im Staatsrecht üblicherweise von »Kompetenzen« (Gesetzgebungs-, Verwaltungskompetenzen), im Verwaltungsrecht dagegen von »Zuständigkeiten« (insbesondere Behördenzuständigkeiten) die Rede ist. Würde man den Gegenstand einer Zuständigkeit als »Kompetenz« bezeichnen, wäre der Begriff der »Gesetzgebungs-« oder »Verwaltungskompetenz« ein Pleonasmus, denn die »Gesetzgebung« oder »Verwaltung« bezeichnet ja gerade den *Gegenstand* der (Bundes- oder Landes-) Zuständigkeit.

b) Zuständigkeitsarten

228 Die Definition der Zuständigkeit als gesetzliche Zuordnung von Aufgaben an Verwaltungsträger und ihre Behörden lässt sich in **gegenständlicher** und **räumlicher** Hinsicht differenzieren. Soweit Aufgaben Verwaltungsträgern gegenständlich zu-

---

24 Vgl. schon *H. J. Wolff*, Verwaltungsrecht II, 1962, § 72 II a).
25 Eine entsprechende Regelung ergibt sich nunmehr aus § 97 Abs. 6 Nds.SOG.
26 Dieses ist heute aus den §§ 87, 90 Nds.SOG herzuleiten.
27 Vgl. *P. M. Huber*, Allgemeines Verwaltungsrecht, 2. Aufl. 1997, S. 96.
28 Vgl. *M. Burgi*, in: Erichsen/Ehlers, AllgVerwR, § 8 Rn. 35; *M. Jestaedt*, in: Hoffmann-Riem/Schmidt-Aßmann/Voßkuhle, Grundlagen des Verwaltungsrechts, Bd. I, § 14 Rn. 42.
29 Vgl. *H. J. Wolff*, Verwaltungsrecht II, 2. Aufl. 1967, § 72 I c) 1.
30 Insoweit missverständlich *Bull/Mehde*, AllgVerwR/VerwL, Rn. 386.

geordnet sind, sprechen wir von **sachlicher Zuständigkeit,** die Zuordnung in räumlicher Hinsicht wird als **örtliche Zuständigkeit** bezeichnet. **Sachliche Zuständigkeit** bedeutet deshalb

> die Berechtigung und Verpflichtung eines Verwaltungsträgers, ihrem Gegenstand nach bestimmte Aufgaben öffentlicher Verwaltung zu erfüllen.

Die **örtliche Zuständigkeit** setzt demgegenüber die sachliche Zuständigkeit voraus **229** und ist zu definieren als

> Berechtigung und Verpflichtung eines Verwaltungsträgers oder einer Behörde, dem Gegenstand nach bestimmte Aufgaben öffentlicher Verwaltung in räumlicher Abgrenzung von anderen Verwaltungsträgern oder Behörden zu erfüllen.

Als besondere Erscheinungsformen der sachlichen Zuständigkeit sind die **Verbands-** **230** **zuständigkeit** und die **Organzuständigkeit** erwähnenswert, die im Staatsrecht regelmäßig[31] und im Verwaltungsrecht jeweils dann zu prüfen sind, wenn die Fallkonstellation hierfür Anlass bietet.

> Im Ausgangsfall handelte es sich um die Anwendung des Versammlungsgesetzes,[32] also eines **231** Bundesgesetzes, das die Länder als eigene Angelegenheit ausführten (Art. 83 GG). Nach der Zuständigkeitsverteilung des Grundgesetzes lag – und liegt – die Verbandszuständigkeit beim Land Niedersachsen. Die Aufgaben der Gefahrenabwehr waren in Niedersachsen den *Gemeinden* übertragen worden (§ 101 Abs. 2 NGefAG), soweit keine besonderen Zuständigkeitsregelungen bestanden.[33] Für Aufgaben nach dem Versammlungsgesetz waren die *Landkreise* zuständig, sofern es sich um kreisangehörige (nicht privilegierte) Gemeinden handelte (§ 4 Nr. 1 ZustVO-NGefAG).[34] Die *Verbandszuständigkeit* lag also beim *Landkreis,* die *Organzuständigkeit* betraf die Frage, welches *Kreisorgan* für die Entscheidung zuständig war (Kreistag, Kreisausschuss oder Landrat). Nach *außen* trat in jedem Fall die Kreisbehörde (»Der Landrat«) in Erscheinung.

Der sachlichen Zuständigkeit ebenfalls zuzurechnen ist die **instanzielle Zuständig-** **232** **keit.** Der mehrstufige Verwaltungsaufbau in Bund und Ländern[35] – untere Verwaltungsbehörden, Mittelbehörden und oberste Verwaltungsbehörden – macht es erforderlich, jeweils auch die Zuständigkeit der Behördenstufe (»Instanz«) festzulegen.[36] Der Logik des Verwaltungsaufbaus entspricht es, dass normalerweise die unteren Verwaltungsbehörden für die Erfüllung der öffentlichen Aufgaben zuständig sind, die Zuständigkeit der »höheren Verwaltungsbehörde« also eine Ausnahme darstellt.[37]

---

31 Beansprucht der Bund die Erfüllung einer staatlichen Aufgabe für sich, so ist wegen der Zuständigkeitsvermutung zugunsten der Länder (Art. 30 GG) zunächst zu prüfen, ob dem Bund eine Zuständigkeit hierfür zugewiesen ist (Verbandskompetenz) und – soweit dies zu bejahen ist – welche Bundesorgane zur Erfüllung der Aufgabe zuständig sind (Organkompetenz); vgl. *J. Isensee,* in: Isensee/Kirchhof (Hrsg.), HdbStR IV, 2. Aufl. 1999, § 98 Rn. 103; *J. Ipsen,* Staatsrecht I, 24. Aufl. 2012, Rn. 543 ff.

32 Bis zum Inkrafttreten der Föderalismusreform am 1. 9. 2006 bestand auf dem Gebiet des Versammlungsrecht eine konkurrierende Gesetzgebung gem. Art. 74 Abs. 1 Nr. 3 GG. In Ausübung dieser Kompetenz erließ der Bund das Versammlungsgesetz vom 15. 11. 1978 (BGBl. I S. 1789). Das Versammlungsrecht galt in Niedersachsen gem. Art. 125a Abs. 1 GG fort bis zum Erlass des NVersG vom 7. 10. 2010 (Nds. GVBl. S. 465).

33 Eine entsprechende Regelung findet sich heute in § 97 Abs. 1 Nds.SOG.

34 Das Gleiche gilt auch nach der neuen Regelung des § 24 Abs. 1 S. 1 Nr. 1, S. 2 NVersG.

35 Vgl. unten Rn. 240 ff.; 252 ff.

36 Vgl. *H. Maurer,* AllgVerwR, § 21 Rn. 49; *M. Burgi,* in: Erichsen/Ehlers, AllgVerwR, § 8 Rn. 36.

37 Vgl. *U. Battis,* AllgVerwR, S. 63; *Bull/Mehde,* AllgVerwR/VerwL, Rn. 387.

233 Im Ausgangsfall wäre »an sich« der Landkreis als untere Verwaltungsbehörde zuständig gewesen, allerdings konnte auch die »Fachaufsichtsbehörde« (damals: Bezirksregierung) einzelne Maßnahmen zur Gefahrenabwehr anstelle der sachlich zuständigen Verwaltungsbehörde treffen, wenn dies zur sachgerechten Erfüllung der Aufgaben erforderlich war (§ 102 Abs. 1 S. 1 NGefAG). Das »Selbsteintrittsrecht« der höheren Verwaltungsbehörde begründete folglich eine *außerordentliche* sachliche Zuständigkeit und überwand das (an sich gegebene) Fehlen der *instanziellen* Zuständigkeit.[38]

234 Die **funktionelle Zuständigkeit** gehört nur in einem weiteren Sinne zur sachlichen Zuständigkeit, weil sie keine Behördenzuständigkeit, sondern eine **behördeninterne Zuständigkeit** darstellt.[39] Neuere Gesetze sehen vermehrt vor, dass bestimmte Maßnahmen einer Behörde nur vom Behördenleiter oder anderen genau bezeichneten Beamten getroffen werden dürfen.[40]

c) Aufgabenzuständigkeit und Befugniszuständigkeit

235 Durch Zuweisung einer Aufgabe (»Was«) an einen Verband oder eine Behörde (»Wer«) wird eine Zuständigkeit begründet, die zuständige Stelle jedoch **nicht** bereits zu bestimmten Rechtshandlungen gegenüber Dritten **ermächtigt**. Sind zur Erfüllung einer Aufgabe bestimmte Maßnahmen erforderlich, die in subjektive Rechtspositionen eingreifen, so bedarf es hierzu besonderer **Befugnisse** (Eingriffsermächtigungen). Die Befugnisse kennzeichnen mithin das »**Wie**« der Aufgabenerfüllung und folgen ggf. anderen Zuständigkeitsregelungen als die Aufgabe selbst.

236 Wenn im Ausgangsfall die Zuständigkeit für Aufgaben nach dem Versammlungsgesetz festgestellt worden ist, bedarf es darüber hinaus einer speziellen *Befugnis,* um eine Versammlung ggf. zu verbieten (die freilich in § 15 VersammlG des Bundes enthalten war).[41] Würde im Ausgangsfall der Landkreis ein Versammlungsverbot gem. § 15 VersammlG des Bundes erlassen haben, das nicht befolgt worden wäre, so hätte die Versammlung aufgelöst werden müssen (§ 15 Abs. 3 VersammlG des Bundes). Für die hierzu notwendigen Zwangsmaßnahmen bedarf es besonderer Befugnisse, die teilweise in die Zuständigkeit anderer Behörden (Polizei, Bundespolizei) fallen.

237 Neben den Begriffen **Aufgabe, Befugnis** und **Zuständigkeit** sollten im Verwaltungsrecht die Begriffe »Kompetenz« oder »Recht« wegen ihres unterschiedlichen Bedeutungsgehalts möglichst vermieden werden. Dies gilt insbesondere für den Begriff »Recht«, weil dieser üblicherweise *subjektive Rechte* (Einzelner) bezeichnet und für Zuständigkeiten und Befugnisse missverständlich verwandt würde, gleichwohl noch verbreitet ist.[42]

238 Im Ausgangsfall machte die Bezirksregierung von ihrem Selbsteintritts*recht* in zulässiger Weise Gebrauch, weil der (an sich zuständige) Landkreis nicht bereit war, die erforderlichen Maßnahmen der Gefahrenabwehr zu treffen. Das OVG Lüneburg hat zutreffend entschieden, dass Maßnahmen im Wege des Selbsteintrittsrechts mangels Außenwirkung *keine* Verwaltungsakte gegenüber dem

---

38 Für die nach neuem niedersächsischen Recht als Fachaufsichtsbehörde zuständige Polizeidirektion (§ 24 Abs. 3 S. 1 NVersG) würde das Selbsteintrittsrecht aus der entsprechenden Geltung des § 102 Abs. 1 S. 1 Nds.SOG folgen (§ 24 Abs. 3 S. 2 NVersG).

39 Vgl. *Bull/Mehde,* AllgVerwR/VerwL, Rn. 387; *H. Maurer,* AllgVerwR, § 21 Rn. 50.

40 So etwa die »Behördenleitervorbehalte« in den Landespolizeigesetzen (vgl. *H. Lisken/R. Mokros,* NVwZ 1991, S. 609).

41 Für das niedersächsische Recht gilt nunmehr § 8 NVersG.

42 Die Terminologie ist selbst im Grundgesetz nicht einheitlich: In Art. 70 ff. GG werden »Recht«, »Befugnis« und »Zuständigkeit« zur Gesetzgebung synonym und offenbar aus sprachlichen Gründen ständig wechselnd verwandt.

an sich zuständigen Verwaltungsträger darstellen.[43] Rechtlich irrelevant ist eine solche Maßnahme aber keineswegs. Ob die an sich statthafte allgemeine Leistungsklage im Einzelfall auch *zulässig* ist (Klagebefugnis!), hängt davon ab, ob die Durchbrechung der gesetzlichen Zuständigkeit zugleich als »Rechtsverletzung« (der an sich zuständigen Körperschaft) zu werten ist. Das OVG Lüneburg hat diese Frage dahingestellt sein lassen, weil die Voraussetzungen des Selbsteintrittsrechts offensichtlich erfüllt waren.[44]

II. Die Organisation der Bundesverwaltung

Unter »Bundesverwaltung« verstehen wir alle Behörden und sonstigen Verwaltungseinheiten, deren Träger die Bundesrepublik Deutschland – kurz: der »Bund« – ist. Sie werden durch den Bundeshaushalt finanziert, für ihre Bediensteten ist die Bundesrepublik Deutschland entweder **Arbeitgeber** (bei privatrechtlichen Dienstverhältnissen) oder **Dienstherr** (bei öffentlich-rechtlichen Dienst- und Treueverhältnissen).[45] Die Bundesbehörden erfüllen die dem Bund durch das Grundgesetz zugewiesenen Aufgaben, insbesondere führen sie die **Bundesgesetze** aus, soweit hierfür eine **Verwaltungszuständigkeit** des Bundes besteht (Art. 86 ff. GG).[46]

239

1. Bundeseigene Verwaltung mit eigenem Verwaltungsunterbau

Der Begriff »Bundesverwaltung« kennzeichnet den Bund als Verwaltungsträger. Von einem »eigenen Verwaltungsunterbau« spricht man, wenn es sich um eine mehrstufige Bundesverwaltung handelt. An der Spitze steht das jeweilige Bundesministerium, das als »oberste Bundesbehörde« bezeichnet wird. Ihr sind bei dreistufigem Verwaltungsaufbau die »Mittelbehörden« und die »unteren Verwaltungsbehörden« nachgeordnet.[47]

240

Typisches Beispiel für bundeseigene Verwaltung mit eigenem Verwaltungsunterbau ist die *Bundesfinanzverwaltung*, an deren Spitze das Bundesministerium der Finanzen (BMF) steht, deren Mittelbehörden die Bundesfinanzdirektionen und das Zollkriminalamt und deren untere Verwaltungsbehörden die Hauptzollämter einschließlich ihrer Dienststellen (Zollämter) sowie die Zollfahndungsämter sind. Einen atypischen Fall stellt der Auswärtige Dienst dar mit dem Auswärtigen Amt als oberster Bundesbehörde, den Botschaften als Mittelbehörden und den Konsulaten als unteren Verwaltungsbehörden (atypisch, weil sich außer dem »AA« alle Behörden auf ausländischem Territorium befinden).

241

Nach der **Privatisierung** der **Bundeseisenbahn** (Art. 143 a GG) und der **Bundespost** (Art. 143 b GG) beschränkt sich der Bund in diesem Bereich auf eine **Gewährleistungsverwaltung** (Art. 87 e und f GG), während die früher dreistufige Verwaltung von Bahn und Post weggefallen ist.[48]

242

---

43 Vgl. OVG Lüneburg, NVwZ-RR 1997, S. 474.
44 Vgl. OVG Lüneburg, NVwZ-RR 1997, S. 475.
45 Vgl. *J. Ipsen,* Staatsrecht I, 24. Aufl. 2012, Rn. 646 ff.
46 Vgl. *J. Ipsen,* Staatsrecht I, 24. Aufl. 2012, Rn. 646 ff.
47 Vgl. *M. Sachs,* in: Sachs (Hrsg.), GG, 6. Aufl. 2011, Art. 87 Rn. 14; *W. Blümel,* in: Isensee/Kirchhof (Hrsg.), HdbStR IV, 2. Aufl. 1999, § 101 Rn. 78 f. m. w. N.
48 Vgl. hierzu *P. Lerche,* FS K. H. Friauf, 1996, S. 251 ff.; *Hommelhoff/Schmidt-Aßmann,* ZHR 160 (1996), S. 521 ff.

2. Bundeseigene Verwaltung durch selbständige Bundesoberbehörden

243 Während die bundeseigene Verwaltung mit eigenem Verwaltungsunterbau durch eine **Mehrzahl von Mittelbehörden** und eine **Vielzahl von unteren Verwaltungsbehörden** gekennzeichnet ist, gibt es bei diesem Typus der Bundesverwaltung nur *eine* Behörde unterhalb der Ministerialebene, die für das gesamte **Bundesgebiet** zuständig ist.[49] Der Bund hat von der ihm durch Art. 87 Abs. 3 GG zugewiesenen Kompetenz in reichem Maße Gebrauch gemacht und eine Vielzahl selbständiger **Bundesoberbehörden** errichtet.[50] Versuche der Bundesländer, die Entstehung neuer Bundesoberbehörden zu verhindern, sind vor dem Bundesverfassungsgericht gescheitert.[51]

244 Jedermann bekannt ist die Existenz des Kraftfahrtbundesamtes (in Flensburg), das das Verkehrszentralregister führt (§ 28 StVG) und eine Reihe anderer Zuständigkeiten auf dem Gebiet des Kraftfahrzeugwesens hat.[52] Die Bundesprüfstelle nach dem Jugendschutzgesetz (JuSchG) prüft jugendgefährdende Medien und nimmt sie ggf. in die Liste jugendgefährdender Medien (»Index«) auf (§ 18 JuSchG).

245 Die Besonderheit der oberen Bundesbehörden besteht einerseits in der **bundesweiten Zuständigkeit,** andererseits in einer **organisatorischen Verselbständigung,** ohne dass diese die Rechtsfähigkeit einschlösse. Bundesoberbehörden sind also *unmittelbar* dem Bund als Verwaltungsträger zugeordnet: Gemeinsam mit den übrigen Bundesbehörden bilden sie die **unmittelbare Bundesverwaltung.**[53]

3. Mittelbare Bundesverwaltung durch Körperschaften und Anstalten des öffentlichen Rechts

246 Die **mittelbare Bundesverwaltung** unterscheidet sich von der unmittelbaren dadurch, dass die ihr zuzuordnenden **Anstalten** und **Körperschaften** selbst **rechtsfähig,** also juristische Personen des öffentlichen Rechts sind.[54] Sie sind gleichwohl »bundesunmittelbar«, weil der Bund (in Gestalt der obersten Bundesbehörden) die **Rechtsaufsicht** über sie ausübt. Insofern ist das Sprachungetüm der »mittelbaren Bundesverwaltung durch bundesunmittelbare Körperschaften und Anstalten des öffentlichen Rechts« nur auf den ersten Blick paradox. »Bundesunmittelbar« sind diejenigen Körperschaften und Anstalten des öffentlichen Rechts, die unter der

---

49 Vgl. *V. Epping,* in: Epping/Hillgruber, GG, Kommentar, 2009, Art. 87 Rn. 28; *J. Oebbecke,* in: Isensee/Kirchhof (Hrsg.), HdbStR VI, 3. Aufl. 2008, § 136 Rn. 90.

50 Vgl. z. B. Bundesprüfstelle für jugendgefährdende Medien (§ 17 des Jugendschutzgesetzes v. 23. 7. 2002 [BGBl. I S. 2730]); Bundeskartellamt (§ 51 des Gesetzes gegen Wettbewerbsbeschränkungen i. d. F. der Bekanntm. v. 15. 7. 2005 [BGBl. I S. 2114]); Statistisches Bundesamt (§ 2 Abs. 1 des Gesetzes über die Statistik für Bundeszwecke v. 22. 1. 1987 [BGBl. I S. 462, 565]). Vgl. auch die Übersichten bei *A. Dittmann,* Die Bundesverwaltung, 1983, S. 255 f.; *K. Stern,* Staatsrecht, Bd. II, 1980, S. 827 f. und die Aufzählung bei *M. Burgi,* in: v. Mangoldt/Klein/Starck, GG, Band 3, 6. Auflage 2010, Art. 87 Rn. 100.

51 Vgl. BVerfGE 14, 197 (Bundesaufsichtsamt für das Kreditwesen); BVerfGE 31, 113 (Bundesprüfstelle für jugendgefährdende Schriften).

52 Vgl. dazu Gesetz über die Errichtung eines Kraftfahrtbundesamtes vom 4. 8. 1951 (BGBl. I S. 488) sowie *A. Dittmann,* Die Bundesverwaltung, 1983, S. 266 f.

53 Vgl. *W. Blümel,* in: Isensee/Kirchhof (Hrsg.), HdbStR IV, 2. Aufl. 1999, § 101 Rn. 92; *J. Ipsen,* Staatsrecht I, 24. Aufl. 2012, Rn. 646 ff.

54 Vgl. *J. Obbecke,* in: Isensee/Kirchhof (Hrsg.), HdbStR VI, 3. Aufl. 2008, § 136 Rn. 97; *F. Kirchhof,* in: Maunz/Dürig, GG, Bd. V, Loseblatt, Stand: Januar 2012, Art. 83 Rn. 93 ff.; *P. Lerche,* in: Maunz/Dürig, GG, Bd. VI, Loseblatt, Stand: Januar 2012, Art. 86 Rn. 7; Art. 87 Rn. 148; *J. Ipsen,* Staatsrecht I, 24. Aufl. 2012, Rn. 664 ff.

Rechtsaufsicht des Bundes stehen und insofern **mittelbare** – also durch juristische Personen des öffentlichen Rechts *vermittelte* – **Bundesverwaltung** darstellen.[55]

Bundesunmittelbare Anstalten und Körperschaften des öffentlichen Rechts sind regelmäßig identisch mit der Behörde.   **247**

Die »Deutsche Rentenversicherung Bund« ist eine bundesunmittelbare *Körperschaft* auf dem Gebiet der Rentenversicherung.[56] Sie ist gleichzeitig *Behörde*, tritt also unter dieser Bezeichnung im Rechtsverkehr auf.   **248**

Bundesunmittelbare Anstalten und Körperschaften können aber auch einen **eigenen Verwaltungsunterbau** in Gestalt von Behörden haben.   **249**

Die Bundesagentur für Arbeit ist eine Körperschaft des öffentlichen Rechts, die für die Maßnahmen zur Arbeitsförderung zuständig ist (§§ 367 Abs. 1, 368 Abs. 1 S. 1 SGB III). Die Bundesagentur gliedert sich in die Zentrale (in Nürnberg), Regionaldirektionen und örtliche Agenturen für Arbeit (§ 367 Abs. 2 S. 1 SGB III). Die Bundesagentur steht unter der Rechtsaufsicht des Bundesministeriums für Arbeit und Soziales (§ 393 SGB III).   **250**

III. Die Organisation der Landesverwaltung

Restriktionen, wie sie nach Art. 86 ff. GG für die **Bundesverwaltung** gelten (die allerdings nicht verhindern konnten, dass die Bundesverwaltung zeitweise ein geradezu Parkinsonsches Wachstum aufwies),[57] gibt es für die **Landesverwaltung** nicht. Da die Bundesländer selbst Staaten sind, richtet sich *ihr* Verwaltungsaufbau nach der jeweiligen Landesverfassung. Die Landesverfassungen enthalten regelmäßig allerdings nur Bestimmungen über die **obersten Staatsorgane** (Landesregierung, Landtag, Landesverfassungsgericht), so dass der Verwaltungsaufbau im Übrigen der Regelung durch **einfaches Gesetz** (Organisationsgesetz) oder Organisationserlass überlassen bleibt. Grundsätzlich lassen sich allerdings – ebenso wie beim Bund – **unmittelbare** und **mittelbare Landesverwaltung** unterscheiden.   **251**

1. Unmittelbare Landesverwaltung

Die **unmittelbare Landesverwaltung** fasst begrifflich diejenigen Behörden zusammen, deren Verwaltungsträger das **Land** ist, die also aus dem Landeshaushalt finanziert werden und deren Bedienstete in einem Dienstverhältnis zum **Land** (als Arbeitgeber oder Dienstherr) stehen.[58]   **252**

a) Oberste Landesbehörden

Als »**oberste Landesbehörden**« sind die Landesministerien anzusprechen, die eine dem Bund vergleichbare Ressorteinteilung aufweisen, an Zahl hinter dem Bund allerdings zurückbleiben.   **253**

---

55 Vgl. *W. Blümel*, in: Isensee/Kirchhof (Hrsg.), HdbStR IV, 2. Aufl. 1999, § 101 Rn. 111; *K. Stern*, Staatsrecht II, 1980, S. 823 f.; *J. Ipsen*, Staatsrecht I, 24. Aufl. 2012, Rn. 665.

56 Durch die »Deutsche Rentenversicherung Bund« wird u. a. die Bundesversicherungsanstalt für Angestellte fortgeführt (Art. 82, § 1 des Gesetzes zur Organisationsreform in der gesetzlichen Rentenversicherung v. 9. 12. 2004 [BGBl. I S. 3242]). Die Organisationsreform ist insoweit erst am 1. 10. 2005 in Kraft getreten.

57 Vgl. *J. Ipsen*, Staatsrecht I, 24. Aufl. 2012, Rn. 674.

58 Vgl. *M. Burgi*, in: Erichsen/Ehlers, AllgVerwR, § 9 Rn. 12 ff.

254 Die Bundesländer haben regelmäßig ein Innenministerium, ein Finanzministerium, ein Justizministerium, ein Kultusministerium, soweit nicht mit diesem verbunden: ein Wissenschaftsministerium, ein Umweltministerium, ein Landwirtschaftsministerium, ein Wirtschaftsministerium und ein Sozialministerium. Vielfach besteht auch ein besonderes Ressort für Bundes- und Europaangelegenheiten, dessen Aufgaben gelegentlich auch von der Staatskanzlei (der Behörde des Ministerpräsidenten) wahrgenommen werden.

b) Obere Landesbehörden und Mittelbehörden

255 Den Landesministerien unmittelbar nachgeordnet sind **Landesoberbehörden,** die – den selbständigen Bundesoberbehörden vergleichbar – für Aufgaben errichtet werden, bei denen keine Dislozierung notwendig ist. Als Beispiele sind hier die Landesämter für Verfassungsschutz und die Landeskriminalämter (LKA) zu nennen, deren (örtliche) Zuständigkeit das Gebiet des jeweiligen Landes umfasst.

256 Von **Mittelbehörden** spricht man im Allgemeinen, wenn es hiervon mehrere gibt, deren (örtliche) Zuständigkeit sich auf einen bestimmten Bezirk beschränkt. Das typische Beispiel der Mittelbehörde ist die **Bezirksregierung,** die im **Regierungsbezirk** die einzelnen Verwaltungszweige bündelt. Die »Bündelungsfunktion« dieser Mittelbehörde ist zugleich Ausdruck des organisationsrechtlichen Prinzips der **horizontalen Konzentration.**[59]

257 Von den Flächenstaaten besitzen mittlerweile Brandenburg, Mecklenburg-Vorpommern, Niedersachsen, Schleswig-Holstein und das Saarland einen zweistufigen Verwaltungsaufbau. In Rheinland-Pfalz sind die Bezirksregierungen aufgelöst und durch zwei »Struktur- und Genehmigungsdirektionen« und eine »Aufsichts- und Dienstleistungsdirektion« ersetzt worden. In Thüringen und Sachsen-Anhalt nehmen zentrale »Landesverwaltungsämter« die typischen Aufgaben des Regierungspräsidiums wahr. In Sachsen wurden die Regierungsbezirke am 1. 8. 2008 in Direktionsbezirke umbenannt. Diese drei Direktionsbezirke wurden zum 1. 3. 2012 zu einem einzigen Direktionsbezirken Sachsen zusammengelegt. Die übrigen vier Bundesländer (ausgenommen Stadtstaaten) sind in eine unterschiedliche Zahl von Regierungsbezirken eingeteilt, für die jeweils eine Mittelbehörde mit wechselnden Behördenbezeichnungen eingerichtet worden ist.[60]

258 Die Bezeichnung als (Bezirks-)»*Regierung*« darf nicht darüber hinwegtäuschen, dass es sich bei den Mittelbehörden gerade nicht um Organe der *politischen* Führung (Bundesregierung, Landesregierungen) handelt. Diese Behörden führen nur die Aufsicht über die unteren Verwaltungsbehörden und vermitteln ihnen die Führungsentscheidungen der Ministerien. In letzterer Funktion sind sie nicht unumstritten.[61]

c) Untere Verwaltungsbehörden

259 Die Landesverwaltung ist vielfach dreistufig, umfasst also die **oberste Landesbehörde** (Fachministerium), die **Mittelbehörde** (Bezirksregierung) und **untere Verwaltungsbehörden** (Ämter). Die Tendenz geht dahin, die staatliche Verwaltung auf der unteren Verwaltungsstufe zu reduzieren und die Aufgaben entweder den kommunalen Gebietskörperschaften zu übertragen oder deren Organe für die Erfüllung staatlicher Aufgaben zu »leihen«.[62]

---

59 Vgl. *M. Burgi,* in: Erichsen/Ehlers, AllgVerwR, § 9 Rn. 16; *L. Schrapper,* DÖV 1994, S. 157.

60 Vgl. im Einzelnen *M. Burgi,* in: Erichsen/Ehlers, AllgVerwR, § 9 Rn. 16; *L. Schrapper,* DÖV 1994, S. 157.

61 Vgl. *Bull/Mehde,* AllgVerwR/VerwL, Rn. 117; *H. Helbing,* Alternative Möglichkeiten der Neuordnung von Mittelbehörden, 1998; *Twenhöven/Feller-Elverfeld,* NWVBl. 2002, S. 26; *R. Wahl,* in: Jeserich/Pohl/v. Unruh (Hrsg.), Deutsche Verwaltungsgeschichte, Bd. V, 1987, S. 227 m. w. N.

62 Vgl. *Bull/Mehde,* AllgVerwR/VerwL, Rn. 119; *M. Burgi,* in: Erichsen/Ehlers, AllgVerwR, § 9 Rn. 17.

2. Mittelbare Landesverwaltung

Dem Bund vergleichbar, gibt es auch auf der Landesebene eine Vielzahl von **Anstal-** **260** **ten, Körperschaften** und (vereinzelt) **Stiftungen des öffentlichen Rechts,** die unter der **Rechtsaufsicht** des Landes stehen und als **mittelbare Landesverwaltung** bezeichnet werden.

Beispiele für rechtsfähige Anstalten des öffentlichen Rechts sind die Rundfunkanstalten und die **261** Landesmedienanstalten für privaten Rundfunk. Die berufsständische Selbstverwaltung ist durch ihren Körperschaftscharakter (Kammern) gekennzeichnet. Auch die Universitäten sind Körperschaften des öffentlichen Rechts bzw. eine Mischform aus Körperschaft und Anstalt (§ 58 Abs. 1 S. 1 HRG). Öffentlich-rechtliche Stiftungen sind selten, weil hier zumeist die privatrechtliche Rechtsform vorgezogen wird. Eine Belebung erfährt die Rechtsform der öffentlich-rechtlichen Stiftung gegenwärtig dadurch, dass ihr aufgrund landesrechtlicher Regelungen die Trägerschaft von Hochschulen übertragen werden kann (§ 58 Abs. 1 S. 2 HRG).[63] So wurden bereits die Universität Göttingen, die Universität Hildesheim, die Leuphana Universität Lüneburg, die Hochschule Osnabrück, die Tierärztliche Hochschule Hannover und die Europa-Universität Viadrina Frankfurt/Oder in die Trägerschaft einer Stiftung öffentlichen Rechts überführt. Die Johann Wolfgang Goethe-Universität Frankfurt am Main ist selbst in der Rechtsform einer Stiftung öffentlichen Rechts organisiert. Aktuell gibt es Bestrebungen, die Ludwig-Maximilians-Universität München, die Universität zu Lübeck und die Medizinische Hochschule Hannover in Stiftungsuniversitäten umzuwandeln.

3. Kommunale Selbstverwaltung

Die **kommunale Selbstverwaltung** (Gemeinden, Gemeindeverbände) ist durch das **262** **Grundgesetz** (Art. 28 Abs. 2) und die **Landesverfassungen** garantiert und unterscheidet sich insofern von der **berufsständischen Selbstverwaltung** und den ebenfalls rechtlich verselbständigten **Sozialversicherungsträgern** (Orts-, Innungs- und Betriebskrankenkassen, Landesversicherungsanstalten). Während für diese der Begriff der »Disziplinierung von Sozialbereichen« *(Forsthoff)* zutreffen mag, verfehlt er die Besonderheit der kommunalen Selbstverwaltung. Zwar stehen die kommunalen Gebietskörperschaften unter der **Rechtsaufsicht** des Landes (Kommunalaufsicht), sind aber keine **Zweckschöpfungen** für die Erfüllung originär staatlicher Aufgaben. Die Gemeinden gehören ihrem Ursprung nach vielmehr zum Bereich der **Gesellschaft** und deren Selbstorganisation.[64] Die Zugehörigkeit zur *öffentlichen* Verwaltung bedeutet nicht zwangsläufig, dass es sich um (mittelbare) *Staats*verwaltung handeln muss.[65]

Die Zuständigkeiten von Gemeinden und Kreisen sind umfassend, weil neben die **263** **Selbstverwaltungsangelegenheiten** (eigener Wirkungskreis), die durch die Verfassungen garantiert sind, die **Auftragsangelegenheiten** (Pflichtaufgaben nach Weisung) treten, die staatlichen Ursprungs sind, den Gemeinden (und Kreisen) aber durch Gesetz übertragen worden sind bzw. deren Erledigung ihnen zur Pflicht gemacht

---

63 Nach § 55 Abs. 1 S. 1 des Niedersächsischen Hochschulgesetzes in der Fassung der Neubekanntmachung vom 26. 2. 2007 (Nds.GVBl. S. 69) haben die Hochschulen die Möglichkeit, in die Trägerschaft einer eigens hierfür zu gründenden Stiftung des öffentlichen Rechts überzuwechseln, in deren Eigentum die von der Hochschule genutzten Grundstücke und beweglichen Sachen übergehen; vgl. hierzu *J. Ipsen,* NdsVBl. 2003, S. 1; *ders.,* NdsVBl. 2005, S. 5.

64 Vgl. *F. Kirchhof,* in: Maunz/Dürig, GG, Bd. V, Loseblatt, Stand: Januar 2012, Art. 83 Rn. 95; *U. Scheuner,* AfK 1973, S. 30 f.; *F.-L. Knemeyer,* DVBl. 1984, S. 23 (28 f.); *O. Gönnenwein,* Gemeinderecht, 1963, S. 2 f.

65 Ähnlich *H. Maurer,* AllgVerwR, § 23 Rn. 1; a. A. *W. Blümel,* in: Isensee/Kirchhof (Hrsg.), HdbStR IV, 2. Aufl. 1999, § 101 Rn. 3 m. w. N.; Überblick bei *K. Stern,* Staatsrecht I, 2. Aufl. 1984, S. 402 ff.

worden ist. Aus diesem Grund tritt dem Bürger regelmäßig als »untere Verwaltungsbehörde« die Gemeinde oder der Landkreis – freilich unter unterschiedlichen Behördenbezeichnungen[66] – entgegen.

264 Gemeinden und Landkreise haben mit den Bundesländern gemeinsam, dass sie **Gebietskörperschaften** sind, also über ein bestimmtes »Hoheitsgebiet« verfügen.[67] Im Unterschied zu den Bundesländern haben die kommunalen Gebietskörperschaften jedoch **keine Staatsqualität** und insofern auch keine Verfassung. Die »Kommunalverfassung« ist vielmehr das durch Landesgesetz geregelte, auf verfassungsrechtlichen Vorgaben (Art. 28 Abs. 1 S. 2 GG) beruhende innere Organisationsrecht der kommunalen Gebietskörperschaften. Der Umstand, dass in Art. 28 Abs. 1 S. 2 GG die Gemeinden und Kreise neben den Ländern erwähnt werden, weist allerdings auf die besondere Bedeutung der kommunalen Gebietskörperschaften im Verwaltungsaufbau hin.[68]

IV. Verwaltung in Privatrechtsform – Privatisierung von Verwaltungsaufgaben

265 **Fall 5:** Die Aktien der »Hamburgischen Electricitätswerke AG (HEW)« sind über eine Beteiligungsgesellschaft – die »Hamburger Gesellschaft für Beteiligungsverwaltung mbH (HGV)« zu 72% im Besitz der Freien und Hansestadt Hamburg. 28% entfallen auf private Anteilseigner. Nachdem die HEW in einem Gerichtsverfahren unterlegen sind, erheben sie Verfassungsbeschwerde zum Bundesverfassungsgericht und rügen die Verletzung der Art. 2, 3 Abs. 1 und 20 Abs. 3 GG.

(BVerfG, NJW 1990, 1783)

266 Die der öffentlichen Verwaltung zur Verfügung stehenden **Handlungsregimes** – das öffentliche Recht und das Privatrecht – setzen gleichermaßen voraus, dass das Handlungssubjekt öffentlich-rechtlich verfasst, also Teil der Verwaltungsorganisation ist. Soweit die Privatrechtsform gewählt wird, ist Vertragspartner der (allein rechtsfähige) Verwaltungsträger. Werden durch Behörden (»Beschaffungsstellen«) Geschäfte der Bedarfsdeckung abgeschlossen, so wird hierdurch der Verwaltungsträger (Bund, Land, Gemeinde oder Kreis) berechtigt und verpflichtet. Das Gleiche gilt – in völlig anderer Dimension – bei der Erteilung öffentlicher Aufträge.[69]

267 Von dem Handeln in privatrechtlicher Rechtsform zu unterscheiden ist die **Privatisierung** von **Verwaltungsaufgaben**. Hierbei ist zu differenzieren, ob die öffentlichen Aufgaben weiterhin von einem **Verwaltungsträger** (Staat oder kommunale Gebietskörperschaft), jedoch in **privatrechtlicher Rechtsform**, erfüllt werden (formelle Privatisierung), ob sich der Verwaltungsträger aus der **Aufgabenerfüllung** (funktionelle Privatisierung) oder aus der **Aufgabenverantwortung** (materielle Privatisierung) zurückzieht.[70]

---

66 Vgl. oben Rn. 215 und *Bull/Mehde,* AllgVerwR/VerwL, Rn. 387.

67 Vgl. *J. Ipsen,* Niedersächsisches Kommunalrecht, 4. Aufl. 2011, Rn. 46 ff.; *O. Seewald,* in: Steiner (Hrsg.), BesVerwR, 8. Aufl. 2006, Abschn. I, Rn. 54.

68 Vgl. *F. Kirchhof,* in: Maunz/Dürig, GG, Bd. V, Loseblatt, Stand: Januar 2012, Art. 83 Rn. 19; *K. Stern,* Staatsrecht I, 2. Aufl. 1984, S. 405 ff.; *M. Nierhaus,* in: Sachs (Hrsg.), GG, 6. Aufl. 2011, Art. 28 Rn. 32 ff.

69 Vgl. die Beiträge in: *J. Ipsen* (Hrsg.), Öffentliches Auftragswesen im Umbruch, 1997; *S. Broß,* VerwArch 84 (1993), S. 395 ff.

70 Vgl. *F. Schoch,* DVBl. 1994, S. 962 f.; *F.-J. Peine,* DÖV 1997, S. 354; *R. Schmidt,* ZGR 1996, S. 345 (347 ff.).

1. Formelle Privatisierung (Organisationsprivatisierung)

Die **formelle** oder **Organisationsprivatisierung** ist dadurch gekennzeichnet, dass 268
eine öffentliche Aufgabe weiterhin vom Staat (oder einem anderen Träger öffentlicher
Verwaltung) erfüllt wird, dieser jedoch ein **Rechtssubjekt des privaten Rechts** zur
Aufgabenerfüllung gründet. Die Qualität der Aufgabe als »öffentlich« und ihre Zuordnung zur Verwaltung bleiben erhalten, letztere nimmt nur eine andere – privatrechtliche – Gestalt an.[71]

Die Organisationsprivatisierung hat eine lange Tradition und ist vor allem auf dem 269
Gebiet der **Versorgung** (Elektrizität, Gas, Wasser, Fernwärme) verbreitet. Die Kom-
munalgesetze der Bundesländer sehen ausdrücklich vor, dass Gemeinden und Kreise
zur Erfüllung öffentlicher Aufgaben **Eigengesellschaften** (AG, GmbH) gründen oder
andere privatrechtliche Rechtsformen nutzen können.[72] Entsprechende Vorschriften
gibt es im Haushaltsrecht des Bundes (§ 65 BHO) und der Bundesländer (§§ 65
LHOen).

> Im Ausgangsfall handelt es sich um die Erfüllung einer öffentlichen Aufgabe (Stromversorgung), die 270
> von der Stadt Hamburg in privatrechtlicher Rechtsform (Aktiengesellschaft) betrieben wird, wobei
> ihre Aktien von einer Eigengesellschaft gehalten werden. Die Beteiligung privaten Kapitals (in Höhe
> von 28%) ändert nichts daran, dass es sich um ein öffentliches Unternehmen, nämlich um ein
> »gemischt-wirtschaftliches« Unternehmen handelt.[73]

Wird das Privatrecht nicht nur – wie bei der Fiskaltätigkeit – als **Handlungs-**, 271
sondern als **Organisationsregime** gewählt, verlässt der Verwaltungsträger das Verwaltungsrecht im engeren Sinne. Einigkeit besteht darüber, dass die Grundrechtsbindung der »hinter« den Privatrechtssubjekten stehenden Verwaltungsträger (Art. 1
Abs. 3 GG) nicht in Frage gestellt wird und gegebenenfalls zu einer Einwirkungs-
pflicht führt.[74] Die Kernproblematik besteht darin, dass die »Flucht ins Privatrecht«
von Verwaltungsträgern vielfach angetreten wird, um rechtlichen Bindungen zu entgehen, die öffentliche Verwaltung aber gerade durch die Rechtsbindung gekennzeichnet ist.[75] Im Einzelnen ergibt sich bei der »Verwaltung in Privatrechtsform« eine Fülle
noch ungeklärter Rechtsfragen.[76]

> Im Ausgangsfall ist die Zulässigkeit der Verfassungsbeschwerde davon abhängig, ob die HEW AG 272
> grundrechtsberechtigt ist. Juristische Personen des Privatrechts sind normalerweise Grundrechts-
> träger (Art. 19 Abs. 3 GG). Für öffentliche Unternehmen in Privatrechtsform *verneint* das BVerfG
> die Grundrechtsfähigkeit demgegenüber und hat im Ausgangsfall die Verfassungsbeschwerde als
> unzulässig angesehen.[77]

---

71 Vgl. grundlegend *D. Ehlers*, Verwaltung in Privatrechtsform, 1984.
72 Vgl. z. B. § 103 Abs. 1 GO Bad.-Württ.; § 122 Abs. 1 HGO; § 108 Abs. 1 GO NW; § 137 Abs. 1
   NKomVG. Vgl. dazu *E. Kraft*, in: HKWP, Bd. V, 1984, S. 168 ff.; krit. *P. Schoepke*, VBlBW 1994,
   S. 81 ff.
73 So der geläufige Begriff für öffentliche Unternehmen in Privatrechtsform, an denen private Anteilseigner beteiligt sind. Sofern die Kapitalanteile *nur* von Verwaltungsträgern gehalten werden, spricht
   man von gemischt-öffentlichen Unternehmen; vgl. *Schmidt-Aßmann/Röhl*, in: Schmidt-Aßmann/
   Schoch (Hrsg.), BesVerwR, 14. Aufl. 2008, 1. Kap., Rn. 125.
74 Vgl. *D. Ehlers*, Verwaltung in Privatrechtsform, 1984, S. 130 ff.; *G. Püttner*, DVBl. 1975, S. 353 ff.;
   H.-J. Papier, in: Erichsen/Ehlers, AllgVerwR, § 39 Rn. 36.
75 Vgl. oben Rn. 86.
76 Vgl. *C. Gusy*, DÖV 1984, S. 872; *F. Schoch*, DVBl. 1994, S. 962; siehe auch *T. Koch*, Der rechtliche
   Status kommunaler Unternehmen in Privatrechtsform, 1994.
77 So BVerfG, NJW 1990, S. 1783.

273 Die formelle oder Organisationsprivatisierung ist zu unterscheiden von der (rein) **erwerbswirtschaftlichen Betätigung** der öffentlichen Hand.[78] Von »Privatisierung« kann sinnvoll nur gesprochen werden, wenn es sich um **öffentliche Aufgaben** handelt. Für die Teilnahme des Staates am wirtschaftlichen Wettbewerb ist dieser Begriff demgegenüber verfehlt. Tritt die öffentliche Hand als »Unternehmer« auf, ohne dass öffentliche Aufgaben erfüllt werden, vollzieht sich diese Tätigkeit **notwendig** nach den Normen des Privatrechts. Umstritten ist allerdings, ob die Grundrechtsbindung auch die Unternehmenstätigkeit ergreift.[79] Geht man von der Prämisse aus, dass der Staat ohne Rücksicht auf seine Erscheinungsformen an die Grundrechte gebunden ist, kann unternehmerisches Handeln der öffentlichen Hand jedenfalls eine **faktische Beeinträchtigung Dritter** (nämlich der Wettbewerber) bedeuten, die an Art. 12 Abs. 1 GG zu messen wäre.[80] In jedem Fall ist es ausgeschlossen, einer erwerbswirtschaftlichen Tätigkeit wegen der angestrebten Gewinne, die an den Haushalt abzuführen sind, einen »öffentlichen Zweck« zu attestieren.[81] Haushaltsmittel sind stets »Mittel zum Zweck«, also Voraussetzung für die Erfüllung öffentlicher Aufgaben, nicht jedoch Selbstzweck. Würde man die Erwirtschaftung von Haushaltsmitteln als »öffentlichen Zweck« qualifizieren, hinge dieser von der jeweiligen Ertragslage ab, mit anderen Worten würde ein erwerbswirtschaftliches Unternehmen immer dann einen öffentlichen Zweck erfüllen, wenn es Gewinne erwirtschaftet, diesen aber verfehlen, wenn Verluste entstehen.[82]

2. Funktionelle Privatisierung (Erfüllungsprivatisierung)

274 Die **funktionelle** oder **Erfüllungsprivatisierung** unterscheidet sich von der Organisationsprivatisierung dadurch, dass die **Aufgabenerfüllung** vollständig einem **Privatrechtssubjekt** übertragen wird, an dem die öffentlich-rechtliche Körperschaft nicht beteiligt ist, diese aber die Verantwortung für die Aufgabenerledigung behält.[83] Typische Beispiele hierfür sind die **Abfallentsorgung** und die **Abwasserbeseitigung,** die vielfach von privaten Unternehmen übernommen werden, ohne dass die hierzu (gesetzlich) verpflichtete Körperschaft dadurch ihrer Verantwortung enthoben wäre.

275 Zur Entsorgung von Abfällen sind juristische Personen des öffentlichen Rechts (öffentlich-rechtliche Entsorgungsträger) verpflichtet (§§ 17 Abs. 1, 20 KrWG). Ausdrücklich ist vorgesehen, dass die Entsorgungsträger »Dritte mit der Erfüllung ihrer Pflichten beauftragen« können (§ 22 KrWG). Gleiches gilt für die Abwasserbeseitigung, die ebenfalls auf private Unternehmer übertragen werden kann, ohne dass die hierzu verpflichtete Körperschaft (§ 56 S. 3 WHG i. V. m. den Bestimmungen der Landeswassergesetze) hierdurch von ihrer Aufgabenverantwortung befreit würde. Im Bereich der Energieversorgung gibt es demgegenüber keine Aufgabenverantwortung der öffentlichen Hand,[84] so dass eine funktionelle Privatisierung insoweit nicht in Betracht kommt.

---

78 Vgl. *Bull/Mehde,* AllgVerwR/VerwL, Rn. 244 ff.; *H. Maurer,* AllgVerwR, § 3 Rn. 24.

79 Vgl. *C. Gusy,* DÖV 1984, S. 875 ff.; *F. Schoch,* DVBl. 1994, S. 970 f.; *W. Löwer,* VVDStRL 60 (2001), S. 416 (418 ff.).

80 Vgl. *D. Ehlers,* Verwaltung in Privatrechtsform, 1984, S. 102 f. m. w. N.

81 So *D. Ehlers,* Verwaltung in Privatrechtsform, 1984, S. 103 und oben Rn. 200.

82 Nicht ausgeschlossen ist es, öffentliche Gelder zinsgünstig – etwa als Termingelder – anzulegen. Ausgeschlossen ist dagegen der Abschluss von *Termingeschäften,* weil diese stets auch Verluste erbringen können.

83 Vgl. *F. Schoch,* DVBl. 1994, S. 963, 971 f.

84 Das Gesetz über die Elektrizitäts- und Gasversorgung (Energiewirtschaftsgesetz – EnWG) vom 7. Juli 2005 (BGBl. I S. 1970, 3621) bezweckt eine möglichst sichere, preisgünstige, verbraucherfreundliche, effiziente und umweltverträgliche leitungsgebundene Versorgung mit Elektrizität und Gas (§ 1 EnWG) und macht diese von einer Genehmigung abhängig (§ 4 Abs. 1 EnWG). Eine

3. Materielle Privatisierung (Aufgabenprivatisierung)

Mit der **materiellen** oder **Aufgabenprivatisierung** entledigen sich Verwaltungsträger **276** einzelner **öffentlicher Aufgaben** und überlassen sie der **Erfüllung durch Dritte**, wobei es gleichgültig ist, ob es sich um **gemeinnützige Organisationen** oder den **Markt** handelt.[85] Eine materielle Privatisierung kommt naturgemäß nur für Aufgaben in Betracht, zu deren Erfüllung der Staat oder andere Verwaltungsträger **nicht verpflichtet** sind.

Der Bereich der Energieversorgung stellt eine *öffentliche Aufgabe* dar (§ 1 Abs. 1 EnWG: »möglichst **277** sichere, preisgünstige, verbraucherfreundliche, effiziente und umweltverträgliche […] Versorgung der Allgemeinheit«), so dass eine Aufgabenprivatisierung in Betracht käme und in einzelnen Bundesländern bereits vorgenommen worden ist. Soweit dagegen Kapitalanteile des Staates an anderen Unternehmen (z. B. der Automobil- oder Stahlindustrie) veräußert werden, handelt es sich zwar um eine *Privatisierung,* nicht aber um eine *materielle* Privatisierung, weil es sich nicht um die Erfüllung öffentlicher Aufgaben handelt.[86]

V. Einheit oder Pluralität der Verwaltung?

Die geläufigen Abbreviaturen, mit denen die öffentliche Verwaltung bezeichnet wird **278** – »der Staat«, »die Verwaltung«, »die öffentliche Hand« –, verstellen vielfach den Blick dafür, dass **komplexe Organisationen** mit einer Vielzahl unterschiedlicher Behörden und einem Heer von Bediensteten gemeint sind. Die tatsächlichen Erscheinungsformen der Verwaltung, ihre Arbeitsbedingungen und Wirkungsweise sind Gegenstand der Verwaltungswissenschaften, einer *metajuristischen* Disziplin, die die Verwaltung in unterschiedlicher Hinsicht zu erforschen sucht.[87] Die in der Gegenwart behandelte Kardinalfrage, ob die Verwaltung effizient arbeitet und wie sie effizienter arbeiten könnte, ist genau genommen an die Betriebswirtschaftslehre gerichtet, deren Vorschläge eine zentrale Rolle bei der Verwaltungsreform spielen.[88] Von spezifisch rechtswissenschaftlichem Interesse ist demgegenüber die Frage nach der »Einheit der Verwaltung«,[89] bei der die Ebene der **Realanalyse** von der **Sollensebene** zu unterscheiden ist.

In der Realität erscheint »die« Verwaltung keineswegs als Monolith, sondern als **279** **Pluralität** verschiedener Verwaltungen. Dies liegt daran, dass es eine Bundesverwaltung, viele Landesverwaltungen und die hiervon zu trennende Selbstverwaltung in den kommunalen Gebietskörperschaften gibt.[90] Daneben existieren zahlreiche Er-

---

Unterscheidung zwischen öffentlichen und privaten Energiewirtschaftsunternehmen kennt das EnWG nicht.

85 Vgl. *F. Schoch,* DVBl. 1994, S. 962 f.; *G. F. Schuppert,* in: Ipsen (Hrsg.), Privatisierung öffentlicher Aufgaben, S. 17 ff.

86 Vgl. *F. Schoch,* DVBl. 1994, S. 964.

87 Über Bezeichnung und Gegenstände dieser Disziplin herrscht keine Einigkeit. Überwiegend wird der Begriff der »Verwaltungslehre« verwandt; so *G. Püttner,* Verwaltungslehre, 4. Aufl. 2007; *W. Thieme,* Verwaltungslehre, 4. Aufl. 1984; *ders.,* Einführung in die Verwaltungslehre, 1995. Vgl. demgegenüber *G. F. Schuppert,* Verwaltungswissenschaft – Verwaltung, Verwaltungsrecht, Verwaltungslehre, 2000, der die *Verwaltungslehre* und die *Verwaltungsrechtslehre* in der »Verwaltungswissenschaft« aufgehen lässt.

88 Vgl. *C. Barthel,* AfK 1994, S. 295 ff.; *H. Klages,* AfK 1995, S. 203 ff.; krit. *E. Laux,* DÖV 1993, S. 523 f.; *ders.,* DÖV 1993, S. 1083 ff.

89 Vgl. hierzu *B.-O. Bryde* und *G. Haverkate,* VVDStRL 46 (1988), S. 181 ff., 217 ff.

90 Vgl. oben Rn. 239 ff.

scheinungsformen der **mittelbaren** (Bundes- und Landes-) **Verwaltung** in Gestalt von Anstalten, Körperschaften und Stiftungen des öffentlichen Rechts.[91] Stellt man neben diese öffentlich-rechtlich verfasste Verwaltung die Erfüllung öffentlicher Aufgaben in privatrechtlicher Rechtsform, so ergibt sich ein nahezu unübersehbares Tableau.

280   Hinzu kommt, dass zunehmend Beauftragte mit besonderen Aufgaben (Gleichstellungsbeauftragte, Naturschutzbeauftragte, Datenschutzbeauftragte) in die Verwaltung eingefügt worden sind, deren Tätigkeit gewissermaßen »quer« zur normalen Verwaltungstätigkeit verläuft.[92] Hintergrund dieser eigenen »**Beauftragtenverwaltung**« ist das vielfach gehegte Misstrauen, die Rechtsbindung allein würde die Verfolgung spezifischer Ziele, die der Verwaltung aufgegeben sind (Gleichstellung, Naturschutz, Datenschutz), nicht hinreichend sichern. Angesichts dieser Vielfalt öffentlicher Verwaltung wäre der Begriff »Einheit« zur Beschreibung der Verwaltungsrealität ein eklatanter Fehlgriff. Tatsächlich gibt es eine **Vielheit** öffentlicher Verwaltung, die in allen Erscheinungsformen unterschiedliche öffentliche Interessen verfolgt.[93]

281   Die **Pluralität** der öffentlichen Verwaltung wird jeweils vorausgesetzt, wenn es darum geht, das »öffentliche Wohl« durch Verwaltungsverfahren zu ermitteln. Im Verfahren der Bauleitplanung sind die **Träger öffentlicher Belange,** deren Aufgabenbereich durch die Planung berührt wird, möglichst frühzeitig zu beteiligen (§ 4 Abs. 1 S. 1 BauGB). Im Planfeststellungsverfahren werden die Behörden, deren Aufgabenbereich durch das Vorhaben berührt wird, zur Stellungnahme aufgefordert (§ 73 Abs. 2 VwVfG). Die für Planverfahren kennzeichnende Abwägung der öffentlichen Belange untereinander (§ 1 Abs. 7 BauGB) setzt voraus, dass es unterschiedliche öffentliche Interessen gibt, deren Abwägung erst eine gemeinwohlorientierte Planung ermöglicht.[94]

282   Die »**Einheit der Verwaltung**« stellt sich in der Gegenwart als Relikt des konstitutionellen Staatsdenkens dar, das durch Metaphern wie »Staatsperson«, »Staatswillen« und »Einheit der Staatsgewalt« gekennzeichnet war.[95] Die in der Person des Monarchen symbolisierte »Einheit« des konstitutionellen Staates ist dem demokratisch-pluralistischen Staat der Gegenwart unangemessen. Einheit der Verwaltung ist deshalb kein Rechtsprinzip, sondern allenfalls ein »Topos« der Argumentation,[96] der den zentrifugalen Tendenzen begrenzt entgegenzuwirken vermag, die in der öffentlichen Verwaltung beobachtet werden.[97] Prinzipiell entspricht der pluralistischen Gesellschaft auch eine **plurale Verwaltung.**[98] Aufgabe des Verwaltungsrechts ist es, die Koordination und Kooperation der öffentlichen Verwaltung – etwa in Gestalt der Amtshilfe (Art. 35 GG) – trotz ihrer unbestreitbaren Pluralität zu garantieren.[99]

---

91 Vgl. oben Rn. 246 ff., 260 ff.
92 Vgl. *M. Fuchs,* DÖV 1986, S. 363; *Wolff/Bachof/Stober/Kluth,* Verwaltungsrecht I, § 35 Rn. 21.
93 Vgl. *R. Steinberg,* DÖV 1982, S. 619 (624); *G. F. Schuppert,* DÖV 1987, S. 757 ff.
94 Vgl. *W. Krebs,* in: Schmidt-Aßmann/Schoch (Hrsg.), BesVerwR, 14. Aufl. 2008, 4. Kap., Rn. 98 ff.
95 Vgl. insbes. *P. Laband,* Das Staatsrecht des Deutschen Reiches, Bd. 1, 4. Aufl. 1901, S. 84 ff.
96 Ähnlich *G. F. Schuppert,* DÖV 1987, S. 757 (760).
97 Zu diesem Befund vgl. *B.-O. Bryde,* VVDStRL 46 (1988), S. 181 (182); *G. F. Schuppert,* DÖV 1987, S. 757; *J. Oebbecke,* DVBl. 1987, S. 866 (868 f.).
98 Im Ergebnis ähnlich *B.-O. Bryde,* VVDStRL 46 (1988), S. 181 (187 ff.) m. w. N.
99 Vgl. *B.-O. Bryde,* VVDStRL 46 (1988), S. 181 (198 ff.); *G. F. Schuppert,* DÖV 1987, S. 757 (761). Zum Zusammenhang zwischen »Einheit der Verwaltung« und Amtshilfe BVerfGE 7, 183 (190).

VI. Rechtsprechung

BVerfGE 45, 63 (Stadtwerke Hameln AG); **BVerfG,** NJW 1990, S. 1783 (HEW); **BVerwGE** 98, 18   **283**
(Druck von Personalausweisen); **BVerwG,** NJW 2000, S. 3150 (Vollzug von Bundesgesetzen als
eigene Angelegenheit der Länder).

VII. Literatur

H. Bauer, Privatisierung von Verwaltungsaufgaben, VVDStRL 54 (1995), S. 243; *E.-W. Böckenförde,*   **284**
Organ, Organisation, juristische Person, FS H. J. Wolff, 1973, S. 269; *G. Britz,* Bundeseigenverwaltung
durch selbständige Bundesoberbehörden, DVBl. 1998, S. 1167; *H. Butzer,* Zum Begriff der Organisationsgewalt, Verw. 27 (1994), S. 157; *P. Collin/M. W. Fügemann,* Zuständigkeit – Eine Einführung zu
einem Grundelement des Verwaltungsorganisationsrechts, JuS 2005, S. 694; *D. Ehlers,* Verwaltung
in Privatrechtsform, 1984; *H.-U. Erichsen/B. Ebber,* Die Grundrechtsbindung des privatrechtlich
handelnden Staates, Jura 1999, S. 373; *M. Fuchs,* Verwalten durch Beauftragte, DÖV 1986, S. 363;
H. Gersdorf, Privatisierung öffentlicher Aufgaben. Gestaltungsmöglichkeiten, Grenzen, Regelungs-
bedarf, JZ 2008, S. 831; *M. Heintzen/A. Voßkuhle,* Beteiligung Privater an der Wahrnehmung öffentlicher Aufgaben und staatliche Verantwortung, VVDStRL 62 (2003), S. 220, 266; *E. Heuer,* Privat-
wirtschaftliche Wege und Modelle zu einem modernen (anderen?) Staat, DÖV 1995, S. 85; *J. Ipsen*
(Hrsg.), Privatisierung öffentlicher Aufgaben, 1994; *ders.,* (Hrsg.), Verwaltungsreform – Herausforderung für Staat und Kommunen, 1996; *ders.* (Hrsg.), Öffentliches Auftragswesen im Umbruch, 1997;
ders., Grundfragen der kommunalen Verwaltungsreform, DVBl. 1998, S. 801; *ders.,* Wirtschaftliche
Betätigung der Gemeinden als kommunalrechtliche und verfassungsrechtliche Fragestellung, FS D.
Rauschning, 2001, S. 645; *ders.,* Die Kompetenzverteilung zwischen Bund und Ländern nach der
Föderalismusnovelle, NJW 2006, S. 2801; *ders.,* Unternehmen Kommune?, 2007; *ders.,* Die Rechtsordnung im Zeichen der Privatisierung, FS H.-W. Rengeling, 2008, S. 75; *J. A. Kämmerer,* Privatisierung und Staatsaufgaben: Versuch einer Zwischenbilanz, DVBl. 2008, S. 1005; *G. Kirchhof,* Rechtsfolgen der Privatisierung. Jede Privatisierung lockert, löst öffentlich-rechtliche Bindungen, AöR 132
(2007), S. 215; *K. König,* Rückzug des Staates – Privatisierung der öffentlichen Verwaltung, DÖV
1998, S. 963; *H.-W. Laubinger,* Die nutzbare Anstalt des öffentlichen Rechts – ein Fabelwesen, FS H.
Maurer, 2001, S. 641; *J. Masing,* Grundstrukturen eines Regulierungsverwaltungsrechts, Verw. 36
(2003), S. 1; *T. Mayen,* Privatisierung öffentlicher Aufgaben: Rechtliche Grenzen und rechtliche
Möglichkeiten, DÖV 2001, S. 110; *L. Osterloh,* Privatisierung von Verwaltungsaufgaben, VVDStRL
54 (1995), S. 204; *F.-J. Peine,* Grenzen der Privatisierung – verwaltungsrechtliche Aspekte, DÖV
1997, S. 353; *J.-C. Pielow,* Öffentliche Daseinsvorsorge zwischen »Markt« und »Staat«, JuS 2006,
S. 692, 780; *M. Ruffert,* Interessenausgleich im Verwaltungsorganisationsrecht, DÖV 1998, S. 897;
R. Schmidt, Die Reform von Verwaltung und Verwaltungsrecht, VerwArch 91 (2000), S. 149; *R.
Schmidt-De Caluwe,* Verwaltungsorganisationsrecht, JA 1993, S. 77, 115, 143; *F. Schoch,* Privatisierung von Verwaltungsaufgaben, DVBl. 1994, S. 962; *G. F. Schuppert,* Verwaltungswissenschaft,
2000; *R. Stober,* Privatisierung öffentlicher Aufgaben. Phantomdiskussion oder Gestaltung in einer
verantwortungsgeteilten, offenen Wirtschafts-, Sozial- und Sicherheitsverfassung, NJW 2008, S.
2301; *A. Voßkuhle,* »Schlüsselbegriffe« der Verwaltungsrechtsreform, VerwArch 92 (2001), S. 184; *J.
Wieland,* Privatisierung öffentlicher Aufgaben – Gestaltungsmöglichkeiten, Grenzen, Regelungs-
bedarf, NdsVBl. 2009, S. 33; *H. Wißmann,* Staatliche Mittel- und Sonderbehörden – eine Altlast der
Verwaltungslandschaft?, DÖV 2004, S. 197.

2. Abschnitt. Das Verwaltungshandeln

Die Einsicht, dass die Verwaltung stets in Verwaltungsrechtsverhältnisse eingebunden **285** ist, bildet die Voraussetzung für ein angemessenes Verständnis des Verwaltungshandelns. Die Lehre von den **Rechtsformen des Verwaltungshandelns**[1] steht deshalb seit jeher im Zentrum der Verwaltungsrechtsdogmatik. Soweit für das Verwaltungshandeln keine bestimmte Rechtsform vorgesehen ist, kann die Behörde unter unterschiedlichen Handlungsformen auswählen.[2] Die Handlungsformen unterscheiden sich voneinander durch die unterschiedlich dichte gesetzliche Regelung. Der **Verwaltungsakt** als traditionelle Handlungsform hat im Verwaltungsverfahrensgesetz[3] und anderen Verwaltungsgesetzen[4] eine detaillierte gesetzliche Regelung erfahren. Der **öffentlich-rechtliche Vertrag** ist demgegenüber nur in Grundzügen geregelt,[5] während es für das **nichtförmliche Verwaltungshandeln** an gesetzlichen Bestimmungen fehlt.[6]

Von der Rechtsform des Verwaltungshandelns hängt die Form des verwaltungs- **286** gerichtlichen Rechtsschutzes ab, nicht aber der Rechtsschutz als solcher. Art. 19 Abs. 4 S. 1 GG eröffnet den Rechtsweg, wenn sich jemand durch die **öffentliche Gewalt** in seinen Rechten verletzt sieht, nicht etwa nur dann, wenn diese in einer bestimmten Handlungsform gehandelt hat.[7] Entsprechend ist der Verwaltungsrechtsweg gegeben, wenn eine öffentlich-rechtliche Streitigkeit nichtverfassungsrechtlicher Art vorliegt (§ 40 Abs. 1 S. 1 VwGO), ohne dass es auf die Handlungsform ankäme.[8]

Die Lehre von den Handlungsformen der Verwaltung beschränkt sich herkömmlich **287** auf das Handeln nach öffentlichem Recht. Zwar steht für das Verwaltungshandeln auch das Privatrecht als Rechtsregime zur Verfügung, dessen Wahl die Grundrechtsbindung unberührt lässt.[9] Verwaltungsprivatrechtliches Handeln ist zwar in einem weiteren Sinne Verwaltungshandeln, jedoch *privatrechtliches* Handeln, das aus dem Kanon der Handlungsformen deshalb herausfällt, ohne dass dieser Umstand die praktische Relevanz des Handelns in Privatrechtsform mindern würde.[10]

---

1 Vgl. *E. Schmidt-Aßmann*, DVBl. 1989, S. 533.
2 Vgl. insbes. *B. Kempen*, Die Formenwahlfreiheit der Verwaltung, 1989 und oben Rn. 195.
3 §§ 35 ff. VwVfG.
4 §§ 31 ff. SGB X; §§ 118 ff. AO.
5 §§ 54 ff. VwVfG; §§ 53 ff. SGB X.
6 Vgl. unten Rn. 820 ff.
7 Vgl. unten Rn. 979 ff.
8 Vgl. oben Rn. 271.
9 Vgl. oben Rn. 271.
10 Vgl. oben Rn. 266 ff.

§ 5 Die Rechtsnorm als Handlungsform der Verwaltung

288 **Fall 6:** Das Ministerium für Ländlichen Raum, Ernährung, Landwirtschaft und Forsten des Landes Baden-Württemberg erließ im Einvernehmen mit dem Innenministerium eine »Verordnung über das Halten gefährlicher Hunde (GefHuVO)«, mit der das Halten von »Kampfhunden« von einer Erlaubnis abhängig gemacht wurde. Als »Kampfhunde« im Sinne der Verordnung galten Hunde der Rassen Bullterrier, Staffordshire Bullterrier, American Staffordshire Terrier, Mastino Napoletano, Mastin Espanol, Fila Brasileiro, Argentinischer Mastiff, Bullmastiff, Tosa Inu, Bordeauxdogge und deren Kreuzungen, die Kreuzungen Bandog und Pitbullterrier sowie diesen Rassen und Kreuzungen in der Gefährlichkeit vergleichbare Hunde (§ 1 GefHuVO). Die Erlaubnis wurde nur erteilt, wenn durch die Haltung von Hunden dieser Rassen keine Gefahr für Leben und Gesundheit von Menschen, anderen Haustieren oder jagdbarem Wild entstehen konnte (§ 2 GefHuVO). Außerhalb des befriedeten Besitztums waren Hunde dieser Rassen an der Leine zu führen und mussten einen Maulkorb tragen (§ 3 GefHuVO). Soweit zum Zeitpunkt des Inkrafttretens der Verordnung bereits Hunde dieser Rassen gehalten wurden, waren sie anzuzeigen (§ 4 GefHuVO). Soweit die für die Erteilung einer Erlaubnis erforderlichen Voraussetzungen nicht gegeben waren, konnte die Haltung untersagt werden (§ 4 GefHuVO). In einer zur Durchführung der Verordnung erlassenen Verwaltungsvorschrift (VwV) wurde die Anwendung der Verordnung im Einzelnen geregelt.

(VGH Mannheim, NVwZ 1992, 1105)

289 **Fall 7:** Die niedersächsische Stadt S erlässt eine Hundesteuersatzung (HStS), die für den ersten Hund eine jährliche Steuer von 50 EUR vorsieht (§ 3 Abs. 1 HStS). Halter von »Kampfhunden« können nach § 3 Abs. 1 HStS zu einer jährlichen Hundesteuer von 500 EUR herangezogen werden. § 3 Abs. 3 HStS lautet:

»Kampfhunde sind solche Hunde, bei denen nach ihrer besonderen Veranlagung, Erziehung und/oder Charaktereigenschaft die erhöhte Gefahr einer Verletzung von Personen besteht. Kampfhunde im Sinne dieser Vorschrift sind insbesondere Bull-Terrier, Pitbullterrier, Mastino Neapolitano, Fila Brasil, Dogue-Bordeaux, Mastino Espaniol, Staffordshire Bullterrier, Dogue Argentino, Römischer Kampfhund, Chinesischer Kampfhund, Bandog, Bulldog.«

(nach OVG Lüneburg, NdsVBl. 1997, 134 = NVwZ 1997, 816)

290 Für die herkömmliche »Rechtsquellenlehre« steht die Frage im Vordergrund, aus welchen **Normenkategorien** das Verwaltungsrecht besteht oder – wenn man im Bild bleiben will – aus welchen »Quellen« es gespeist wird.[1] Integrale Bestandteile des Verwaltungsrechts als Normenbestand sind neben den (förmlichen) Gesetzen Rechtsverordnungen und Satzungen als **untergesetzliche Normenkategorien.**[2] Rechtsnormen sind durch eine Normstruktur gekennzeichnet, zu der der **generelle** (individualisierungsbedürftige) **Adressatenkreis,** der **abstrakte** (konkretisierungsbedürftige) **Regelungsgegenstand** und die **räumlich** und **zeitlich festzulegende** (fixierungsbedürftige) **Regelungssituation** gehören.[3] Die für Normen des Verwaltungsrechts typische Struktur ist darauf angelegt, durch einzelne Verwaltungsmaßnahmen (Einzelakte) umgesetzt zu werden. Für die **Einzelakte** (Verwaltungsakte oder Realakte) bilden die Rechtsnormen zugleich die verfassungsrechtlich erforderliche **Rechtsgrundlage.** Der Grundsatz der Gewaltenteilung monopolisiert nur den Erlass **förmlicher Gesetze** bei den Parlamenten, schließt aber nicht aus, dass Regierung und Verwaltung aufgrund besonderer gesetzlicher Ermächtigungen **untergesetzliche**

---

1 Vgl. oben Rn. 84 ff.
2 Vgl. oben Rn. 105 ff., 115 ff.
3 Vgl. oben Rn. 87 ff.

Rechtsnormen erlassen.[4] Mit anderen Worten kann die Verwaltung das von ihr anzuwendende, für sie selbst, die Adressaten und die Verwaltungsgerichte gleichermaßen **verbindliche Recht** selbst setzen. Ob zu diesem **Eigenrecht** der Verwaltung auch die (insbesondere normkonkretisierenden) **Verwaltungsvorschriften** gehören, ist umstritten,[5] im Ergebnis aber zu verneinen.[6]

I. Rechtsverordnungen

Rechtsverordnungen sind **untergesetzliche Rechtsnormen,** die von **Regierungs-**   291
oder Verwaltungsbehörden (Delegatare) aufgrund von Ermächtigungen in (förmlichen) Gesetzen erlassen werden können. Während für bundesgesetzliche Ermächtigungen die Delegatare abschließend benannt sind (Art. 80 Abs. 1 S. 1 GG) und die Ermächtigung allenfalls weiter übertragen werden kann (Art. 80 Abs. 1 S. 4 GG), enthalten die **Landesverfassungen** derartige Einschränkungen nicht. Durch Landesgesetze können nach Maßgabe der jeweiligen Landesverfassung nicht nur **oberste Landesbehörden** (Ministerien), sondern auch **andere Behörden** zum Erlass von Rechtsverordnungen ermächtigt werden. Für bundesgesetzliche Ermächtigungen bestimmt Art. 80 Abs. 1 S. 2 GG, dass Inhalt, Zweck und Ausmaß im Gesetz bestimmt werden müssen. Für die landesgesetzlichen Ermächtigungen enthalten die Landesverfassungen entsprechende Bestimmungen.[7]

> Im Fall 6 war Art. 61 Abs. 1 der Verfassung des Landes Baden-Württemberg einschlägig, der   292
> insoweit einen mit Art. 80 Abs. 1 GG identischen Wortlaut hat.

Alle Bundesländer kennen **Verordnungsermächtigungen** auf dem Gebiet der **Ge-**   293
fahrenabwehr,[8] die (außer in Bayern) als **Generalklauseln** (Generalermächtigungen) gefasst sind. Das Bundesverfassungsgericht hat die Generalklauseln des Polizei- und Ordnungsrechts (Gefahrenabwehrrechts) als hinreichend bestimmt und damit verfassungsrechtlich unbedenklich angesehen,

> »weil sie in jahrzehntelanger Entwicklung durch Rechtsprechung und Lehre nach Inhalt, Zweck und Ausmaß hinreichend präzisiert, in ihrer Bedeutung geklärt und im juristischen Sprachgebrauch verfestigt« seien.[9]

Die hinreichende **Bestimmtheit** der Verordnungsermächtigung ist die verfassungs-   294
rechtliche Voraussetzung dafür, dass überhaupt Verordnungen erlassen werden können. Sofern eine Verordnungsermächtigung dem verfassungsrechtlichen Bestimmtheitsgebot nicht entspräche, wäre sie wegen Verfassungsverstoßes nichtig, was wie-

---

4 Vgl. nur *D. Ehlers,* in: Erichsen/Ehlers, AllgVerwR, § 2 Rn. 49 ff.
5 Zum Streitstand vgl. *H. Maurer,* AllgVerwR, § 24 Rn. 2 ff., 15 ff.; *D. Ehlers,* in: Erichsen/Ehlers, AllgVerwR, § 2 Rn. 67 ff.
6 Vgl. oben Rn. 150 ff.
7 Vgl. Art. 61 Verf. Bad.-Württ.; Art. 64 BerlVerf; Art. 80 BbgVerf; Art. 53 HmbVerf; Art. 57 Meckl.-Vorp.Verf; Art. 43 NV; Art. 70 NWVerf; Art. 110 Rh.-Pf.Verf; Art. 104 SaarlVerf; Art. 75 SächsVerf; Art. 79 Sachs.-Anh.Verf; Art. 38 Schl.-H.Verf; Art. 84 ThürVerf; ohne ausdrückliche Bestimmtheitsanforderungen: Art. 55 Nr. 2 BayVerf; Art. 124 BremVerf; Art. 118 HessVerf.
8 Vgl. § 10 PolG Bad.-Württ.; § 55 ASOG Berl; §§ 25, 26 Bbg OBG; § 49 BremPolG; § 1 HmbSOG; §§ 72 ff. HSOG; § 17 SOG M-V; § 55 Nds.SOG; §§ 26, 27 NW OBG; § 43 Rh.-Pf. POG; § 59 SPolG; § 9, 9 a SächsPolG; § 94 SOG LSA; § 175 Schl.-H. LVwG; § 27, 28 Thür OBG. Zu den speziellen Ordnungsermächtigungen in Bayern vgl. Art. 22–29, 31 f., 37, 38 Bay LStVG.
9 So BVerfGE 54, 143 (144 f.).

derum zur Folge hätte, dass auch die auf sie gestützten Rechtsverordnungen – mangels gesetzlicher Ermächtigung – rechtsunwirksam wären.[10]

295 Die auf der Grundlage einer gesetzlichen Ermächtigung erlassenen Rechtsverordnungen müssen ihrerseits mit **höherrangigem Recht** (Gesetz, Verfassung), aber auch mit Rechtsverordnungen höherer Verwaltungsbehörden, vereinbar sein. Insofern ist es nicht mit der Feststellung getan, dass die Verordnungsermächtigung hinreichend bestimmt ist; die rechtliche Prüfung muss sich stets darauf erstrecken, ob auch die *Verordnung* nicht gegen höherrangiges Recht verstößt.

296 Im Ausgangsfall hat der VGH Mannheim einen Verstoß gegen Art. 3 Abs. 1 GG angenommen, weil der Verordnungsgeber es ohne erkennbaren sachlichen Grund unterlassen habe, Hunde anderer Rassen in die Verordnung aufzunehmen, »deren Einbeziehung sich aufgrund vergleichbarer Größe und Kampfkraft mit den dort genannten Hunden und wegen der statistischen Häufigkeit ihrer Beteiligung an Beißzwischenfällen aufdrängt.«[11]

297 Zu dem höherrangigen Recht, an dem Rechtsverordnungen gemessen werden, gehören auch die (verfassungsrechtlichen) Grundsätze der **Bestimmtheit** und des **Übermaßverbots**. Der **Bestimmtheitsgrundsatz** ist in den Gefahrenabwehrgesetzen der Bundesländer zusätzlich positiviert.[12]

298 Wäre im Fall 6 das »Halten von Kampfhunden« ohne weitere Erläuterung einer Erlaubnispflicht unterworfen worden, hätte die Verordnung gegen das Bestimmtheitsgebot verstoßen. Ob es sich bei dem Begriff »Kampfhund« überhaupt um einen definierbaren *terminus technicus* handelt, ist in Rechtsprechung[13] und Schrifttum[14] umstritten. Eine Verordnung müsste aber in jedem Falle eine Enumeration der betroffenen Hunderassen enthalten, weil andernfalls niemand wüsste, ob er überhaupt Adressat der Rechtsnorm ist.

299 Die Gefahrenabwehrgesetze der Bundesländer ermächtigen überwiegend die Gefahrenabwehrbehörden der unterschiedlichen Stufen (Gemeinden, Landkreise, Bezirksregierungen, Landesministerien) zum Erlass von Rechtsverordnungen.[15] Die Rechtsverordnungen untergeordneter Behörden müssen mit denen übergeordneter Behörden inhaltlich übereinstimmen, dürfen sie aber nicht wiederholen. Auf diese Weise wird vermieden, dass Zuständigkeiten mehrfach in Anspruch genommen werden. Gefahrenabwehrverordnungen enthalten also im Zweifel eine vollständige Regelung.[16]

300 Im Fall 6 wären grundsätzlich auch Gemeinden, Landkreise und Bezirksregierungen ermächtigt gewesen, die durch »Kampfhunde« verursachten Gefahren abzuwehren. Da aber das zuständige Landesministerium die Rechtsetzung an sich gezogen hatte, blieb für die auf dem Gebiet der Gefahrenabwehr nachgeordneten Behörden kein Raum mehr für eigene Rechtsetzungsakte.

---

10 Vgl. *J. Ipsen*, Staatsrecht I, 24. Aufl. 2012, Rn. 792.
11 So VGH Mannheim, NVwZ 1992, S. 1105 (LS 1). Die damals geltende GefHuVO wurde später durch die »Polizeiverordnung des Innenministeriums und des Ministeriums Ländlicher Raum über das Halten gefährlicher Hunde« (GBl. 2000, S. 574) ersetzt. Vgl. zum Ganzen auch BVerwGE 116, 347.
12 Vgl. § 56 Abs. 2 ASOG Berl; § 28 Bbg OBG; § 52 Abs. 2 BremPolG; § 76 Abs. 1 HSOG; § 18 Abs. 1 SOG M-V; § 57 Abs. 1 Nds.SOG; § 29 Abs. 1 NW OBG; § 45 Abs. 2 Rh.-Pf. POG; § 61 Abs. 1 SPolG; § 96 Abs. 1 SOG LSA; § 58 Abs. 1 Schl.-H. LVwG; § 31 Abs. 1 ThürOBG.
13 Vgl. BVerfGE 110, 141 (160 ff.); BayVerfGH, NVwZ-RR 1995, S. 262 einerseits und BVerwGE 116, 346 (354); VGH Mannheim, NVwZ 1992, S. 1105 sowie OVG Bremen, DÖV 1993, S. 576 andererseits.
14 Vgl. *W. Hamann*, NVwZ 1992, S. 1067; *ders.*, NVwZ 1993, S. 250; *J. Vahle*, NVwZ 1996, S. 139.
15 Vgl. *V. Götz*, Allgemeines Polizei- und Ordnungsrecht, 14. Aufl. 2008, § 22 Rn. 31 f.
16 Vgl. *Drews/Wacke/Vogel/Martens*, Gefahrenabwehr, 9. Aufl. 1986, S. 519.

II. Satzungen

Satzungen sind Rechtsnormen, die von **Selbstverwaltungskörperschaften** zur Rege-   301
lung ihrer **eigenen Angelegenheiten** erlassen werden.[17] Nicht jede »Behörde« kann
also eine Satzung erlassen; diese Normenkategorie ist auf diejenigen juristischen
Personen des öffentlichen Rechts beschränkt, denen das **Recht der Selbstverwaltung**
zukommt. Wichtigster Bereich ist die **kommunale Selbstverwaltung,** die durch
Art. 28 Abs. 2 GG und die entsprechenden Vorschriften der Landesverfassungen
garantiert ist. Zu dem Gewährleistungsumfang gehört auch die **Satzungshoheit,** also
die Befugnis, im eigenen Namen (Satzungs-)Recht zu setzen.[18]

Satzungsermächtigungen sind nicht an dem für Verordnungsermächtigungen vor-   302
geschriebenen Bestimmtheitsgrundsatz (Art. 80 Abs. 1 S. 2 GG und den entsprechenden Vorschriften der Landesverfassungen) zu messen.[19] Der Unterschied zwischen Verordnungs- und Satzungsermächtigung ist prinzipiell: Durch erstere werden
Rechtsetzungsbefugnisse **punktuell** auf Verwaltungsbehörden **übertragen.** Das Sat-
zungsrecht autonomer juristischer Personen erweist sich demgegenüber als **Bestandteil** des **Selbstverwaltungsrechts,** so dass nur das Selbstverwaltungsrecht gesetzlicher
(oder verfassungsrechtlicher) Regelung bedarf.

Dies schließt nicht aus, dass die Satzungsgebung kommunaler Gebietskörperschaften   303
im Einzelfall gesetzlich geregelt ist. Einige Gemeindeordnungen der Bundesländer
enthalten dementsprechend Bestimmungen, dass die Gemeinden die Benutzung ihrer
Einrichtungen durch Satzung regeln können.[20]

Das Baugesetzbuch schreibt überdies vor, dass Bebauungspläne von Gemeinden als   304
Satzungen zu erlassen sind (§ 10 Abs. 1 BauGB) und Erschließungsbeiträge nur aufgrund von Satzungen erhoben werden können (§ 132 BauGB). Auch die Erhebung
anderer Abgaben (Gebühren, Steuern) durch die Gemeinden erfordert jeweils eine
Rechtsgrundlage in Gestalt einer Satzung.[21]

> Im zweiten Ausgangsfall erhebt die Gemeinde eine Hundesteuer aufgrund einer gemeindlichen   305
> Satzung. Hierzu ist sie durch das Niedersächsische Kommunalabgabengesetz (NKAG) berechtigt,
> das den Gemeinden (und Landkreisen) das Recht einräumt, Steuern zu erheben (§ 3 Abs. 1 S. 1
> NKAG). Diese dürfen bundesgesetzlich geregelten Steuern nicht gleichartig sein, so dass nur die
> »örtlichen Verbrauch- und Aufwandsteuern« (Art. 105 Abs. 2 a GG) als Regelungsgegenstand in
> Betracht kommen. Hundesteuern sind als Gemeindesteuern seit jeher anerkannt. Dass die Stadt
> mit der Satzung gleichzeitig einen Lenkungszweck verfolgt, nämlich der Haltung von »Kampf-
> hunden« entgegenzuwirken, ist zulässig, weil mit der Steuererhebung auch Lenkungszwecke ver-
> bunden sein können (§ 3 Abs. 1 S. 1 AO), sofern eine entsprechende Zuständigkeit besteht. Das
> OVG Lüneburg hat deshalb den erhöhten Steuersatz für »Kampfhunde« für rechtmäßig gehalten.[22]

---

17 Vgl. oben Rn. 108 ff., 117.
18 Die »Satzungshoheit« ist Ausfluss der Selbstverwaltung und nicht etwa eine neben anderen »Ge-
    meindehoheiten« isoliert zu sehende Befugnis; vgl. *J. Ipsen,* Niedersächsisches Kommunalrecht,
    4. Aufl. 2011, Rn. 98, 152.
19 Vgl. oben Rn. 110.
20 Vgl. § 8 Nr. 1 GOLSA; § 13 Abs. 1 NKomVG; § 20 Abs. 2 Nr. 1 ThürKO.
21 Vgl. nur § 2 Abs. 1 S. 1 NKAG.
22 OVG Lüneburg, NdsVBl. 1997, S. 134 = NVwZ 1997, S. 816; ebenso: BVerwGE 110, 265 (268);
    VGH Mannheim, VBlBW 2002, S. 210.

III. Rechtsprechung

306   BVerfGE 33, 125 (»Facharztbeschluss«); E 110, 141 (»Kampfhunde«); BVerfG, NVwZ 2002, S. 592 (Bekämpfung gefährlicher Hunde); BVerwGE 110, 265 (erhöhte Steuer für Kampfhunde); E 116, 347 (Nichtigerklärung der Nds. GefahrtierVO); VGH München, NVwZ 1994, S. 88 (Ausfertigung kommunaler Satzungen); VGH Mannheim, DÖV 1997, S. 646 (Verordnung gegen Maschinenlärm); VGH Mannheim, VBlBW 2002, S. 210 (erhöhte Steuer für Kampfhunde); BGH, DÖV 1996, S. 567 (Baumschutzsatzung); OVG Lüneburg, NdsVBl. 2000, S. 304 (Kampfhundeverordnung); OVG Münster, NVwZ 2000, S. 458 (Kampfhundeverordnung).

IV. Literatur

307   *T. von Danwitz,* Rechtsverordnungen, Jura 2002, S. 93; *A. Gängel/T. Gansel,* Die rechtlichen Regelungen zum Schutz vor gefährlichen Hunden, NVwZ 2001, S. 1208; *M. Kloepfer,* Abwägungsregeln bei Satzungsgebung und Gesetzgebung, DVBl. 1995, S. 441; *H. Maurer,* Rechtsfragen kommunaler Satzungsgebung, DÖV 1993, S. 184.

§ 6 Der Verwaltungsakt I (Begriffsmerkmale)

I. Der Verwaltungsakt als Erscheinungsform des Verwaltungshandelns

Die Lehre vom Verwaltungsakt bildet seit jeher das Zentrum des allgemeinen Verwaltungsrechts. Vor Inkrafttreten des Verwaltungsverfahrensgesetzes fehlte es an einer **Legaldefinition,**[1] vor Erlass der neueren Verwaltungsgerichtsgesetze[2] war auch der **Begriff des Verwaltungsakts** gesetzlich nicht festgelegt. Die Weimarer Reichsverfassung enthielt in Art. 107 die Bestimmung, dass Rechtsschutz durch Verwaltungsgerichte gegen »Anordnungen und Verfügungen der Verwaltungsbehörden« geschaffen werden müsse. In der Literatur wurde vielfach der Begriff des »Staatsaktes« verwandt[3] oder der des Verwaltungsakts in einem weiteren Sinne – nämlich für alle Erscheinungsformen des Verwaltungshandelns[4] – gebraucht.[5]

308

In Anlehnung an den »*acte administratif*« des französischen Verwaltungsrechts beschränkte *Otto Mayer* den Begriff des Verwaltungsakts auf eine Kategorie des Verwaltungshandelns und gab ihm die für fast ein Jahrhundert gültige Definition als

309

> »ein der Verwaltung zugehöriger obrigkeitlicher Ausspruch, der dem Untertanen im Einzelfall bestimmt, was für ihn Rechtens sein soll.«[6]

Nach § 35 S. 1 VwVfG ist Verwaltungsakt

310

> »jede Verfügung, Entscheidung oder andere hoheitliche Maßnahme, die eine Behörde zur Regelung eines Einzelfalls auf dem Gebiet des öffentlichen Rechts trifft und die auf unmittelbare Rechtswirkung nach außen gerichtet ist.«

Vergleicht man die Legaldefinition mit der Definition *Otto Mayers,* so ergibt sich eine bemerkenswerte Übereinstimmung. Ein »obrigkeitlicher Ausspruch« ist gleichbedeutend mit einer »hoheitlichen Maßnahme«. Der Verwaltung »zugehörig« ist ein solcher Ausspruch stets, wenn er einer »Behörde« zugerechnet werden kann. Eine »Regelung« lässt sich dahin verstehen, dass bestimmt wird, »was (...) Rechtens sein soll«. Das Begriffsmerkmal des Einzelfalls stimmt in beiden Definitionen überein. Letztlich ist eine »unmittelbare Rechtswirkung nach außen« gegeben, wenn Adressat der Maßnahme ein Rechtssubjekt – mit den Worten *Otto Mayers* der »Untertan« – ist.

311

---

1 Eine Ausnahme bildete § 106 Abs. 1 des schleswig-holsteinischen Landesverwaltungsgesetzes vom 18. 4. 1967 (GVBl. S. 131).
2 §§ 22, 35 VGG; §§ 42, 113 VwGO.
3 Vgl. *W. Jellinek,* Der fehlerhafte Staatsakt und seine Wirkungen, 1908; *K. Kormann,* System der rechtsgeschäftlichen Staatsakte, 1910; *F. Fleiner,* Institutionen des Deutschen Verwaltungsrechts, S. 180 ff.
4 Vgl. *P. Laband,* Das Staatsrecht des Deutschen Reiches, Bd. II, 5. Aufl. 1911, S. 188.
5 Vgl. hierzu die sarkastische Bemerkung *O. Mayers* (Deutsches Verwaltungsrecht I, S. 62, Fn. 15), man habe unter dem Begriff des Verwaltungsakts »allerdings häufig jede Art von Geschäften der Verwaltung unter dem voller tönenden Wort Verwaltungsakt verstanden, also das Beschottern der Straßen, das Schulehalten, mit Einschluß wohl auch der eigenhändigen Ausübung der Schuldisziplin. Hinterdrein wurde dann behauptet, der ›klare Wortlaut‹ begreife solche Dinge mit und es handle sich um ›einen Begriff, der sich in Deutschland selbständig entwickelt hat‹ (...)«.
6 So *O. Mayer,* Deutsches Verwaltungsrecht I, S. 93; die gleiche Definition findet sich bereits in der 1. Aufl. des Lehrbuchs von 1895 (Deutsches Verwaltungsrecht I, S. 95).

312 Der Vergleich der Definitionen deutet darauf hin, dass der Verwaltungsakt – oder seine begrifflichen Äquivalente – eine **Handlungsform der Verwaltung** darstellt, die strukturell während einer ganzen Epoche der Verwaltungsrechtswissenschaft unverändert geblieben ist. Die Übereinstimmung der Definitionsmerkmale über ein Jahrhundert hinweg ist kein Beleg für geringe Fortschritte der Verwaltungsrechtsdogmatik, sondern zeigt, dass diese Handlungsform der Verwaltung weder auf Zufall beruht noch Ergebnis einer spezifischen historischen Entwicklung ist. Sie folgt vielmehr aus dem Umstand, dass Rechtsnormen sich in aller Regel nicht von selbst vollziehen, sondern individualisiert und konkretisiert werden müssen.[7] Der Verwaltungsakt hat mit der **richterlichen Entscheidung** (Urteil, Beschluss) strukturelle Gemeinsamkeiten, weil auch durch diese (abstrakte) Rechtssätze *konkretisiert* werden. Die vergleichbare Struktur wird mit dem Oberbegriff des »**Einzelakts**« eingefangen[8] und ist bereits von *Otto Mayer* hervorgehoben worden.[9]

313 Wenn auf diese Weise der Verwaltungsakt sich als **notwendige Entsprechung** der Verwaltungsrechtsnorm darstellt, ein Verwaltungsrecht *ohne* Verwaltungsakte also nicht denkbar ist, so bleibt die Ausformung im Einzelnen doch Sache des **positiven Rechts**. Entscheidende Bedeutung kommt hierbei dem Umstand zu, in welchem Umfang (verwaltungs-)gerichtlicher **Rechtsschutz** gegen das Verwaltungshandeln gegeben ist. Die Beschränkung des Verwaltungsrechtsschutzes auf »Anordnungen und Verfügungen« durch Art. 107 WRV hatte zur Folge, dass das wissenschaftliche Interesse vorwiegend *dieser* Handlungsform galt. Erst durch das Grundgesetz ist Rechtsschutz gegen jegliches Verwaltungshandeln garantiert worden, das subjektive Rechte zu verletzen geeignet ist (Art. 19 Abs. 4 GG). Die dogmatische Durchdringung der übrigen Handlungsformen der Verwaltung hat gleichwohl erst mit einiger Verzögerung eingesetzt.[10]

314 Der Verwaltungsakt ist eine von mehreren Handlungsformen der Verwaltung. Er darf jedoch als **typische Handlungsform** angesprochen werden, weil Verwaltungsbehörden nur durch Verwaltungsakte die ihnen obliegende (öffentliche) Aufgabe erfüllen können, (abstrakte) Rechtssätze verbindlich zu konkretisieren.[11] Die große dogmatische Bedeutung dieser Rechtsfigur liegt darin, dass eine kaum übersehbare Vielfalt von Handlungen in unterschiedlichen Verwaltungszweigen auf eine gemeinsame Struktur zurückgeführt und damit dogmatisch handhabbar gemacht worden ist.

315 Sofern eine Maßnahme der Verwaltung die Begriffsmerkmale des Verwaltungsakts erfüllt, ergeben sich die folgenden **rechtlichen Konsequenzen:**

316 • Auf das **Verfahren** zum Erlass des Verwaltungsakts sind die im Verwaltungsverfahrensgesetz geregelten Vorschriften anzuwenden, denn das Verwaltungsverfahren ist nach der Legaldefinition des § 9 VwVfG

---

7 Vgl. oben Rn. 89 f.
8 Vgl. *J. Ipsen*, Rechtsfolgen der Verfassungswidrigkeit von Norm und Einzelakt, 1980, S. 16 f.
9 Vgl. *O. Mayer*, Deutsches Verwaltungsrecht I, S. 61 f.: »Jedenfalls ist Tatsache, daß auch in unserer gewöhnlichen Verwaltung (...) sich immer deutlicher ein Seitenstück des zivilgerichtlichen Urteils ausgeprägt hat, ein verwaltungsbehördlicher Ausspruch, der für den Einzelfall bestimmt, was Rechtens sein soll, bindend für das, was weiter hier von der Verwaltung aus geschieht.«
10 Vgl. *W. Löwer*, JuS 1980, S. 805.
11 Vgl. oben Rn. 87 ff.

»die nach außen wirkende Tätigkeit der Behörden, die auf die Prüfung der Voraussetzungen, die Vorbereitung und den Erlass eines Verwaltungsaktes oder auf den Abschluss eines öffentlich-rechtlichen Vertrags gerichtet ist; es schließt den Erlass des Verwaltungsaktes oder den Abschluss des öffentlich-rechtlichen Vertrags ein.«

- Sofern der Verwaltungsakt einen **vollstreckbaren Inhalt** hat und unanfechtbar 317 oder sofort vollziehbar ist, kann ihn die Behörde nach Maßgabe der Verwaltungsvollstreckungsgesetze **selbst vollstrecken.** In seiner »Titelfunktion«[12] unterscheidet sich der Verwaltungsakt wesentlich vom öffentlich-rechtlichen Vertrag.
- Gegen Verwaltungsakte ist der verwaltungsgerichtliche Rechtsschutz in Gestalt der 318 **Anfechtungs- und Verpflichtungsklage** (§ 42 Abs. 1 VwGO) statthaft. Für die Eröffnung des Verwaltungsrechtswegs ist die Handlungsform der Verwaltung demgegenüber unerheblich, weil diese nur an das Vorliegen einer öffentlich-rechtlichen Streitigkeit (nichtverfassungsrechtlicher Art) geknüpft ist (§ 40 Abs. 1 S. 1 VwGO).[13]

II. Die einzelnen Begriffsmerkmale

Gewissermaßen die Kehrseite seiner dogmatischen Leistungsfähigkeit besteht darin, 319 dass der Begriff des »Verwaltungsakts« nur in den Verfahrensgesetzen[14] und den Prozessordnungen[15] verwandt wird, in den **Spezialgesetzen** aber unter ganz unterschiedlichen Bezeichnungen auftritt. Geläufig sind die Begriffe

- **Bescheid** (Beitragsbescheid, Gebührenbescheid, Leistungsbescheid, im Steuerrecht: Steuerbescheid, im Ordnungswidrigkeitenrecht: Bußgeldbescheid),
- **Erlaubnis** (Fahrerlaubnis, Gaststättenerlaubnis, Gewerbeerlaubnis, Sondernutzungserlaubnis),
- **Genehmigung** (atomrechtliche Genehmigung, Genehmigung nach BImSchG),
- **Beschluss** (Planfeststellungsbeschluss nach Fachplanungsgesetzen),
- **Verfügung** (Ordnungsverfügung, Polizeiverfügung).

Hinzu kommt, dass in der **Verwaltungspraxis** verwaltungsaktstypische Bezeichnun- 320 gen auch für innerdienstliche Maßnahmen verwandt werden, denen der Verwaltungsaktscharakter fehlt.[16] Wegen dieser terminologischen **Uneinheitlichkeit** ist der Verwaltungsaktscharakter einer Maßnahme regelmäßig zu prüfen. Häufig allerdings liegen die Begriffsmerkmale des Verwaltungsakts so eindeutig vor, dass sich eine umständliche Erörterung erübrigt. Ein verbreiteter Fehler in juristischen Klausuren und Hausarbeiten liegt darin, die Begriffsmerkmale unnötig zu problematisieren. Allerdings haben sich in der Rechtsprechung der vergangenen Jahrzehnte immer wieder **Abgrenzungsprobleme** gestellt, deren Kenntnis unverzichtbar ist.

---

12 So *W. Löwer,* JuS 1980, S. 805 (806).
13 Gleichwohl bestand auch nach Inkrafttreten der VwGO noch die Tendenz, den Rechtsschutz vom Vorliegen eines Verwaltungsakts abhängig zu machen; vgl. *W. Löwer,* JuS 1980, S. 805 m. w. N. Noch im Jahr 1980 hatte das BVerwG Anlass zur Feststellung, dass die »Verneinung der Verwaltungsaktsqualität (...) nicht den Rechtsschutz des Klägers schmälert« (BVerwGE 60, 144 [145]).
14 §§ 35 ff. VwVfG; §§ 31 f. SGB X; §§ 118 ff. AO.
15 Vgl. § 42 Abs. 1, § 113 Abs. 1 VwGO; §§ 54, 131 SGG; §§ 40, 100 f. FGO.
16 So haben »Verfügungen« und »Genehmigungen« nicht notwendig Verwaltungsaktscharakter, weil diese Begriffe verwaltungsintern eine andere Bedeutung haben können.

321 Nach der Legaldefinition des § 35 S. 1 VwVfG ist ein Verwaltungsakt eine

> - hoheitliche Maßnahme
> - einer Behörde
> - auf dem Gebiet des öffentlichen Rechts
> - zur Regelung
> - eines Einzelfalls,
> - die auf unmittelbare Rechtswirkung nach außen gerichtet ist.

1. Hoheitliche Maßnahme

322 **Fall 8:** U, der Mischfutter unter Verwendung von Magermilchpulver herstellte, erhielt aufgrund einer EG-Verordnung Beihilfen. Bei einer Betriebsprüfung wurde festgestellt, dass U einen Betrag von 807.704,54 DM zuviel erhalten hatte, andererseits 39.350,50 DM nachzubewilligen seien. Der mit Rückforderungsbescheid geltend gemachte Betrag von 768.354,07 DM wurde von der Behörde im Wege der »Verrechnung« von der nächsten Beihilfezahlung abgezogen und nur der Differenzbetrag ausgezahlt. U erhob hiergegen die Anfechtungsklage.

(BVerwGE 66, 218)

323 Hoheitliche Maßnahmen sind als **einseitiges** und **zweckgerichtetes Handeln** zu definieren.[17] Unter »Handeln« sind unmittelbare oder mittelbare menschliche Tätigkeiten zu verstehen, die der Verwaltung zuzurechnen sind.[18] Der weite Maßnahmebegriff erweist sich angesichts der in vielen Bereichen technisierten Verwaltung als notwendig. Im Zeitalter der elektronischen Datenverarbeitung ergehen Verwaltungsakte vielfach in automatisierter Form. Die Entwicklung des Programms und die Eingabe der Daten (also die »Individualisierung«) sind gleichwohl **menschliche Tätigkeiten,** der schließlich entstandene »Bescheid« ist somit der Verwaltung zuzurechnen. Der umfassende Begriff der »Maßnahme« erfasst damit alles der Verwaltung zurechenbare Handeln.[19]

324 Durch das Merkmal »hoheitlich« wird der Kreis möglicher Maßnahmen auf solche reduziert, die die Verwaltung **einseitig** erlässt.[20] Ob das Attribut »hoheitlich« noch in unsere Zeit passt, muss bezweifelt werden. Die Rechtswissenschaft hat das begriffliche Arsenal des Konstitutionalismus im Sinne eines »Verfassungsrecht vergeht, Verwaltungsrecht besteht« lange Zeit weiter benutzt. Befreit man die Begriffe »Hoheitsgewalt«, »Hoheitsakt« oder »hoheitliches Handeln« von ihrer historischen Patina, so ergibt sich der schlichte Befund, dass Staatsorgane durch Gesetz dazu ermächtigt sind, den Bürger *einseitig* zu verpflichten. Nicht überzeugend ist es demgegenüber, das Begriffsmerkmal »hoheitlich« als »öffentlich-rechtlich« zu verstehen und damit in der »Gebietsklausel« aufgehen zu lassen.[21] Zum einen wäre ein Pleonasmus in einer fundamentalen Begriffsdefinition, wie sie sich in § 35 S. 1 VwVfG findet, ungewöhnlich.[22] Zum anderen ist bereits bei der Abgrenzung des öffentlichen vom privaten

---

17 Vgl. *U. Stelkens,* in: Stelkens/Bonk/Sachs, VwVfG, § 35 Rn. 104 m. w. N.
18 Vgl. auch *Kopp/Ramsauer,* VwVfG, § 35 Rn. 70 ff.
19 Vgl. *U. Stelkens,* in: Stelkens/Bonk/Sachs, VwVfG, § 35 Rn. 104.
20 Vgl. *U. Stelkens,* in: Stelkens/Bonk/Sachs, VwVfG, § 35 Rn. 104; *H.-U. Ruffert,* in: Erichsen/ Ehlers, AllgVerwR, § 21 Rn. 43.
21 So wohl *H. Maurer,* AllgVerwR, § 9 Rn. 5; vgl. auch *F. Hufen,* Verwaltungsprozessrecht, § 14 Rn. 3, 5; *R. Hendler,* AllgVerwR, Rn. 103. Wie hier *F.-J. Peine,* AllgVerwR, Rn. 332.
22 So zutr. *U. Stelkens,* in: Stelkens/Bonk/Sachs, VwVfG, § 35 Rn. 104 m. w. N.

Recht deutlich geworden, dass das öffentliche Recht in seiner Gesamtheit keineswegs durch **einseitiges** Handeln gekennzeichnet ist. Der Begriff »hoheitliche Maßnahme« schließt deshalb rechtsgeschäftliches Handeln auf dem Gebiet des öffentlichen Rechts aus.[23]

Das BVerwG hat im Ausgangsfall die Aufrechnungserklärung nicht als Verwaltungsakt qualifiziert, **325** weil sie nicht aus einer »hoheitlichen Position« abgegeben worden sei.[24] Dem ist die h.M. gefolgt und sieht hierin eine öffentlich-rechtliche Willenserklärung ohne hoheitlichen Regelungsgehalt.[25] Völlig überzeugen kann dies nicht, weil die »Willenserklärung« gleichwohl *einseitig* ist.[26] Die Begründung des BVerwG ist denn auch eher pragmatisch als dogmatisch überzeugend. Die Qualifizierung der Aufrechnungserklärung als Verwaltungsakt hätte nämlich zur Folge, dass mit der Anfechtungsklage der Suspensiveffekt (§ 80 Abs. 1 S. 1 VwGO) eintreten würde, was das Gericht ersichtlich vermeiden wollte. Zum anderen wäre aber auch die Rechtsgrundlage des Verwaltungsakts zweifelhaft, weil die §§ 387, 388 BGB zwar in öffentlich-rechtlichen Vertragsverhältnissen entsprechende Anwendung finden (§ 62 S. 2 VwVfG), nicht jedoch in allen Verwaltungsrechtsverhältnissen. Obwohl die Beihilfen im Ausgangsfall jeweils durch Verwaltungsakt (»Bescheid«) gewährt bzw. zurückgefordert wurden, hat das BVerwG – insoweit nicht folgerichtig – die Aufrechnungserklärung als »rechtsgeschäftlich« qualifiziert.[27] Insofern ergibt sich der paradoxe Befund, dass eine nach zivilrechtlichem Verständnis *einseitige* Willenserklärung keine »hoheitliche« Maßnahme im Sinne des § 35 S. 1 VwVfG zu sein braucht.

2. ... einer Behörde

Fall 9: E ist Eigentümer eines Anglo-Araber-Vollbluthengstes, der von dem bei der Landwirtschafts- **326** kammer H gebildeten Köramt gekört und für den die Deckerlaubnis in der Zuchtwertklasse A erteilt wurde. Der von E beim Verband der Hannoverschen Warmblutzüchter e. V. gestellte Antrag, den Hengst in das Zuchtbuch einzutragen, wurde vom Stutbuchausschuss der Züchtervereinigung mit der Begründung abgelehnt, der Hengst erfülle die Voraussetzungen nicht, die in der Zuchtplanung für die hannoversche Zucht gefordert würden. E erhob beim zuständigen Verwaltungsgericht Klage auf Eintragung des Hengstes in das Zuchtbuch, hilfsweise auf Neubescheidung. Das Verwaltungsgericht verurteilte den Züchterverband unter Aufhebung des angefochtenen Bescheids dazu, den Kläger unter Beachtung der Rechtsauffassung des Gerichts erneut zu bescheiden.

(BVerwGE 61, 222)

Nach § 1 Abs. 4 VwVfG ist Behörde **jede Stelle**, die **Aufgaben der öffentlichen** **327** **Verwaltung** wahrnimmt. Weil diese Definition die Möglichkeit offen lässt, dass auch Behörden*teile* handeln, wird angenommen, dass die Stelle auch **nach außen** in Erscheinung treten muss.[28] Nicht erforderlich ist demgegenüber eine eigene Organisation, weil diese nicht notwendig die Behördeneigenschaft begründet, während umgekehrt die Behördeneigenschaft nicht von einem besonderen Bestand an Personal und Sachmitteln abhängt.[29] Entscheidend ist, wer »nach außen« auftritt.[30]

---

23 Vgl. auch *F.-J. Peine*, AllgVerwR, Rn. 339

24 So BVerwGE 66, 218 (220).

25 So *U. Stelkens*, in: Stelkens/Bonk/Sachs, VwVfG, § 35 Rn. 138 m. w. N.

26 Vgl. *C. Grüneberg*, in: Palandt, BGB, 71. Aufl. 2012, § 388 Rn. 1.

27 Vgl. BVerwGE 66, 218 (220).

28 Vgl. *H. Maurer*, AllgVerwR, § 21 Rn. 33; a. A. M. *Ruffert*, in: Erichsen/Ehlers, AllgVerwR, § 21 Rn. 19.

29 Vgl. oben Rn. 213.

30 Die Behörde ist demgegenüber nicht notwendig Beklagte im Verwaltungsstreitverfahren, weil dies nur für *Landesbehörden* vorgesehen ist, sofern das Landesrecht dies bestimmt (§ 78 Abs. 1 Nr. 2

328 In der Regel ist die Behördeneigenschaft **unproblematisch.** Die Bezirksregierungen, Gemeinden und Landkreise (unter landesrechtlich unterschiedlichen Behördenbezeichnungen), Behörden der unteren (staatlichen) Verwaltungsstufe, aber auch »Der Präsident des Deutschen Bundestages« oder »Der Präsident des Oberlandesgerichts« sind Behörden, wobei die monokratischen (und dazu maskulinen) Behördenbezeichnungen sich nicht auf die Person beziehen, die das Amt des Behördenleiters jeweils innehat.[31]

329 Besonderheiten ergeben sich, wenn **Privatrechtssubjekte** durch Gesetz mit der Ausübung öffentlich-rechtlicher Befugnisse **beliehen** sind. Die **Beliehenen** sind gerade dadurch gekennzeichnet, dass sie **außerhalb** der **staatlichen Verwaltungsorganisation** stehen und deshalb nicht nach den üblichen Maßstäben als »Behörde« zu identifizieren sind.[32] Die Behördeneigenschaft kann in diesen Fällen erst bejaht werden, wenn festgestellt ist, ob das entsprechende **Privatrechtssubjekt** (aufgrund der Beleihung) auf dem **Gebiet des öffentlichen Rechts** gehandelt hat.

330 Der Ausgangsfall bietet ein Beispiel dafür, dass über die Beleihung (und damit Behördeneigenschaft) eines Privatrechtssubjekts (nämlich der Züchtervereinigung) sogar zwischen den Verwaltungsgerichten verschiedener Instanzen unterschiedliche Meinungen bestehen. Das angerufene Verwaltungsgericht nahm eine Beleihung an, qualifizierte die Züchtervereinigung als Behörde, hob den angefochtenen »Bescheid« auf und verpflichtete den Beklagten zur Neubescheidung. Das Oberverwaltungsgericht hat die Klage in der Berufungsinstanz zwar abgewiesen, erst das BVerwG hielt die Klage indes für unzulässig, weil mangels Beleihung der Rechtsweg zu den Verwaltungsgerichten nicht eröffnet sei (§ 40 Abs. 1 VwGO).[33]

3. ... auf dem Gebiet des öffentlichen Rechts

331 **Fall 10:** Aufgrund eines Bescheides der Wohngeldstelle der Gemeinde G erhielt M im Jahr 1980 ein monatliches Wohngeld in Höhe von 110 DM. M starb am 4. 4. 1980, S ist ihr Alleinerbe. Das Wohngeld wurde auch im Monat Mai 1980 auf das Postscheckkonto der Verstorbenen überwiesen. Das Guthaben wurde nach Löschung des Kontos an S überwiesen. Mit Bescheid vom 11. 3. 1981 forderte die Gemeinde G von S die Rückzahlung der zuviel gezahlten 110 DM.

(BVerwGE 84, 274)

332 Der Verwaltungsakt ist nicht die einzige, aber eine **typisch** öffentlich-rechtliche **Handlungsform** der Verwaltung. Verwaltungsakte können deshalb nur auf dem »**Gebiet**« des öffentlichen Rechts ergehen. Die »Gebietsklausel« stellt eine notwendige Ergänzung des Begriffsmerkmals »hoheitliche Maßnahme« – und nicht nur einen Pleonasmus – dar, weil einseitige Willenserklärungen (der Verwaltung) auch auf dem Gebiet des Privatrechts möglich sind.[34] Ein Verwaltungsakt ergeht auf dem Gebiet des öffentlichen Rechts, wenn die Rechtsgrundlage, auf die der Verwaltungsakt

---

VwGO). Ein Überblick über die Regelungen der Bundesländer findet sich bei *C. Meissner,* in: Schoch/Schmidt-Aßmann/Pietzner, VwGO, § 78 Rn. 37.

31 Vgl. oben Rn. 218.

32 Die Beleihung mit öffentlich-rechtlichen Befugnissen ist ein nach wie vor umstrittenes und hinsichtlich der Rechtsgrundlagen nicht immer geklärtes Gebiet. Als Beliehene sind anerkannt Bezirksschornsteinfeger und Sachverständige der Technischen Überwachungsvereine. Vgl. unten Rn. 1259.

33 Vgl. BVerwGE 61, 222 (223). In einem parallelen Fall hat das BVerfG Entscheidungen des BGH und des OLG Celle aufgehoben, die die Klage eines Züchters gegen eine Züchtervereinigung abgewiesen hatten (BVerfGE 88, 366).

34 Vgl. oben Rn. 323 f.

gestützt wird, als öffentlich-rechtlich zu qualifizieren ist.[35] Die Gebietsklausel schließt dagegen nicht aus, dass sich die **Rechtswirkungen** des Verwaltungsakts auf dem Gebiet des Privatrechts einstellen. Mit dem »öffentlichen Recht« wird also das Rechtsgebiet gekennzeichnet, von dem die Maßnahme *ausgeht,* nicht notwendig das Gebiet, auf dem sich die Maßnahme *auswirkt.* Die **privatrechtsgestaltenden Verwaltungsakte** – z.B. die Ausübung des gemeindlichen Vorkaufsrechts nach §§ 24 ff. BauGB[36] – entfalten ihre Rechtswirkungen überwiegend oder ausschließlich im Privatrecht.[37]

Die Gebietsklausel verlangt nach einer dogmatisch tragfähigen **Abgrenzung** zwischen öffentlichem und privatem Recht, die allein durch die Sonderrechtstheorie gewährleistet ist.[38] Auch bei Prüfung der Gebietsklausel muss danach differenziert werden, ob eine Rechtsnorm als öffentlich-rechtlich zu *qualifizieren* oder eine Maßnahme einer Rechtsnorm *zuzuordnen* ist.[39] Als Kriterien für die Zuordnung kommen in erster Linie die Form des Verwaltungshandelns und der Wille der Behörde in Betracht.[40]

333

> Im Ausgangsfall hat die Behörde eindeutig einen Verwaltungsakt (»Bescheid«) erlassen *wollen.* Der Verwaltungsakt ist die typische Handlungsform des öffentlichen Rechts, so dass bereits aus diesem Grund eine (hoheitliche) Maßnahme auf dem *Gebiet* des öffentlichen Rechts vorliegt. Eine hiervon zu trennende Frage ist, ob die Gemeinde einen Verwaltungsakt auch hat erlassen *können.* Dies aber ist eine Frage nicht nur der Handlungsform, sondern der richtigen Anwendung von Rechtsnormen, mit anderen Worten der Rechtmäßigkeit des Verwaltungsakts. Die Gemeinde ging davon aus, einen öffentlich-rechtlichen Erstattungsanspruch im Wege des Bescheids geltend machen zu können, während das BVerwG lediglich einen privatrechtlichen Bereicherungsanspruch (§ 812 BGB) gegen den Erben der Zahlungsempfängerin als gegeben ansah.[41] Diese Rechtsauffassung ist nicht ohne Widerspruch geblieben,[42] was immerhin dafür spricht, dass die Gemeinde in vertretbarer Weise von einer (öffentlich-rechtlichen) Rechtsgrundlage ausgegangen ist. Trotz der unterschiedlichen Auffassungen, ob ein (öffentlich-rechtlicher) Erstattungs- oder ein (privatrechtlicher) Bereicherungsanspruch der Gemeinde vorliegt, haben die Verwaltungsgerichte in allen drei Instanzen den *Bescheid* als Verwaltungsakt angesehen, also die *Form* bereits für die Gebietsklausel ausreichen lassen.[43]

334

4. ... zur Regelung

Fall 11: Der Landkreis L erließ gegen B einen Bußgeldbescheid und teilte dies dem Kraftfahrtbundesamt mit. B wurde auf seinen Einspruch hin vom Amtsgericht freigesprochen, erhob daraufhin durch seinen Prozessbevollmächtigten beim Kraftfahrtbundesamt »Widerspruch« und beantragte, die Ein-

335

---

35 Die übliche Wendung, es müsse sich um »öffentlich-rechtliche Verwaltungstätigkeit« handeln (vgl. *H.-G. Henneke,* in: Knack/Henneke, VwVfG, § 35 Rn. 33), hat demgegenüber die Tendenz zur Zirkularität.

36 Die früher kontroverse Frage, ob die Ausübung des Vorkaufsrechts ein Verwaltungsakt ist, ist nunmehr ausdrücklich im Gesetz geregelt (§ 28 Abs. 2 S. 1 BauGB: durch Verwaltungsakt).

37 Vgl. unten Rn. 390.

38 Vgl. oben Rn. 29 ff.

39 Vgl. oben Rn. 34 ff.

40 Vgl. oben Rn. 40 ff.

41 Vgl. BVerwGE 84, 274 (276).

42 Vgl. *H. Maurer,* JZ 1990, S. 863.

43 Vgl. BVerwGE 84, 274. Der Fall ist ein Beleg dafür, dass das Verwaltungsrechtsverhältnis dogmatisch noch nicht hinreichend durchdrungen ist; vgl. die Ausführungen von *H. Maurer,* JZ 1990, S. 863 f.

tragung zu löschen. Das Kraftfahrtbundesamt teilte B mit, die Eintragung sei auf Aufforderung des Landkreises entfernt worden, lehnte es aber ab, die entstandenen Anwaltskosten zu erstatten.

(BVerwGE 77, 268)

336 Bliebe man bei den Begriffsmerkmalen der einseitigen Maßnahme einer Behörde auf dem Gebiet des öffentlichen Rechts stehen, würde das Verwaltungshandeln zwar weithin erfasst – weil *rechtsgeschäftliches* Handeln auf dem Gebiet des öffentlichen Rechts und *privatrechtliches* Handeln ausgenommen wäre –, ein Spezifikum der Erfüllung öffentlicher Aufgaben durch die Verwaltung würde aber verfehlt. Einseitiges Verwaltungshandeln kann zwar *tatsächlich* die Umwelt verändern, *rechtlich* sich aber nur dann auswirken, wenn es auf die **Setzung von Rechtsfolgen** gerichtet ist. Das Begriffsmerkmal der **Regelung** bedeutet also nichts anderes, als dass ein **Verwaltungsrechtsverhältnis** mit rechtlicher Verbindlichkeit **gestaltet** wird.[44] Im Gegensatz zum **Realakt,** der sich in seiner tatsächlichen Wirkung erschöpft und nur deshalb rechtlich bedeutsam ist,[45] ist der Verwaltungsakt ein **Rechtsakt,** der die **Rechtslage gestaltet.**[46] Ob der Regelungsbegriff weitergehend auf **Gebote, Verbote** und **Erlaubnisse** zu beschränken ist,[47] ist zweifelhaft. Auch mit **feststellenden** Verwaltungsakten wird etwas geregelt, nämlich ein ursprünglich bestehender Zweifel – etwa dem Bestehen der Staatsangehörigkeit – beseitigt. Der Regelungsbegriff im Sinne des § 35 S. 1 VwVfG setzt deshalb voraus, dass die Verwaltung auf eine **verbindliche Rechtsfolge** abzielt.[48]

337 Im Ausgangsfall liegt offensichtlich eine einseitige Maßnahme (die Eintragung in das Verkehrszentralregister) einer Behörde (des Kraftfahrtbundesamtes) auf dem Gebiet des öffentlichen Rechts (Straßenverkehrsrechts) vor. Das BVerwG hat aber zutreffend den *Regelungscharakter* einer Eintragung ins Verkehrszentralregister verneint, weil diese keine Rechtsfolgen zeitige.[49] Die nach § 28 Abs. 3 StVG einzutragenden gerichtlichen oder behördlichen Entscheidungen erfahren durch die Eintragung keine erhöhte Bestandskraft, sondern müssen überprüft werden, wenn sie zur Grundlage anderer Entscheidungen gemacht werden. Dies gilt auch für das sog. »Punktsystem«, das ebenfalls nur eine Mitteilungspflicht des Kraftfahrtbundesamtes begründet, die Entscheidung aber der zuständigen Behörde belässt.[50] Auf die Verwaltungsaktsqualität kam es im Ausgangsfall nur an, weil B Erstattung der Anwaltskosten verlangte. Dem Antrag auf Tilgung hatte die Behörde bereits entsprochen, so dass insoweit kein Rechtsschutz erforderlich war. Allerdings ist die Erstattung von Aufwendungen für die Rechtsverfolgung nur im (erfolgreichen) Widerspruchsverfahren vorgesehen (§ 80 Abs. 1 S. 1 VwVfG). Da ein Widerspruchsverfahren einen Verwaltungsakt voraussetzt (§ 68 VwGO), stand und fiel der Erstattungsanspruch des B mit der Verwaltungsaktsqualität, die die beiden Vorinstanzen bejaht hatten.[51] Der Rechtsschutz gegen die Eintragung selber wäre demgegenüber nicht von der Verwaltungsaktsqualität abhängig gewesen, weil es sich in jedem Fall um eine öffentlich-rechtliche Streitigkeit nichtverfassungsrechtlicher Art handelte.

---

44 Vgl. *M. Ruffert,* in: Erichsen/Ehlers, AllgVerwR, § 21 Rn. 24 ff.
45 Durch tatsächliches Verwaltungshandeln kann ein Schaden verursacht werden, der Schadensersatzansprüche auslöst und somit ein Verwaltungsrechtsverhältnis begründet (§ 839 BGB i. V. m. Art. 34 GG).
46 Vgl. *H. Maurer,* AllgVerwR, § 9 Rn. 6, 8.
47 So *Koch/Rubel/Heselhaus,* AllgVerwR, § 3 Rn. 21.
48 Vgl. BVerwGE 77, 268 (271).
49 So BVerwGE 77, 268 (272 f.).
50 Vgl. § 4 Abs. 6 StVG.
51 Vgl. BVerwGE 77, 268 (269).

P) Behördliche **Gutachten, Untersuchungsberichte, Auskünfte** und **Hinweise** haben **338** immer wieder die Frage aufgeworfen, ob es sich um *Regelungen* handele.[52] Die Rechtsprechung hat den Regelungscharakter überwiegend verneint,[53] gelegentlich aber auch bejaht.[54] Jenseits dieser – im Einzelnen zweifelhaften – Kasuistik bleibt festzuhalten, dass mit dem Regelungscharakter nur die Verwaltungsaktsqualität einer Maßnahme verneint, nicht jedoch über den Rechtsschutz entschieden wird. Eine Regelungsvermutung wäre deshalb verfehlt, denn der Verwaltungsrechtsweg ist unabhängig davon eröffnet, ob eine Maßnahme mit Regelungscharakter vorliegt.

5. ... eines Einzelfalls

Fall 12: Ende Dezember 1952 traten in Stuttgart und Umgebung epidemische Typhus-erkrankungen **339** auf. Mitte Januar 1953 waren bereits 400 Ansteckungsfälle zu verzeichnen. Die Behörden gelangten zu dem Ergebnis, dass Endiviensalat die Infektionsquelle sei. Am 20. 1. 1953 erging eine Anordnung des Innenministeriums, dass bis auf weiteres der Groß- und Einzelhandel mit Endiviensalat in den von Typhus betroffenen Kreisen Nord- und Süd-Württembergs verboten sei. Diese Anordnung wurde durch Rundfunk und Presse bekannt gemacht.

(BVerwGE 12, 87)

Die verbindliche Setzung einer Rechtsfolge beschränkt sich beim Verwaltungsakt auf **340** einen **Einzelfall.** Mit diesem Begriffsmerkmal unterscheidet sich der Verwaltungsakt von der Rechtsnorm als Handlungsform der Verwaltung, die ebenfalls eine **einseitige** (»hoheitliche«) **Maßnahme** einer **Behörde** auf dem Gebiet des **öffentlichen Rechts** darstellt. Während die Rechtsnorm (Rechtsverordnung, Satzung) den Adressatenkreis **generell** bezeichnet (also individualisierungsbedürftig ist), der Regelungsgegenstand **konkretisiert** und die Regelungssituation **fixiert** werden müssen (weil diese nur »abstrakt« beschrieben werden), richtet sich der Verwaltungsakt regelmäßig an einen **individuellen Adressaten** und enthält ein konkretes **Sollen** (Gebot, Verbot, Erlaubnis). Auf eine Kurzformel gebracht, stehen sich Rechtsnormen als (idealtypisch) **generell-abstrakte** und Verwaltungsakte als **individuell-konkrete Handlungsformen** der Verwaltung gegenüber.[55]

Die Schwierigkeit bei der Auslegung des Begriffsmerkmals »Einzelfall« liegt darin, **341** dass es zwischen den Idealtypen generell-abstrakter und individuell-konkreter Regelungen **Mischformen** gibt, die aus verwaltungsverfahrensrechtlichen wie verwaltungsprozessualen Gründen eingeordnet werden müssen.[56]

Im Ausgangsfall könnte eine *Verfügung* oder eine *Verordnung* vorliegen. Während ein Verwaltungs **342** akt (Verfügung) formlos ergehen kann, muss eine Verordnung *verkündet* werden, also in einem dafür bestimmten amtlichen Organ in schriftlicher Form der Öffentlichkeit mitgeteilt werden. Sofern es sich im Ausgangsfall um eine Verordnung handeln sollte, wäre diese mangels ordnungsgemäßer Verkündung überhaupt nicht zustande gekommen. Der Verwaltungsakt ergeht demgegenüber *formlos* (§ 37 Abs. 2 S. 1 VwVfG), kann dem Adressaten also auch mündlich, durch Zeichen –

---

52 BVerwGE 14, 323 (Untersuchungsbericht des Luftfahrt-Bundesamtes); 59, 319 (Spruch des Bundesoberseeamts).
53 Vgl. oben Rn. 325.
54 BVerwGE 88, 122 (Mitteilung der beabsichtigten Löschung gem. § 13 Abs. 3 HandwO); krit. dazu *H. Maurer,* AllgVerwR, § 9 Rn. 8.
55 Vgl. *N. Achterberg,* AllgVerwR, § 21 Rn. 47; *Bull/Mehde,* AllgVerwR/VerwL, Rn. 268 ff.
56 Vgl. *J. Ipsen,* Rechtsfolgen der Verfassungswidrigkeit von Norm und Einzelakt, 1980, S. 184 ff. m. w. N.

> gegebenenfalls auch durch eine Rundfunkmitteilung – bekannt gemacht werden. Im Ausgangsfall kommt es für die Rechtmäßigkeit der Maßnahme deshalb entscheidend darauf an, wie sie zu qualifizieren ist.

343 Eine Einzelfallregelung im Sinne des § 35 S. 1 VwVfG liegt stets vor, wenn der Adressat **individuell** bestimmt ist, mit anderen Worten die Maßnahme sich an eine **bestimmte Person** richtet. Dies ist die Regel, denn die Verwaltung erfüllt ihre öffentlichen Aufgaben zu einem wesentlichen Teil dadurch, dass sie einzelne Menschen zu einem Tun oder Unterlassen verpflichtet, berechtigt oder ermächtigt.

344 > Wäre im Ausgangsfall an den Gemüsehändler G eine »Verfügung« der zuständigen Behörde ergangen, ab sofort den Verkauf von Endiviensalat zu unterlassen, wäre dies eine Einzelfallregelung im Sinne des § 35 S. 1 VwVfG gewesen, weil der Adressat (Gemüsehändler G) individualisiert worden wäre.

345 Die Einzelfallregelung wird nicht dadurch in Frage gestellt, dass die Maßnahme an **mehrere** oder gar eine **Vielzahl von Personen** gerichtet wird, wenn diese die Maßnahme nur den Umständen nach auf sich beziehen können (oder müssen).

346 Die Gefahrenabwehrgesetze der Länder (Landespolizeigesetze) sehen übereinstimmend vor, dass zur Abwehr einer Gefahr Personen vorübergehend von einem Ort verwiesen werden können oder ihnen das Betreten eines Ortes verboten werden kann (Platzverweisung).[57] Wenn Schaulustige die Bergungsarbeiten nach einem Eisenbahnunfall als eine Art »reality-show« verfolgen und sie (etwa über Megaphon) vom Unfallort verwiesen werden, so richtet sich die Verfügung an jeden, der an der Unfallstelle anwesend ist. Obwohl es sich um eine *Vielzahl* von Menschen handelt, sind die Adressaten gleichwohl individualisiert, so dass die Maßnahme *Einzelfälle* regelt.

347 Die Abgrenzung zur Rechtsnorm wird allerdings schwierig, wenn die Adressaten nicht mehr individuell bestimmt sind.

348 > Im Ausgangsfall hat das Bundesverwaltungsgericht zwar eingeräumt, dass die Adressaten des Verkaufsverbots »nicht genau bestimmbar« waren, gleichwohl der Maßnahme Verwaltungsaktsqualität attestiert, weil es sich um die Bekämpfung einer *konkreten* Gefahr gehandelt habe, die durch Verwaltungsakt erfolge.[58]

349 Die Abgrenzung zwischen genereller Regelung und Einzelfallregelung lässt sich am besten dadurch vornehmen, dass darauf abgestellt wird, *wer* den Adressaten individualisiert. Nimmt die Behörde die Individualisierung vor, ist auch die Maßnahme **individuell.** Muss der Adressat eine Maßnahme erst auf sich beziehen, also den Akt der Individualisierung selbst leisten, so liegt *keine* Einzelfallregelung mehr vor.

350 > Im Ausgangsfall war das Verbot des Handelns mit Endiviensalat zwar an den Groß- und Einzelhandel (in einem bestimmten Gebiet) gerichtet, die individuell betroffenen Händler aber mussten die Maßnahme erst auf sich beziehen, den Akt der Individualisierung also selbst leisten. Dies spricht entscheidend *gegen* eine Einzelfallregelung.

351 Nach § 35 S. 2 VwVfG liegt ein Verwaltungsakt (Allgemeinverfügung) jedoch auch dann vor, wenn er sich an einen »nach allgemeinen Merkmalen bestimmten oder bestimmbaren Personenkreis richtet«.[59] Ein Verwaltungsakt ist also nicht schon aufgrund des Umstandes ausgeschlossen, dass die Behörde die Adressaten nicht vollständig individualisiert hat.

---

57 Nachw. bei *V. Götz*, Allgemeines Polizei- und Ordnungsrecht, 14. Aufl. 2008, § 8 Rn. 21 ff.
58 So BVerwGE 12, 87 (90).
59 Vgl. unten Rn. 427 ff.

Im Ausgangsfall genügte die Maßnahme ohne weiteres den Anforderungen des (zur Zeit der | 352
Entscheidung noch nicht geltenden) § 35 S. 2 VwVfG, denn der Adressatenkreis war »nach allgemeinen Merkmalen« *bestimmt* oder zumindest *bestimmbar.*

6. … mit unmittelbarer Rechtswirkung nach außen

Fall 13: U ist außerplanmäßiger Universitätsprofessor und als beamteter Oberarzt an der Frauenklinik des Klinikums G beschäftigt. Mit Verfügung vom 19. 6. 1990 schloss der Ärztliche Direktor der Klinik, Professor H, U mit sofortiger Wirkung vom Nacht- und Wochenenddienst aus, erhielt die Funktion als Oberarzt im Tagesdienst ausdrücklich aufrecht und übertrug ihm die Leitung einer Station zur Betreuung der stationären Tagespatienten. Der von U eingelegte Widerspruch wurde nicht beschieden. | 353

(BVerwGE 98, 334)

Fall 14: A beantragte die Baugenehmigung für ein Haus auf seinem im Außenbereich der Gemeinde G gelegenen Grundstück. Die Baugenehmigungsbehörde versagte die Genehmigung, weil die Gemeinde ihr Einvernehmen nach § 36 Abs. 1 BauGB nicht erteilt hatte. A erhob daraufhin Klage gegen die Gemeinde G mit dem Antrag, diese zur Herstellung des Einvernehmens mit dem streitigen Bauvorhaben zu verpflichten. | 354

(nach BVerwGE 28, 145)

Im Tatbestandsmerkmal der »unmittelbaren Rechtswirkung nach außen« spiegelt sich | 355
die seit den Tagen des Konstitutionalismus gepflegte Scheidung des Binnenbereichs
der Verwaltung von ihren Außenwirkungen wider.[60] Die Verwaltung des demokratischen Rechtsstaates ist aber weder impermeabel,[61] noch entzieht sie sich der rechtlichen Regelung, was die räumlichen Metaphern eines Innen- und Außenbereichs
fragwürdig erscheinen lässt.[62] Allerdings ist zur Erfüllung öffentlicher Aufgaben eine
(Verwaltungs-)**Organisation** erforderlich, deren **Steuerung** nicht notwendig den
gleichen Grundsätzen folgt wie die der anderen öffentlichen Angelegenheiten.[63] Die
Differenzierung zwischen organisations**internen** und organisations**externen** Maßnahmen ist insofern nach wie vor notwendig, steht aber unter der Prämisse, dass
hiermit keine Einschränkung der Grundrechtsgeltung oder anderer Normen verbunden ist.[64] Die Differenzierung zwischen Binnen- und Außenbereich der Verwaltung
ist deshalb nicht gleichbedeutend mit dem früher vertretenen Dualismus von **besonderem** und **allgemeinem Gewaltverhältnis.**[65] Es geht vielmehr um die Frage, welche
Handlungsformen der Verwaltung bei der Gestaltung von **Binnenrechtsverhältnissen** zur Verfügung stehen und welche Rechtsfolgen damit verbunden sind. Diese
Frage ist nur aufgrund der anzuwendenden **Rechtsnormen** zu beantworten.

Behörden müssen – wie andere Organisationen (z. B. Unternehmen) – **organisiert** | 356
werden, damit sie überhaupt eine nach außen wirksame Tätigkeit entfalten können.
Die organisatorischen Maßnahmen bestehen in erster Linie darin, die von der Organisation zu erfüllenden (öffentlichen) Aufgaben auf die einzelnen Bediensteten (»Ak-

---

60 Vgl. *M. Ruffert,* in: Erichsen/Ehlers, AllgVerwR, § 21 Rn. 45.
61 Vgl. *N. Achterberg,* AllgVerwR, § 20 Rn. 20.
62 Kritisch hierzu auch *N. Achterberg,* AllgVerwR, § 20 Rn. 20; *M. Ruffert,* in: Erichsen/Ehlers,
AllgVerwR, § 21 Rn. 45.
63 Vgl. oben Rn. 193.
64 Vgl. oben Rn. 192.
65 Vgl. oben Rn. 75.

teure«) zu übertragen und die Verantwortlichkeit untereinander abzugrenzen. Innerhalb der gesetzlichen Vorgaben liegt die Zuständigkeit hierfür bei der Behördenleitung, der damit die **Organisationskompetenz** (oder »Organisationsgewalt«) zufällt. Da die Bediensteten zu dem Verwaltungsträger in Rechtsverhältnissen stehen, ergibt sich ihre Folgepflicht entweder aus dem Dienstvertrag oder – soweit es sich um Beamte handelt – aus den Vorschriften des Beamtenrechts.[66]

357   Im Ausgangsfall 13 wurde von dem Klinikdirektor zunächst eine solche organisationsinterne Maßnahme getroffen, indem U von Wochenend- und Nachtdiensten entbunden und ihm die Leitung einer Tagesstation übertragen wurde.

358 Der Eintritt in die Organisation und damit die Begründung des Rechtsverhältnisses (Beamtenverhältnisses) lässt sich dagegen nicht als organisationsinterne Maßnahme begreifen; denn diese setzt ein bestehendes Rechtsverhältnis voraus. Die Begründung des Beamtenverhältnisses durch Ernennung (§ 8 Abs. 1 Nr. 1 BeamtStG; § 10 Abs. 1 Nr. 1 BBG) lässt sich in dieser Weise anschaulich machen, dass jemand, der bislang *außerhalb* der Verwaltung steht, nunmehr *zur* Verwaltung gehört. Der Beamtenernennung kommt deshalb »unmittelbare Rechtswirkung nach außen« im Sinne des § 35 S. 1 VwVfG zu.[67] Bliebe es bei dieser durch die Raummetaphorik nahe gelegten Sichtweise, würde allein der Entlassung aus dem Beamtenverhältnis – ggf. der Versetzung – Außenwirkung zukommen, weil bei allen anderen Maßnahmen der Beamte innerhalb der Verwaltungsorganisation verbleibt. Zur Abgrenzung von organisationsinternen und -externen Maßnahmen stellt die herrschende Meinung indes seit langem darauf ab, ob der Beamte in seinem **Status** oder nur in seinem **Dienstposten** (Amt im konkret-funktionellen Sinne) betroffen ist.[68] **Statusänderungen** haben stets **Außenwirkung** (und sind als Verwaltungsakte zu qualifizieren), während die Zuweisung oder der Entzug eines Dienstpostens allein das Amt im konkret-funktionellen Sinne betrifft und als organisationsinterne Maßnahme zu werten ist.

359   Im Ausgangsfall 13 ist U innerhalb der Klinik »umgesetzt« worden, ihm ist also ein Dienstposten entzogen und ein anderer zugewiesen worden. Das BVerwG hielt diese Maßnahme – unabhängig von der Möglichkeit einer *Rechtsverletzung* – für verwaltungsintern (ohne Rechtswirkung nach außen), während das Berufungsgericht sie wegen der Verletzung der Rechte des Klägers als Verwaltungsakt qualifiziert (und gem. § 113 Abs. 1 S. 1 VwGO aufgehoben) hatte. Das BVerwG meinte, diese Auffassung führe dazu, dass die statthafte Klageart sich erst nach Prüfung der Rechtmäßigkeit der Maßnahme ergebe.[69] Dies ist schon deshalb nicht zutreffend, weil die *Möglichkeit* der Rechtsverletzung eine Zulässigkeitsvoraussetzung der Anfechtungsklage darstellt und im Rahmen der Klagebefugnis (§ 42 Abs. 2 VwGO) zu prüfen ist.

---

66 § 35 Sätze 1 und 2 BeamtStG und § 62 Abs. 1 BBG haben folgenden identischen Wortlaut: »Beamtinnen und Beamte haben ihre Vorgesetzten zu beraten und zu unterstützen. Sie sind verpflichtet, deren dienstliche Anordnungen auszuführen und deren allgemeine Richtlinien zu befolgen.«

67 Vgl. *U. Stelkens*, in: Stelkens/Bonk/Sachs, VwVfG, § 35 Rn. 200.

68 Gelegentlich findet sich in der Literatur noch das auf *C.-H. Ule* zurückgehende Begriffspaar von »Grund- und Betriebsverhältnis« (vgl. VVDStRL 15 [1957], S. 133 [152 f.]). Im »Grundverhältnis« sollen Maßnahmen mit Außenwirkung (Verwaltungsakte) ergehen, während das Betriebsverhältnis durch behördeninterne Maßnahmen gekennzeichnet sei. Diese Differenzierung zielt aber darauf ab, die Existenz von Verwaltungsakten innerhalb »besonderer Gewaltverhältnisse« zu erklären (vgl. *H. Maurer*, AllgVerwR, § 9 Rn. 25), und berücksichtigt insofern nicht, dass auch das Betriebsverhältnis ein *Rechts*verhältnis ist; vgl. oben Rn. 192.

69 So BVerwGE 98, 334 (336).

Die Verneinung der »Außenwirkung« bedeutet lediglich, dass kein Verwaltungsakt 360
vorliegt und die Anfechtungs- oder Verpflichtungsklage (§ 42 Abs. 1 VwGO) nicht
statthaft ist. Gleichwohl ist der Verwaltungsrechtsweg eröffnet, weil es sich bei
beamtenrechtlichen Streitigkeiten um solche des öffentlichen Rechts handelt (§ 126
Abs. 1 BRRG,[70] § 54 Abs. 1 BeamtStG, § 126 Abs. 1 BBG), so dass der Beamte auch
gegen innerdienstliche Maßnahmen den Verwaltungsrechtsweg beschreiten kann.

> Offenbar ging es dem BVerwG im Ausgangsfall 13 darum, einer typischen Handlungsform der 361
> Verwaltung (nämlich der Umsetzung) eine typische Rechtsschutzform zuzuordnen, ohne dies von
> den Umständen des Einzelfalls (Rechtsverletzung) abhängig zu machen. Die *dogmatische* Voraus-
> setzung für diese Zuordnung ist indes, dass nicht stets *Außenwirkung* vorliegt, wenn (subjektive)
> Rechte im Streit sind. Im Fall 13 hielt das BVerwG den U in seinem Recht auf amtsangemessene
> Beschäftigung für verletzt und die allgemeine Leistungsklage für statthaft, seinen Anspruch durch-
> zusetzen.[71]

Die Einsicht, dass die Handlungsform der Verwaltung lediglich das »Wie«, nicht aber 362
das »Ob« des verwaltungsgerichtlichen Rechtsschutzes bestimmt, hat sich freilich erst
durchsetzen müssen. Noch im Jahr 1980 mussten sich Berufungsgerichte vom Bundesverwaltungsgericht darüber belehren lassen, dass die Verneinung der Verwaltungsaktsqualität den Rechtsschutz des Klägers nicht schmälere.[72] Allerdings sind die
grundsätzlich **statthaften** allgemeinen Leistungsklagen nur **begründet**, wenn der
Kläger einen Anspruch auf einen bestimmten Dienstposten geltend machen kann,
was im Regelfall ausgeschlossen ist.

> Im Ausgangsfall 13 hat U nicht erreicht, wieder in seinem ursprünglichen Zuständigkeitsbereich 363
> eingesetzt zu werden. Das BVerwG hat vielmehr das weite Ermessen des Vorgesetzten bei der
> Zuweisung von Dienstaufgaben betont und lediglich einen Anspruch auf amtsangemessene Be-
> schäftigung für gegeben gehalten.[73]

Am besten löst man sich von der Raummetaphorik, die stets mit der Unterscheidung 364
von »innen« und »außen« verbunden ist, und gibt auch diese dogmatische Figur des
konstitutionellen Verwaltungsrechts auf. Der Beamte bleibt stets Teil der Verwaltungsorganisation, gleichgültig, ob er in seinem Status betroffen ist oder nicht.
Dienstliche Maßnahmen lassen sich in eine gleitende Skala einordnen, die von der
bloßen **Anweisung** (»Erledigen Sie das bitte«) bis zur **Statusveränderung** (Übertragung eines anderen Amtes) reicht. Die Maßnahmen berühren mit zunehmender
Intensität den Beamten nicht nur als **Amtswalter,** sondern auch als **Person,** ohne dass
die Zäsur exakt vorgenommen werden könnte. Je intensiver sich eine Maßnahme auf
die **Person** des Beamten auswirkt, desto eher wird ihr eine Rechtswirkung **nach**
außen zuzumessen sein.[74]

Eine Maßnahme hat nur dann **unmittelbare Rechtswirkung** nach außen, wenn keine 365
weiteren Maßnahmen erforderlich sind, um die Rechtsfolge festzusetzen. Auf diese
Weise werden behördeninterne **Zustimmungsakte** oder **Mitwirkungsakte** anderer
Behörden aus dem Verwaltungsaktsbegriff ausgenommen.

---

70 Vgl. hierzu Rn. 997.
71 So BVerwGE 98, 334 (337 ff.).
72 So BVerwGE 60, 144 (145); BVerwG, DVBl. 1981, S. 495.
73 Vgl. BVerwGE 98, 334 (337 f.).
74 Vgl. *H.-G. Henneke,* in: Knack/Henneke, VwVfG, § 35 Rn. 37 ff.

366   (Bau-)Vorhaben, die nach §§ 31, 33–35 BauGB planungsrechtlich zulässig sind, darf die Baugenehmigungsbehörde nur im Einvernehmen mit der Gemeinde genehmigen (§ 36 Abs. 1 S. 1 BauGB). Verweigert die Gemeinde ihr Einvernehmen, ist die Baugenehmigung abzulehnen, sofern das Einvernehmen (wegen dessen rechtswidriger Versagung) nicht ersetzt wird (§ 36 Abs. 2 S. 3 BauGB). Sofern sie ihr Einvernehmen erteilt, muss die Baugenehmigung nicht notwendig erteilt werden, wenn Rechtsgründe entgegenstehen. Die Entscheidung der Baugenehmigungsbehörde (regelmäßig: des Landkreises) folgt in jedem Fall erst *nach* dem Mitwirkungsakt der Gemeinde. Das Einvernehmen hat, weil es die Entscheidung über die Baugenehmigung – positiv oder negativ – beeinflusst, folglich *Außenwirkung;* diese ist aber nur »mittelbar«, wird also erst durch die Baugenehmigung vermittelt.[75]

367   Auch in diesen Fällen ist der Verwaltungsrechtsweg **eröffnet,** weil es sich um öffentlich-rechtliche Streitigkeiten nichtverfassungsrechtlicher Art handelt (§ 40 Abs. 1 S. 1 VwGO). Allerdings ist die an das Vorliegen eines Verwaltungsakts gebundene Anfechtungs- bzw. Verpflichtungsklage hinsichtlich des Mitwirkungsaktes nicht statthaft. Die stattdessen statthafte (allgemeine) **Leistungsklage** wird in ihrer Zulässigkeit häufig daran scheitern, dass die von der Rechtsprechung geforderte Klagebefugnis[76] hinsichtlich des Mitwirkungsaktes nicht vorliegt bzw. das allgemeine Rechtschutzbedürfnis[77] zu verneinen ist.

368   Für den Antragsteller im zweiten Ausgangsfall käme grundsätzlich eine gegen die Gemeinde gerichtete Klage auf Erteilung des Einvernehmens nach § 36 BauGB in Betracht. Die fehlende Außenwirkung würde zunächst nur bedeuten, dass die Verpflichtungsklage (§ 42 Abs. 1 VwGO) nicht statthaft wäre. Für die (an sich statthafte) allgemeine Leistungsklage würde – von der von der Rechtsprechung geforderten Klagebefugnis einmal abgesehen – das Rechtsschutzbedürfnis fehlen, weil A mit einer auf Erteilung der Baugenehmigung gerichteten Verpflichtungsklage sein Rechtsschutzziel einfacher erreichen könnte. Würde er nämlich mit der (allgemeinen) Leistungsklage das gemeindliche Einvernehmen erstreiten, hätte er immer noch nicht die begehrte Baugenehmigung, die nur von der Baugenehmigungsbehörde erteilt werden kann und für die die Verpflichtungsklage statthaft ist.[78]

III. Rechtsprechung

369   **BVerwGE** 12, 87 (»Endiviensalat«); **E** 27, 181 (Parkverbot); **E** 28, 145 (Gemeindliches Einvernehmen); **E** 34, 248 (Medizinisch-psychologische Untersuchung); **E** 36, 192 (Dienstpostenbewertung); **E** 61, 222 (Zuchtbuch); **E** 66, 218 (Aufrechnung); **E** 77, 268 (Eintragung in das Verkehrszentralregister); **E** 84, 274 (Wohngeld); **E** 90, 220 (»Abwicklung« einer DDR-Einrichtung); **E** 98, 334 (Oberarzt); **E** 135, 209 (Feststellender Verwaltungsakt; Zielabweichungsbescheid); **BVerwG,** NJW 1976, S. 864 (Schulversuch); **BVerwG,** NVwZ 2002, S. 482 (Verwaltungsaktsqualität einer wiederholenden Verfügung); **BGH,** NJW 1998, S. 2289 (Bitte einer Ordnungsbehörde als Verwaltungsakt); **OVG Lüneburg,** NVwZ 2000, S. 954 (Änderung des Aufgabenbereichs eines Hochschullehrers).

IV. Literatur

370   *M. Burgi,* Der Beliehene – ein Klassiker im modernen Verwaltungsrecht, FS H. Maurer, 2001, S. 581; *D. Ehlers,* Die Aufrechnung im öffentlichen Recht, JuS 1990, S. 777; *W. Kahl,* Der Verwaltungsakt –

---

75 Vgl. BVerwGE 28, 145 (146 f.).
76 Vgl. BVerwGE 36, 192 (199); 60, 144 (150).
77 Vgl. Rn. 1107.
78 Vgl. hierzu BVerwGE 28, 145 (147 f.).

Bedeutung und Begriff, Jura 2001, S. 505; *C. L. Lässig,* Registereintragungen als Verwaltungsakte – BVerwGE 77, 268, JuS 1990, S. 459; *W. Löwer,* Funktion und Begriff des Verwaltungsakts, JuS 1980, S. 805; *H. Meyer,* Der Verwaltungsakt in der Rechtsprechung des Bundesverwaltungsgerichts, FG BVerwG, 2003, S. 551; *F.-J. Peine,* Entwicklungen im Recht des Verwaltungsakts – eine Zwischenbilanz, FS W. Thieme, 1993, S. 563; *L. Renck,* Für einen formalisierten Verwaltungsakt, FS F. Knöpfle, 1996, S. 291; *W. R. Schenke,* Formeller und materieller Verwaltungsaktsbegriff?, NVwZ 1990, S. 1009; *A. Specht,* Der Begriff des Verwaltungsakts, JuS 1990, L 57; *A. Voßkuhle/A.-K. Kaufhold,* Grundwissen – Öffentliches Recht: Der Verwaltungsakt, JuS 2011, S. 34.

§ 7 Der Verwaltungsakt II (Arten)

371 Das (notwendig) hohe Abstraktionsniveau der Legaldefinition in § 35 S. 1 VwVfG ist für die Rechtsanwendung ein Vorteil, weil völlig unterschiedliche Verwaltungshandlungen unter den Begriff subsumiert werden können, hat aber den Nachteil geringer Anschaulichkeit. Die Verwaltungsrechtswissenschaft hat sich deshalb seit jeher bemüht, die Erscheinungsformen der Verwaltungsakte zu systematisieren.[1] Die – zum Teil hoch differenzierte – Kategorienbildung folgt unterschiedlichen Kriterien und beleuchtet die tatsächlichen Erscheinungsformen des Verwaltungsakts aus unterschiedlicher Perspektive. Eine solche Systematisierung vermittelt die notwendige Anschauung von der Vielfalt der Verwaltungsakte und hat insofern heuristischen Wert. Sie darf allerdings nicht verabsolutiert werden, weil ein und derselbe Verwaltungsakt entsprechend dem Kriterium, das man anlegt, unterschiedlichen Kategorien angehören kann. Von rechts*dogmatischem* Interesse sind die unterschiedlichen Arten von Verwaltungsakten vor allem dann, wenn sich aus der Zuordnung zu einer Kategorie bestimmte rechtliche Konsequenzen ergeben. Da allen Verwaltungsakten gemeinsam ist, eine rechtliche **Regelung** zu treffen, ist es angezeigt, Kategorien im Hinblick auf den Regelungsinhalt, die Regelungs**auswirkungen** und das Regelungs**verfahren** zu bilden.

I. Anspruchs- und pflichtenkonkretisierende, rechtsgestaltende und feststellende Verwaltungsakte (Regelungsinhalt)

1. Anspruchs- und pflichtenkonkretisierende Verwaltungsakte (»Verfügungen«, »Bescheide«)

372   **Fall 15:** H war Halter zweier »Barsoi-Hunde« – russischer Windhunde –, die auf einem Spaziergang eine 76jährige Passantin angesprungen haben. Auf ihre Anzeige gab die zuständige Behörde H auf, seine Hunde außerhalb seines befriedeten Besitztums zukünftig an der Leine zu führen. Die Maßnahme wurde auf eine Vorschrift der Gefahrenabwehrverordnung für das Halten von Hunden gestützt, nach der Leinenzwang bestand, wenn Hunde »in Gefahr drohender Weise Menschen anspringen«. H wandte sich gegen die Anordnung mit der Begründung, seine Hunde hätten sich der älteren Dame keineswegs in »Gefahr drohender Weise« genähert, sondern nur »spielen« wollen.

   (VGH Kassel, NJW 1997, 961)

373 Die in der Literatur zumeist als »anordnende«[2] oder gar »befehlende«[3] Verwaltungsakte bezeichneten Maßnahmen sind ihrem Inhalt nach darauf gerichtet, Rechtspflichten des Einzelnen zu konkretisieren. Die Rechtspflichten sind in abstrakter Form Gegenstand von Rechtsnormen, die durch Gebote und Verbote das Verhalten von Menschen steuern. **Anordnende Verwaltungsakte** enthalten ein **Sollen** im engeren Sinne, verpflichten den Adressaten also, etwas zu **tun,** zu **dulden** oder zu **unterlassen.** Sie sind mit anderen Worten **rechtliche Gebote** (Imperative). Gebote, etwas zu unterlassen, sind gleichbedeutend mit **Verboten** (etwas zu tun).

---

1 Vgl. etwa *N. Achterberg,* AllgVerwR, § 21 Rn. 67 ff.; aus der älteren Literatur vgl. *W. Jellinek,* Verwaltungsrecht, S. 247 ff.
2 Vgl. *N. Achterberg,* AllgVerwR, § 21 Rn. 69.
3 Vgl. *M. Ruffert,* in: Erichsen/Ehlers, AllgVerwR, § 21 Rn. 51; *H. Maurer,* AllgVerwR, § 9 Rn. 44.

Verwaltungsakte, die ein Tun, Dulden oder Unterlassen auferlegen, ergehen vorwie- **374**
gend im Bereich der **Gefahrenabwehr** und im **Abgabenrecht.** Sie schränken regelmäßig grundrechtlich gewährleistete Handlungsfreiheiten ein und bedürfen schon
deshalb einer **Rechtsgrundlage.** Die Rechtsgrundlagen finden sich in einer Vielzahl
von Bundes- und Landesgesetzen. Sie jeweils zu ermitteln würde eine nicht geringe
Mühe bedeuten. Zu empfehlen ist deshalb, eine gewisse Anzahl typischer Rechtsgrundlagen »präsent« zu haben.

> Schon aus Gründen sozialer Rücksichtnahme ist es für Hundehalter geboten, Hunde anzuleinen, **375**
> wenn sie anderen Menschen lästig zu werden drohen. Die Pflicht zur *sozialen* Rücksichtnahme wird
> erst zur *Rechtspflicht,* wenn sie in Rechtsnormen niedergelegt ist. Dies war im Ausgangsfall durch
> die Gefahrenabwehrverordnung für das Halten von Hunden – Hess. HundeVO – vom 22. 4. 1992
> (GVBl. I S. 154) geschehen (nunmehr VO v. 22. 1. 2003 [GVBl. I S. 54]), die in § 2 Abs. 1 S. 1
> Nr. 2 i. V. m. Abs. 2 S. 1 vorschrieb, Hunde anzuleinen, wenn sie »in gefahrdrohender Weise Men-
> schen anspringen«. Damit war *allen* Hundehaltern im Geltungsbereich der Verordnung die –
> *abstrakte* – Rechtspflicht zum Anleinen ihrer Hunde auferlegt worden. Ob die im Ausgangsfall dem
> H auferlegte *konkrete* Verpflichtung, seine Hunde anzuleinen, auf diese Verordnung gestützt
> werden konnte, hing davon ab, ob sie eine entsprechende *Ermächtigung* zur Pflichtenkonkretisie-
> rung enthielt.

Soweit in Rechtsnormen niedergelegte Rechtspflichten befolgt werden, gibt es für die **376**
Verwaltung keinen Anlass zum Einschreiten. Erst wenn eine »Zuwiderhandlung«
gegen eine Rechtspflicht bekannt wird, besteht Anlass zu einer behördlichen Maßnahme.

> Im Ausgangsfall erlangte die Behörde Kenntnis von dem Vorgang durch eine »Anzeige« der **377**
> betroffenen Frau. Da H einer allen Hundehaltern durch die Rechtsverordnung auferlegten Pflicht
> *zuwidergehandelt* hatte, hätte die Behörde ihm als Sanktion ein *Bußgeld* auferlegen können, wie
> dies in § 6 Abs. 2 Hess. HundeVO a. F. vorgesehen war.

Um Rechtspflichten gegenüber dem Einzelnen konkretisieren zu können, bedarf es **378**
einer **Rechtsgrundlage,** die die Verwaltung ermächtigt, die Konkretisierung gerade
durch **Verwaltungsakt** vorzunehmen. Die **»Verwaltungsaktsbefugnis«** – nämlich
die Ermächtigung, in der Rechtsform des Verwaltungsakts zu handeln – versteht sich
keineswegs von selbst und wird auch nicht dadurch eingeräumt, dass Behörden zur
Überwachung der Einhaltung gesetzlicher Pflichten verpflichtet sind.[4]

> Die im Ausgangsfall einschlägige HundeVO a. F. begründete in § 2 Abs. 2 zwar eine Verpflichtung **379**
> zum Anleinen von Hunden, enthielt jedoch *keine* Rechtsgrundlage dafür, diese (abstrakte) Pflicht in
> der Weise zu *konkretisieren,* dass einem Adressaten für die Zukunft aufgegeben wurde, *seine* Hunde
> anzuleinen. Allerdings beging derjenige, der der Anleinpflicht zuwiderhandelte, eine Ordnungswid-
> rigkeit, die durch ein Bußgeld geahndet werden konnte (§ 6 Abs. 1 Nr. 2, Abs. 2 Hess. HundeVO
> a. F.). Bußgelder sind jedoch nur Sanktionen für in der Vergangenheit liegendes Handeln, sichern
> aber nicht notwendig, dass sich der Betroffene auch in Zukunft pflichtgemäß verhält.[5] Die Pflich-
> tenkonkretisierung für die *Zukunft* bedarf dagegen einer *besonderen* Rechtsgrundlage, die allerdings
> in der gefahrenabwehrrechtlichen Generalklausel (im Ausgangsfall: § 11 HSOG a. F.) besteht. Der
> »öffentlichen Sicherheit« droht stets eine *Gefahr,* wenn die objektive Rechtsordnung (als Inbegriff
> aller Rechtsnormen) verletzt wird oder zu werden droht. Der Einwand, man könnte nicht jedem
> potentiell ordnungswidrig Handelnden aufgeben, sich pflichtgemäß zu verhalten, trifft nur für den

---

4 Vgl. *H.-G. Henneke,* in: Knack/Henneke, VwVfG, Vor § 35 Rn. 39.
5 Zum Unterschied zwischen Sanktions- und Präventionsrecht vgl. *J. Ipsen,* Niedersächsisches Polizei-
  und Ordnungsrecht, 4. Aufl. 2010, Rn. 85 ff.

Regelfall zu: in Ausnahmefällen ist zukünftiges ordnungswidriges (möglicherweise auch strafbares[6]) Verhalten absehbar.

380 Der durch Verwaltungsakt konkretisierten **Pflicht** entspricht ein **Anspruch** der Behörde gegen den Adressaten auf pflichtgemäßes Verhalten. Die für den Verwaltungsakt typische **Einseitigkeit** trifft nur auf die Begründung des Rechtsverhältnisses zu, nicht auf seinen **Inhalt**. Das **Rechtsverhältnis** ist vielmehr stets dadurch gekennzeichnet, dass ein Rechtssubjekt von einem anderen etwas verlangen kann.

381 Im Ausgangsfall ist ein Verwaltungsrechtsverhältnis zwischen der Behörde und H erst mit der Verfügung begründet worden. Zwar war H aufgrund der HundeVO auch vorher schon dazu verpflichtet, seine Hunde anzuleinen; diese Pflicht war indes noch nicht Inhalt eines Verwaltungsrechtsverhältnisses, weil sie nur »abstrakt« bestand.

382 Der umgekehrte Fall besteht darin, dass durch Verwaltungsakt **gesetzliche Ansprüche** konkretisiert werden. In diesem Fall wird ein Rechtsverhältnis begründet, aufgrund dessen der Adressat etwas von der Verwaltung verlangen kann. Die dogmatische Nähe von **anspruchs- und pflichtenbegründenden Verwaltungsakten** zeigt sich im Abgabenrecht einerseits und im Subventionsrecht andererseits: In beiden Fällen sind Zahlungsansprüche und Zahlungspflichten Inhalt des Verwaltungsrechtsverhältnisses.

383 Anspruchs- und pflichtenbegründende Verwaltungsakte unterscheiden sich von den anderen Kategorien dadurch, dass sie der **Vollstreckung** fähig sind. Die Befolgung der Handlungs-, Duldungs- und Unterlassungspflichten, die einem Adressaten durch Verwaltungsakt auferlegt werden, kann die Verwaltung aufgrund seiner »Titelfunktion« durch Verwaltungszwang durchsetzen.[7] Hierzu stehen die Zwangsmittel der Ersatzvornahme, des Zwangsgelds und des unmittelbaren Zwangs zur Verfügung.[8]

384 Im Ausgangsfall käme (allein) die Androhung und Verhängung eines Zwangsgelds in Betracht, mit dem H bei Zuwiderhandlungen angehalten werden könnte, seiner Pflicht zum Anleinen zu genügen. Das Zwangsgeld ist nicht zu verwechseln mit dem *Bußgeld*, das wegen einer Ordnungswidrigkeit, nämlich einer Zuwiderhandlung gegen die in der Verordnung enthaltenen Pflichten, festgesetzt werden kann (§ 6 Abs. 2 Hess. HundeVO a. F. = § 18 Abs. 1 Nr. 13, Abs. 2 Hess. HundeVO n. F.). Das Bußgeld nämlich ist eine Sanktion für ein in der Vergangenheit liegendes *Unrecht*, während das Zwangsgeld den Betroffenen zur Erfüllung seiner Pflichten anhalten soll. Der Höchstbetrag eines Zwangsgelds übersteigt den eines Bußgelds um ein Vielfaches.[9]

2. Rechtsgestaltende Verwaltungsakte (Erlaubnisse, Genehmigungen, Konzessionen)

385 **Fall 16:** Das Pharmaunternehmen B plante eine Anlage, in der unter Verwendung gentechnisch veränderter Mikroorganismen ein Zwischenprodukt für in weiteren Verfahrensschritten herzustellendes Humaninsulin gewonnen werden sollte. B beantragte und erhielt von der zuständigen Behörde eine Genehmigung zur Errichtung und zum Betrieb der Anlage nach § 4 BImSchG. N1, N2 und N3, die in einer Entfernung von maximal 8,5 km von der Anlage entfernt wohnen, erhoben Klage gegen

---

6 Vgl. den Fall der beabsichtigten Sterbehilfe, VG Karlsruhe, NJW 1988, S. 1536.
7 Vgl. oben Rn. 11, 317.
8 Vgl. unten Rn. 873 ff.; dazu auch *H. Faber*, Verwaltungsrecht, 4. Aufl. 1995, § 20 IV a 2.
9 Nach § 18 Abs. 2 Hess. HundeVO kann wegen einer Ordnungswidrigkeit ein Bußgeld in Höhe von bis zu 5.000 EUR verhängt werden, während nach § 50 Abs. 1 HSOG der Höchstbetrag des Zwangsgelds 50.000 EUR beträgt.

die Genehmigung mit der Begründung, sie würden durch die mögliche Freisetzung lebender Organismen in ihren Grundrechten auf Leben und körperliche Unversehrtheit verletzt.

(VGH Kassel, NVwZ 1990, 276)

Fall 17: F war bis zu ihrem Tod Bewohnerin eines Altenwohn- und Pflegeheims. Nachdem ihr **386** Vermögen erschöpft war, trat sie eine ihr zustehende (und gestundete) Kaufpreisforderung zur Abdeckung der künftig anfallenden Heimkosten an den Heimträger ab. Den nicht verbrauchten Restbetrag der Forderung wandte sie dem Heimträger für den Fall ihres Todes als Schenkung zu. Nach dem Tod der F beantragte der Heimträger bei der zuständigen Behörde eine Ausnahmegenehmigung nach § 14 HeimG a. F.

(BVerwGE 78, 357)

Rechtsgestaltende (gestattende) Verwaltungsakte räumen dem Adressaten eine **387** Rechtsstellung ein, die er vor Erlass des Verwaltungsakts nicht innehatte. Sie treten unter unterschiedlichen **Bezeichnungen** auf (Erlaubnis, Genehmigung, Konzession usw.) und haben gemeinsam, dass **Handlungsmöglichkeiten,** die das Recht zunächst untersagt, **erlaubt** werden (»Verbot mit Erlaubnisvorbehalt«). Der Unterschied zu den anspruchsbegründenden Verwaltungsakten besteht darin, dass die Rechtslage durch diese Kategorie **unmittelbar gestaltet** wird und der Verwaltungsakt nicht lediglich einen Anspruch einräumt, der erfüllt werden muss. In der Literatur finden sich auch die Bezeichnungen »gewährende« und »gestattende« Verwaltungsakte.[10]

Gesetzliche Verbote dieser Art sind dazu bestimmt, Gefahren für die Allgemeinheit **388** abzuwehren. Mit der Erlaubnispflicht ist das betreffende Handeln keineswegs als sozialschädlich (dis-)qualifiziert; die Handlungsmöglichkeiten, die unter **Erlaubnisvorbehalt** stehen, werden vielmehr entweder durch spezielle **Grundrechte** oder durch die **allgemeine Handlungsfreiheit** gewährleistet.

Im Fall 16 konnte sich das Unternehmen in jedem Fall auf Art. 12 Abs. 1 GG, ggf. auch auf die **389** Wissenschaftsfreiheit (Art. 5 Abs. 3 S. 1 GG), letztlich auch auf die Eigentumsgarantie (Art. 14 Abs. 1 GG) berufen. Das (von der Genehmigungsbehörde angewandte) Bundes-Immissionsschutzgesetz verfolgt den Zweck, Menschen, Tiere und Pflanzen, den Boden, das Wasser, die Atmosphäre sowie Kultur- und sonstige Sachgüter vor schädlichen Umwelteinwirkungen zu schützen und dem Entstehen schädlicher Umwelteinwirkungen vorzubeugen (§ 1 Abs. 1 BImSchG). Aus diesem Grund bedürfen die Errichtung und der Betrieb von Anlagen, die derartige Umwelteinwirkungen hervorzurufen geeignet sind, einer Genehmigung (§ 4 Abs. 1 S. 1 BImSchG). Im Ausgangsfall hielt der VGH Kassel § 4 BImSchG für nicht einschlägig, weil bei Erlass des BImSchG nicht an gentechnische Anlagen »gedacht« worden sei. Entgegen dem verfassungsrechtlichen Grundsatz, dass »rechtlich alles erlaubt ist, was nicht ausdrücklich (durch Rechtssatz) verboten ist«,[11] hielt der Verwaltungsgerichtshof gentechnische Versuche ohne spezielle gesetzliche Regelung für verboten.[12]

Eine besondere Kategorie rechtsgestaltender Verwaltungsakte sind die **privatrechts- 390 gestaltenden Verwaltungsakte.** Ihre Eigenart besteht darin, dass die Rechtswirksamkeit eines bürgerlich-rechtlichen Rechtsgeschäfts von einer Genehmigung abhängig gemacht oder auf andere Weise beeinflusst wird.[13]

---

10 Vgl. *H.-G. Henneke,* in: Knack/Henneke, VwVfG, § 35 Rn. 90.
11 Vgl. BVerfGE 84, 372 (380); dazu *J. Ipsen,* Staatsrecht II, 15. Aufl. 2012, Rn. 75 ff.
12 Vgl. VGH Kassel, NVwZ 1990, S. 276 und die nachhaltige Kritik dieser Entscheidung bei *H. Sendler,* NVwZ 1990, S. 231 m. w. N. Durch das Gentechnikgesetz (GenTG) vom 20. 6. 1990 (BGBl. I S. 1080) ist eine spezielle Regelung mit Genehmigungsvorbehalt (§ 8 GenTG) erlassen worden.
13 Vgl. *H. Maurer,* AllgVerwR, § 9 Rn. 45.

391 Im Fall 17 war § 14 Abs. 1 HeimG a. F. einschlägig, der Zuwendungen von Heimbewohnern an Heimträger, die über das für die Unterbringung usw. vereinbarte Entgelt hinausgingen, untersagte, die zuständige Behörde aber zu Ausnahmegenehmigungen ermächtigte, wenn der Vermögensvorteil für gemeinnützige Zwecke verwandt wurde. Das Verbot diente dem Schutz der Heimbewohner und setzte nach Auffassung des BVerwG voraus, dass durch ihre Befragung noch festgestellt werden konnte, ob die Vermögenszuwendung ohne unzulässige Beeinflussung erfolgte.[14] Da dies nach dem Tod eines Heimbewohners nicht mehr möglich war, hielt das Bundesverwaltungsgericht eine nachträgliche Genehmigung mit der Folge für ausgeschlossen, dass das zu Lebzeiten abgeschlossene Rechtsgeschäft nichtig war (§ 134 BGB).[15] Ein testamentarisch begünstigter Dritter konnte deshalb die Aufhebung der gleichwohl erteilten (nachträglichen) Genehmigung im Klagewege verlangen. § 14 des Heimgesetzes ist durch Gesetz vom 23. 4. 1990 (BGBl. I S. 758) geändert worden und erhielt zahlreiche Ausnahmetatbestände. Das Heimgesetz gilt nunmehr in der Fassung der Bekanntmachung v. 5. 11. 2001 (BGBl. I S. 2970).

392 Als **gestaltende** – auch privatrechtsgestaltende – **Verwaltungsakte** sind nur solche Maßnahmen anzusehen, deren Gestaltungswirkung **unmittelbar** – also ohne weitere Erfüllungs- oder Vollzugshandlungen – eintritt. Eine im weiteren Sinne gestaltende Wirkung nämlich ist jedem Verwaltungsakt zu Eigen, weil es Begriffsmerkmal von Verwaltungsakten ist, einen Einzelfall zu regeln und damit notwendig die Rechtslage zu *gestalten*. Die geläufige Definition, dass gestaltende Verwaltungsakte ein **Rechtsverhältnis begründen, ändern** oder **aufheben,**[16] geht von einem zu engen Begriff des Rechtsverhältnisses aus. Begreift man das Verwaltungsrechtsverhältnis als jede – durch Verwaltungsakt oder auf andere Weise begründete – »Nähe« zur Verwaltung, fehlt dem gestaltenden Verwaltungsakt sein Spezifikum.

393 Die Kategorie des gestaltenden Verwaltungsakts ist dogmatisch nur sinnvoll, wenn man sie auf die **unmittelbare Rechtsgestaltung** – analog dem Gestaltungsurteil[17] – beschränkt. Der gestaltende Verwaltungsakt ist mithin dadurch gekennzeichnet, dass die mit ihm angestrebte **Rechtswirkung** unmittelbar mit seinem **Erlass** eintritt. Die so umschriebene Gestaltungswirkung hat zwangsläufig Auswirkungen auf die **Vollstreckungsfähigkeit**. Während ein Verwaltungsakt, der ein Tun, Dulden oder Unterlassen auferlegt, ggf. durch Verwaltungszwang durchgesetzt werden muss, ist der rechtsgestaltende Verwaltungsakt **keiner** Vollstreckung fähig.[18]

394 Nicht zu verwechseln mit der **Vollstreckbarkeit** ist die **Vollziehbarkeit** eines gestaltenden Verwaltungsakts. Solange diese nicht durch Rechtsbehelfe bzw. behördliche oder gerichtliche Maßnahmen ausgeschlossen ist, kann der Adressat einer Erlaubnis, Konzession oder Genehmigung von dieser auch **Gebrauch machen**. Gerade dieser Umstand aber zeigt, dass es keines weiteren Aktes bedarf, um die Rechtslage zu gestalten.

395 Im Fall 16 konnte das Unternehmen von der ihm erteilten Genehmigung (zunächst) Gebrauch machen. Aufgrund der gegen die Genehmigung erhobenen Anfechtungsklage trat die aufschiebende Wirkung ein (§ 80 Abs. 1 S. 1 VwGO), die die *Vollziehbarkeit* zunächst beendete.

---

14 Vgl. BVerwGE 78, 357 (358 f.).
15 So BVerwGE 78, 357 (362 f.).
16 Vgl. *N. Achterberg*, AllgVerwR, § 21 Rn. 77; *Bull/Mehde*, AllgVerwR/VerwL, Rn. 710; *H. Maurer*, AllgVerwR, § 9 Rn. 45.
17 Vgl. unten Rn. 1036.
18 Vgl. *N. Achterberg*, AllgVerwR, § 21 Rn. 80; *H. Maurer*, AllgVerwR, § 20 Rn. 6.

3. Feststellende Verwaltungsakte

Fall 18: S ist Studentin der Rechtswissenschaft an der Universität T und bezieht in T eine Wohnung, die sie als Nebenwohnung anmeldet. Mit Hauptwohnung ist sie am Wohnort ihrer Eltern gemeldet. Die Stadt T teilt S mit, bei Studenten könne in der Regel davon ausgegangen werden, dass sie sich im Laufe eines Jahres überwiegend am Studienort aufhielten, und trägt S in das Melderegister mit der Hauptwohnung in T ein. S strebt eine Berichtigung des Melderegisters an.

396

(BVerwGE 89, 110)

Feststellende Verwaltungsakte sind darauf gerichtet, ein Verwaltungsrechtsverhältnis festzustellen. Die Feststellung zielt nicht auf Tatsachen oder einen aus mehreren Tatsachen sich ergebenden **Sachverhalt,** sondern auf ein **Rechtsverhältnis.** Feststellende Verwaltungsakte sind als Grundlage für weiteres Verwaltungshandeln unentbehrlich und finden sich in ganz unterschiedlichen Rechtsgebieten.[19]

397

Die Abgrenzung zwischen einem feststellenden Verwaltungsakt und schlichtem Verwaltungshandeln ist nicht immer leicht vorzunehmen.

398

Im Ausgangsfall besteht die Besonderheit, dass S entgegen ihren Angaben mit Hauptwohnung in das Melderegister von T eingetragen und ihr dies mitgeteilt wird. Während die Eintragung in das Melderegister normalerweise keine Rechtsfolgen zeitigt, könnte die an S gerichtete Mitteilung als feststellender Verwaltungsakt zu qualifizieren sein. Das BVerwG[20] konnte ebenso wie das Berufungsgericht die Frage der Rechtsqualität der Eintragung dahingestellt sein lassen, weil es über einen Anspruch der S auf Berichtigung des Melderegisters zu entscheiden hatte, der von der Stadt T durch Bescheid (= VA) abgelehnt worden war.

399

Der feststellende Verwaltungsakt ist notwendig auf eine **Rechtsfolge** gerichtet. Er zielt zumeist darauf ab, ein **strittiges Rechtsverhältnis** in der Weise **festzustellen,** dass es – ggf. nach Beendigung des Rechtsbehelfsverfahrens – nicht mehr in Frage gestellt werden kann.

400

Im Ausgangsfall muss unterschieden werden, ob die Behörde mit ihrer Mitteilung eine *Regelung* treffen wollte und ob sie *befugt* war, eine derartige Regelung zu treffen (Verwaltungsaktsbefugnis), schließlich, ob – wenn beide Voraussetzungen gegeben waren – die Feststellung *rechtmäßig* war. Ob eine Behörde einen Verwaltungsakt erlassen will, richtet sich zunächst nach der äußeren Form der Maßnahme und dem in ihr zum Ausdruck gelangten Willen der Behörde. Eine formlose Mitteilung ohne Rechtsbehelfsbelehrung spricht z. B. dagegen, dass die Behörde einen Verwaltungsakt erlassen wollte.

401

Für feststellende Verwaltungsakte gilt der **Gesetzesvorbehalt** in gleichem Umfang wie für andere Verwaltungsakte auch.[21] Mit anderen Worten muss der Verwaltung die **ausdrückliche Befugnis** eingeräumt sein, das Rechtsverhältnis durch Verwaltungsakt festzustellen.

402

Nach § 12 Abs. 1 S. 2 MRRG hat ein Einwohner, der mehrere Wohnungen hat, der Meldebehörde mitzuteilen, welche Wohnung seine Hauptwohnung ist. Nach § 12 Abs. 2 S. 1 MRRG ist Hauptwohnung die vorwiegend benutzte Wohnung des Einwohners, wobei nach der Rechtsprechung des

403

---

19 Vgl. die Aufzählungen bei *H.-G. Henneke*, in: Knack/Henneke, VwVfG, § 35 Rn. 92; *U. Stelkens*, in: Stelkens/Bonk/Sachs, VwVfG, § 35 Rn. 219.
20 BVerwGE 89, 110 (112 f.).
21 So BVerwGE 72, 265: »Feststellende Verwaltungsakte bedürfen jedenfalls dann einer gesetzlichen Grundlage, wenn ihr Inhalt etwas als Rechtens feststellt, was der Betroffene erklärtermaßen für nicht Rechtens hält.« Für geringere Anforderungen an den Gesetzesvorbehalt *U. Stelkens*, in: Stelkens/Bonk/Sachs, VwVfG, § 35 Rn. 220 m. w. N.

BVerwG eine rein quantitative Berechnung erforderlich ist und es keine gesetzliche Vermutung gibt, dass Studenten vorwiegend ihre Wohnung am Studienort benutzen.[22] Für die Landesmeldegesetze ist die Frage, ob die Meldebehörden eine Befugnis haben, die Hauptwohnung durch Verwaltungsakt festzustellen, unterschiedlich beantwortet worden.[23] Das Interesse der Gemeinden, die »wirkliche« Einwohnerzahl (mit Hauptwohnung) festzustellen, ist schon wegen der damit verbundenen Auswirkungen auf den kommunalen Finanzausgleich anerkennenswert. Auf der anderen Seite kann jeder Einwohner nur an *einem* Wohnort mit Hauptwohnung gemeldet werden, so dass die Feststellung der Hauptwohnung entgegen der Erklärung des Einwohners notwendig zu Lasten einer *anderen* Gemeinde geht. Insofern ist es folgerichtig, dass dem Einwohner nach § 12 Abs. 1 S. 2 MRRG lediglich eine Erklärungspflicht obliegt, auf deren Grundlage die Behörden ihre Maßnahmen zu treffen haben.[24] Eine Befugnis der Verwaltung, die Hauptwohnung entgegen der Erklärung des Meldepflichtigen durch Verwaltungsakt festzustellen, ist deshalb im Ausgangsfall abzulehnen.

404 Feststellende Verwaltungsakte sind für die Tätigkeit der Verwaltungsbehörden unentbehrlich. Im Abgabenrecht ist die Feststellung von Einheitswerten für Grundstücke (§§ 19 ff. BewG) von Bedeutung, die durch besonderen Bescheid (§ 180 Abs. 1 AO) festgestellt werden. Auch die Staatsangehörigkeit,[25] die Wehrdiensttauglichkeit[26] und die Eigenschaft als Kulturdenkmal[27] können Gegenstand eines feststellenden Verwaltungsakts sein.[28]

405 Feststellende Verwaltungsakte sind weder **vollstreckungsfähig** noch -**bedürftig,**[29] weil der Rechtserfolg bereits mit ihrem **Erlass** eintritt.

II. Begünstigende und belastende Verwaltungsakte (Regelungsauswirkungen)

1. Begünstigende Verwaltungsakte

406 Begünstigende Verwaltungsakte begründen oder bestätigen ein **Recht** oder einen **rechtlich erheblichen Vorteil** (§ 48 Abs. 1 S. 2 VwVfG). Die gestattenden Verwaltungsakte sind im Hinblick auf ihre Auswirkungen regelmäßig begünstigend.

407 Im Fall 16 ist dem Unternehmen eine Genehmigung zur Errichtung und zum Betrieb einer gentechnischen Anlage erteilt worden (§ 4 Abs. 1 BImSchG). Ohne diese Genehmigung wäre die Errichtung unzulässig gewesen und hätte als Ordnungswidrigkeit geahndet (§ 62 Abs. 1 Nr. 1 BImSchG) und mit den Mitteln des Verwaltungszwangs verhindert werden können. Die Genehmigung hat folglich ein *Recht* für B begründet. Dass hierauf auch ein (gesetzlicher) *Rechtsanspruch* besteht (wie ihn § 6 Abs. 1 BImSchG einräumt), ändert nichts daran, dass das Verbot (mit Erlaubnisvorbehalt) im Einzelfall erst mit Erteilung der Genehmigung (Begünstigung) außer Kraft tritt.

---

22 Vgl. BVerwGE 89, 110 (112 f.).
23 Vgl. OVG Münster, NVwZ 1989, S. 1082; NVwZ 1990, S. 181 (Verneinung der Befugnis); VGH München, NVwZ-RR 1989, S. 365; VGH Kassel, NVwZ 1990, S. 182; NVwZ-RR 1991, S. 357; VGH Mannheim, NVwZ-RR 1991, S. 359; NVwZ-RR 1992, S. 480 (Bejahung der Befugnis).
24 In diesem Sinne auch OVG Koblenz, NVwZ-RR 1990, S. 476 f.
25 Vgl. BVerwGE 41, 277 (279).
26 Vgl. BVerwGE 58, 37 (38).
27 Vgl. VGH Mannheim, NVwZ 1983, S. 100.
28 Weitere Beispiele bei *H.-G. Henneke,* in: Knack/Henneke, VwVfG, § 35 Rn. 92; *U. Stelkens,* in: Stelkens/Bonk/Sachs, VwVfG, § 35 Rn. 219.
29 Vgl. *N. Achterberg,* AllgVerwR, § 22 Rn. 195; *M. Ruffert,* in: Erichsen/Ehlers, AllgVerwR, § 21 Rn. 51, § 26 Rn. 14.

2. Belastende Verwaltungsakte

Für **belastende Verwaltungsakte** fehlt es an einer Legaldefinition.[30] Sie sind dadurch **408** gekennzeichnet, dass sie sich auf die Rechtsstellung des Betroffenen nachteilig auswirken. Geläufig ist die Wendung, dass belastende Verwaltungsakte in Rechte »eingreifen«.[31] Gemeint ist mit dem Begriff »Rechtseingriff« zumeist, dass Verwaltungsakte den Adressaten in seinen Handlungsmöglichkeiten **einschränken** und er dieser Einschränkung nicht mit einem **Abwehrrecht** (Grundrecht) begegnen kann. Der »Eingriff« liegt also darin, dass Handlungsmöglichkeiten des Adressaten verkürzt werden. Ob durch eine solche Maßnahme **Rechte** (zulässigerweise) **eingeschränkt** oder (unzulässigerweise) **verletzt** werden, bedarf weiterer Prüfung.[32]

> Im Fall 15 ist H auferlegt worden, seine beiden Hunde zukünftig anzuleinen. Hierin liegt eine **409** *Einschränkung* seiner Handlungsmöglichkeiten (»Freiheit«), der er sein Grundrecht aus Art. 2 Abs. 1 GG entgegenhalten kann, was die Maßnahme rechtfertigungsbedürftig macht. Ob die mit dem an H gerichteten Verwaltungsakt verbundene Einschränkung seines Grundrechts *rechtmäßig* ist, bedarf weiterer Prüfung und hängt insbesondere davon ab, ob die Tatbestandsvoraussetzungen des § 2 Abs. 1 Hess. HundeVO a. F. vorgelegen haben.

Rechtsnachteile können auch darin liegen, dass eine beantragte **Begünstigung abge-** **410** **lehnt** wird. Da es bei den Kategorien des begünstigenden und belastenden Verwaltungsakts lediglich auf die Regelungsauswirkungen ankommt, ist es hierfür unerheblich, ob die Maßnahme rechtmäßig oder rechtswidrig war.

> Im Fall 18 hat S einen Anspruch auf Berichtigung des Melderegisters geltend gemacht, nachdem die **411** Meldebehörde sie mit Hauptwohnsitz in T eingetragen hatte. Diesen durch §§ 7 Nr. 2, 9 MRRG begründeten Anspruch (das »Recht«) hat die Meldebehörde bei S im konkreten Zusammenhang verneint, weil sie davon ausging, das Melderegister sei richtig. Die Ablehnung des von S gestellten Antrags stellte für sie einen rechtlich erheblichen Nachteil dar und war somit als belastender Verwaltungsakt zu qualifizieren. Unerheblich ist für diese Einordnung, ob die Ablehnung zu Recht oder zu Unrecht erfolgte. Die (belastenden) Auswirkungen einer Maßnahme sind stets unabhängig von ihrer *Rechtmäßigkeit* zu beurteilen.

3. Verwaltungsakte mit Doppelwirkung (§§ 80, 80 a VwGO)

Verwaltungsakte können hinsichtlich ihrer Auswirkungen ambivalent sein, nämlich **412** den **Adressaten begünstigen** und einen **Dritten belasten** oder den **Adressaten belasten** und einen **Dritten begünstigen**. Die wegen ihrer ambivalenten Auswirkungen als **Verwaltungsakte mit Doppelwirkung** bezeichneten Maßnahmen (§ 80 Abs. 1 S. 2 VwGO) werfen insbesondere prozessrechtliche Probleme auf, die den Anlass für eine Novellierung der Verwaltungsgerichtsordnung bildeten (§ 80 a VwGO).[33]

Verwaltungsakte mit Doppelwirkung gibt es in unterschiedlichen Bereichen der Ver- **413** waltung. Die mit ihnen verbundenen materiell-rechtlichen und prozessrechtlichen

---

30 Vgl. aber *N. Achterberg,* AllgVerwR, § 21 Rn. 87, der § 48 Abs. 1 S. 2 VwVfG umkehrt und solche Maßnahmen als belastende Verwaltungsakte definiert, »durch welche ein Recht beseitigt oder ein rechtlich erheblicher Nachteil begründet oder bestätigt wird.«
31 Vgl. *H. Maurer,* AllgVerwR, § 9 Rn. 48; vgl. auch *D. Ehlers,* in: Erichsen/Ehlers, AllgVerwR, § 1 Rn. 51.
32 Vgl. hierzu *J. Ipsen,* Staatsrecht II, 15. Aufl. 2012, Rn. 136 ff.
33 Vgl. *F. Schoch,* in: Schoch/Schmidt-Aßmann/Pietzner, VwGO, § 80 a Rn. 1 ff.; krit. *J. Schmidt,* in: Eyermann, VwGO, § 80 a Rn. 1, der diese Vorschrift für überflüssig hält.

Probleme sind entsprechend vielschichtig. Die **Baugenehmigung** ist für den Bauherrn regelmäßig **begünstigend,** kann im Einzelfall aber für den Nachbarn **belastend** sein.[34] Bei Genehmigungen von **Großanlagen** (Kraftwerke, Kernkraftwerke) oder **Planfeststellungen** (Straßen, Wasserstraßen, Flughäfen) ist dagegen der Kreis möglicher Betroffener kaum eingrenzbar.

414 | Im Fall 16 handelt es sich um eine gentechnische Anlage, die nach altem Recht (und richtiger Rechtsauffassung) aufgrund des § 4 Abs. 1 BImSchG genehmigungspflichtig war. Die Kläger fühlten sich durch diese Anlage in ihren Rechtsgütern (Leben, Gesundheit, Eigentum) beeinträchtigt und begründeten hiermit ihre prozessualen Schritte. Die Qualifikation einer Maßnahme als Verwaltungsakt mit Doppelwirkung setzt voraus, dass Rechtsgüter Dritter jedenfalls beeinträchtigt werden *können.* Deshalb kann zwischen Beteiligten eines Verfahrens durchaus streitig sein, ob es sich überhaupt um einen Verwaltungsakt mit Doppelwirkung handelt bzw. wie weit der Kreis nachteilig Betroffener zu ziehen ist.

415 Eine weitere Fallgruppe bildet die **Beamtenernennung** nach einem Auswahlverfahren, die für die nicht berücksichtigten Bewerber eine Belastung darstellen kann.[35] Auch die **Bewilligung von Subventionen** kann für den Konkurrenten wegen dessen verschlechterter Wettbewerbslage belastend sein.[36] Die Rechtsfigur des Verwaltungsakts mit Doppelwirkung hat vor allem **verwaltungsprozessuale Bedeutung,** weil der Kläger einer Anfechtungsklage geltend machen muss, in seinen **Rechten** verletzt zu sein (§ 42 Abs. 2 VwGO). Ein belastender Verwaltungsakt liegt aber nur vor, wenn der Dritte nicht nur einen **tatsächlichen** (wirtschaftlichen), sondern einen **rechtlichen Nachteil** durch den (im Übrigen begünstigenden) Verwaltungsakt erleidet. Diese Grenze ist nicht leicht zu ziehen und hat die Rechtsprechung stets vor Probleme gestellt, die sie mit wechselnden Formeln zu lösen versucht hat.[37] Die ausdrückliche Erwähnung des Verwaltungsakts mit Doppelwirkung (§§ 80 Abs. 1 S. 2, 80 a VwGO) setzt diese Rechtsfigur voraus und knüpft hieran Rechtsfolgen für den vorläufigen Rechtsschutz, entbindet aber nicht von der (materiell-rechtlichen) Prüfung, ob ein Verwaltungsakt mit Doppelwirkung vorliegt.

III. Verfahren und Form von Verwaltungsakten

1. Antragsbedürftige Verwaltungsakte

416 Regelmäßig bedarf es eines Anstoßes, damit die Verwaltung tätig wird. Dieser Anstoß kann in einer reinen **Tatsachenmitteilung** (Anzeige) bestehen, mit der die Erwartung verbunden ist, dass die Verwaltung »etwas unternimmt«. Anstöße dieser Art gehen vielfach von den Medien aus und erzeugen den bekannten »Handlungsbedarf«. In den kommunalen Gebietskörperschaften sind es zudem die Vertretungsorgane, die Anregungen von Bürgern in die Verwaltung transportieren. Die Art des Handlungsimpulses ist unbeachtlich, wenn die Behörde ein Verwaltungsverfahren »von Amts wegen« einleiten kann.

---

34 Die Rechtsprechung unterscheidet danach, ob der Nachbar sich auf Rechtsvorschriften berufen kann, die auch seinem Interesse zu dienen bestimmt sind (nachbarschützende Vorschriften); vgl. nur *B. Stüer,* Handbuch des Bau- und Fachplanungsrechts, 4. Aufl. 2009, Rn. 4678 f. m. w. N.

35 Vgl. dazu *J. Masing,* in: Dreier (Hrsg.), GG, Bd. II, 2. Aufl. 2006, Art. 33 Rn. 55.

36 Vgl. BVerwGE 30, 191 (197); OVG Münster, NVwZ 1984, S. 522 (524 f.).

37 Vgl. nur BVerwGE 30, 191; 60, 154 (160) (»schutzwürdige Interessen [...] willkürlich vernachlässigt«); 32, 173 (»schwer und unerträglich trifft«).

Im Fall 15 hat die Passantin eine »Anzeige« erstattet, die die zuständige Behörde zum Erlass einer **417** Verfügung veranlasst hat. Rechtlich ist diese »Anzeige« als Information zu bewerten, die regelmäßig das Ermessen der Behörde, ob sie ein Verwaltungsverfahren durchführt, unberührt lässt (§ 22 S. 1 VwVfG).

Eine Vielzahl von Verwaltungsakten setzt demgegenüber voraus, dass ein **Antrag** **418** vorliegt (**§ 22 S. 2 Nr. 2 VwVfG**). Die antragsbedürftigen Verwaltungsakte werden üblicherweise der Kategorie der »mitwirkungsbedürftigen« Verwaltungsakte zugerechnet.[38] Die Vermischung antragsbedürftiger Verwaltungsakte und solcher, deren Erlass Mitwirkungsakte anderer Behörden voraussetzt, ist dogmatisch wenig glücklich. Die **Antragsbedürftigkeit** ist schon deshalb als **eigenständige Kategorie** anzusehen, weil die Initiative hier vom Bürger ausgeht, die Verwaltung also gerade nicht »von Amts wegen« handelt. Zwar ändert die Antragsbedürftigkeit nichts daran, dass der beantragte Verwaltungsakt eine **einseitige Regelung** darstellt, der Antragsteller gibt jedoch zu erkennen, dass er mit der beantragten Regelung einverstanden ist. Antragsbedürftige Verwaltungsakte sind deshalb zugleich **Konsensverwaltungsakte**. Diese Besonderheit wird verwischt, wenn sie mit anderen Verwaltungsakten in einen Topf geworfen werden.

Im Fall 16 musste das Pharmaunternehmen zunächst einen (schriftlichen) Antrag auf Erteilung der **419** Genehmigung stellen (§ 10 Abs. 1 S. 1 BImSchG). Die (von der Behörde abgelehnte) Berichtigung des Melderegisters im Fall 18 ist demgegenüber *nicht* als antragsbedürftiger Verwaltungsakt zu qualifizieren. Nach § 4 a Abs. 1 S. 1 MRRG sind unrichtige Daten »von Amts wegen« oder gem. § 9 S. 1 MRRG auf Antrag des Betroffenen zu berichtigen. Der Berichtigung *kann also*, *muss* aber *nicht* ein Antrag zugrunde liegen.

Die Antragsbedürftigkeit ist bei begünstigenden Verwaltungsakten die Regel, weil der **420** Staat kaum Interesse daran haben kann, seinen Bürgern Wohltaten aufzudrängen. Folgerichtig sind antragsbedürftige Verwaltungsakte **rechtswidrig**, wenn der erforderliche Antrag **nicht** gestellt ist. Dieser allerdings kann nachgeholt und die Verletzung des Verfahrensrechts damit geheilt werden (§ 45 Abs. 1 Nr. 1 VwVfG).

2. Mitwirkungsbedürftige Verwaltungsakte

Gesetzliche Regelungen sehen vielfach vor, dass ein Verwaltungsakt nur erlassen **421** werden darf, wenn andere Behörden **mitgewirkt** haben. Für bestimmte baurechtliche Vorhaben (§§ 31, 33–35 BauGB) ist das **Einvernehmen** der **Gemeinde** (§ 36 Abs. 1 S. 1 BauGB) erforderlich. Sofern dies durch Rechtsverordnung der Landesregierungen vorgesehen ist, bedürfen Vorhaben nach § 35 Abs. 2 und 4 BauGB der **Zustimmung der höheren Verwaltungsbehörde** (§ 36 Abs. 1 S. 4 BauGB). Auch andere Gesetze sehen behördliche[39] oder andere[40] **Mitwirkungsakte** vor. Unterbleibt die Mitwirkung, so ist der Verwaltungsakt **rechtswidrig**. Die Mitwirkung kann allerdings nachgeholt und die Rechtswidrigkeit damit geheilt werden (§ 45 Abs. 1 Nr. 5 VwVfG).

Zu den mitwirkungsbedürftigen Verwaltungsakten wird auch die **Beamtenernen-** **422** **nung** gerechnet.[41] An diesem Beispiel zeigt sich zum wiederholten Male, dass die

---

38 Vgl. *Wolff/Bachof/Stober/Kluth*, Verwaltungsrecht I, § 46 Rn. 36.
39 Vgl. § 9 Abs. 2 FStrG.
40 Vgl. § 2 Abs. 2 FStrG.
41 Vgl. *H.-G. Henneke*, in: Knack/Henneke, VwVfG, § 35 Rn. 111.

Lehre vom Verwaltungsakt ihre Wurzeln in der konstitutionellen Staatsrechtslehre hat. Das Beamtenverhältnis wird zwar durch Ernennung (Verwaltungsakt) begründet (§ 8 Abs. 1 Nr. 1 BeamtStG; § 10 Abs. 1 Nr. 1 BBG); die Ernennung erfolgt jedoch durch »Aushändigung einer Ernennungsurkunde« (§ 8 Abs. 2 S. 1 BeamtStG; § 10 Abs. 2 S. 1 BBG) und setzt damit das **Einverständnis** des zu Ernennenden voraus. Diesem lediglich eine »Mitwirkung« bei der Begründung des Beamtenverhältnisses zuzugestehen, gehört in die Vorstellungswelt von gestern. In der Sache herrscht bei der Beamtenernennung das **Konsensprinzip**.

3. Formbedürftigkeit

423 Verwaltungsakte bedürfen **keiner** bestimmten **Form**; sie können schriftlich, elektronisch, mündlich oder in anderer Weise erlassen werden (§ 37 Abs. 2 S. 1 VwVfG). Der Verzicht auf eine bestimmte Form ist schon wegen der Abstraktionshöhe der Verwaltungsaktsdefinition (§ 35 S. 1 VwVfG) und der Vielfalt von Verwaltungsmaßnahmen erforderlich. Für einzelne Verwaltungsakte ist eine **besondere Form** vorgeschrieben. Dies ist insbesondere bei **behördlichen Erlaubnissen** (Genehmigungen, Konzessionen) der Fall.

424 Im Fall 16 war der Genehmigungsbescheid schriftlich zu erlassen, schriftlich zu begründen und dem Antragsteller und den Personen, die Einwendungen erhoben haben, zuzustellen (§ 10 Abs. 7 S. 1 BImSchG).

425 In Einzelfällen ist die Form einer **Urkunde** vorgesehen. Dies gilt für die Ernennung von Beamten, die durch Aushändigung einer **Ernennungsurkunde** erfolgt (§ 8 Abs. 2 S. 1 BeamtStG; § 10 Abs. 2 S. 1 BBG). Auch die Einbürgerung wird durch Aushändigung einer hierüber ausgefertigten **Einbürgerungsurkunde** vorgenommen (§ 16 S. 1 StAG).

IV. Sonderformen

426 **Fall 19:** A ist Anwohner einer Straße in einer geschwindigkeitsbeschränkten Zone, die eine neue Teerdecke erhalten hat und vom Rat der Gemeinde ohne Beschränkungen dem öffentlichen Verkehr gewidmet ist. A erhebt daraufhin Klage gegen die Widmungsverfügung. Im Prozess gibt der Vertreter der beklagten Gemeinde zu Protokoll, diese verpflichte sich, »zur Reduzierung der gefahrenen Geschwindigkeit Maßnahmen entsprechend dem Beschluss des Verkehrsausschusses vom (...) durchzuführen.« Der Verkehrsausschuss hatte den Beschluss gefasst, die Straße einzuengen und die Zeichen 208 und 308 StVO aufzustellen. Ferner sollte mehrfach das Zeichen »Zonen-Geschwindigkeitsbeschränkung 30 km/h« aufgestellt werden.

(BVerwGE 97, 323)

1. Verkehrszeichen (Allgemeinverfügung, § 35 S. 2 1. Alt. VwVfG)

427 Die Rechtsnatur von **Verkehrszeichen** beschäftigt Rechtsprechung und Literatur seit mehr als vier Jahrzehnten, ohne dass die Frage als vollständig geklärt angesehen werden könnte. Das **Bundesverwaltungsgericht** qualifiziert Verkehrszeichen als Verwaltungsakte (Allgemeinverfügungen).[42] Das Schrifttum hat sich überwiegend der Auffassung des Bundesverwaltungsgerichts angeschlossen,[43] ohne dass die Bedenken gegen diese Auffassung allerdings verstummt wären.[44]

Bemerkenswert ist, dass eine so alltägliche Erscheinung wie die Verkehrszeichen auf Dauer hinsichtlich ihrer Rechtsnatur umstritten sein konnte und weiterhin umstritten ist. Die kontroversen Positionen – **Verwaltungsakt** oder **Rechtsverordnung** – lassen sich bis zu einem gewissen Grade überwinden, wenn die **Regelungselemente** von Verkehrszeichen untersucht werden. Hierbei ist vorauszusetzen, dass Einzelakt und Rechtsnorm gleichermaßen rechtliche Regelungen darstellen, die sich nur hinsichtlich ihrer Regelungselemente unterscheiden.[45] Verkehrszeichen haben einen **unbestimmten Adressatenkreis** (nämlich jeden, den es »angeht«), aber einen **bestimmten Inhalt** (z. B. eine Geschwindigkeitsbeschränkung von 30 km/h). Die **Regelungssituation** ist **örtlich fixiert** (weil das Verkehrszeichen nur an einem bestimmten Ort steht), **zeitlich** aber **offen**. Damit weist ein Verkehrszeichen sowohl Elemente der **Rechtsnorm** als auch des **Einzelakts** auf, stellt sich also rechtstheoretisch als **Mischform** dar.[46] Der Gesetzgeber hat mit der Legaldefinition der **Allgemeinverfügung** (§ 35 S. 2 VwVfG) die Rechtsnatur der Verkehrszeichen zwar nicht bestimmt, ihre Qualifikation als Verwaltungsakte aber ermöglicht.[47] Nicht vertretbar erscheint demgegenüber die Qualifizierung von Verkehrszeichen als *Rechtsverordnungen*, weil es hierfür sowohl an einer hinreichenden Ermächtigung als auch an der notwendigen Bekanntmachung fehlen würde.[48]

Im Ausgangsfall handelt es sich bei den Verkehrsschildern, deren Anbringung A begehrt, folglich um Verwaltungsakte. Dies ist für den Rechtsschutz gegen Verkehrszeichen, aber auch dann von Bedeutung, wenn ein Anwohner die Anbringung eines Verkehrszeichens anstrebt.[49]

---

42 Vgl. BVerwGE 27, 181; 59, 221; aus neuerer Zeit vgl. BVerwGE 92, 32; 97, 214; 97, 323; 102, 316 (318); a. A. VGH München, NJW 1978, S. 1988, der seine Auffassung jedoch änderte (vgl. VGH München, NVwZ 1984, S. 383).

43 Vgl. *U. Stelkens*, in: Stelkens/Bonk/Sachs, VwVfG, § 35 Rn. 330; *H.-G. Henneke*, in: Knack/Henneke, VwVfG, § 35 Rn. 132; *Bull/Mehde*, AllgVerwR/VerwL, Rn. 703; dabei wird allerdings teilw. § 35 S. 2 3. Alt. VwVfG herangezogen.

44 Vgl. insbesondere *Drews/Wacke/Vogel/Martens*, Gefahrenabwehr, 9. Aufl. 1986, S. 361 ff.; *H. Maurer*, AllgVerwR, § 9 Rn. 34 ff.

45 Vgl. oben Rn. 340 ff.

46 Vgl. *J. Ipsen*, Rechtsfolgen der Verfassungswidrigkeit von Norm und Einzelakt, 1980, S. 188.

47 Vgl. *H. Maurer*, AllgVerwR, § 9 Rn. 35.

48 Vgl. aber *H. Maurer*, AllgVerwR, § 9 Rn. 35.

49 Da die Rechtsschutzform der Handlungsform folgt, ist im ersteren Fall die *Anfechtungs-*, im zweiten Fall die *Verpflichtungsklage* statthaft. Die Rechtsschutzfragen stehen seit jeher im Hintergrund der dogmatischen Diskussion. Die Qualifizierung als *Rechtsverordnung* hätte (von der Frage der Ermächtigung und Bekanntmachung einmal abgesehen) zur Folge, dass ein rechtswidriges Verkehrszeichen nichtig wäre, also auch ein Verstoß nicht als Ordnungswidrigkeit geahndet werden könnte. Die Rückwirkungen auf das Ordnungswidrigkeitenrecht wären unabsehbar, weil Behörden und Gerichte nicht nur die Wirksamkeit, sondern auch die *Rechtmäßigkeit* (etwa die Übereinstimmung mit dem Übermaßverbot) prüfen müssten. Zuwiderhandlungen können jedoch, da sie nur einen *wirksamen* Verwaltungsakt voraussetzen, gleichwohl als Ordnungswidrigkeiten geahndet werden. Ungeklärt ist allerdings die Frage, wieweit Straßenbauunternehmen befugt sind, Verkehrszeichen aufzustellen (was der Alltagserfahrung entspricht). Ob insoweit eine *Beleihung* vorliegt und welche Grundlagen sie hat, ist nicht vollständig geklärt; vgl. BVerwGE 35, 334.

2. Widmung (Allgemeinverfügung, § 35 S. 2 2. Alt. VwVfG)

430 Die **Widmung** ist ein Verwaltungsakt, der einer Sache einen spezifisch **rechtlichen Status** – als **öffentliche Sache** – verleiht. Sie ist ausdrücklich im Straßenrecht geregelt (§ 2 FStrG und entsprechende Vorschriften der Landesstraßengesetze), gilt aber im gesamten **öffentlichen Sachenrecht**.[50] Die Widmung wird vielfach als »**dinglicher Verwaltungsakt**« bezeichnet,[51] was die besondere Sachgebundenheit zum Ausdruck bringen soll. Dieser Tendenz entspricht es, dass die Allgemeinverfügung (auch) als Verwaltungsakt definiert wird, der die »öffentlich-rechtliche Eigenschaft einer Sache oder ihre Benutzung durch die Allgemeinheit betrifft« (§ 35 S. 2 2. Alt. VwVfG).

431 Rechtliche Regelungen – Einzelakte wie Rechtsnormen gleichermaßen – enthalten ein **Sollen** und dieses kann sich naturgemäß nur an **Menschen** richten.[52] Hiervon machen »dingliche Verwaltungsakte« keine Ausnahme. Wird eine Straße »gewidmet«, so ist der Gebrauch jedermann im Rahmen der verkehrsbehördlichen Vorschriften als **Gemeingebrauch** gestattet (§ 7 Abs. 1 FStrG und die Vorschriften der Landesstraßengesetze). Auch bei den anderen – zahlreichen – Beispielen »dinglicher Verwaltungsakte«[53] liegt stets ein Gebot, Verbot oder eine Erlaubnis – mithin ein rechtliches Sollen – für Menschen vor. Die »Dinglichkeit« besteht also darin, dass die Rechtswirkungen durch eine Sache vermittelt werden.

432 Im Ausgangsfall ist die frisch geteerte Straße zunächst – ohne Einschränkungen – *gewidmet* worden. Das bedeutet, dass jedermann sie im Rahmen der verkehrsbehördlichen Vorschriften benutzen durfte. Die Verwaltungsaktsqualität der Widmung war auch Voraussetzung dafür, dass A die Anfechtungsklage erheben konnte (§ 42 Abs. 1 VwGO). Inwieweit eine Widmung Rechte *Dritter* verletzen kann, ist eine Frage des Einzelfalls.

3. Zusicherung (§ 38 VwVfG)

433 Eine **Zusicherung** ist eine von der zuständigen Behörde erteilte **Zusage**, einen bestimmten Verwaltungsakt später zu erlassen oder zu unterlassen (§ 38 Abs. 1 S. 1 VwVfG). Unabhängig von einer möglichen Formbedürftigkeit des zugesicherten Verwaltungsakts bedarf sie zu ihrer Wirksamkeit der **Schriftform**. Soweit andere Verfahrensvorschriften für den zugesicherten Verwaltungsakt gelten (Anhörung Beteiligter, Mitwirkung anderer Behörden oder Ausschüsse), darf die Zusicherung erst gegeben werden, wenn diesen Vorschriften genügt worden ist (§ 38 Abs. 1 S. 2 VwVfG).

434 Die Zusicherung ist selbst **Verwaltungsakt**, weil sie alle Begriffsmerkmale des § 35 S. 1 VwVfG erfüllt.[54] Die Einzelfallregelung besteht darin, dass sich die Verwaltungsbehörde zum Erlass eines späteren Verwaltungsakts **verpflichtet**. Die Definition als **verwaltungsrechtliche Willenserklärung**[55] spricht nicht gegen die Qualifikation als Verwaltungsakt, weil auch Verwaltungsakte (behördliche) Willenserklärungen sind. Auch die Einordnung als »verwaltungsrechtliches Schuldverhältnis

---

50 Vgl. *M. Ruffert*, in: Erichsen/Ehlers, AllgVerwR, § 21 Rn. 37; im Einzelnen *H.-J. Papier*, in: Erichsen/Ehlers, AllgVerwR, § 40 Rn. 2 ff.

51 Vgl. *Wolff/Bachof/Stober/Kluth*, Verwaltungsrecht I, § 45 Rn. 81 f.

52 Vgl. oben Rn. 343 ff.

53 Vgl. *Kopp/Ramsauer*, VwVfG, § 35 Rn. 165 ff.

54 So zutr. *U. Stelkens*, in: Stelkens/Bonk/Sachs, VwVfG, § 38 Rn. 33; *H.-G. Henneke*, in: Knack/Henneke, VwVfG, § 38 Rn. 21; *Bull/Mehde*, AllgVerwR/VerwL, Rn. 782.

55 Vgl. *H.-U. Erichsen*, in: Erichsen/Ehlers, AllgVerwR, 12. Aufl. 2002, § 12 Rn. 33.

eigener Art«[56] führt nicht weiter, weil durch Verwaltungsakte stets Verwaltungs-rechtsverhältnisse begründet werden,[57] die, sofern sie einen Anspruch einräumen, als »Schuldverhältnisse« qualifiziert werden können. Gegen die Verwaltungsaktsqualität könnte allenfalls die Bestimmung in § 38 Abs. 2 VwVfG sprechen, die dort genann-ten Vorschriften fänden »entsprechende Anwendung«.[58] Allerdings sollte durch § 38 VwVfG der Streit um die Rechtsnatur der Zusage nicht entschieden, sondern nur ihre Verbindlichkeit unter bestimmten Voraussetzungen festgelegt werden.[59] Die frühere Kontroverse um die Rechtsnatur der Zusage ist im Kern nichts anderes als ein Streit um die Verbindlichkeit rechtswidriger Zusagen gewesen.[60] Aus § 38 Abs. 1 S. 1 VwVfG folgt indes, dass eine (schriftliche) Zusicherung **wirksam** ist und im Falle ihrer Rechtswidrigkeit lediglich nach allgemeinen Grundsätzen zurückgenommen werden kann (§ 38 Abs. 2 VwVfG).[61] Insofern gibt es keinen plausiblen Grund mehr, an der Verwaltungsaktsqualität der Zusicherung zu zweifeln.[62]

> Im Ausgangsfall hatte der Vertreter der beklagten Gemeinde eine Verpflichtung zu Protokoll **435** gegeben, die vom Verkehrsausschuss beschlossenen Maßnahmen – unter anderem eine Zonen-Geschwindigkeitsbegrenzung auf 30 km/h – durchzuführen. Da Verkehrszeichen als Verwaltungs-akte zu qualifizieren sind,[63] stellte sich im Ausgangsfall die Frage, ob insoweit eine *Zusicherung* vorgelegen hatte. Das BVerwG hat diese Frage bejaht und die Schriftform daraus hergeleitet, dass die Erklärung der Behörde zur *Niederschrift* des Gerichts gegeben worden sei.[64]

Die Bindung der Behörde entfällt, wenn sich nach Abgabe der Zusicherung die Sach- **436** oder Rechtslage derart ändert, dass die Behörde bei Kenntnis der nachträglich einge-tretenen Änderung die Zusicherung nicht gegeben hätte oder aus rechtlichen Gründen nicht hätte geben dürfen (§ 38 Abs. 3 VwVfG). Die hierin zum Ausdruck kommende **clausula rebus sic stantibus** begrenzt das in das Verwaltungshandeln gesetzte Ver-trauen des Adressaten auf eine unveränderte Sach- und Rechtslage. Der Empfänger einer Zusicherung ist also deutlich schlechter gestellt als der Adressat des zugesicher-ten Verwaltungsakts, weil die Behörde einen Verwaltungsakt (außerhalb eines Rechts-behelfsverfahrens) nur unter den Voraussetzungen der §§ 48, 49 VwVfG aufheben kann.[65] Zwar bewirkt die Änderung der Sach- und Rechtslage auch einen Widerrufs-grund (§ 49 Abs. 2 Nr. 3, 4 VwVfG), ein hierauf gestützter Widerruf verpflichtet die Behörde jedoch zum **Ersatz des Vertrauensschadens** (§ 49 Abs. 6 S. 1 VwVfG). Soweit die Voraussetzungen des § 38 Abs. 3 VwVfG vorliegen, soll es keines *actus contrarius* bedürfen und ein Entschädigungsanspruch ausgeschlossen sein.[66]

---

56 Vgl. *R. Pulaaro*, Haftungsrelevante Probleme der allgemeinen verwaltungsrechtlichen Zusage, 1983, S. 103.

57 Vgl. oben Rn. 177.

58 Vgl. *F.-J. Peine*, AllgVerwR, Rn. 872 f.

59 So die Begründung des Regierungsentwurfs zum VwVfG, BT-Drucks. 7/910, S. 59.

60 Vgl. *E. Forsthoff*, Lehrbuch des Verwaltungsrechts I, S. 171 f., der die *Rechtswirksamkeit* der Zusage von der *Rechtmäßigkeit* abhängig macht und damit gerade nicht die Grundsätze über den Ver-waltungsakt anwendet.

61 Vgl. unten Rn. 720 ff.

62 A. A. offenbar noch *H. Maurer*, AllgVerwR, § 9 Rn. 60.

63 Vgl. oben Rn. 427 ff.

64 So BVerwGE 97, 323 (327).

65 Vgl. *U. Stelkens*, in: Stelkens/Bonk/Sachs, VwVfG, § 38 Rn. 95 ff.; *H.-G. Henneke*, in: Knack/Henneke, VwVfG, § 38 Rn. 29.

66 So BVerwGE 97, 323 (330 f.): »Die Bindungswirkung entfällt nach dieser Vorschrift unabhängig von der Bekanntgabe einer Aufhebungsentscheidung bereits mit der objektiven Änderung der Sach- oder Rechtslage.«

437   Im Ausgangsfall hat das BVerwG eine Anfechtung wegen Irrtums (§ 119 BGB) der Zusicherung ebenso verneint wie deren Rücknahme oder Widerruf. Das Gericht nahm demgegenüber an, nach Abgabe der Zusicherung habe sich die Sachlage geändert, was eine Nichterteilung der Zusicherung gerechtfertigt haben würde.[67] Im konkreten Fall vermag die Entscheidung des BVerwG nicht zu überzeugen, weil sich die Behörde zunächst nur auf einen Irrtum über die Beschlusslage berufen hatte.

V. Rechtsprechung

438   **BVerwGE** 59, 221 (Verkehrszeichen); **E** 74, 15 (Zusicherung); **E** 78, 357 (Heimkosten); **E** 89, 110 (Melderegister); **E** 97, 323 (Tempo 30); **E** 102, 316 (Verkehrszeichen); **E** 128, 87 (Zusicherung im Flurbereinigungsrecht); **E** 138, 102 (Aufhebung der Ernennung zum Präsidenten des Oberlandesgerichts wegen Verhinderung des Rechtsschutzes eines Konkurrenten); **BVerwG,** NJW 1994, S. 144 (»Hamburger Stadtsiegel«); **BVerwG,** DVBl. 1998, S. 640 (Zusage im Beamtenkonkurrentenstreit); **BVerwG,** DÖV 2002, S. 82 (Wegfall der Bindungswirkung einer Zusage); **OVG Berlin,** NVwZ-RR 2000, S. 649 (Feststellender Verwaltungsakt über unmittelbare Ausführung einer Maßnahme); **VGH Mannheim,** NVwZ 2000, S. 1304 (Zusage des Abschlusses eines öffentlich-rechtlichen Vertrages); **OVG Münster,** NWVBl. 1992, S. 322 (Denkmalliste); **BayVGH,** BayVBl. 1997, S. 117 (Melderegister); **VGH Kassel,** NVwZ 1990, S. 276 (Gentechnik); **VGH Kassel,** NJW 1997, S. 961 (Kampfhunde).

VI. Literatur

439   *I. Appel/H. Melchinger,* Rechtsanwendung und feststellender Verwaltungsakt, VerwArch 84 (1993), S. 349; *G. C. Burmeister,* Die beamtenrechtlichrechtliche Konkurrentenstreitigkeit, NdsVBl. 2012, S. 64; *D. Ehlers,* Das öffentliche Sachenrecht – ein Trümmerhaufen, NWVBl. 1993, S. 327; *ders.,* Rechtsschutz gegen Verkehrszeichen; Anmerkungen zum Urteil des BVerwG vom 23. 9. 2010, JZ 2011, S. 152; *H.-U. Erichsen,* Die Zusage, Jura 1991, S. 109; *A. Gromitsaris,* Die Lehre von der Genehmigung, VerwArch 88 (1997), S. 52; *A. Guckelberger,* Behördliche Zusicherungen und Zusagen, DÖV 2004, S. 357; *T. Hebeler/B. Schäfer,* »Versprechungen« der Verwaltung – Zusagen, Zusicherungen und ähnliche behördliche Erklärungen, Jura 2010, S. 881; *S. Kingler/A. Krebs,* Die Zusicherung, § 38 VwVfG, JuS 2010, S. 1059; *M. Kloepfer/S.-C. Lenski,* Die Zusicherung im Zuwendungsrecht, NVwZ 2006, S. 501; *H.-W. Laubinger,* Das »Endiviensalat-Urteil« – eine Fehlentscheidung?, FS W. Rudolf, 2001, S. 305; *R. A. Lorz,* Der Rechtsschutz einfacher Verkehrsteilnehmer gegen Verkehrszeichen und andere verkehrsbehördliche Genehmigungen, DÖV 1993, S. 129; *S. Muckel,* effektiver Rechtsschutz gegen Verkehrszeichen, JA 2011, S. 394; *C.-D. Munding,* Die beamtenrechtliche Konkurrentenklage im Wandel der Rechtsprechung von BVerwG und BVerfG, DVBl. 2011, S. 1512; *F.-J. Peine,* Das Recht der öffentlichen Sachen – neue Gesetze und Rechtsprechung im Überblick, JZ 2006, S. 593; *A. Rebler,* Das Verkehrszeichen – ein Grenzgänger des Verwaltungsrechts, DRiZ 2008, S. 210; *V. Röben,* Funktionen des Verwaltungsakts, VerwArch 99 (2008), S. 46; *J. Sanden,* Der vorsorgliche Verwaltungsakt, DÖV 2006, S. 811; *F. Schoch,* Die Allgemeinverfügung (§ 35 S. 2 VwVfG), Jura 2012, S. 26; *H. Schnellenbach,* Rechtsfolgen von Verwaltungsakten, JA 1996, S. 981; *U. Stelkens,* Das Verkehrsschild, die öffentliche Bekanntgabe, das BVerfG und der VGH Mannheim, NJW 2010, S. 1184.

---

67 Vgl. BVerwGE 97, 323 (330 f.).

§ 8 Der Verwaltungsakt III (Rechtsgrundlagen)

I. Rechtsnorm und Verwaltungsakt

Fall 20: Gegen V sind mehrfach Bußgelder verhängt worden, weil er Rechtsvorschriften nicht beachtet hat. Die Straßenverkehrsbehörde verpflichtet ihn – gestützt auf § 48 StVO –, an einem Unterricht über das Verhalten im Straßenverkehr teilzunehmen. In der Ladung wird V darauf aufmerksam gemacht, dass er bei Nichterscheinen eine Ordnungswidrigkeit nach § 49 Abs. 4 Nr. 6 StVO begeht, die mit einem Bußgeld geahndet werden kann.

(nach BVerfGE 22, 21)

440

Der Verwaltungsakt ist die spezifische Handlungsform der Verwaltung zur Anwendung von Rechtsnormen. Die Analyse der Strukturmerkmale von Rechtsnorm und Einzelakt ergibt, dass Rechtsnormen typischerweise den Regelungsadressaten **generell** bezeichnen und hinsichtlich des Regelungsgegenstandes **abstrakt** sind, der Verwaltungsakt – ebenfalls idealtypisch – den Adressaten **individualisiert** und den Regelungsgegenstand **konkretisiert.**[1] Rechtsnorm und Verwaltungsakt stehen deshalb stets in einem Zusammenhang. Dies gilt auch für **Ge-** oder **Verbote** in Normgestalt.[2] Diese **Normen** enthalten (kategorische oder hypothetische) **Imperative,** die der Adressat jeweils auf sich beziehen muss. Aus diesem Grunde können sie ein normgemäßes **Verhalten** nicht gewährleisten.

441

Die in der StVO enthaltenen Straßenverkehrsregeln sind als (unbedingte) Ge- und Verbote gefasst, die sich an die Verkehrsteilnehmer wenden. Würde man Verstöße gegen diese Verkehrsregeln nicht als Ordnungswidrigkeiten verfolgen, wäre unschwer vorauszusehen, wie sich das tatsächliche Verhalten der Verkehrsteilnehmer entwickeln würde. Es gehört zu den gesicherten Erkenntnissen der Verkehrswissenschaft, dass mit erhöhter Sanktionsfrequenz (Geschwindigkeitskontrollen!) die Verkehrsdisziplin zunimmt, umgekehrt mit nachlassender Sanktionsfrequenz abnimmt.

442

Andere Rechtsnormen bedürfen darüber hinaus notwendig der **Umsetzung durch Verwaltungsakt.** Soweit bestimmte Handlungen gesetzlich von einer Erlaubnis abhängen oder durch Gesetz Ansprüche auf Leistungen eingeräumt werden,[3] kann dies nur durch Verwaltungsakt erfolgen.

443

Der Verwaltungsakt ist als Handlungsform folglich auf die **Umsetzung** von **Rechtsnormen** angelegt. Damit ist noch nicht entschieden, ob **jeder** Verwaltungsakt einer **gesetzlichen Grundlage** bedarf (Gesetzesvorbehalt). Die gesetzliche Grundlage ist stets dann erforderlich, wenn ein Verwaltungsakt ein **Tun, Dulden** oder **Unterlassen** auferlegt, weil der Adressat eines belastenden Verwaltungsakts sich auf seine **Grundrechte** berufen kann, deren Einschränkung nur aufgrund eines – teilweise förmlichen – Gesetzes zulässig ist.

444

Im Ausgangsfall wird V durch Verwaltungsakt ein *Tun*, nämlich die Teilnahme am Verkehrsunterricht, auferlegt. Die Straßenverkehrsbehörde ist zu einer solchen Maßnahme nach § 48 StVO ermächtigt. Ob diese Ermächtigung nur durch *förmliches* Gesetz erfolgen kann, hängt davon ab, ob die Teilnahme am Verkehrsunterricht als Freiheitsbeschränkung einzuordnen ist, und deshalb die besonderen Garantien des Art. 104 GG einschlägig sind. Das BVerfG hat diese Frage zutreffend verneint, weil die Teilnahme am Verkehrsunterricht nicht mit unmittelbarem Zwang durchgesetzt

445

---

1 Vgl. oben Rn. 340 ff.
2 Vgl. oben Rn. 290, 373.
3 Vgl. oben Rn. 382 ff.

wird.[4] Gegen V kann zwar bei Nichterscheinen ein Bußgeld festgesetzt werden (§ 49 Abs. 4 Nr. 6 StVO). Erzwungen werden kann die Teilnahme am Verkehrsunterricht aber nicht.

446 Seit Jahrzehnten wird die Frage diskutiert, ob auch **begünstigende Verwaltungsakte** einer **gesetzlichen Grundlage** bedürfen.[5] Für die Lehre vom **Totalvorbehalt** sprechen im demokratischen Staat wesentliche Gründe.[6] Im wichtigen Bereich der Sozialleistungen ist der **Gesetzesvorbehalt** bereits vorgesehen (§ 31 SGB I). Umstritten ist die Frage noch bei der Gewährung von **Subventionen,** die nach verbreiteter Auffassung **keiner** gesetzlichen Grundlage bedürfen, weil die Veranschlagung im Haushaltsplan und die Vergabe nach Verwaltungsvorschriften (Subventionsrichtlinien) als ausreichend angesehen wird.[7] Soweit derartige Leistungen nicht (ausnahmsweise) Gegenstand vertraglicher Vereinbarungen sind, werden sie aufgrund von **Verwaltungsakten** (»Bewilligungsbescheiden«) gewährt.[8]

447 Für die **Steuerung der Verwaltung** ist der generell-abstrakte Rechtssatz unentbehrlich. Freilich wäre die Vorstellung verfehlt, Gesetze wirkten wie »**Programme**«, die das Verwaltungshandeln vollständig determinierten – nämlich »programmieren«.[9] Die Handlungsimpulse für die Verwaltung sind ganz unterschiedlich und bestehen häufig in der Erwartung der Öffentlichkeit, dass die Verwaltung »etwas tut«. Stellt man auf den Handlungsimpuls ab, so suchen sich bestimmte Maßnahmen nicht selten »ihre« Rechtsgrundlage.

448 Nach der Reaktorkatastrophe von Tschernobyl am 26. 4. 1986 traten Kontaminationen auch in der Bundesrepublik auf. Maßnahmen, die zur Messung der Strahlenbelastung erforderlich waren, und die Anordnung von Benutzungsverboten wurden auf die Generalklauseln der Gefahrenabwehrgesetze der Länder gestützt. Am 19. 12. 1986 wurde das Strahlenschutzvorsorgegesetz (StrVG) erlassen,[10] das Zuständigkeitsregelungen (§§ 10 f. StrVG) und Handlungsermächtigungen (§§ 7, 8, 12 StrVG) enthält.

449 Das Theorem der Steuerung der Verwaltung durch Gesetz führt auf eine vielschichtige Problematik hin. Eine im weiteren Sinne **rechtliche Grundlage** hat jedes Verwaltungshandeln, das im öffentlichen Interesse liegt, weil die Erfüllung öffentlicher Aufgaben ein Kennzeichen der Verwaltung ist. Dies bedeutet allerdings noch keine **Steuerung durch Recht,** weil diese – nicht zuletzt zum Schutze des Bürgers – ungleich detaillierter ausfallen muss. Gesetze vermögen das Verwaltungshandeln deshalb nur begrenzt zu steuern.[11]

---

4 So BVerfGE 22, 21 (26).
5 Grundlegend hierzu *D. Jesch,* Gesetz und Verwaltung, 1961, S. 175 ff.; *H. H. Rupp,* Grundfragen der heutigen Verwaltungsrechtslehre, 2. Aufl. 1991, S. 113 ff.
6 Vgl. *H. Maurer,* AllgVerwR, § 6 Rn. 19 f.
7 Vgl. BVerwGE 6, 282 (287); BVerwG, NJW 1977, S. 1838. Diese Grundsätze sollen jedoch nur für den »Normalfall der Subventionierung« gelten, der keine besonderen Grundrechtsprobleme aufwirft (so BVerwGE 90, 112 [126]). Allerdings dürfte sich zunehmend die Auffassung durchsetzen, dass Subventionen *regelmäßig* Grundrechtsprobleme aufwerfen. Vgl. zusammenfassend: *S. Detterbeck,* AllgVerwR, Rn. 285 ff.; *ders.,* Jura 2002, S. 235 (238 f.).
8 Vgl. *U. Stelkens,* in: Stelkens/Bonk/Sachs, VwVfG, § 35 Rn. 112 ff.
9 Anders namhafte Vertreter der Rechtssoziologie, vgl. etwa *N. Luhmann,* Das Recht der Gesellschaft, 2. Aufl. 1997, S. 165 ff.; *ders.,* Rechtssoziologie, 3. Aufl. 1987, S. 227 ff. Der Begriff der »Programmierung« sollte vermieden werden, weil er in der EDV einen bestimmten Inhalt hat und insoweit Missverständnisse provozieren könnte.
10 BGBl. I S. 2610.
11 Zur neueren »Steuerungsdiskussion« vgl. *G. F. Schuppert* (Hrsg.), Das Gesetz als zentrales Steuerungsinstrument des Rechtsstaates, 1998.

II. Rechtssprache und Alltagssprache

Fall 21: Landwirt L ist Eigentümer eines an einem Bach gelegenen Grundstücks, das für eine spätere landwirtschaftliche Nutzung »kultiviert« werden soll. Aufgrund des Anflugs von Samen unterschiedlicher Art ist das Grundstück zunehmend mit Büschen und kleinen Bäumen (Kiefern, Fichten) bewachsen. L beseitigt den Bewuchs, weil er das Grundstück landwirtschaftlich nutzen will. Der Landkreis vertritt die Auffassung, es habe sich um »Wald« gehandelt, und richtet eine Verfügung an L, mit der ihm aufgegeben wird, das Grundstück wieder aufzuforsten. L wendet ein, auf dem Grundstück habe es überhaupt keinen »Wald« gegeben.

450

Das **Medium der Steuerung** der Verwaltung durch Rechtsnormen ist die **Sprache.** Die Formulierung von Rechtsnormen ist dadurch gekennzeichnet, dass Elemente der **Alltagssprache** mit spezifischen **Rechtsbegriffen** verbunden sind. Die Anwendung der Rechtssprache, insbesondere die Auslegung von Rechtsbegriffen, ist geläufige juristische Tätigkeit. Die spezielle Begrifflichkeit des Rechts ist dem Juristen bei der Rechtsanwendung und der Kommunikation mit Nichtjuristen vielfach nicht mehr bewusst. Deshalb kommt es zwischen dem Juristen und dem juristischen Laien – insbesondere zwischen Verwaltung und Bürger – nicht selten zu Missverständnissen, weil Behörden sich der besonderen Rechtssprache (und zusätzlich eines spezifischen Verwaltungsjargons) bedienen, die dem normalen Bürger unverständlich bleibt. Dies ist einerseits ein Problem jeder **Fachsprache.** So wird auch der Patient, dem der Arzt eine Diagnose eröffnet, nicht alles verstehen, wenn sie ihm in medizinischen Fachbegriffen erklärt wird. Die besondere Eigentümlichkeit der Rechtssprache liegt jedoch darin, dass sie nur teilweise spezifische Rechtsbegriffe entwickelt hat, im Übrigen aber Begriffe der Alltagssprache verwendet.[12]

451

Die Steuerung der Verwaltung durch Rechtsnormen ist nur unter der Voraussetzung denkbar, dass **reale Sachverhalte** unter **abstrakt** formulierte **Normen subsumiert** (»untergeordnet«) werden. Es reicht also nicht aus, das Verwaltungshandeln durch grobe Direktiven zu lenken. Im Rechtsstaat der Gegenwart mit seinen besonderen verfassungsrechtlichen Anforderungen an die Rechtsgrundlagen wäre es zum Beispiel ausgeschlossen, die »Beförderung der öffentlichen Wohlfahrt« als Handlungsermächtigung anzusehen.[13]

452

Der für das Verwaltungshandeln im Rechtsstaat der Gegenwart stets notwendige Prozess der **Rechtsanwendung** besteht darin, einen real erfahrbaren Sachverhalt mit einer abstrakt gefassten **Rechtsnorm** zu vergleichen und zu prüfen, ob die Elemente des (realen) Sachverhalts von den Tatbestandsmerkmalen der Norm erfasst werden. Dies ist kein mechanistisch zu denkender Vorgang, andererseits darf es aber nicht dem Zufall überlassen bleiben, welche Normen als einschlägig herangezogen werden. Auch ist stets eine bestimmte **Erwartung** mit dem Subsumtionsvorgang verbunden. *Martin Kriele* hat den Vorgang der »**Rechtsgewinnung**« dahin beschrieben, dass der Rechtsanwender »Normhypothesen« aufstellt und diese daraufhin untersucht, ob sie zum geltenden Recht gehören oder von ihm ausgeschlossen werden.[14] Für das Verwaltungshandeln bedeutet dies, dass die Verwaltungsbehörden sich stets fragen müs-

453

---

12 Vgl. *K. Engisch*, Einführung in das juristische Denken, 11. Aufl. 2010, S. 188 ff.

13 In der vorkonstitutionellen Epoche, die für die Staatsgewalt keine vergleichbaren rechtlichen Bindungen kannte, ist versucht worden, eine Begrenzung über den Staats- und Polizeibegriff zu erreichen; vgl. *Drews/Wacke/Vogel/Martens*, Gefahrenabwehr, 9. Aufl. 1986, S. 4.

14 Vgl. *M. Kriele*, Theorie der Rechtsgewinnung, 2. Aufl. 1976, S. 162.

sen, ob sie in der beabsichtigten Weise handeln dürfen oder ob das Recht den beabsichtigten Maßnahmen entgegensteht.

454 Nach dem Reaktorunfall von Tschernobyl war es erforderlich, die Strahlenbelastung – u. a. von Lebensmitteln – zu messen, aber keineswegs gesichert, dass es für diese Maßnahmen auch eine Rechtsgrundlage gab. Die Polizei- und Ordnungsgesetze der Länder ermächtigen zwar zur *Abwehr* von *Gefahren* für die öffentliche Sicherheit oder Ordnung, in diesem Fall aber ging es zunächst nur darum, die Strahlenbelastung *festzustellen*.

455 Der Vergleich zwischen Sachverhalt und Norm – das »Hin- und Herwandern des Blicks« *(Engisch)* – ist tägliche Erfahrung des Juristen auf allen Rechtsgebieten. Unter dem Aspekt der »Steuerung« der Verwaltungtätigkeit erfährt diese Problematik allerdings einen besonderen Akzent. Das Verwaltungsrecht ermöglicht vielfach, dass Verwaltungsrechtsverhältnisse einseitig begründet werden können.

456 Im Fall 21 soll L veranlasst werden, das von ihm für die landwirtschaftliche Nutzung vorgesehene Grundstück wieder aufzuforsten. Die Belastung ist insofern eine doppelte, als er die (nicht geringen) Kosten der Wiederaufforstung tragen muss, andererseits aber auch gehindert ist, das Grundstück ohne besondere Genehmigung landwirtschaftlich zu nutzen.

457 Je präziser Rechtsnormen begrifflich gefasst sind, desto eher kann von einer »Steuerung« der Verwaltungtätigkeit die Rede sein. Theoretisch müsste auch die Akzeptanz von Rechtsnormen bei den Adressaten mit dem Grad ihrer Detaillierung zunehmen. Jede Normgebung aber stößt auf eine Grenze, die durch die Ungenauigkeit der Sprache begründet wird.

458 Der Begriff »Wald« weist in der Alltagssprache eine gewisse Evidenz auf, weil der Wald sinnlich erfahrbar ist. Für den *Rechtsbegriff* »Wald« kann man sich auf eine solche Evidenz nicht verlassen, weil von ihm die Anwendbarkeit der Waldgesetze (Bundeswaldgesetz, Landeswaldgesetze) abhängt. Mit anderen Worten beschreibt der Rechtsbegriff nicht nur ein sinnlich erfahrbares Phänomen, sondern bildet gleichzeitig die Voraussetzung für die Anwendbarkeit des Gesetzes.

459 Die bei jeglicher Rechtsanwendung erforderliche Auslegung von Begriffen kann durch gesetzliche **Definitionen** (Legaldefinitionen) erleichtert werden. Das Gesetz enthält dann neben den »Primär-« auch »Sekundärnormen«,[15] die die Rechtsanwendung steuern (»Rechtsanwendungsrecht«).

460 Würden die (Bundes- und Landes-)Waldgesetze ihre Anwendung lediglich vom Begriff »Wald« abhängig machen, wäre leicht vorhersehbar, dass – wie im Ausgangsfall – Streit über die Auslegung dieses Rechtsbegriffs entstünde. Das Bundeswaldgesetz enthält deshalb die Definition, dass Wald im Sinne des Gesetzes »jede mit Forstpflanzen bestockte Grundfläche« ist (§ 2 Abs. 1 S. 1 BWaldG). Mit Hilfe der Rechtsfiktion (»Als Wald gelten auch …«) werden darüber hinaus solche Flächen dem Waldbegriff zugerechnet, die die Merkmale der Legaldefinition gerade nicht aufweisen (§ 2 Abs. 1 S. 2 BWaldG). Andere Flächen werden demgegenüber aus dem Waldbegriff ausgenommen (§ 2 Abs. 2 BWaldG).

461 Normen des Rechtsanwendungsrechts finden sich nur ausnahmsweise in Gesetzen, so dass die Rechtsanwendung im Übrigen – zunächst – der Verwaltung überlassen bleibt. Hierdurch entsteht eine **Verwaltungspraxis**, die gegebenenfalls durch **Verwaltungsvorschriften** (Auslegungsrichtlinien) gesteuert wird, in jedem Fall aber der verwaltungsgerichtlichen Kontrolle unterliegt. Erst die **Entscheidungen der Verwaltungsgerichte** geben Aufschluss darüber, wie Rechtsnormen ausgelegt werden und wie sie auszulegen *sind*.

---

15 Vgl. *H. L. A. Hart*, Der Begriff des Rechts, 1973, S. 115 ff.

III. Der unbestimmte Rechtsbegriff

> **Fall 22:** K1 und K2 sind die ehelichen Kinder der Frau M, deren Ehe mit V geschieden worden war. M hatte nach der Scheidung wieder ihren Geburtsnamen angenommen. K1 und K2, die bislang den Nachnamen V trugen, wollten ebenfalls den Geburtsnamen ihrer Mutter als Familiennamen führen und beantragten bei der zuständigen Behörde eine Namensänderung. Diese lehnte die Namensänderung ab, weil ein »wichtiger Grund« im Sinne des § 3 Abs. 1 NamÄndG nicht vorliege.
>
> (BVerwGE 95, 21)

462

Die normative Steuerung des Verwaltungshandelns ist nur begrenzt möglich, weil Rechtsbegriffe stets bis zu einem gewissen Grad unbestimmt sind. Es entspricht gesicherter Erkenntnis, dass nur **Zahlen** oder vergleichbare Begriffe **bestimmt** sind.

463

> Im Fall 20 hat V mehrfach die zulässige Höchstgeschwindigkeit überschritten. Diese beträgt innerhalb geschlossener Ortschaften für alle Kraftfahrzeuge 50 km/h, außerhalb geschlossener Ortschaften für Personenkraftwagen 100 km/h (§ 3 Abs. 3 StVO). Die hier benutzten Begriffe sind *bestimmt*, weil es sich einerseits um Zahlbegriffe handelt, andererseits geschlossene Ortschaften durch »Ortstafeln« (§ 42 Abs. 2 StVO i. V. m. Verkehrszeichen 310 und 311 der Anlage 3) gekennzeichnet sind, so dass insoweit kein Interpretationsspielraum besteht.

464

Regelmäßig sind Rechtsbegriffe **auslegungsbedürftig.** Dies wird zumeist erst bei der konkreten Rechtsanwendung offenbar, weil die Subsumtion eines Sachverhalts unter einen Rechtsbegriff oder eine Norm regelmäßig andere Rechtsfolgen nach sich zieht, als wenn die begriffliche Einschlägigkeit verneint wird.

465

> Im Ausgangsbeispiel des »Waldes« wäre das Landeswaldgesetz (mit seinem *Umwandlungsverbot* und seinem *Aufforstungsgebot*) nur einschlägig, wenn es sich um »Wald« im Sinne des § 2 BWaldG handelte. Insofern ist es von entscheidender Bedeutung, ob das Grundstück des L als Wald im Sinne des Gesetzes zu beurteilen wäre.

466

Über die jeder Sprache – auch der Rechtssprache – eigene semantische Unschärfe hinaus benutzt der Gesetzgeber bewusst unbestimmte Begriffe, weil das Verwaltungshandeln nicht genauer bestimmt werden *soll* oder *kann*. Die **unbestimmten Rechtsbegriffe** weisen der Verwaltung folglich die Richtung für ihr Handeln, ohne es im Einzelnen zu determinieren.

467

Beispiele für unbestimmte Rechtsbegriffe sind:

468

- »**Öffentliche Sicherheit und Ordnung**« (§ 14 Abs. 2 S. 1 BPolG; § 8 MEPolG)[16] Eignung, die »**Entwicklung von Kindern oder Jugendlichen oder ihre Erziehung zu einer eigenverantwortlichen und gemeinschaftsfähigen Persönlichkeit zu gefährden**« (§ 18 Abs. 1 S. 1 JuSchG)
- »**nach Lage des einzelnen Falles unbillig**« (§ 227 AO)
- »**schädliche Umwelteinwirkungen**« (§ 4 Abs. 1 S. 1 BImSchG)
- »**öffentliche Verkehrsinteressen**« (§ 13 Abs. 4 S. 1 PBefG)
- »**Gründe des Wohls der Allgemeinheit**« (§ 31 Abs. 2 Nr. 1 BauGB)
- »**aus dienstlichen Gründen**« (§ 28 Abs. 2 S. 1 BBG)
- »**Unzuverlässigkeit des Gewerbetreibenden**« (§ 35 Abs. 1 S. 1 GewO)
- »**wichtiger Grund**« (§ 3 Abs. 1 NamÄndG).

---

16 Musterentwurf eines einheitlichen Polizeigesetzes des Bundes und der Länder gem. des Beschlusses der Innenministerkonferenz vom 25. 11. 1977. Der gleiche Begriff findet sich in der überwiegenden Zahl der Landespolizeigesetze; vgl. *V. Götz*, Allgemeines Polizei- und Ordnungsrecht, 14. Aufl. 2008, § 3 Rn. 9 ff.

469 Von anderen Rechtsbegriffen, die ebenfalls auslegungsbedürftig sind, unterscheidet sich diese Kategorie dadurch, dass die Unbestimmtheit bewusst eingesetzt wird, um gesetzgeberische Ziele zu erreichen. Der Gesetzgeber verfügt über ein bestimmtes Erfahrungswissen über den zu regelnden Gegenstand, aufgrund dessen die bekannten Anwendungsfälle als Regelbeispiele in den Normtext aufgenommen werden könnten. Die Kasuistik würde zwar die Anwendungssicherheit des Gesetzes – und damit seine Steuerungsfähigkeit – erhöhen, unter Umständen aber zu einer unerwünschten begrifflichen Verengung führen. Um diese Folge zu vermeiden, werden gelegentlich unbestimmte Rechtsbegriffe mit Regelbeispielen kombiniert. Soweit gesetzliche Präzisierungen fehlen, ist es Aufgabe der Verwaltungsbehörden und Gerichte, unbestimmte Rechtsbegriffe zu konkretisieren. Von besonderer Bedeutung sind hierfür die Entscheidungen der Revisionsgerichte, die einerseits als »ständige Rechtsprechung« die Sicherheit der Rechtsanwendung gewährleisten, andererseits aber auch zu deren Versteinerung beitragen können.

470 Zum »wichtigen Grund« im Sinne des § 3 Abs. 1 NamÄndG gibt es eine Vielzahl von Entscheidungen des BVerwG. In seiner früheren Rechtsprechung hatte das BVerwG einen wichtigen Grund für die Namensänderung nicht schon dann bejaht, wenn diese für das Wohl des Kindes *förderlich,* sondern nur, wenn sie für das Kindeswohl *erforderlich* war.[17] Das BVerwG sah sich durch eine Entscheidung des BVerfG[18] zu einer Änderung seiner Rechtsprechung veranlasst und nahm einen »wichtigen Grund« im Sinne des § 3 Abs. 1 NamÄndG an, wenn die Namensänderung dem Kindeswohl *förderlich* war und keine wichtigen Gründe entgegenstanden.[19] Nach Änderung der familienrechtlichen Vorschriften ist das BVerwG zu seiner ursprünglichen Auslegung des § 3 Abs. 1 NamÄndG zurückgekehrt und hält einen »wichtigen Grund« nur für gegeben, wenn die Namensänderung für das Wohl des Kindes »erforderlich« ist.[20]

471 Neben die **methodologische** tritt eine **kompetenzielle Dimension** der Problematik. Die Unbestimmtheit von Rechtsbegriffen bedeutet gleichzeitig, dass unterschiedliche Auslegungsergebnisse **vertretbar** sind. Nimmt man das anschauliche Bild eines »**Begriffskerns**« und eines »**Begriffshofs**«,[21] so sind nur diejenigen Auslegungsergebnisse eindeutig, die den Begriffskern betreffen. Sofern eine Begriffsinterpretation nur in den »Begriffshof« fällt, spricht manches für und manches gegen diese Auslegung.

472 Im Fall 22 ist die frühere Rechtsprechung damit begründet worden, dass der Name der Kinder auch nach der Scheidung ihrer Eltern ihre Abstammung bezeichne und der (leibliche) Vater ein erhebliches Interesse daran haben könne, dass sie diesen Namen beibehielten.[22] Insofern war die frühere Auslegung des »wichtigen Grundes« im Sinne des § 3 Abs. 1 NamÄndG »vertretbar«, mögen auch die besseren Gründe für eine stärker am Kindeswohl orientierte Interpretation gesprochen haben. Diesem wird nunmehr dadurch Rechnung getragen, dass das Familiengericht die Einwilligung des anderen Elternteils ersetzen kann (§ 1618 S. 4 BGB).[23]

---

17 So BVerwGE 67, 52 (54).

18 BVerfGE 84, 9.

19 So BVerwGE 95, 21 (23 f.). Die Entscheidung ist vor Inkrafttreten des Gesetzes zur Neuordnung des Familiennamensrechts – FamNamRG – vom 16. 12. 1993 (BGBl. I S. 2054) sowie vor Inkrafttreten des Gesetzes zur Reform des Kindschaftsrechts – KindRG – vom 16. 12. 1997 (BGBl. I S. 2942 ff.) ergangen.

20 Vgl. BVerwGE 116, 28 (35); BVerwG, NJW 2002, S. 2410.

21 *K. Engisch,* Einführung in das juristische Denken, 11. Aufl. 2010, S. 139 f.; *P. Heck,* AcP 112 (1914), S. 173.

22 So BVerwGE 67, 52 (54 f.).

23 Vgl. hierzu: *E. Schwerdtner,* NJW 2002, S. 735; *M. Wittinger,* NJW 2002, S. 2371.

Wenn die **Verwaltungsbehörden** in ihrer Entscheidungspraxis unbestimmte Rechts- **473** begriffe in vertretbarer Weise auslegen, so stellt sich die Frage, ob die hiergegen angerufenen **Verwaltungsgerichte** eine solche – vertretbare – Auslegung für **rechtswidrig** erklären können. Mit der – vordergründig nur methodologischen – Frage ist das Verhältnis von **Verwaltung** und **Verwaltungsgerichtsbarkeit** und damit die wechselseitige Abhängigkeit zweier Staatsfunktionen angesprochen.[24] Beschränkte man die verwaltungsgerichtliche »**Kontrolldichte**« auf eine »**Vertretbarkeitskontrolle**«, so wäre der verwaltungsgerichtliche Rechtsschutz darauf beschränkt, **unvertretbare** behördliche Maßnahmen zu verhindern. Da der verwaltungsgerichtliche Rechtsschutz – auch – **Grundrechtsschutz** bedeutet, würden folgerichtig die Grundrechte im Wesentlichen vor rechtlich unvertretbaren Maßnahmen schützen.

> Im Ausgangsfall hatte die zuständige Behörde die Namensänderung abgelehnt. Sofern eine Abwä- **474** gung stattgefunden hat, war die behördliche Entscheidung »vertretbar«, was im Übrigen daraus folgt, dass sie sich in Übereinstimmung mit der früheren Rechtsprechung des BVerwG befand. Sofern die Rechtsprechung auf eine »Vertretbarkeitskontrolle« beschränkt wäre, hätte die Klage in allen Instanzen abgewiesen werden müssen.

Die »**Vertretbarkeitslehre**« ist in den 50er Jahren begründet worden,[25] hat sich aber **475** nicht durchgesetzt. Das Bundesverwaltungsgericht vertritt in ständiger Rechtsprechung die Auffassung, dass die Anwendung unbestimmter Rechtsbegriffe **vollständiger richterlicher Kontrolle** unterliegt,[26] behördliche Entscheidungen folglich auch dann als rechtswidrig aufgehoben werden können, wenn die ihnen zugrunde liegende Auslegung eines (unbestimmten) Rechtsbegriffs als »vertretbar« erscheint. Die inzwischen allgemein anerkannte Kontrolldichte unbestimmter Rechtsbegriffe[27] setzt nicht das Axiom einer »einzig richtigen«,[28] sondern das einer **maßgeblichen Entscheidung** voraus. Soweit in Revisionsentscheidungen nicht ausgesprochene Rechtsfehler der Vorinstanzen korrigiert werden, ist deren Auslegung von Rechtsbegriffen regelmäßig »vertretbar«. Wenn das Bundesverwaltungsgericht die Entscheidungen der Berufungsgerichte gleichwohl aufhebt, so nimmt es damit keine axiomatische »Richtigkeit« der eigenen Rechtsauffassung in Anspruch, sondern meint lediglich, dass diese überzeugender sei. Dies wird besonders deutlich, wenn das BVerwG seine Rechtsauffassung ändert.

> Im Ausgangsfall hatte das Verwaltungsgericht die Klage auf Namensänderung abgewiesen, das **476** Oberverwaltungsgericht die Behörde dagegen für verpflichtet erklärt, den Familiennamen zu ändern.[29] Das Verwaltungsgericht stimmte in seiner Entscheidung mit der bis dahin vertretenen Rechtsauffassung des BVerwG überein, das in einer früheren Entscheidung die vorinstanzlichen Urteile aufgehoben hatte,[30] während das OVG hiervon abgewichen war. Das Beispiel zeigt, dass nicht für jede letztinstanzliche Entscheidung die inhaltliche »Richtigkeit«, sondern nur die prozessuale *Maßgeblichkeit* in Anspruch genommen werden kann.

---

24 Vgl. hierzu grundlegend *R. Scholz/E. Schmidt-Aßmann*, Verwaltungsverantwortung und Verwaltungsgerichtsbarkeit, VVDStRL 34 (1976), S. 145 ff. u. 221 ff.; *H. Maurer*, VVDStRL 43 (1985), S. 135 ff.

25 Nachw. bei *H. Maurer*, AllgVerwR, § 7 Rn. 31.

26 Std. Rspr.; vgl. aus neuerer Zeit nur BVerwGE 81, 12 (17); 88, 35 (37 f.); 94, 307 (309); 100, 221 (225); 133, 1 (5); 135, 67 (69 f.).

27 Nachw. bei *H. Maurer*, AllgVerwR, § 7 Rn. 35 ff.

28 So *Bull/Mehde*, AllgVerwR/VerwL, Rn. 558.

29 BVerwGE 95, 21 (22).

30 Vgl. BVerwGE 67, 52 (53).

477 Es ist deshalb kein Zeichen richterlicher Hybris, wenn die jeweils letzte richterliche Entscheidung für **maßgeblich** erklärt wird. Das positive Recht geht davon aus, dass Verwaltungsakte entweder **rechtmäßig** oder **rechtswidrig** sind (§ 113 Abs. 1 S. 1 VwGO). Die Entscheidung hierüber obliegt in jedem Fall dem Verwaltungsgericht. Soweit die richterliche Kontrolldichte geringer sein soll, als dies für den Regelfall vorausgesetzt wird, kann der Gesetzgeber dies mit bindender Wirkung anordnen (§ 114 VwGO).

IV. Der Beurteilungsspielraum

1. Die Problematik der Prüfungsentscheidungen

478 **Fall 23:** B bestand die Zweite Juristische Staatsprüfung mit der Abschlussnote »befriedigend« (6,38 Punkte). Nach erfolglosem Widerspruch erhob er Klage mit dem Antrag, den Prüfungsbescheid aufzuheben und das Landesjustizprüfungsamt zu verpflichten, seine Leistungen mit der Note »vollbefriedigend« zu bewerten, hilfsweise das Prüfungsamt zur Neubescheidung zu verurteilen. Zur Begründung führte er aus, der Aktenvortrag sei lediglich mit 6,00 Punkten bewertet worden, weil die Prüfer seine rechtswissenschaftliche Auffassung nicht geteilt hätten, obwohl diese im Schrifttum vertreten werde. Das anwaltliche Prüfungsgespräch sei mit der Note »vollbefriedigend« (8,00 Punkte) bewertet worden, obwohl er alle Fragen zutreffend beantwortet habe. Schließlich sei die Note »ausreichend« (4,00 Punkte) für die Hausarbeit fehlerhaft, weil die Prüfer die Schwierigkeit der Aufgabe verkannt und unzulässige Beurteilungskriterien angelegt hätten.

(BVerfGE 84, 34)

479 Prüfungen sind durch **Rechtsnormen** (Gesetze, Rechtsverordnungen, Satzungen) geregelt, die die Voraussetzungen für die **Zulassung** und das **Bestehen** der Prüfung umschreiben.[31] Der Zweck der Prüfung und die Leistungsanforderungen im Einzelnen werden regelmäßig durch **unbestimmte Rechtsbegriffe** ausgedrückt. Dies gilt auch für ein arithmetisches Bewertungssystem, weil in diesem Fall die Notenstufen durch unbestimmte Rechtsbegriffe definiert werden.[32] Da **Prüfungsentscheidungen** alle Begriffsmerkmale des **Verwaltungsakts** (§ 35 S. 1 VwVfG) erfüllen, ist für die verwaltungsgerichtliche Kontrolle zunächst die gleiche Situation gegeben, wie sie bei der Auslegung unbestimmter Rechtsbegriffe auch im Übrigen auftritt. Legt eine Prüfungsordnung die »Eignung« des Kandidaten oder »ausreichende Leistungen« als Voraussetzung für das Bestehen der Prüfung fest, drängt sich der Vergleich zu anderen unbestimmten Rechtsbegriffen (»Zuverlässigkeit« usw.) geradezu auf.[33] Unter dieser Prämisse könnte ein Prüfungskandidat die Entscheidung mit der Begründung anfechten, der Prüfer (Prüfungskommission, Prüfungsamt, Prüfungsbehörde) habe in seinem Fall einen unbestimmten Rechtsbegriff **fehlerhaft** ausgelegt und die Entscheidung sei aus diesem Grunde **rechtswidrig.** Das angerufene Verwaltungsgericht müsste sich nach den oben entwickelten Grundsätzen seinerseits eine Auffassung von der Leistung bilden und die Prüfungsentscheidung entweder (als recht-

---

31 Vgl. nur §§ 5 ff. DRiG, die die Voraussetzungen für den Erwerb der Befähigung zum Richteramt festlegen.

32 Vgl. die aufgrund der in § 5 d Abs. 1 S. 3 DRiG enthaltenen Ermächtigung ergangene »Verordnung über eine Noten- und Punkteskala für die erste und zweite juristische Prüfung« vom 3. 12. 1981 (BGBl. I S. 1243), die für die Notenstufen von »Sehr gut« (»eine besonders hervorragende Leistung«) bis »Ungenügend« (»eine völlig unbrauchbare Leistung«) Definitionen enthält.

33 Vgl. oben Rn. 468.

mäßig) **bestätigen** oder sie (weil rechtswidrig) **aufheben** und die Prüfungsbehörde zu einer anderen Entscheidung verpflichten.[34]

> Im Ausgangsfall hat B die Note »befriedigend« (6,38 Punkte) erzielt. Die Prüfungskommission hat **480** seine (Gesamt-)Leistung folglich als »in jeder Hinsicht durchschnittlichen Anforderungen entsprechend« bewertet, während B die Auffassung vertritt, er habe eine »über den durchschnittlichen Anforderungen liegende Leistung« erbracht.

Das **Prüfungsverhältnis** weist im Vergleich zu anderen Verwaltungsrechtsverhält- **481** nissen **Besonderheiten** auf:

- Prüfer sind in ihrem Fach ausgewiesen und bringen eine besondere **pädagogisch-** **482** **wissenschaftliche Erfahrung** mit, die die von ihnen gestellten Anforderungen bestimmt. Sie sind regelmäßig unabhängig und **keinen Weisungen** unterworfen.
- Prüfungskandidaten streben im Allgemeinen einen **berufsqualifizierenden Ab-** **483** **schluss** an, für den eine bestimmte Ausbildung Voraussetzung ist. Vielfach sind die Prüfer an der Ausbildung beteiligt gewesen und von den Prüfungskandidaten ausgewählt worden.
- Die Prüfungssituation ist eine **Interaktion** von Prüfern und Prüfungskandidaten, **484** die in dieser Weise **nicht wiederholbar** ist. Dies gilt vor allem für mündliche Prüfungen, aber auch für schriftliche Leistungen, wenn diese zu anderen in Beziehung stehen.

Prüfungsentscheidungen sind aus diesen Gründen nur **begrenzt objektivierbar.** **485** Selbst in Disziplinen, in denen die Kategorien richtig oder falsch (statt vertretbar oder unvertretbar) angemessen sind, spielen Erwartungen und wissenschaftliches Vorverständnis der Prüfer eine Rolle. Sind deshalb Prüfungsentscheidungen stets von einer unvermeidlichen **Subjektivität** gekennzeichnet, so wäre es widersinnig, an die Stelle der Entscheidung der fachlich und pädagogisch erfahrenen Prüfer die des Verwaltungsgerichts zu setzen.

> Im Ausgangsfall wären der Aktenvortrag und die mündliche Prüfung einer eigenen Bewertung durch **486** das Verwaltungsgericht nicht zugänglich, weil sie nicht wiederholbar sind. Die Hausarbeit könnte dagegen durch das Gericht bewertet werden, doch fragt sich, warum dem nur begrenzt oder überhaupt nicht sachkundigen Gericht eine *Letztentscheidungsbefugnis* zukommen soll. Auch durch Sachverständige ließe sich das Problem nicht lösen, weil auch die Bewertung durch Sachverständige durch begrenzte Objektivierbarkeit gekennzeichnet ist. Nicht wiederholbare Leistungen entziehen sich ohnehin einer erneuten Bewertung durch Sachverständige.

Verfassungsrechtlich ist jedoch vorgegeben, dass auch gegen Prüfungsentscheidungen **487** Rechtsschutz durch die Gerichte begehrt werden kann (Art. 19 Abs. 4 GG). Das Bundesverfassungsgericht hat überdies festgestellt, dass für **berufsbezogene Prüfungen** Art. 12 Abs. 1 GG einschlägig ist und an Verfahren und Rechtsschutz besondere Anforderungen zu stellen sind.[35] Das Bundesverwaltungsgericht hat in behutsamer Weise die Grenzen zwischen dem gebotenen Rechtsschutz und der sich von selbst verbietenden Übernahme von Prüfungsaufgaben durch die Gerichtsbarkeit gezogen. Die hierbei entwickelten Grundsätze lassen erkennen, dass die Auslegung der in den

---

34 Soweit Prüfungsentscheidungen gerichtlich »angefochten« werden, handelt es sich verwaltungsprozessual um *Verpflichtungsklagen* (§ 42 Abs. 1 Alt. 2 VwGO), weil das Klageziel nicht nur auf Aufhebung der angefochtenen Entscheidung, sondern zumindest auf Neubescheidung gerichtet ist; vgl. unten Rn. 1087 ff.

35 So BVerfGE 84, 34; 84, 59.

Prüfungsordnungen enthaltenen Rechtsbegriffe alsbald eine funktionell-rechtliche Dimension erreicht.

488 Die im Prüfungsrecht enthaltenen Vorschriften unterscheiden sich in ihrer semantischen Substanz nicht von anderen unbestimmten Rechtsbegriffen. Der ihnen zugeschriebene **Beurteilungsspielraum** ist keine den Begriffen zukommende Besonderheit, sondern besteht darin, dass Prüfungsentscheidungen im Vergleich zu anderen Verwaltungsentscheidungen einer **weniger dichten Kontrolle** unterworfen werden.[36] Der den Prüfungsorganen zugestandene »Spielraum« besteht also nicht darin, dass diese ermächtigt wären, ein und dieselbe Leistung unterschiedlich zu bewerten. Prüfer sind vielmehr strikt an die Prüfungsordnungen gebunden und haben nur in Ausnahmefällen einen Ermessensspielraum.[37] Der Beurteilungsspielraum ist demgegenüber dadurch gekennzeichnet, dass die »Richtigkeit« der Leistungsbewertung und damit – methodologisch gesehen – die Subsumtion des Sachverhalts (nämlich der Leistung) unter eine Norm (die gesetzlich definierte Prüfungsnote) nur begrenzt überprüft wird.[38]

2. Kriterien der verwaltungsgerichtlichen Kontrolle von Prüfungsentscheidungen

489 **Fall 24:** D hatte sich erfolglos der Zweiten Juristischen Staatsprüfung unterzogen. Mit seiner Klage machte er geltend, der Vorsitzende der Prüfungskommission, Dr. X, habe die mündliche Prüfung im öffentlichen Recht nicht ordnungsgemäß durchgeführt. Anhand des Prüfungsfalles eines Asylbewerbers aus Mali habe er mit dem Bemerken, dass zunächst eine kurze Überprüfung des Allgemeinwissens beabsichtigt sei, etwa 10 Minuten lang allgemeine Fragen zu diesem Staat gestellt und sodann Spezialfragen aus dem Asylrecht zum Gegenstand der Prüfung gemacht. Auf die mangelnden Kenntnisse der Kandidaten habe er in hämischer Weise reagiert.

(BVerwGE 78, 55)

490 Der Beurteilungsspielraum bezieht sich nur auf den Bewertungsvorgang selbst und ist nach Auffassung des Bundesverfassungsgerichts mit Art. 19 Abs. 4 GG nur vereinbar, wenn er hierauf beschränkt bleibt.[39] Die Verwaltungsgerichte haben **Kontrollmaßstäbe** entwickelt, die in ständiger Rechtsprechung angewandt werden und gewährleisten, dass Prüfungskandidaten in dem sensiblen Bereich des Prüfungswesens nicht ohne Rechtsschutz bleiben:

491 • Prüfungsentscheidungen werden daraufhin überprüft, ob ein **ordnungsgemäßes Prüfungsverfahren** stattgefunden hat und die Verfahrensvorschriften zutreffend angewandt worden sind.[40]

492 M hatte bei der ärztlichen Vorprüfung im Multiple-Choice-Verfahren 152 Fragen richtig beantwortet. Da die Bestehensgrenze bei 153 lag, wurde die Prüfung für nicht bestanden erklärt. M macht mit seiner Klage geltend, bei einer der Prüfungsaufgaben sei systemwidrig eine Mehrfachlösung möglich gewesen, er selbst habe eine der richtigen Alternativen angekreuzt. Bei Ermittlung der Bestehensgrenze hätte diese Frage aber nicht einbezogen werden dürfen. Das Verwaltungsgericht hob den Prüfungsbescheid

---

36 Nachw. bei *H. Maurer*, AllgVerwR, § 7 Rn. 43.
37 Vgl. die sog. »Abweichungsklausel« nach § 5 d Abs. 4 S. 1 DRiG, nach der das Prüfungsorgan bei seiner Entscheidung von der rechnerisch ermittelten Gesamtnote abweichen *kann*, wenn dies aufgrund des Gesamteindrucks den Leistungsstand des Kandidaten besser kennzeichnet und die Abweichung auf das Bestehen der Prüfung keinen Einfluss hat.
38 Vgl. BVerfGE 84, 34 (50 f.).
39 Vgl. BVerfGE 84, 34 (52 ff.).
40 Vgl. BVerwGE 70, 143 (144); 106, 369 (372 ff.); 107, 363 (374 ff.).

auf und verpflichtete die Behörde, die Vorprüfung des M mit »ausreichend« für bestanden zu erklären.[41] Das BVerwG sah einen Verfahrensverstoß darin, dass die Frage, die M teilweise richtig beantwortet hatte, bei der Bewertung der Leistung eliminiert wurde. Im Übrigen stellte das Gericht fest, dass im Multiple-Choice-Verfahren nur Fragen zulässig seien, auf die es nur eine zutreffende Antwort gebe.[42]

- Prüfungsentscheidungen werden überdies daraufhin kontrolliert, ob der **richtige Sachverhalt** zugrunde gelegt worden ist.   **493**

J hat die Erste Juristische Staatsprüfung mit der Note »ausreichend« bestanden. Die Hausarbeit ist vom   **494**
Erstbeurteiler, Prof. Dr. Y, mit der Note »mangelhaft« (3 Punkte), vom Zweitbeurteiler als »ausreichend« (5 Punkte) beurteilt worden. J macht mit seiner Klage geltend, Prof. Dr. Y sei bei der Prüfungsaufgabe fälschlich davon ausgegangen, der Konkurs eines Unternehmers sei noch nicht eingetreten; tatsächlich habe dieser aber unterstellt werden müssen. Das Verwaltungsgericht verpflichtete das Prüfungsamt zur Neufestsetzung der Prüfungsgesamtnote.[43] Das BVerwG vertrat die Auffassung, dass ein Irrtum des Prüfers über die Prüfungsaufgabe gerichtlich voll überprüfbar sei, denn ein Prüfer, der sich über die Prüfungsaufgabe irre, diese nicht zur Kenntnis nehme, Aufgaben verwechsele oder von einer anderen als der tatsächlich gestellten Aufgabe ausgehe, lege seiner Beurteilung einen unrichtigen Sachverhalt zugrunde.[44]

- Gerichtlicher Kontrolle unterliegt darüber hinaus die Frage, ob Prüfer **sachfremde**   **495**
Erwägungen angestellt haben.[45]

Mit Prüfungen soll festgestellt werden, ob der Bewerber einen Ausbildungsabschnitt erfolgreich absol-   **496**
viert hat bzw. für eine weitere Ausbildung oder berufliche Tätigkeit geeignet ist. Prüfungen sind demgegenüber kein Instrument, den Berufszugang zu regulieren. Sofern Prüfer ihre Anforderungen an Prüfungsleistungen steigern würden, weil der betreffende Beruf ohnehin überlaufen sei, läge hierin eine sachfremde Erwägung.[46]

- Die Verwaltungsgerichte kontrollieren überdies, ob **allgemein gültige Bewer-**   **497**
tungsmaßstäbe verletzt worden sind.[47]

K bestand die Zweite Juristische Staatsprüfung nach Wiederholung mit der Gesamtnote »ausreichend«   **498**
(6,23 Punkte). Rechnerisch ergab sich ein Gesamtergebnis von 6,73 Punkten. Der Prüfungsausschuss zog hiervon 0,5 Punkte ab, weil die Leistungskonstellation »atypisch« gewesen sei.[48] Das BVerwG hielt die Entscheidung für fehlerhaft, weil ein Punktabzug (§ 5 d Abs. 4 DRiG) nicht allein auf die »Atypik« des Leistungsbildes gestützt werden dürfe. Hinzu kommen müsse vielmehr, dass der Prüfungsausschuss konkrete Anhaltspunkte dafür darlege, dass die rechnerisch ermittelte Gesamtnote den wahren Leistungsstand nicht richtig kennzeichne und daher der Korrektur bedürfe.[49]

- In engem Zusammenhang mit den vier genannten Kontrollmaßstäben steht das   **499**
Fairnessgebot, das über diese jedoch teilweise hinausgeht.[50]

S studierte an der Universität Freiburg Medizin und unterzog sich der ärztlichen Vorprüfung. Er   **500**
erhielt im Fach Anatomie die Note »sehr gut«, im Fach Physiologische Chemie die Note »gut« und im Fach Physiologie die Note »nicht genügend«. Die Wiederholungsprüfung in Physiologie bestand S mit der Note »gut«. S wandte sich gegen die erste Prüfungsentscheidung im Fach Physiologie mit der Begründung, das Verhalten des Prüfers sei geeignet gewesen, ihn in seinem Selbstwertgefühl zu treffen. So habe der Prüfer zu ihm gesagt, »Reden Sie nicht wie Ihr Landsmann Jürgen von Manger, ich habe nichts verstanden, reden Sie anständig mit mir!«, mehrere Antworten habe er mit der Bemerkung »Blödsinn!« quittiert und überdies geäußert, »Sie können nicht einmal das Einmaleins, wie wollen Sie

---

41 Vgl. BVerwGE 98, 210 (212).
42 So BVerwGE 98, 210 (217 ff.).
43 Vgl. BVerwGE 70, 143 (144).
44 So BVerwGE 70, 143 (145 f.).
45 Vgl. BVerfGE 84, 34 (54).
46 Vgl. hierzu *E. Fischer,* in: Niehues/Fischer, Prüfungsrecht, Bd. 2, 5. Aufl. 2010, Rn. 642.
47 Vgl. BVerfGE 84, 34 (54).
48 Vgl. BVerwGE 99, 74 (75).
49 So BVerwGE 99, 74 (81 f.).
50 Vgl. BVerwGE 55, 355 (360 f.); 70, 143 (144 f.).

dann Physiologie verstehen!«.[51] Das BVerwG hielt in Übereinstimmung mit der erstinstanzlichen Entscheidung das Fairnessgebot für verletzt und bestätigte die Aufhebung der Prüfungsentscheidung hinsichtlich des Fachs Physiologie.[52]

501 Die von der verwaltungsgerichtlichen Rechtsprechung erarbeiteten Kontrollmaßstäbe sind nicht trennscharf voneinander zu unterscheiden. So kann ein Verfahrensfehler zugleich ein Verstoß gegen das Fairnessgebot bedeuten und gegen anerkannte Bewertungsgrundsätze verstoßen. Stets ist zu berücksichtigen, dass berufsbezogene Prüfungen – auch – am Maßstab des Art. 12 Abs. 1 GG zu messen sind und den hierzu entwickelten Grundsätzen entsprechen müssen.[53]

502 In dem vom BVerfG entschiedenen Fall 23 war eine Rechtsauffassung des Klägers als »falsch« beurteilt worden, obwohl sie im Schrifttum vertreten wurde. Im Gegensatz zur Rechtsprechung des BVerwG[54] leitete das BVerfG unmittelbar aus Art. 12 Abs. 1 GG den Bewertungsgrundsatz ab, dass eine vertretbare und mit gewichtigen Argumenten folgerichtig begründete Lösung nicht als falsch bewertet werden dürfe.[55] Im Fall 24 stellte das BVerwG zum einen einen *Verfahrensfehler* fest, weil der Prüfungsstoff teilweise unzulässig war, hielt aber zum anderen auch einen Verstoß gegen das *Fairnessgebot* für möglich, sah insoweit aber den Sachverhalt als nicht hinreichend geklärt an.[56]

3. Weitere Anwendungsfälle des Beurteilungsspielraums?

503 **Fall 25:** Im V-Verlag erschien der Roman »Josefine Mutzenbacher – Die Lebensgeschichte einer wienerischen Dirne, von ihr selbst erzählt« als Taschenbuchausgabe. Das Taschenbuch wurde – ebenso wie die früheren Romanausgaben – in die Liste der jugendgefährdenden Schriften aufgenommen. Die Bundesprüfstelle begründete die Indizierung damit, die sexuellen Vorgänge um die Titelheldin würden in grob aufdringlicher Weise in den Vordergrund gestellt. Als Kunstwerk könne die Schrift nach dem Ergebnis der von den Professoren M und G erstatteten Gutachten nicht angesehen werden.

(BVerfGE 83, 130)

504 Die vom Bundesverwaltungsgericht entwickelten Grundsätze gelten auch für prüfungsähnliche Entscheidungen, insbesondere für **dienstliche Beurteilungen**.[57] Auch diese sind von (Inter-)**Subjektivität** geprägt, die nur begrenzt objektivierbar ist. Ob ein Vorgesetzter seinen Mitarbeiter für »geeignet«, »besonders geeignet« oder gar »hervorragend geeignet« für einen bestimmten Dienstposten beurteilt, ist letztlich die Summe einer Vielzahl von Interaktionen, die in der Beurteilung gleichsam gerinnen. Auch hier kann das Gericht nicht seine Beurteilung an die Stelle der Behörde (des Vorgesetzten) setzen, weil die Vorgänge im Einzelnen nicht wiederholbar sind. Da Beurteilungen sich aber regelmäßig auf die beruflichen Aufstiegsmöglichkeiten auswirken, sind diese Entscheidungen ebenfalls anhand der dargestellten Kontrollmaßstäbe zu überprüfen.[58]

505 Das Bundesverwaltungsgericht hat auch in **anderen Fällen** den entscheidenden Behörden einen Beurteilungsspielraum zuerkannt.[59] Die sich hier abzeichnende Tendenz ist nicht unproblematisch, weil die gerichtliche Kontrolle von Verwaltungsentschei-

---

51 Vgl. BVerwGE 55, 355 (361).
52 So BVerwGE 55, 355 (356).
53 Vgl. BVerfGE 84, 34 (54 f.); 84, 59 (72 f.).
54 Vgl. BVerwG Buchholz 421.0 Nr. 121, S. 195.
55 So BVerfGE 84, 34 (55).
56 Vgl. BVerwGE 78, 55 (58).
57 Vgl. *H. Maurer*, AllgVerwR, § 7 Rn. 38 f. m. w. N.
58 Vgl. BVerwGE 97, 128 (129); 106, 263 (266); 111, 22 (23); 124, 356 (358); std. Rspr.
59 Vgl. die Übersicht bei *H. Maurer*, AllgVerwR, § 7 Rn. 40 ff.

dungen stets eine funktionell-rechtliche Dimension aufweist. Mit anderen Worten geht es nicht allein darum, eine plausible Entscheidung durch eine andere – ebenfalls nur *plausible* – Entscheidung zu ersetzen, sondern um die richterliche oder behördliche **Letztentscheidungsbefugnis.** In dem Umfang, in dem den Verwaltungsbehörden ein Beurteilungsspielraum eingeräumt wird, gibt die Verwaltungsgerichtsbarkeit ihre Letztentscheidungsbefugnis preis.

Im Bereich des **Jugendschutzes** hat das **Bundesverwaltungsgericht** in seiner früheren Rechtsprechung einen Beurteilungsspielraum abgelehnt.[60] Unter Aufgabe dieser Rechtsprechung gestand das Gericht der Bundesprüfstelle später einen Beurteilungsspielraum mit der Begründung zu, diese verbinde Fachkenntnisse mit Elementen gesellschaftlicher Repräsentanz und biete deshalb die Gewähr, **506**

»daß bei der Entscheidung über die Aufnahme einer Schrift in die Liste die verschiedenen Gruppen unserer pluralistischen Gesellschaft wirksam werden.«[61]

Die gerichtliche Nachprüfung sollte sich darauf beschränken, ob die Bundesprüfstelle von einem zutreffenden und vollständig ermittelten Sachverhalt ausgegangen sei und ob sie die Grenzen ihres Beurteilungsspielraums eingehalten und die richtigen Maßstäbe angewandt habe.[62] An dieser Rechtsprechung hat das Bundesverwaltungsgericht zunächst festgehalten und der Bundesprüfstelle zusätzlich einen Beurteilungsspielraum dahingehend zugestanden, ob eine bestimmte Schrift die Merkmale der »Kunst« im Sinne des Art. 5 Abs. 3 GG erfülle.[63] Der Kunstvorbehalt sollte allerdings bei schwer jugendgefährdenden Schriften nicht gelten.[64] **507**

Im Ausgangsfall hat das BVerfG die Revisionsentscheidung des BVerwG mit der Begründung aufgehoben, einer Abwägung mit dem Grundrecht der Kunstfreiheit bedürfe es auch dann, wenn die Schrift offensichtlich geeignet sei, Kinder oder Jugendliche sittlich schwer zu gefährden. Das BVerfG setzt dabei voraus, dass auch ein pornografischer Roman »Kunst« im Sinne des Art. 5 Abs. 3 S. 1 GG sein könne.[65] Überdies erklärte das BVerfG § 9 Abs. 2 GjS für verfassungswidrig, weil die Bestellung der Beisitzer nicht in einer Weise geregelt sei, die rechtsstaatlichen Grundsätzen genüge.[66] **508**

Unter dem Einfluss der Rechtsprechung des Bundesverfassungsgerichts[67] hat das Bundesverwaltungsgericht seine Rechtsprechung insofern für »überholt« erklärt, als **509**

---

60 Vgl. BVerwGE 23, 112; 28, 223 (224).
61 So BVerwGE 39, 197 (204).
62 So BVerwGE 39, 197 (198).
63 So BVerwGE 77, 75 (LS 4).
64 So BVerwGE 77, 75 (83). Die Entscheidung erging noch zu dem vergleichbaren § 6 GjS.
65 So BVerfGE 83, 130 (138 ff.).
66 Dem Monitum des BVerfG ist durch Einfügung des § 9 a in das Gesetz über die Verbreitung jugendgefährdender Schriften und Medieninhalte (GjSM) Rechnung getragen worden; vgl. Gesetz vom 29. 10. 1993 (BGBl. I S. 1817). Der Jugendschutz wird nunmehr zusammenfassend im Jugendschutzgesetz (JuSchG) vom 23. 7. 2002 (BGBl. I S. 2730) geregelt. Bestimmungen über vorschlagsberechtigte Verbände enthält § 20 JuSchG.
67 Vgl. BVerfGE 83, 130 (148): »Diese aus Art. 5 Abs. 3 S. 1 GG abzuleitenden Prüfungsanforderungen binden nicht nur die Bundesprüfstelle, sondern auch die Gerichte. Eine Nachprüfung der dafür maßgebenden Wertungen ist möglich und geboten. Die Gerichte dürfen den Umfang ihrer Prüfung, ob die Indizierung mit der Kunstfreiheit vereinbar ist, nicht dadurch schmälern, daß sie der Bundesprüfstelle insoweit einen nur eingeschränkt nachprüfbaren Beurteilungsspielraum einräumen. Dies wäre mit dem unmittelbar aus Art. 5 Abs. 3 GG folgenden Gebot nicht zu vereinbaren, die widerstreitenden Güter von Verfassungsrang zur Konkordanz zu bringen. Damit ist nicht gesagt, daß der Bundesprüfstelle überhaupt kein Beurteilungsspielraum verbleiben könnte, diese Frage steht – (...) – hier nicht zur Entscheidung.«

es der Bundesprüfstelle einen Beurteilungsspielraum zugestanden habe.[68] Allerdings sei die der Indizierungsentscheidung zugrunde liegende Abwägung als »sachverständige Aussage« zu begreifen und entsprechend nicht leicht zu erschüttern.[69] Die Revision der Rechtsprechung war überfällig, weil es einen behördlichen Beurteilungsspielraum nicht geben kann, wenn es sich um den Schutzbereich des Grundrechts der Kunstfreiheit (Art. 5 Abs. 3 S. 1 GG), der durch den Kunstbegriff bezeichnet wird, handelt. Andernfalls würde im Ergebnis die Behörde und nicht das Gericht darüber entscheiden, ob das Grundrecht einschlägig ist. Einzuräumen ist, dass der vom Bundesverfassungsgericht vertretene »**offene Kunstbegriff**«[70] die Entscheidung über die Kunstqualität einer Schrift nicht erleichtert. Problematisch an dieser Rechtsprechung ist insbesondere, dass der Sache nach auf die Kunstfreiheit die Schranken des Art. 5 Abs. 2 GG angewandt werden, obwohl das Bundesverfassungsgericht stets das Gegenteil beteuert.[71] Da Art. 5 Abs. 3 S. 1 GG für die Kunst den **Werk- und Wirkbereich** garantiert,[72] können Kunstwerke von Verfassungs wegen weder indiziert noch sonst in ihrer Verbreitung behindert werden. Es würde einen kaum vorstellbaren Wertungswiderspruch innerhalb der Verfassung bedeuten, wenn ein und dieselbe Schrift »Kunstwerk« und gleichzeitig »offensichtlich jugendgefährdend« sein könnte.[73] Dies aber hat zur Folge, dass weder das Bundesverfassungsgericht noch ein anderes Gericht der Frage ausweichen kann, ob ein Kunstwerk vorliegt und damit Art. 5 Abs. 3 S. 1 GG – ohne Einschränkungen – anwendbar ist.

510 Auch jenseits der Kunstfreiheit erwies sich der vom Bundesverwaltungsgericht seinerzeit bei § 1 GjSM angenommene Beurteilungsspielraum als problematisch. Die »pluralistische« Zusammensetzung des Entscheidungsgremiums verbürgt nicht die Richtigkeit der Entscheidung.[74] Die Indizierung von Schriften unterscheidet sich von Prüfungsentscheidungen und prüfungsähnlichen Entscheidungen dadurch, dass es sich weder um unwiederholbare Vorgänge noch um fachwissenschaftliche Urteile handelt.[75] Da bei der Indizierung von Schriften oder Medieninhalten, die nicht unter den Kunstbegriff fallen, regelmäßig die Grundrechte aus Art. 5 Abs. 1 und – bei gewerblicher Verbreitung – aus Art. 12 Abs. 1 GG einschlägig sind, ergeben sich enge verfassungsrechtliche Schranken auch für Konstruktionen, die einem Beurteilungsspielraum nahe kommen.

V. Das Ermessen

511 **Fall 26:** Die 1973 in Hamburg geborene T ist Tochter eines italienischen Staatsangehörigen und einer Deutschen, die durch ihre Heirat außerdem die italienische Staatsangehörigkeit erworben hat. T ist durch Geburt italienische Staatsangehörige. Die zuständige Behörde lehnte ihren Antrag auf Einbürgerung ab. Zur Begründung wurde ausgeführt, T habe keinen Gebrauch von der Möglichkeit

---

68 So BVerwGE 91, 211 (215).
69 So BVerwGE 91, 211 (216).
70 Vgl. hierzu *J. Ipsen*, Staatsrecht II, 15. Aufl. 2012, Rn. 501 ff. m. w. N.
71 Vgl. *J. Ipsen*, Staatsrecht II, 15. Aufl. 2012, Rn. 511 ff.
72 So BVerfGE 30, 173 (LS 2): »Die Kunstfreiheitsgarantie betrifft nicht nur die künstlerische Betätigung, sondern auch die Darbietung und Verbreitung des Kunstwerks.«
73 Vgl. BVerwGE 77, 75 (83), wo es das Gericht dahingestellt bleiben ließ, ob schwer jugendgefährdenden Schriften im Sinne des § 6 GjS überhaupt Kunstqualität zukommen kann.
74 Vgl. *H. Maurer*, AllgVerwR, § 7 Rn. 45.
75 Vgl. oben Rn. 482 ff.

des Art. 3 RuStAÄndG 1974 gemacht, innerhalb von drei Jahren durch Erklärung die deutsche Staatsangehörigkeit zu erwerben. Durch eine Einbürgerung würde T neben ihrer italienischen Staatsangehörigkeit die deutsche Staatsangehörigkeit erwerben. Aus rechtspolitischen Gründen sei jedoch Mehrstaatigkeit möglichst zu vermeiden. Durch die Einbürgerung würde auch keine einheitliche Staatsangehörigkeit in der Familie entstehen. Unterschiedliche Staatsangehörigkeit in der Familie könne zu Konflikten und zu Rechtsunsicherheiten führen. An der Einbürgerung der T bestehe deswegen kein öffentliches Interesse.

(BVerwGE 84, 93)

1. Die Struktur der Ermessensvorschriften

Rechtsnormen weisen zwar nicht notwendig,[76] aber überwiegend eine **binäre Struktur** von **Tatbestand** und **Rechtsfolge** auf. Aufgrund der »Wenn-Dann-Struktur« tritt eine Rechtsfolge ein, wenn bestimmte (Tatbestands-)Voraussetzungen erfüllt sind. So heißt es in § 35 Abs. 1 S. 1 GewO: **512**

»Die Ausübung eines Gewerbes ist von der zuständigen Behörde ganz oder teilweise zu untersagen, wenn Tatsachen vorliegen, welche die Unzuverlässigkeit des Gewerbetreibenden oder einer mit der Leitung des Gewerbebetriebes beauftragten Person in bezug auf dieses Gewerbe dartun, sofern die Untersagung zum Schutze der Allgemeinheit oder der im Betrieb Beschäftigten erforderlich ist.«   **513**

Ohne Änderung des Sinngehalts könnte die Vorschrift auch lauten: **514**

»*Wenn* Tatsachen vorliegen, welche die Unzuverlässigkeit des Gewerbetreibenden … dartun, *dann* ist die Ausübung des Gewerbes von der zuständigen Behörde ganz oder teilweise zu untersagen, sofern die Untersagung zum Schutze der Allgemeinheit oder der im Betrieb Beschäftigten erforderlich ist.«

Die **Rechtsfolge** besteht in Verwaltungsgesetzen häufig darin, dass die Behörde zum Erlass eines **Verwaltungsakts** ermächtigt wird. Für das Verwaltungshandeln ist es von entscheidender Bedeutung, auf welche Weise der Tatbestand der jeweiligen Norm mit der Rechtsfolge verknüpft ist. Sofern die Rechtsfolge (der Verwaltungsakt) ergehen *muss,* wenn die Tatbestandsvoraussetzungen erfüllt sind, handelt es sich um einen **gebundenen Verwaltungsakt.** Im Beispiel des § 35 Abs. 1 S. 1 GewO ist die Verknüpfung der Tatbestandsvoraussetzungen (»… wenn Tatsachen vorliegen …«) zwingend mit der Rechtsfolge (»… *ist* von der Behörde ganz oder teilweise zu untersagen …«) verknüpft. Die der Verwaltung mit dieser Verknüpfung auferlegte **Handlungspflicht** findet sich nicht nur bei belastenden, sondern auch bei begünstigenden Verwaltungsakten. § 19 Abs. 1 S. 1 SGB XII lautet: **515**

»Hilfe zum Lebensunterhalt nach dem Dritten Kapitel ist Personen zu leisten, die ihren notwendigen Lebensunterhalt nicht oder nicht ausreichend aus eigenen Kräften und Mitteln, insbesondere aus ihrem Einkommen und Vermögen, bestreiten können.«   **516**

Wenn die Voraussetzungen (Bedürftigkeit) vorliegen, so *ist* dem Bedürftigen Hilfe zum Lebensunterhalt zu gewähren, d. h. ihm wird ein **gesetzlicher Anspruch** eingeräumt.   **517**

Sofern Tatbestand und Rechtsfolge einer Rechtsnorm in zwingender Weise verknüpft sind, unterliegt die Rechtsanwendung der Behörde in vollem Umfang **verwaltungsgerichtlicher Kontrolle.** Nach den oben entwickelten Grundsätzen ist es für die Kontrolldichte – von den Fällen des Beurteilungsspielraums abgesehen – unerheblich, ob im Gesetzestext unbestimmte Rechtsbegriffe verwandt werden oder nicht.[77]   **518**

---

76 Vgl. *J. Ipsen,* Rechtsfolgen der Verfassungswidrigkeit von Norm und Einzelakt, 1980, S. 179 ff.
77 Vgl. oben Rn. 478 ff.

519 Eine Gewerbeuntersagung kann deshalb mit der Begründung angefochten werden, die Behörde habe den Begriff der »Unzuverlässigkeit« im Sinne des § 35 Abs. 1 S. 1 GewO unzutreffend ausgelegt. In gleicher Weise kann Hilfe zum Lebensunterhalt nach § 19 Abs. 1 S. 1 SGB XII mit der Begründung begehrt werden, die Behörde habe den Begriff des »notwendigen Lebensunterhalts« unzutreffend ausgelegt.

520 Die Beispiele des § 35 GewO und des § 19 SGB XII belegen, dass die Unbestimmtheit der Tatbestandsvoraussetzungen, die eine Auslegung durch Behörden und Gerichte notwendig macht, mit der Art der Verknüpfung von Tatbestand und Rechtsfolge nichts zu tun hat. Mit anderen Worten müssen die **Tatbestandsmerkmale** stets **ausgelegt** werden, mag es sich hierbei auch um unbestimmte Rechtsbegriffe handeln. Sofern allerdings die Rechtsfolge bei Vorliegen der Tatbestandsmerkmale zwingend eintritt, ist mit der Auslegung zwangsläufig auch über die Rechtsfolge entschieden.

521 Wenn die Unzuverlässigkeit eines Gewerbetreibenden bejaht wird *und* die Untersagung zum Schutze der Allgemeinheit oder der im Betrieb Beschäftigten erforderlich ist, *muss* die Behörde das Gewerbe untersagen. *Wenn* der Bedürftige seinen notwendigen Lebensunterhalt nicht aus eigenen Kräften und Mitteln beschaffen kann, *muss* ihm Hilfe zum Lebensunterhalt gewährt werden.

522 **Ermessensvorschriften** unterscheiden sich von anderen Rechtsnormen dadurch, dass bei Vorliegen der Tatbestandsmerkmale die Behörde zum Erlass des Verwaltungsakts (der Rechtsfolge) **ermächtigt,** aber **nicht verpflichtet** ist.

523 Im Ausgangsfall war § 8 Abs. 1 RuStAG einschlägig, der folgenden Wortlaut hatte:

»Ein Ausländer, der sich im Inland niedergelassen hat, kann *von dem Bundesstaat, in dessen Gebiete die Niederlassung erfolgt ist,* auf seinen Antrag eingebürgert werden, wenn er

1. nach den Gesetzen seiner bisherigen Heimat unbeschränkt geschäftsfähig ist oder nach den deutschen Gesetzen unbeschränkt geschäftsfähig sein würde oder der Antrag in entsprechender Anwendung des § 7 Abs. 2 S. 2 von einem gesetzlichen Vertreter oder mit dessen Zustimmung gestellt wird,

2. keinen Ausweisungsgrund nach § 46 Nr. 1–4, § 47 Abs. 1 oder 2 des Ausländergesetzes erfüllt,

3. an dem Orte seiner Niederlassung eine eigene Wohnung oder ein Unterkommen gefunden hat und

4. an diesem Orte sich und seine Angehörigen zu ernähren imstande ist.«[78]

Nicht einschlägig war demgegenüber Art. 3 RuStAGÄndG 1974, der Kindern aus gemischt-nationalen Ehen mit deutscher Mutter die Möglichkeit einräumte, durch Erklärung die deutsche Staatsangehörigkeit zu erwerben. Nach Art. 3 Abs. 6 RustAGÄndG 1974 konnte das Erklärungsrecht nur bis zum Ablauf von drei Jahren nach Inkrafttreten des Gesetzes (am 1. 1. 1975) ausgeübt werden. Die Klägerin stellte den Antrag jedoch erst im Jahr 1980.

524 Ermessensvorschriften sind dadurch gekennzeichnet, dass **Tatbestand** und **Rechtsfolge** nur **fakultativ** (nicht obligatorisch) verknüpft sind. Sie werden deshalb in der Alltagssprache auch als »Kann-Vorschriften« bezeichnet. Aber auch die »Soll-Vorschriften« zählen dazu.[79] Sie verpflichten die Behörden unter bestimmten Voraussetzungen in der Regel zum Tätigwerden, so dass nur in atypischen Situationen von

---

78 Das Reichs- und Staatsangehörigkeitsgesetz vom 22. 7. 1913 (RGBl. S. 583) ist mit Wirkung zum 1. 1. 2000 durch Gesetz vom 15. 7. 1999 (BGBl. I S. 1618) neu gefasst worden und trägt nunmehr die Bezeichnung Staatsangehörigkeitsgesetz (StAG).

79 Z. B. § 31 Abs. 5 AsylVfG; § 25 Abs. 3 S. 1 AufenthG; § 20 Abs. 2 S. 1 BImSchG, § 25 Abs. 2 BImSchG; § 91 Abs. 4 SGB IX; § 48 Abs. 1 S. 2 SGB X; § 12 Abs. 4 WPflG; siehe dazu *S. Detterbeck,* AllgVerwR, Rn. 320 f.; *H. Maurer,* AllgVerwR, § 7 Rn. 11; *M. Sachs,* in: Stelkens/ Bonk/Sachs, VwVfG, § 40 Rn. 26 ff.; *Wolff/Bachof/Stober/Kluth,* Verwaltungsrecht I, § 31 Rn. 41.

der gesetzlich vorgeschriebenen Rechtsfolge abgesehen werden darf.[80] Die Determination und damit Steuerung der Verwaltung durch das Gesetz ist bei Ermessensvorschriften geringer als bei »Muss-Vorschriften«. Folgerichtig ist die verwaltungsgerichtliche Kontrolle bei Ermessensentscheidungen weniger dicht als bei gebundenen Verwaltungsentscheidungen (§ 114 VwGO).

Hinter der unterschiedlichen Verknüpfung von Tatbestand und Rechtsfolge verbergen sich zugleich **unterschiedliche Verwaltungstypen.** Die »gebundene« Verwaltung unterscheidet sich grundsätzlich von der »Ermessensverwaltung«, der »gebundene« Verwaltungsakt vom »Ermessensakt«. **525**

> Bei der Einbürgerung hatte die Behörde zu prüfen, ob alle Tatbestandsvoraussetzungen des § 8 Abs. 1 RuStAG erfüllt waren, wobei auch unbestimmte Rechtsbegriffe (»unbescholtener Lebenswandel«) zu konkretisieren waren. Selbst wenn alle Tatbestandsvoraussetzungen der Einbürgerung vorlagen, war die Behörde gleichwohl *nicht verpflichtet,* sondern nur *berechtigt,* dem Antrag zu entsprechen. Aus Gründen, die in § 8 RuStAG nicht unmittelbar zum Ausdruck gelangten, konnte die Einbürgerung auch versagt werden. Ob die Ablehnung des Einbürgerungsantrags im Ausgangsfall *rechtmäßig* war, bedarf näherer Prüfung. **526**

2. Typen von Ermessensvorschriften

Die für Ermessensvorschriften typische Struktur besteht in der fakultativen Verknüpfung von Tatbestand und Rechtsfolge. Gewöhnlich wird deshalb von »**Rechtsfolgeermessen**« gesprochen, um deutlich zu machen, dass die Prüfung der Tatbestandsmerkmale stets Rechtsanwendung ist und es deshalb kein »**Tatbestandsermessen**« gibt.[81] **527**

Rechtsfolgeermessen liegt bereits vor, wenn die Ermessensvorschrift **eine Rechtsfolge** vorsieht, deren Eintritt jedoch in das Ermessen der Behörde gestellt ist. Die Behörde *kann* hiernach einen beantragten Verwaltungsakt erlassen, die Ermessensvorschrift eröffnet aber auch die Möglichkeit, ihn abzulehnen. Von sog. »gelenktem« bzw. »intendiertem« Ermessen – ein Neologismus, den das BVerwG kreiert hat – spricht man, wenn sich bereits aus dem Gesetz ergibt, wie das Ermessen auszuüben und welches Ergebnis für den Normalfall gewollt ist.[82] Das Gesetz gibt dabei die Richtung der Ermessensbetätigung vor und präjudiziert eine Entscheidung, von der nur ausnahmsweise abgewichen werden darf.[83] Der Begriff des »intendierten Ermessens« umfasst sämtliche Bestimmungen, die ermessenslenkende Vorgaben des Gesetzgebers enthalten, mithin nicht nur die »Soll-Vorschriften«.[84] Sind ermessenseinräumende Vorschriften demnach dahin auszulegen, dass sie für den Regelfall von einer Ermessensausübung in einem bestimmten Sinne ausgehen, müssen besondere Gründe vorliegen, um eine gegenteilige Entscheidung zu rechtfertigen. Liegt ein vom Regelfall abweichender Sachverhalt nicht vor, versteht sich das Ergebnis der Abwägung von selbst und bedarf dann auch keiner das Selbstverständliche darstellenden Begründung nach § 39 Abs. 1 S. 3 VwVfG mehr.[85] **528**

---

80 Vgl. BVerwGE 64, 318 (323); 88, 1 (8); 90, 88 (93).
81 Vgl. *M. Jestaedt,* in: Erichsen/Ehlers, AllgVerwR, § 11 Rn. 10; *H. Maurer,* AllgVerwR, § 7 Rn. 55.
82 Vgl. BVerwGE 72, 1 (6); 91, 82 (90).
83 Vgl. *H. Maurer,* AllgVerwR, § 7 Rn. 12.
84 Vgl. *S. Detterbeck,* AllgVerwR, Rn. 322.
85 Vgl. BVerwGE 72, 1 (6); 91, 82 (90); 105, 55 (57).

Die Rechtsfigur des »intendierten« bzw. »gelenkten« Ermessens ist in der Literatur überwiegend auf Ablehnung gestoßen.[86] Besondere Kritik erfährt die Entpflichtung der Behörde, Ermessenserwägungen anzustellen und ihre Entscheidung angemessen zu begründen. Eine Einzelfallprüfung finde teilweise nicht mehr statt. Ferner sei die Frage, welches Ergebnis gesetzlich als der Normalfall gewollt ist, abgesehen von den »Soll-Vorschriften«, nur schwer zu beantworten. Damit werde die Grenze zwischen den »Kann-« und »Soll-Vorschriften« undeutlich.[87]

529 Nach dem im Ausgangfall anwendbaren § 8 Abs. 1 RuStAG war nur die Alternative gegeben, *entweder* den Antragsteller einzubürgern *oder* den Antrag auf Einbürgerung abzulehnen. Weitere Entscheidungsmöglichkeiten sah das Gesetz nicht vor. Es handelte sich deshalb um eine *einstufige* Ermessensentscheidung.

530 Die Generalklauseln der Gefahrenabwehrgesetze der Bundesländer[88] und vergleichbare Rechtsvorschriften räumen den Gefahrenabwehrbehörden ein **zweistufiges Ermessen** ein. Sie haben zunächst über das »**Ob**« des Einschreitens (Entschließungsermessen), sodann über das »**Wie**« des Einschreitens (Auswahlermessen) zu entscheiden. Obwohl es sich in der Verwaltungspraxis um einen **komplexen Abwägungsvorgang** handelt und nicht um zwei voneinander zu trennende Entscheidungen, ist die dogmatische Differenzierung dennoch hilfreich.[89] Sie veranschaulicht, dass sich Ermessenserwägungen nicht in der Entscheidung über das »Ob« des Einschreitens erschöpfen, sondern auch die konkret zu **treffenden Maßnahmen** im Ermessen der Behörde stehen können. Bei genauem Hinsehen zeigt sich, dass diese Spielart des Ermessens den Gefahrenabwehrbehörden eingeräumt werden *muss*. Wenn aufgrund des (allgemeinen) Gefahrenabwehrrechts **Gefahren jeder Art** bekämpft werden sollen, so lassen sich folgerichtig die Mittel zur Gefahrenbekämpfung gesetzlich nicht festlegen. Selbst wenn das behördliche Einschreiten dem Legalitätsprinzip unterläge, müsste die **Auswahl der Mittel** doch immer in das Ermessen der Behörde gestellt sein, weil diese abschließender gesetzlicher Regelung unzugänglich sind.

531 Nach § 8 Abs. 1 MEPolG kann die Polizei »die notwendigen Maßnahmen treffen, um eine im einzelnen Fall bevorstehende Gefahr für die öffentliche Sicherheit oder Ordnung (Gefahr) abzuwehren, soweit nicht die §§ 9 bis 24 die Befugnisse der Polizei besonders regeln.« Die Vorschrift weist die typische binäre Struktur des »Wenn-Dann« auf, ermächtigt also die Polizei zum Einschreiten, *wenn* eine Gefahr für die öffentliche Sicherheit oder Ordnung vorliegt. Der Begriff »Gefahr« ist ein unbestimmter Rechtsbegriff und die Frage, ob eine Gefahr für die öffentliche Sicherheit oder Ordnung vorliegt, *Rechtsanwendung* und unterliegt somit uneingeschränkter verwaltungsgerichtlicher Kontrolle. Sofern eine Gefahr vorliegt, ist die Polizei gleichwohl nicht zum Einschreiten *verpflichtet*, sondern nur *berechtigt*. Neben der Frage, ob sie *überhaupt* einschreitet, steht auch die *Art und Weise* des Einschreitens in ihrem Ermessen. Allerdings handelt es sich hier nur um eine gedankliche Trennung. In der Verwaltungspraxis wird die Frage, ob die Behörde einschreitet, nicht zuletzt davon abhängen, was sie tun kann.

532 In einzelnen gesetzlichen Vorschriften werden unbestimmte Rechtsbegriffe mit dem Ermessen in der Weise gekoppelt, dass im Tatbestand ähnliche Erwägungen angestellt

---

86 Vgl. *S. Detterbeck,* AllgVerwR, Rn. 323 m. w. N. in Fn. 13; *H. Maurer,* AllgVerwR, § 7 Rn. 12 m. w. N.

87 Vgl. *Bull/Mehde,* AllgVerwR/VerwL, Rn. 600; *S. Detterbeck,* AllgVerwR, Rn. 323; *H. Maurer,* AllgVerwR, § 7 Rn. 12.

88 Vgl. oben Rn. 293 Fn. 8.

89 Vgl. *J. Ipsen,* Niedersächsisches Polizei- und Ordnungsrecht, 4. Aufl. 2010, Rn. 266 ff.

werden müssen wie bei der Ermessensentscheidung, so dass »**Koppelungsvorschrif-ten**« entstehen.[90] Nach § 227 AO können die Finanzbehörden

> »Ansprüche aus dem Steuerschuldverhältnis ganz oder zum Teil erlassen, wenn deren Einziehung nach Lage des einzelnen Falles unbillig wäre; unter den gleichen Voraussetzungen können bereits entrichtete Beträge erstattet oder angerechnet werden.«

Voraussetzung für die Ermessensbetätigung wäre nach den bisher entwickelten Grundsätzen ein Akt der Rechtsanwendung, nämlich dass die Erhebung der Steuer nach Lage des einzelnen Falles »unbillig« wäre. Die Trennung von Tatbestand (= Rechtsanwendung) und Rechtsfolge (= Ermessen) würde jedoch bedeuten, dass der Steuererlass abgelehnt werden könnte, obwohl das Tatbestandsmerkmal der Unbilligkeit bejaht wurde. Mit anderen Worten könnte die Behörde nach der Tatbestandsstruktur des § 227 AO den Steuererlass ablehnen, obwohl sie selbst die Steuererhebung als unbillig ansehen würde. **533**

§ 227 AO ist zugleich ein Beleg dafür, dass eine **materiell-rechtliche** Problematik auch eine **funktionell-rechtliche** Dimension aufweisen kann. Würde nämlich der Akzent auf den unbestimmten Rechtsbegriff in § 227 AO gelegt, so hätten letztlich die Gerichte darüber zu entscheiden, ob eine »Unbilligkeit« vorläge. Die Betonung des **Ermessenscharakters** bedeutet gleichzeitig, dass die gerichtliche Kontrolldichte geringer ist. Der Gemeinsame Senat der obersten Gerichtshöfe des Bundes hat § 131 AO a. F. (die Vorgängervorschrift des § 227 AO) als **Ermessensvorschrift** qualifiziert, bei der der Maßstab der Billigkeit Inhalt und Grenzen des Ermessens bestimme.[91] **534**

3. Gerichtliche Kontrolle von Ermessensakten

§ 114 S. 1 VwGO enthält – entgegen dem insoweit missverständlichen Wortlaut – eine **Einschränkung,** keine Erweiterung der verwaltungsgerichtlichen **Kontrollbefugnisse.** Wenn der Gesetzgeber Tatbestand und Rechtsfolge entkoppelt, um der Verwaltung größere Handlungsspielräume einzuräumen, wäre es widersinnig, die verwaltungsgerichtliche Kontrolle auszudehnen.[92] Allerdings unterliegt die Frage, ob die Tatbestandsvoraussetzungen einer Ermessensentscheidung gegeben sind, uneingeschränkter verwaltungsgerichtlicher Nachprüfung. § 114 S. 1 VwGO ist dahin auszulegen, dass neben der Frage, ob die Tatbestandsvoraussetzungen einer Ermessensentscheidung vorliegen, *auch* geprüft wird, ob das Ermessen in einer dem Zweck der Ermächtigung entsprechenden Weise ausgeübt worden ist.[93] **535**

In der Literatur wird zwischen »äußeren« und »inneren« Ermessensfehlern unterschieden.[94] Wie stets trägt auch hier die räumliche Metapher zur Anschaulichkeit bei, kann allerdings auch Missverständnisse hervorrufen. In der Sache geht es um **drei** unterschiedliche **Fehlergruppen:**[95] **536**

---

90 Vgl. *M. Jestaedt,* in: Erichsen/Ehlers, AllgVerwR, § 11 Rn. 15; *H. Maurer,* AllgVerwR, § 7 Rn. 48.
91 So GemS-OGB, BVerwGE 39, 355.
92 Vgl. oben Rn. 527.
93 Vgl. *Kopp/Schenke,* VwGO, § 114 Rn. 5.
94 Vgl. *K. Rennert,* in: Eyermann, VwGO, § 114 Rn. 10; Überblick über die Systematisierungsversuche bei *R. Alexy,* JZ 1986, S. 701.
95 Vgl. *Bull/Mehde,* AllgVerwR/VerwL, Rn. 593 ff.; *M. Jestaedt,* in: Erichsen/Ehlers, AllgVerwR, § 11 Rn. 60 ff.; *H. Maurer,* AllgVerwR, § 7 Rn. 19 ff.

537 • Eine Ermessensentscheidung kann rechtswidrig sein, weil die angeordnete **Rechtsfolge** gesetzlich **nicht vorgesehen** ist. Die dem Ermessen gesetzten Grenzen werden folglich von der Behörde überschritten (**»Ermessensüberschreitung«**).

538 • Gewissermaßen spiegelverkehrt ist es denkbar, dass die Behörde sich irrtümlich für gebunden hält, also überhaupt kein Ermessen ausgeübt hat. Der Nichtgebrauch des Ermessens wird auch als **»Ermessensunterschreitung«** bezeichnet.

539 • Bei der dritten Fehlergruppe – dem **»Ermessensfehlgebrauch«** – hält sich die Behörde zwar auf den ersten Blick im Rahmen der gesetzlichen Ermächtigung, verfehlt jedoch deren Zweck. Beim sog. »intendierten Ermessen«[96] liegt der Rechtsprechung zufolge ein rechtsfehlerhafter Gebrauch des Ermessens vor, wenn die Behörde ihr bekanntgewordene oder erkennbare außergewöhnliche Umstände des Falles, die eine andere Entscheidung möglich erscheinen lassen, nicht erwogen hat.[97]

540 Die Schwierigkeit der Kontrolle von Ermessensentscheidungen besteht in der **Ermittlung** der **Ermessenserwägungen.** Maßgebend sind die Gründe, die dem Adressaten mitgeteilt worden sind. Darüber hinaus ermächtigt § 114 S. 2 VwGO die Behörde, noch im verwaltungsgerichtlichen Verfahren ihre Ermessenserwägungen zu **ergänzen.** Diese Vorschrift ist allerdings nicht dahin misszuverstehen, dass die Behörde ihre Begründung je nach dem Stand des Verwaltungsstreitverfahrens austauschen kann, denn der Kläger ruft das Gericht ja wegen einer bestimmten Entscheidung *und* ihrer Begründung an.[98]

541 Im Ausgangsfall hatte die Behörde die Einbürgerung der T mit der Begründung abgelehnt, aus rechtspolitischen Gründen solle eine Mehrstaatigkeit vermieden werden. Durch die Einbürgerung würde überdies keine einheitliche Staatsangehörigkeit in der Familie entstehen. Während das Berufungsgericht die behördliche Entscheidung schon deshalb für ermessensfehlerhaft hielt, weil T in verfassungswidriger Weise vom Erwerb der deutschen Staatsangehörigkeit ausgeschlossen gewesen sei, hielt das BVerwG den Verfassungsverstoß insoweit für kompensiert, als T ein Optionsrecht gehabt, von diesem aber keinen Gebrauch gemacht habe. Das BVerwG hielt auch die Begründung für ermessensfehlerfrei, bemängelte aber, dass die Behörde den Einfluss des Art. 6 GG auf das Einbürgerungsermessen nicht hinreichend berücksichtigt habe.[99] Im Ergebnis sei die Behörde deshalb zu Recht verpflichtet worden, den Einbürgerungsantrag neu zu bescheiden.[100] Zweifelhaft ist, ob die Behörde gem. § 114 S. 2 VwGO, der zum Zeitpunkt der Revisionsentscheidung noch nicht galt, ihre Begründung dahin hätte ergänzen können, sie habe Art. 6 GG bei der Entscheidung berücksichtigt, dies aber habe zu keinem anderen Ergebnis geführt. Die Ausführungen des BVerwG legen nahe, dass bei hinreichender Berücksichtigung des Art. 6 GG dem Einbürgerungsantrag hätte stattgegeben werden müssen.

4. Die Ermessensreduktion

542 Ermessensvorschriften ermöglichen der Verwaltung, situationsangemessen zu reagieren. Sie tragen dem Umstand Rechnung, dass nicht alle Sachverhaltskonstellationen durch den Gesetzgeber antizipiert werden können und es deshalb häufig ausreichen muss, die Handlungsermächtigung nur hinsichtlich des **Zwecks** zu de-

---

96 Vgl. oben Rn. 528.
97 Vgl. BVerwGE 105, 55 (57 f.).
98 Vgl. *T. Würtenberger*, Verwaltungsprozeßrecht, Rn. 619 f.
99 So BVerwGE 84, 93 (99 f.).
100 So BVerwGE 84, 93 (102), wobei der Senat die Behörde zur Beachtung seiner Rechtsauffassung verpflichtet.

terminieren.[101] Da das **Entschließungsermessen** der Behörde freistellt, ob sie überhaupt einschreitet, besteht die Gefahr, dass Ermessensvorschriften als Vorwand für behördliches Nichtstun missbraucht werden. Diese Konstellation ergibt sich vor allem im **Gefahrenabwehrrecht,** das den Ausgangspunkt für die Rechtsprechung des Bundesverwaltungsgerichts zur »**Ermessensreduktion**« bildete.[102]

Eine **Rechtspflicht zum Einschreiten** und ein ihr korrespondierender **Rechtsanspruch** ist grundsätzlich **ausgeschlossen,** wenn die Rechtsfolge mit dem Tatbestand nur fakultativ verknüpft ist. Aus rechtsstaatlichen Gründen hat der Betroffene zwar einen Anspruch auf **fehlerfreie Ermessensausübung,** nicht jedoch auf eine bestimmte Entscheidung.[103]   **543**

Der Anspruch auf fehlerfreie Ermessensausübung ist indes nur der erste Schritt auf dem Wege zur »**Ermessensreduktion**«. Sofern nämlich die Prüfung der Ermessensentscheidung durch das Verwaltungsgericht ergibt, dass sich die getroffene Verwaltungsentscheidung unter keinem Gesichtspunkt halten lässt, also *notwendig* rechtswidrig ist, ergibt sich im Umkehrschluss, dass nur *eine* Entscheidung hätte (rechtmäßig) ergehen können. In diesem Falle ist das Ermessen »reduziert« oder »geschrumpft«.[104] Um zu verhindern, dass auf dem Umweg über die Ermessensreduktion das Verwaltungsermessen – entgegen der gesetzgeberischen Intention – ausgehebelt wird, bedarf es für ihre Annahme einer gewissen **Evidenz.**[105] Konstruktiv ist hierbei in der Weise zu verfahren, dass die denkbaren **Handlungsalternativen** einander gegenübergestellt und mit **Ermessenserwägungen** gestützt werden. Erweist sich jede denkbare Ermessensentscheidung als dem Zweck der Ermächtigung widersprechend (§ 114 S. 1 VwGO), bleibt folgerichtig als rechtmäßige Alternative nur eine andere Entscheidung.   **544**

> Im Ausgangsfall hat das BVerwG zwar einen *Ermessensfehler*, nicht aber eine *Ermessensreduktion* angenommen und die Behörde zur Neubescheidung unter Beachtung der Rechtsauffassung des Senats verpflichtet.[106] Denkbar wäre indes auch eine *Ermessensreduktion* gewesen, weil bei einer in *Deutschland* lebenden Tochter einer *Deutschen,* die (Ermessens-)Erwägung, Mehrstaatigkeit zu vermeiden, gering zu veranschlagen war. Im konkreten Fall allerdings kam das Bescheidungsurteil einem Verpflichtungsurteil nahe, weil die Bindung an die Rechtsauffassung des Gerichts ausschloss, dass die Behörde die Einbürgerung nochmals verweigerte.   **545**

---

101 Vgl. *Bull/Mehde,* AllgVerwR/VerwL, Rn. 584 f.; *M. Jestaedt,* in: Erichsen/Ehlers, AllgVerwR, § 11 Rn. 55 ff.
102 Vgl. BVerwGE 11, 95 (97).
103 Vgl. *M. Jestaedt,* in: Erichsen/Ehlers, AllgVerwR, § 11 Rn. 67 m. w. N.
104 Die Begriffe werden nach wie vor synonym gebraucht, vgl. *H. Maurer,* AllgVerwR, § 7 Rn. 24.
105 Vgl. bereits BVerwGE 11, 95 (97): »Für eine fehlerfreie Ermessensausübung kann neben anderen Umständen auch das Ausmaß oder die Schwere der Störung oder Gefährdung eine maßgebende Bedeutung haben. Bei hoher Intensität der Störung oder Gefährdung kann eine Entschließung der Behörde zum Nichteinschreiten unter Umständen sogar als schlechthin ermessensfehlerhaft erscheinen. Praktisch kann dieserhalb die rechtlich gegebene Ermessensfreiheit derart zusammenschrumpfen, daß nur eine einzige ermessensfehlerfreie Entschließung, nämlich die zum Einschreiten, denkbar ist und höchstens für das Wie des Einschreitens noch ein ausnutzbarer Ermessensspielraum der Behörde offenbleibt. Unter dieser besonderen Voraussetzung kann der an sich nur auf ermessensfehlerfreie Entschließung der Behörde gehende Rechtsanspruch im praktischen Ergebnis einem strikten Rechtsanspruch auf ein bestimmtes Verwaltungshandeln gleichkommen.«
106 So BVerwGE 84, 93 (101).

VI. Rechtsprechung

546 **BVerfGE** 22, 21, (Verkehrsunterricht); **E** 39, 334 (Verfassungstreue des Beamtenbewerbers); **E** 83, 130 (Jugendgefährdende Schriften); **E** 84, 34 (Juristische Staatsprüfung); **E** 88, 40 (Private Grundschule); **BVerwGE** 45, 309 (Flachdach); **E** 42, 133 (Ausländerausweisung); **E** 56, 254 (Verfassungsrechtliche Zulässigkeit unbestimmter Rechtsbegriffe); **E** 62, 86 (Krankenhausbedarfsplan); **E** 75, 86 (Einbürgerung); **E** 78, 55 (Juristische Staatsprüfung); **E** 84, 93 (Einbürgerung); **E** 91, 211 (»Opus Pistorum«); **E** 95, 21 (Namensänderung); **E** 100, 221 (Heilpraktikerprüfung); **E** 116, 28 (Namensänderung); **E** 129, 27 (Beurteilungsspielraum der Behörde bei der Weinprüfung); **BVerwG,** NVwZ 2000, S. 915 (Befangenheit eines Prüfers); **BVerwG,** DÖV 2000, S. 78 (Neubewertung von Prüfungsleistungen); **BVerwG,** NVwZ 2001, S. 200 (Bescheidungsurteil bei Klage auf Neuerstellung einer dienstlichen Beurteilung); **BVerwG,** NJW 2002, S. 2410 (Namensänderung); **OVG Lüneburg,** NJW 2000, S. 3151 (Namensänderung nach Scheidung der Eltern); **VGH Bad.-Württ.,** VBlBW 2000, S. 401 (Kraftfahreignung).

VII. Literatur

547 *R. Alexy,* Ermessensfehler, JZ 1986, S. 701; *G. Beaucamp,* Ermessens- und Beurteilungsfehler im Vergleich, JA 2012, S. 193; *A. Bleckmann,* Spielraum der Gesetzesauslegung und Verfassungsrecht, JZ 1995, S. 685; *M. Borowski,* Intendiertes Ermessen, DVBl. 2000, S. 149; *R. Brehm/W. Zimmerling,* Die Entwicklung des Prüfungsrechts seit 1996, NVwZ 2000, S. 875; *W. Brohm,* Ermessen und Beurteilungsspielraum im Grundrechtsbereich, JZ 1995, S. 369; *U. Di Fabio,* Die Ermessensreduzierung, VerwArch 86 (1995), S. 214; *C. Fraenkel-Haeberle,* Unbestimmte Rechtsbegriffe, technisches Ermessen und gerichtliche Nachprüfbarkeit, DÖV 2005, S. 808; *K.-E. Hain/V. Schlette/T. Schmitz,* Ermessen und Ermessensreduktion – ein Problem im Schnittpunkt von Verfassungs- und Verwaltungsrecht, AöR 122 (1997), S. 32; *M. Herdegen,* Beurteilungsspielraum und Ermessen im strukturellen Vergleich, JZ 1991, S. 747; *T. Kingreen,* Zur Zulässigkeit der reformatio in peius im Prüfungsrecht, DÖV 2003, S. 1; *C. Koenig,* Zur gerichtlichen Kontrolle sogenannter Beurteilungsspielräume im Prüfungsrecht, VerwArch 83 (1992), S. 351; *F. Ossenbühl,* Gedanken zur Kontrolldichte in der verwaltungsgerichtlichen Rechtsprechung, FS K. Redeker, 1993, S. 55; *M. Pöcker/R. Barthelmann,* Der missglückte § 114 Satz 2 VwGO, DVBl. 2002, S. 668; *F. Schoch,* Das verwaltungsbehördliche Ermessen, Jura 2004, S. 462; *ders.,* Der unbestimmte Rechtsbegriff im Verwaltungsrecht, Jura 2004, S. 612; *ders.,* Das »intendierte« Ermessen, Jura 2010, S. 358; *H. Schulze-Fielitz,* Neue Kriterien für die verwaltungsgerichtliche Kontrolldichte bei der Anwendung unbestimmter Rechtsbegriffe, JZ 1993, S. 772; *J.-R. Sieckmann,* Beurteilungsspielräume und richterliche Kontrollkompetenzen, DVBl. 1997, S. 101; *C. Starck,* Das Verwaltungsermessen und dessen gerichtliche Kontrolle, FS H. Sendler, 1991, S. 167; *A. Voßkuhle,* Grundwissen – Öffentliches Recht: Entscheidungsspielräume der Verwaltung (Ermessen, Beurteilungsspielraum, planerische Gestaltungsfreiheit), JuS 2008, S. 117.

§ 9 Der Verwaltungsakt IV (Nebenbestimmungen)

Fall 27: T ist Träger eines Belegkrankenhauses mit 86 Betten in den Fachrichtungen Chirurgie und Innere Krankheiten. Auf den Antrag, das Krankenhaus in den Krankenhausbedarfsplan aufzunehmen, stellt die zuständige Behörde fest, dass das Krankenhaus die Voraussetzungen für eine Förderung nach dem KHG erfüllt und mit 86 zu fördernden Betten in den Fachrichtungen Chirurgie und Innere Krankheiten in den Krankenhausbedarfsplan aufgenommen wird. Im Bescheid heißt es, die Aufnahme in den Krankenhausbedarfsplan des Landes erfolge mit der Befristung »bis zur Sicherstellung der Krankenhausversorgung in S.« T will den Feststellungsbescheid insoweit anfechten und begründet dies damit, dass das Krankenhaus mit einem Belegungsgrad von 85,8 v. H. der bedarfsgerechten Versorgung der Bevölkerung diene.

548

(BVerwGE 60, 269)

Fall 28: E beantragt eine Baugenehmigung für ein Geschäftshaus im Stadtzentrum, in dem er einen Frisiersalon, eine Kaffeebar und ein Einzelhandelsgeschäft unterbringen will. E erhält die Baugenehmigung »unter der Bedingung, dass Einstellplätze nebst Zubehöranlagen nach« – den inzwischen aufgehobenen – »§§ 1, 2 RGaO für 13 Kraftfahrzeuge geschaffen werden.« Das ist nach Lage der Dinge unmöglich, denn in diesem Teil der Stadt ist kein Grund und Boden mehr verfügbar. E will deshalb den Verwaltungsrechtsweg beschreiten.

549

(vgl. BVerwGE 29, 261)

Fall 29: Die EVU-AG betreibt ein Kernkraftwerk. Sie wendet sich gegen die von der Genehmigungsbehörde mit der Ersten Teilbetriebsgenehmigung gemachte Auflage, zum Schutz der Anlage gegen Einwirkungen Dritter einen mit Faustfeuerwaffen (Revolver oder Pistolen) bewaffneten Werkschutz in bestimmter Mindeststärke aufzustellen. Der Werkschutz soll insbesondere die Überwachung der Sicherheitsbereiche und die Kontrolle des Personen-, Fahrzeug- und Materialverkehrs wahrnehmen. Eine Dienstanweisung für den Werkschutz soll die EVU-AG der Genehmigungsbehörde zur Zustimmung vorlegen. Polizeiliche Befugnisse sollen dem Werkschutz nicht zustehen.

550

(BVerwGE 81, 185)

Fall 30: G ist Eigentümerin eines Grundstücks, auf dessen rückwärtigem Teil eine Maschinenfabrik betrieben wird und dessen vorderer Teil mit einem Mehrfamilienhaus bebaut ist, das G selbst bewohnt. Nachdem G in ein neu erbautes Haus umgezogen war, wollte sie die in dem Mehrfamilienhaus frei werdende Wohnung als Büroräume vermieten und beantragte eine Zweckentfremdungsgenehmigung. Die zuständige Behörde erteilte die Genehmigung, fügte jedoch als Auflage hinzu, dass G zur Förderung des sozialen Wohnungsbaus eine Abstandssumme von 75 DM je Quadratmeter zweckentfremdeter Wohnfläche, insgesamt 10.950 DM, zu zahlen habe.

551

(BVerwGE 65, 139)

Definitionsgemäß enthält ein Verwaltungsakt – gleichgültig, welche Wirkungen er entfaltet – eine **Regelung**.[1] Vielfach will die Behörde eine Regelung nicht ohne Einschränkungen treffen, sondern sie ergänzen, einschränken oder auf andere Weise modifizieren. Das rechtstechnische Mittel hierzu ist die **Nebenbestimmung** (§ 36 VwVfG). § 36 VwVfG enthält **keine Definition** der Nebenbestimmung, sondern regelt nur deren Zulässigkeit und Arten.[2] Begrifflich setzt eine **Neben**bestimmung eine **Haupt**bestimmung voraus, nämlich eine Regelung, die selbständig Bestand

552

---

1 Vgl. oben Rn. 336.
2 Vgl. *H.-G. Henneke,* in: Knack/Henneke, VwVfG, § 36 Rn. 3.

haben könnte. Dies ist für die Abgrenzung zwischen Nebenbestimmungen und **Inhaltsbestimmungen,** mit denen der Regelungsgegenstand eines Verwaltungsakts präzisiert wird, von Bedeutung.[3] Nebenbestimmungen sind deshalb zu definieren als

> Bestandteile eines Verwaltungsakts, durch die die Hauptregelung ergänzt, eingeschränkt oder in anderer Weise modifiziert wird.[4]

553 Nebenbestimmungen sind in der **Verwaltungspraxis** von außerordentlicher Bedeutung. Ist der Erlass eines Verwaltungsakts beantragt und will die Behörde dem Antrag *grundsätzlich,* aber nicht *vollständig* entsprechen – also im Sinne eines »Ja, aber« entscheiden[5] –, so wird sie die (beantragte) Hauptregelung mit einer Nebenbestimmung versehen. Nebenbestimmungen sind deshalb das in der Verwaltungspraxis unersetzliche Mittel der »**Feinsteuerung**«.[6]

554 In den Ausgangsfällen haben die behördlichen Entscheidungen übereinstimmend eine derartige »Ja, aber-Struktur«. Im Fall 27 wird das Krankenhaus in den Krankenhausbedarfsplan aufgenommen, *aber* nur für einen bestimmten Zeitraum. Im Fall 28 erteilt die Baugenehmigungsbehörde die Baugenehmigung, fordert von E *aber* den Nachweis von 13 Stellplätzen. Im Fall 29 darf das Kernkraftwerk betrieben werden, der Betreiber ist *aber* verpflichtet, einen bewaffneten Werkschutz aufzustellen. Im Fall 30 erhielt G schließlich die Zweckentfremdungsgenehmigung, sollte *aber* eine Abstandssumme zahlen.

555 § 36 VwVfG enthält **Legaldefinitionen** der unterschiedlichen Arten von Nebenbestimmungen und regelt deren Zulässigkeit. Der verwaltungsgerichtliche Rechtsschutz gegen Nebenbestimmungen ist kein Regelungsgegenstand des Verwaltungsverfahrensgesetzes, sondern der Verwaltungsgerichtsordnung. **Rechtsschutzfragen** haben jedoch die Dogmatik der Nebenbestimmungen stets mitbestimmt, was als Beleg dafür gelten mag, dass materiell-rechtliche und verwaltungsprozessuale Fragestellungen immer eine Gemengelage aufweisen.

I. Arten von Nebenbestimmungen

1. Befristung (§ 36 Abs. 2 Nr. 1 VwVfG)

556 Eine Befristung ist gem. § 36 Abs. 2 Nr. 1 VwVfG eine

> »Bestimmung, nach der eine Vergünstigung oder Belastung zu einem bestimmten Zeitpunkt beginnt, endet oder für einen bestimmten Zeitraum gilt (...)«.

557 Mit dem Begriff »Vergünstigung« – statt »Begünstigung« – sollte eine terminologische Angleichung an § 120 AO erreicht werden.[7] In der Sache sind die Auswirkungen eines »begünstigenden Verwaltungsakts« (§ 48 Abs. 1 S. 2 VwVfG) gemeint.

558 Im Fall 27 wird das Krankenhaus auf den Antrag des Krankenhausträgers in den Krankenhausbedarfsplan aufgenommen, jedoch mit der Einschränkung »bis zur Sicherstellung der Krankenhaus-

---

3 Vgl. *U. Stelkens,* in: Stelkens/Bonk/Sachs, VwVfG, § 36 Rn. 93 ff. m. w. N.
4 Ähnlich BVerwG, DÖV 1974, S. 563 (564); kritisch dazu *H.-G. Henneke,* in: Knack/Henneke, VwVfG, § 36 Rn. 5.
5 Vgl. *H. Maurer,* AllgVerwR, § 12 Rn. 2; *H.-G. Henneke,* in: Knack/Henneke, VwVfG, § 36 Rn. 4.
6 So zutr. *U. Stelkens,* in: Stelkens/Bonk/Sachs, VwVfG, § 36 Rn. 5; vgl. dazu auch *C. Bumke,* in: Hoffmann-Riem/Schmidt-Aßmann/Voßkuhle, Grundlagen des Verwaltungsrechts, Bd. II, § 35 Rn. 125 f.
7 Nachw. bei *U. Stelkens,* in: Stelkens/Bonk/Sachs, VwVfG, § 36 Rn. 70.

versorgung in S.« Das Berufungsgericht hatte diese Bestimmung als *Befristung* qualifiziert, weil das in der Nebenbestimmung bezeichnete Ereignis mit Gewissheit zu erwarten sei und nur offen bleibe, wann dies der Fall sein werde.[8] Das BVerwG tendierte demgegenüber dazu, die Nebenbestimmung als *Bedingung* anzusehen, weil das zukünftige Ereignis möglicherweise nicht hinreichend gewiss sei.[9] Letztere Ansicht erscheint überzeugender, weil es sich bei der »Sicherstellung der Krankenhausversorgung« um einen komplexen Tatbestand handelt, der seiner Eigenart nach ungewiss ist, weil er unterschiedlich beurteilt werden kann.

2. Bedingung (§ 36 Abs. 2 Nr. 2 VwVfG)

Eine Bedingung ist gem. § 36 Abs. 2 Nr. 2 VwVfG eine (Neben-)Bestimmung,   559

> »nach der der Eintritt oder der Wegfall einer Vergünstigung oder einer Belastung von dem ungewissen Eintritt eines zukünftigen Ereignisses abhängt (…)«.

Soll die Begünstigung oder Belastung vom Eintritt eines ungewissen Ereignisses 560
abhängen, handelt es sich um eine **aufschiebende Bedingung**, soll sie mit dem Eintritt wegfallen, handelt es sich um eine **auflösende Bedingung** (vgl. § 158 Abs. 1 u. 2 BGB). Der Unterschied zur Befristung liegt darin, dass der Eintritt des zukünftigen Ereignisses ungewiss ist, während es bei dieser gewiss – und idealtypisch kalendermäßig bestimmt – ist.

Im Fall 27 spricht deshalb alles dafür, eine (auflösende) *Bedingung* statt einer *Befristung* anzuneh- 561
men. Das BVerwG konnte die Frage nur deshalb unentschieden lassen, weil es im Ergebnis nicht darauf ankam, *welche* Nebenbestimmung vorlag.

Die Regelungstechnik besteht bei der Bedingung darin, dass **Eintritt** oder **Ende** der 562
rechtlichen Wirkungen eines Verwaltungsakts von einem **ungewissen Ereignis** abhängig gemacht werden. Hauptregelung und Nebenbestimmung sind insofern untrennbar miteinander verknüpft. Ob diese Verknüpfung von der Verwaltung gewollt ist, ist nicht in jedem Fall zweifelsfrei und muss möglicherweise durch Auslegung ermittelt werden. Insbesondere ist die Abgrenzung von der Auflage nicht stets unproblematisch, wobei der bekannte Aphorismus *Friedrich Carl von Savignys* hilfreich ist:

»Die Bedingung (…) suspendirt, zwingt aber nicht, der Modus zwingt, suspendirt aber nicht.«[10] 563

Die **Bezeichnung** ist nur ein **Indiz** für eine bestimmte Nebenbestimmung, zumal in 564
der Verwaltungspraxis nicht selten mehrere Kategorien von Nebenbestimmungen nebeneinander stehen (»Auflagen und Bedingungen«).

Im Fall 28 kommt es entscheidend darauf an, ob die Behörde die *Rechtswirksamkeit* der Baugeneh- 565
migung von dem Nachweis von Stellplätzen abhängig machen oder den E selbständig verpflichten wollte, Stellplätze nachzuweisen. Im letzteren Fall nämlich hätte eine *Auflage* vorgelegen, deren Rechtmäßigkeit zweifelhaft gewesen wäre, weil sie nicht erfüllbar war.[11] Das BVerwG hat die Nebenbestimmung zutreffend als (aufschiebende) *Bedingung* angesehen, weil die Behörde die

---

8 Vgl. BVerwGE 60, 269.
9 So BVerwGE 60, 269 (276). Das Gericht hat die Frage letztlich unentschieden gelassen, weil es auf die genaue Qualifizierung für das Entscheidungsergebnis nicht ankam.
10 So *F. C. v. Savigny*, System des heutigen römischen Rechts, Bd. III, 1840, S. 231.
11 In Betracht käme hier sogar die Nichtigkeit nach § 44 Abs. 1 VwVfG, nicht jedoch nach § 44 Abs. 2 Nr. 4 VwVfG, weil *andere* Grundstückseigentümer sehr wohl die Stellplätze nachweisen könnten, die Tatbestandsvoraussetzung, dass aus *tatsächlichen* Gründen niemand die Verpflichtung erfüllen kann, also nicht vorliegt.

Begünstigung (Wirksamkeit der Baugenehmigung) vom – für sie ungewissen – Nachweis der Stellplätze abhängig machen wollte. Nicht nur hatte die Behörde die Bezeichnung »Bedingung« gewählt, was immerhin Indizwirkung hat; sie wollte überdies ersichtlich das Risiko, dass Stellplätze nicht vorhanden sein könnten, dem Grundstückseigentümer aufbürden, ihn aber nicht zu einem bestimmten Tun veranlassen.[12]

566 Die **Abgrenzung** zwischen **Bedingung** und **Auflage** hat insofern an Bedeutung verloren, als die Rechtsschutzform – Anfechtungs- oder Verpflichtungsklage – sich nicht mehr notwendig nach der Art der Nebenbestimmung richtet.[13]

567 Im Fall 28 ging das BVerwG noch davon aus, dass nur *Auflagen* selbständig mit der Anfechtungsklage (sog. »isolierte Anfechtungsklage«) angefochten werden konnten, während bei Bedingungen lediglich die Verpflichtungsklage (auf Erteilung einer unbedingten Genehmigung) statthaft sei.[14] Unter dieser Prämisse musste es darauf ankommen, die Verpflichtung zum Nachweis der Einstellplätze als Auflage zu qualifizieren, weil unter dieser Voraussetzung die isolierte Anfechtung möglich gewesen wäre.

3. Widerrufsvorbehalt (§ 36 Abs. 2 Nr. 3 VwVfG)

568 Der **Widerrufsvorbehalt** ist eine Nebenbestimmung, die die Rechtswirkungen des Verwaltungsakts zunächst unberührt lässt, der Behörde aber die Möglichkeit einräumt, die Rechtswirksamkeit durch besonderen Akt – den **Widerruf** – zu beenden. § 36 Abs. 2 Nr. 3 VwVfG entspricht dem **Widerrufsgrund** in § 49 Abs. 2 S. 1 Nr. 1 VwVfG.[15] Hiernach darf ein rechtmäßiger begünstigender Verwaltungsakt widerrufen werden, wenn der Widerruf »im Verwaltungsakt vorbehalten ist«. Der Widerrufsvorbehalt ist insofern ein rechtstechnisches Mittel, um die Wirksamkeit eines Verwaltungsakts zu begrenzen. Von der Befristung unterscheidet er sich dadurch, dass die Wirksamkeit nicht von vornherein zeitlich begrenzt ist, von der Bedingung dadurch, dass ein weiterer Verwaltungsakt – nämlich der Widerruf – notwendig ist, um die Wirksamkeit zu beenden. Nur wenn der Widerruf selbst als Bedingung, nämlich als *Potestativbedingung* qualifiziert würde, hätten (auflösende) Bedingung und Widerrufsvorbehalt eine übereinstimmende dogmatische Struktur.[16]

569 Im Fall 27 hätte die von der Behörde beabsichtigte Wirksamkeit des Verwaltungsakts – die Aufnahme in den Krankenhausbedarfsplan – auch durch einen Widerrufsvorbehalt erreicht werden können. Das BVerwG hat eine Umdeutung der »Befristung bzw. auflösenden Bedingung« in einen Widerrufsvorbehalt jedoch abgelehnt, weil hierfür keine Notwendigkeit bestand. Der Krankenhausbedarfsplan nämlich hätte nach § 8 Abs. 1 S. 1 KHG jederzeit geänderten Verhältnissen angepasst werden können, so dass die öffentliche Förderung von Krankenhäusern bereits kraft Gesetzes begrenzt war.[17]

4. Auflage (§ 36 Abs. 2 Nr. 4 VwVfG)

570 Die **Auflage** wird durch § 36 Abs. 2 Nr. 4 als (Neben-)Bestimmung definiert,

»durch die dem Begünstigten ein Tun, Dulden oder Unterlassen vorgeschrieben wird (...)«.

---

12 Vgl. BVerwGE 29, 261 (266): »Es ist Sache des Klägers, die Bedingung zu erfüllen; kann er oder will er dies nicht, so gelangt er zwar nicht in den Genuss der im Verwaltungsakt vorgesehenen Begünstigung, kann aber auch nicht mit Zwangsmitteln zur Erfüllung der Bedingung angehalten werden.«
13 Vgl. unten Rn. 588 ff.
14 So BVerwGE 29, 261 (266).
15 Vgl. unten Rn. 754.
16 Vgl. hierzu *U. Stelkens*, in: Stelkens/Bonk/Sachs, VwVfG, § 36 Rn. 76 m. w. N.
17 So BVerwGE 60, 269 (277).

Nach der Savigny'schen Formel unterscheidet sie sich von der Bedingung dadurch, dass sie »*zwingt*, aber nicht *suspendirt*«.[18] Das will heißen, dass die Rechtswirkungen der **Hauptbestimmung** des Verwaltungsakts von der Auflage (zunächst) unberührt bleiben. Gleichwohl ist die Auflage eine Nebenbestimmung, möge sie auch gegenüber der **Haupt**bestimmung des Verwaltungsakts eine gewisse Selbständigkeit aufweisen.

570a

> Im Fall 29 ist die dem Betreiber des Kernkraftwerks gemachte Auflage, einen bewaffneten Werkschutz einzurichten, nur sinnvoll im Zusammenhang mit der erteilten (Teil-) Betriebsgenehmigung. Im Fall 30 handelte es sich um eine *Abstandszahlung*, die sinnvoll nur im Zusammenhang mit der erteilten Zweckentfremdungsgenehmigung war.

571

Die bis heute in der Literatur vertretene Auffassung, die Auflage sei selbst Verwaltungsakt, der mit einem anderen (Haupt-)Verwaltungsakt verbunden sei,[19] ist noch geprägt von der Vorstellung, dass nur ein Verwaltungsakt als solcher und nicht auch Teile eines Verwaltungsakts Gegenstand der Anfechtungsklage sein können.[20] Der Unterschied zwischen Bedingung und Auflage besteht deshalb nicht in der mehr oder minder großen Selbständigkeit oder der Statthaftigkeit der isolierten Anfechtungsklage, sondern in der **rechtlichen Verknüpfung** von Haupt- und Nebenbestimmung. Während die Bedingung an die Rechtswirkungen der Hauptbestimmung anknüpft, bleiben diese von der Auflage unberührt. Die Rechtswirkungen sind nicht zu verwechseln mit der Rechtswirksamkeit des (gesamten) Verwaltungsakts. Voraussetzung dafür, dass ein Verwaltungsakt überhaupt Rechtswirkungen entfalten kann, ist seine Rechtswirksamkeit, die regelmäßig mit der Bekanntgabe an den Adressaten beginnt (§ 43 Abs. 1 S. 1 VwVfG). Auch wenn die Rechtswirkungen eines Verwaltungsakts – Begünstigungen oder Belastungen – von einer Bedingung abhängig gemacht werden, setzt dies doch voraus, dass der Verwaltungsakt als solcher wirksam ist.

572

> Im Fall 28 ist E eine Baugenehmigung unter der Bedingung erteilt worden, dass er eine bestimmte Zahl von Einstellplätzen nachweist. Der Verwaltungsakt als solcher ist mit Bekanntgabe an E rechtswirksam geworden, seine Rechtswirkungen – nämlich die E gewährte Begünstigung, bauen zu dürfen – hängen allerdings von dem in der Bedingung genannten ungewissen Ereignis ab. Auch wenn E auf Dauer nicht in der Lage ist, die Stellplätze nachzuweisen, bleibt der Verwaltungsakt – die Baugenehmigung – zunächst wirksam (§ 43 Abs. 2 VwVfG).

573

Wenn aber die Auflage gerade nicht mit den Rechtswirkungen eines Verwaltungsakts verknüpft ist, stellt sich die Frage, wie in ihr enthaltene Gebote oder Verbote durchgesetzt werden können. Dies ist grundsätzlich im Wege des **Verwaltungszwangs**[21] möglich. Überdies eröffnet § 49 Abs. 2 S. 1 Nr. 2 VwVfG die Möglichkeit, den Verwaltungsakt zu **widerrufen,** wenn der Begünstigte eine Auflage nicht oder nicht innerhalb einer ihm gesetzten Frist erfüllt hat.

574

> Im Fall 29 könnte die der EVU-AG gemachte Auflage, einen Werkschutz aufzustellen, grundsätzlich mit Zwangsmitteln – in Betracht kommt nur das Zwangsgeld – durchgesetzt werden. Auch die im Fall 30 auferlegte Zahlungsverpflichtung kann im Wege des Verwaltungszwangs (Beitreibung) durchgesetzt werden.

575

---

18 Vgl. oben Rn. 563.
19 Vgl. *H. Maurer*, AllgVerwR, § 12 Rn. 9; *U. Stelkens*, in: Stelkens/Bonk/Sachs, VwVfG, § 36 Rn. 83; *Kopp/Ramsauer*, VwVfG, § 36 Rn. 31.
20 Vgl. unten Rn. 589.
21 Vgl. unten Rn. 873 ff.

576 Die Behörde ist nur scheinbar in einer ungünstigeren Position, wenn sie auf die Verknüpfung der Nebenbestimmung mit den Rechtswirkungen des Verwaltungsakts verzichtet. Vielfach nämlich setzen Nebenbestimmungen logisch voraus, dass die Hauptbestimmung ihre Rechtswirkungen entfaltet. Überdies kann ein Verwaltungsakt – etwa eine Anlagengenehmigung – von einer solchen Komplexität sein, dass sich die Verknüpfung von Nebenbestimmung und Rechtswirkungen verbietet. Soweit keine spezialgesetzlichen Vorschriften vorhanden sind, trifft der besondere Widerrufsgrund des § 49 Abs. 2 S. 1 Nr. 2 VwVfG Vorsorge dafür, dass letztlich eine Verknüpfung zwischen **Erfüllung** der Auflage und **Wirksamkeit** des Verwaltungsakts bewirkt wird, denn der Widerruf beendet die Wirksamkeit des Verwaltungsakts (§ 43 Abs. 2 VwVfG).

5. Auflagenvorbehalt (§ 36 Abs. 2 Nr. 5 VwVfG)

577 Der **Auflagenvorbehalt** hat strukturelle Ähnlichkeit mit dem **Widerrufsvorbehalt**, ist mit diesem aber nicht zu verwechseln.[22] Gemeinsam ist beiden Nebenbestimmungen die erst in der Zukunft liegende Einschränkung der Hauptbestimmung. Während der Widerrufsvorbehalt aber auf die **Beendigung** der **Wirksamkeit** abzielt, lässt der Auflagenvorbehalt die Wirksamkeit des Verwaltungsakts unberührt und kündigt lediglich mögliche **Modifikationen** an.

578 Die § 36 Abs. 2 VwVfG zugrunde liegende Systematik, Auflage und Auflagenvorbehalt nacheinander zu regeln, ist nahe liegend, letztlich aber nicht überzeugend. Die Vorschrift nämlich deutet eine *mehr* (»verbunden werden mit«) oder *minder* (»erlassen werden mit«) große Selbständigkeit der Nebenbestimmung gegenüber der Hauptbestimmung an. Dem entspricht, dass der Auflage in der Literatur teilweise Verwaltungsaktsqualität zugeschrieben wird.[23] Der Auflagenvorbehalt hat demgegenüber **keine** Verwaltungsaktsqualität, weil er (noch) keine Regelung trifft.[24] Die Besonderheit des Auflagen- und des Widerrufsvorbehalts liegt gerade in der Ungewissheit, die Inhalt bzw. Bestand des Verwaltungsakts für die **Zukunft** haben sollen. Ob man dies als »Ankündigung«, »Inaussichtstellung« oder »Verwaltungsvorakt« bezeichnet,[25] ist unerheblich. Der Begriff »Vorbehalt« bedarf insoweit keiner Paraphrase. Ist die Regelung (nur) **vorbehalten,** so ist sie folgerichtig noch **nicht getroffen.** Mangels eigener Verwaltungsaktsqualität, die sich in erster Linie in der fehlenden Vollziehbarkeit äußert, steht der Auflagenvorbehalt in einer Reihe mit den in § 36 Abs. 2 Nr. 1 bis 3 VwVfG genannten Nebenbestimmungen und wäre systematisch der Auflage gegenüberzustellen.

II. Zulässigkeit von Nebenbestimmungen

579 Für die **Zulässigkeit** von **Nebenbestimmungen** ist der Umstand entscheidend, ob auf den Erlass eines Verwaltungsakts, dessen Nebenbestimmungen in Frage stehen, ein **Rechtsanspruch** besteht, oder ob es sich um einen Ermessensakt handelt.[26] Im Gesetzeswortlaut kommt diese gesetzgeberische Entscheidung nur unvollkommen zum

---

22 Vgl. *U. Stelkens,* in: Stelkens/Bonk/Sachs, VwVfG, § 36 Rn. 89.
23 Vgl. oben Fn. 19.
24 A. A. *H. Maurer,* AllgVerwR, § 12 Rn. 14 m. w. N.
25 Vgl. hierzu *U. Stelkens,* in: Stelkens/Bonk/Sachs, VwVfG, § 36 Rn. 89.
26 Vgl. *M. Ruffert,* in: Erichsen/Ehlers, AllgVerwR, § 23 Rn. 14; *ders.,* Jura 1990, S. 216.

Ausdruck, weil sie sich in der Wendung »unbeschadet des Absatzes 1« (§ 36 Abs. 2 VwVfG) verbirgt. Verständlicher und deshalb vorzugswürdig wäre die Formulierung gewesen, »ein Verwaltungsakt, auf den kein Rechtsanspruch besteht, darf nach pflicht-gemäßem Ermessen erlassen werden mit (...)«. Trotz des insoweit missverständlichen, wenn nicht missglückten Wortlauts besteht Einigkeit darüber, dass in § 36 Abs. 1 VwVfG die Zulässigkeit von Nebenbestimmungen bei **gebundenen** Verwaltungsakten, in § 36 Abs. 2 VwVfG dagegen deren Zulässigkeit bei **Ermessensakten** geregelt wird.[27]

1. Nebenbestimmungen bei gebundenen Verwaltungsakten (§ 36 Abs. 1 VwVfG)

Nach § 36 Abs. 1 VwVfG darf ein Verwaltungsakt, auf den ein **Anspruch** besteht, mit einer Nebenbestimmung nur versehen werden, wenn sie durch **Rechtsvorschrift** zugelassen ist oder wenn sie **sicherstellen** soll, dass die gesetzlichen Voraussetzungen des Verwaltungsakts **erfüllt** werden. Ein Rechtsanspruch ist regelmäßig auf den Verwaltungsakt als solchen (ohne Nebenbestimmung) gerichtet. **580**

> Im Fall 28 beantragt E eine Baugenehmigung, auf deren Erlass ein Rechtsanspruch besteht, sofern das Bauvorhaben dem öffentlichen Baurecht entspricht.[28] **581**

Soweit Rechtsansprüche auf Verwaltungsakte begründet werden, wäre es widersinnig, sie dadurch zu relativieren, dass einschränkende Nebenbestimmungen zugelassen werden. Nebenbestimmungen stehen deshalb bei gebundenen Verwaltungsakten unter einem **speziellen Gesetzesvorbehalt:** Sie sind also nur statthaft, wenn sie durch besondere Rechtsvorschrift zugelassen sind oder sicherstellen sollen, dass die gesetz-lichen Voraussetzungen des Verwaltungsakts erfüllt werden. **582**

> Im Fall 28 ist die Zulässigkeit der Bedingung also davon abhängig, dass *entweder* eine spezialgesetz-liche Ermächtigung besteht *oder* mit der Bedingung ein Versagungsgrund für die Baugenehmigung ausgeräumt wird. Die Landesbauordnungen sehen übereinstimmend den Nachweis von Einstell-plätzen vor.[29] Ohne Nachweis der Einstellplätze könnte deshalb die Erteilung der Baugenehmigung abgelehnt werden; eine entsprechende Nebenbestimmung dient also dem Ziel sicherzustellen, dass das Bauvorhaben mit dem öffentlichen Baurecht übereinstimmt.[30] **583**

2. Nebenbestimmungen bei Ermessensakten (§ 36 Abs. 2 VwVfG)

Nebenbestimmungen unterliegen bei **Ermessensakten** keinem speziellen Gesetzes-vorbehalt, sondern dürfen nach § 36 Abs. 2 VwVfG »nach pflichtgemäßem Ermessen erlassen werden.« Fraglich ist, ob diese Generalermächtigung auch dann zum Zuge **584**

---

27 Vgl. *M. Ruffert,* in: Erichsen/Ehlers, AllgVerwR, § 23 Rn. 14 f.; *H. Maurer,* AllgVerwR, § 12 Rn. 19 f.; *M. Brenner,* JuS 1996, S. 282; jeweils m. w. N.

28 Der Genehmigungsvorbehalt für Bauvorhaben ist in den Landesbauordnungen geregelt; vgl. *Fin-kelnburg/Ortloff/Otto,* Öffentliches Baurecht, Bd. II, 6. Aufl. 2010, S. 87 ff. Der durch die Landes-bauordnungen eingeräumte Rechtsanspruch findet seine verfassungsrechtliche Grundlage in Art. 14 Abs. 1 S. 1 GG, der Genehmigungsvorbehalt stellt sich als »Schranke« des Eigentums im Sinne des Art. 14 Abs. 1 S. 2 GG dar.

29 Vgl. *Finkelnburg/Ortloff/Otto,* Öffentliches Baurecht, Bd. II, 6. Aufl. 2010, S. 54 ff.

30 Vor Erlass des Verwaltungsverfahrensgesetzes enthielten die Landesbauordnungen vielfach die Bestimmung, dass die Bauaufsichtsbehörde die Baugenehmigung, statt sie zu versagen, unter Bedingungen oder Auflagen erteilen könne, soweit dadurch Hindernisse aus dem öffentlichen Baurecht beseitigt würden. Nach Inkrafttreten des Verwaltungsverfahrensgesetzes und der Über-nahme seiner Regelungen durch die Bundesländer besteht für eine solche Vorschrift kein Bedarf mehr.

kommt, wenn in Spezialgesetzen **engere Tatbestandsvoraussetzungen** für Neben-bestimmungen enthalten sind. Dies ist zu verneinen, weil das Verwaltungsverfahrens-gesetz nur anwendbar ist, soweit nicht Rechtsvorschriften des Bundes inhaltsgleiche oder entgegenstehende Bestimmungen enthalten (§ 1 Abs. 1 VwVfG). Wenn also Spezialgesetze Vorschriften über Nebenbestimmungen enthalten, gehen diese § 36 VwVfG vor und sind – je nach Regelungsgegenstand – abschließend.

585 Im Fall 29 ist eine atomrechtliche Teilbetriebsgenehmigung nach § 7 Abs. 2 AtG erteilt worden, die überwiegend als Ermessensakt angesehen wird.[31] In § 7 Abs. 2 AtG sind die Voraussetzungen aufgeführt, unter denen eine Genehmigung erteilt werden »darf«. Gem. § 17 Abs. 1 S. 2 AtG können Genehmigungen »zur Erreichung der in § 1 bezeichneten Zwecke inhaltlich beschränkt und mit Auflagen verbunden werden.« Im Ausgangsfall 29 hat das BVerwG lediglich geprüft, ob die Auflage, einen bewaffneten Werkschutz einzurichten, von § 7 Abs. 2 Nr. 5 AtG gedeckt ist, dem-zufolge »der erforderliche Schutz gegen Störmaßnahmen oder sonstige Einwirkungen Dritter gewährleistet« sein muss. Das BVerwG hat der Behörde insoweit einen »Beurteilungsspielraum« eingeräumt[32] und die Auflage, einen bewaffneten Werkschutz einzurichten, als rechtmäßig angese-hen. Unausgesprochene Voraussetzung war hierfür, dass § 17 AtG als abschließende Regelung der Nebenbestimmungen angesehen und die Auflage in der Weise geprüft worden ist, als bestünde auf die Genehmigung ein Rechtsanspruch.[33]

586 Da im Übrigen die Nebenbestimmungen »**pflichtgemäßem Ermessen**« unterliegen, richtet sich auch die verwaltungsgerichtliche Kontrolle nach allgemeinen Grundsät-zen (§ 114 VwGO).[34]

587 Im Fall 30 ist G im Wege der Auflage die Zahlung einer Abstandssumme auferlegt worden. Die Zweckentfremdungsgenehmigung ist durch Art. 6 des Gesetzes zur Verbesserung des Mietrechts und zur Begrenzung des Mietanstiegs sowie zur Regelung von Ingenieur- und Architektenleistungen (Mietrechtsverbesserungsgesetz – MietRVerbG) vom 4. 11. 1971[35] eingeführt worden. Nach Art. 6 § 1 Abs. 1 MietRVerbG sind die Landesregierungen ermächtigt, für Gemeinden, in denen die Ver-sorgung der Bevölkerung mit ausreichendem Wohnraum besonders gefährdet ist, durch Rechtsver-ordnung zu bestimmen, dass Wohnraum anderen als Wohnzwecken nur mit Genehmigung zugeführt werden darf. Nach Art. 6 § 1 Abs. 2 S. 1 MietRVerbG kann die Genehmigung »befristet, bedingt oder unter Auflagen erteilt werden«. Fraglich ist, ob auch eine Geldleistungspflicht durch Auflage begründet werden kann oder ob es hierzu einer speziellen Ermächtigung bedarf.[36] Das BVerfG hat Art. 6 § 1 MietRVerbG für verfassungsmäßig erklärt, gleichzeitig aber festgestellt, die Auferlegung von Geldleistungen dürfe »nicht zu fiskalischen Zwecken missbraucht werden«.[37] Gerade diese Gefahr liegt aber nahe, wenn die Geldleistungspflicht nicht (ausdrücklich) *gesetzlich* begründet und die Verwendung der Abgabe nicht ebenfalls *gesetzlich* geregelt wird. Die Vorschriften der Landes-bauordnungen über die Ablösung der Stellplatzpflicht durch Geldzahlungen[38] sind hier beispiel-gebend. Ohne gesetzliche Regelung bestünde die Gefahr des »Verkaufs von Hoheitsakten«.[39]

---

31 So BVerfGE 49, 89 (144 f.); w. Nachw. bei *M. Ronellenfitsch,* Das atomrechtliche Genehmigungs-verfahren, 1983, S. 350 Fn. 7.

32 So BVerwGE 81, 185 (192).

33 Zur Ermessensnatur der atomrechtlichen Genehmigung vgl. *M. Ronellenfitsch,* Das atomrechtliche Genehmigungsverfahren, 1983, S. 350 ff.

34 Vgl. oben Rn. 512 ff.

35 BGBl. I S. 1745.

36 Vgl. hierzu *U. Stelkens,* in: Stelkens/Bonk/Sachs, VwVfG, § 36 Rn. 149 m. w. N.

37 So BVerfGE 38, 348 (369).

38 Nach dem Vorschlag der Musterbauordnung (2002, zuletzt geändert durch Beschluss der Bau-ministerkonferenz vom Oktober 2008) ist es allerdings insofern zu einer Veränderung der Rechts-lage in einzelnen Bundesländern gekommen. Einzelheiten bei: *Finkelnburg/Ortloff/Otto,* Öffent-liches Baurecht, Bd. II, 6. Aufl. 2010, S. 55 ff.

39 Zu dieser Problematik vgl. BVerwGE 42, 331 (340) – Folgekostenvertrag –.

III. Rechtsschutz gegen Nebenbestimmungen

Die zentrale Problematik der Nebenbestimmungen liegt im **Rechtsschutz.** Sie ist seit   588
jeher umstritten und hat bis heute zu keiner »herrschenden Meinung« geführt.[40] Auch
die Rechtsprechung des Bundesverwaltungsgerichts vollzog sich nicht ohne Schwan-
kungen,[41] zeigt in neuerer Zeit jedoch eine einheitlichere Tendenz.[42] Der Rechtsschutz gegen Nebenbestimmungen ist ein anschauliches Beispiel für den inneren
Zusammenhang von materiellem Verwaltungsrecht und Verwaltungsprozessrecht. Allerdings wird nicht stets auseinander gehalten, ob eine Klageart **statthaft** und ggf.
auch **begründet** ist.[43]

1. Anfechtungsklage (§ 42 Abs. 1 1. Alt. VwGO)

Gegen **belastende Verwaltungsakte** ist die **Anfechtungsklage** (§ 42 Abs. 1 1. Alt.   589
VwGO) die **statthafte Klageart.**[44] Die Besonderheit der Nebenbestimmungen besteht
indes darin, dass sie Teil eines Verwaltungsakts sind und – mit Ausnahme der Auflage –
keine vollständige Regelung im Sinne des § 35 S. 1 VwVfG enthalten. Aufgrund dieses
Umstandes wird die Auffassung vertreten, Nebenbestimmungen – ausgenommen die
Auflage – seien mangels Verwaltungsaktsqualität nicht mit der Anfechtungsklage anfechtbar.[45] Zunehmend setzt sich allerdings die Erkenntnis durch, dass Gegenstand der
Anfechtungsklage zwar ein Verwaltungsakt sein muss, das **Aufhebungsverlangen** sich
aber nicht notwendig auf den Verwaltungsakt *insgesamt* erstrecken muss. Die Möglichkeit der **Teilanfechtung** folgt bereits aus § 113 Abs. 1 S. 1 VwGO, wonach das Gericht
den Verwaltungsakt aufhebt, *soweit* er rechtswidrig und der Kläger dadurch in seinen
Rechten verletzt ist.[46] Dies gilt fraglos für gebundene Verwaltungsakte, weil Nebenbestimmungen insoweit den Rechtsanspruch einschränken und deshalb uneingeschränkter verwaltungsgerichtlicher Kontrolle zugänglich sind.[47]

> Im Fall 28 könnte E deshalb die ihm erteilte Baugenehmigung insoweit anfechten, als sie die   590
> Bedingung enthält, eine bestimmte Zahl von Einstellplätzen nachzuweisen. Zwar hat die Behörde
> die Rechtswirkungen der erteilten Genehmigung von einer Bedingung abhängig gemacht. Dies steht
> jedoch der Teilbarkeit des Verwaltungsakts nicht entgegen, weil die Genehmigung auch ohne
> Bedingung sinnvoll bleibt (und von E ja auch angestrebt wird). Ob der Kläger im Einzelfall mit einer
> Teilanfechtung *Erfolg* haben kann, richtet sich nach *materiellem* Recht. Sollte E im Fall 28 ein
> Rechtsanspruch auf eine unbedingte Genehmigung zustehen, wäre seine auf die Nebenbestimmung
> beschränkte Anfechtungsklage begründet, andernfalls wäre sie abzuweisen.

Für **Auflagen** gelten die gleichen Grundsätze. Ihre Einordnung als Verwaltungsakte[48]   591
ändert nichts daran, dass sie **Teil einer Gesamtregelung** sind, diese eben auch nur
teilweise angefochten wird.

---

40 Vgl. die Übersicht bei *H. Maurer,* AllgVerwR, § 12 Rn. 22 ff.
41 Vgl. BVerwGE 55, 135 (137) einerseits und BVerwGE 65, 139 (141) andererseits.
42 Vgl. BVerwGE 81, 185 (186); 85, 24 (26); 88, 348 (349); 112, 221.
43 Kritisch auch *H. Maurer,* AllgVerwR, § 12 Rn. 25.
44 Vgl. unten Rn. 1045 ff.
45 Vgl. *M. Happ,* in: Eyermann, VwGO, § 42 Rn. 49; *J. Pietzcker,* in: Schoch/Schmidt-Aßmann/
    Pietzner, VwGO, § 42 Abs. 1 Rn. 137; *R. Störmer,* DVBl. 1996, S. 81 (89).
46 Vgl. *F. Hufen,* Verwaltungsprozessrecht, § 14 Rn. 43.
47 Vgl. oben Rn. 580 f.
48 Vgl. oben Rn. 572.

592   Im Fall 29 erfüllt die Anordnung, einen bewaffneten Werkschutz einzurichten, die Begriffsmerkmale des Verwaltungsakts, ist aber gleichwohl *Teil* der Betriebsgenehmigung und ohne diese völlig sinnlos. Wenn diese Auflage angefochten wird, so handelt es sich um eine Teilanfechtung der Gesamtregelung (Betriebsgenehmigung). Das BVerwG hat deshalb zutreffend geprüft, ob die Auflage durch § 7 Abs. 2 Nr. 5 AtG gedeckt ist und diese Frage bejaht.[49] Hätte das Gericht sie für rechtswidrig gehalten, so würde es nach dem Prüfungsduktus die Auflage aufgehoben haben.

593   Ein geläufiger Einwand gegen die Teilanfechtung besteht darin, dass der Behörde jedenfalls bei **Ermessensentscheidungen** ein Verwaltungsakt **aufgedrängt** würde, den sie in dieser Weise nicht erlassen hätte.[50] Auch das Bundesverwaltungsgericht hat ursprünglich die Anfechtungsklage bei einer »unteilbaren Gesamtermessensentscheidung« für unstatthaft gehalten.[51] Nach Änderung seiner Rechtsprechung hält das Bundesverwaltungsgericht nunmehr die Anfechtungsklage auch gegen Nebenbestimmungen von Ermessensentscheidungen für statthaft.[52]

594   Der neueren Rechtsprechung des Bundesverwaltungsgerichts ist zuzustimmen, weil die Frage, ob Nebenbestimmungen Teil eines gebundenen Verwaltungsakts oder eines Ermessensakts sind, nicht die Rechtsschutzform als solche (Statthaftigkeit der Anfechtungsklage), sondern entweder das Rechtsschutzbedürfnis oder die Begründetheit der Klage betrifft.[53] Es kommt deshalb darauf an, ob nach hypothetischer Aufhebung der Nebenbestimmung die Ermessensentscheidung der Verwaltung noch als eigene zurechenbar ist. Auf diese Weise verbindet sich die rechtliche Prüfung der Nebenbestimmung mit einer Ermessensprüfung, was nicht zuletzt dem Grundsatz der Prozessökonomie entspricht.

595   Im Fall 27 hat es das BVerwG unentschieden gelassen, ob die Aufnahme in den Krankenhausbedarfsplan überhaupt im Ermessen der Behörde steht. Selbst für den Fall, dass es sich um eine Ermessensentscheidung handeln sollte, hat es die Nebenbestimmung (Befristung oder Bedingung) für rechtswidrig gehalten (und die Aufhebung bestätigt), weil nach der Regelung des einschlägigen Krankenhausfinanzierungsgesetzes für eine solche Nebenbestimmung kein Raum war.[54] Auch im Fall 29 ist die Ermessensnatur der (Teil-) Genehmigung nicht unstreitig, weil im gestuften Genehmigungsverfahren nicht jede Teilgenehmigung im Ermessen der Behörde stehen kann.[55] Selbst wenn an der Ermessensnatur auch dieser (Teil-)Genehmigungen festgehalten werden sollte, sind sie gleichwohl atypisch und nicht als »Gesamtermessensentscheidungen« zu verstehen. Das BVerwG hat deshalb zutreffend geprüft, ob die Auflage von § 7 Abs. 2 Nr. 5 AtG gedeckt war und ist auf den Ermessenscharakter der Genehmigung nicht eingegangen. Auch im Fall 30, in dem der Ermessenscharakter des Verwaltungsakts anerkannt ist, hat das BVerwG die Nebenbestimmung auf ihre Rechtmäßigkeit geprüft. Die Besonderheit des Falles lag darin, dass G (mit dem Wohnhaus)

---

49 Vgl. BVerwGE 81, 185 (190 ff.).

50 Vgl. *T. Elster*, Begünstigende Verwaltungsakte mit Bedingungen, Einschränkungen und Auflagen, 1979, S. 320 ff., 330 ff.; *K. Lange*, AöR 102 (1977), S. 337 (353); *H. Maurer*, AllgVerwR, § 12 Rn. 22.

51 So BVerwGE 55, 135 (138). Das BVerwG spricht insoweit von einer »isolierten Anfechtungsklage«. Der Begriff wird üblicherweise gebraucht, wenn ein begünstigender Verwaltungsakt abgelehnt wird und sich die Klage (»isoliert«) allein gegen den *ablehnenden* Bescheid richtet, was normalerweise dem Rechtsschutzinteresse des Klägers *nicht* entspricht, das ja auf einen *begünstigenden* Verwaltungsakt gerichtet ist (vgl. *F. Hufen*, Verwaltungsprozessrecht, § 14 Rn. 20 f.). Um der terminologischen Klarheit willen sollte von einer »Teilanfechtung« gesprochen werden (so auch *F. Hufen*, Verwaltungsprozessrecht, § 14 Rn. 21).

52 So BVerwGE 65, 139 (141) unter ausdrücklicher Aufgabe der in BVerwGE 55, 135 (137 f.) vertretenen gegenteiligen Ansicht.

53 So BVerwGE 60, 269 (275); 112, 221 (224).

54 Vgl. BVerwGE 60, 269 (276 f.).

55 Vgl. *J. Ipsen*, AöR 107 (1982), S. 259 (277).

zusätzlichen Wohnraum geschaffen hatte, durch die Zweckentfremdung also der Bestand an Wohnraum nicht vermindert wurde. Unter dieser (im Einzelnen noch aufzuklärenden) Voraussetzung wäre für eine Auflage überhaupt kein Raum gewesen.[56] Die Teilanfechtung führte damit im Ergebnis zu einer Ermessensprüfung.

Dem Bundesverwaltungsgericht kann freilich nicht in der Auffassung gefolgt werden, **596** die Teilanfechtung und -aufhebung rechtfertige sich aus dem Umstand, dass die Behörde für den Fall der Nichterfüllung einer Auflage zum Widerruf berechtigt ist (vgl. § 49 Abs. 2 S. 1 Nr. 2 VwVfG).[57] Der in § 49 Abs. 2 S. 1 Nr. 2 VwVfG geregelte **Widerrufsgrund** ermächtigt die Behörde, auf Verwaltungszwang zum Vollzug der Auflage zu verzichten und stattdessen die Wirksamkeit der Begünstigung zu beenden.[58] Dies kann nur für **rechtmäßige** (oder bestandskräftige) Auflagen gelten, nicht aber für solche, die auf eine verwaltungsgerichtliche Klage hin aufgehoben worden sind. In diesem Falle nämlich könnte die Behörde die Befolgung einer rechtswidrigen Auflage dadurch erzwingen, dass sie – auch für den Fall, dass der Kläger mit seiner gegen die Auflage gerichteten Anfechtungsklage Erfolg hat – den Widerruf der Begünstigung ankündigt. Soweit bei einer derartigen Konstellation überhaupt ein Widerruf in Betracht kommt, könnte sich dieser nur auf den besonderen Widerrufsgrund des **schweren Nachteils** für das **Gemeinwohl** stützen (§ 49 Abs. 2 S. 1 Nr. 5 VwVfG).[59]

2. Verpflichtungsklage (§ 42 Abs. 1 2. Alt. VwGO)

Nach den Grundsätzen, die sich in der neueren Rechtsprechung des Bundesverwal- **597** tungsgerichts[60] abzeichnen, ist die **Verpflichtungsklage** als Rechtsschutzform gegenüber belastenden Nebenbestimmungen regelmäßig **nicht statthaft**.[61] Sie ist hingegen die statthafte Klageart, soweit es sich nicht um eine Nebenbestimmung handelt, sondern einem Antrag nur teilweise stattgegeben wird.

Variiert man den Fall 28 in der Weise, dass E statt eines beantragten dreigeschossigen Hauses nur **598** die Genehmigung für ein zweigeschossiges Geschäftshaus erteilt wird, so handelt es sich um eine einheitliche Baugenehmigung, die gegenüber dem Antrag abweicht, und nicht um eine Nebenbestimmung.

Inhaltliche Beschränkungen, die Teil der Regelung eines Verwaltungsakts sind, sind **599** von diesem nicht zu trennen.[62] Folgerichtig kann es gegen sie keine (Teil-)Anfechtungsklage geben. Statthafte Rechtsschutzform ist vielmehr die **Verpflichtungsklage,** die auf den beantragten Verwaltungsakt gerichtet ist.[63]

Die Verpflichtungsklage ist auch statthafte Klageart gegenüber so genannten »modifi- **600** zierenden Auflagen«.[64] Die modifizierende Auflage ist eine missglückte Kreation des Bundesverwaltungsgerichts, die nur vorübergehend literarisches Interesse erweckt

---

56 Vgl. BVerwGE 65, 139 (145 ff.).
57 So BVerwGE 65, 139 (141).
58 Vgl. unten Rn. 754 f.
59 Vgl. hierzu auch *R. Hendler,* AllgVerwR, Rn. 283.
60 Zur Auflage: BVerwGE 81, 185 (186); 112, 221 (224); zur Bedingung und Befristung: BVerwGE 60, 269 (275 ff.).
61 Vgl. auch OVG Münster, NVwZ 1993, S. 488.
62 Vgl. *H. Maurer,* AllgVerwR, § 12 Rn. 5.
63 Ebenso *H.-G. Henneke,* in: Knack/Henneke, VwVfG, § 36 Rn. 10.
64 Vgl. BVerwGE 36, 145 (154); 65, 139 (142); 85, 24 (26); BVerwG, DÖV 1974, S. 380.

hat.[65] Bei dem Begriff handelt es sich um einen Pleonasmus, weil jede Auflage (wie Nebenbestimmungen überhaupt) die Hauptregelung modifiziert. Terminologisch handelt es sich überdies um einen Fehlgriff, weil gerade keine Nebenbestimmungen, sondern (gegenüber dem Antrag) *eingeschränkte* Genehmigungen gemeint sind.[66] Die statthafte Klageart ist die **Verpflichtungsklage,** die auf eine uneingeschränkte Genehmigung zu richten wäre. Im Einzelfall kann allerdings zweifelhaft sein, ob eine Nebenbestimmung oder eine – gegenüber dem Antrag – eingeschränkte *Genehmigung* vorliegt. Wird gegenüber dem Antragsinhalt nicht lediglich ein *minus,* sondern ein *aliud* genehmigt, würde es insoweit am Antrag fehlen.[67]

IV. Rechtsprechung

601 BVerwGE 13, 248 (Vorbehalt bei Zahlung von Dienstbezügen); E 24, 129 (Nebenbestimmung zur Bodenverkehrsgenehmigung); E 27, 263 (bedingte Einberufung zum Wehrdienst); E 29, 261 (Zulässigkeit einer subjektiv unmöglichen Bedingung); E 36, 145 (Auflagen bei wasserrechtlicher Genehmigung); E 41, 178 (Auflage im Planfeststellungsbeschluss); E 55, 135 (Anfechtung einer Auflage bei einheitlicher Ermessensentscheidung – alte Rspr.); E 56, 254 (Auflage bei Aufenthaltserlaubnis); E 60, 269 (Aufnahme eines Krankenhauses in den Krankenhausbedarfsplan); E 65, 139 (Anfechtung einer Auflage bei einheitlicher Ermessensentscheidung – neue Rspr.); E 69, 37 (Abgrenzung Genehmigungsinhalt/modifizierende Auflage); E 78, 114 (Güterverkehrsgenehmigung mit auflösender Bedingung); E 81, 185 (Bewaffneter Werkschutz bei KKW); E 85, 24 (Abgrenzung Auflage/modifizierende Auflage/Bedingung); E 88, 348 (Auflage bei Erteilung einer Spielhallenerlaubnis); E 90, 42 (nachträgliche »Zielauflage«, Inhaltsänderung); E 112, 221 (Auflagenvorbehalt im Planfeststellungsrecht); E 112, 263 (Rechtsschutzform bei einem Antrag auf Erlass eines Verwaltungsakts ohne Widerrufsvorbehalt); E 135, 238 (Subventionsbewilligung unter dem Vorbehalt der Nachprüfung).

V. Literatur

602 *P. Axer,* Nebenbestimmungen im Verwaltungsrecht, Jura 2001, S. 748; *ders.,* Verwaltungsakt unter Berichtigungsvorbehalt, DÖV 2003, S. 271; *M. Brenner,* Der Verwaltungsakt mit Nebenbestimmungen, JuS 1996, S. 281; *H.-U. Erichsen,* Nebenbestimmungen zu Verwaltungsakten, Jura 1990, S. 214; *F. Hufen/C. Bickenbach,* Der Rechtsschutz gegen Nebenbestimmungen zum Verwaltungsakt, JuS 2004, S. 867, 966; *F. O. Kopp,* Verwaltungsakte unter Vorbehalt und sonstige vorläufige Verwaltungsakte, DVBl. 1989, S. 238; *H.-W. Laubinger,* Die Anfechtbarkeit von Nebenbestimmungen, VerwArch 73 (1982), S. 345; *J. Pietzcker,* Rechtsschutz gegen Nebenbestimmungen – unlösbar?, NVwZ 1995, S. 15; *B. Remmert,* Nebenbestimmungen zu begünstigenden Verwaltungsakten, VerwArch 88 (1997), S. 112; *H.-J. Schneider,* Nebenbestimmungen und Verwaltungsprozeß, 1981; *J.-R. Sieckmann,* Die Anfechtbarkeit von Nebenbestimmungen zu begünstigenden Verwaltungsakten, DÖV 1998, S. 525; *H. Stadie,* Rechtsschutz gegen Nebenbestimmungen eines begünstigenden Verwaltungsakts, DVBl. 1991, S. 613; *P. Stelkens,* Das Problem Auflage, NVwZ 1985, S. 469; *F. Weyreuther,* Modifizierende Auflagen, DVBl. 1984, S. 365.

---

65 Vgl. *D. Ehlers,* VerwArch 67 (1976), S. 369 (373 ff.); *B. F. Hoffmann,* DVBl. 1977, S. 514 ff.; *K. Lange,* AöR 102 (1977), S. 337 ff.; *F. Weyreuther,* DVBl. 1969, S. 232 u. 295; *ders.,* DVBl. 1984, S. 365.

66 Vgl. *H. Maurer,* AllgVerwR, § 12 Rn. 16.

67 Ein antragsbedürftiger Verwaltungsakt, der ohne Antrag ergeht, ist rechtswidrig. Die Rechtswidrigkeit kann allerdings dadurch geheilt werden, dass der erforderliche Antrag nachträglich gestellt wird (§ 45 Abs. 1 Nr. 1 VwVfG); vgl. unten Rn. 698.

§ 10 Der Verwaltungsakt V (Rechtmäßigkeit und Rechtswidrigkeit)

Fall 31: Um an einer fünftägigen Fahrt ihrer Schulklasse ins Schullandheim gegen Ende der 6. Klasse teilnehmen zu können, beantragte S beim Landkreis L für die auf sie entfallenden Kosten dieser Fahrt eine einmalige Sozialhilfeleistung in Höhe von 130 DM. Der Landkreis lehnte die Zahlung mit der Begründung ab, die Kosten seien durch den Regelbedarf abgegolten. Hilfsweise trug der Landkreis vor, eine Klassenfahrt am Ende der 6. Klasse – und damit kurz vor dem Schulwechsel – sei nicht erforderlich.

(BVerwGE 97, 376)

603

Fall 32: Prinz H ist Eigentümer eines im 18. Jahrhundert geschaffenen Ensembles von Silbermobiliar, des sog. »Silberzimmers« der Welfen, das sich auf der Marienburg zu Nordstemmen (Kreis Hildesheim) befindet. Mit Bescheid der zuständigen Behörde wird das Silberzimmer in das Verzeichnis national wertvollen Kulturgutes eingetragen. H wendet sich gegen den Bescheid unter anderem mit der Begründung, es handele sich um eine Enteignung.

(BVerwGE 92, 288)

604

Fall 33: U betreibt in der Stadt S ein Etablissement, in dem sog. »Peep-Shows« veranstaltet werden. Er besitzt hierfür eine Erlaubnis nach § 33 a GewO. Die Veranstaltung der »Peep-Shows« wird in der lokalen Presse und im Rat der Stadt kontrovers diskutiert. Insbesondere wird der Vorwurf erhoben, die Stadt ermögliche eine gegen die »Würde der Frau« verstoßende Veranstaltung. Die Stadt erwägt daraufhin, den Betrieb des U zu »schließen«.

(nach BVerwGE 64, 274)

605

Die Bindung der vollziehenden Gewalt an Gesetz und Recht (Art. 20 Abs. 3 GG) enthält das an die Verwaltungsbehörden gerichtete **Gebot,** bei ihrem Handeln alle einschlägigen Rechtsnormen zu berücksichtigen und das **Verbot,** gegen diese Rechtsnormen zu verstoßen, also **rechtswidrig** zu handeln. Die Rechtsgebundenheit der Verwaltung ist ein Bestandteil des **Rechtsstaatsprinzips** und als solche der Verfassungsänderung entzogen (Art. 79 Abs. 3 GG). Aus Art. 20 Abs. 3 GG folgt mithin, dass **Verwaltungsakte** – als typische Handlungsform der Verwaltung – mit dem Recht übereinstimmen, also **rechtmäßig** sein müssen.

606

Die Prüfung der Rechtmäßigkeit von Verwaltungsakten erstreckt sich auf alle Normenkategorien, nämlich auf **untergesetzliche Rechtsnormen, einfaches Gesetzesrecht** und **Verfassungsrecht.** Die dem Juristen bei der Kontrolle des Verwaltungshandelns gestellte Aufgabe besteht folglich darin, die **Übereinstimmung** oder **Nichtübereinstimmung** von Verwaltungsakten mit dem anzuwendenden **Recht** zu überprüfen. Ein Verwaltungsakt ist rechtmäßig, wenn er mit allen anzuwendenden Rechtsnormen übereinstimmt, dagegen rechtswidrig (oder: fehlerhaft), wenn er mit einer Rechtsnorm *nicht* übereinstimmt. Die Rechtswidrigkeit erweist sich damit als »negatives Spiegelbild« der Rechtmäßigkeit.[1]

607

Die Prüfung von Verwaltungsakten auf ihre Rechtmäßigkeit erscheint auf den ersten Blick als aufwendiges Unternehmen. Die Vermutung liegt nahe, dass wegen der unübersehbaren Zahl öffentlich-rechtlicher Normen stets eine größere Zahl von

608

---

1 So zutr. *H. Maurer*, AllgVerwR, § 10 Rn. 2.

Rechtsvorschriften heranzuziehen und ein Verwaltungsakt darauf zu überprüfen wäre, ob er mit diesen übereinstimmt. Es liegt auf der Hand, dass die Verwaltungsbehörden jeweils nur nach sehr umständlicher Prüfung Verwaltungsakte erlassen könnten. Da Verwaltungsbehörden andererseits täglich Hunderttausende von Verwaltungsakten erlassen (müssen), ist das offensichtlich nicht der Fall. Dies bedeutet aber nicht, dass die Verwaltungsbehörden sich ihrer Rechtsgrundlagen nicht vergewisserten; in allen Bereichen der Verwaltung gibt es eine ständige Verwaltungsübung, die zumeist durch die Verwaltungsgerichte geprüft und – vorbehaltlich von Rechtsprechungsänderungen – »gerichtsfest« ist. Die **ständige Verwaltungspraxis** ist Voraussetzung für die Effizienz der Verwaltung, andererseits aber auch rechtsstaatliches Desiderat. Das »Lob der Routine« *(Luhmann)* bezieht sich naturgemäß auf Verwaltungsbehörden mit ihren ständig wiederkehrenden Vorgängen und der damit erreichten Kapazität an Problemverarbeitung.

609 Im Fall 31 ging es zunächst um die Rechtsfrage, ob die Teilnahme an Klassenfahrten zum notwendigen Lebensunterhalt gehörte, der bei Kindern und Jugendlichen auch den besonderen, vor allem den durch ihre Entwicklung und ihr Heranwachsen bedingten Bedarf umfasste (§ 12 Abs. 2 BSHG). Wurde diese Frage bejaht, war zu prüfen, ob die Kosten für die Klassenfahrt mit dem Regelbedarf (§ 22 BSHG) abgegolten waren oder ob es sich um eine einmalige Leistung (§ 21 Abs. 1 a BSHG) handelte. Das BVerwG hat (zutreffend) bejaht, dass die Kosten für die Klassenfahrt zum notwendigen Lebensunterhalt nach § 12 Abs. 2 BSHG gehörten und sie (ebenfalls zutreffend) den einmaligen Leistungen zugeordnet.[2] Die angesichts der Verpflichtung auf die Menschenwürde[3] schwerlich vertretbare Rechtsauffassung der Behörde ist verstehbar nur unter der Voraussetzung, dass ein *typischer* Fall vorlag und die Haushalte der öffentlichen Träger der Sozialhilfe (Landkreise und kreisfreie Städte) zukünftig *regelmäßig* mit den Kosten für Klassenfahrten belastet wurden.

610 Für die Prüfung, ob ein Verwaltungsakt im Einzelfall rechtmäßig ist, sind in der Rechtswissenschaft Grundsätze entwickelt worden, die zwar keine Rechtsverbindlichkeit besitzen, aber zu den **ungeschriebenen Regeln** juristischer Entscheidungsfindung gehören. Sie folgen in der Sache dem Prinzip der Logik oder – wenn man so will – der Prüfungsökonomie, indem einfachere Prüfungsschritte vor den schwierigeren, die Form *vor* dem Inhalt – vor allem aber die Zulässigkeit *vor* der Begründetheit – geprüft werden.[4]

611 Der weithin konsentierte Prüfungskanon bedeutet jedoch nicht, dass alle Prüfungspunkte bei jedem Verwaltungsakt problematisch wären. Zu warnen ist davor, auswendig gelernte Prüfungsschemata unterschiedlichen Fallgestaltungen überzustülpen, weil schematisches Vorgehen gerade den komplizierteren Fällen, die in den juristischen Prüfungen regelmäßig gestellt werden, nicht angemessen ist.[5]

---

2 Vgl. BVerwGE 97, 376 (377, 379 f.). Die Entscheidung erging noch zum BSHG, das durch das SGB XII v. 27. 12. 2003 (BGBl. I S. 3022) ersetzt worden ist. Die Kosten für Klassenfahrten wurden durch § 31 Abs. 1 Nr. 3 SGB XII den einmaligen Leistungen zugerechnet. Durch das Gesetz zur Ermittlung von Regelbedarfen und zur Änderung des Zweiten und Zwölften Buches Sozialgesetzbuch vom 24. 3. 2011 (BGBl. I S. 453) werden die Aufwendungen für mehrtägige Klassenfahrten im Rahmen der schulrechtlichen Bestimmungen den Bedarfen für Bildung und Teilhabe gem. § 34 Abs. 2 Nr. 1 SGB XII zugerechnet. Vgl. zu mehrtägigen Klassenfahrten auch BSGE 102, 68.
3 Vgl. BVerwGE 97, 376 (378).
4 Vgl. *G. Schwerdtfeger,* Öffentliches Recht in der Fallbearbeitung, Rn. 51 ff.
5 Vgl. *G. Schwerdtfeger,* Öffentliches Recht in der Fallbearbeitung, Rn. 11 ff.

I. Schritte rechtlicher Prüfung von Verwaltungsakten

1. Vorbehalt des Gesetzes

Alles Verwaltungshandeln steht unter dem **Vorbehalt des Gesetzes,** bedarf mit anderen Worten einer **Rechtsgrundlage.** Dies gilt nicht nur für die **Eingriffs-,** sondern auch für die **Leistungsverwaltung.**[6] Die Formel, dass nur Eingriffe in »Freiheit und Eigentum« der gesetzlichen Grundlage bedürfen, gehört zur Überlieferung des konstitutionellen Staatsrechts und ist heute überwunden.[7] Die **Eingriffs-** und **Schrankenvorbehalte** finden sich in den einzelnen Grundrechten, nicht etwa in einem diffusen »rechtsstaatlichen Vorbehalt«.[8] Für **begünstigende Verwaltungsakte** – namentlich für solche, die Leistungen gewähren – gilt nach heute herrschender Meinung ebenfalls der **Gesetzesvorbehalt.**[9] In dem überaus wichtigen Bereich des Sozialrechts ist dies bereits gesetzlich bestimmt (§ 31 SGB I). **612**

> Im Fall 31 konnte S die Leistung deshalb nur verlangen, weil § 21 BSHG hierfür eine Rechtsgrundlage enthielt und die Aufzählung in Abs. 1 a nur beispielhaft war, die Gewährung einer einmaligen Leistung für eine Klassenfahrt also nicht ausschloss. **613**

Auch im Bereich der **Wirtschaftssubventionen** ist eine gesetzliche Grundlage für Verwaltungsakte zu verlangen, weil die Subventionsgewährung sich stets auf den Wettbewerb auswirkt und insofern – mittelbar – auch die Grundrechte Dritter berührt. Fraglich kann nur sein, ob die Rechtsgrundlage in Gestalt des jeweiligen Haushaltsgesetzes dem Gesetzesvorbehalt genügt oder ob spezielle Subventionsgesetze erforderlich sind. Die Diskussion hierüber ist noch nicht abgeschlossen.[10] **614**

Der Vorbehalt des Gesetzes bedeutet nicht, dass die Rechtsgrundlage für einen Verwaltungsakt stets in einem **förmlichen Gesetz** bestehen muss. Dem Vorbehalt ist auch Genüge getan, wenn die Rechtsgrundlage in einem **untergesetzlichen Rechtssatz** (Rechtsverordnung, Satzung) besteht, der sich auf ein förmliches Gesetz zurückführen lässt. **615**

> Im Fall 20 wurde V durch Schreiben der Straßenverkehrsbehörde zum Verkehrsunterricht vorgeladen. Dies ist ein Verwaltungsakt, weil V *verpflichtet* ist, an dem Verkehrsunterricht teilzunehmen.[11] Die Rechtsgrundlage für die Vorladung findet sich in § 48 StVO, also einer *untergesetzlichen Rechtsnorm,* die aufgrund der Ermächtigung in § 6 Abs. 1 StVG ergangen ist. Ein *förmliches Gesetz* ist als Rechtsgrundlage nur dann erforderlich, wenn dies durch die Verfassung ausdrücklich vorgeschrieben wird. Das BVerfG hat zutreffend entschieden, die Vorladung zum Verkehrsunterricht sei *keine* Freiheitsbeschränkung im Sinne des Art. 104 Abs. 1 S. 1 GG und bedürfe deshalb *keines* förmlichen Gesetzes.[12] **616**

Für eine rechtsstaatliche Verwaltung ist es schwerlich denkbar, dass sie **ohne** Rechtsgrundlage handelt. Das liegt zum einen daran, dass jedes Verwaltungshandeln verwaltungsgerichtlicher Kontrolle unterliegt und deshalb ein Verwaltungsakt, der ohne Rechtsgrundlage ergangen ist, aufgehoben würde. Zum anderen aber entspricht es **617**

---

6 Vgl. *H. Maurer,* AllgVerwR, § 6 Rn. 10 ff.
7 Vgl. *H. Maurer,* AllgVerwR, § 6 Rn. 10 f.
8 Vgl. *J. Ipsen,* Staatsrecht II, 15. Aufl. 2012, Rn. 172 ff.
9 Vgl. nur *R. Hendler,* AllgVerwR, Rn. 66; *H. Maurer,* AllgVerwR, § 6 Rn. 11, 19.
10 Vgl. nur *H.-U. Erichsen,* Jura 1995, S. 553; *H. Maurer,* AllgVerwR, § 6 Rn. 20; *R. Stober,* GewArch 1993, S. 143; *M. Wehr,* JuS 1997, S. 421.
11 Vgl. oben Rn. 445.
12 Vgl. BVerfGE 22, 21 (26).

nicht dem Selbstverständnis einer rechtsstaatlichen Verwaltung, ohne gesetzliche Grundlage zu handeln. Insofern ist es bei der praktischen Fallbearbeitung nahezu ausgeschlossen, dass eine Rechtsgrundlage schlechthin fehlt. Die früher diskutierte Figur des »gesetzlosen Verwaltungsakts«[13] ist heute nur vorstellbar, wenn die Rechtsgrundlage – etwa wegen Verstoßes gegen höherrangiges Recht – nichtig ist.

618 Im Fall 33 kommt als Rechtsgrundlage § 15 Abs. 2 GewO in Betracht, der die Behörde ermächtigt, die Fortführung eines erlaubnispflichtigen Betriebes zu verhindern, sofern der Gewerbetreibende die Erlaubnis nicht besitzt. Entscheidend ist, worauf die Behörde mit dem Verwaltungsakt abzielt und welche Rechtsgrundlage ggf. genannt wurde. Für den Gesetzesvorbehalt kommt es demgegenüber nicht darauf an, ob die Rechtsgrundlage auch *rechtmäßig* angewandt worden ist; dies ist der weiteren Prüfung vorbehalten.

619 Die Rechtsgrundlage erscheint damit an zwei Stellen, zunächst unter dem Prüfungspunkt des **Gesetzesvorbehalts**, später bei der Prüfung der **materiellen Rechtmäßigkeit**. Dies entspricht jedoch der Prüfungslogik. Die Zuständigkeit einer Behörde für den Erlass eines Verwaltungsakts und andere Erfordernisse seiner formellen Rechtmäßigkeit lassen sich nur beurteilen, wenn man weiß, aufgrund welcher (möglichen) Rechtsgrundlagen die Behörde gehandelt hat. Die Behördenzuständigkeit nämlich richtet sich nach dem anzuwendenden Recht (also auch nach den einzelnen Rechtsgrundlagen) und nicht etwa nach der abstrakten »Eigenart« einer Materie.

620 Wäre im Fall 33 keine Schließung des Gewerbebetriebs (§ 15 Abs. 2 GewO), sondern eine Untersagung des Gewerbes (§ 35 GewO) beabsichtigt gewesen, so wären hierfür unterschiedliche Behörden zuständig. Für die Schließung des Gewerbebetriebes gem. § 15 Abs. 2 GewO ist gem. § 2 Abs. 1 Gewerberechtsverordnung NRW i. V. m. Nr. 1.5 der Anlage die Gemeinde zuständig, während für die Untersagung des Gewerbebetriebs gem. § 2 Abs. 1 Gewerberechtsverordnung NRW i. V. m. 1.14 der Anlage die Landkreise zuständig sind. Die Behördenzuständigkeit lässt sich also nur bei Kenntnis der konkreten Rechtsgrundlage beurteilen.

2. Verwaltungsaktsbefugnis

621 Im Allgemeinen ist aus der Rechtsgrundlage ersichtlich, dass die Verwaltung **befugt** ist, gerade in der Form des **Verwaltungsakts** zu handeln.

622 In § 48 StVO ist von einer »Vorladung« die Rede, aus der im Fall 20 die Verpflichtung zum Erscheinen des V folgt. Nach § 15 Abs. 2 GewO kann die Fortsetzung eines (erlaubnispflichtigen) Gewerbebetriebs von der zuständigen Behörde »verhindert werden«, was im Fall 33 ebenfalls für die Befugnis der Behörde zu einseitigem Handeln spricht. Nach § 1 Abs. 1 S. 1 des Gesetzes zum Schutz deutschen Kulturgutes gegen Abwanderung (Kulturgutschutzgesetz – KultgSchG)[14] werden Kunstwerke und anderes Kulturgut, dessen Abwanderung aus dem Geltungsbereich des Gesetzes einen wesentlichen Verlust für den deutschen Kulturbesitz bedeuten würde, in ein »Verzeichnis national wertvollen Kulturgutes« eingetragen. Sofern die Eintragung eines Kulturgutes eingeleitet ist, ist seine Ausfuhr untersagt, bis die Entscheidung über die Eintragung unanfechtbar geworden ist (§ 4 Abs. 1 KultgSchG). Im Fall 32 ist die Eintragung folglich als Verwaltungsakt zu qualifizieren, weil nur ein solcher »unanfechtbar« werden kann.

623 Sofern die Verwaltung Ansprüche durchsetzen will, neigt die Rechtsprechung dazu, die Verwaltungsaktsbefugnis bereits aufgrund des **materiellen Anspruchs** zu bejahen.[15] Das ist nicht unproblematisch, weil der Anspruch grundsätzlich von der Art

---

13 Vgl. *O. Mayer*, Deutsches Verwaltungsrecht I, S. 100 m. w. N. (»selbständiger Verwaltungsakt«).
14 Vom 8. 7. 1999 (BGBl. I S. 1754).
15 Vgl. BVerwGE 40, 85 (89); 52, 183 (185 f.); 71, 354 (357 ff.).

und Weise seiner Durchsetzung getrennt werden muss. Es macht einen prinzipiellen Unterschied, ob die Behörde von ihr geltend gemachte Forderungen **einseitig** festsetzen und den Bescheid ggf. für **sofort vollziehbar** erklären kann oder ob sie den Schuldner auf Zahlung (vor dem Verwaltungsgericht) verklagen muss. Mit dem Erlass des Verwaltungsakts nämlich kann die Behörde die Parteirollen im Verwaltungsprozess umkehren, so dass der Adressat des Verwaltungsakts Kläger ist.[16]

Nach (folge-)richtiger Auffassung erstreckt sich der Gesetzesvorbehalt auch auf die **624** **Handlungsform** der Verwaltung. Insofern muss aus der Rechtsgrundlage eines Verwaltungsakts mit hinreichender Deutlichkeit hervorgehen, dass der Verwaltung nicht lediglich ein materiell-rechtlicher Anspruch eingeräumt ist, sondern sie auch ermächtigt wird, diesen durch Verwaltungsakt durchzusetzen. In der neueren Gesetzgebung ist dieses rechtsstaatliche Desiderat berücksichtigt worden (§ 49a Abs. 1 S. 2 VwVfG). Soweit sich die ältere Rechtsprechung an der Figur des »besonderen Gewaltverhältnisses« orientiert hat, sind die dogmatischen Grundlagen obsolet geworden.[17] Die Auffassung, die Rückforderung (durch Verwaltungsakt) sei gewissermaßen die »Kehrseite« der Gewährung,[18] vermag nicht zu überzeugen. Soweit es an einer gesetzlichen Ermächtigung zum Handeln durch Verwaltungsakt fehlt, muss diese durch den Gesetzgeber nachgeholt werden.[19]

3. Formelle Rechtmäßigkeit des Verwaltungsakts

Die Unterscheidung zwischen **Form** und **Inhalt** gehört zu den Axiomen des Rechts **625** und damit auch der Verwaltungsrechtsdogmatik. Zivilrechtliche Vorschriften schreiben für Rechtsgeschäfte vielfach eine besondere Form vor, deren Einhaltung Voraussetzung für ihre Rechtswirksamkeit ist. So bedarf der Bürgschaftsvertrag der Schriftform (§ 766 BGB), während für das Schenkungsversprechen die notarielle Beurkundung erforderlich ist (§ 518 BGB). Auch für letztwillige Verfügungen sind bestimmte Formvorschriften zu beachten (§ 2231 BGB). Die **rechtliche Anerkennung** der entsprechenden Rechtsgeschäfte hängt also davon ab, dass die äußere Form beachtet worden ist.

Die Prüfung der **formellen Rechtmäßigkeit** von **Verwaltungsakten** umfasst auch **626** die – gesetzlich ausnahmsweise vorgeschriebene – Form (Schriftform, Urkunde). Die formelle Prüfung greift im öffentlichen Recht indes weiter aus: Sie umfasst alle Prüfungspunkte mit Ausnahme der inhaltlichen Übereinstimmung des Verwaltungsakts mit dem geltenden Recht. Dabei stellt sich rasch heraus, dass eine Trennung von Form und Inhalt auf besondere Schwierigkeiten stößt, denn das anzuwendende **materielle Recht** bestimmt zu einem wesentlichen Teil **Form** und **Verfahren.** Die bei der Prüfung der formellen Rechtmäßigkeit zu berücksichtigenden Kriterien lassen sich deshalb ohne Rückgriff auf das materielle Recht nicht erörtern. Der Grund für die im öffentlichen Recht übliche Zweiteilung zwischen **formeller** und **materieller** **Prüfung** liegt also weniger in der kategorialen Verschiedenheit als in dem prüfungsökonomischen Prinzip, die Prüfungspunkte voranzustellen, deren Ergebnisse ggf. eine weitere Prüfung überflüssig machen.

---

16 Vgl. *H. Maurer,* AllgVerwR, § 10 Rn. 30a.
17 Vgl. *M. Ruffert,* in: Erichsen/Ehlers, AllgVerwR, § 22 Rn. 28f.
18 Vgl. BVerwG, NJW 1977, S. 1838 (1839); *R. Hendler,* AllgVerwR, Rn. 221.
19 Vgl. *M. Sachs,* in: Stelkens/Bonk/Sachs, VwVfG, § 44 Rn. 55ff.; *H. Bauer,* NVwZ 1987, S. 112f.; *H. Hill,* DVBl. 1989, S. 321 (323); a. A. *H. Maurer,* AllgVerwR, § 10 Rn. 5.

627 Wäre im »Peep-Show«-Fall nicht die Gemeinde, sondern der Landkreis zuständig gewesen (weil es sich um eine Gewerbeuntersagung nach § 35 GewO handelte), so wäre eine weitere *materielle* Prüfung überflüssig, denn es stünde bereits fest, dass die Behörde diese Maßnahme überhaupt nicht erlassen durfte. Im umgekehrten Fall gilt das Gleiche.

628 Unter dem Prüfungsabschnitt der »formellen Rechtmäßigkeit« werden üblicherweise also nicht nur die »Form« des Verwaltungsakts, sondern auch der **Urheber,** das **Verfahren** und **andere** leicht feststellbare **Merkmale** geprüft. Der prüfungspraktische Hintergrund hierfür ist, dass eine umfangreiche *inhaltliche* Prüfung des Verwaltungsakts unterbleiben kann, wenn er bereits »formelle« – will heißen: leichter feststellbare – Fehler aufweist.

a) Sachliche Zuständigkeit der Behörde

629 Voraussetzung für die Rechtmäßigkeit eines Verwaltungsakts ist, dass die ihn erlassende Behörde hierfür **sachlich** und **örtlich zuständig** ist. Die **sachliche Zuständigkeit** bedeutet, dass der Behörde die Aufgabe zugewiesen ist, Verwaltungsakte dieser Art zu erlassen. Die Zuständigkeit beruht stets auf einem **Rechtssatz** (»Zuständigkeitsvorschrift«), der nicht immer leicht zu ermitteln ist. Bei der Ausführung von **Bundesgesetzen** ist zudem zu beachten, dass diese vielfach durch **Landesbehörden als eigene Angelegenheit (Art. 83, 84 GG) oder im Auftrag des Bundes (Art. 85 GG)** ausgeführt werden. Die Regelung der Behördenzuständigkeit ist dann Sache des Landes, sofern nicht Bundesgesetze ggf. mit Zustimmung des Bundesrates etwas anderes bestimmen (Art. 84 Abs. 1, 85 Abs. 1 GG). Die Prüfung der Zuständigkeit im Einzelnen kann deshalb nicht geringe Schwierigkeiten verursachen und erfordert unter anderem den Durchgriff auf landesrechtliche Regelungen.

630 Im Fall 31 war der Landkreis als örtlicher Träger der Sozialhilfe zuständig (§ 96 Abs. 1 S. 1 BSHG). Allerdings konnten die Länder bestimmen, dass und inwieweit die Landkreise ihnen zugehörige Gemeinden oder Gemeindeverbände zur Durchführung der Aufgaben nach diesem Gesetz heranziehen und ihnen dabei Weisungen erteilen konnten (§ 96 Abs. 1 S. 2 BSHG), so dass auch eine (Wahrnehmungs-)Zuständigkeit der Gemeinde bestehen konnte. Im Fall 32 entscheidet über die Eintragung des Kulturgutes die oberste Landesbehörde (§ 2 Abs. 1 KultgSchG), die allerdings durch Landesrecht zu bestimmen ist.[20] Im Fall 33 bestimmt die Gewerbeordnung lediglich, dass die »zuständige« Behörde die Fortsetzung des Betriebs verhindern kann (§ 15 Abs. 2 S. 1 GewO), die durch Landesrecht bestimmt wird.

631 In der **Verwaltungspraxis** ist das Handeln unzuständiger Behörden selten. Die Abschichtung der Zuständigkeiten zwischen den Behörden, insbesondere zwischen **Landesbehörden** und **kommunalen Gebietskörperschaften** ist im Einzelnen geregelt.[21] Es wäre ungewöhnlich, wenn eine Behörde, die ständig Verwaltungsakte gleicher Art erlässt und hierfür mit Personal und Sachmitteln ausgestattet ist, sich als sachlich unzuständig erweisen sollte.

632 In Prüfungsfällen ist deshalb häufig von der »zuständigen Behörde« die Rede, so dass eine weitere Prüfung entbehrlich ist. Nach aller Erfahrung besteht die juristische Pointe solcher Fälle nur ausnahmsweise in einer Zuständigkeitsproblematik. In Examensarbeiten wird die Prüfung der sachlichen Zuständigkeit deshalb häufig überschätzt und ihr unnötig viel Raum gewidmet. Einer näheren Zu-

---

20 In Niedersachsen ist dies gem. § 2 Abs. 1 der Verordnung über die Eintragung von national wertvollem Kulturgut (Nds. GVBl. 1957, S. 97) das Niedersächsische Ministerium für Wissenschaft und Kultur.
21 Vgl. *M. Burgi,* in: Erichsen/Ehlers, AllgVerwR, § 9 Rn. 12 ff.

ständigkeitsprüfung bedarf es erfahrungsgemäß nur, wenn hierfür ein Hinweis im Sachverhalt enthalten ist.

Eine spezielle Erscheinungsform der sachlichen Zuständigkeit ist die **instanzielle** **633** Zuständigkeit. Gewöhnlich ist die untere Verwaltungsbehörde zuständig, der ggf. für ihr Handeln Weisungen von der vorgesetzten Behörde erteilt werden können. Obwohl die vorgesetzte Behörde – etwa die Mittelbehörde (Bezirksregierung) – ebenfalls **sachlich** zuständig ist, fehlt ihr doch die **instanzielle Zuständigkeit,** weil der Instanzenzug bei der unteren Verwaltungsbehörde beginnt. Die fehlende instanzielle Zuständigkeit der vorgesetzten Behörde kann durch ein **Selbsteintrittsrecht** überwunden werden, das besonderer gesetzlicher Regelung bedarf.

> Im Fall 4 erließ die Bezirksregierung das Versammlungsverbot, obwohl der Landkreis für Aufgaben **634** nach dem Versammlungsgesetz zuständig war. Weil dieser aber zu erkennen gab, ein Versammlungsverbot nicht erlassen zu wollen, und die Bezirksregierung sich von einer Weisung keinen raschen Erfolg versprach, lagen die Voraussetzungen für das Selbsteintrittsrecht vor, so dass die Bezirksregierung – ausnahmsweise – *instanziell* zuständig war.[22]

Die **funktionelle Zuständigkeit** ist demgegenüber keine Behördenzuständigkeit, son- **635** dern eine **behördeninterne** Zuständigkeit.[23] Die neueren Polizei- und Ordnungsgesetze schreiben vor, dass bestimmte Maßnahmen nur vom Behördenleiter oder von einem Beamten des höheren Dienstes getroffen werden können (sog. »Funktionsvorbehalte«).[24] Die sachliche Zuständigkeit der Behörde bleibt hierdurch unberührt; Gegenstand der Regelung ist lediglich, welcher Funktionsträger intern zu den Maßnahmen befugt ist.

b) Örtliche Zuständigkeit der Behörde

Die **örtliche Zuständigkeit** betrifft die Frage, ob die sachlich zuständige Behörde den **636** Verwaltungsakt auch an einem bestimmten Ort erlassen darf. Die örtliche Zuständigkeit erstreckt sich bei Gemeinden auf das Gemeindegebiet, bei Landkreisen auf das Gebiet des Landkreises und bei Landesbehörden auf den jeweiligen **Bezirk** (Amtsbezirk, Kammerbezirk, Regierungsbezirk). Einzelne Gesetze enthalten Vorschriften über außerordentliche örtliche Zuständigkeiten. Da die Polizei (mit Ausnahme der Bundespolizei und des Bundeskriminalamtes) Landesangelegenheit ist, endet die örtliche Zuständigkeit der Polizei an den Bezirks- bzw. Landesgrenzen. Die Polizeigesetze räumen unter besonderen Umständen den Polizeibeamten anderer Bundesländer die Befugnis ein, auf dem Boden des betreffenden Bundeslandes tätig zu werden (z. B. zum Zwecke der Strafverfolgung), so dass hierdurch eine **außerordentliche örtliche Zuständigkeit** begründet wird.[25]

c) Verfahren

Dem Erlass des Verwaltungsakts geht ein **Verwaltungsverfahren** voraus, das durch **637** das Verwaltungsverfahrensgesetz geregelt ist. Das Verwaltungsverfahren wird in § 9 VwVfG definiert als

---

22 Vgl. oben Rn. 204, 232 f.
23 Vgl. *H. Maurer*, AllgVerwR, § 21 Rn. 50.
24 Vgl. *H. Lisken/R. Mokros*, NVwZ 1991, S. 609.
25 Vgl. *Drews/Wacke/Vogel/Martens*, Gefahrenabwehr, 9. Aufl. 1986, S. 114 f.

»die nach außen wirkende Tätigkeit der Behörden, die auf die Prüfung der Voraussetzungen, die Vorbereitung und den Erlass eines Verwaltungsaktes oder auf den Abschluss eines öffentlich-rechtlichen Vertrags gerichtet ist (...)«.

638 Da das Verwaltungsverfahren an keine Form gebunden, sondern **einfach, zweckmäßig** und **zügig** durchzuführen ist (§ 10 VwVfG), fehlt es – im Gegensatz zum gerichtlichen Verfahren – an Vorschriften, die *stets* zu berücksichtigen sind. Eine Ausnahme bildet insoweit die Anhörung der Beteiligten. Bevor ein Verwaltungsakt erlassen wird, der in Rechte eines Beteiligten eingreift, ist diesem Gelegenheit zu geben, sich zu den für die Entscheidung erheblichen Tatsachen zu äußern (§ 28 Abs. 1 VwVfG). Hierbei handelt es sich um eine Ausprägung des **Rechtsstaatsprinzips,** die für das gerichtliche Verfahren in Gestalt des »rechtlichen Gehörs« Verfassungsrang besitzt (Art. 103 Abs. 1 GG), aber auch im **Verwaltungsverfahren** dem Rechtsstaatsprinzip zuzuordnen ist.

639 Im Fall 32 wäre H, im Fall 33 U nach § 28 VwVfG (i. V. m. der landesgesetzlichen Übernahmebestimmung) bzw. nach der entsprechenden Vorschrift des Verwaltungsverfahrensgesetzes des Landes zu hören, bevor die entsprechenden Maßnahmen ergriffen werden können.

640 Größere Bedeutung hat das Verfahrensrecht in den Fällen, in denen dem Verwaltungsakt ein **förmliches Verwaltungsverfahren** vorangeht (§§ 63 ff. VwVfG) bzw. Spezialgesetze *besondere* Verfahrensvorschriften enthalten.

641 Im Fall 32 ist vor der Entscheidung der zuständigen Landesbehörde ein von ihr zu berufender Sachverständigenausschuss zu hören. Dieser besteht aus fünf Sachverständigen, von denen einer auf Vorschlag des Beauftragten der Bundesregierung für Angelegenheiten der Kultur und der Medien zu berufen ist (§ 2 Abs. 2 KultgSchG).

d) Form (im engeren Sinne)

642 Für Verwaltungsakte gilt der **Grundsatz der Formfreiheit.** § 37 Abs. 2 S. 1 VwVfG bestimmt:

»Ein Verwaltungsakt kann schriftlich, elektronisch, mündlich oder in anderer Weise erlassen werden.«

643 Bedenkt man, dass der Begriff des Verwaltungsakts seine dogmatische Leistungsfähigkeit nicht zuletzt aus seiner Abstraktheit bezieht und ganz unterschiedliche Maßnahmen hierunter fallen, erweist sich diese Vorschrift als zwingend notwendig. Im Gefahrenabwehrrecht ergehen Verwaltungsakte – der Polizei – häufig mündlich, aber auch durch Zeichen, beispielsweise durch das Winken mit einer Kelle.

644 Vereinzelt ist eine bestimmte Form vorgeschrieben. Die **Einbürgerung** erfolgt durch Überreichung einer **Einbürgerungsurkunde** (§ 16 S. 1 StAG). Die **Beamtenernennung** ist ebenfalls durch **Aushändigung** einer **Urkunde** vorzunehmen (§ 8 Abs. 2 S. 1 BeamtStG; § 10 Abs. 2 S. 1 BBG). Andere Verwaltungsakte – z. B. Baugenehmigungen – unterliegen der **Schriftform.**

645 Im Fall 32 ist zu beachten, dass jede Eintragung und ihre Veränderung den Beteiligten mitzuteilen und nach dem jeweiligen Landesrecht sowie im Bundesanzeiger bekannt zu machen ist (§ 6 Abs. 1 S. 1 KultgSchG).

e) Begründung

Gem. § 39 Abs. 1 S. 1 VwVfG ist ein **schriftlicher** oder **elektronischer** sowie ein **schriftlich oder elektronisch bestätigter Verwaltungsakt** mit einer Begründung zu versehen. In der Begründung sind die wesentlichen tatsächlichen und rechtlichen Gründe mitzuteilen, die die Behörde zu ihrer Entscheidung bewogen haben (§ 39 Abs. 1 S. 2 VwVfG). Die Begründung von **Ermessensentscheidungen** soll auch die Gesichtspunkte erkennen lassen, von denen die Behörde bei der **Ausübung** ihres **Ermessens** ausgegangen ist (§ 39 Abs. 1 S. 3 VwVfG).

> In allen Ausgangsfällen bedarf es einer schriftlichen Begründung. Im Fall 31 folgte die Begründungspflicht allerdings nicht aus § 39 VwVfG, sondern aus dem insoweit wortgleichen § 35 Abs. 1 S. 1 SGB X. Da es sich bei der Schließung nach § 15 Abs. 2 GewO um eine Ermessensentscheidung handelt, sind im Fall 33 auch die ermessensleitenden Gesichtspunkte zu benennen. Im Fall 32 bedarf es einer eingehenden Begründung, warum es sich um ein »national wertvolles Kulturgut« handelt.

646

647

f) Rechtsbehelfsbelehrung (§ 59 VwGO)

Eine generelle gesetzliche Verpflichtung für Behörden, Verwaltungsakte mit einer **Rechtsbehelfsbelehrung** zu versehen, existiert nicht. **Bundesbehörden** sind aufgrund des § 59 VwGO verpflichtet, schriftliche Verwaltungsakte mit einer Rechtsbehelfsbelehrung zu versehen. Die Verwaltungsverfahrensgesetze der Länder enthalten eine derartige Verpflichtung nur ausnahmsweise. Überdies enthalten einige Spezialgesetze eine Belehrungspflicht.[26]

648

4. Materielle Rechtmäßigkeit des Verwaltungsakts

Der Schwerpunkt der rechtlichen Prüfung von Verwaltungsakten betrifft regelmäßig ihren **Inhalt,** nämlich die Frage, ob der Verwaltungsakt inhaltlich mit dem **geltenden Recht** übereinstimmt. Die Geltung des Gesetzesvorbehalts und die Wechselbeziehung zwischen Rechtsgrundlage und Zuständigkeit (Form usw.) macht es zwar notwendig, vorweg **mögliche** – auch alternative – **Rechtsgrundlagen** heranzuziehen. Die Prüfung im Einzelnen wird indes in einem späteren Schritt vorgenommen, weil die Unzuständigkeit der Behörde oder ein Verstoß gegen Formvorschriften diese Prüfung möglicherweise überflüssig machen.

649

In der Praxis der Fallbearbeitung liegen Fehler aller Erfahrung nach nur ausnahmsweise im Bereich der Zuständigkeit oder der Form. Sollten sich solche Fehler ergeben, ist die rechtliche Prüfung gleichwohl nicht beendet. Der Bearbeiter hat vielmehr in Gestalt eines »Hilfsgutachtens« die *materielle* Rechtslage zu erörtern. Zu warnen ist bei der Fallbearbeitung davor, Zuständigkeitsfehler oder Formmängel zu »konstruieren«, um die rechtliche Prüfung abzukürzen. Der Schwerpunkt einer Prüfungsaufgabe liegt regelmäßig in der *materiell-rechtlichen* Problematik.

650

a) Rechtsgrundlage und Sachverhaltsermittlung

Die im Zusammenhang mit dem Gesetzesvorbehalt erörterten *möglichen* Rechtsgrundlagen müssen im Einzelnen genannt und hinsichtlich ihrer Tatbestandsmerkmale geprüft werden. Die Zahl möglicher Rechtsgrundlagen ist begrenzt, so dass **typischen Fallgestaltungen** auch **typische Rechtsgrundlagen** entsprechen. Abzuraten ist davon, die Prüfungsreihenfolge nach dramaturgischen Gesichtspunkten zu wählen und sich die juristische Pointe für den Schluss aufzubewahren. Vorzugswürdig ist in

651

---

26 Nachw. bei *C. Meissner,* in: Schoch/Schmidt-Aßmann/Pietzner, VwGO, § 59 Rn. 5.

jedem Falle, die am ehesten in Betracht kommende Rechtsgrundlage zuerst zu prüfen. Aufgabe der rechtlichen Prüfung ist festzustellen, ob die Voraussetzungen der Rechtsgrundlage im Einzelfall vorliegen. Eine solche Prüfung setzt voraus, dass die Behörde die relevanten Tatsachen zutreffend ermittelt hat. **Ermittlungsdefizite** führen regelmäßig dazu, dass der Verwaltungsakt **fehlerhaft** ist.

652   Im Fall 20 ist rechtliche Voraussetzung für die Vorladung zum Verkehrsunterricht, dass V Verkehrsordnungswidrigkeiten begangen hat. Sofern er diese bestreitet (etwa, weil ein anderer seinen Wagen benutzt hat), müssen die entsprechenden Tatsachen erst festgestellt werden. Im Fall 33 ist von Bedeutung, dass U eine Erlaubnis nach § 33 a GewO vorweisen kann. Wäre die Behörde fälschlich davon ausgegangen, das Etablissement werde *ohne* Erlaubnis betrieben, läge ein Ermittlungsdefizit vor.

653   Juristischen Übungsarbeiten liegt regelmäßig ein unstreitiger Sachverhalt zugrunde, so dass es darauf ankommt, die in ihm mitgeteilten Tatsachen zutreffend zu würdigen. In der **Verwaltungspraxis** werden demgegenüber an die Tatsachenermittlung erhebliche Anforderungen gestellt. Die Behörde ermittelt den Sachverhalt **von Amts wegen** (§ 24 Abs. 1 S. 1 VwVfG). Sie bestimmt Art und Umfang der Ermittlungen; an das Vorbringen und an die Beweisanträge der Beteiligten ist sie nicht gebunden (§ 24 Abs. 1 S. 2 VwVfG). Die Behörde hat alle für den Einzelfall bedeutsamen, auch die für die Beteiligten günstigen Umstände zu berücksichtigen (§ 24 Abs. 2 VwVfG).

b) Auslegung der Rechtsbegriffe

654   Die Prüfung der Rechtmäßigkeit einer Maßnahme erfordert die **Subsumtion,** mit anderen Worten die **Unterordnung eines Sachverhalts** unter eine **Rechtsnorm.** Erst wenn der Sachverhalt entsprechend ermittelt worden ist, ist überhaupt eine fehlerfreie Subsumtion möglich. Hierbei geht es um die **richtige Auslegung** der Rechtsbegriffe. Oben wurde bereits erwähnt, dass die Verwaltungsgerichte die Auslegung der Rechtsbegriffe durch die Verwaltung einer vollständigen Kontrolle unterziehen, mit anderen Worten ein **Letztentscheidungsrecht** für sich in Anspruch nehmen.[27] Es handelt sich hierbei nicht um ein – rechtstheoretisch nicht begründbares – Postulat der »Richtigkeit« der Auslegung, sondern um die den Verwaltungsgerichten nach deutschem Prozessrecht eingeräumte **Kontrollbefugnis,** die nur eingeschränkt ist, wenn dies durch Gesetz vorgeschrieben (§ 114 VwGO) oder durch die Rechtsprechung anerkannt ist.[28]

655   Im Fall 31 hatte das Verwaltungsgericht deshalb zu entscheiden, ob es sich bei der beantragten Leistung um »notwendigen Lebensunterhalt« handelte, der bei Kindern und Jugendlichen den durch ihre Entwicklung und ihr Heranwachsen bedingten Bedarf umfasste (§ 12 Abs. 2 BSHG). Im Fall 32 hatte das Gericht zu prüfen, ob es sich bei dem »Silberzimmer« um ein Kulturgut im Sinne des § 1 KultgSchG handelt.

c) Kontrolle von Ermessenserwägungen

656   Soweit der Verwaltung die Befugnis eingeräumt ist, nach **Ermessen** zu handeln, also die Verknüpfung von Tatbestand und Rechtsfolge fakultativ ist, sind die Verwaltungsakte *auch* auf **Ermessensfehler** hin zu überprüfen. Die in § 114 S. 1 VwGO ver-

---

27 Vgl. oben Rn. 475.
28 Vgl. oben Rn. 479 ff.

wandte Formulierung ist dahingehend zu verstehen, dass neben der rechtlichen Prüfung der **Tatbestandsvoraussetzungen** auch geprüft wird, ob bei der Ermessensentscheidung – nämlich der Zuordnung einer Rechtsfolge zum Tatbestand – Fehler unterlaufen sind.

> Im Fall 33 setzt die Betriebsschließung nach § 15 Abs. 2 GewO voraus, dass ein erlaubnispflichtiges **657** Gewerbe ohne eine solche Erlaubnis betrieben wird. Sind diese tatsächlichen Voraussetzungen zu verneinen, ist der Verwaltungsakt *rechtswidrig*. Sofern die Tatbestandsvoraussetzungen zu bejahen sind, sind die Grenzen des Ermessens zu überprüfen, wozu die Einhaltung des Grundsatzes der Verhältnismäßigkeit (Übermaßverbot) gehört.

d) Übereinstimmung mit Rechtsgrundsätzen und höherrangigem Recht

Verwaltungsakte müssen nicht nur mit der betreffenden Rechtsgrundlage, sondern **658** auch mit **Rechtsgrundsätzen** und **höherrangigem Recht** übereinstimmen. Das gilt insbesondere für das **Übermaßverbot,** das in den Gefahrenabwehrgesetzen der Länder positiviert ist.[29] § 37 Abs. 1 VwVfG schreibt vor, dass Verwaltungsakte inhaltlich hinreichend **bestimmt** sein müssen. Beide Grundsätze wurzeln im Rechtsstaatsprinzip und haben deshalb Verfassungsrang.[30]

> Bei der praktischen Fallbearbeitung ist vor einer extensiven Prüfung der Rechtsgrundsätze zu **659** warnen. Wenn die juristische Pointe eines Falles darauf hinausläuft, dass ein Verstoß gegen den Verhältnismäßigkeits- oder Bestimmtheitsgrundsatz vorliegt, enthält der Sachverhalt regelmäßig – möglicherweise in Gestalt von Rechtsausführungen – Hinweise auf diese Problematik.
>
> Im Fall 20 könnte erwogen werden, ob die Verkehrsordnungswidrigkeiten des V eine Vorladung zum Verkehrsunterricht rechtfertigen. Die Schließung eines nicht genehmigten Gewerbebetriebs wird demgegenüber regelmäßig *erforderlich* und *verhältnismäßig* sein, weil auf andere Weise ein rechtmäßiger Zustand nicht hergestellt werden kann.

Verwaltungsakte werden auch auf die Übereinstimmung mit anderem höherrangigem **660** Recht, insbesondere den **Grundrechten,** überprüft. Diese Prüfung ist unabhängig davon erforderlich, ob sich der Bearbeiter in die Rolle der Verwaltungsbehörde oder des Verwaltungsgerichts zu versetzen hat, denn die **vollziehende Gewalt** und die **Rechtsprechung** sind gleichermaßen an »Gesetz und Recht« – und damit auch Verfassungsrecht – gebunden (Art. 20 Abs. 3 GG). Durch Art. 1 Abs. 3 GG wird die unmittelbare Grundrechtsgeltung gegenüber der vollziehenden Gewalt und Rechtsprechung verfassungskräftig festgelegt.

> Im Fall 32 erhebt H ausdrücklich verfassungsrechtliche Bedenken, weil seiner Auffassung nach das **661** Ausführverbot mit Art. 14 GG unvereinbar ist. Das BVerwG hat zutreffend entschieden, dass es sich bei der Eintragung in das Verzeichnis national wertvollen Kulturguts *nicht* um eine »Enteignung« (Art. 14 Abs. 3 GG), sondern um eine Beschränkung des Eigentums handele, die als Ausfluss der Sozialbindung mit Art. 14 Abs. 1 GG vereinbar sei.[31] Die Prüfung der Übereinstimmung mit Art. 14 GG ist in jedem Fall vorzunehmen. Würde der Bearbeiter zu dem Ergebnis gelangen, das KultgSchG verstoße gegen Art. 14 GG, bestünde die Entscheidung – je nachdem, welche »Rolle« er einnimmt –, entweder in einem Vorlagebeschluss (Art. 100 Abs. 1 GG) oder in einer Nichtigerklärung des Gesetzes (§ 78 BVerfGG). Auch Fall 31 hat eine verfassungsrechtliche »Dimension«. Wenn es

---

29 Nachw. bei *V. Götz,* Allgemeines Polizei- und Ordnungsrecht, 14. Aufl. 2008, § 11 Rn. 12; *Pieroth/Schlink/Kniesel,* Polizei- und Ordnungsrecht, 6. Aufl. 2010, § 10 Rn. 15 ff.

30 Vgl. *P. Kunig,* Das Rechtsstaatsprinzip, 1986, S. 195, 202 m. w. N.

31 So BVerwGE 92, 288 (290 f.).

Aufgabe der Sozialhilfe ist, dem Empfänger der Hilfe die Führung eines Lebens zu ermöglichen, das der Würde des Menschen entspricht (§ 1 Abs. 2 S. 1 BSHG), so gehörte hierzu fraglos, dass die Teilnahme an einer Klassenfahrt ermöglicht wurde.[32] Die Menschenwürde als Anspruch auf soziale Achtung ist nicht nur in »spektakulären« Fällen, sondern auch in der sozialen Ausgrenzung des Alltags gefährdet.[33]

II. Rechtsfolgen der Rechtswidrigkeit von Verwaltungsakten

1. Die Trennung von Rechtmäßigkeit und Rechtswirksamkeit

662   Die (scheinbar) einfachste Möglichkeit, die Beachtung des Rechts zu gewährleisten, besteht darin, dass Rechtsakten, die gegen das Recht verstoßen, die rechtliche Anerkennung versagt wird. Das Zivilrecht kennt eine Reihe von Vorschriften, die diesem Grundsatz folgen (§§ 117, 125, 134, 138 BGB). Die Mängel derartiger Rechtsgeschäfte sind nicht stets auf den ersten Blick erkennbar. Über Wirksamkeit oder Nichtigkeit eines Rechtsgeschäfts gibt es auch im Zivilrecht regelmäßig verschiedene Ansichten, über die auf Klage einer Partei die Gerichte entscheiden müssen.

663   Dass es über »Sittenwidrigkeit« (§ 138 BGB) sehr unterschiedliche Auffassungen geben kann und diese in einem stetigen Wandel begriffen sind, zeigt ein vom Amtsgericht Emden im Jahr 1975 entschiedener Fall. Ein Pensionsbesitzer auf der Insel Borkum hatte sich geweigert, einem unverheirateten Paar ein (von diesem bestelltes) Gästezimmer zu überlassen. Die Klage auf Schadensersatz des Mannes wurde vom Amtsgericht Emden mit der Begründung abgewiesen, der Beherbergungsvertrag verstoße gegen die guten Sitten und sei deshalb nach § 138 BGB nichtig.[34]

664   Im Gegensatz zu der für das Zivilrecht kennzeichnenden Verknüpfung von Rechtmäßigkeit und Rechtswirksamkeit eines Rechtsgeschäfts **trennt** das Verwaltungsrecht die **Rechtswirksamkeit** von der **Rechtmäßigkeit** eines Verwaltungsakts nahezu vollständig. § 43 Abs. 2 VwVfG lautet:

»Ein Verwaltungsakt bleibt wirksam, solange und soweit er nicht zurückgenommen, widerrufen, anderweitig aufgehoben oder durch Zeitablauf oder auf andere Weise erledigt ist.«

665   Mit anderen Worten ist ein Verwaltungsakt **ungeachtet** seiner Rechtmäßigkeit oder Rechtswidrigkeit so lange **wirksam,** bis er zurückgenommen, widerrufen, anderweitig aufgehoben oder durch Zeitablauf oder auf andere Weise erledigt ist. § 43 Abs. 2 VwVfG will also genau gelesen sein: Die Rede ist nicht von »rechtmäßigen« oder »rechtswidrigen« Verwaltungsakten, sondern von Verwaltungsakten **schlechthin.** Sofern ein **wirksamer Verwaltungsakt** überhaupt vorliegt, *bleibt* er ohne Ansehen seiner Rechtmäßigkeit oder Rechtswidrigkeit bis zu den in der Vorschrift genannten Zeitpunkten **wirksam.**

666   Voraussetzung ist allerdings, dass überhaupt ein Verwaltungsakt vorliegt, weil § 43 Abs. 2 VwVfG andernfalls nicht anwendbar ist. In den Ausgangsfällen könnten Zweifel an der Verwaltungsaktsqualität allenfalls bei der Eintragung in das »Verzeichnis national wertvollen Kulturguts« bestehen. Nach den Denkmalschutzgesetzen der Bundesländer wirken Eintragungen nicht stets konstitutiv, haben also nicht notwendig eine Regelungswirkung.[35] Das BVerwG hat allerdings keinen Zweifel

---

32 So zutr. BVerwGE 97, 376 (378 f.).
33 Vgl. *J. Ipsen*, Staatsrecht II, 15. Aufl. 2012, Rn. 232.
34 So AG Emden, NJW 1975, S. 1363; anders schon seinerzeit: LG Bonn, NJW 1976, S. 1690 (1691); vgl. auch BGHZ 92, 213 (219).
35 Vgl. *Niebaum/Eschenbach*, DÖV 1994, S. 12 (13).

daran gelassen, dass es sich bei der Eintragung nach § 1 Abs. 1 KultgSchG um einen Verwaltungsakt handelt.[36]

Man könnte es bei der Feststellung belassen, dass im Gegensatz zu den zivilrechtlichen Vorschriften, die die Rechtmäßigkeit und Rechtswirksamkeit von Rechtshandlungen verknüpfen, § 43 Abs. 2 VwVfG beides voneinander trennt. Erstaunlich allerdings ist, dass die **Trennung** von **Rechtswirksamkeit** und **Rechtmäßigkeit** seit mehr als hundert Jahren in der Lehre vom Verwaltungsakt vertreten wird. Schon bei *Otto Mayer* heißt es: 667

»In allen sonstigen Fällen steht der Verwaltungsakt auf sich selbst; es kommt nur darauf an, wieweit Mittel gegeben sind, ihn umzuwerfen (...). Daß der Akt seine Kraft nicht dem Gesetz entlehnt (...), erweist sich übrigens hierin gerade auf das deutlichste.«[37] 668

Bemerkenswert ist, dass diese »**Bestandskraft**« des Verwaltungsakts in der Folgezeit nie in Zweifel gezogen, andererseits aber auch nicht dogmatisch schlüssig begründet worden ist. Manche Autoren erweckten den Eindruck, es handele sich tatsächlich um eine dem Verwaltungsakt innewohnende – quasi physikalische – »**Kraft**«.[38] Heute sehen wir die Dinge nüchterner. Vor der Positivierung weiter Teile der Lehre vom Verwaltungsakt durch das Verwaltungsverfahrensgesetz galten die von der Rechtsprechung entwickelten **allgemeinen Grundsätze** des Verwaltungsrechts. An die Stelle des (nicht vorhandenen) Gesetzes traten folglich Gerichtsentscheidungen, die sich auf Vorarbeiten der Verwaltungsrechtswissenschaft stützten. Rechtsprechung und Lehre standen also – ebenso wie später der Gesetzgeber – vor dem Regelungsproblem, ob die **Rechtswirksamkeit** des Verwaltungsakts von der **Rechtmäßigkeit** abhängen sollte oder nicht. Gewissermaßen intuitiv ist dies verneint worden, ohne dass hierfür jemals eine wirklich überzeugende Begründung geliefert worden wäre. Bei *Ernst Forsthoff* heißt es bezeichnenderweise: 669

»Der Verwaltungsakt ist – unbeschadet seiner Ordnungsmäßigkeit oder Fehlerhaftigkeit – in jedem Falle eine Bekundung der Staatsautorität und hat als solche Anspruch auf Beachtung. Deshalb verdient derjenige, welcher auf die Gültigkeit des Verwaltungsakts vertraut, auch den Schutz des Rechts. Ein weiterer Umstand tritt hinzu. Die Fehlerhaftigkeit der Verwaltungsakte besteht in der Regel in einem Verstoß gegen eine gesetzliche oder sonstige normative Vorschrift. Wie schon in dem einleitenden Kapitel hervorgehoben wurde, befindet sich die Verwaltung nicht in einem Verhältnis absoluter Abhängigkeit zur normativen Lage, sondern steht ihr mit einer Eigenständigkeit gegenüber, die durch die normative Bindung nicht ausgeschlossen wird. Der Verwaltungsakt gilt nicht darum, weil er die Emanation einer Norm wäre, sondern weil die staatliche Autorität ihm Geltung gibt. Deshalb ist auch der vom Gesetz nicht gedeckte Verwaltungsakt zwar fehlerhaft, aber nicht notwendig nichtig.«[39] 670

Forsthoffs Ausführungen stehen unter der (unausgesprochenen) Prämisse, dass der Bürger zum Staat in einem allgemeinen Gewaltverhältnis steht und den Anordnungen staatlicher Autorität zunächst einmal zu folgen hat. Wenn man demgegenüber die Folgepflicht des Bürgers als allein rechtlich (gesetzlich) begründet ansieht, fällt das Argument, der Verwaltungsakt sei »Emanation der staatlichen Autorität« und deshalb verbindlich, ins Leere. Ein innerer Widerspruch besteht bei *Forsthoff* überdies darin, dass auch **Rechtsnormen** Emanationen staatlicher Autorität – und zwar der höchs- 671

---

36 So BVerwGE 92, 288 (289).
37 So *O. Mayer*, Deutsches Verwaltungsrecht I, 1895, S. 100 Anm. 7.
38 Nachw. bei *J. Ipsen*, Rechtsfolgen der Verfassungswidrigkeit von Norm und Einzelakt, S. 47 f.
39 So *E. Forsthoff*, Verwaltungsrecht I, S. 224.

ten: nämlich des Gesetzgebers – sind, deren Rechtswirksamkeit aber vollständig von der Übereinstimmung mit (höherrangigen) Rechtsnormen abhängig ist.[40]

672 Die Wirksamkeit eines Verwaltungsakts ohne Rücksicht auf seine Rechtmäßigkeit ist vor Inkrafttreten des Verwaltungsverfahrensgesetzes folglich ein **ungeschriebener Rechtssatz** gewesen.[41] Verfolgt man die Dogmatik des fehlerhaften Verwaltungsakts zurück, so findet man bis ins 19. Jahrhundert hinein die Auffassung, ein rechtswidriger »Staatsakt« sei unwirksam und vermöge niemanden zu verpflichten.[42] Die Adressaten eines solchen Aktes gingen indes bei der Weigerung, ihm zu folgen, ein hohes Risiko ein, weil die erlassende Behörde stets davon ausgeht, ihr Handeln sei rechtmäßig, und ihre Rechtsakte gegebenenfalls mit Zwangsmitteln durchsetzen kann. Leistete der Bürger hiergegen Widerstand, so hing die Strafbarkeit letztlich davon ab, ob das Strafgericht den Verwaltungsakt als rechtmäßig (und wirksam) oder rechtswidrig (und unwirksam) ansah.[43]

673 Diese Problematik gehört keineswegs der Vergangenheit an, weil auch das Bundesverfassungsgericht in seiner neueren Rechtsprechung auf die **Rechtmäßigkeit** – und nicht nur **Rechtswirksamkeit** – von Verwaltungsakten als Voraussetzung für die Strafbarkeit bzw. Ordnungswidrigkeit eines Verhaltens abstellt.[44]

674 Mit der Einführung verwaltungsgerichtlicher oder ähnlicher Kontrollen in der zweiten Hälfte des 19. Jahrhunderts[45] wurde der für den Einzelnen hoch riskante Widerstand gegen »Verwaltungsverfügungen« zunehmend überflüssig, weil sie nunmehr angefochten werden konnten und somit Gegenstand gerichtlicher oder gerichtsähnlicher Überprüfung waren. Der Bürger sah sich nicht länger allein der Staatsgewalt ausgesetzt, die ihre eigenen Akte für rechtmäßig erklärte und sie entsprechend durchsetzte, sondern konnte einen unbeteiligten Dritten zur Entscheidung über die Rechtmäßigkeit anrufen. Wenn aber die »Staatsakte« (sprich: Verwaltungsakte) gerichtlicher Kontrolle unterlagen, war der gewissermaßen archaische Konflikt zwischen dem Bürger, der die Recht*un*wirksamkeit eines Hoheitsaktes geltend machte, und dem Staat, der denselben mit seinen Machtmitteln durchzusetzen versuchte, gelöst: Bei Zweifeln an der Rechtmäßigkeit eines Verwaltungsakts stand der Rechtsweg offen. Es ist heute noch bemerkenswert, auf welche Weise die Dogmatik des Verwaltungsakts in der zweiten Hälfte des 19. Jahrhunderts durch den sich entwickelnden Rechtsschutz beeinflusst worden ist, was freilich nur selten angemerkt wird.[46] Dem vorherrschend positivistischen Denken der Zeit entsprach es offenbar mehr, die Rechtswirksamkeit von Verwaltungsakten auf ihre »eigentümliche publizistische Kraft« zurückzuführen.[47]

---

40 Vgl. *J. Ipsen,* Rechtsfolgen der Verfassungswidrigkeit von Norm und Einzelakt, S. 97 ff.
41 Die am 1. 4. 1960 in Kraft getretene Verwaltungsgerichtsordnung (BGBl. I S. 17) setzte (und setzt) mit ihren prozessualen Vorschriften über die Aufhebung von Verwaltungsakten (§ 113 Abs. 1 S. 1 VwGO) und die Feststellung ihrer Nichtigkeit (§ 43 Abs. 2 S. 2 VwGO) voraus, dass rechtswidrige Verwaltungsakte nicht stets *nichtig* sind. Der materiell-rechtliche Rechtssatz gehörte jedoch weiterhin zum ungeschriebenen Recht.
42 Vgl. *J. Ipsen,* Rechtsfolgen der Verfassungswidrigkeit von Norm und Einzelakt, S. 38 ff.
43 Nachw. bei *J. Ipsen,* Rechtsfolgen der Verfassungswidrigkeit von Norm und Einzelakt, S. 40 ff.
44 Vgl. BVerfGE 87, 399; 92, 191.
45 Vgl. *F. Hufen,* Verwaltungsprozessrecht, § 2 Rn. 6 ff.
46 Nachw. bei *J. Ipsen,* Rechtsfolgen der Verfassungswidrigkeit von Norm und Einzelakt, S. 47 f.
47 So *K. Kormann,* System der rechtsgeschäftlichen Staatsakte, 1910, S. 218.

Allerdings war der Verwaltungsrechtslehre stets bewusst, dass die Rechtswirksamkeit **675** (und Verbindlichkeit) von Verwaltungsakten auf Grenzen stößt, wenn der Rechtsverstoß so gravierend ist, dass dem Akt die rechtliche Anerkennung versagt bleiben muss.[48] Die Art und Weise, in der die Verwaltungsrechtswissenschaft eine hoch differenzierte Fehlerdogmatik entwickelt hat, ohne dass es hierfür eine gesetzliche Grundlage gab, verdient auch heute noch hohe Anerkennung. In zum Teil tabellarischer Form wurden **Fehler** des Verwaltungsakts entsprechenden **Fehlerfolgen** gegenübergestellt, wobei begreiflicherweise die Auffassungen der einzelnen Autoren stark divergierten.[49] Führt man diese »Lehrmeinungen« auf ihre eigentliche Substanz zurück, so handelte es sich um **Problemlösungsvorschläge** für typische Fehler von Verwaltungsakten, die der Verwaltungsrechtsprechung unterbreitet wurden und sich auf diese Weise zu **Richterrecht** verdichten konnten. Einzelne Autoren hielten den Erlass eines (Verwaltungsverfahrens-) Gesetzes sogar für schädlich und versuchten auf diese Weise, die Geltung der richterrechtlich entwickelten Grundsätze des allgemeinen Verwaltungsrechts zu perpetuieren.[50]

2. Der Ausnahmefall der Nichtigkeit von Verwaltungsakten

Die Trennung von Rechtmäßigkeit und Rechtswirksamkeit sollte ausnahmsweise **676** nicht gelten, wenn einem Verwaltungsakt die rechtliche Anerkennung aus besonderen Gründen versagt bleiben musste, mit anderen Worten: wenn er – ausnahmsweise – **nichtig** war. Hierzu wurden Abgrenzungsversuche – sog. »Theorien« – entwickelt, die entweder auf die **Schwere des Fehlers** (»Schweretheorie«)[51] oder auf seine **Offensichtlichkeit** (»Evidenztheorie«)[52] abstellten. Nicht zu übersehen ist, dass es sich hierbei um keine tragfähige Alternative handelte und deshalb **§ 44 Abs. 1 VwVfG** zutreffend bestimmt:

> »Ein Verwaltungsakt ist nichtig, soweit er an einem besonders schwerwiegenden Fehler leidet **677** und dies bei verständiger Würdigung aller in Betracht kommenden Umstände offensichtlich ist.«

Diese Vorschrift ist im Zusammenhang mit **§ 43 Abs. 3 VwVfG** zu sehen, dem- **678** zufolge ein **nichtiger** Verwaltungsakt **unwirksam** ist.

Der Tradition der deutschen Verwaltungsrechtswissenschaft entsprechend, wird auch **679** gegenwärtig noch vertreten, unterschiedliche Fehler des Verwaltungsakts zögen **verschiedene** Fehlerfolgen nach sich. So heißt es bei *H. Maurer*, schwere und offensichtliche Fehler bewirkten die Nichtigkeit des Verwaltungsakts, während andere Rechtsverstöße den Verwaltungsakt (lediglich) **anfechtbar** und aufhebbar werden ließen.[53] Bei näherem Hinsehen erweisen sich weder die Anfechtbarkeit noch die Aufhebbarkeit als Fehlerfolgen. Die **Anfechtbarkeit** ist ein prozessualer Begriff und bedeutet, dass gegen einen Verwaltungsakt (noch) Rechtsbehelfe eingelegt werden können, er also nicht *unanfechtbar* ist. Dies hat mit der Rechtmäßigkeit oder Rechtswidrigkeit

---

48 Vgl. *J. Ipsen*, Rechtsfolgen der Verfassungswidrigkeit von Norm und Einzelakt, S. 44 ff.
49 Nachw. bei *J. Ipsen*, Rechtsfolgen der Verfassungswidrigkeit von Norm und Einzelakt, S. 63 ff.
50 So *W. Weber*, Empfiehlt es sich, den Allgemeinen Teil des Verwaltungsrechts zu kodifizieren? (Referat), in: Verh. 43. DJT, Bd. II, 1962, S. D 37 (48).
51 Vgl. *E. Forsthoff*, Verwaltungsrecht I, S. 226.
52 Vgl. z. B. *H. Heike*, DÖV 1962, S. 416 ff.; ablehnend *W. G. Leisner*, DÖV 2007, S. 669.
53 Vgl. *H. Maurer*, AllgVerwR, § 10 Rn. 25.

des Verwaltungsakts nichts zu tun, denn die Anfechtung (in Gestalt des Widerspruchs oder der Anfechtungsklage) ist erst die Voraussetzung dafür, dass der Verwaltungsakt – durch die Widerspruchsbehörde oder das Verwaltungsgericht – auf seine Rechtmäßigkeit hin überprüft wird. Zwar muss der Widerspruchsführer bzw. Kläger behaupten, durch den Verwaltungsakt in seinen Rechten verletzt zu sein (Klagebefugnis, § 42 Abs. 2 VwGO), kann also eine behördliche oder gerichtliche Nachprüfung nur erwirken, wenn er die Rechtswidrigkeit geltend macht. Ob der Verwaltungsakt *tatsächlich* rechtswidrig ist, ergibt sich jedoch erst aufgrund der behördlichen oder gerichtlichen Prüfung. Die **Aufhebbarkeit** ist ebenfalls keine Fehlerfolge, sondern ein verfahrensrechtlicher Begriff, der dem Problemkreis der **Bestandskraft** von Verwaltungsakten zuzuordnen ist.[54] Sofern der Verwaltungsakt anfechtbar ist, ist er auch *aufhebbar*, weil das Verwaltungsgericht auf die Anfechtungsklage hin einen rechtswidrigen Verwaltungsakt aufhebt (§ 113 Abs. 1 S. 1 VwGO). Die Behörde kann einen Verwaltungsakt ihrerseits im Widerspruchsverfahren (§§ 68 ff. VwGO), aber auch nach Eintritt seiner Unanfechtbarkeit aufheben, nämlich dann, wenn die Voraussetzungen der Rücknahme (§ 48 VwVfG) oder des Widerrufs (§ 49 VwVfG) vorliegen.[55] Gleichwohl ist die Aufhebbarkeit keine Fehlerfolge, die aufgrund eines *Fehlers* des Verwaltungsakts – nämlich seiner Rechtswidrigkeit – eintreten würde.

680 Es führt deshalb kein Weg an der Feststellung vorbei, dass
- Fehler von Verwaltungsakten **keine** *ipso iure* eintretenden **Rechtsfolgen** nach sich ziehen, sondern der Adressat lediglich einen **Aufhebungsanspruch** hat, der in einem Widerspruchs- bzw. Klageverfahren geltend gemacht werden muss, und
- sich ein Fehler nur dann auf die **Rechtswirksamkeit** eines Verwaltungsakts auswirkt, wenn er die Voraussetzungen des **§ 44 VwVfG** erfüllt.

681 Die Funktion des § 43 Abs. 2 VwVfG besteht demgemäß darin, die Trennung von Rechtmäßigkeit und Rechtswirksamkeit zu bekräftigen und hiervon nur die nichtigen Verwaltungsakte auszunehmen.[56]

682 *Otto Mayers* Feststellung, der Verwaltungsakt stehe auf sich selbst, es komme nur darauf an, wie weit Mittel gegeben seien, »ihn umzuwerfen«,[57] trifft deshalb auch heute noch zu. Allerdings folgt dies aus der rechtlichen Regelung des **§ 43 VwVfG** und folgte auch vor hundert Jahren nicht aus einer eigentümlichen »Kraft« des Verwaltungsakts, sondern aus einem (seinerzeit noch ungeschriebenen) **Rechtssatz.** Statt der umständlichen Zuordnung von Fehlern und Fehlerfolgen ist die gegenwärtige Rechtslage in dem Satz zusammenzufassen, dass

> **Verwaltungsakte ungeachtet ihrer Rechtmäßigkeit oder Rechtswidrigkeit wirksam sind, es sei denn, sie leiden unter einem besonders schweren und offensichtlichen Fehler, der zur Nichtigkeit (Unwirksamkeit) führt.**

683 Ob der Verwaltungsakt im Einzelfall (noch) anfechtbar oder aufhebbar ist, beantwortet sich nach den Vorschriften des Verwaltungsverfahrens- und Verwaltungsprozessrechts.

---

54 Vgl. unten Rn. 694.
55 Vgl. unten Rn. 720 ff.
56 Ähnlich *M. Ruffert*, in: Erichsen/Ehlers, AllgVerwR, § 22 Rn. 16.
57 Vgl. oben Rn. 668.

> Im Fall 33 kann U eine Erlaubnis nach § 33 a GewO (sog. »Singspielerlaubnis«) vorweisen. Sofern **684**
> die Schaustellung den guten Sitten zuwiderläuft, hätte sie nicht erteilt werden dürfen (§ 33 a
> Abs. 2 Nr. 2 GewO). Dies bliebe aber nach den eben entwickelten Grundsätzen ohne Einfluss auf
> die Wirksamkeit der Erlaubnis, es sei denn, diese wäre nichtig (und damit unwirksam).

3. Die gesetzliche Regelung der Nichtigkeit von Verwaltungsakten (§ 44 VwVfG)

Nach der gesetzlichen Regelung ist zwischen **evidenzabhängiger** (§ 44 Abs. 1 **685**
VwVfG) und **evidenzunabhängiger Nichtigkeit** (§ 44 Abs. 2 VwVfG) zu unterscheiden. Der **Negativkatalog** (§ 44 Abs. 3 VwVfG) nimmt bestimmte Fehler von
der Nichtigkeitsfolge aus, auch wenn diese die Voraussetzungen des § 44 Abs. 1
VwVfG erfüllen würden.

Systematisch ist zunächst zu prüfen, ob **absolute Nichtigkeitsgründe** nach § 44 **686**
Abs. 2 VwVfG vorliegen. § 44 Abs. 2 VwVfG ist gegenüber Abs. 1 eine **Spezialvor-
schrift**, die die Nichtigkeit ohne Rücksicht auf Evidenz oder Schwere des Fehlers
anordnet.[58] Würden die Voraussetzungen des § 44 Abs. 1 VwVfG zuerst geprüft, so
könnte die Prüfung zu dem sinnwidrigen Ergebnis führen, dass ein Verwaltungsakt
nicht unter einem besonders schwerwiegenden und offensichtlichen Fehler leidet (und
deshalb *nicht* nach § 44 Abs. 1 VwVfG nichtig ist), gleichwohl die Nichtigkeit aufgrund des § 44 Abs. 2 VwVfG eintritt, weil die Voraussetzungen *dieser* Vorschrift
erfüllt sind. Bei näherem Hinsehen allerdings sind die in § 44 Abs. 2 VwVfG genannten Fehler sowohl **schwerwiegend** als auch in der Regel **offensichtlich.**

Ein Verwaltungsakt ist nach § 44 Abs. 2 VwVfG nichtig, wenn **687**

- er schriftlich oder elektronisch erlassen worden ist, die erlassende **Behörde** aber **nicht erkennen** lässt (Nr. 1);
- er nach einer Rechtsvorschrift nur durch die **Aushändigung einer Urkunde** erlassen werden kann, aber dieser **Form nicht genügt** (Nr. 2);
- ihn eine Behörde **außerhalb** ihrer durch § 3 Abs. 1 Nr. 1 begründeten **Zuständig-keit** erlassen hat, ohne dazu ermächtigt zu sein (Nr. 3);
- ihn aus **tatsächlichen Gründen** niemand ausführen kann (Nr. 4);
- er die Begehung einer **rechtswidrigen Tat** verlangt, die einen Straf- oder Buß-geldtatbestand verwirklicht (Nr. 5), oder
- er gegen die **guten Sitten** verstößt (Nr. 6).

Dass ein Verwaltungsakt nichtig ist (und sein muss), den aus **tatsächlichen Gründen** **688**
niemand ausführen kann, entspricht dem Grundsatz *ultra posse nemo obligatur.* Die
Behörde muss bei einem schriftlichen oder elektronischen Verwaltungsakt **erkennbar**
sein, damit der Adressat überhaupt weiß, wer ihm etwas abverlangt. Schließlich nützt
es nichts, die Urkundsform vorzuschreiben, wenn der **Formmangel** nicht die Rechts-
unwirksamkeit des Verwaltungsakts zur Folge hat. Dass Behörden den Einzelnen
nicht dazu veranlassen dürfen, sich **strafbar** zu machen oder eine **Ordnungswidrigkeit** zu begehen, versteht sich in einem Rechtsstaat ebenfalls von selbst.

> Im Fall 33 könnte die Fortsetzung des Betriebs nach § 15 Abs. 2 S. 1 GewO nur verhindert werden, **689**
> wenn das Gewerbe ohne die erforderliche Zulassung betrieben wird. Da U aber eine Erlaubnis nach
> § 33 a GewO vorweisen kann, wäre die Schließung nur dann rechtmäßig, wenn die dem U erteilte

---

58 Vgl. *M. Ruffert,* in: Erichsen/Ehlers, AllgVerwR, § 22 Rn. 5; *H. Meyer,* in: Knack/Henneke,
VwVfG, § 44 Rn. 10.

Erlaubnis *nichtig* wäre. Als absoluter Nichtigkeitsgrund kommt § 44 Abs. 2 Nr. 6 VwVfG in Betracht. Das BVerwG hatte zunächst darauf abgestellt, dass eine »Peep-Show« die Menschenwürde der dort *Tätigen* verletze,[59] unter dem Eindruck der in der Literatur geäußerten Kritik[60] dann aber auf den Sittenverstoß abgestellt.[61] Die Frage ist nach wie vor umstritten.[62] Folgt man der Rechtsauffassung des BVerwG, wäre im Ausgangsfall die von der Stadt S erteilte Erlaubnis nichtig und deshalb rechtlich unbeachtlich. Dies hätte zur Folge, dass die erlaubnispflichtige Veranstaltung *ohne Erlaubnis* betrieben worden wäre, so dass die Voraussetzungen einer Betriebsschließung nach § 15 Abs. 2 S. 1 GewO vorlägen.

690 Nach der gesetzlichen Regelung der §§ 43, 44 VwVfG wirkt sich nur ein dort genannter Fehler *ipso iure* auf den Bestand des Verwaltungsakts aus, während alle anderen Verwaltungsakte in einem besonderen behördlichen oder gerichtlichen Verfahren aufgehoben werden müssen.

691 Die *ipso iure* eintretende Nichtigkeit eines Verwaltungsakts vollzieht sich indessen nicht von selbst, sondern ist ebenfalls Streitgegenstand behördlicher und gerichtlicher Verfahren, denn in der Regel wird es kontrovers sein, *ob* die Voraussetzungen der Nichtigkeit vorliegen.

692 Im »Peep-Show-Fall« wird U die Betriebsschließung mit der Begründung angefochten haben, er habe eine wirksame Erlaubnis nach § 33 a GewO und diese verstoße auch nicht gegen die guten Sitten. VG und OVG Hamburg haben diese Auffassung geteilt und den angefochtenen Verwaltungsakt aufgehoben. Erst das BVerwG als Revisionsinstanz hat die Erlaubnis für *nichtig* gehalten, die Urteile der Vorinstanzen aufgehoben und die Klage abgewiesen.[63] Aufgrund der Letztentscheidungsbefugnis des BVerwG als Revisionsinstanz *ist* die dem U erteilte Erlaubnis nichtig. Bis zum Erlass des Revisionsurteils allerdings war die Nichtigkeit (Unwirksamkeit) der dem U erteilten Erlaubnis lediglich eine Rechtsansicht der Behörde, die überdies von den beiden ersten Instanzen nicht geteilt wurde, so dass U seine »Peep-Show« vermutlich fröhlich weiter veranstaltete.

693 Die Nichtigkeit (Unwirksamkeit) eines Verwaltungsakts ist zwar eine *ipso iure* eintretende Rechtsfolge, kann hinsichtlich ihrer Voraussetzungen aber rechtlich streitig sein. Frühere Auffassungen, nach denen Wirksamkeit und Unwirksamkeit von Verwaltungsakten (und Normen) als quasi-naturwissenschaftliche Vorgänge begriffen wurden,[64] sind heute überwunden. Es kann also sein, dass ein Verwaltungsakt über einen längeren Zeitraum von Behörden und Gerichten als wirksam angesehen worden ist und erst durch die (Letzt-)Entscheidung eines Gerichts seine Nichtigkeit festgestellt wird. Aufgrund dieser Entscheidung allerdings sind Behörden und Gerichte gehindert, den Verwaltungsakt als wirksam zu behandeln.

4. Die Geltendmachung der Nichtigkeit von Verwaltungsakten

694 Die Nichtigkeit eines Verwaltungsakts ist – ebenso wie die einer Norm – eine gesetzlich angeordnete Rechtsfolge, die an einen bestimmten Tatbestand geknüpft ist, nicht aber eine der realen Welt zuzuordnende und deshalb sinnlich erfahrbare Erscheinung. Obwohl nach § 44 Abs. 1 VwVfG der zur Nichtigkeit eines Verwaltungs-

---

59 Vgl. BVerwGE 64, 274 (278 ff.).
60 Vgl. *C. Gusy*, GewArch 1984, S. 151 ff.; *N. Hoerster*, JuS 1983, S. 93 (95 f.); *W. Höfling*, NJW 1983, S. 1582 ff.; *C. Kirchberg*, NVwZ 1983, S. 141 ff.; *H. v. Olshausen*, NJW 1982, S. 2221 ff.
61 So BVerwGE 84, 314 (315 ff.).
62 Vgl. *T. Discher*, JuS 1991, S. 642 (647 f.).
63 So BVerwGE 84, 314.
64 Vgl. *J. Ipsen*, Rechtsfolgen der Verfassungswidrigkeit von Norm und Einzelakt, S. 38 ff.

akts führende Fehler »offensichtlich« sein muss, gibt es gleichwohl Meinungsunterschiede darüber, ob ein Verwaltungsakt nichtig *ist.*

Die Wirksamkeit oder Unwirksamkeit von Verwaltungsakten sind folglich **normative Kategorien,** die nichts anderes besagen, als dass Rechtsakte durch die Rechtsordnung **anerkannt** oder **nicht anerkannt** werden. Der Rückschluss von der tatsächlichen Befolgung von Normen oder Verwaltungsakten auf ihre Rechtswirksamkeit ist deshalb verfehlt.   **695**

Vor diesem Hintergrund wird deutlich, warum die Feststellung der Nichtigkeit eines Verwaltungsakts nicht nur mit der (nicht fristgebundenen) **Feststellungsklage** begehrt werden kann (§ 43 Abs. 2 S. 2 VwGO), sondern auch die **Anfechtungsklage** (§ 42 Abs. 1 VwGO) statthaft ist.[65] Diese Rechtsschutzmöglichkeit wird teilweise damit begründet, man könne dem Kläger das Risiko, hinsichtlich der Nichtigkeit eine unzutreffende Rechtsauffassung zu vertreten, nicht aufbürden. Folgerichtig soll im Aufhebungsantrag auch ein Feststellungsantrag für den Fall enthalten sein, dass das Gericht zur Auffassung gelangt, der Verwaltungsakt sei nichtig.[66] Nach anderer Meinung ist die Frage der Nichtigkeit im Anfechtungsverfahren überhaupt nicht zu prüfen.[67] Nach wie vor ist umstritten, ob ein Verwaltungsakt, den das Gericht für nichtig hält, überhaupt »aufgehoben« werden kann.[68] Die Frage ist nicht schon damit beantwortet, dass die Aufhebung eines nichtigen Verwaltungsakts **logisch unmöglich** wäre.[69] Die Nichtigkeit ist eine **Rechtsfolge,** die nicht ausschließt, dass eine *andere* Rechtsfolge – der Aufhebungsanspruch – neben sie tritt. Seit *Theodor Kipps* bekanntem Beitrag »Über Doppelwirkungen im Recht«[70] ist der Rechtsdogmatik der Unterschied zwischen **normativer Geltung** und **physischem Sein** gegenwärtig.[71] Ungeachtet der Frage, wie man sich im konkreten Fall des nichtigen Verwaltungsakts entscheidet,[72] muss deutlich bleiben, dass es sich hierbei um **Rechtswirkungen** und deren Verneinung, nicht um quasi-naturgesetzliche Wirkungen handelt.   **696**

III. Die Bestandssicherung fehlerhafter Verwaltungsakte

Nichtige Verwaltungsakte sind **unwirksam,** andere (rechtswidrige) Verwaltungsakte verlieren ihre Wirksamkeit erst, wenn sie durch Behörden oder Gerichte **aufgehoben** werden. Zur Aufhebung sind **Widerspruchsbehörde** und **Verwaltungsgericht** verpflichtet, wenn ein Rechtsbehelf eingelegt wird und sich herausstellt, dass der angefochtene Verwaltungsakt rechtswidrig ist und den Widerspruchsführer bzw. Kläger in seinen Rechten verletzt (§ 113 Abs. 1 S. 1 VwGO). Bei der rechtlichen Prüfung des Verwaltungsakts ist grundsätzlich auf den Zeitpunkt seines Erlasses abzustellen.[73] Würde es hiermit sein Bewenden haben, würde **jeder Fehler** eines (belastenden) Ver-   **697**

---

65 Vgl. *W.-R. Schenke,* Verwaltungsprozessrecht, Rn. 183; *N. Happ,* in: Eyermann, VwGO, § 42 Rn. 15; *Redeker/v. Oertzen,* VwGO, § 42 Rn. 4.
66 So *J. Pietzcker,* in: Schoch/Schmidt-Aßmann/Pietzner, VwGO, § 42 Abs. 1 Rn. 18.
67 So *M. Gerhardt,* in: Schoch/Schmidt-Aßmann/Pietzner, VwGO, § 113 Rn. 23.
68 Vgl. *F. Hufen,* Verwaltungsprozessrecht, § 14 Rn. 11.
69 So aber *F. Hufen,* Verwaltungsprozessrecht, § 14 Rn. 11.
70 Vgl. *T. Kipp,* FS F. v. Martitz, 1911, S. 211 ff.
71 Vgl. hierzu *J. Ipsen,* Rechtsfolgen der Verfassungswidrigkeit von Norm und Einzelakt, S. 169 f.
72 Vgl. den Meinungsstand bei *Kopp/Schenke,* VwGO, § 42 Rn. 3.
73 Vgl. BVerwGE 13, 28 (31); 78, 243 (244 f.); 82, 260 (261); *H. Maurer,* AllgVerwR, § 10 Rn. 3; *M. Sachs,* in: Stelkens/Bonk/Sachs, VwVfG, § 44 Rn. 16 ff.

waltungsakts zwangsläufig seine **Aufhebung** zur Folge haben. Zwar wird zunehmend ein besonderer »Rechtswidrigkeitszusammenhang« zwischen dem **Fehler** und der **Rechtsverletzung** verlangt,[74] doch ist für den Regelfall zu bejahen, dass dem Adressaten eines belastenden Verwaltungsakts ein **Aufhebungsanspruch** zusteht, wenn der angefochtene Akt sich als rechtswidrig erweist.[75] Unter bestimmten Voraussetzungen wird jedoch der Zusammenhang zwischen Rechtswidrigkeit und Aufhebung des Verwaltungsakts im Rechtsbehelfsverfahren durchbrochen und auf diese Weise der Bestand des fehlerhaften Verwaltungsakts gesichert.

1. Heilung von Verfahrens- und Formfehlern (§ 45 VwVfG)

698   Nach § 45 Abs. 1 VwVfG ist eine **Verletzung** von Verfahrens- und **Formvorschriften,** die den Verwaltungsakt **nicht** nach § 44 VwVfG nichtig macht, unbeachtlich, wenn

- der für den Erlass des Verwaltungsakts **erforderliche Antrag** nachträglich **gestellt wird** (Nr. 1);
- die **erforderliche Begründung** nachträglich **gegeben wird** (Nr. 2);
- die **erforderliche Anhörung** eines Beteiligten **nachgeholt wird** (Nr. 3);
- der **Beschluss** eines **Ausschusses,** dessen Mitwirkung für den Erlass des Verwaltungsakts erforderlich ist, nachträglich **gefasst wird** (Nr. 4) oder
- die **erforderliche Mitwirkung** einer anderen Behörde **nachgeholt wird** (Nr. 5).

699   Nach allgemeinen Grundsätzen würden alle in § 45 Abs. 1 VwVfG genannten Fehler den Verwaltungsakt **formell rechtswidrig** machen und damit einen **Aufhebungsanspruch** des Adressaten nach § 113 Abs. 1 S. 1 VwGO begründen.[76] Da für die Beurteilung der Rechtmäßigkeit eines Verwaltungsakts auf den **Zeitpunkt seines Erlasses** abzustellen ist, würde er zu diesem Zeitpunkt gewissermaßen konserviert, ohne dass es auf spätere Verfahrenshandlungen ankäme. Hierfür ließen sich durchaus rechtsstaatliche Argumente finden, denn die Beachtung des Verfahrensrechts wird am besten dadurch gesichert, dass **Verfahrensfehler** auch **Fehlerfolgen** – etwa in Gestalt des Anspruchs auf Aufhebung – zeitigen. Auf der anderen Seite sind in komplexen Verwaltungsverfahren – etwa im **Planfeststellungsverfahren** – Fehlerquellen so zahlreich und die Fehler von so unterschiedlichem Gewicht, dass eine unterschiedslose Fehlerfolge rechtsstaatlich nicht geboten ist, insbesondere aber dem Gedanken der **Verfahrensökonomie** widerspräche.

700   Aufgrund des § 45 Abs. 2 VwVfG wird der Zeitpunkt für die **Beurteilung** der in § 45 Abs. 1 VwVfG genannten Verfahrenshandlungen **hinausgeschoben.** Nicht mehr der **Erlass des Verwaltungsakts,** sondern der **Zeitpunkt des Abschlusses** der letzten Tatsacheninstanz des **verwaltungsgerichtlichen Verfahrens** ist für die Beurteilung des Verwaltungsakts maßgeblich, sofern die in Abs. 1 genannten Verfahrenshandlungen nachgeholt worden sind. Der ursprüngliche **Fehler** wird damit zwar nicht aus der Welt geschafft und bliebe bestehen, wenn man den Zeitpunkt des Erlasses des Verwaltungsakts zugrunde legte. Er wird indes durch einen gesetzgeberischen Kunst-

---

74 Vgl. *M. Gerhardt,* in: Schoch/Schmidt-Aßmann/Pietzner, VwGO, § 113 Rn. 11.
75 Vgl. *F. Hufen,* Verwaltungsprozessrecht, § 25 Rn. 9; *Kopp/Schenke,* VwGO, § 113 Rn. 3 ff.; *Redeker/v. Oertzen,* VwGO, § 113 Rn. 8 ff.
76 Vgl. *F. Hufen,* Verwaltungsprozessrecht, § 25 Rn. 6.

griff für »**unbeachtlich**« erklärt (§ 45 Abs. 1 VwVfG), was nichts anderes bedeutet, als dass der **Aufhebungsanspruch** des Adressaten **ausgeschlossen** wird.

> Setzt man im Fall 33 voraus, die Schließungsverfügung sei ohne Anhörung des U ergangen, so wäre **701**
> sie wegen Verstoßes gegen § 28 Abs. 1 VwVfG (verfahrens-)fehlerhaft und müßte – an sich – auf
> seine Klage hin gem. § 113 Abs. 1 S. 1 VwGO aufgehoben werden. Die Verletzung der (Verfahrens-)
> Vorschrift des § 28 Abs. 1 VwVfG ist nach § 45 Abs. 1 Nr. 3 VwVfG jedoch »unbeachtlich«, wenn
> die Anhörung *nachgeholt* wird. Die Behörde könnte also ihren Verfahrensfehler *heilen*, indem sie U
> anhört. Diese Anhörung könnte gem. § 45 Abs. 2 VwVfG noch bis zum Abschluss der letzten
> Tatsacheninstanz des verwaltungsgerichtlichen Verfahrens nachgeholt werden.

Die bezeichnenderweise mit dem »**Genehmigungsverfahrensbeschleunigungs-** **702** **gesetz**« vom 12. 9. 1996[77] erfolgte zeitliche Ausdehnung der Heilungsmöglichkeiten dient ersichtlich dem Zweck, Verwaltungsakte in komplexen Genehmigungsverfahren weniger angreifbar zu machen. Ihre Tragweite wird im Vergleich zur Vorgängernorm deutlich, nach der die Handlungen nur bis zum **Abschluss** des **Vorverfahrens** bzw. bis zur **Erhebung** der **verwaltungsgerichtlichen Klage** nachgeholt werden konnten.[78] Diese Regelung war insofern »fair«, als sie geeignet war, den Adressaten von der Klageerhebung abzuhalten (sofern er die Klage auf Verfahrensmängel zu stützen beabsichtigte). Aufgrund der zeitlichen Ausdehnung ergibt sich das paradoxe Ergebnis, dass der Kläger einerseits gezwungen wird, alle möglichen Verfahrensfehler zur Begründung seiner Klage aufzuzeigen, die Behörde aber diese Fehler bis zuletzt »heilen« kann, so dass der Kläger mit seiner Klagebegründung unter Umständen dazu beiträgt, dass die Klage im Ergebnis *unbegründet* ist. Die Zweifel an der Verfassungs- mäßigkeit des § 45 Abs. 2 VwVfG[79] sind deshalb nicht unberechtigt. Soll das (Ver- waltungs-)Verfahrensrecht nicht vollständig entwertet werden, ist ein **restriktiver Gebrauch** der Heilungsmöglichkeiten nach § 45 Abs. 1 VwVfG geboten. Ihr eigent- liches Anwendungsfeld dürfte im Bereich von **Massenverfahren** liegen, bei denen die Nachholung einzelner Verfahrenshandlungen ermöglicht, den Bestand des Verwal- tungsakts zu sichern.

2. Der Ausschluss des Aufhebungsanspruchs (§ 46 VwVfG)

Nach § 46 VwVfG kann die **Aufhebung** eines Verwaltungsakts, der **nicht** nach § 44 **703** nichtig ist,

> »nicht allein deshalb beansprucht werden, weil er unter Verletzung von Vorschriften über das
> Verfahren, die Form oder die örtliche Zuständigkeit zustande gekommen ist, wenn offensichtlich
> ist, dass die Verletzung die Entscheidung in der Sache nicht beeinflusst hat.«

Der Unterschied zu § 45 VwVfG liegt auf der Hand. Nach dieser Vorschrift werden **704** Rechtsverstöße »geheilt«, indem Verfahrenshandlungen **nachgeholt** werden und der für die rechtliche Beurteilung maßgebliche Zeitpunkt **zurückverlegt** wird. Von »Hei- lung« kann bei § 46 VwVfG dagegen keine Rede sein, weil sich weder in tatsächlicher noch in rechtlicher Hinsicht etwas *ändert*. § 46 VwVfG beschränkt sich vielmehr darauf, den nach § 113 Abs. 1 S. 1 VwGO bestehenden **Aufhebungsanspruch** des Klägers **auszuschließen**.[80] Mit anderen Worten bleibt der Verwaltungsakt *fehlerhaft* –

---

77 BGBl. I S. 1354.
78 Vgl. *H. J. Bonk*, NVwZ 1997, S. 324 ff.
79 Vgl. *M. Sachs*, in: Stelkens/Bonk/Sachs, VwVfG, § 45 Rn. 103 m. w. N.
80 Vgl. *M. Sachs*, in: Stelkens/Bonk/Sachs, VwVfG, § 46 Rn. 1.

und damit rechtswidrig –, dennoch ist seine Aufhebung ausgeschlossen, wenn »offensichtlich« ist, dass die Verletzung die Entscheidung in der Sache nicht beeinflusst hat.

705 Auch § 46 VwVfG hat seine gegenwärtige Fassung durch das **Genehmigungsverfahrensbeschleunigungsgesetz** erhalten. Die gesetzgeberische Absicht ging dahin, bestimmte Kategorien von Verwaltungsakten (Planfeststellungsbeschlüsse, Genehmigungen von Großanlagen usw.) weniger fehleranfällig zu machen.[81] Während in der vorangegangenen Fassung der Vorschrift der Aufhebungsanspruch nur **ausgeschlossen** war, »wenn keine andere Entscheidung in der Sache hätte getroffen werden können«,[82] wird nunmehr auf die **Kausalität** zwischen **Rechtsverletzung** und **Entscheidung** in der Sache abgestellt und diese dem Evidenzprinzip unterworfen. Dies bedeutet konkret, dass nach neuem Recht auch **Ermessensentscheidungen** in die Fehlerfolgenregelung des § 46 VwVfG einbezogen sind, die nach früherem Recht ausgeschlossen waren, weil stets eine *andere* Entscheidung hätte ergehen können.

706 § 46 VwVfG n. F. erfordert eine **hypothetische Kausalität** zwischen Verfahrensfehlern und Sachentscheidung. Damit ist das Grundsatzverhältnis von Verfahrensrecht und materiellem Recht angesprochen. Eine Kausalität zwischen Verfahrensfehlern und fehlerhafter Sachentscheidung wird sich kaum jemals dartun lassen. Auf der anderen Seite hat das Verfahrensrecht eine Gewährleistungsfunktion für die Richtigkeit der Sachentscheidung, und es spricht ebenfalls eine Vermutung dafür, dass einer Behörde, die es schon mit Verfahrensvorschriften nicht so genau nimmt, auch Fehler in der Sachentscheidung unterlaufen können. Da sich eine solche Kausalität aber kaum jemals feststellen lässt, begegnet umgekehrt die Feststellung, dass es **keine** Kausalität zwischen Verfahrensfehler und Sachentscheidung gibt, der gleichen Schwierigkeit.[83] Die Neufassung des § 46 VwVfG steigert die Anforderungen noch dadurch, dass ein Zusammenhang zwischen Verfahrensfehler und Sachentscheidung **offensichtlich** ausgeschlossen sein soll.

707 Der Begriff »**offensichtlich**« weicht offenbar von dem in § 44 Abs. 1 VwVfG verwandten ab: »Offensichtlich« heißt dort – positiv –, dass der Rechtsfehler ohne weitere Hilfsmittel **erkennbar** ist.[84] Vor Inkrafttreten des Verwaltungsverfahrensgesetzes war die Lehrbuchformel geläufig, der Verwaltungsakt müsse den Fehler »gewissermaßen auf der Stirn« – also für jedermann erkennbar – tragen.[85] Dies ist offensichtlich in § 46 VwVfG nicht gemeint: Dort geht es ja umgekehrt – negativ – darum, dass ein Kausalzusammenhang zwischen Verfahrensfehler und Sachentscheidung *verneint* wird. Eine nicht bestehende Kausalbeziehung kann indes nicht in dem Sinne »offensichtlich« sein, dass jedermann sie erkennen könnte (weil sie ja gerade zu verneinen ist). »Offensichtlich« im Sinne des § 46 VwVfG kann deshalb nur heißen, dass ein Einfluss des Verfahrensfehlers auf die Sachentscheidung *eindeutig* – nach jeder Betrachtungsweise – auszuschließen ist.[86] Besteht auch nur die Möglichkeit, dass

---

81 Vgl. BT-Drucks. 13/3995, S. 8.
82 Vgl. dazu *M. Sachs,* in: Stelkens/Bonk/Sachs, VwVfG, § 46 Rn. 53 ff.
83 Vgl. dazu *H. Meyer,* in: Knack/Henneke, VwVfG, § 46 Rn. 29 f.
84 Vgl. *H. Meyer,* in: Knack/Henneke, VwVfG, § 46 Rn. 35.
85 Vgl. *W. Jellinek,* Verwaltungsrecht, S. 263.
86 Vgl. *M. Sachs,* in: Stelkens/Bonk/Sachs, VwVfG, § 46 Rn. 78 ff. m. w. N.; *H. J. Bonk,* NVwZ 1997, S. 326.

die Behörde **ohne** den Verfahrensfehler **anders** entschieden hätte, kommt ein Ausschluss des Aufhebungsanspruchs nicht in Betracht.[87]

> Nimmt man im Fall 33 an, U sei vor Erlass der Schließungsverfügung nicht gehört und die Anhörung auch nicht (nach § 45 Abs. 1 Nr. 3 VwVfG) nachgeholt worden, so wäre im Rahmen des § 46 VwVfG zu prüfen, ob die Sachentscheidung von dem Verstoß gegen § 28 VwVfG (»offensichtlich«) nicht beeinflusst worden ist. Dieser Einfluss kann begreiflicherweise nicht *eindeutig* verneint werden, weil U mit Sicherheit vorgetragen hätte, er habe eine Erlaubnis nach § 33 a GewO und diese sei wirksam. Da es sich bei der Maßnahme nach § 15 Abs. 2 GewO um eine *Ermessensentscheidung* handelt, wäre § 46 VwVfG a. F. nicht anwendbar gewesen, weil eine andere Entscheidung in der Sache hätte ergehen *können*.

710 [sic: 708]

§ 46 VwVfG ist offensichtlich auf Massenverfahren zugeschnitten und deshalb im Einzelfall **restriktiv** zu handhaben. Der Ausschluss des Aufhebungsanspruchs bedeutet eine Verkürzung des Individualrechtsschutzes und kann deshalb mit hypothetischen Kausalitätserwägungen nicht gerechtfertigt werden. Der durch Art. 19 Abs. 4 GG verbürgte Grundsatz des »effektiven Rechtsschutzes«[88] errichtet für die Anwendung des § 46 VwVfG eine verfassungsrechtliche Schranke. In der verwaltungsgerichtlichen Praxis hat diese Vorschrift bislang nur eine nachgeordnete Rolle gespielt.

709

3. Umdeutung von Verwaltungsakten (§ 47 VwVfG)

Nach § 47 Abs. 1 VwVfG kann ein fehlerhafter Verwaltungsakt

710

> »in einen anderen Verwaltungsakt umgedeutet werden, wenn er auf das gleiche Ziel gerichtet ist, von der erlassenden Behörde in der geschehenen Verfahrensweise und Form rechtmäßig hätte erlassen werden können und wenn die Voraussetzungen für dessen Erlass erfüllt sind.«

§ 47 VwVfG findet seine Parallele in **§ 140 BGB,** der die Umdeutung eines nichtigen Rechtsgeschäfts in ein anderes ermöglicht, wenn anzunehmen ist, dass dessen Geltung bei Kenntnis der Nichtigkeit gewollt sein würde.

711

Umstritten ist die Frage, ob nur **fehlerhafte** oder auch **nichtige Verwaltungsakte** für eine Umdeutung in Betracht kommen. Die Parallele zu § 140 BGB spricht dafür, auch nichtige Verwaltungsakte in den Anwendungsbereich des § 47 VwVfG einzubeziehen. Überdies fehlt in § 47 Abs. 1 VwVfG der §§ 45 Abs. 1 und 46 VwVfG gemeinsame **Ausschluss** nichtiger Verwaltungsakte. Angesichts der systematischen Verbundenheit der Bestandssicherungsvorschriften spricht dieser Umstand entscheidend dafür, dass auch **nichtige Verwaltungsakte** für eine **Umdeutung** nach § 47 VwVfG in Betracht kommen.[89]

712

Nach § 47 Abs. 2 S. 1 VwVfG ist eine Umdeutung **ausgeschlossen,** wenn der Verwaltungsakt, in den der fehlerhafte Verwaltungsakt umzudeuten wäre, der erkennbaren Absicht der erlassenden Behörde **widerspräche** oder seine Rechtsfolgen für den Betroffenen **ungünstiger** wären als die des fehlerhaften Verwaltungsakts. Die Umdeutung ist ferner ausgeschlossen, wenn der fehlerhafte Verwaltungsakt **nicht**

713

---

87 Vgl. *A. Gromitsaris,* SächsVBl. 1997, S. 104.
88 Vgl. *M. Sachs,* in: Sachs (Hrsg.), GG, 6. Aufl. 2011, Art. 19 Rn. 143 ff.
89 Vgl. *M. Sachs,* in: Stelkens/Bonk/Sachs, VwVfG, § 47 Rn. 32; *H. Maurer,* AllgVerwR, § 10 Rn. 44; a. A. *H. Meyer,* in: Knack/Henneke, VwVfG, § 47 Rn. 8; *W. Schäfer,* in: Obermayer, VwVfG, 3. Aufl. 1999, § 47 Rn. 6.

zurückgenommen werden dürfte (§ 47 Abs. 2 S. 2 VwVfG). § 47 Abs. 3 VwVfG stellt überdies klar, dass eine (gesetzlich) gebundene Entscheidung **nicht** in eine **Ermessensentscheidung** umgedeutet werden kann. Schon aus § 47 Abs. 1 VwVfG ergibt sich, dass eine derartige Umdeutung unzulässig wäre: Ziel der Umdeutung ist es, den Bestand des erlassenen Verwaltungsakts zu sichern, nunmehr in **rechtmäßiger** Deutung. Ist aber auch der *umgedeutete* Verwaltungsakt (notwendig) fehlerhaft, so schlägt die Umdeutung fehl, weil ein rechtmäßiger Verwaltungsakt nicht erreichbar ist. Genau dies ist der Fall, wenn ein gebundener Verwaltungsakt in eine Ermessensentscheidung umgedeutet würde. Beim gebundenen Verwaltungsakt stellt die Behörde naturgemäß keine Ermessenserwägungen an, so dass die Umdeutung in einen Ermessensakt notwendig **ermessensfehlerhaft** wäre, weil das Ermessen nicht betätigt worden ist.[90] Folgerichtig »kann« ein gebundener Verwaltungsakt nicht in eine Ermessensentscheidung umgedeutet werden.

714 Die Umdeutung ist in der Verwaltungspraxis nicht häufig, wurde jedoch von einer Behörde bei folgender Fallkonstellation in Anspruch genommen: Der Kläger hatte am 7. 10. 1970 den Antrag auf Erteilung der Bodenverkehrsgenehmigung nach § 19 BBauG (heute: Teilungsgenehmigung, § 19 BauGB) gestellt. Am 9. 12. 1970 erging ein Bescheid, dass das Bauvorhaben nicht zugelassen werden könne. Nach § 19 Abs. 4 S. 3 BBauG »galt« die Genehmigung als erteilt, wenn sie nicht innerhalb von zwei Monaten versagt wurde, mit anderen Worten war die *Genehmigungsfiktion* bereits am 7. 12. 1970 eingetreten. Die Behörde berief sich demgegenüber darauf, ihr Versagungsbescheid (vom 9. 12. 1970) sei in eine Rücknahme der Genehmigungsfiktion *umzudeuten*. Grundsätzlich kommt die Rücknahme einer Genehmigungsfiktion in Betracht, weil diese einen fingierten Verwaltungsakt darstellt. Das BVerwG hat die Umdeutung gleichwohl abgelehnt, weil die Entscheidung über die Bodenverkehrsgenehmigung ein *gebundener Verwaltungsakt* war, die Rücknahme dagegen eine *Ermessensentscheidung*. Der Versagung der Bodenverkehrsgenehmigung (vom 9. 12.) *konnten* deshalb keine Ermessenserwägungen, wie sie für die Rücknahme erforderlich gewesen wären, zugrunde liegen.[91] Bemerkenswert ist, dass das BVerwG in dieser Entscheidung (Urteil vom 28. 2. 1975) in der Sache bereits das seinerzeit erst im Entwurf vorliegende VwVfG angewendet hat.

IV. Rechtsprechung

715 BVerfGE 49, 168 (Grundsätze der Ermessensausübung); E 61, 82 (Anforderungen an die Ausgestaltung des Verwaltungsverfahrens); E 79, 174 (Planerisches Abwägungsgebot); E 84, 59 (Anforderungen an die Ausgestaltung des Verwaltungsverfahrens); BVerwGE 12, 9 (Umdeutung eines Verwaltungsakts); E 19, 284 (Nichtigkeit von Verwaltungsakten); E 31, 15 (Bestimmtheit eines Verwaltungsakts); E 45, 51 (Grundsatz der Verhältnismäßigkeit); E 62, 300 (Umdeutung von Verwaltungsakten); E 62, 330 (Gerichtliche Überprüfung von Beurteilungsentscheidungen); E 64, 274 (»Peep-Show«); E 66, 111 (Heilung fehlender Anhörung durch Widerspruchseinlegung); E 70, 143 (Prüfungsverfahren, Grenzen richterlicher Überprüfbarkeit); E 74, 124 (Abwägungsfehler bei Planungsentscheidungen); E 75, 214 (Ergebniskausalität des Verfahrensfehlers); E 78, 280 (Ergebniskausalität des Verfahrensfehlers); E 82, 260 (Zeitpunkt der Überprüfung von Verwaltungsakten); E 84, 314 (»Peep-Show«); E 85, 163 (Nachschieben von Ermessenserwägungen); E 88, 97 (Unmöglichkeit einer durch Verwaltungsakt angeordneten Handlung); E 89, 345 (Durchsetzung vertraglicher Leistungen durch Verwaltungsakt); E 91, 262 (Heilbarkeit von Begründungsmängeln bei Prüfungsentscheidungen); E 92, 288 (Eintragung eines »Silberzimmers« in das Verzeichnis national wertvollen Kulturguts); E 97, 376 (Gewährung einer einmaligen Sozialhilfeleistung – Klassenfahrt); BVerwG, DÖV 2000, S. 1004 (keine automatische Nichtigkeit bei Verstoß des Verwaltungsakts gegen das EG-Recht).

---

90 Vgl. *M. Sachs*, in: Stelkens/Bonk/Sachs, VwVfG, § 47 Rn. 42 m. w. N.
91 Vgl. BVerwGE 48, 81 (84).

V. Literatur

E. Allesch, Neue Chancen für die missglückte Vorschrift des § 45 III VwVfG?, NVwZ 2003, S. 444; **716**
A. Blunk/H.-P. Schroeder, Rechtsschutz gegen Scheinverwaltungsakte, JuS 2005, S. 602; *H.-J. Brischke,* Heilung fehlerhafter Verwaltungsakte im verwaltungsgerichtlichen Verfahren, DVBl. 2002, S. 429; *S. Detterbeck,* Vorrang und Vorbehalt des Gesetzes, Jura 2002, S. 235; *W. Durner,* Die behördliche Befugnis zur Nachbesserung fehlerhafter Verwaltungsakte, VerwArch 97 (2006), S. 345; *D. Ehlers,* Anhörung im Verwaltungsverfahren, Jura 1996, S. 617; *H.-U. Erichsen,* Vorrang und Vorbehalt des Gesetzes, Jura 1995, S. 550; *A. Guckelberger,* Anhörungsfehler bei Verwaltungsakten, JuS 2011, S. 577; *A. Hatje,* Die Heilung formell rechtswidriger Verwaltungsakte im Prozeß als Mittel der Verfahrensbeschleunigung, DÖV 1997, S. 477; *H. Hill,* Das fehlerhafte Verfahren und seine Folgen im Verwaltungsrecht, 1986; *W. Hoffmann-Riem/E. Schmidt-Aßmann* (Hrsg.), Verwaltungsverfahren und Verwaltungsverfahrensgesetz, 2002; *F. Hufen,* Fehler im Verwaltungsverfahren, 4. Aufl. 2002; *J. Ipsen,* Rechtsfolgen der Verfassungswidrigkeit von Norm und Einzelakt, 1980; *W. Knippel,* Rechtsfolgen fehlerhafter Anhörung im Verwaltungsverfahren, 1987; *P. Lüdemann/K. Windthorst,* Die Umdeutung von Verwaltungsakten, BayVBl. 1995, S. 357; *U. Mager,* Der maßgebliche Zeitpunkt für die Beurteilung der Rechtswidrigkeit von Verwaltungsakten, 1994; *J. Pietzcker,* Verfahrensrechte und Folgen von Verfahrensfehlern, FS H. Maurer, 2001, S. 695; *M. Sachs,* Zur formellen Rechtswidrigkeit von Verwaltungsakten, VerwArch 97 (2006), S. 573; *F. E. Schnapp,* Die Nichtigkeit des Verwaltungsakts – Qualität oder Qualifikation?, DVBl. 2000, S. 247; *F. E. Schnapp/A. Cordewener,* Welche Rechtsfolgen hat die Fehlerhaftigkeit des Verwaltungsakts?, JuS 1999, S. 39, 147; *W.-R. Schenke,* Die Heilung von Verfahrensfehlern gem. § 45 VwVfG, VerwArch 97 (2006), S. 592; *F. Schoch,* Begründung von Verwaltungsakten, Jura 2005, S. 757 ff.; *ders.,* Die behördliche Befugnis zum Handeln durch Verwaltungsakt, Jura 2010, S. 670; *B. Schöbener,* Der Ausschluss des Aufhebungsanspruchs wegen Verfahrensfehlern bei materiell-rechtlich und tatsächlich alternativlosen Verwaltungsakten, Verw. 33 (2000), S. 447; *R. Stober,* Der Vorbehalt des Gesetzes und Verwaltungsvorschriften im Subventionsrecht, GewArch 1993, S. 136; *U. Volkmann,* Das »intendierte« Verwaltungsermessen, DÖV 1996, S. 282; *G. Warg,* Nachträgliches Auswechseln der Bescheidbegründung, Jura 2010, S. 819;

§ 11 Der Verwaltungsakt VI (Rücknahme und Widerruf)

717 **Fall 34:** G betrieb eine Gaststätte. Aufgrund von Hinweisen, wonach die Gaststätte ein Kontaktlokal für Rauschgiftkonsumenten und -händler war, widerrief die zuständige Behörde die G erteilte Erlaubnis wegen persönlicher Unzuverlässigkeit. Der von G eingelegte Widerspruch wurde mit der Begründung zurückgewiesen, dass der Widerruf bereits nach § 15 Abs. 2 GastG gerechtfertigt sei. Es widerspreche der allgemeinen Lebenserfahrung, dass G von dem Treiben in ihrem Lokal nichts bemerkt habe. Zumindest sei der Widerruf nach § 49 Abs. 2 S. 1 Nr. 1 VwVfG NW i. V. m. § 4 Abs. 1 S. 1 Nr. 3 GastG zulässig.

(BVerwGE 81, 74)

718 **Fall 35:** A betrieb eine Aluminiumhütte in Rheinland-Pfalz. Wegen erheblicher Strompreiserhöhungen im Jahr 1982 beabsichtigte die Geschäftsführung der A, die Hütte zu schließen und den 330 Mitarbeitern zu kündigen. Daraufhin gab der zuständige Landesminister in Rheinland-Pfalz bekannt, dass die Landesregierung zur Gewährung einer Überbrückungshilfe in Höhe von 8 Mio. DM bereit sei. Durch Bescheide vom 9. 6. 1983 und 30. 11. 1983 wurden jeweils 4 Mio. DM bewilligt und in der Folgezeit ausgezahlt. Die nach Art. 88 Abs. 3 EGV (nunmehr Art. 108 Abs. 3 AEUV) vorgeschriebene Unterrichtung der Kommission (»Notifizierung«) erfolgte nicht; diese erhielt durch Presseberichte Kenntnis von der Zahlung und stellte durch Entscheidung vom 14. 12. 1985 (ABl. EG Nr. L 72, S. 30) fest, dass die Beihilfe gegen Art. 87 Abs. 1, 88 Abs. 3 EGV (nunmehr Art. 107 Abs. 1, 108 Abs. 3 AEUV) verstoße und deshalb zurückgefordert werden müsse. Da diese Anordnung nicht befolgt wurde, klagte die Kommission im Vertragsverletzungsverfahren (Art. 226 EGV; nunmehr Art. 258 AEUV) vor dem EuGH, der am 2. 2. 1989 entschied (Rs. 94/87), dass die BRD gegen ihre Verpflichtungen aus dem EG-Vertrag verstoßen habe. Nunmehr nahm die Landesregierung durch Bescheid vom 26. 9. 1989 die Bewilligungsbescheide von 1983 zurück und verlangte von A die Rückzahlung der 8 Mio. DM.

(BVerwGE 106, 328)

719 **Fall 36:** D hat an einer amerikanischen Hochschule den Grad eines »Doctor of Chiropractic« erworben. Die zuständige Landesbehörde lehnt seinen Antrag, ihm die Führung dieses Grades zu genehmigen, ab. Die verwaltungsgerichtliche Klage bleibt vor dem Verwaltungsgericht und dem Oberverwaltungsgericht erfolglos. Nach einigen Jahren stellt D abermals den Antrag auf Genehmigung der Titelführung und legt hierzu Stellungnahmen amerikanischer Institutionen und Behörden vor. Die Genehmigungsbehörde lehnt eine erneute Sachentscheidung ab. D ruft daraufhin das Verwaltungsgericht an.

(BVerwGE 82, 272)

720 Gemäß § 43 Abs. 2 VwVfG bleibt der Verwaltungsakt **wirksam**, solange und soweit er nicht **zurückgenommen, widerrufen,** anderweitig **aufgehoben** oder durch Zeitablauf oder auf andere Weise **erledigt** ist. Im Rechtsbehelfsverfahren – Widerspruchsverfahren, Klageverfahren – wird ein Verwaltungsakt aufgehoben, soweit er rechtswidrig ist (§ 113 Abs. 1 S. 1 VwGO). Die Wirksamkeit von Verwaltungsakten kann aber auch außerhalb eines Rechtsbehelfsverfahrens durch behördlichen Akt beendet werden, nämlich durch **Rücknahme** (§ 48 VwVfG) und **Widerruf** (§ 49 VwVfG). Rücknahme und Widerruf sind folglich **behördliche Aufhebungsakte außerhalb** eines **Rechtsbehelfsverfahrens.** Soweit sie innerhalb eines Rechtsbehelfsverfahrens (durch die Ausgangsbehörde) erfolgen, handelt es sich nach § 50 VwVfG zwar ebenfalls begrifflich um Rücknahme und Widerruf,[1]

---

1 Entgegen der insoweit missverständlichen Formulierung betrifft § 50 VwVfG allein die Rücknahme und den Widerruf des Verwaltungsakts durch die (Ausgangs-)Behörde, nicht die Aufhebung des Verwaltungsakts durch Widerspruchsbehörde oder Verwaltungsgericht, vgl. *M. Sachs,* in: Stelkens/ Bonk/Sachs, VwVfG, § 50 Rn. 4 m. w. N.

die diese Rechtsinstitute kennzeichnenden besonderen Schutzvorschriften sind jedoch ausgeschlossen.[2]

Während die Terminologie vor Inkrafttreten des Verwaltungsverfahrensgesetzes noch   721
uneinheitlich war,[3] ist nunmehr gesetzlich bestimmt, dass

- die **Rücknahme** die Aufhebung eines **rechtswidrigen Verwaltungsakts** (§ 48
  VwVfG) und
- der **Widerruf** die Aufhebung eines **rechtmäßigen Verwaltungsakts** (§ 49 VwVfG)
- durch die erlassende Behörde **außerhalb** eines **Rechtsbehelfsverfahrens** ist.

Rücknahme und Widerruf sind gleichermaßen **Verwaltungsakte,** auf die folgerichtig   722
die für Verwaltungsakte bestimmten verwaltungsverfahrensrechtlichen und verwaltungsprozessualen Vorschriften anwendbar sind. Gegen Rücknahme und Widerruf
sind deshalb die verwaltungsprozessualen Rechtsbehelfe (Widerspruch, Anfechtungsklage) statthaft. Aus ihrer Verwaltungsaktsqualität folgt überdies, dass Rücknahme
und Widerruf ihrerseits zurückgenommen und widerrufen werden können.[4]

I. Rücknahme von Verwaltungsakten (§ 48 VwVfG)

1. Grundsatz der freien Rücknehmbarkeit (§ 48 Abs. 1 S. 1 VwVfG)

Nach § 48 Abs. 1 S. 1 VwVfG kann ein rechtswidriger Verwaltungsakt, auch nach-   723
dem er unanfechtbar geworden ist, ganz oder teilweise mit Wirkung für die Zukunft
oder für die Vergangenheit zurückgenommen werden. Damit ist als Grundsatz die
freie Rücknehmbarkeit rechtswidriger Verwaltungsakte statuiert, die allerdings für
begünstigende Verwaltungsakte eingeschränkt wird (§ 48 Abs. 1 S. 2 VwVfG). Soweit der Grundsatz der freien Rücknehmbarkeit besteht, ist diese jedoch in das
Ermessen der zuständigen Behörde gestellt (»kann [...] zurückgenommen werden«).
Durch § 48 Abs. 1 S. 1 VwVfG wird überdies klargestellt, dass die Rücknehmbarkeit
eines Verwaltungsakts mit seiner **Anfechtbarkeit** nichts zu tun hat: Für die Behörde
wird ein Verwaltungsakt grundsätzlich verbindlich, sobald er dem Adressaten gegenüber bekannt gegeben worden ist (§ 43 Abs. 1 S. 1 VwVfG). Die Rechtsbehelfsfristen
(§§ 70, 74 VwGO) enthalten besondere Zulässigkeitsvoraussetzungen für die prozessualen Rechtsbehelfe, haben aber mit der Rücknehmbarkeit nichts zu tun.[5]

Voraussetzung für die Rücknahme eines Verwaltungsakts ist stets seine **Rechtswid-**   724
rigkeit, denn ein rechtmäßiger Verwaltungsakt kann nur unter den besonderen
Voraussetzungen des § 49 VwVfG widerrufen werden. Wird ein rechtmäßiger Verwaltungsakt zurückgenommen, fehlt es an der entscheidenden Tatbestandsvoraussetzung des § 48 Abs. 1 S. 1 VwVfG, was zur Folge hat, dass die Rücknahme ihrerseits
rechtswidrig ist.

---

2 Vgl. in *H. Meyer,* in: Knack/Henneke, VwVfG, § 50 Rn. 11; *M. Sachs,* in: Stelkens/Bonk/Sachs,
  VwVfG, § 50 Rn. 1.
3 Vgl. aber *E. Forsthoff,* Lehrbuch des Verwaltungsrechts I, S. 260, demzufolge sich für die Aufhebung
  eines *fehlerhaften* Verwaltungsakts der Begriff Rücknahme, für die eines *fehlerfreien* Verwaltungsakts
  der Begriff Widerruf durchgesetzt habe.
4 Vgl. VGH Mannheim, NVwZ 1992, S. 184; ob eine Rücknahme zurückgenommen oder widerrufen
  bzw. ein Widerruf zurückgenommen oder widerrufen werden, richtet sich nach den in §§ 48, 49
  VwVfG genannten Voraussetzungen.
5 Vgl. hierzu *J. Ipsen,* Verw. 17 (1984), S. 184 f.

725 Im Fall 35 konnten die Bewilligungsbescheide aus dem Jahr 1983 nur zurückgenommen werden, wenn sie rechtswidrig waren. Ihre Rechtswidrigkeit ergab sich aus einem Verstoß gegen Art. 87 Abs. 1, 88 Abs. 3 EGV (nunmehr Art. 107 Abs. 1, Art. 108 Abs. 3 AEUV), den der EuGH (Rs. 94/97) im Vertragsverletzungsverfahren durch die Kommission (Art. 226 EGV; nunmehr Art. 258 AEUV) festgestellt hatte: Nach Art. 87 EGV (nunmehr Art. 107 AEUV) sind staatliche oder aus staatlichen Mitteln gewährte Beihilfen an Privatunternehmen, die den Wettbewerb verfälschen oder verfälschen können, mit dem »Gemeinsamen Markt« unvereinbar und daher verboten, sofern kein in Art. 87 Abs. 2, 3 EGV (nunmehr Art. 107 Abs. 2, 3 AEUV) genannter Ausnahmetatbestand vorliegt (materielle Rechtswidrigkeit). Eine staatliche Behörde muss die beabsichtigte Subventionsvergabe nach Art. 88 Abs. 3 EGV (nunmehr Art. 108 Abs. 3 AEUV) zudem bei der Kommission anzeigen und genehmigen lassen, sog. *Notifizierungsverfahren* (ansonsten formelle Rechtswidrigkeit). Bei der praktischen Fallbearbeitung muss die Rechtswidrigkeit eines zurückgenommenen Verwaltungsakts allerdings regelmäßig durch den Bearbeiter geprüft und bejaht werden, weil Gerichtsentscheidungen zumeist nicht vorliegen.

2. Einschränkungen der Rücknehmbarkeit für leistungsgewährende Verwaltungsakte (§ 48 Abs. 2 VwVfG)

726 Der in § 48 Abs. 1 S. 1 VwVfG niedergelegte Grundsatz der freien Rücknehmbarkeit rechtswidriger Verwaltungsakte wird bereits durch den folgenden Satz hinsichtlich **begünstigender Verwaltungsakte** eingeschränkt. Die Bindung der Verwaltung an Gesetz und Recht (Art. 20 Abs. 3 GG) würde grundsätzlich dafür sprechen, dass rechtswidrige Verwaltungsakte **einschränkungslos** zurückgenommen werden können, weil hierdurch die **Rechtmäßigkeit des Verwaltungshandelns** wiederhergestellt wird. Vor dem Inkrafttreten des Verwaltungsverfahrensgesetzes und der in § 48 VwVfG getroffenen Regelung ist aus der Bindung der Verwaltung an Gesetz und Recht sogar eine Rechtspflicht der Behörde zur Rücknahme rechtswidriger Verwaltungsakte gefolgert worden.[6] Auf der anderen Seite schützt das Rechtsstaatsprinzip aber auch das Vertrauen auf die Rechtsbeständigkeit staatlicher Maßnahmen. Der **Vertrauensschutz** würde der Rücknahme begünstigender Verwaltungsakte regelmäßig entgegenstehen.[7] Die in § 48 Abs. 2 VwVfG getroffene Lösung folgt einem **mittleren Weg** zwischen dem Grundsatz der **Gesetzmäßigkeit** der Verwaltung und dem des **Vertrauensschutzes**. Stellt man sich die freie Rücknehmbarkeit rechtswidriger Verwaltungsakte einerseits und den Ausschluss der Rücknehmbarkeit begünstigender Verwaltungsakte andererseits als Anfangs- und Endpunkte einer gleitenden Skala vor, so wäre die in § 48 Abs. 2 VwVfG vorgenommene Regelung in der Mitte der Skala einzuordnen.

727 § 48 Abs. 2 VwVfG bezieht sich nur auf Verwaltungsakte, die eine einmalige oder laufende Geldleistung oder teilbare Sachleistungen gewähren oder hierfür Voraussetzung sind. Der hierfür gelegentlich verwendete Begriff des »**Leistungsbescheids**«[8] ist missverständlich, weil dieser Begriff bereits im Verwaltungsvollstreckungsrecht mit

---

6 Bezeichnend hierfür ist die Position von *E. Forsthoff,* Lehrbuch des Verwaltungsrechts, S. 261: »Der **rechtswidrige Verwaltungsakt** bedarf der **Rücknahme.** Diese Rücknahme ist Rechtspflicht der Behörde, die den rechtswidrigen Verwaltungsakt erlassen hat. Die rechtsstaatliche Verwaltung ist an das Gesetz bzw. an Gesetz und Recht gebunden (Art. 20 Abs. 3 GG), und der Beamte ist dienstrechtlich für die Rechtmäßigkeit seiner dienstlichen Handlungen persönlich voll verantwortlich (§ 56 Abs. 1 BBG, § 38 Abs. 1 BRRG). Diese Bindung an Gesetz und Recht geht allen anderen Bindungen vor.«
7 Vgl. *H. Maurer,* AllgVerwR, § 11 Rn. 22.
8 Vgl. *H. Maurer,* AllgVerwR, § 11 Rn. 29.

anderer Bedeutung verwandt wird.[9] Vorzugswürdig ist deshalb der Begriff »**leistungsgewährender Verwaltungsakt**«, der nach § 48 Abs. 2 S. 1 VwVfG nicht zurückgenommen werden darf,

> »soweit der Begünstigte auf den Bestand des Verwaltungsaktes vertraut hat und sein Vertrauen unter Abwägung mit dem öffentlichen Interesse an seiner Rücknahme schutzwürdig ist.«

In dieser Vorschrift wird das **Regelungsproblem** der Rücknahme in der Weise formuliert, dass das **Vertrauen** in den Bestand des Verwaltungsakts dem **öffentlichen Interesse** an der Rücknahme (und damit dem Grundsatz der Gesetzmäßigkeit der Verwaltung) gegenübergestellt und eine **Abwägung** zwischen beiden angeordnet wird. Dabei reicht es nicht aus, dass der Begünstigte auf den Bestand des Verwaltungsakts vertraut *hat,* also nicht damit gerechnet *hat,* dass der Verwaltungsakt zurückgenommen würde. Das Vertrauen auf den Bestand des Verwaltungsakts muss auch **schutzwürdig** sein. Die Schutzwürdigkeit lässt sich indes erst beurteilen, wenn das Vertrauen mit dem öffentlichen Interesse (an der Rücknahme) abgewogen worden ist. **728**

Hätte es der Gesetzgeber bei § 48 Abs. 2 S. 1 VwVfG bewenden lassen, wäre neben die Formulierung des Problems lediglich eine Methode der Problemlösung getreten, nämlich zwischen dem Vertrauensschutz und dem öffentlichen Interesse an der Rücknahme *abzuwägen.* Ihren **normativen Gehalt** erhält die Regelung erst durch die Sätze 2 und 3, die Regelbeispiele für schutzwürdiges und nicht schutzwürdiges Vertrauen enthalten. **729**

Nach § 48 Abs. 2 S. 3 VwVfG kann sich der Begünstigte auf Vertrauen *nicht* berufen, wenn er **730**

- den Verwaltungsakt durch **arglistige Täuschung, Drohung** oder **Bestechung** erwirkt hat (Nr. 1);
- den Verwaltungsakt durch **Angaben** erwirkt hat, die in wesentlicher Beziehung **unrichtig** oder **unvollständig** waren (Nr. 2);
- die **Rechtswidrigkeit** des Verwaltungsakts **kannte** oder infolge **grober Fahrlässigkeit nicht** kannte (Nr. 3).

In allen drei Fällen kann der Begünstigte auf den Bestand des Verwaltungsakts subjektiv *vertraut* haben in dem Sinne, dass er *gehofft* hat, der Verwaltungsakt werde bestehen bleiben. Schutzwürdig ist jedoch nicht die Hoffnung auf den Bestand, sondern das **Vertrauen in die Rechtmäßigkeit** und daraus folgend die Rechtsbeständigkeit eines Verwaltungsakts. Dies ist im Übrigen der entscheidende Einwand gegen die vor Inkrafttreten des Verwaltungsverfahrensgesetzes vertretene Lehre, die Rücknahme rechtswidriger Verwaltungsakte einschränkungslos zuzulassen.[10] Die Rechtswidrigkeit eines Verwaltungsakts liegt – abgesehen von den Nichtigkeitsfällen – regelmäßig nicht offen zutage, sondern ist streitig und ergibt sich ggf. erst aufgrund einer letztinstanzlichen Gerichtsentscheidung. Solange diese aussteht, hat der Begünstigte gerade nicht auf den Bestand eines *rechtswidrigen,* sondern eines *wirksamen* Verwaltungsakts vertraut und damit zugleich vorausgesetzt, dass die Verwaltung gesetzmäßig handelt. Dieses **Grundvertrauen** in den Rechtsstaat, das ohnehin beständig **731**

---

9 Vgl. § 3 Abs. 2 VwVG; ferner *M. Ruffert,* in: Erichsen/Ehlers, AllgVerwR, § 27 Rn. 5 m. w. N.
10 Vgl. *E. Forsthoff,* Lehrbuch des Verwaltungsrechts I, S. 262 f.

abzunehmen droht, würde durch eine uneingeschränkte Rücknehmbarkeit von Verwaltungsakten einer schwerwiegenden Belastung ausgesetzt. Insofern ist der Schutz des Vertrauens in die Rechtmäßigkeit von Verwaltungsakten ein **rechtsstaatliches Desiderat.** Folgerichtig ist das Vertrauen in die Rechtmäßigkeit eines Verwaltungsakts von vornherein ausgeschlossen, wenn der Begünstigte die Rechtswidrigkeit des Verwaltungsakts selbst verursacht hat (§ 48 Abs. 2 S. 3 Nr. 1 und 2 VwVfG) oder die Rechtswidrigkeit kannte bzw. grob fahrlässig nicht kannte (§ 48 Abs. 2 S. 3 Nr. 3 VwVfG). Die Formulierung, der Begünstigte könne sich auf Vertrauen »nicht berufen«, trifft den Kern der Sache: Es geht hier nicht um die Schutzwürdigkeit des Vertrauens, vielmehr liegt ein Vertrauenstatbestand hinsichtlich der Rechtmäßigkeit eines Verwaltungsakts überhaupt nicht vor.[11]

732 Nicht in gleicher Weise einleuchtend ist die Bestimmung, nach der das Vertrauen in der Regel schutzwürdig ist, wenn der Begünstigte gewährte Leistungen verbraucht oder eine Vermögensdisposition getroffen hat, die er nicht oder nur unter unzumutbaren Nachteilen rückgängig machen kann (§ 48 Abs. 2 S. 2 VwVfG). In der Literatur spricht man insoweit von einer »**Vertrauensbetätigung**« als zusätzlicher Voraussetzung für den Vertrauensschutz.[12] Allerdings ist nicht einsehbar, warum der Schutz des Vertrauens in die Rechtmäßigkeit eines Verwaltungsakts davon abhängig sein soll, dass die gewährte Leistung verbraucht ist oder nicht. Bei näherem Hinsehen enthält § 48 Abs. 2 S. 2 VwVfG kein zusätzliches Tatbestandsmerkmal der Vertrauensbetätigung, sondern des Vertrauens**schadens**,[13] so dass leistungsgewährende und andere begünstigende Verwaltungsakte (§ 48 Abs. 3 VwVfG) letztlich den gleichen Grundsätzen folgen.

733 Nach § 48 Abs. 3 VwVfG können Verwaltungsakte, die nicht unter Abs. 2 fallen, **ohne Einschränkung** zurückgenommen werden. Jedoch hat die Behörde dem Betroffenen den **Vermögensnachteil** auszugleichen, den dieser dadurch erleidet, dass er auf den Bestand des Verwaltungsakts vertraut hat (§ 48 Abs. 3 S. 1 VwVfG). Würde man diesen Grundsatz auf leistungsgewährende Verwaltungsakte übertragen, so könnten diese ebenfalls (nur) unter Ausgleich des Vermögensnachteils zurückgenommen werden. Durch die Rücknahme würde die Rechtsgrundlage einer Leistung entfallen, die durch Gewährung einer anderen (Ersatz-)Leistung wieder ausgeglichen werden müsste. Voraussetzung für die Ersatzleistung aber wäre ein **Vertrauensschaden,** mit anderen Worten eine Vermögensminderung, die in ursächlichem Zusammenhang mit dem Vertrauen auf die Rechtmäßigkeit des Verwaltungsakts steht. Eine derartige Vermögensminderung würde auch eintreten, wenn der Empfänger einer Leistung im Vertrauen auf die Rechtmäßigkeit des Verwaltungsakts über diese bereits disponiert hat und die Disposition nicht rückgängig zu machen ist. Der Vertrauensschaden würde dadurch entstehen, dass der Begünstigte die gewährte Leistung infolge seiner Vermögensdisposition aus *anderen* als den gewährten Mitteln zurückzahlen müsste. § 48 Abs. 2 S. 2 VwVfG zielt folglich darauf ab, den Eintritt eines Vertrauensschadens zu vermeiden. Die Vorschrift bedeutet deshalb keine Privilegierung dessen, der gewährte Leistungen alsbald ausgibt, sondern stellt nur eine Übersetzung der das Rücknahmerecht beherrschenden Grundsätze auf leistungsgewährende Ver-

---

11 Vgl. hierzu *M. Sachs,* in: Stelkens/Bonk/Sachs, VwVfG, § 48 Rn. 148.
12 So *M. Sachs,* in: Stelkens/Bonk/Sachs, VwVfG, § 48 Rn. 136; *H. Meyer,* in: Knack/Henneke, VwVfG, § 48 Rn. 92.
13 Ähnlich *H. Maurer,* AllgVerwR, § 11 Rn. 32.

waltungsakte dar. Leistungen, die für die Lebensführung des Begünstigten bestimmt sind, dürften regelmäßig als »verbraucht« gelten.[14] Die Rechtsprechung hierzu ist allerdings nicht einheitlich.[15]

Wenn auf diese Weise der (drohende) Vertrauensschaden die Schutzwürdigkeit des **734** Vertrauens indiziert, so ist gleichwohl eine Abwägung nach § 48 Abs. 2 S. 1 VwVfG erforderlich. Diese kann ergeben, dass entgegen der in § 48 Abs. 2 S. 2 VwVfG aufgestellten Regel *trotz* eines drohenden Vertrauensschadens das Vertrauen als *nicht* schutzwürdig angesehen wird.

Besondere Problemstellungen ergeben sich immer dann, wenn Verwaltungsakte gegen **735** das EU-Recht verstoßen. In der jüngeren Vergangenheit wurde insbesondere die Frage der Rücknahme deutscher Subventionsbescheide virulent, die nach Auffassung der Kommission gegen Art. 107, 108 AEUV verstießen.[16]

Da im EU-Recht keine speziellen Vorschriften existieren, die die Rückforderung **735a** unionsrechtswidriger Beihilfen regeln, richtet sich auch deren Rücknahme nach den §§ 48 ff. VwVfG.[17] Somit sind grundsätzlich der Vertrauensschutz nach § 48 Abs. 2 Sätze 2 und 3 VwVfG, das Ermessen nach § 48 Abs. 2 S. 1 VwVfG und die Fristbestimmung des § 48 Abs. 4 S. 1 VwVfG beachtlich. Allerdings dürfen diese Vorschriften – insbesondere nach der Rechtsprechung des BVerwG[18] – im vorliegenden Zusammenhang nicht isoliert betrachtet werden, sondern müssen auch dem Interesse des Unionsrechts Rechnung tragen, dem im Kollisionsfall der *Anwendungsvorrang*[19] zukommt. Damit die Durchsetzung des Unionsrechts nicht übermäßig erschwert bzw. praktisch unmöglich gemacht wird, verschieben sich die Gewichte in der Abwägung regelmäßig zu Lasten des Vertrauensschutzes.[20] Das öffentliche Interesse an der Durchsetzung des EU-Rechts hat demnach eine so große Bedeutung, dass die Regelvermutung des § 48 Abs. 2 S. 2 VwVfG nicht zugunsten des Subventionsempfängers greift und bei der Abwägung nach § 48 Abs. 2 S. 1 VwVfG dem öffentlichen Rücknahmeinteresse grundsätzlich der Vorrang vor dem Bestandsinteresse des Subventionsempfängers zukommt.[21]

---

14 Vgl. *M. Sachs*, in: Stelkens/Bonk/Sachs, VwVfG, § 48 Rn. 142.
15 Nachw. bei *M. Sachs*, in: Stelkens/Bonk/Sachs, VwVfG, § 48 Rn. 142 f.; *H. Meyer*, in: Knack/Henneke, VwVfG, § 48 Rn. 95.
16 Vgl. BVerwGE 92, 81; 106, 328 *(Alcan)*; *G. Britz/T. Richter*, JuS 2005, S. 198; *S. Detterbeck*, AllgVerwR, Rn. 749 ff.; *D. Ehlers*, GewArch 1999, S. 305; *K. Fischer*, JuS 1999, S. 749; *H. Maurer*, AllgVerwR, Rn. 38 a ff.; *K. Rennert*, DVBl. 2007, S. 400; *M. Ruffert*, in: Erichsen/Ehlers, AllgVerwR, § 24 Rn. 32; *R. Scholz*, DÖV 1998, S. 261, *J. Suerbaum*, VerwArch 91 (2000), S. 169; *Wolff/Bachof/Stober/Kluth*, Verwaltungsrecht I, § 51 Rn. 11, 18 ff., 62, 70 f.
17 Hieran hat sich auch durch den Erlass einer Durchführungsverordnung gem. Art. 109 AEUV nichts geändert, vgl. dazu *E. Kruse*, NVwZ 1999, S. 1049.
18 Vgl. BVerwGE 74, 357; 92, 81; 106, 328 *(Alcan)*.
19 Vgl. BVerfGE 75, 223 (244); 85, 191 (204); BVerwGE 87, 154 (158 ff.); *D. Ehlers*, in: Erichsen/Ehlers, AllgVerwR, § 2 Rn. 104 f.; *M. Nettesheim*, in: Oppermann/Classen/Nettesheim, Europarecht, 5. Aufl. 2011, § 10 Rn. 32 ff.; *M. Ruffert*, in: Hoffmann-Riem/Schmidt-Aßmann/Voßkuhle, Grundlagen des Verwaltungsrechts, Bd. I, § 17 Rn. 121 ff.
20 Vgl. dazu umfassend *H.-J. Blanke*, Vertrauensschutz im deutschen und europäischen Verwaltungsrecht, 2000, S. 550 ff. und *S. Kadelbach*, Allgemeines Verwaltungsrecht unter europäischem Einfluß, 1999, S. 476 f.; ferner auch *R. Polley*, EuZW 1996, S. 300 (303); *T. Richter*, DÖV 1995, S. 846 (851); *D. Triantafyllou*, NVwZ 1992, S. 436 (438).
21 Vgl. BVerwGE 92, 81 (86); *C. Bumke*, in: Hoffmann-Riem/Schmidt-Aßmann/Voßkuhle, Grundlagen des Verwaltungsrechts, Bd. II, § 35 Rn. 173; *S. Detterbeck*, AllgVerwR, Rn. 755; *Kopp/Ramsauer*, VwVfG, § 48 Rn. 100.

735b Im Fall 35 könnte – ohne Rücksicht auf die Vorgaben des Unionsrechts – davon ausgegangen werden, dass die begünstigte Firma A nicht bösgläubig im Sinne des § 48 Abs. 2 S. 3 VwVfG gewesen sei,[22] sie andererseits aber über die ihr gewährte Beihilfe disponiert habe, so dass die Voraussetzungen des § 48 Abs. 2 S. 2 VwVfG durchaus vorliegen könnten. Dessen Anwendung allerdings würde bedeuten, dass unionsrechtswidrig gewährte Beihilfen regelmäßig nicht zurückgefordert werden könnten, weil die Voraussetzungen für die Rücknahme der Bescheide zu verneinen wären. Das BVerwG misst deshalb dem *öffentlichen Interesse* an der Rücknahme eines unionsrechtswidrigen Verwaltungsakts größeres Gewicht zu als bei der Rücknahme von Verwaltungsakten, die nur gegen nationales Recht verstoßen. Für die Rücknahme spricht in diesen Fällen nicht nur – wie sonst auch – das öffentliche Interesse an einer ordnungsgemäßen Haushaltswirtschaft und an der Gesetzmäßigkeit der Verwaltung (Art. 20 Abs. 3 GG), sondern – darüber hinausgehend – auch das öffentliche Interesse an der Durchsetzung der unionsrechtlichen Wettbewerbsordnung und der Pflicht der BRD zur Erfüllung des EU-Vertrags.[23] Bei der Abwägung ist durch das BVerwG überdies berücksichtigt worden, dass das begünstigte – »international verflochtene« – Unternehmen die unionsrechtliche Bedenklichkeit der Bewilligungsbescheide hätte erkennen müssen.[24] Es nimmt insofern in der Sache eine (leicht) fahrlässige Nichtkenntnis der Rechtswidrigkeit an und stellt diese in die Interessenabwägung ein.

3. Rücknahme anderer Verwaltungsakte (§ 48 Abs. 3 VwVfG)

736 Für Verwaltungsakte, die nicht unter § 48 Abs. 2 VwVfG fallen, gilt der in § 48 Abs. 1 S. 1 VwVfG niedergelegte Grundsatz der freien Rücknehmbarkeit **uneingeschränkt.** Das Vertrauen auf den Bestand wird bei diesen Verwaltungsakten dadurch geschützt, dass der **Vertrauensschaden** ausgeglichen wird.[25] Voraussetzung für einen Anspruch auf Ersatz des Vertrauensschadens ist die **Schutzwürdigkeit** des Vertrauens. Hierbei ist Abs. 2 S. 3 anzuwenden (§ 48 Abs. 3 S. 2 VwVfG). Der auszugleichende Vermögensnachteil wird (auf Antrag des Betroffenen) durch die Behörde festgesetzt (§ 48 Abs. 3 S. 4 VwVfG). Ein behördliches **Festsetzungsverfahren** ist damit verbindlich vorgeschrieben, so dass der Betroffene nicht unmittelbar auf Ersatz des Vermögensschadens klagen kann.[26]

737 Der Anspruch kann nur innerhalb **eines Jahres** geltend gemacht werden. Diese Frist beginnt allerdings erst, sobald die Behörde den Betroffenen auf sie hingewiesen hat (§ 48 Abs. 3 S. 5 VwVfG). Eine § 59 VwGO vergleichbare **Belehrungspflicht** der Behörde wird durch diese Vorschrift **nicht** begründet. Unterlässt die Behörde die Mitteilung, kann der Anspruch unbefristet geltend gemacht werden.[27]

---

22 Es wird teilweise vertreten, dass Subventionsempfänger, die sich nicht vergewissern, ob das Notifizierungsverfahren Art. 108 Abs. 3 AEUV durchgeführt wurde, grob fahrlässig gem. § 48 Abs. 2 S. 3 Nr. 3 VwVfG handeln; vgl. *U. Fastenrath,* JZ 1992, S. 1082. Die herrschende Auffassung nimmt dies – wenn überhaupt – nur bei Großunternehmen an; so zu Recht etwa *S. Detterbeck,* AllgVerwR, Rn. 754.

23 Vgl. *H. Maurer,* AllgVerwR, § 11 Rn. 38 b; *Wolff/Bachof/Stober/Kluth,* Verwaltungsrecht I, § 51 Rn. 70.

24 So BVerwGE 106, 328 (336 f.).

25 Vgl. *M. Sachs,* in: Stelkens/Bonk/Sachs, VwVfG, § 48 Rn. 187; *H. Meyer,* in: Knack/Henneke, VwVfG, § 48 Rn. 116.

26 Vgl. *M. Sachs,* in: Stelkens/Bonk/Sachs, VwVfG, § 48 Rn. 197; *Kopp/Ramsauer,* VwVfG, § 48 Rn. 144.

27 Vgl. *M. Sachs,* in: Stelkens/Bonk/Sachs, VwVfG, § 48 Rn. 198; a. A. *Kopp/Ramsauer,* VwVfG, § 48 Rn. 145, die sich analog § 195 BGB für eine Verjährung nach 3 Jahren, gerechnet ab Kenntnis des Schadens, nach 10 Jahren unabhängig von der Kenntnis (§ 199 Abs. 4 BGB), aussprechen.

4. Rechtswidrigkeit des Verwaltungsakts

Die Rücknahme beschränkt sich begrifflich auf **rechtswidrige Verwaltungsakte** 738
(§ 48 Abs. 1 S. 1 VwVfG). Ein Verwaltungsakt ist rechtswidrig, wenn er in irgendeiner Hinsicht mit dem geltenden Recht nicht übereinstimmt.[28] Maßgebender Zeitpunkt für die Beurteilung der Rechtswidrigkeit eines Verwaltungsakts ist der Zeitpunkt seines Erlasses.[29] Soweit die Rechtswidrigkeit eines Verwaltungsakts aufgrund
gesetzlicher Vorschriften geheilt wird (§ 45 VwVfG),[30] wirkt die Heilung auf den
Zeitpunkt des Erlasses zurück, so dass ein rechtswidriger Verwaltungsakt im Sinne
des § 48 Abs. 1 S. 1 VwVfG nicht (mehr) vorliegt. Umgekehrt kann der seltene Fall
eintreten, dass ein ursprünglich rechtmäßiger Verwaltungsakt durch Änderung der
Sach- und Rechtslage rechtswidrig *wird*.[31] Dies ist allerdings nur anzunehmen, wenn
der Änderung ihrerseits **Rückwirkung** zukommt, sie also bei Beurteilung der Rechtmäßigkeit des Verwaltungsakts zum Zeitpunkt seines Erlasses zu berücksichtigen ist.
Eine derart singuläre Konstellation gibt keinen Anlass, den Zeitpunkt für die Beurteilung der Rechtmäßigkeit des Verwaltungsakts zu verlagern.[32] Soweit der Änderung
der Rechtslage keine Rückwirkung zukommt und der Verwaltungsakt somit ursprünglich *rechtmäßig* war, kommt nur ein **Widerruf** in Betracht (§ 49 Abs. 2 S. 1
Nr. 4 VwVfG). Das Gleiche gilt, wenn sich die Sachlage nachträglich geändert hat
(§ 49 Abs. 2 S. 1 Nr. 3 VwVfG). Anders ist der Fall zu beurteilen, wenn Tatsachen,
die für die Beurteilung der Rechtmäßigkeit des Verwaltungsakts von Belang sind,
zum Zeitpunkt seines Erlasses nicht bekannt waren oder von der Behörde nicht
berücksichtigt worden sind.

Im Fall 34 hat die zuständige Behörde die Gaststättenerlaubnis mit der Begründung widerrufen, G 739
habe in ihrer Gaststätte den Handel mit Drogen geduldet und sei deshalb im Sinne des Gast-
stättenrechts unzuverlässig. Sofern der Behörde nachträglich Tatsachen bekannt geworden wären,
die auf eine Unzuverlässigkeit der G zum Zeitpunkt der Erlaubniserteilung hingedeutet hätten, hätte
die Gaststättenerlaubnis überhaupt nicht erteilt werden dürfen und deshalb zurückgenommen
werden müssen (§ 15 Abs. 1 GastG).

5. Rücknahmeermessen und Wirkung der Rücknahme

Die Rücknahme von Verwaltungsakten steht grundsätzlich im **Ermessen der Behör-** 740
de, die den Verwaltungsakt erlassen hat. Die Behörde kann deshalb auch davon
absehen, einen rechtswidrigen Verwaltungsakt zurückzunehmen, wenn sachliche
Gründe gegen die Rücknahme sprechen. Diese können durchaus verfahrensökonomi-
scher Natur sein, etwa um die Behörde vor massenhaften Widersprüchen oder Klagen
zu bewahren. Das Ermessen federt insofern den Grundsatz der freien Rücknehmbarkeit, der § 48 VwVfG zugrunde liegt, ab und trägt dazu bei, ein *fiat justitia, pereat
mundus* zu verhindern.

Das **Rücknahmeermessen** kann durch spezielle Rechtsvorschrift oder aufgrund 741
höherrangigen Rechts **ausgeschlossen** sein. Spezialgesetze, die § 48 VwVfG vorgehen

---

28 Vgl. oben Rn. 607.
29 Vgl. *M. Sachs,* in: Stelkens/Bonk/Sachs, VwVfG, § 48 Rn. 49.
30 Vgl. oben Rn. 698 ff.
31 Vgl. BVerwGE 84, 111.
32 Zurückhaltend auch *M. Sachs,* in: Stelkens/Bonk/Sachs, VwVfG, § 48 Rn. 53 mit Darstellung des
  Diskussionsstandes.

(§ 1 Abs. 2 S. 1 VwVfG), verpflichten die Behörde vereinzelt zur Rücknahme rechtswidriger Verwaltungsakte.[33]

742   Würden im Fall 34 Tatsachen die Annahme rechtfertigen, dass G bereits bei Erteilung der Gaststättenerlaubnis nicht die erforderliche Zuverlässigkeit besaß, wäre die zuständige Behörde nach § 15 Abs. 1 GastG verpflichtet gewesen, die Gaststättenerlaubnis zurückzunehmen. § 48 Abs. 1 VwVfG käme insoweit nicht zur Anwendung. Ob *neben* § 15 Abs. 1 GastG noch eine Rücknahme nach § 48 VwVfG in Betracht kommt, wird unterschiedlich beurteilt.[34]

743   Auch im Anwendungsbereich des § 48 VwVfG kann das Rücknahmeermessen **reduziert** sein. Dies ist vom Bundesverwaltungsgericht insbesondere für den Fall anerkannt worden, dass eine Beihilfe unter Verstoß gegen die Art. 107 Abs. 1, 108 Abs. 3 AEUV gewährt worden ist.

744   Im Fall 35 stand aufgrund der Kommissionsentscheidung fest, dass die der Firma A gewährte Beihilfe gegen Art. 87 Abs. 1, 88 Abs. 3 EGV (nunmehr Art. 107 Abs. 1, 108 Abs. 3 AEUV) verstieß und deshalb rechtswidrig auch im Sinne des § 48 VwVfG war. Würde die Rücknahme der Bewilligungsbescheide gleichwohl ins Ermessen der Behörde gestellt sein, wäre die Durchsetzung des (zwingenden) Unionsrechts in Frage gestellt. Das behördliche Rücknahmeermessen nach § 48 Abs. 1 S. 1 VwVfG, das ansonsten auch bei fehlendem schutzwürdigen Vertrauen des Begünstigten besteht, ist im Falle einer bestandskräftigen Kommissionsentscheidung nach Art. 108 Abs. 2 AEUV (früher Art. 88 Abs. 2 EGV) auf »Null reduziert«. Das BVerwG hat deshalb ohne weiteres angenommen, dass die Behörde aufgrund der Entscheidung der Kommission *verpflichtet* war, eine nach nationalem Recht zulässige Rücknahme der unionsrechtswidrigen Bescheinigung auch tatsächlich vorzunehmen.[35]

745 Das der Behörde nach § 48 Abs. 1 S. 1 VwVfG eingeräumte Ermessen erstreckt sich nicht nur auf die Rücknahme als solche, sondern auch auf deren zeitliche und sachliche Wirkung. Ausdrücklich ist bestimmt, dass ein Verwaltungsakt **ganz** *oder* **teilweise** mit Wirkung für die **Zukunft** *oder* für die **Vergangenheit** zurückgenommen werden kann. Der Behörde stehen, soweit das Ermessen nicht eingeschränkt ist, alle Möglichkeiten einer sachgerechten Gestaltung offen. Eine Einschränkung besteht nur in den Fällen der Bösgläubigkeit, in denen ein Verwaltungsakt in der Regel mit Wirkung für die Vergangenheit zurückgenommen wird (§ 48 Abs. 2 S. 4 VwVfG).

6. Rücknahmefrist (§ 48 Abs. 4 VwVfG)

746 Die Rücknahme ist zeitlich nicht unbegrenzt möglich. Erhält die Behörde von Tatsachen Kenntnis, die die Rücknahme eines rechtswidrigen Verwaltungsakts rechtfertigen, so ist sie nur **innerhalb eines Jahres** seit dem Zeitpunkt der Kenntnisnahme zulässig (§ 48 Abs. 4 S. 1 VwVfG). Eine Ausnahme wird hinsichtlich des durch arglistige Täuschung, Drohung oder Bestechung erwirkten Verwaltungsakts gemacht, der zeitlich unbefristet zurückgenommen werden kann (§ 48 Abs. 4 S. 2 VwVfG). Das Bundesverwaltungsgericht hat diese Vorschrift restriktiv ausgelegt und setzt die

---

33 Vgl. die Nachw. bei *M. Sachs,* in: Stelkens/Bonk/Sachs, VwVfG, § 48 Rn. 4 ff.

34 Dafür: *Frotscher/Kramer,* Wirtschaftsverfassungs- und Wirtschaftsverwaltungsrecht, 5. Aufl. 2008, Rn. 404 m. w. N. in Fn. 40; *M. Sachs,* in: Stelkens/Bonk/Sachs, VwVfG, 6. Aufl. 2001, § 48 Rn. 12 m. w. N. in Fn. 17.

35 So BVerwGE 106, 328 (336); vgl. dazu auch *A. Gromitsaris,* ThürVBl. 2000, S. 97 (98); *A. Lenze,* VerwArch 97 (2006), S. 49 (55); *H. Maurer,* AllgVerwR, § 11 Rn. 38 c; *M. Ruffert,* in: Erichsen/Ehlers, AllgVerwR, § 24 Rn. 17; *M. Sachs,* in: Stelkens/Bonk/Sachs, VwVfG, § 48 Rn. 96 ff.; *J. Suerbaum,* VerwArch 91 (2000), S. 169 (184 ff.); *Wolff/Bachof/Stober/Kluth,* Verwaltungsrecht I, § 51 Rn. 81.

Kenntnis der **Tatsachen** im Sinne des § 48 Abs. 4 S. 1 VwVfG mit der **Erkenntnis** der **Rechtswidrigkeit** des Verwaltungsakts gleich.[36] Die Jahresfrist ist deshalb praktisch eine **Bearbeitungsfrist** für die zuständige Behörde.[37]

> Im Fall 35 erging der Rücknahmebescheid am 26. 9. 1989, die Kommissionsentscheidung datierte 747
> indes vom 14. 12. 1985. Wenn die Kommission in einer bestandskräftigen Entscheidung nach
> Art. 108 Abs. 2 AEUV eine Subvention für EU-rechtswidrig erklärt und ihre Rückforderung verlangt,
> muss die zuständige nationale Behörde die Subvention selbst dann zurückfordern, wenn die Jahres-
> frist des § 48 Abs. 4 S. 1 VwVfG verstrichen ist.[38] Diese Vorschrift ist wegen des Vorranges des EU-
> Rechts nicht anwendbar. Hierdurch soll der Gefahr vorgebeugt werden, dass die nationalen
> Behörden diese Frist bewusst verstreichen lassen, um die ihrer Auffassung nach erforderlichen
> Subventionen in ihrem Lande doch zu gewähren.

II. Widerruf rechtmäßiger Verwaltungsakte (§ 49 VwVfG)

Während das Regelungsproblem bei der Rücknahme von Verwaltungsakten darin 748
besteht, zwischen der Gesetzmäßigkeit des Verwaltungshandelns und dem Vertrauensschutz des Begünstigten abzuwägen, ist der Widerruf von Verwaltungsakten durch
eine gänzlich andere Problematik gekennzeichnet. Da sich der Widerruf begrifflich
auf **rechtmäßige** Verwaltungsakte bezieht und sich die Rechtmäßigkeit nach dem
Zeitpunkt des Erlasses beurteilt,[39] liegt ein Spannungsverhältnis zur Rechtsgebundenheit der Verwaltung (Art. 20 Abs. 3 GG) *nicht* vor. Der für die Beurteilung der
Rechtmäßigkeit maßgebende Zeitpunkt zeitigt allerdings Regelungsprobleme eigener
Art. Würde es nämlich mit den Rücknahmevorschriften sein Bewenden haben, so
würden Ereignisse, die nach dem Erlass eines (ursprünglich) rechtmäßigen Verwaltungsakts eintreten, keinen Einfluss auf seinen Bestand haben.

> Unterstellt man im Fall 34, dass G tatsächlich – wie die Behörde vorträgt – den Drogenkonsum in 749
> der Gaststätte geduldet hat, so würde dies doch nicht die Rechtmäßigkeit der ihr erteilten Gast-
> stättenerlaubnis, die nach dem Zeitpunkt ihres Erlasses zu beurteilen ist, in Frage stellen.

Regelungstechnisch bestünde die Möglichkeit, für die rechtliche Beurteilung eines 750
Verwaltungsakts nicht allein den Zeitpunkt seines Erlasses zugrunde zu legen, sondern auch jeden späteren Zeitpunkt. Auf diese Weise könnten tatsächliche und rechtliche Änderungen, die nach dem Erlass des Verwaltungsakts eintreten, in dessen
Beurteilung einbezogen werden, so dass ein ursprünglich rechtmäßiger Verwaltungsakt *rechtswidrig werden* könnte.[40] Der Verwaltungsakt würde auf diese Weise aus
seiner zeitlichen Fixierung als »punktuelle Regelung« *(Bachof)* gelöst. Damit könnte
seiner Dauerwirkung Rechnung getragen werden.

---

36 So BVerwGE 70, 356: »Die Frist beginnt zu laufen, wenn die Behörde die Rechtswidrigkeit des
   Verwaltungsakts erkannt hat und ihr die für die Rücknahmeentscheidung außerdem erheblichen
   Tatsachen vollständig bekannt sind.« Vgl. auch BVerwGE 110, 226 (233).
37 Vgl. *H. Meyer,* in: Knack/Henneke, VwVfG, § 48 Rn. 83 m. w. N.; a. A. *H. Maurer,* AllgVerwR,
   § 11 Rn. 35 a.
38 Vgl. *S. Detterbeck,* AllgVerwR, Rn. 756; *H. Maurer,* AllgVerwR, § 11 Rn. 38 c; *M. Ruffert,* in:
   Erichsen/Ehlers, AllgVerwR, § 24 Rn. 24.
39 Vgl. oben Rn. 738.
40 Vgl. oben Rn. 738. Die Entscheidung des BVerwG (E 84, 111) betraf ein auf den Zeitpunkt des
   Erlasses zurückwirkendes Ereignis. Ansätze in der Literatur gehen hierüber hinaus, Nachw. bei
   M. Sachs, in: Stelkens/Bonk/Sachs, VwVfG, § 48 Rn. 53 f.

751 | Dass für die Berücksichtigung später eingetretener Tatsachen ein Bedürfnis besteht, ist offensichtlich. Unterstellt man im Fall 34 wiederum die Richtigkeit der von der Behörde behaupteten Tatsachen, so wäre es unabweisbar, dass diese Einfluss auf den Bestand der Gaststättenerlaubnis haben müssten.

1. Das Regelungsproblem

752 Trotz der (rechts-)theoretischen Möglichkeit, statt eines *Zeitpunkts* der rechtlichen Beurteilung eines Verwaltungsakts einen *Zeitraum* zugrunde zu legen, ist die Regelungstechnik der §§ 48, 49 VwVfG eine andere. Nach dem Zeitpunkt des Erlasses eintretende Ereignisse lassen die Beurteilung des Verwaltungsakts als rechtmäßig unberührt und rechtfertigen deshalb grundsätzlich keine Rücknahme. Sie haben jedoch Einfluss auf den **Bestand des Verwaltungsakts**, weil die Behörde unter besonderen Umständen berechtigt ist, einen – zum Zeitpunkt seines Erlasses – rechtmäßigen Verwaltungsakt zu **widerrufen.** Der Zeitablauf und die in ihm eingetretenen tatsächlichen und rechtlichen Veränderungen werden regelungstechnisch dadurch bewältigt, dass die Behörde zu einer erneuten Prüfung ermächtigt ist, ob der Verwaltungsakt widerrufen werden kann. Soweit im Schrifttum über die vom Bundesverwaltungsgericht entschiedene Ausnahmekonstellation hinaus ein »Rechtswidrigwerden« von Verwaltungsakten postuliert wird,[41] steht dem § 49 VwVfG entgegen, der den Zeitablauf und die in ihm eingetretenen tatsächlichen und rechtlichen Änderungen gerade dadurch zu bewältigen sucht, dass die ursprüngliche Rechtmäßigkeit des Verwaltungsakts vorausgesetzt wird. Dass eine andere Regelungstechnik denkbar und ggf. vorzugswürdig wäre, ändert an der gegebenen Rechtslage nichts.

2. Widerruf belastender Verwaltungsakte (§ 49 Abs. 1 VwVfG)

753 Nach § 49 Abs. 1 VwVfG kann ein rechtmäßiger, nicht begünstigender Verwaltungsakt, auch nachdem er unanfechtbar geworden ist, ganz oder teilweise mit Wirkung für die Zukunft **widerrufen** werden, außer wenn ein Verwaltungsakt gleichen Inhalts erneut erlassen werden müsste oder aus anderen Gründen ein Widerruf unzulässig ist. Die Formulierung »nicht begünstigender Verwaltungsakt« ist verwandt worden, um die Schwierigkeit der Abgrenzung zwischen begünstigenden und belastenden Verwaltungsakten zu umgehen.[42] Gemeint sind **belastende Verwaltungsakte,** bei denen das Regelungsproblem naturgemäß ein anderes als bei begünstigenden Verwaltungsakten ist, weil sich für den Adressaten eines »rechtmäßigen« belastenden Verwaltungsakts die Frage des Vertrauensschutzes nicht stellt. Soweit allerdings ein Dritter **Anspruch** darauf hätte, dass der Verwaltungsakt erneut erlassen würde, ist der Widerruf unzulässig. Die Unzulässigkeit kann sich auch aus anderen Vorschriften oder allgemeinen Grundsätzen ergeben.

3. Widerruf begünstigender Verwaltungsakte (§ 49 Abs. 2 VwVfG)

754 Der für den Widerruf von Verwaltungsakten typische **Interessengegensatz** ergibt sich erst bei **begünstigenden Verwaltungsakten.** Widerstritten bei der Rücknahme von Verwaltungsakten Gesetzmäßigkeit der Verwaltung und Vertrauen in den Bestand von Verwaltungshandlungen, so stellt sich die Interessenkonstellation beim

---

41 Vgl. *W.-R. Schenke,* DVBl. 1989, S. 441.
42 Vgl. *M. Sachs,* in: Stelkens/Bonk/Sachs, VwVfG, § 49 Rn. 17.

Widerruf eines begünstigenden Verwaltungsakts völlig anders dar: **Dem Vertrauen auf den Bestand eines rechtmäßigen Verwaltungsakts** steht nunmehr das **öffentliche Interesse** gegenüber, einen durch diesen Verwaltungsakt herbeigeführten Zustand nicht andauern zu lassen. Weil aber die Verwaltung *rechtmäßig* gehandelt hat und allenfalls der durch spätere Ereignisse herbeigeführte **Zustand als rechtswidrig** angesehen werden könnte, scheidet eine freie Widerrufbarkeit begünstigender Verwaltungsakte aus. Nach § 49 Abs. 2 VwVfG darf ein rechtmäßiger begünstigender Verwaltungsakt deshalb nur widerrufen werden, wenn ein **Widerrufsgrund** vorliegt. Die Widerrufsgründe sind in **§ 49 Abs. 2 S. 1 VwVfG** abschließend aufgeführt. Ein begünstigender Verwaltungsakt darf **nur** widerrufen werden, wenn

- der Widerruf durch Rechtsvorschrift **zugelassen** oder im Verwaltungsakt **vorbehalten** ist (Nr. 1);
- mit dem Verwaltungsakt eine **Auflage** verbunden ist und der Begünstigte diese **nicht** oder nicht innerhalb einer ihm gesetzten Frist **erfüllt** hat (Nr. 2);
- die Behörde aufgrund **nachträglich eingetretener Tatsachen** berechtigt wäre, den Verwaltungsakt nicht zu erlassen, und wenn ohne den Widerruf das **öffentliche Interesse gefährdet** würde (Nr. 3);
- die Behörde aufgrund einer **geänderten Rechtsvorschrift** berechtigt wäre, den Verwaltungsakt nicht zu erlassen, soweit der Begünstigte von der Begünstigung noch keinen Gebrauch gemacht oder aufgrund des Verwaltungsakts noch keine Leistungen empfangen hat, und wenn ohne den Widerruf das **öffentliche Interesse** gefährdet würde (Nr. 4);

sowie

- um **schwere Nachteile** für das **Gemeinwohl** zu verhüten oder zu beseitigen (Nr. 5).

Bezeichnend ist, dass in § 49 Abs. 2 S. 1 VwVfG der Begriff des »Vertrauens« (im **755** Gegensatz zu § 48 Abs. 2 und 3 VwVfG) nicht gebraucht wird, obwohl der Vertrauensschutz gerade bei rechtmäßigen Verwaltungsakten eine besondere Rolle spielen müsste. Der Grund hierfür liegt in der **Disparität der Widerrufsgründe.** Wenn ein Verwaltungsakt einen Widerrufsvorbehalt enthält oder der Widerruf durch Rechtsvorschrift zugelassen ist (§ 49 Abs. 2 S. 1 Nr. 1 VwVfG), kann der Begünstigte auf den Bestand des Verwaltungsakts von vornherein nicht vertrauen. Ähnliches gilt für die Erfüllung einer mit der Hauptregelung verbundenen Auflage, die der Begünstigte nicht oder nicht innerhalb einer ihm gesetzten Frist erfüllt hat (§ 49 Abs. 2 S. 1 Nr. 2 VwVfG). In diesem Fall hat es der Begünstigte in der Hand, den Widerruf abzuwenden: Ein Vertrauen darauf, dass ein Verwaltungsakt trotz Nichterfüllung einer mit ihm verbundenen Auflage aufrechterhalten bleibt, ist nicht schutzwürdig.[43] § 49 Abs. 2 S. 1 Nr. 3 VwVfG betrifft die **nachträgliche Änderung der Sachlage**, Nr. 4 die der **Rechtslage** und damit das oben skizzierte Kernproblem des Widerrufsrechts. Eine Abwägung zwischen dem Vertrauen auf den Bestand des Verwaltungsakts und dem öffentlichen Interesse an seinem Widerruf ist bei diesen Widerrufsgründen schon abstrakt erfolgt, weil Tatbestandsvoraussetzung die Gefährdung des öffentlichen Interesses ist. Überdies hat der Begünstigte einen **Anspruch** auf **Ersatz** des **Vertrauensschadens** (§ 49 Abs. 6 S. 1 VwVfG). Der Widerrufsgrund nach § 49

---

43 Entgegen dem vom BVerwG erweckten Eindruck (BVerwGE 65, 139 [141]) ist jedoch daran festzuhalten, dass die Auflage *rechtmäßig* sein muss und ein Verwaltungsakt nicht etwa widerrufen werden kann, wenn die Auflage auf Anfechtung des Begünstigten aufgehoben worden ist; vgl. oben Rn. 596.

Abs. 2 S. 1 Nr. 5 VwVfG steigert die Gefährdung öffentlicher Interessen zu »schweren Nachteilen für das Gemeinwohl«, führt indessen auch zu einem Ersatz des Vertrauensschadens.

4. Widerruf von Zuwendungsbescheiden (§ 49 Abs. 3 VwVfG)

756 Nach § 49 Abs. 3 S. 1 VwVfG kann ein rechtmäßiger Verwaltungsakt, der eine einmalige oder laufende Geldleistung oder teilbare Sachleistung zur Erfüllung eines bestimmten Zwecks gewährt oder hierfür Voraussetzung ist, auch mit **Wirkung für die Vergangenheit** widerrufen werden, wenn die Leistung nicht, nicht alsbald nach der Erbringung oder nicht mehr für den in dem Verwaltungsakt bestimmten Zweck verwendet wird (Nr. 1) oder mit dem Verwaltungsakt eine Auflage verbunden ist und der Begünstigte diese nicht oder nicht innerhalb einer ihm gesetzten Frist erfüllt hat (Nr. 2).

757 Der im Wege der Novellierung in § 49 VwVfG eingefügte Absatz 3[44] beendet eine regelungstechnisch überaus unbefriedigende Gesetzeslage. Der für begünstigende Verwaltungsakte zunächst allein anwendbare § 49 Abs. 2 VwVfG ermöglicht den Widerruf nur mit **Wirkung** für die **Zukunft.** Dies hatte zur Folge, dass **rechtmäßige Zuwendungsbescheide** nicht mit **Wirkung** für die **Vergangenheit** widerrufen werden konnten, auch wenn die Zuwendung zweckwidrig verwendet worden war. Einen Ausweg aus diesem erst nach Inkrafttreten des Verwaltungsverfahrensgesetzes erkannten Dilemma[45] suchte der Gesetzgeber in der Einfügung einer Vorschrift in die Bundeshaushaltsordnung, die zum Widerruf von Zuwendungsbescheiden mit Wirkung für die Vergangenheit ermächtigte, sofern die Zuwendungen nicht zweckentsprechend verwandt wurden (§ 44 a Abs. 1 BHO a. F.).[46] Da die Bundeshaushaltsordnung nur für Zuwendungen aus Bundesmitteln Anwendung findet, hatten die Bundesländer entsprechende Widerrufsvorschriften in die Landeshaushaltsordnungen (bzw. die jährlichen Haushaltsgesetze) oder die Verwaltungsverfahrensgesetze aufgenommen.[47] § 44 a Abs. 2 BHO a. F. sah darüber hinaus einen Erstattungsanspruch für Zuwendungen vor, die mit Wirkung für die Vergangenheit widerrufen oder zurückgenommen worden waren. Entsprechende Vorschriften enthielten die Landeshaushaltsordnungen bzw. Verwaltungsverfahrensgesetze der Länder.

758 Im Fall 35 richtete sich die Rücknahme der Bewilligungsbescheide aus dem Jahr 1983 nach § 48 VwVfG, während Rechtsgrundlage des Erstattungsanspruchs § 44 a Abs. 2 BHO a. F. gewesen ist. Variiert man den Fall dahingehend, dass eine durch *rechtmäßigen* Zuwendungsbescheid gezahlte Zuwendung zweckwidrig verwendet worden wäre, hätte sich der Widerruf des Bescheides nach § 44 a Abs. 1 BHO a. F. gerichtet, während der Erstattungsanspruch aus § 44 a Abs. 2 BHO a. F. gefolgt wäre.

759 Die nunmehr mit § 49 Abs. 3 VwVfG getroffene Regelung macht die bisherigen haushaltsrechtlichen Vorschriften überflüssig,[48] wirft jedoch die gleichen Auslegungsprobleme auf wie jene. Schwierig ist insbesondere die Bestimmung des Zwecks von Zuwendungen,[49] dessen Verfehlung zum Widerruf berechtigt.

---

44 Gesetz vom 2. 5. 1996 (BGBl. I S. 656).

45 Vgl. *M. Sachs,* in: Stelkens/Bonk/Sachs, VwVfG, § 49 Rn. 88 ff.

46 Eingefügt durch Gesetz vom 14. 7. 1980 (BGBl. I S. 955).

47 Nachw. bei *W. Klappstein,* in: Knack/Henneke, VwVfG, 6. Aufl. 1998, Anhang zu § 49.

48 § 44 a BHO ist durch Gesetz vom 2. 5. 1996 (BGBl. I S. 656) aufgehoben worden. Entsprechend sind die Landesgesetzgeber verfahren.

49 Vgl. *M. Sachs,* in: Stelkens/Bonk/Sachs, VwVfG, § 49 Rn. 94; *H. Meyer,* in: Knack/Henneke, VwVfG, § 49 Rn. 67 ff.; *C. Gröpl,* VerwArch 88 (1997), S. 34 ff.

5. Ersatz des Vertrauensschadens (§ 49 Abs. 6 VwVfG)

Soweit ein Verwaltungsakt aus Gründen des **öffentlichen Interesses** (§ 49 Abs. 2 S. 1   760
Nr. 3 bis 5 VwVfG) widerrufen wird, hat die Behörde den Betroffenen für den
Vermögensnachteil zu entschädigen, den dieser dadurch erleidet, dass er auf den
Bestand des Verwaltungsakts **vertraut** hat (§ 49 Abs. 6 S. 1 VwVfG). § 48 Abs. 3
Sätze 3 bis 5 VwVfG gelten entsprechend (§ 49 Abs. 6 S. 2 VwVfG). Dies bedeutet,
dass die Entschädigung vom Betroffenen zu beantragen ist und von der Behörde
festgesetzt wird. Sofern die in § 48 Abs. 3 S. 5 VwVfG bestimmte **Jahresfrist** begin-
nen soll, muss der Betroffene auf sie hingewiesen worden sein.[50]

Während für Streitigkeiten über die Entschädigung wegen Rücknahme eines Ver-   761
waltungsakts der **Verwaltungsrechtsweg** eröffnet ist,[51] ist für Streitigkeiten über die
Entschädigung wegen des Widerrufs von Verwaltungsakten der **ordentliche Rechtsweg** gegeben (§ 49 Abs. 6 S. 3 VwVfG).[52] Der Entschädigungsanspruch setzt jedoch
voraus, dass der Widerruf *rechtmäßig* war. In Anwendung der vom Bundesverfassungsgericht im »Nassauskiesungsbeschluss« entwickelten Grundsätze[53] besteht **kein
Wahlrecht** dergestalt, dass der Betroffene *entweder* den Widerruf anfechten *oder* eine
Entschädigung begehren kann. Soweit der Betroffene den Widerruf für *rechtswidrig*
hält, sind hiergegen Widerspruch und Anfechtungsklage die allein statthaften Rechtsbehelfe.

6. Verhältnis zu anderen Widerrufsvorschriften und Ausschluss des Widerrufs

Zahlreiche Verwaltungsgesetze enthalten **spezielle Widerrufsregeln,** die abschließend   762
sind und die Anwendung des § 49 VwVfG insoweit verdrängen.[54] Im Einzelfall ist zu
prüfen, ob die bundesrechtliche Regelung **abschließend** ist oder eine Anwendung des
§ 49 VwVfG bzw. der entsprechenden landesrechtlichen Vorschrift zulässt.

> Im Fall 34 ist zunächst zu prüfen, ob die Voraussetzungen des § 15 Abs. 2 GastG vorliegen, nach   763
> dem die Gaststättenerlaubnis zu widerrufen *ist,* wenn nachträglich Tatsachen eintreten, die die
> Versagung der Erlaubnis nach § 4 Abs. 1 S. 1 Nr. 1 GastG (wegen fehlender Zuverlässigkeit) recht-
> fertigen würden. Das BVerwG hat insoweit die Feststellungen des Berufungsgerichts, das die
> tatsächlichen Voraussetzungen eines Widerrufs nach § 15 Abs. 2 GastG für nicht gegeben hielt,
> bestätigt.[55] Die Behörde hatte den Widerruf daneben aber auf § 49 Abs. 2 S. 1 Nr. 3 VwVfG NW
> i. V. m. § 4 Abs. 1 S. 1 Nr. 3 GastG gestützt. Nach § 4 Abs. 1 S. 1 Nr. 3 GastG ist die Gaststätten-
> erlaubnis zu versagen, wenn der Gewerbebetrieb im Hinblick auf seine örtliche Lage oder die
> Verwendung der Räume dem öffentlichen Interesse widerspricht. Da dieser Versagungsgrund in
> § 15 Abs. 2 GastG nicht in Bezug genommen ist, hält das BVerwG wegen dessen abschließender
> Regelung einen Widerruf auch über § 49 Abs. 2 S. 1 Nr. 3 VwVfG NW nicht für zulässig.[56] Die
> Entscheidung ist schon deshalb überzeugend, weil ein nach Erteilung der Erlaubnis eingetretener

---

50 Vgl. oben Rn. 746.
51 Nach § 48 Abs. 6 VwVfG a. F. war hinsichtlich des Rechtswegs danach zu unterscheiden, ob eine
   Entschädigung »wegen enteignungsgleichen Eingriffs« in Betracht kam. Diese – verwirrende –
   Regelung ist durch das Änderungsgesetz vom 2. 5. 1996 (BGBl. I S. 656) gestrichen worden.
52 Vgl. zu den Folgeproblemen *K. Rennert,* in: Eyermann, VwGO, § 40 Rn. 113.
53 Vgl. BVerfGE 58, 300 (322 ff.); dazu *M. Sachs,* in: Stelkens/Bonk/Sachs, VwVfG, § 49 Rn. 124 ff.
54 Vgl. die Beispiele bundesrechtlicher Sonderregelungen bei *H. Meyer,* in: Knack/Henneke, VwVfG,
   § 49 Rn. 5 ff.
55 So BVerwGE 81, 74 (76 f.).
56 So BVerwGE 81, 74 (78 ff.).

> Versagungsgrund nach § 4 Abs. 1 S. 1 Nr. 3 GastG im Wege der Auflage (§ 5 Abs. 1 GastG) ausgeräumt werden kann. Soweit die Auflage nicht erfüllt ist, kann die Erlaubnis nach § 15 Abs. 3 Nr. 2 GastG widerrufen werden. Die speziellen Widerrufsvorschriften des § 15 Abs. 2 und 3 GastG sind also keineswegs enger als die des § 49 VwVfG, verhindern aber einen Missbrauch der gewerberechtlichen Systematik: Da der G eine Duldung des Drogenhandels nicht nachzuweisen war, hatte die Behörde ihren Widerruf (offenbar »hilfsweise«) damit begründet, mit dem Drogenkonsum sei eine im Sinne des § 4 Abs. 1 S. 1 Nr. 3 GastG dem öffentlichen Interesse widersprechende Verwendung der Räume gegeben. Diese rabulistisch anmutende Ausdehnung des Immissionsschutzgedankens hat das BVerwG zu Recht zurückgewiesen.

764 Soweit sich Verwaltungsakte als Teil eines **Rechtsetzungsverfahrens** darstellen, ist ein Widerruf **ausgeschlossen.** Ebenso wenig wie die **Rücknahme** einer Satzungsgenehmigung in Betracht kommt,[57] kann eine Satzungsgenehmigung mit der Begründung **widerrufen** werden, die Satzung sei inzwischen rechtswidrig geworden.[58]

III. Erstattung von Leistungen (§ 49 a VwVfG)

765 Mit dem ebenfalls im Wege der Novellierung in das Verwaltungsverfahrensgesetz eingefügten § 49 a ist der bislang in § 44 a Abs. 2 BHO und den entsprechenden landesrechtlichen Regelungen positivierte **öffentlich-rechtliche Erstattungsanspruch** in das Verwaltungsverfahrensgesetz übernommen worden. § 49 a VwVfG ist nicht anzuwenden, soweit Spezialgesetze ihrerseits Erstattungsansprüche begründen.[59]

766 Der Anspruch auf Erstattung einer erbrachten Leistung nach § 49 a Abs. 1 S. 1 VwVfG setzt voraus, dass der Verwaltungsakt zurückgenommen oder widerrufen worden oder infolge einer auflösenden Bedingung unwirksam geworden ist. Was zunächst als umständliche Konstruktion erscheinen mag, erweist sich bei näherem Hinsehen als notwendige Regelung. Der öffentlich-rechtliche Erstattungsanspruch bildet eine Parallele zum zivilrechtlichen Bereicherungsanspruch.[60] Der Bereicherungsanspruch setzt nach § 812 Abs. 1 S. 1 BGB voraus, dass jemand etwas ohne rechtlichen Grund erlangt hat. Alternativ ist der Bereicherungsanspruch gegeben, wenn der Rechtsgrund später wegfällt oder der nach dem Inhalt des Rechtsgeschäfts mit der Leistung bezweckte Erfolg nicht eintritt (§ 812 Abs. 1 S. 2 BGB). Soweit Leistungen aufgrund eines **Verwaltungsakts** erbracht werden, stellt dieser den **Rechtsgrund** der Leistung dar. Rechtsgrund ist mit anderen Worten nicht der abstrakte **gesetzliche Anspruch,** sondern der konkrete **Bewilligungsbescheid.** Solange dieser **wirksam** ist, ist die Leistung **nicht rechtsgrundlos** erbracht worden, so dass es an der wesentlichen Voraussetzung des Bereicherungsanspruchs fehlen würde.

767 > Gesetzt den Fall, im Fall 35 hätte die zuständige Behörde die A gewährte Überbrückungshilfe unter Hinweis auf die Entscheidung der Kommission zurückgefordert, hätte diese zu Recht entgegnen können, sie habe die Überbrückungshilfe aufgrund wirksamer Bescheide erlangt. Die Behörde musste deshalb die Bescheide zurücknehmen, bevor sie den Erstattungsanspruch geltend machen konnte.

---

57 Vgl. *Kopp/Ramsauer*, VwVfG, § 48 Rn. 39.
58 So BVerwGE 90, 88 (90).
59 Vgl. *M. Sachs,* in: Stelkens/Bonk/Sachs, VwVfG, § 49 a Rn. 3 f.
60 So *F. Ossenbühl*, Staatshaftungsrecht, 5. Aufl. 1998, S. 415.

Nach § 49a Abs. 1 S. 2 VwVfG ist die zu erstattende Leistung durch **schriftlichen** 768
Verwaltungsakt festzusetzen. Damit hat die **Verwaltungsaktsbefugnis,** die beim
öffentlich-rechtlichen Erstattungsanspruch stets zweifelhaft war, eine gesetzliche
Grundlage gefunden. Einer besonderen Regelung bedurfte auch die Pflicht, den zu
erstattenden Betrag vom Eintritt der Unwirksamkeit des Verwaltungsakts an zu **ver-
zinsen** (§ 49a Abs. 3 S. 1 VwVfG). Eine entsprechende Verzinsungspflicht begründet
§ 49a Abs. 4 S. 1 VwVfG, wenn eine Leistung nicht alsbald nach der Auszahlung für
den bestimmten Zweck verwendet wird.

Im Übrigen gelten die Vorschriften des Bürgerlichen Gesetzbuchs über die Heraus- 769
gabe einer **ungerechtfertigten Bereicherung** entsprechend (§ 49a Abs. 2 S. 1
VwVfG). Dies bedeutet, dass der Empfänger den Wert zu ersetzen hat, wenn die
Herausgabe wegen der Beschaffenheit des Erlangten nicht möglich ist oder er aus
einem anderen Grunde zur Herausgabe außerstande ist (§ 818 Abs. 2 BGB). Grundsätzlich kann sich der Begünstigte auch auf den Wegfall der Bereicherung berufen
(§ 818 Abs. 3 BGB). Die Berufung auf den Wegfall der Bereicherung entfällt jedoch,
soweit der Begünstigte die Umstände kannte oder infolge grober Fahrlässigkeit nicht
kannte, die zur Rücknahme, zum Widerruf oder zur Unwirksamkeit des Verwaltungsakts geführt haben (§ 49a Abs. 2 S. 2 VwVfG).

IV. Wiederaufgreifen des Verfahrens (§ 51 VwVfG)

1. Das Verhältnis von Rücknahme und Widerruf zum Wiederaufgreifen des Verfahrens

§§ 48, 49 VwVfG ermächtigen die zuständigen Behörden, die Wirksamkeit der von 770
ihnen erlassenen Verwaltungsakte unter bestimmten Voraussetzungen zu beenden
(§ 43 Abs. 2 VwVfG). Rücknahme und Widerruf sind folglich Verwaltungsakte, die
die »Bestandskraft« anderer – nämlich der widerrufenen oder zurückgenommenen –
Verwaltungsakte *durchbrechen.* Unerörtert ist bislang geblieben, ob ggf. der Adressat
oder ein Dritter einen **Anspruch** auf **Rücknahme** oder **Widerruf** eines Verwaltungsakts haben kann, weil der Ermächtigungscharakter dieser Rechtsinstitute im Vordergrund der Darstellung stand.

Von vornherein auszuscheiden ist bei dieser Fragestellung die Rücknahme und der 771
Widerruf im **Rechtsbehelfsverfahren,** weil hierfür § 50 VwVfG eine spezielle Regelung enthält.[61] Sofern es sich um die **Aufhebung** eines Verwaltungsakts im Rechtsbehelfsverfahren handelt (§ 113 Abs. 1 S. 1 VwGO), liegt begrifflich bereits keine
Rücknahme im Sinne des § 48 VwVfG vor. Denkbar ist indes, dass der Adressat eines
Verwaltungsakts oder ein Dritter die Änderung einer behördlichen Entscheidung
begehrt, obwohl die Rechtsbehelfsfrist abgelaufen oder ein Rechtsbehelfsverfahren
erfolglos abgeschlossen ist. In diesem Falle stellt sich nicht die Frage, ob und unter
welchen Voraussetzungen die Behörde von sich aus den Verwaltungsakt zurücknehmen oder widerrufen kann, weil §§ 48, 49 VwVfG ja bereits eine materiell-rechtliche
Prüfung des Verwaltungsakts voraussetzen. Die Frage ist vielmehr, ob und ggf. unter
welchen Voraussetzungen der Adressat eines Verwaltungsakts oder ein Dritter einen
Anspruch darauf hat, dass die Behörde diese **Prüfung** überhaupt vornimmt.

---

61 Vgl. oben Rn. 720.

772 Im Fall 36 geht es ersichtlich nicht darum, dass die Behörde den D erteilten Bescheid »zurücknähme« oder »widerriefe«. D kommt es vielmehr darauf an, dass sich die Behörde mit seiner Angelegenheit überhaupt beschäftigt, eine rechtliche Prüfung vornimmt und ihn erneut bescheidet. Dass damit der ursprüngliche (ablehnende) Bescheid obsolet wird, ist offensichtlich, gerade dies aber will D erreichen.

773 Von der materiell-rechtlich determinierten Frage der Rücknahme und des Widerrufs ist folglich die **verfahrensrechtliche Frage** zu unterscheiden, ob das Verwaltungsverfahren überhaupt wieder aufgenommen wird oder die Behörde auf den ergangenen (unanfechtbaren) Verwaltungsakt verweist. Hätte es mit den Vorschriften der §§ 48, 49 VwVfG sein Bewenden, läge das Wiederaufgreifen des Verfahrens im **Ermessen** der Behörde. Wenn nämlich die Behörde nur *ermächtigt,* nicht aber *verpflichtet* ist, einen (unanfechtbaren) Verwaltungsakt zurückzunehmen oder zu widerrufen, so müsste folgerichtig die der materiell-rechtlichen Prüfung vorgelagerte Entscheidung über die erneute Sachprüfung ebenfalls in das Ermessen der Behörde gestellt sein. Indessen wäre es naheliegend, dass unter bestimmten Voraussetzungen das Ermessen reduziert wäre und ein Rechtsanspruch auf eine erneute Sachprüfung bestünde. § 51 VwVfG hat insofern die wichtige Funktion, unter bestimmten Voraussetzungen einen **Anspruch** auf **Wiederaufgreifen** des Verwaltungsverfahrens zu begründen, das im Übrigen im Ermessen der Behörde steht.[62] Sofern die Voraussetzungen des § 51 Abs. 1 VwVfG vorliegen, *muss* die Behörde erneut entscheiden, im Übrigen *kann* sie eine erneute Sachprüfung vornehmen.

2. Rechtsanspruch auf Wiederaufgreifen des Verfahrens (§ 51 Abs. 1 VwVfG)

774 Die Behörde **hat** auf Antrag des Betroffenen über die Aufhebung oder Änderung eines unanfechtbaren Verwaltungsakts zu entscheiden, wenn

- sich die dem Verwaltungsakt zugrunde liegende **Sach- oder Rechtslage** nachträglich zugunsten des Betroffenen **geändert** hat (Nr. 1);
- neue **Beweismittel** vorliegen, die eine dem Betroffenen **günstigere Entscheidung** herbeigeführt haben würden (Nr. 2);
- **Wiederaufnahmegründe** entsprechend § 580 ZPO gegeben sind (Nr. 3).

775 Sofern sich die **Sach- oder Rechtslage** zugunsten des Betroffenen geändert hat und ein ursprünglich abgelehnter Verwaltungsakt nunmehr erlassen werden müsste, wird mit einem Antrag im Grunde die Einleitung eines neuen Verwaltungsverfahrens angestrebt. Dass diesem Verfahren nicht ein aufgrund einer überholten Sach- und Rechtslage erlassener Verwaltungsakt entgegenstehen kann, erscheint auf den ersten Blick selbstverständlich. Andererseits kann der Verfahrensgegenstand identisch sein, so dass ein neuer Antrag auch darauf abzielen müsste, den ursprünglichen Verwaltungsakt zu beseitigen.

776 Im Fall 36 richtete sich die behördliche Entscheidung ursprünglich nach dem Gesetz über die Führung akademischer Grade vom 7. 6. 1939 (RGBl. I S. 985).[63] Nach § 2 Abs. 1 des Gesetzes, das als Landesrecht weiter galt (Art. 123 Abs. 1 GG), bedurfte die Führung eines akademischen Grades, der an einer ausländischen Hochschule erworben worden war, der Genehmigung (sog. »Nostrifizierung«). Später haben die Bundesländer die Führung ausländischer akademischer Grade in den

---

62 Vgl. *M. Sachs,* in: Stelkens/Bonk/Sachs, VwVfG, § 51 Rn. 13 ff.; *H. Meyer,* in: Knack/Henneke, VwVfG, § 51 Rn. 10, 56.
63 Vgl. BVerwGE 82, 272 (273).

Landeshochschulgesetzen geregelt.[64] Variiert man den Fall 36 dahingehend, dass D geltend macht, das einschlägige Hochschulgesetz ermögliche die Titelführung unter erleichterten Voraussetzungen, so wären die Voraussetzungen des § 51 Abs. 1 Nr. 1 VwVfG (Änderung der Rechtslage) gegeben und D hätte folgerichtig einen Anspruch darauf, dass die zuständige Behörde erneut entscheidet.

Sofern die Sach- und Rechtslage unverändert bleibt, sich aber die **Beweislage** zu-   **777** gunsten des Betroffenen verändert hat, begründet § 51 Abs. 1 **Nr. 2** VwVfG einen Anspruch auf Wiederaufgreifen des Verfahrens. Die zulässigen Beweismittel sind in § 26 Abs. 1 VwVfG benannt. Fraglich ist, wann derartige Beweismittel als »neu« anzusehen sind.[65] Neu sind in jedem Fall Beweismittel, die zum Zeitpunkt der behördlichen Entscheidung noch nicht existiert haben, aber auch solche, die von der Behörde noch nicht verwertet worden sind. Die Fehlbewertung berücksichtigter Beweismittel soll demgegenüber keinen Grund zum Wiederaufgreifen des Verfahrens darstellen.[66]

Im Fall 36 hat das BVerwG entschieden, dass »fachliche Meinungen, wissenschaftliche Ansichten   **778** und bloße Folgerungen sachkundiger Personen für sich gesehen nicht genügen, um als Gegenstand neuer Beweismittel einen Anspruch auf Wiederaufgreifen zu begründen.«[67] Dies ist allerdings eine Frage des Einzelfalls, denn »Auskünfte bzw. Äußerungen von Sachverständigen« sind nach § 26 Abs. 1 S. 2 Nr. 1 und 2 VwVfG als Beweismittel im Verwaltungsverfahren ausdrücklich zugelassen.

Nach § 51 Abs. 1 **Nr. 3** VwVfG werden die **Restitutionsgründe** des § 580 ZPO   **779** inkorporiert. Damit wird der frühere Streit, ob die Wiederaufnahmegründe des § 580 ZPO einen Anspruch auf Wiederaufgreifen gewähren,[68] gesetzeskräftig entschieden.

3. Zulässigkeit des Wiederaufgreifensantrags

Der Antrag auf Wiederaufgreifen des Verfahrens ist nur zulässig, wenn der Verwal-   **780** tungsakt **unanfechtbar** ist, also mit den verwaltungsprozessualen Rechtsbehelfen nicht mehr angefochten werden kann.[69]

Weitere Zulässigkeitsvoraussetzung ist, dass der Betroffene ohne grobes Verschulden   **781** außerstande war, den Grund für das Wiederaufgreifen in dem früheren Verfahren, insbesondere durch Rechtsbehelf, geltend zu machen (§ 51 Abs. 2 VwVfG). Die Gründe, die zu einem früheren Zeitpunkt hätten geltend gemacht werden können, sind vom Vortrag ausgeschlossen (präkludiert) und machen den Antrag unzulässig.[70] Bevor geprüft wird, ob ein Wiederaufgreifensgrund nach § 51 Abs. 1 Nr. 1–3 VwVfG vorliegt und die übrigen Voraussetzungen des Wiederaufgreifens gegeben sind, muss

---

64 Vgl. § 37 Abs. 1 S. 1 HG Bad.-Württ.; Art. 68 Abs. 1 S. 1 BayHschG; § 34 a Abs. 1 S. 1 BerlHG; § 28 Abs. 1 S. 1 BbgHG; § 64 b S. 1 BremHG; § 69 Abs. 1 S. 1 HmbHG; § 22 Abs. 1 S. 1 HHG; § 42 Abs. 1 S. 1 LHG M-V; § 10 Abs. 1 S. 1 NHG; § 69 Abs. 2 HG NW; § 31 Abs. 2 HG RhPf; § 44 Abs. 1 S. 1 SächsHSG; § 19 Abs. 1 S. 1 HGLSA; § 57 Abs. 1 S. 1 HG Schl.-H.; § 53 Abs. 3 und 4 ThürHG.

65 Vgl. *M. Sachs*, in: Stelkens/Bonk/Sachs, VwVfG, § 51 Rn. 119 ff.; *H. Meyer*, in: Knack/Henneke, VwVfG, § 51 Rn. 41 f.

66 Nachw. bei *M. Sachs*, in: Stelkens/Bonk/Sachs, VwVfG, § 51 Rn. 119.

67 So BVerwGE 82, 272 (277).

68 Nachw. bei *M. Sachs*, in: Stelkens/Bonk/Sachs, VwVfG, § 51 Rn. 122 f.

69 Vgl. *H. Meyer*, in: Knack/Henneke, VwVfG, § 51 Rn. 48 ff.; *M. Sachs*, JuS 1982, S. 264 (265).

70 Vgl. *Kopp/Ramsauer*, VwVfG, § 51 Rn. 44.

folglich geprüft werden, ob dieser Grund in dem früheren Verfahren hätte geltend gemacht werden können.

782 Im Fall 36 spricht vieles dafür, dass die vorgelegten Dokumente nicht etwa als Beweismittel ungeeignet waren, sondern dass sie in den früheren Verwaltungsstreitverfahren hätten vorgelegt werden können. In diesem Fall wäre der Antrag auf Neubescheidung unzulässig gewesen.

783 Der Antrag muss binnen **drei Monaten,** nachdem der Betroffene von dem Grund für das Wiederaufgreifen Kenntnis erhalten hat, gestellt werden (§ 51 Abs. 3 VwVfG).

4. Rechtsnatur der Entscheidung nach § 51 VwVfG

784 Die Entscheidung der Behörde über das Wiederaufgreifen des Verfahrens nach § 51 VwVfG ist ein **Verwaltungsakt,** der mit der **Verpflichtungsklage** (§ 42 Abs. 1 2. Alt. VwGO) erstritten werden kann.[71] Die Regelung liegt in der behördlichen Entscheidung darüber, ob dem Betroffenen der in § 51 Abs. 1 VwVfG begründete **Anspruch** zusteht oder nicht. Von dem auf das Wiederaufgreifen des Verfahrens gerichteten Rechtsbehelf ist die auf eine bestimmte Sachentscheidung (»Zweitbescheid«) gerichtete Klage zu unterscheiden. In der Rechtsprechung werden beide Verwaltungsakte nicht stets auseinander gehalten.[72] Der Rechtsschutz besteht unabhängig davon, ob die Behörde bei ihrer **ursprünglichen Sachentscheidung** bleibt (sog. »wiederholende Verfügung«) oder ob sie eine **abweichende Entscheidung** trifft (sog. »Zweitbescheid«). In der Rechtsprechungspraxis zeichnet sich demgegenüber die Tendenz ab, die verfahrensrechtliche mit der materiell-rechtlichen Ebene zu verbinden.[73] Dies bedeutet, dass ein Anspruch auf Wiederaufgreifen nach § 51 Abs. 1 VwVfG nur unter der Voraussetzung bejaht wird, dass die Behörde auch eine **andere Sachentscheidung** zu treffen bereit ist. Prozessökonomische Gründe mögen für diese Verbindung sprechen, die gesetzliche Regelung allerdings zwingt dazu, die verfahrensrechtliche von der materiell-rechtlichen Ebene streng zu unterscheiden.[74]

V. Rechtsprechung

785 EuGHE 1997, I-1591 (»Alcan II«); **EuGH,** DVBl. 2003, S. 319 (Verpflichtung zur Rückforderung einer rechtswidrigen Beihilfe zugunsten der WestLB); **EuGH,** NVwZ 2004, S. 459 (Aufhebung eines gemeinschaftsrechtswidrigen nicht begünstigenden Verwaltungsakts – »Kühne & Heitz«); **BVerfGE** 59, 128 (Rücknahme eines begünstigenden Verwaltungsakts – verfassungsrechtliche Grundlagen); **BVerfG,** NJW 2000, S. 2015 (Rücknahme einer gemeinschaftsrechtswidrigen Subventionsbewilligung); **BVerwGE** 30, 132; E 32, 12 (Voraussetzungen eines Widerrufs); E 44, 333 (Wiederaufgreifen des Verfahrens); E 56, 230 (Rücknahme eines verfahrensfehlerhaften Verwaltungsakts); E 67, 129 (Änderung eines Gebührenbescheids zum Nachteil des Betroffenen); E 68, 151 (Rücknahme der Zurückstellung vom Wehrdienst); E 68, 267 (Widerruf, vorherige Anhörung); E 70, 110 (Wiederaufgreifen des Verfahrens nach rechtskräftigem Urteil); E 70, 356 (Rücknahmefrist); E 71, 234 (Widerruf einer Waffenbesitzkarte); E 74, 357 (Rücknahme eines gegen EG-Recht verstoßenden Verwaltungsakts); E 81, 74 (Widerruf einer Gaststättenerlaubnis); E 87, 103 (Rücknahme eines BAföG-Bescheides nach §§ 44 ff. SGB X); E 78, 332 (Wiederaufgreifen im Asylverfahrensrecht); E 82, 272 (Führung eines ausländischen akademischen Grades, Wiederaufgreifen

---

71 Vgl. *M. Sachs,* in: Stelkens/Bonk/Sachs, VwVfG, § 51 Rn. 69; *Kopp/Ramsauer,* VwVfG, § 51 Rn. 53.
72 Vgl. BVerwGE 28, 122 (127); 44, 333 (336).
73 Vgl. *M. Sachs,* in: Stelkens/Bonk/Sachs, VwVfG, § 51 Rn. 71 f.
74 Vgl. *M. Sachs,* in: Stelkens/Bonk/Sachs, VwVfG, § 51 Rn. 72.

des Verfahrens); **E** 88, 278 (Rücknahmevoraussetzungen); **E** 92, 81 (Rücknahme einer gemeinschaftsrechtlichen Investitionszulagenbescheinigung); **E** 95, 86 (Wiederaufgreifen nach § 51 VwVfG und allgemeinen Grundsätzen); **E** 98, 298 (Rücknahme einer Aufenthaltsgenehmigung); **E** 100, 199 (Rücknahmefrist); **E** 104, 115 (Begrenzung des Wiederaufgreifens nach § 51 Abs. 1 Nr. 1 VwVfG auf Dauerverwaltungsakte); **E** 105, 55 (Widerruf einer Subventionsbewilligung); **E** 105, 214 (Widerruf einer ärztlichen Approbation); **E** 106, 171 (Wiederaufgreifen des Verfahrens; Asylfolgeantrag); **E** 106, 328 (Rücknahme einer gemeinschaftsrechtswidrigen Subventionsbewilligung – »Alcan«); **E** 110, 226 (Zuständigkeit für die Rücknahme, Rücknahmefrist); **E** 115, 274 (»Brigitta«); **E** 130, 209 (Rechtsgrundlage für zeitnahe Rücknahme einer erschlichenen Einbürgerung); **E** 135, 238 (Subventionsbewilligung unter dem Vorbehalt der Nachprüfung); **BVerwG,** DVBl. 2000, S. 907 (Rücknahmebescheid nach § 48 VwVfG gegen einen Dritten); **BVerwG,** DVBl. 2001, S. 306 (Widerruf einer Zuwendungsbewilligung nur »dem Grunde nach« nicht möglich); **BVerwG,** NWVBl. 2000, S. 177 (Rückforderung beamtenrechtlicher Bezüge nach Rücknahme der Ernennung); **BVerwG,** BayVBl. 2001, S. 58 (Wiederaufgreifen des Verfahrens – neue Beweismittel); **BVerwG,** NVwZ 2002, S. 482 (Rechtsnatur der Wiederholung einer Ablehnung des Wiederaufgreifens des Verfahrens); **BVerwG,** NVwZ 2003, S. 221 (Verwendung einer Leistung »alsbald« nach der Auszahlung); **BVerwG,** DVBl. 2006, S. 118 (Rückforderung eines Darlehns durch VA); **VGH Mannheim,** NVwZ-RR 2002, S. 621 (Aufhebung eines rechtswidrig gewordenen Verwaltungsakts).

VI. Literatur

G. Beaucamp, Die Aufhebung bzw. Änderung von Verwaltungsakten durch den Gesetzgeber, DVBl. **786** 2006, S. 1401; *G. Britz/T. Richter,* Die Aufhebung eines gemeinschaftsrechtswidrigen nicht begünstigenden Verwaltungsakts, JuS 2005, S. 198; *M. Cornils,* Zur Anwendbarkeit des § 50 VwVfG: Wahlfreiheit der Verwaltung oder Vorrang des Widerspruchsverfahrens?, Verw. 33 (2000), S. 485; *S. Detterbeck,* Das Verwaltungsakt-Wiederholungsverbot, NVwZ 1994, S. 35; *D. Ehlers/U.-J. Schröder,* Der Widerruf von Verwaltungsakten, Jura 2010, S. 503, 824; *H.-U. Erichsen/B. Ebber,* Das Wiederaufgreifen unanfechtbar abgeschlossener Verwaltungsverfahren gem. § 51 VwVfG, Jura 1997, S. 424 ff.; *H.-U. Erichsen/D. L. Brügge,* Die Rücknahme von Verwaltungsakten nach § 48 VwVfG, Jura 1999, S. 155; *C. Fink/E. Gurlit,* Die Rückabwicklung formell unionsrechtswidriger Beihilfen, Jura 2011, S. 87 ff.; *B. Hildebrandt/N. Castillon,* Rückforderung gemeinschaftsrechtswidriger nationaler Beihilfen, NVwZ 2006, S. 298; *J. Hüttenbrink/C. Windmöller,* Erstattungsansprüche nach § 49 a Abs. 1 VwVfG, SächsVBl. 2001, S. 181; *M. Ibler,* Kann der Widerruf eines Verwaltungsakts widerrufen werden?, NVwZ 1993, S. 451; *J. Ipsen,* Verbindlichkeit, Bestandskraft und Bindungswirkung von Verwaltungsakten, Verw. 17 (1984), S. 169; *W. Kahl/P. Hilbert,* Das nachträglich zerronnene Subventionsglück, Jura 2011, S. 948; *D. Krausnick,* Grundfälle zu §§ 48, 49 VwVfG, JuS 2010, S. 594, 681, 778; *M. Lehner,* Der rückwirkende Widerruf von begünstigenden Verwaltungsakten nach dem Eintritt der Sachverhaltsänderung, Verw. 26 (1993), S. 183; *A. Lenze,* Die Bestandskraft von Verwaltungsakten nach der Rechtsprechung des EuGH, VerwArch 97 (2006), S. 49; *G. Manssen/J. Greim,* Rückforderung von Subventionen – »Biofleisch, nein danke«, JuS 2010, S. 429 ff.; *B. Remmert,* Die behördliche Aufhebung von Verwaltungsakten mit Doppelwirkung, VerwArch 91 (2000), S. 209; *M. Sachs/B. Wermeckes,* Die Neuregelung verwaltungsverfahrensrechtlicher Vorschriften zur Rückabwicklung fehlgeschlagener Subventionsverhältnisse (§§ 49, 49 a VwVfG), NVwZ 1996, S. 1185; *W.-R. Schenke/P. Baumeister,* Der rechtswidrig gewordene Verwaltungsakt, JuS 1991, S. 547; *U. Steiner,* Zum Anwendungsbereich der verwaltungsverfahrensrechtlichen Regelungen über die materielle Bestandskraft von Verwaltungsakten (§§ 48, 49 VwVfG), VerwArch 83 (1992), S. 479; *M. Stelzer,* Was leistet das Prinzip der Rechtssicherheit? – Bemerkungen zur Rücknahme rechtswidrig belastender Verwaltungsakte nach § 48 VwVfG, Verw. 30 (1997), S. 139; *J. Suerbaum,* Die Europäisierung des nationalen Verwaltungsverfahrensrechts am Beispiel der Rückabwicklung gemeinschaftsrechtswidriger staatlicher Beihilfen, VerwArch 91 (2000), S. 169.

§ 12 Der öffentlich-rechtliche Vertrag

787 **Fall 37:** E1 und E2 sind Eigentümer eines Mietshauses in S. Durch unanfechtbar gewordene Verfügung vom 26. 08. 1983 forderte die Stadt S E1 und E2 zu einer Reihe von Instandsetzungsmaßnahmen an dem Wohngebäude auf. Durch weitere Verfügungen wurde unter anderem angeordnet, Glasscheiben zu erneuern, Feuchtigkeitsschäden zu beseitigen sowie einen Ausguss in einer Wohnung anzubringen. Zum Teil wurden die Anordnungen erfüllt, im Übrigen erhoben E1 und E2 Klage zum Verwaltungsgericht. In der mündlichen Verhandlung erklärte E1 sich bereit, das gesamte Gebäude zu modernisieren und wieder Wohnzwecken zuzuführen. Der stellvertretende Amtsleiter des Amtes für Wohnungswesen als Vertreter der beklagten Stadt S bot daraufhin den Abschluss eines Vertrages an, der unter anderem folgenden Wortlaut hatte:

»§ 1

Der Oberstadtdirektor der Stadt S – Amt für Wohnungswesen – erteilt hiermit den Antragstellern die Genehmigung zum Zweckentfremden von Wohnraum durch Leerstehenlassen für das Objekt (...). Die Genehmigung endet mit Ablauf eines Jahres nach Abschluß dieses Vertrages.

§ 2

Die Antragsteller verpflichten sich, alle Wohnungen des Objekts (...) innerhalb des in § 1 genannten Zeitraums in einen vermietbaren, mängelfreien Zustand zu versetzen und spätestens nach Ablauf der vorgenannten Frist dem allgemeinen Wohnungsmarkt zur Verfügung zu stellen und zur Vermietung anzubieten. Insbesondere verpflichten sich die Antragsteller, alle Mängel, die Gegenstand der Anordnungen vom 26. August 1983 (...) und 19. Februar 1987 (...) sind, zu beseitigen. Die vorgenannten Anordnungen sind damit Bestandteil dieses Vertrages.

§§ 3–5

(...)

§ 6

Die Antragsteller verpflichten sich, eine Vertragsstrafe in Höhe von 10.000 DM zu entrichten, falls sie ihrer in § 2 bezeichneten Verpflichtung nicht oder nicht fristgerecht nachkommen sollten. In diesem Fall wird die Vertragsstrafe nach Ablauf eines Monats der in § 1 bezeichneten Frist fällig.

§ 7

Für die Leerstandsgenehmigung wird eine Gebühr von 200 DM erhoben.

§ 8

Die Antragsteller unterwerfen sich mit dem Zeitpunkt der Fälligkeit der Vertragsstrafe in Höhe der fälligen Vertragsstrafe (§ 6) sowie dem Zeitpunkt der Fälligkeit der Verwaltungsgebühr in Höhe der fälligen Verwaltungsgebühr (§ 7) unter die sofortige Vollstreckung in ihr Vermögen. Sie haften gesamtschuldnerisch.«

Bei einer örtlichen Überprüfung am 7. Februar 1989 wurde festgestellt, dass in dem Gebäude keine Instandsetzungs- oder Modernisierungsmaßnahmen durchgeführt worden waren und sich der bauliche Zustand durch Eindringen der Feuchtigkeit – nahezu sämtliche Fensterscheiben waren zerstört – verschlechtert hatte. Mit Schreiben vom 9. 9. 1989 forderte die Stadt S E1 und E2 auf, die Vertragsstrafe in Höhe von 10.000 DM zu entrichten.

(BVerwGE 98, 58)

I. Der öffentlich-rechtliche Vertrag als Handlungsform der Verwaltung

Nach § 54 VwVfG kann   788

»ein Rechtsverhältnis auf dem Gebiet des öffentlichen Rechts durch Vertrag begründet, geändert oder aufgehoben werden (öffentlich-rechtlicher Vertrag), soweit Rechtsvorschriften nicht entgegenstehen. Insbesondere kann die Behörde, anstatt einen Verwaltungsakt zu erlassen, einen öffentlich-rechtlichen Vertrag mit demjenigen schließen, an den sie sonst den Verwaltungsakt richten würde.«

Der **Vertrag** tritt damit als dritte (öffentlich-rechtliche) Handlungsform neben die 789
Rechtsverordnung und den Verwaltungsakt.

Die eindeutige gesetzgeberische Entscheidung zugunsten des öffentlich-rechtlichen 790
Vertrags lässt nicht mehr erkennen, dass seine **Zulässigkeit** über nahezu ein Jahrhundert umstritten war. Das frühzeitig ausgesprochene Verdikt *Otto Mayers*[1] hatte
auf die Rechtsentwicklung einen maßgeblichen Einfluss, blieb indes nicht unwidersprochen.[2] Die obrigkeitsstaatliche Attitüde, mit der der Vertrag als Handlungsform
gegenüber dem Bürger verworfen wurde (»Der Staat paktiert nicht mit dem Bürger«),[3] erklärt die schroffe Ablehnung dieser Handlungsform jedoch nicht vollständig. Bedenken wurden auch aus dem Gleichheitssatz hergeleitet.[4] Ungeachtet der
rechtsdogmatisch oder rechtspolitisch begründeten Zweifel hat sich der öffentlichrechtliche Vertrag in der **Rechtspraxis** stets als unverzichtbar erwiesen.[5] Der Anerkennung durch die Rechtsprechung[6] folgte ein Jahrzehnt später die **gesetzliche
Bestätigung** durch §§ 54 ff. VwVfG, obgleich kritische Stimmen auch in der Gegenwart nicht verstummt sind.[7]

Die Fundamentalkritik an der Vertragsform ist schon deshalb nicht überzeugend 791
(gewesen), weil der Staat auch in der Vergangenheit stets mit dem Bürger – auf dem
Gebiet des Privatrechts – kontrahiert hat, die Vertragsform dem Staat also keineswegs

---

1 Vgl. *O. Mayer*, AöR 3 (1888), S. 3 ff., insbesondere S. 41 f.: »Es wurde bereits von verschiedenen
  Seiten der Satz aufgestellt, dass wahre Verträge zwischen dem Staat und den Unterthanen auf dem
  Gebiete des öffentlichen Rechtes nicht möglich seien. Als Grund gibt man übereinstimmend an, dass
  der Vertrag ›gleichberechtigte Kontrahenten, koordinirte Subjecte‹ voraussetze. Es ist nichts anderes
  als eine Folgerung aus dem das öffentliche Recht beherrschenden Grundsatze der allgemeinen
  einseitig bindenden Kraft des Staatswillens, welche hiermit gezogen wird. Wenn von vornherein
  überall der Wille des staatlichen Organes für sich allein fähig ist, das Rechtsverhältniss zu erzeugen,
  so kann es immerhin zum Schutze der Interessen des Einzelnen nothwendig erscheinen, auch dessen
  Willen einen Einfluss darauf zu gewähren. Diesen sachlichen Zwecken wird aber vollauf genügt in
  der Form, dass die Zuständigkeit jener Organe zur Vornahme des Aktes abhängig gemacht wird von
  Gesuchen und Annahmeerklärungen der Einzelnen. Ein Gesetz, welches überflüssiger Weise die
  Einwilligung zu einer förmlichen Mitwirkung an der Erzeugung des Rechtsverhältnisses im Sinne
  des Vertrages steigerte, nur um einen wahren Vertrag zu haben, wäre eine leere juristische Liebhaberei.« Darum sind wahre Verträge des Staates auf dem Gebiete des öffentlichen Rechtes überhaupt
  nicht denkbar.«
2 Vgl. die umfassenden Nachw. bei *H. Bauer*, in: Hoffmann-Riem/Schmidt-Aßmann/Voßkuhle,
  Grundlagen des Verwaltungsrechts, Bd. II, § 36 Rn. 1 ff.; dazu auch *H. Maurer*, AllgVerwR, § 14
  Rn. 21; *ders.*, DVBl. 1989, S. 798 (799 ff.).
3 Vgl. *M. Stolleis*, Geschichte des öffentlichen Rechts in Deutschland, Bd. II, 1992, S. 412.
4 Vgl. *E. Forsthoff*, Lehrbuch des Verwaltungsrechts I, S. 275 f.; *K. Stern*, VerwArch 49 (1958), S. 106
  (146).
5 Vgl. *H.-G. Henneke*, in: Knack/Henneke, VwVfG, Vor § 54 Rn. 11.
6 Vgl. nur BVerwGE 23, 213.
7 Vgl. etwa *J. Burmeister*, VVDStRL 52 (1993), S. 190 ff.; *G. Püttner*, DVBl. 1982, S. 122 ff.

»wesensfremd« ist. Es bedarf deshalb zusätzlicher – staatstheoretischer, wenn nicht ideologischer – Voraussetzungen, um den Vertrag als Handlungsform in Frage zu stellen. Betrachtet man den Staat als mit Rechtssubjektivität versehenen Verband, dem die Erfüllung öffentlicher Aufgaben obliegt, so bereitet die Vorstellung, dass er mit den Bürgern Verträge abschließt, keinerlei Schwierigkeiten. Das Grundgesetz, das das Individuum in den Mittelpunkt der Rechtsordnung stellt (Art. 1 Abs. 1 GG), kann in keinem Fall dafür in Anspruch genommen werden, dass der Staat seinen Bürgern gegenüber stets »hoheitlich« – mit anderen Worten einseitig und ggf. unter Anwendung von Zwang – handeln müsse. Es kommt also nur darauf an, das öffentlich-rechtliche Vertragsrecht so zu gestalten, dass weder rechtsstaatliche Grundsätze noch Grundrechte beeinträchtigt werden.

II. Koordinationsrechtlicher und subordinationsrechtlicher Vertrag

1. Koordinationsrechtliche Verträge

792 § 54 S. 1 VwVfG bestimmt nur, dass ein **Rechtsverhältnis** auf dem Gebiet des öffentlichen Rechts durch **Vertrag** begründet, geändert oder aufgehoben werden kann, enthält aber keine Aussage über die Vertragspartner. Zu den öffentlich-rechtlichen Verträgen im Sinne dieser Vorschrift gehören deshalb auch Verträge, die von Verwaltungsträgern untereinander abgeschlossen werden.[8] Diese Verträge werden wegen der vorgeblichen rechtlichen **Gleichordnung** der Vertragspartner als »koordinationsrechtlich« bezeichnet und gehören seit jeher zum Handlungsinstrumentarium der Verwaltung. Ebenso wie der Bund mit den Ländern oder die Länder untereinander »**Staatsverträge**« schließen können,[9] steht die Vertragsform auch anderen Rechtssubjekten des öffentlichen Rechts zur Verfügung. Vielfach wird sie in Gesetzen ausdrücklich genannt oder vorausgesetzt.[10]

2. »Subordinationsrechtliche« Verträge

793 Als »subordinationsrechtlich« werden Verträge bezeichnet, deren Vertragspartner in einem Verhältnis der **Über- und Unterordnung** stehen.[11] In § 54 S. 2 VwVfG wird ein solches Verhältnis vorausgesetzt, wenn der Vertrag als alternative Handlungsform zum Verwaltungsakt zugelassen wird. Soweit in anderen Vorschriften des Verwaltungsverfahrensgesetzes auf § 54 S. 2 VwVfG Bezug genommen wird (§§ 55, 56 Abs. 1 S. 1, 59 Abs. 2, 61 Abs. 1 S. 1 VwVfG), ist der subordinationsrechtliche

---

8 Vgl. *Bull/Mehde*, AllgVerwR/VerwL, Rn. 849; *H. Maurer*, AllgVerwR, § 14 Rn. 12.

9 Auf die »Staatsverträge« sind die §§ 54 ff. VwVfG nicht anwendbar. Stattdessen gelten die Grundsätze des intraföderativen Vertragsrechts; vgl. hierzu *C. Vedder*, Intraföderale Staatsverträge, 1996, S. 221 ff.

10 Die Gemeinde- und Kreisordnungen enthalten jeweils die Bestimmung, dass Gebietsteile durch Vertrag der beteiligten Körperschaften umgegliedert werden können. Auch soweit die Gebietsänderung durch Gesetz erfolgt, können »Gebietsänderungsverträge« geschlossen werden. Auch zur Gründung von Zweckverbänden ist regelmäßig ein öffentlich-rechtlicher Vertrag erforderlich.

11 Vgl. *H.-G. Henneke*, in: Knack/Henneke, VwVfG, § 54 Rn. 51; *H. J. Bonk*, in: Stelkens/Bonk/Sachs, VwVfG, § 54 Rn. 5 und 61 ff.; *Bull/Mehde*, AllgVerwR/VerwL, Rn. 849; *H. Maurer*, AllgVerwR, § 14 Rn. 12; vgl. aber *J. Ziekow*, VwVfG, § 54 Rn. 26, wonach sich der Begriff der »Subordination« als Kennzeichnung einer einseitigen Anordnungsgewalt und der Vertrag als Bezeichnung konsensualen Zusammenwirkens ausschließen sollen.

Vertrag in allen Erscheinungsformen gemeint, nicht nur ein solcher, der einen Verwaltungsakt ersetzt.[12]

Obwohl die Unterscheidung zwischen »koordinationsrechtlichen« und »subordinationsrechtlichen« Verträgen in § 54 VwVfG angelegt ist[13] und in der Literatur wie selbstverständlich verwandt wird,[14] lässt sie keinerlei Rückschlüsse auf die tatsächlichen Größenverhältnisse oder gar die wirtschaftliche Machtstellung der Vertragspartner zu. Insbesondere ist die Vorstellung verfehlt, der Verwaltungsträger könnte den Vertragspartner stets zu dem in dem Vertrag vereinbarten Verhalten auch auf andere Weise veranlassen. Insbesondere im Bereich des Städtebaus und der Gewerbeansiedlung sind Gemeinden häufig auf investitionswillige Unternehmen in einer Weise angewiesen, die im Begriff des »subordinationsrechtlichen Vertrags« nicht zum Ausdruck gelangt.[15] Zutreffend werden derartige Verträge als »kooperationsrechtlich« gekennzeichnet und hiermit das Element der Gleichordnung zum Ausdruck gebracht.[16]

794

III. Typen subordinationsrechtlicher Verträge

Öffentlich-rechtliche Verträge können abgeschlossen werden, soweit **Rechtsvorschriften nicht entgegenstehen** (§ 54 S. 1 VwVfG). Damit ist auch im öffentlichen Recht der Grundsatz der **Vertragsfreiheit** begründet und ein **Typenzwang** ausgeschlossen.[17] Gleichwohl werden mit dem **Vergleichsvertrag** (§ 55 VwVfG) und dem **Austauschvertrag** (§ 56 VwVfG) zwei besonders häufige Vertragstypen genannt und einer rudimentären Regelung zugeführt. Ihre Erwähnung im Gesetz bedeutet aber nicht, dass es einen *numerus clausus* subordinationsrechtlicher Verträge gäbe.[18]

795

1. Vergleichsvertrag (§ 55 VwVfG)

Ein **Vergleichsvertrag** ist nach § 55 VwVfG dadurch gekennzeichnet, dass eine bei verständiger Würdigung des Sachverhalts oder der Rechtslage bestehende **Ungewissheit** durch gegenseitiges **Nachgeben** beseitigt wird. Er kann geschlossen werden, wenn die Behörde den Abschluss des Vergleichs zur Beseitigung der Ungewissheit nach pflichtgemäßem Ermessen für zweckmäßig hält. Letzteres versteht sich von selbst, denn bereits durch § 54 S. 2 VwVfG wird der Abschluss subordinationsrechtlicher Verträge in das Ermessen der Behörde gestellt. Der Regelungsgehalt des § 55 VwVfG besteht deshalb neben der Definition, die an § 779 Abs. 1 BGB angelehnt ist, in der Klarstellung, dass die Behörde in einer Situation rechtlicher und tatsächlicher Ungewissheit nicht verpflichtet ist, die rechtliche oder tatsächliche *Gewissheit* – etwa

796

---

12 Vgl. BVerwGE 111, 162 (165); *H. Maurer,* AllgVerwR, § 14 Rn. 13; *H. J. Bonk,* in: Stelkens/Bonk/Sachs, VwVfG, § 54 Rn. 5 und 62.

13 Vgl. bereits die Amtliche Begründung, BT-Drucks. 7/910, S. 78 ff.

14 Vgl. *H. J. Bonk,* in: Stelkens/Bonk/Sachs, VwVfG, § 54 Rn. 5 und 58 ff.; *H.-G. Henneke,* in: Knack/Henneke, VwVfG, § 54 Rn. 6 ff.; *Kopp/Ramsauer,* VwVfG, § 54 Rn. 47 ff.; *Bull/Mehde,* AllgVerwR/VerwL, Rn. 849; *H. Maurer,* AllgVerwR, § 14 Rn. 12.

15 Vgl. § 11 BauGB i. d. F. der Bek. vom 23. 9. 2004 (BGBl. I S. 2414) sowie vorher bereits § 6 BauGBMaßnG vom 18. 4. 1993 (BGBl. I S. 622).

16 So *J. Ziekow,* VwVfG, § 54 Rn. 36.

17 Vgl. *H. J. Bonk,* in: Stelkens/Bonk/Sachs, VwVfG, § 54 Rn. 4 und 112.

18 Vgl. *H. J. Bonk,* in: Stelkens/Bonk/Sachs, VwVfG, § 54 Rn. 112.

durch Fortsetzung eines Verwaltungs-(streit-)verfahrens – herbeizuführen. Die in der Rechtsprechung des Bundesverwaltungsgerichts festgestellte »Unempfindlichkeit« des Vergleichsvertrags gegenüber gewissen Gesetzesverletzungen[19] ist nicht dahin misszuverstehen, dass die Verwaltung von Gesetz und Recht abweichen darf, die Formulierung bedeutet vielmehr, dass die Verwaltung nicht verpflichtet ist, sich in jedem Falle Gewissheit über das anzuwendende Recht zu verschaffen.[20] Soweit diese – rechtliche oder tatsächliche – Ungewissheit nicht (mehr) besteht oder sich auf einen anderen Gegenstand bezieht, ist ein Vergleichsvertrag unzulässig.[21]

797 | Im Ausgangsfall ist die Verfügung vom 26. 8. 1983 zwar unanfechtbar geworden, die zweite Verfügung wurde jedoch aufgehoben. Wenn die Behörde nunmehr darauf verzichtete, die erste Verfügung zwangsweise durchzusetzen, sich die Kläger dagegen verpflichteten, das Gebäude insgesamt instand zu setzen, so lag hierin ein wechselseitiges Nachgeben im Hinblick auf den ungewissen Verfahrensausgang. Mithin handelte es sich um einen Vergleichsvertrag im Sinne des § 55 VwVfG.[22]

2. Austauschvertrag (§ 56 VwVfG)

798 Ein **Austauschvertrag** ist dadurch gekennzeichnet, dass sich der Vertragspartner gegenüber der Behörde zu einer **Gegenleistung** verpflichtet (§ 56 Abs. 1 S. 1 VwVfG). Die Gegenleistung muss den gesamten Umständen nach **angemessen** sein und im **sachlichen Zusammenhang** mit der Leistung der Behörde stehen (§ 56 Abs. 1 S. 2 VwVfG). Der Aussagegehalt auch dieser Vorschrift ist gering, weil es sich von selbst versteht, dass eine Gegenleistung der Erfüllung öffentlicher Aufgaben dienen muss, weil hierin das Wesen der öffentlichen Verwaltung liegt.[23] Auch § 56 Abs. 1 S. 2 VwVfG präzisiert die Zulässigkeit eines Austauschvertrags nur unwesentlich. § 56 Abs. 1 VwVfG wird deshalb in erster Linie als positivrechtliche Ausprägung des **Koppelungsverbots** angesehen, das einer Behörde untersagt, die Erfüllung öffentlicher Aufgaben von wirtschaftlichen Gegenleistungen abhängig zu machen, die hiermit nichts zu tun haben.[24]

---

19 Vgl. BVerwGE 49, 359 (364); 84, 157 (165).

20 Unklar insoweit *H.-G. Henneke*, in: Knack/Henneke, VwVfG, § 55 Rn. 8.

21 So in dem vom BVerwG (E 49, 359) entschiedenen Fall, in dem dem Kläger eine Baugenehmigung für ein unzulässiges Außenbereichsvorhaben (§ 35 BauGB) für den Fall zugesagt wurde, dass er seine gegen das Bauvorhaben des Beigeladenen gerichtete Klage zurücknehmen würde. Hier bestand zwar Ungewissheit über die Erfolgsaussichten der Klage, das »Nachgeben« der Behörde hatte aber nichts mit dieser Ungewissheit zu tun, sondern bestand in der Zusage einer evident rechtswidrigen Baugenehmigung. Das BVerwG hat zutreffend entschieden, dass der Vergleichsvertrag nicht der Überbrückung einer Rechtsungewissheit diente, sondern dem Kläger lediglich eine gesetzeswidrige Gegenleistung einräumen sollte (BVerwGE 49, 359 [365]).

22 § 5 Abs. 1 des Gesetzes zur Erhaltung und Pflege von Wohnraum für das Land Nordrhein-Westfalen (Wohnungsgesetz – WOG) vom 6. 11. 1984 (GV NW S. 681) ermächtigte die Gemeinde, Arbeiten zur Erhaltung oder Herstellung des für den Gebrauch zu Wohnzwecken geeigneten Zustandes anzuordnen. § 6 Abs. 1 WOG ermächtigte die Gemeinde zur Anordnung, dass der Verfügungsberechtigte über Wohngebäude Mindestanforderungen an erträgliche Wohnverhältnisse zu erfüllen hat. Das WOG ist gem. § 16 S. 2 WOG am 31. 12. 2009 außer Kraft getreten. Die Vorschriften wurden ohne inhaltliche Änderung in die §§ 40 Abs. 3 und 41 Abs. 1 des am 1. 1. 2010 in Kraft getretenen Gesetzes zur Förderung und Nutzung von Wohnraum für das Land Nordrhein-Westfalen (WFNG NRW) vom 8. 12. 2009 (GV NW S. 772) überführt.

23 Vgl. oben Rn. 17, 44, 46 f.

24 Vgl. *H. J. Bonk*, in: Stelkens/Bonk/Sachs, VwVfG, § 56 Rn. 4; *H.-G. Henneke*, in: Knack/Henneke, VwVfG, § 56 Rn. 27.

Sofern in einem öffentlich-rechtlichen Vertrag nur eine **Verpflichtung** des einen 799
Vertragspartners (regelmäßig des Bürgers) enthalten ist, die Leistung der Behörde
aber vorausgesetzt wird, spricht man von einem »unvollständigen« oder »hinkenden«
Austauschvertrag, auf den § 56 VwVfG gleichwohl anzuwenden ist.[25]

IV. Form, Verfahren

Öffentlich-rechtliche Verträge bedürfen der **Schriftform**, soweit nicht durch Rechts- 800
vorschriften eine andere Form vorgeschrieben ist (§ 57 VwVfG). Das Bundesverwaltungsgericht vertritt die Auffassung, dass abweichend von § 126 Abs. 2 S. 1 BGB, der
grundsätzlich über § 62 S. 2 VwVfG anwendbar wäre, die Unterschriften nicht
notwendig auf derselben Urkunde geleistet werden müssen.[26] Die Frage ist nach wie
vor strittig.[27]

Besondere Vorschriften gelten für den Fall, dass sich die Vertragschließenden der 801
sofortigen Vollstreckung unterwerfen (§ 61 Abs. 1 VwVfG). Die Behörde muss
hierbei von dem Behördenleiter, seinem allgemeinen Vertreter oder einem Angehörigen des öffentlichen Dienstes, der die Befähigung zum Richteramt hat oder die
Voraussetzungen des § 110 S. 1 DRiG erfüllt, vertreten werden (§ 61 Abs. 1 S. 2
VwVfG).

> Da im Ausgangsfall die Gemeinde in der mündlichen Verhandlung durch den stellvertretenden 802
> *Amtsleiter* des Amtes für Wohnungswesen vertreten wurde, fehlte es an den Voraussetzungen des
> § 61 Abs. 1 S. 2 VwVfG. Das BVerwG hat deshalb die Unterwerfung der Kläger unter die sofortige
> Zwangsvollstreckung für unwirksam gehalten.[28]

Nach § 61 Abs. 1 S. 3 VwVfG a. F. war die Unterwerfung der Behörde unter die 803
sofortige Vollstreckung nur wirksam, wenn sie von der fachlich zuständigen Aufsichtsbehörde der vertragschließenden Behörde **genehmigt** worden war. Schon der
bisherige Wortlaut der Vorschrift[29] entzog der früheren Rechtsprechung des Bundesverwaltungsgerichts den Boden. Das Bundesverwaltungsgericht nämlich hielt eine
Genehmigung der Aufsichtsbehörde auch für notwendig, wenn sich allein der Vertragspartner der Behörde der sofortigen Vollstreckung unterwarf.[30] Auch § 61 Abs. 1
S. 4 VwVfG a. F., auf den das Bundesverwaltungsgericht seine Rechtsauffassung
ebenfalls stützte, war geändert worden.

> Legt man für die Lösung des Ausgangsfalls die geltende Fassung des § 61 Abs. 1 VwVfG zugrunde, 804
> so bedurfte die Unterwerfung der Kläger unter die sofortige Vollstreckung *nicht* der aufsichts-
> behördlichen Genehmigung, weil die Sätze 3 und 4 dieser Vorschrift gestrichen worden sind.[31] Auf
> der Grundlage des früheren Wortlauts hat das BVerwG eine Genehmigungspflicht angenommen
> und den Vertrag insoweit für unwirksam gehalten.

---

25 Vgl. BVerwGE 96, 326 (332): »zumindest entsprechende Anwendung«. Vgl. auch BVerwGE 111,
 162 (165).
26 So BVerwGE 96, 326 (332 f.).
27 Nachw. bei *H. J. Bonk*, in: Stelkens/Bonk/Sachs, VwVfG, § 57 Rn. 19 f.
28 So BVerwGE 98, 58 (72 ff.).
29 § 61 Abs. 1 S. 3 VwVfG lautete ursprünglich: »Die Unterwerfung unter die sofortige Vollstreckung
 ist nur wirksam, wenn (...)«. Nach dem Änderungsgesetz vom 6. 8. 1998 (BGBl. I S. 2022) war nur
 die Unterwerfung der *Behörde* genehmigungspflichtig.
30 So BVerwGE 98, 58 (73).
31 Vgl. Art. 1 Nr. 16 des Dritten Gesetzes zur Änderung verwaltungsverfahrensrechtlicher Vorschriften vom 21. 8. 2002 (BGBl. I S. 3322).

805 Sofern ein öffentlich-rechtlicher Vertrag in Rechte **Dritter** eingreift, wird er erst wirksam, wenn der Dritte schriftlich zustimmt (§ 58 Abs. 1 VwVfG). Damit wird die Konsequenz aus dem Umstand gezogen, dass einerseits an die Stelle eines Verwaltungsakts ein Vertrag treten kann (§ 54 S. 2 VwVfG), andererseits aber Verwaltungsakte (mit Doppelwirkung) eine drittbelastende Wirkung haben können.[32] Könnte ein drittbelastender Verwaltungsakt seinem Inhalt nach Vertragsgegenstand werden, wären die gegen Verwaltungsakte gerichteten Rechtsbehelfe (Widerspruch und Anfechtungsklage) unstatthaft, gleichwohl wäre die Behörde zur Belastung des Dritten verpflichtet. Ein solcher **Vertrag zu Lasten Dritter** setzt deshalb die Zustimmung des Dritten voraus.

V. Rechtsfolgen der Rechtswidrigkeit öffentlich-rechtlicher Verträge

1. Das Rechtsfolgenproblem

806 Die schwierigste und im Wesentlichen noch ungeklärte Frage des öffentlich-rechtlichen Vertragsrechts besteht darin, welche **Rechtsfolgen** eintreten, wenn ein öffentlich-rechtlicher Vertrag gegen Rechtsnormen verstößt.[33] Die Rechtsfolgenregelung bei rechtswidrigen Verwaltungsakten besteht darin, dass die Rechtsbeständigkeit von der Rechtmäßigkeit grundsätzlich zu trennen ist (§ 43 Abs. 2 VwVfG) und die Nichtigkeit nur in den besonders aufgeführten Fällen (§ 44 VwVfG) eintritt. Im Übrigen begründet die Rechtswidrigkeit einen Aufhebungsanspruch des von ihr Betroffenen im Rechtsbehelfsverfahren (§ 113 Abs. 1 S. 1 VwGO).[34] Diese – wenn man so will – *duale* Rechtsfolgenordnung ist dem öffentlich-rechtlichen Vertragsrecht fremd. Ein öffentlich-rechtlicher Vertrag ist *entweder* rechtswirksam (und muss erfüllt werden) *oder* er ist nichtig.[35]

807 Die gesetzgeberische Entscheidung, bei öffentlich-rechtlichen Verträgen allein die Nichtigkeit als Rechtsfolge von Gesetzesverstößen vorzusehen (§ 59 VwVfG), erweist sich als folgerichtig. Das diffizile System von Rechtsbeständigkeit, Anfechtbarkeit und Nichtigkeit bei Verwaltungsakten und seine prozessualen Entsprechungen – in erster Linie die aufschiebende Wirkung von Rechtsbehelfen (§§ 80 ff. VwGO) – findet seine Begründung in der Einseitigkeit der Regelung. Hält der Adressat eines Verwaltungsakts diesen für rechtswidrig, so ist hiermit zunächst nur eine Rechtsauffassung dargetan und es ist von der autoritativen Feststellung des Gerichts abhängig, ob der Verwaltungsakt »wirklich« rechtswidrig ist. Der Adressat muss also einen Rechtsbehelf einlegen, um diese Feststellung zu erwirken, ist andererseits im Regelfall bis zur rechtlichen Klärung davon entbunden, dem Verwaltungsakt Folge zu leisten.[36] *Dieser* – für den Verwaltungsakt und seine Rechtsfolgenregelung typische – Interessenkonflikt ist dem öffentlich-rechtlichen Vertrag wesensfremd. Die durch ihn begründeten Pflichten werden nicht einseitig auferlegt, sondern sind Gegenstand der Vereinbarung. Die entscheidende – und umstrittene – Frage ist deshalb, *wann* ein öffentlich-rechtlicher Vertrag nichtig ist.

---

32 Vgl. *H. J. Bonk,* in: Stelkens/Bonk/Sachs, VwVfG, § 58 Rn. 10 f.
33 Vgl. *H. Maurer,* AllgVerwR, § 14 Rn. 36 ff.
34 Vgl. oben Rn. 697.
35 Vgl. unten Rn. 808.
36 Vgl. oben Rn. 697.

2. Die Nichtigkeitsgründe

Für alle öffentlich-rechtlichen Verträge bestimmt § 59 Abs. 1 VwVfG, dass sie nichtig **808** sind,

> »wenn sich die Nichtigkeit aus der entsprechenden Anwendung von Vorschriften des Bürgerlichen Gesetzbuchs ergibt.«

Für **subordinationsrechtliche Verträge** werden **weitere Nichtigkeitsgründe** be- **809** stimmt, die sich nach der Vorstellung des Gesetzgebers offenbar nicht ohne weiteres aus dem Bürgerlichen Gesetzbuch ergeben. So ist nach § 59 Abs. 2 VwVfG ein subordinationsrechtlicher Vertrag ferner nichtig, wenn

- ein **Verwaltungsakt** mit entsprechendem Inhalt **nichtig** wäre (Nr. 1);
- ein **Verwaltungsakt** mit entsprechendem Inhalt nicht nur wegen eines Verfahrens- oder Formfehlers im Sinne des § 46 **rechtswidrig** wäre und dies den Vertragschließenden **bekannt** war (Nr. 2);
- die Voraussetzungen zum Abschluss eines Vergleichsvertrages **nicht** vorlagen und ein **Verwaltungsakt** mit entsprechendem Inhalt nicht nur wegen eines Verfahrens- oder Formfehlers im Sinne des § 46 **rechtswidrig** wäre (Nr. 3);
- sich die Behörde eine nach § 56 **unzulässige Gegenleistung** versprechen lässt (Nr. 4).

Der in § 59 VwVfG versuchte **Balanceakt** des Gesetzgebers zwischen **Zivilrecht** und **810** **Verwaltungsaktsdogmatik** ist weit davon entfernt, alle Rechtsfragen geklärt zu haben. Insbesondere ist zweifelhaft, ob über § 59 Abs. 1 VwVfG auch **§ 134 BGB** anwendbar ist, demzufolge ein Rechtsgeschäft nichtig ist, wenn es gegen ein gesetzliches Verbot verstößt.[37] Die Grundsatzproblematik liegt wiederum darin, dass der öffentlich-rechtliche Vertrag als Handlungsform die Verwaltung nicht gleichzeitig von ihrer Bindung an Gesetz und Recht (Art. 20 Abs. 3 GG) dispensieren kann. Das Bundesverwaltungsgericht hat den Grundsatz aufgestellt, dass nicht jeder Rechtsverstoß, sondern nur ein **qualifizierter Fall** der **Rechtswidrigkeit** zur Nichtigkeit öffentlich-rechtlicher Verträge führe.[38] Damit ist indes nur die Rechtslage gekennzeichnet, denn auch das Bürgerliche Gesetzbuch kennt nur einzelne Nichtigkeitsgründe. Insofern bleibt keine andere Möglichkeit als die Prüfung, ob im **Einzelfall** ein Nichtigkeitsgrund vorliegt. § 134 BGB darf deshalb nicht als Generalklausel missverstanden werden, die an jeden Gesetzesverstoß die Nichtigkeitsfolge knüpft. Das gesetzliche Verbot muss vielmehr zunächst benannt und ausgelegt werden.

> Im Ausgangsfall hat das BVerwG zutreffend festgestellt, dass die von der Behörde eingeräumte **811** Genehmigung, das Wohngebäude für begrenzte Zeit leer stehen zu lassen, nicht gegen ein Verbotsgesetz im Sinne des § 134 BGB verstößt.[39] Zwar zielt das Zweckentfremdungsrecht darauf ab, das Leerstehen von Wohngebäuden zu verhindern; in diesem Fall ging es aber gerade darum, das Gebäude wieder in einen bewohnbaren Zustand zu versetzen.

Ein weiteres Anwendungsfeld kommt § 134 BGB i. V. m. § 59 Abs. 1 VwVfG zu, **812** wenn ein öffentlich-rechtlicher Vertrag abgeschlossen wird, obwohl diese **Handlungsform** ausgeschlossen ist. Zwar schränkt § 54 S. 1 VwVfG insofern den öffentlich-rechtlichen Vertrag als Handlungsform der Verwaltung ein, enthält aber keine

---

37 Zum Meinungsstand vgl. *H. Maurer*, AllgVerwR, § 14 Rn. 42 ff.
38 So BVerwGE 89, 7 (10); 98, 58 (63).
39 So BVerwGE 98, 58 (63 f.).

Bestimmung darüber, welche Rechtsfolgen eintreten, wenn trotz der entgegenstehenden Rechtsvorschriften ein solcher Vertrag abgeschlossen wird. Die Nichtigkeitsgründe des § 59 Abs. 2 VwVfG »passen« auf diese Konstellation nicht, weil sie ja gerade in Parallele zur Fehlerfolgenregelung des Verwaltungsakts entwickelt worden sind. Sofern der Verwaltungsakt gesetzlich als einzig zulässige Handlungsform bestimmt oder vorausgesetzt wird,[40] ist die Nichtigkeit eines auf diesem Gebiet gleichwohl abgeschlossenen Vertrags nur über § 59 Abs. 1 VwVfG i. V. m. § 134 BGB zu konstruieren.[41]

3. Teilnichtigkeit (§ 59 Abs. 3 VwVfG)

813 Betrifft die Nichtigkeit nur einen Teil des Vertrags, so ist er im Ganzen nichtig, wenn nicht anzunehmen ist, dass er auch ohne den nichtigen Teil geschlossen worden wäre (§ 59 Abs. 3 VwVfG). Diese – im Wortlaut § 139 BGB nachgebildete – Vorschrift soll verhindern, dass Vertragspartner an Vertragsbestandteilen festgehalten werden, obwohl andere nichtig sind. Die **Teilnichtigkeit** setzt voraus, dass der Vertrag **teilbar** ist und die Wirksamkeit des von der Nichtigkeit nicht betroffenen Teils dem mutmaßlichen Willen der Vertragspartner entspricht.[42]

814 Im Fall 37 handelt es sich bei der in § 8 des Vertrags vereinbarten Unterwerfung unter die sofortige Vollstreckung um einen vom übrigen Vertragsinhalt trennbaren Teil, weil eine solche Vereinbarung kein notwendiger Teil eines öffentlich-rechtlichen Vertrags ist. Da die Unterwerfung unter die sofortige Vollstreckung E1 und E2 *belastete*, entspricht es ihrem mutmaßlichen Willen, dass sie den Vertrag auch ohne die Unterwerfung unter die sofortige Vollstreckung abgeschlossen haben würden. Das BVerwG hat deshalb zutreffend entschieden, dass der Vertrag im Übrigen wirksam war.[43]

VI. Rechtsprechung

815 **BVerwGE** 23, 213 (Baudispensvertrag – Einstellplätze); **E** 49, 125 (Erschließungskosten); **E** 52, 183 (Ausbildungskosten); **E** 89, 345 (Subventionsvertrag); **E** 98, 58 (Vergleich – Unterwerfung unter die sofortige Vollstreckung); **E** 104, 353 (Vertrag über Naturschutzmaßnahme); **E** 111, 162 (»Hinkender« Austauschvertrag); **E** 133, 85 (Wirksamkeit und Rückabwicklung eines städtebaulichen Folgekostenvertrages); **BVerwG**, NJW 1980, S. 1294 (Koppelungsverbot); **BVerwG**, NVwZ 2003, S. 993 (Folgen eines nichtigen öffentlich-rechtlichen Vertrages); **BVerwG**, NVwZ-RR 2003, S. 470 (Anpassungsanspruch nach § 60 Abs. 1 S. 1 VwVfG).

VII. Literatur

816 *H. Bauer*, Verwaltungsrechtliche und verwaltungswissenschaftliche Aspekte der Gestaltung von Kooperationsverträgen bei Public Private Partnership, DÖV 1998, S. 89; *A. Bleckmann*, Verfassungsrechtliche Probleme des Verwaltungsvertrages, NVwZ 1990, S. 601; *H. J. Bonk*, Fortentwicklung des öffentlich-rechtlichen Vertrags unter besonderer Berücksichtigung der Public Private Partnerships, DVBl. 2004, S. 141; *J. Burmeister*, Verträge und Absprachen zwischen der Verwaltung und Privaten,

---

40 Vgl. die Beispiele bei *H. Maurer*, AllgVerwR, § 14 Rn. 26.
41 So auch *H. Maurer*, AllgVerwR, § 14 Rn. 42 b; zweifeld *E. Gurlit*, in: Erichsen/Ehlers, AllgVerwR, § 32 Rn. 21.
42 Vgl. *H. J. Bonk*, in: Stelkens/Bonk/Sachs, VwVfG, § 59 Rn. 63.
43 So BVerwGE 98, 58 (76 f.).

VVDStRL 52 (1993), S. 190; *H. Butzer*, Brauchen wir das Koppelungsverbot nach § 56 VwVfG?, DÖV 2002, S. 881; *H.-U. Erichsen*, Die Nichtigkeit und Unwirksamkeit verwaltungsrechtlicher Verträge, Jura 1994, S. 47; *E. Gurlit*, Verwaltungsvertrag und Gesetz, 2000; *dies.*, Grundlagen des Verwaltungsvertrages, Jura 2001, S. 659, 731; *W. Höfling/G. Krings*, Der verwaltungsrechtliche Vertrag: Begriff, Typologie, Fehlerlehre, JuS 2000, S. 625; *P. Kunig*, Verträge und Absprachen zwischen Verwaltung und Privaten, DVBl. 1992, S. 1193; *D. Lorenz*, Der Wegfall der Geschäftsgrundlage beim verwaltungsrechtlichen Vertrag, DVBl. 1997, S. 865; *S.-U. Pieper*, Keine Flucht ins öffentliche Recht, DVBl. 2000, S. 160; *M. Reicherzer*, Die gesetzliche Verankerung von Public-Private-Partnerships – Überlegungen zur Novellierung der §§ 54 ff. VwVfG –, DÖV 2005, S. 603; *F. Reimer*, Mehrseitige Verwaltungsverträge, VerwArch 94 (2003), S. 543; *T. Schilling*, Der »unfreiwillige« Vertrag mit der öffentlichen Hand. Erscheinungsformen und Rechtsschutz, VerwArch 87 (1996), S. 191; *V. Schlette*, Die Verwaltung als Vertragspartner, 2000; *E. Schmidt-Aßmann*, Zur Gesetzesbindung der verhandelnden Verwaltung, FS W. Brohm, 2002, S. 547; *H. Schmitz*, »Die Verträge sollen sicherer werden« – Zur Novellierung der Vorschriften über den öffentlich-rechtlichen Vertrag, DVBl. 2005, S. 17; *J.-P. Schneider*, Kooperative Verwaltungsverfahren, VerwArch 87 (1996), S. 38; *K. Waechter*, Der öffentlich-rechtliche Vertrag, JZ 2006, S. 166; *J. Ziekow/T. Siegel*, Höchstrichterliche Rechtsprechung zum Verwaltungsrecht – Entwicklung und Perspektiven des Rechts des öffentlich-rechtlichen Vertrages, VerwArch 94 (2003), S. 593; VerwArch 95 (2004), S. 133.

§ 13 Nichtförmliches Verwaltungshandeln

817 **Fall 38:** Im Sommer 1985 stellten Lebensmittelüberwachungsbehörden fest, dass zahlreiche im Bundesgebiet verkaufte Weine mit Diethylenglykol (DEG) versetzt waren, einem Mittel, das als Frostschutzmittel und chemisches Lösungsmittel verwendet wird. Der Bundesminister für Jugend, Familie und Gesundheit gab daraufhin eine Liste diethylenglykolhaltiger Weine heraus, die zuletzt am 17. 12. 1985 aktualisiert wurde. Vorangestellt war der Hinweis, dass die in der Liste aufgeführten Untersuchungsergebnisse sich lediglich auf den jeweils untersuchten Wein bezögen. Es könne deshalb Wein gleicher Bezeichnung und Aufmachung desselben Abfüllers im Verkehr sein, der nicht mit Diethylenglykol versetzt sei.

(BVerwGE 87, 37)

818 **Fall 39:** Nach § 13 Abs. 1 S. 3 der Schulordnung für die Volksschulen in Bayern (Volksschulordnung – VSO) vom 21. 6. 1983 (GVBl. S. 597) war in den öffentlichen Volksschulen Bayerns in jedem Klassenzimmer ein Kreuz anzubringen. Die Eltern zweier minderjähriger schulpflichtiger Kinder, die Anhänger der anthroposophischen Weltanschauung nach der Lehre Rudolf Steiners waren und ihre Kinder in diesem Sinne erzogen, machten geltend, durch dieses Symbol – insbesondere durch die Darstellung eines »sterbenden männlichen Körpers« – werde im Sinne des Christentums auf ihre Kinder eingewirkt.

(BVerwGE 93, 1)

819 **Fall 40:** R hat Anlass zu der Vermutung, dass er durch das Bundesamt für Verfassungsschutz »observiert« wird und Daten über ihn gespeichert werden. Er richtet einen Antrag an das Bundesamt für Verfassungsschutz, ihm Auskunft über die über ihn gespeicherten Daten zu geben. Die Behörde lehnt dies ab.

(BVerwGE 84, 375)

I. Begriff und Begriffsdefinition des nichtförmlichen Verwaltungshandelns

1. Begriff und Begriffsäquivalente

820 Das Verwaltungshandeln erschöpft sich nicht in den Rechtsformen der Rechtsverordnung (Satzung), des Verwaltungsakts und des öffentlich-rechtlichen Vertrags. Neben diese hinsichtlich ihrer Voraussetzungen und Rechtsfolgen geregelten Handlungsformen tritt das **nichtförmliche Verwaltungshandeln.** Zur Erfüllung ihrer öffentlichen Aufgaben nämlich muss die Verwaltung nicht notwendig die Form der Rechtsverordnung bzw. Satzung, des Verwaltungsakts oder des Vertrags wählen; sie kann auch »schlicht« – eben »nichtförmlich« – handeln.

821 In der Verwaltungsrechtswissenschaft haben seit jeher der Verwaltungsakt und der gegen ihn gewährleistete Rechtsschutz die Aufmerksamkeit auf sich gezogen. In den letzten Jahren hat sich das Interesse am nichtförmlichen Verwaltungshandeln aber merklich belebt,[1] was nicht zuletzt auf die steigende Komplexität der zu erfüllenden Aufgaben zurückzuführen ist, für die die überkommenen Handlungsformen als nicht zureichend erscheinen.[2]

---

1 Vgl. *F. Schoch*, in: Isensee/Kirchhof (Hrsg.), HdbStR III, 3. Aufl. 2005, § 37; *M. Schulte*, Schlichtes Verwaltungshandeln, 1995; *B. Remmert*, Jura 2007, S. 737.
2 Vgl. *K.-H. Ladeur*, VerwArch 86 (1995), S. 517 f.; *G. F. Schuppert*, Verwaltungswissenschaft, 2000, S. 230 ff.

In der Literatur finden sich unterschiedliche Begriffe, mit denen man versucht, diesen   **822**
Handlungstyp zu erfassen. Verbreitet ist der Begriff des »**Realakts**«,[3] nach wie vor
findet sich der Begriff des »**schlichten Verwaltungshandelns**«,[4] der zunehmend
durch den des »informalen« bzw. »informellen« Verwaltungshandelns ersetzt wird.[5]
Der Begriff des »Realakts« passt für eine ganze Reihe tatsächlicher Verwaltungshandlungen, ist aber wegen seiner Nähe zum *Verwaltungsakt* nicht unproblematisch.
Insbesondere wird das Verwaltungshandeln notwendig auf einen bestimmten Zeitpunkt (»Akt«) fixiert; damit werden zeitliche Verläufe nicht mehr hinreichend erfasst.
Der Begriff »schlichtes Verwaltungshandeln« ist vom Ansatz her weiter (und damit
geeigneter), andererseits aber einem überholten Verwaltungsverständnis verpflichtet,
in dem er ersichtlich dem »hoheitlichen« Verwaltungsakt entgegengesetzt wird. Da
der Begriff des »informalen« bzw. »informellen« Verwaltungshandelns auch für Absprachen zwischen Verwaltung und Privaten verwandt worden ist,[6] erscheint der
Begriff »**nichtförmliches**« Verwaltungshandeln vorzugswürdig.

2. Definition des nichtförmlichen Verwaltungshandelns

Wenn es das Kennzeichen nichtförmlichen Verwaltungshandelns ist, die Formen der   **823**
Rechtsverordnung bzw. Satzung, des Verwaltungsakts und des öffentlich-rechtlichen
Vertrags zu meiden, so wird eine Definition nach der Subtraktionsmethode nahe
gelegt. Öffentliche Aufgaben werden jedoch auch in **privatrechtlicher** Rechtsform
erfüllt, so dass sich mit dem Definitions- zugleich das Zuordnungsproblem stellt.[7]

> Im Fall 38 ist durch das Bundesministerium für Jugend, Familie und Gesundheit eine Liste veröffent-   **824**
> licht worden, wie sie grundsätzlich auch durch einen Verbraucherschutz- oder Umweltverband
> hätte veröffentlicht werden können. Spezielle an die Öffentlichkeit gerichtete gesetzliche Ermächti-
> gungen für »Warnungen« gab es seinerzeit nicht. Insofern stellte sich schon aus Gründen des
> Rechtsschutzes (und damit verbunden des Rechtsweges) die Frage, ob das Handeln des Ministeri-
> ums nach öffentlichem oder privatem Recht zu beurteilen ist.

Ausgangspunkt für die Zuordnung zum öffentlichen oder privaten Recht muss die   **825**
Frage sein, ob sich das Handeln grundsätzlich als **Erfüllung öffentlicher Aufgaben**
darstellt. Soweit ein Amtsträger sich *nicht* in Ausübung seiner Zuständigkeiten,
sondern als Privater äußert, liegt hierin keine Erfüllung öffentlicher Aufgaben mit der
Folge, dass die Äußerung dem Verwaltungsträger nicht zurechenbar ist.

> Im Fall 38 ist offensichtlich, dass sich »Der Bundesminister für Jugend, Familie und Gesundheit«   **826**
> nicht als Privatmann geäußert hat, sondern das Ministerium die »der Regierung von der Verfassung
> übertragene Aufgabe der politischen Krisenbewältigung durch Information und Warnung der
> Öffentlichkeit« erfüllt hat.[8]

Soweit Behörden öffentliche Aufgaben erfüllen, spricht eine **Vermutung** dafür, dass   **827**
auch die Art und Weise der Aufgabenerfüllung sich nach **öffentlichem Recht** richtet,

---

3 Vgl. *N. Achterberg,* AllgVerwR, § 21 Rn. 292; *Bull/Mehde,* AllgVerwR/VerwL, Rn. 280; *H. Maurer,*
  AllgVerwR, § 15 Rn. 1.

4 Vgl. *N. Achterberg,* AllgVerwR, § 21 Rn. 292.

5 Vgl. *W. Brohm,* DVBl. 1994, S. 133; vgl. auch *B. Remmert,* in: Erichsen/Ehlers, AllgVerwR, § 37
  Rn. 1, die informales Verwaltungshandeln als Beispiel schlichten Verwaltungshandelns bezeichnet.

6 Vgl. *E. Bohne,* Der informale Rechtsstaat, 1981; *Bull/Mehde,* AllgVerwR/VerwL, Rn. 258; *H. Schulze-Fielitz,* Der informale Verfassungsstaat, 1984.

7 Vgl. oben Rn. 37 ff.

8 So zutr. BVerwGE 87, 37.

denn das öffentliche Recht ist das Sonderrecht des Staates und seiner Untergliederungen zur Erfüllung öffentlicher Aufgaben.[9] Die Vermutung wird allerdings widerlegt, wenn sich die Behörde bewusst der privatrechtlichen Rechtsform bedient, um die ihr übertragene öffentliche Aufgabe zu erfüllen. Im Übrigen erfährt das Handeln aber bereits seine öffentliche Prägung durch die **Aufgabenerfüllung.**

828　Im Fall 38 erscheint die an die Öffentlichkeit gerichtete »Warnung« zunächst zuordnungsneutral, weil eine Mitteilung als solche nicht notwendig einem Rechtsgebiet zuzuordnen ist. Es macht jedoch einen Unterschied, ob ein Bundesministerium oder ein Verbraucherverband eine derartige Liste aufstellt. Eine Behörde handelt in derartigen Fällen gerade nicht wie ein beliebiger Privater. Unverkennbar ist allerdings die Tendenz, dass (Verbraucher-, Naturschutz- und Umwelt-)Verbände zunehmend für sich in Anspruch nehmen, das Gemeinwohl zu definieren und zu vertreten.

829　Tatsächliches Handeln der Verwaltung kann allerdings im Verhältnis zu Dritten seine **Zuordnungsneutralität** behalten bzw. es kann ein besonderes Interesse daran bestehen, dass Verwaltungsträger, obwohl sie öffentliche Aufgaben erfüllen, *nicht* anders behandelt werden als Private. Hierbei muss jedoch zwischen den unterschiedlichen Rechtsverhältnissen, die durch ein und dasselbe Handeln begründet werden können, unterschieden werden. Der typische und umstrittene Beispielsfall ist die **Dienstfahrt.** Nach den hier entwickelten Grundsätzen finden Dienstfahrten zur Erfüllung öffentlicher Aufgaben statt und wären als tatsächliches (nichtförmliches) Verwaltungshandeln dem öffentlichen Recht zuzuordnen.[10] In der früheren Rechtsprechung ist demgemäß danach unterschieden worden, ob der *Anlass* der Dienstfahrt »hoheitlich« oder »fiskalisch« war.[11] Dies bedeutete, dass haftungsrechtlich ein Unterschied gemacht wurde zwischen einer Dienstfahrt, die den Beamten zu Vertragsverhandlungen führte, und einer solchen, die wegen eines Anhörungstermins im Planfeststellungsverfahren unternommen wurde.[12] Der gedankliche Fehler, der dieser Differenzierung zugrunde liegt, ist folgender: Im Verhältnis zu dem potentiellen Vertragspartner wäre die Zuordnung zum Privatrecht plausibel, das Verhältnis zu den Beteiligten am Planfeststellungsverfahren wäre hingegen dem öffentlichen Recht zuzuordnen. Bei den strittigen Haftungsfällen wurden jedoch *Dritte* geschädigt, denen es völlig gleichgültig sein musste, ob der betreffende Bedienstete in »hoheitlicher« oder »fiskalischer« Mission unterwegs war. Diese Differenzierung ist in der neueren Rechtsprechung deshalb zu Recht aufgegeben worden. Der **Bundesgerichtshof** unterscheidet nunmehr danach, ob **Sonderrechte** in Anspruch genommen werden oder nicht.[13] Die Haftungsfälle bei Dienstfahrten stützen im Übrigen entscheidend die hier vertretene Auffassung, auf das jeweilige **Rechtsverhältnis** abzustellen.[14] Wenn ein Beamter eine Dienstfahrt unternimmt, so liegt im Verhältnis zur Anstellungskörperschaft ein nach öffentlichem Recht zu beurteilendes **Dienstgeschäft** vor. Die Schädigung eines Dritten und dessen Ansprüche gegenüber dem Verwaltungsträger unterscheiden sich aber so lange nicht von anderen Haftungsfällen im Straßenverkehr, wie keine Sonderrechte in Anspruch genommen werden.

---

9 Vgl. oben Rn. 30 ff., 46 ff.
10 Vgl. BGHZ 29, 38 (40 ff.); 42, 176 (179 ff.).
11 Vgl. BGHZ 29, 38 (40 f.); 42, 176.
12 Vgl. das Beispiel bei *H. Maurer,* AllgVerwR, § 3 Rn. 30.
13 Vgl. BGHZ 68, 217 (218 ff.). Die h. M. ist dieser Auffassung gefolgt: vgl. *H. Maurer,* AllgVerwR, § 3 Rn. 30; *F. Ossenbühl,* Staatshaftungsrecht, 5. Aufl. 1998, S. 36; *H.-J. Papier,* in: Maunz/Dürig, GG, Bd. IV, Loseblatt, Stand: Januar 2012, Art. 34 Rn. 146 f.
14 Vgl. oben Rn. 196 ff.

Nichtförmliches Verwaltungshandeln kann deshalb definiert werden als   **830**

> das nach öffentlichem Recht zu beurteilende Handeln von Verwaltungsträgern, das nicht in den Formen des Rechtssatzes, des Verwaltungsakts oder des öffentlich-rechtlichen Vertrages erfolgt.

3. Rechtsgrundlagen

Verwaltungshandeln bedarf stets einer **gesetzlichen Ermächtigung**, weil nur der   **831** Bürger – nicht jedoch die Verwaltung – in Ausübung einer ursprünglichen Freiheit handelt.[15] Dies gilt auch für das nichtförmliche Verwaltungshandeln, das allerdings schon durch eine gesetzliche **Aufgabenzuweisung** gedeckt ist. Soweit durch nichtförmliches Verwaltungshandeln die Rechte Dritter unberührt bleiben, stellt sich allein die **Zuständigkeitsfrage**, die im Bundesstaat allerdings der Klärung bedarf (Art. 30 GG).

> Im Fall 38 hat das BVerwG die Verbandskompetenz des Bundes für die Erstellung der fraglichen   **832** Liste geprüft und mit der Begründung bejaht, Art. 30 GG lasse eine derartige Informationstätigkeit der Regierung zu.[16] Dies ist nicht zweifelsfrei, weil viel dafür spricht, die Aufstellung einer derartigen Liste als Verwaltungstätigkeit zu qualifizieren, für die eine Bundeszuständigkeit nach Art. 83 ff. GG vorliegen müsste.[17]

Soweit durch nichtförmliches Verwaltungshandeln auf grundrechtlich geschützte   **833** Rechtsgüter eingewirkt wird, ist aufgrund der grundrechtlichen Gesetzesvorbehalte eine spezielle **Handlungsermächtigung** zu fordern.[18] Ausschlaggebend für die grundrechtlichen Gesetzesvorbehalte ist nicht die Rechtsform der Einwirkung, sondern der Umstand, dass durch dem Staat zurechenbares Handeln grundrechtlich geschützte Rechtsgüter beeinträchtigt oder gemindert werden.[19]

> Im Ausgangsfall 38 hat das Bundesministerium zwar nur eine »Warnung« ausgesprochen und nicht   **834** etwa den Verkauf der betreffenden Weine verboten. Die mit der Warnung angestrebte Wirkung war jedoch einem Verbot vergleichbar, weil vor dem Genuss (und damit dem Kauf) der glykolhaltigen Weine gewarnt wurde. Die Warnung erfüllte erst ihren Zweck, wenn keine der auf der Liste angegebenen Weinsorten angeboten und gekauft wurden. Die *tatsächlichen* Auswirkungen auf die Anbieter waren insofern nicht nur gravierend, sondern auch intendiert. Das BVerwG sah eine Einschränkung des Art. 12 Abs. 1 GG als gegeben an, hielt sie jedoch ohne spezielle Rechtsgrundlage für gerechtfertigt.[20] In der Folgezeit haben einzelne Bundesländer spezielle Ermächtigungen zu Warnungen geschaffen.[21] Mit § 26 Abs. 2 S. 2 Nr. 9, 2. HS ProdSG[22] liegt auch eine bundesrecht-

---

15 Vgl. *J. Ipsen*, Staatsrecht II, 15. Aufl. 2012, Rn. 75 ff.

16 So BVerwGE 87, 37 (51); ebenso BVerfGE 105, 252 (268 ff.).

17 A. A. BVerfGE 105, 252 (271).

18 Vgl. *R. Gröschner*, DVBl. 1990, S. 622 ff.; *R. Philipp*, Staatliche Verbraucherinformationen im Umwelt- und Gesundheitsrecht, S. 199 f.; ähnlich *B. Remmert*, in: Erichsen/Ehlers, AllgVerwR, § 35 Rn. 4.

19 Vgl. *U. Di Fabio*, JuS 1997, S. 4.

20 So BVerwGE 87, 37 (43 ff.). Die Rechtsprechung des Bundesverwaltungsgerichts ist durch den Beschluss des Bundesverfassungsgerichts vom 26. 6. 2002 (BVerfGE 105, 252) bestätigt und die gegen das Urteil erhobenen Verfassungsbeschwerden sind zurückgewiesen worden.

21 Nachw. bei: *R. Steiling*, in: Graf v. Westphalen, Produkthaftungshandbuch, Bd. 2, 2. Aufl. 1999, § 92 Rn. 25.

22 Produktsicherheitsgesetz vom 8. 11. 2011 (BGBl. I S. 2179; 2012 I S. 131). Das ProdSG hat das Geräte- und Produktsicherheitsgesetz vom 6. 1. 2004 (BGBl. I S. 2, 219) abgelöst, welches wiederum das ProdSG vom 22. 4. 1997 (BGBl. I S. 934) ablöste. Entsprechende Ermächtigungen zu einer Warnung der Öffentlichkeit waren bereits in § 8 ProdSG und § 8 Abs. 4 S. 3 GPSG enthalten.

liche Ermächtigung für die (in der Regel: *Landes*-) Behörden vor, die für die Ausführung der jeweiligen Gesetze zuständig sind (§ 24 Abs. 2 S. 1 ProdSG).[23]

II. Kategorien nichtförmlichen Verwaltungshandelns

835 Vergleichbar der Lehre vom Verwaltungsakt lassen sich auch beim nichtförmlichen Verwaltungshandeln unterschiedliche **Kategorien** bilden. Dabei will berücksichtigt sein, dass das nichtförmliche Verwaltungshandeln bislang nur wenig Beachtung gefunden hat und dogmatisch noch keineswegs durchdrungen ist.

1. Vorbereitungs- und Ausführungshandlungen

836 Nimmt man den Verwaltungsakt als Bezugspunkt, so stellen sich **Vorbereitungs- und Ausführungshandlungen** als nichtförmliches Verwaltungshandeln dar.[24] Bevor ein Verwaltungsakt erlassen wird, müssen vielfach Verfahrenshandlungen unterschiedlicher Art vorgenommen werden, nämlich **Ermittlungen** angestellt, **Mitwirkungsrechte** beachtet und **Mitteilungen** gemacht werden. Den Verfahrenshandlungen wird regelmäßig nur geringe Aufmerksamkeit gewidmet, weil sie vorwiegend als mögliche **Fehlerquelle** für den zu erlassenden Verwaltungsakt untersucht werden.[25] Rechtsschutz gegen (behördliche) Verfahrenshandlungen wird nur in Ausnahmefällen gewährt (§ 44 a VwGO). All dies ändert nichts daran, dass es sich um Erscheinungsformen nichtförmlichen Verwaltungshandelns handelt.

837 Nicht sinnvoll erscheint es, in Anlehnung an die Verwaltungsaktsdefinition nur solches behördliche Handeln zu berücksichtigen, das »**Außenwirkung**« hat.[26] Für den Verwaltungsakt ist dieses Begriffsmerkmal unentbehrlich, weil der verwaltungsinterne Willensbildungsprozess abgeschlossen sein muss, bevor spezielle Rechtsbehelfe eingelegt werden können. Aus der Zuordnung zum nichtförmlichen Verwaltungshandeln ergeben sich demgegenüber keine unmittelbaren Rechtsfolgen, so dass die Notwendigkeit einer Differenzierung zwischen »innen« und »außen« entfällt. Überdies beschränken sich Vorbereitungshandlungen für Verwaltungsakte nicht stets auf den »Binnenbereich« der Verwaltung. Mit der **Anhörung der Beteiligten** (§ 28 VwVfG) und der **Sachverhaltsermittlung** im Übrigen (§ 24 VwVfG) wird der Binnenbereich bereits verlassen.

838 Auch **Ausführungshandlungen** des Verwaltungsakts sind zum nichtförmlichen Verwaltungshandeln zu rechnen.[27] Hierunter fällt die **Auszahlung** (Überweisung) von Geldbeträgen, die durch Verwaltungsakt festgestellt worden sind. Auch einzelne **Vollstreckungsakte** sind als Realakte dem nichtförmlichen Verwaltungshandeln zuzurechnen.[28]

---

23 Vgl. *S. Detterbeck*, AllgVerwR, Rn. 299; *H. Maurer*, AllgVerwR, 16. Aufl. 2006, § 15 Rn. 13 ff.; *C. Schieble*, VuR 2007, S. 401 (404 f.); *Tremml/Luber*, NJW 2005, S. 1747 f.
24 Vgl. *N. Achterberg*, AllgVerwR, § 21 Rn. 294, 297.
25 Vgl. oben Rn. 698 ff.
26 In diese Richtung aber *W. Wolff*, AllgVerwR, 4. Aufl. 2004, Kap. 7, Rn. 1.
27 Vgl. *G. Robbers*, DÖV 1987, S. 279.
28 Vgl. unten Rn. 860 ff.

2. Verwaltungsaktsubstituierendes Handeln

Soweit im Gefahrenabwehrrecht der Kenntnisstand der Verwaltung noch keine Ver-   **839**
botsmaßnahmen (Verwaltungsakte) zulässt, behelfen sich die Behörden vielfach mit
»**Warnungen**«. Diese Kategorie nichtförmlichen Verwaltungshandelns kommt in
ihrer Intensität dem Verwaltungsakt nahe, weil eine Einwirkung auf das Verhalten
bestimmter Gruppen von Menschen beabsichtigt ist.

> Im Ausgangsfall der glykolversetzten Weine entsprach es der Absicht der Behörde, den Genuss   **840**
> dieser Weine und damit verbundene Gesundheitsschäden zu verhindern. Die Kenntnisse allerdings
> reichten für ein generelles Vertriebsverbot nicht aus, weil nicht alle Weinsorten mit Diethylenglykol
> versetzt waren. In den tatsächlichen Auswirkungen kommt eine solche »Warnung« einem Ver-
> triebsverbot nahe, denn kaum jemand, der von der Warnung erfahren hat, wird Wein dieser
> Herkunft noch kaufen.[29] Der Unterschied zum Vertriebsverbot besteht darin, dass die Warnung an
> eine unspezifische Öffentlichkeit gerichtet ist, während das Vertriebsverbot an Weinkellereien und
> Weinhändler ergehen würde. Gerade hierin aber liegt die Substitution des Verwaltungsakts.

Dem nichtförmlichen Verwaltungshandeln werden auch **Gutachten** zugerechnet, die   **841**
im Rahmen gesetzlich angeordneter Untersuchungen erstellt werden. Die Rechtsprechung hat bei derartigen Gutachten den Verwaltungsaktscharakter wegen fehlender
Regelungswirkung stets verneint.[30] Gleichwohl können sie das Ergebnis eines gesetzlich vorgesehenen Verfahrens bilden. Dies gilt etwa für den Untersuchungsbericht des
Luftfahrtbundesamtes[31] und den Spruch der Bundesstelle für Seeunfalluntersuchung
(vormals Oberseeamt).[32]

Zum nichtförmlichen Verwaltungshandeln sind auch **Eintragungen in Listen** zu   **842**
rechnen, soweit diese keinen Verwaltungsaktscharakter haben. Bei einzelnen Eintragungen ist die Verwaltungsaktsqualität unbestritten,[33] bei einigen zweifelhaft,[34] bei
anderen wird sie verneint.[35] Soweit die Verwaltungsaktsqualität verneint wird, sub-
stituiert das nichtförmliche Verwaltungshandeln gleichwohl den Verwaltungsakt, weil
ihm eine Feststellungswirkung zukommt.

3. Auskünfte, Hinweise, Mitteilungen

Die **Auskunft** gilt als Beispiel »schlichten« Verwaltungshandelns schlechthin, weil sie   **843**
eine *Wissenserklärung* darstellt und insofern der *Willenserklärung* in Gestalt des Verwaltungsakts idealtypisch gegenübersteht.[36] Die Grenze zum Verwaltungsakt ist insofern unscharf, als das Bundesverwaltungsgericht die **Entscheidung** über das Auskunftsverlangen als Verwaltungsakt ansieht.[37]

---

29 Vgl. BVerwGE 87, 37 (44). Vgl. auch: BVerfGE 105, 252; 279.
30 Nachw. bei *U. Stelkens*, in: Stelkens/Bonk/Sachs, VwVfG, § 35 Rn. 168.
31 Vgl. BVerwGE 14, 323 (325 f.).
32 Vgl. BVerwGE 59, 319 (320 ff.), das die allgemeine Leistungsklage für statthaft hält.
33 So die Eintragung in die Handwerksrolle (§ 7 HandwO).
34 Die Eintragung in die Liste von Kulturdenkmälern nach den Denkmalschutzgesetzen der Bundesländer wird teilweise als konstitutiv, teilweise als deklaratorisch angesehen; vgl. *Niebaum/Eschen-
   bach*, DÖV 1994, S. 11 (13). Vgl. auch oben Rn. 404.
35 So die Eintragung ins Verkehrszentralregister; vgl. oben Rn. 337.
36 Vgl. *H. Maurer*, AllgVerwR, § 15 Rn. 2; *G. Hermes*, in: Hoffmann-Riem/Schmidt-Aßmann/Voß-
   kuhle, Grundlagen des Verwaltungsrechts, Bd. II, § 39 Rn. 11.
37 So BVerwGE 31, 301; 84, 375.

844   Im Fall 40 begehrt R eine Auskunft über die zu seiner Person gespeicherten Daten. Das BVerwG hat einen Rechtsanspruch des R auf Auskunft verneint, die Entscheidung der Behörde sodann auf mögliche Ermessensfehler überprüft und die (Verpflichtungs-) Klage schließlich als unbegründet abgewiesen.[38]

4. Maßnahmen in Sonderstatusverhältnissen und öffentlichen Einrichtungen

845   Soweit es sich nicht um Statusentscheidungen handelt, sind Maßnahmen innerhalb von Sonderstatusverhältnissen dem nichtförmlichen Verwaltungshandeln zuzurechnen.[39] Das Gleiche gilt bei der Benutzung öffentlicher Einrichtungen, bei der nur die Zulassung durch Verwaltungsakt erfolgt, das Verwaltungshandeln im Übrigen aber **nichtförmlich** ist, soweit es sich nicht auf das Nutzungsverhältnis auswirkt.[40]

846   Im Fall 39 besteht ein Schulverhältnis, das überwiegend als Sonderstatusverhältnis angesehen wird.[41] Die Aufnahme in die Schule, Versetzungs- und Prüfungsentscheidungen sowie die Entlassung aus der Schule sind Verwaltungsakte, im Übrigen ist das Handeln von Lehrern und Schulleitung nichtförmlich. Hierzu gehören die gesamte Stoffvermittlung und deren Kontrolle sowie die Aufrechterhaltung der Ordnung in der Schule. Im »Kruzifix-Fall« haben sich die Eltern dagegen gewandt, dass ihre Kinder »unter dem Kreuz« lernen mussten. Die Verwendung des Kreuzsymbols in der Schule war – auch wenn dies durch Rechtsverordnung angeordnet war – nichtförmliches Verwaltungshandeln. Das BVerfG hat hierin einen Eingriff in die durch Art. 4 Abs. 1 GG geschützte Weltanschauungsfreiheit gesehen.[42]

III. Rechtsschutz

847   Da Anfechtungs- und Verpflichtungsklage voraussetzen, dass ein **Verwaltungsakt** angefochten oder begehrt wird (§ 42 Abs. 1 VwGO), scheiden diese Klagearten beim nichtförmlichen Verwaltungshandeln aus.[43] Statthaft ist regelmäßig die **allgemeine Leistungsklage**. Auskünfte, Zahlungen oder andere nichtförmliche Handlungen können deshalb mit der allgemeinen Leistungsklage begehrt werden.

848   Das BVerwG hat im Fall 40 dagegen die Verpflichtungsklage als statthaft angesehen, mit der über den Anspruch auf Auskunft zu entscheiden war.

849   Soweit durch nichtförmliches Verwaltungshandeln (Grund-)Rechte eingeschränkt werden oder in Rechtspositionen eingegriffen wird, ist die allgemeine Leistungsklage in Form der **Unterlassungsklage** statthaft. Wenn sich die Rechtsbeeinträchtigung durch Zeitablauf oder anders erledigt hat, kann auf Feststellung geklagt werden, dass die Rechtsbeeinträchtigung rechtswidrig *gewesen* ist. § 113 Abs. 1 S. 4 VwGO ist insoweit analog anzuwenden.[44]

850   Im Diethylenglykol-Fall hatte sich die Warnung alsbald erledigt, weil nach Bekanntwerden dieser Praktiken kein DEG mehr bei der Herstellung von Weinen verwandt wurde. Das BVerwG hatte

---

38 So BVerwGE 84, 375 (381 ff.). Der Auskunftsanspruch Betroffener ist nunmehr in § 15 BVerfSchG vom 20. 12. 1990 (BGBl. I S. 2954) geregelt. Zum Zeitpunkt der Entscheidung des BVerwG (20. 2. 1990) war das Gesetz in dieser Fassung noch nicht in Kraft.
39 Vgl. oben Rn. 358 ff.
40 Vgl. *U. Stelkens,* in: Stelkens/Bonk/Sachs, VwVfG, § 35 Rn. 117 ff.; *J. Pietzcker,* in: Schoch/Schmidt-Aßmann/Pietzner, VwGO, § 42 Abs. 1 Rn. 55.
41 Vgl. *D. Ehlers,* in: Erichsen/Ehlers, AllgVerwR, § 6 Rn. 20; *H. Maurer,* AllgVerwR, § 6 Rn. 24, 26.
42 So BVerfGE 93, 1 (17 ff.); kritisch hierzu *J. Ipsen,* FS M. Kriele, 1997, S. 301 ff.
43 Vgl. unten Rn. 1045 ff., 1087 ff.
44 Vgl. *F. Hufen,* Verwaltungsprozessrecht, § 18 Rn. 44.

deshalb in der Revisionsinstanz darüber zu entscheiden, ob die Warnung des Bundesministeriums rechtmäßig *gewesen* war.[45]

Zulässig ist die Leistungsklage im einzelnen Fall, wenn der Kläger geltend machen kann, durch das nichtförmliche Verwaltungshandeln in seinen **Rechten** verletzt zu sein. Die auf Anfechtungs- und Verpflichtungsklagen zugeschnittene Klagebefugnis (§ 42 Abs. 2 VwGO) wird auf die allgemeine Leistungsklage entsprechend angewandt.[46] Dies bedeutet, dass der Kläger geltend machen muss, auf eine von ihm begehrte Leistung einen **Rechtsanspruch** zu haben. Nur wenn ein solches **Recht** (= Anspruch) geltend gemacht werden kann, kann es durch die ablehnende Behördenentscheidung verletzt sein. **851**

Im Fall 39 hatten die Eltern bereits vor den Verwaltungsgerichten durchzusetzen versucht, dass aus sämtlichen von ihren Kindern aufgesuchten und noch aufzusuchenden Räumen in öffentlichen Schulen die Kreuze entfernt würden.[47] **852**

Umgekehrt muss der Kläger bei Unterlassungsklagen geltend machen, durch das nichtförmliche Handeln in seinen Rechten verletzt zu sein. **853**

So haben die Kläger im Diethylenglykol-Fall vorgetragen, sie seien durch die vom Bundesministerium für Familie und Gesundheit ausgesprochene Warnung in ihrem Grundrecht der Berufsfreiheit (Art. 12 Abs. 1 GG) verletzt worden.[48] Im »Kruzifix-Fall« haben die Eltern der schulpflichtigen Kinder geltend gemacht, diese würden durch das »Kreuz im Klassenzimmer« in ihren Grundrechten aus Art. 4 Abs. 1 GG, sie selbst in ihrem Elternrecht (Art. 6 Abs. 1 GG) verletzt. **854**

IV. Rechtsprechung

BVerfGE 93, 1 (»Kruzifix«); **E** 105, 252 (Warnung vor »Glykolwein«); **E** 105, 279 (Warnung vor Jugendsekten); **BVerwGE** 14, 323 (Bericht des Luftfahrtbundesamtes); **E** 28, 191 (dienstliche Beurteilung); **E** 31, 301 (Bekanntgabe eines Informanten); **E** 71, 183 (Veröffentlichung einer Arzneimitteltransparenzliste); **E** 77, 268 (Eintragung in das Verkehrszentralregister); **E** 82, 76 (Warnung vor Jugendsekten); **E** 84, 375 (Auskunftsverlangen); **E** 87, 37 (»Diethylenglykol«); **E** 100, 262 (Aufstellung eines Mietspiegels); **E** 123, 165 (Information zur Sicherheitspolitik); **BVerwG**, DVBl. 1994, S. 1356 (Bewertung einzelner Prüfungsleistungen); **BVerwG**, DVBl. 1996, S. 807 (Veröffentlichung von Warentests); **OLG Stuttgart**, NJW 1990, S. 2690 (Warnung vor angeblich verdorbenen Teigwaren); **OVG Lüneburg**, NJW 1994, S. 2634 (Auskunft, Beratung); **OVG Münster**, NJW 1995, S. 2741 (Informationsanspruch nach PresseG); **HessVGH**, NVwZ 1995, S. 611 (Empfehlung, im Karton verpackte Getränke zu meiden). **855**

V. Literatur

W. Brohm, Rechtsstaatliche Vorgaben für informelles Verwaltungshandeln, DVBl. 1994, S. 133; *U. Di Fabio*, Information als hoheitliches Gestaltungsmittel, JuS 1997, S. 1; *H. Dreier*, Informales Verwaltungshandeln, Staatswissenschaften und Staatspraxis 1993, S. 647; *W. Frenz*, Verbraucherinformation durch Gesetz und Selbstverpflichtungen, ZG 17 (2002), S. 226; *R. Gröschner*, Öffentlichkeitsaufklärung als Behördenaufgabe, DVBl. 1990, S. 619; *C. Gusy*, Verwaltung durch Information, NJW **856**

---

45 So BVerwGE 87, 37; vgl. früher schon BVerwGE 82, 76.
46 Vgl. unten Rn. 1107.
47 Vgl. VGH München, NVwZ 1991, S. 1099; die Entscheidung erging im Verfahren der einstweiligen Anordnung (§ 123 VwGO).
48 Vgl. BVerwGE 87, 37 (39).

2000, S. 977; *H.-G. Henneke,* Informelles Verwaltungshandeln im Wirtschaftsverwaltungs- und Umweltrecht – Zwischenbilanz zur Erfassung eines seit zehn Jahren bestehenden Phänomens, NuR 1991, S. 267; *M. Ibler,* Grundrechtseingriff und Gesetzesvorbehalt bei Warnungen durch Bundesorgane, FS H. Maurer, 2001, S. 145; *J. Lege,* Nochmals: Staatliche Warnungen, DVBl. 1999, S. 569 ff.; *D. Murswiek,* Das Bundesverfassungsgericht und die Dogmatik mittelbarer Grundrechtseingriffe, NVwZ 2003, S. 1; *G. Püttner,* Der informale Rechtsstaat, KritV 74 (1991), S. 63; *B. Remmert,* Schlichtes Verwaltungshandeln, Jura 2007, S. 736; *G. Robbers,* Schlichtes Verwaltungshandeln, DÖV 1987, S. 272; *M. Schulte,* Schlichtes Verwaltungshandeln – Verfassungs- und verwaltungsrechtsdogmatische Strukturüberlegungen am Beispiel des Umweltrechts, 1995; *H. Schulze-Fielitz,* Der informale Verfassungsstaat, 1984; *U. Siems,* Der Begriff des schlichten Verwaltungshandelns, 1999; *W. Spannowsky,* Grenzen des Verwaltungshandelns durch Verträge und Absprachen, 1994; *W. Späth,* Grundrechtseingriff durch Information. Zur Verfassungsmäßigkeit von verhaltenssteuernden Warnungen und Empfehlungen der Bundesregierung, 1995; *B. Tremml/M. Luber,* Amtshaftungsansprüche wegen rechtswidriger Produktinformationen, NJW 2005, S. 1745; *M. Wallerath,* Kontraktmanagement und Zielvereinbarung als Instrumente der Verwaltungsmodernisierung, DÖV 1997, S. 57.

§ 14 Die Verwaltungsvollstreckung

Fall 41: F stellte in den späten Abendstunden ihren Pkw auf dem Gehweg vor dem Bayerischen Landeskriminalamt in München ab. Der Pkw stand zwischen der Grundstückszufahrt und dem mit Bäumen bepflanzten, etwa zwei Meter breiten Grünstreifen, der in Höhe der Gebäudefront des Landeskriminalamts zwischen Fahrbahn und Gehweg angelegt worden war. Gegen 23.30 Uhr bemerkte eine Objektschutzstreife der Bereitschaftspolizei das abgestellte Fahrzeug. Gegen 0.35 Uhr ließ die Polizei das Fahrzeug abschleppen und zur Kraftfahrzeugverwahrstelle bringen, wo F es eine halbe Stunde später nach Zahlung von 207,60 DM wieder in Empfang nahm.

857

(BVerwGE 90, 189)

Fall 42: Die Stadt K erließ gegen E ein Baugebot, demzufolge E verpflichtet wurde, eine auf seinem Grundstück vorhandene Ruine zu beseitigen und innerhalb von zwei Jahren im Rahmen der Festsetzungen eines Durchführungsplans mit einem viergeschossigen Gebäude zu bebauen. Der – unanfechtbar gewordene – Bescheid verpflichtete E darüber hinaus, die notwendigen Anträge innerhalb einer Frist von sechs Monaten einzureichen. Als E den erforderlichen Bauantrag nicht stellte, drohte ihm die Behörde ein Zwangsgeld in Höhe von 5.000 DM für den Fall an, dass der Bauantrag nicht bis zu einem bestimmten Termin gestellt würde. Nachdem die Frist verstrichen war, wurde das Zwangsgeld festgesetzt und ein weiteres Zwangsgeld in Höhe von 6.000 DM für den Fall angedroht, dass E den Bauantrag nicht innerhalb von drei Monaten stellen würde.

858

(BVerwGE 84, 354)

Fall 43: In der Zeit vom 21. bis 25. 6. 1962 kam es in München – hauptsächlich auf der Leopoldstraße – zu großen Menschenansammlungen und zu sonstigen Störungen der öffentlichen Ordnung, zu deren Wiederherstellung zahlreiche Polizeibeamte eingesetzt wurden (sog. Schwabinger Krawalle). Bei einem dieser Einsätze wurde K von Polizeibeamten mit Hiebwaffen geschlagen. Er erhob am 4. 7. 1962 verwaltungsgerichtliche Klage, mit der er die Feststellung begehrte, dass der Platzverweis und die Androhung unmittelbaren Zwangs nichtig, hilfsweise rechtswidrig gewesen seien. Außerdem beantragte er die Feststellung, die Art und Weise des Vollzugs des Platzverweises durch Anwendung unmittelbaren Zwangs sei ihm gegenüber rechtswidrig gewesen.

859

(BVerwGE 26, 161)

I. Der Verwaltungsakt als Vollstreckungstitel

Wird dem Adressaten eines Verwaltungsakts ein Tun, Dulden oder Unterlassen auferlegt, so ist damit noch nicht gesichert, dass er die ihm auferlegte Verpflichtung auch erfüllt. Verwaltungsakte müssen deshalb gegebenenfalls zwangsweise **durchgesetzt** (vollstreckt) werden. Im Unterschied zu Privaten, die ihre Vollstreckungstitel nur mit Hilfe besonderer Vollstreckungsorgane (Gerichtsvollzieher, Vollstreckungsgericht) durchsetzen können, sind Behörden in der Regel befugt, die von ihnen erlassenen Verwaltungsakte selbst zu vollstrecken. Im Einzelfall allerdings bedürfen sie der **Vollzugshilfe** anderer Behörden.[1]

860

Die **Titelfunktion**[2] kommt nur anspruchs- und pflichtenkonkretisierenden Verwaltungsakten[3] zu, weil nur diese dem Adressaten etwas aufgeben. Gestaltende und

861

---

1 Vgl. *V. Götz*, Allgemeines Polizei- und Ordnungsrecht, 14. Aufl. 2008, § 17 Rn. 4.
2 Vgl. *W. Löwer*, JuS 1980, S. 805 (806).
3 Vgl. oben Rn. 373 ff.

feststellende Verwaltungsakte[4] sind demgegenüber keiner Vollstreckung fähig, weil die Rechtslage durch sie bereits gestaltet oder festgestellt wird, dem Adressaten also nichts auferlegt wird, was durchgesetzt werden könnte oder müsste.[5]

862 Der zu vollstreckende Verwaltungsakt wird als **Grundverwaltungsakt,** die seiner Vollstreckung dienenden (Verwaltungs-)Akte werden als **Vollstreckungsakte** bezeichnet.[6]

863 Das im Fall 42 an E ergangene *Baugebot* war der *Grundverwaltungsakt,* die *Androhung* und die *Festsetzung des Zwangsgelds* waren *Vollstreckungsakte,* die unterblieben wären, wenn E den Bauantrag gestellt hätte.

864 Die Vollstreckungsakte bedürfen einer **gesetzlichen Ermächtigung,** die nicht schon in der Rechtsgrundlage des Grundverwaltungsakts enthalten ist. Zwar dienen Vollstreckungsakte der Durchsetzung des Grundverwaltungsakts, erlegen dem Adressaten aber eine zusätzliche Verpflichtung auf bzw. enthalten eine besondere Beschwer.

865 Im Ausgangsfall 42 zielt die Auferlegung des Zwangsgelds zwar darauf ab, E zur Erfüllung des Baugebotes zu veranlassen, so dass es gegenstandslos geworden wäre, wenn E den Bauantrag gestellt hätte. Nach Fristablauf und Festsetzung des Zwangsgelds traf ihn neben dem Baugebot aber die zusätzliche Verpflichtung, den Betrag von 5.000 DM zu bezahlen.

866 Hinsichtlich der Rechtsgrundlage für die Verwaltungsvollstreckung ist danach zu unterscheiden, ob Verwaltungsakte von **Bundes-** oder **Landesbehörden** vollstreckt werden. Sofern eine **Bundesbehörde** gehandelt hat, gilt das Verwaltungsvollstreckungsgesetz (VwVG) vom 27. 4. 1953,[7] während die **Bundesländer** über eigene Verwaltungsvollstreckungsgesetze verfügen, nach denen die Verwaltungsakte der Landes- und Kommunalbehörden vollstreckt werden.[8] Bundes- und Landesgesetze stimmen weitgehend überein, so dass die im Folgenden am Beispiel des Verwaltungsvollstreckungsgesetzes des Bundes entwickelten Grundsätze auf das Landesvollstreckungsrecht übertragen werden können.

---

4 Vgl. oben Rn. 385 ff., 396 ff.
5 Vgl. oben Rn. 393, 405.
6 Vgl. *H. Maurer,* AllgVerwR, § 20 Rn. 12.
7 BGBl. I S. 157.
8 **Baden-Württemberg:** Verwaltungsvollstreckungsgesetz für Baden-Württemberg vom 12. 3. 1974 (GBl. S. 93); **Bayern:** Art. 18 ff. Bayerisches Verwaltungszustellungs- und Vollstreckungsgesetz vom 11. 11. 1970 (GVBl. 1971, S. 1); **Berlin:** Übernahme des Verwaltungsvollstreckungsgesetzes vom 27. 4. 1953 (BGBl. I S. 157) durch § 5 a des Gesetzes über das Verfahren der Berliner Verwaltung vom 8. 12. 1976 (GVBl. S. 2735, 2898); **Brandenburg:** Verwaltungsvollstreckungsgesetz für das Land Brandenburg vom 18. 12. 1991 (GVBl. I S. 661); **Bremen:** §§ 11 ff. Bremisches Verwaltungsvollstreckungsgesetz vom 1. 4. 1960 (GBl. S. 37); **Hamburg:** Verwaltungsvollstreckungsgesetz vom 13. 3. 1961 (HmbGVBl. S. 79); **Hessen:** Hessisches Verwaltungsvollstreckungsgesetz vom 12. 12. 2008 (GVBl. I 2009, S. 2); **Mecklenburg-Vorpommern:** §§ 110 f. Verwaltungsverfahrens-, Zustellungs- und Vollstreckungsgesetz des Landes Meckl.-Vorp. vom 26. 2. 2004 (GVOBl. S. 106); **Niedersachsen:** Niedersächsisches Verwaltungsvollstreckungsgesetz vom 4. 7. 2011 (Nds. GVBl. S. 238); **Nordrhein-Westfalen:** Verwaltungsvollstreckungsgesetz für das Land Nordrhein-Westfalen vom 19. 2. 2003 (GVBl. S. 156); **Rheinland-Pfalz:** Verwaltungsvollstreckungsgesetz für Rheinland-Pfalz vom 8. 7. 1957 (GVBl. S. 101); **Saarland:** Saarländisches Verwaltungsvollstreckungsgesetz vom 27. 3. 1974 (ABl. S. 430); **Sachsen:** Verwaltungsvollstreckungsgesetz für den Freistaat Sachsen vom 10. 9. 2003 (GVBl. S. 614); **Sachsen-Anhalt:** Verwaltungsvollstreckungsgesetz des Landes Sachsen-Anhalt vom 23. 6. 1994 (GVBl. S. 710); **Schleswig-Holstein:** Allgemeines Verwaltungsgesetz für das Land Schleswig-Holstein vom 2. 6. 1992 (GVOBl. S. 243); **Thüringen:** §§ 18 ff. Thüringer Verwaltungszustellungs- und Vollstreckungsgesetz vom 5. 2. 2009 (GVBl. S. 24).

Der Vollstreckung nach den Verwaltungsvollstreckungsgesetzen fähig sind nur **Ver-** **867** **waltungsakte.** Sofern es um Ansprüche aus öffentlich-rechtlichen Verträgen oder anderen Verwaltungsrechtsverhältnissen geht, muss grundsätzlich ein Titel in Gestalt eines **gerichtlichen Urteils** erwirkt werden. Ausgenommen sind nur öffentlich-rechtliche Verträge, in denen sich der Vertragspartner der sofortigen Vollstreckung unterworfen hat (§ 61 Abs. 1 S. 1 VwVfG). Die Unterwerfung unter die sofortige Vollstreckung ist ein **Vollstreckungstitel**[9] mit der Folge, dass Bundesbehörden nach den Vorschriften des Verwaltungsvollstreckungsgesetzes, Landes- oder Kommunalbehörden nach den Vorschriften der jeweiligen Landesvollstreckungsgesetze vollstrecken können.[10] Sofern die Unterwerfung unter die sofortige Vollstreckung nicht erfolgt ist, kann die Behörde einen Vollstreckungstitel nur im Wege der gegen den Vertragspartner gerichteten (verwaltungsgerichtlichen) Klage erlangen, ist also bei Nichterfüllung nicht berechtigt, einen Verwaltungsakt zu erlassen.[11]

> Variiert man Fall 42 dahingehend, dass E sich gegenüber der Stadt K vertraglich verpflichtet hat, **868** das Grundstück bis zu einem bestimmten Zeitpunkt zu bebauen, und hätte er diese Verpflichtung nicht erfüllt, so wäre die Behörde nur berechtigt, diese Verpflichtung zwangsweise durchzusetzen, wenn E sich der sofortigen Vollstreckung unterworfen hätte. Andernfalls müsste sie gegen E auf Erfüllung der Verpflichtung (vor dem Verwaltungsgericht) klagen.

II. Vollstreckung wegen Geldforderungen

Die Verwaltungsvollstreckungsgesetze unterscheiden übereinstimmend danach, ob **869** durch Verwaltungsakt festgesetzte **öffentlich-rechtliche Geldforderungen** vollstreckt werden oder Verwaltungsakte, die auf ein **Handeln, Dulden** oder **Unterlassen** gerichtet sind, durchgesetzt werden sollen. In §§ 1 ff. VwVG ist die Vollstreckung wegen Geldforderungen geregelt. Voraussetzungen für die Einleitung der Vollstreckung sind gem. § 3 Abs. 2 VwVG

- der **Leistungsbescheid,** durch den der Schuldner zur Leistung aufgefordert worden ist;
- die **Fälligkeit** der Leistung;
- der **Ablauf** einer **Frist** von einer Woche seit Bekanntgabe des Leistungsbescheides oder, wenn die Leistung erst danach fällig wird, der Ablauf einer Frist von einer Woche nach Eintritt der Fälligkeit.

Sofern gegen den Leistungsbescheid ein **Rechtsbehelf** eingelegt wird, dem nach § 80 **870** Abs. 1 S. 1 VwGO aufschiebende Wirkung zukommt, wird die Vollziehung des Verwaltungsakts gehemmt.[12] Zu berücksichtigen ist allerdings, dass nach § 80 Abs. 2 S. 1 Nr. 1 VwGO die aufschiebende Wirkung bei der Anforderung von öffentlichen Abgaben und Kosten entfällt. Hierzu gibt es eine nahezu unübersehbare Kasuistik, so dass im Einzelnen zu prüfen bleibt, ob mit einem Leistungsbescheid »öffentliche Abgaben« oder »Kosten« im Sinne dieser Vorschrift angefordert werden.[13]

> Gegen E ist im Fall 42 ein Zwangsgeld in Höhe von 5.000 DM festgesetzt worden, so dass aufgrund **871** dieses Festsetzungsbescheides (= Leistungsbescheid) vollstreckt werden kann, wenn E nicht frist-

---

9 Vgl. *H. J. Bonk,* in: Stelkens/Bonk/Sachs, VwVfG, § 61 Rn. 6.
10 Vgl. *H. J. Bonk,* in: Stelkens/Bonk/Sachs, VwVfG, § 61 Rn. 24.
11 Vgl. *H. J. Bonk,* in: Stelkens/Bonk/Sachs, VwVfG, § 61 Rn. 9.
12 Vgl. *F. Schoch,* in: Schoch/Schmidt-Aßmann/Pietzner, VwGO, § 80 Rn. 75 m. w. N.
13 Vgl. *F. Schoch,* in: Schoch/Schmidt-Aßmann/Pietzner, VwGO, § 80 Rn. 112 ff.

gemäß zahlt. Sofern E gegen die Festsetzung Widerspruch einlegt, wäre die Vollziehbarkeit gehemmt, weil es sich bei einem Zwangsgeld nicht um Abgaben oder Kosten im Sinne des § 80 Abs. 2 S. 1 Nr. 1 VwGO handelt.[14] Allerdings ist zu berücksichtigen, dass mit einem Rechtsbehelf gegen eine Vollstreckungsmaßnahme nicht geltend gemacht werden kann, der Grundverwaltungsakt sei rechtswidrig, wenn dieser bereits unanfechtbar ist.[15]

872　Das Vollstreckungsverfahren und der Vollstreckungsschutz richten sich im Einzelnen nach den Vorschriften der **Abgabenordnung** (§ 5 Abs. 1 VwVG).

III. Erzwingung von Handlungen, Duldungen oder Unterlassungen

873　Ein Verwaltungsakt, der auf die **Herausgabe einer Sache** oder auf die **Vornahme** einer **Handlung** oder auf **Duldung** oder **Unterlassung** gerichtet ist, kann durchgesetzt werden, wenn er **unanfechtbar** ist oder wenn sein **sofortiger Vollzug** angeordnet oder wenn dem Rechtsmittel **keine aufschiebende Wirkung** beigelegt ist (§ 6 Abs. 1 VwVG). Als Zwangsmittel werden in § 9 Abs. 1 VwVG

- **Ersatzvornahme** (§ 10),
- **Zwangsgeld** (§ 11),
- **unmittelbarer Zwang** (§ 12)

genannt. Nach § 9 Abs. 2 VwVG muss das Zwangsmittel in einem **angemessenen Verhältnis** zu seinem Zweck stehen und ist möglichst so zu bestimmen, dass der Betroffene und die Allgemeinheit am wenigsten beeinträchtigt werden.

1. Ersatzvornahme (§ 10 VwVG)

874　Wird die Verpflichtung, eine Handlung vorzunehmen, deren Vornahme durch einen anderen möglich ist (vertretbare Handlung), nicht erfüllt, so kann die Vollzugsbehörde einen anderen mit der Vornahme der Handlung auf Kosten des Pflichtigen beauftragen (§ 10 VwVG). Die **Ersatzvornahme** wird im Verwaltungsvollstreckungsgesetz (des Bundes) und den Verwaltungsvollstreckungsgesetzen der Länder als erstes Zwangsmittel genannt, weil sie ihrer Konzeption nach den geringsten Eingriff bedeutet. Der »Pflichtige« – also der Adressat des Verwaltungsakts, der zwangsweise durchgesetzt werden soll – hat zwar die Kosten des Zwangsmittels zu tragen, bleibt aber im Übrigen von der Zwangsmaßnahme unberührt. Hieraus folgen allerdings gleichzeitig die Grenzen des Zwangsmittels, denn es ist notwendig auf **vertretbare Handlungen** beschränkt.

875　In den Ausgangsfällen kommt für die Entfernung eines Pkw aus dem Halteverbot die Ersatzvornahme in Betracht (ggf. durch Abschleppen), während die Bebauung eines Grundstücks nur theoretisch im Wege der Ersatzvornahme erfolgen könnte. Die Beseitigung baulicher Anlagen (etwa der Ruine im Fall 42) ist demgegenüber im Wege der Ersatzvornahme möglich und entspricht ständiger Verwaltungspraxis. Im Fall 43 scheidet dagegen die Ersatzvornahme schon deshalb aus, weil sich bei Auflösung einer Versammlung die *Teilnehmer* zu entfernen haben (§ 13 Abs. 2 i. V. m. § 18 Abs. 1 VersammlG des Bundes).[16]

---

14 Nach h. M. wird danach unterschieden, ob es sich um Abgaben oder Kosten handelt, die zur allgemeinen Finanzierung staatlicher Aufgaben erforderlich sind, was bei einem Zwangsgeld nicht der Fall ist. Allerdings ist die Rechtsprechung nicht einheitlich: vgl. die Nachw. bei *F. Schoch*, in: Schoch/Schmidt-Aßmann/Pietzner, VwGO, § 80 Rn. 115 ff.

15 Vgl. *M. Ruffert*, in: Erichsen/Ehlers, AllgVerwR, § 27 Rn. 13 ff. m. w. N.

16 Vgl. hierzu Rn. 231 Fn. 32.

Preußischer Tradition folgend,[17] ist die Ersatzvornahme nach § 10 VwVG auf die   876
Beauftragung eines anderen mit der Vornahme der Handlung – die »**Fremdvornahme**« – beschränkt.[18] Führt die Verwaltung die Maßnahme selbst durch, stellt die
»**Selbstvornahme**« begrifflich keine Ersatzvornahme, sondern eine Maßnahme des
unmittelbaren Zwangs dar.[19]

Nach den Verwaltungsvollstreckungsgesetzen der **Bundesländer** – ausgenommen   877
Berlin – umfasst die Ersatzvornahme die Selbstvornahme und lässt einen entsprechenden Erstattungsanspruch auch bei eigenem Handeln der Verwaltung entstehen.[20]

> Im Fall 41 liegen insofern die Merkmale der Ersatzvornahme vor, als die Polizei einen Abschlepp-   878
> unternehmer mit dem Abschleppen des Pkw der F beauftragt. Allerdings ist an F kein Verwaltungs-
> akt ergangen, so dass eine Zwangsmaßnahme *ohne* vorausgehenden Verwaltungsakt vorliegt, deren
> Voraussetzungen für Bundesbehörden in § 6 Abs. 2 VwVG geregelt, aber auch in den Landesvoll-
> streckungsgesetzen enthalten sind.[21]

2. Zwangsgeld (§ 11 VwVG)

Unvertretbare Handlungen können dadurch erzwungen werden, dass der Pflichtige   879
zur Vornahme der Handlung durch ein **Zwangsgeld** angehalten wird (§ 11 Abs. 1
S. 1 VwVG). Zwangsgelder können auch bei vertretbaren Handlungen verhängt
werden, wenn die Ersatzvornahme untunlich, besonders, wenn der Pflichtige außerstande ist, die Kosten zu tragen, die aus der Ausführung durch einen anderen entstehen (§ 11 Abs. 1 S. 2 VwVG).

> Im Fall 42 handelt es sich um eine unvertretbare Handlung, weil nur der Eigentümer oder ein sonst   880
> dinglich Berechtigter auf einem Grundstück bauen darf, so dass als Vollstreckungsmaßnahme nur
> das Zwangsgeld in Betracht kommt. Allerdings besteht auch die Möglichkeit, zum Zwecke der
> Plandurchführung das Grundstück zu enteignen. Dies ist keine alternative Vollstreckungsmaßnah-
> me, sondern ein anderes Verfahren. Das BVerwG hat im Ausgangsfall die Behörde jedoch für
> verpflichtet angesehen, vor der Verhängung weiterer Zwangsgelder zu prüfen, ob die Vorausset-
> zungen einer Enteignung vorliegen.[22]

3. Unmittelbarer Zwang (§ 12 VwVG)

Führen Ersatzvornahme oder Zwangsgeld nicht zum Ziel oder sind sie untunlich, so   881
kann die Vollzugsbehörde den Pflichtigen zur Handlung, Duldung, oder Unterlassung zwingen (§ 12 VwVG). Bundesrechtlich ist auch die Selbstvornahme der Handlung als unmittelbarer Zwang einzuordnen, während sie nach dem Vollstreckungsrecht der Länder der Ersatzvornahme zuzurechnen ist.[23] Die Anwendung des unmittelbaren Zwangs ist im Einzelnen geregelt durch das Gesetz über den unmittelbaren Zwang bei Ausübung öffentlicher Gewalt durch Vollzugsbeamte des Bundes
(UZwG) vom 10. 3. 1961,[24] nach dem die Vollzugsbeamten des Bundes zu verfahren
haben, wenn sie zulässigerweise unmittelbaren Zwang anwenden (§ 1 Abs. 1 UZwG).

---

17 Vgl. *V. Götz*, Allgemeines Polizei- und Ordnungsrecht, 14. Aufl. 2008, § 13 Rn. 23.
18 Vgl. *Drews/Wacke/Vogel/Martens*, Gefahrenabwehr, 9. Aufl. 1986, S. 532 f.
19 § 12 VwVG: »(...) oder die Handlung selbst vornehmen.«
20 Nachw. bei *Pieroth/Schlink/Kniesel*, Polizei- und Ordnungsrecht, 6. Aufl. 2010, § 24 Rn. 10.
21 Vgl. unten Rn. 893.
22 Vgl. BVerwGE 84, 354 (360 f.).
23 Vgl. oben Rn. 877.
24 BGBl. I S. 165.

Der unmittelbare Zwang wird definiert als **Einwirkung** auf **Personen** oder **Sachen** durch **körperliche Gewalt** oder durch **Waffen** (§ 2 Abs. 1 UZwG). Körperliche Gewalt ist **unmittelbare körperliche Einwirkung** auf Personen oder Sachen (§ 2 Abs. 2 UZwG), während **Hilfsmittel** der körperlichen Gewalt insbesondere Fesseln, Wasserwerfer, technische Sperren, Diensthunde, Dienstpferde und Dienstfahrzeuge sind (§ 2 Abs. 3 UZwG). Waffen schließlich sind die dienstlich zugelassenen Hieb- und Schusswaffen, Reizstoffe und Explosivmittel (§ 2 Abs. 4 UZwG).

882 In den **Bundesländern** – ausgenommen Berlin – ist die Anwendung unmittelbaren Zwangs in den Polizei- und Ordnungsgesetzen geregelt, auf die die Landesvollstreckungsgesetze verweisen.[25] In diesem Fall sind die Vorschriften der Polizei- und Ordnungsgesetze auch dann anzuwenden, wenn Verwaltungsakte durchgesetzt werden sollen, die *nicht* der Gefahrenabwehr dienen.[26]

883 Im Fall 43 ist gegen A unmittelbarer Zwang unter Benutzung einer Hiebwaffe (Schlagstock) angewandt worden, dessen Voraussetzungen in Bayern durch Art. 60 ff. PAG (früher: Art. 38 ff. PAG) geregelt sind.

IV. Das Vollstreckungsverfahren

1. Das dreiaktige Zwangsverfahren (§§ 13 ff. VwVG)

884 Das Zwangsverfahren besteht im Regelfall aus **drei Akten,**
- der **Androhung** (§ 13),
- der **Festsetzung** (§ 14) und
- der **Anwendung des Zwangsmittels** (§ 15 VwVG).

885 Zwangsmittel müssen, wenn nicht die Voraussetzungen des sofortigen Vollzugs (§ 6 Abs. 2 VwVG) vorliegen, schriftlich **angedroht** werden (13 Abs. 1 S. 1 VwVG). Hierbei ist für die Erfüllung der Verpflichtung eine Frist zu bestimmen, innerhalb derer der Vollzug dem Pflichtigen billigerweise zugemutet werden kann (§ 13 Abs. 1 S. 2 VwVG). Die Androhung kann mit dem Verwaltungsakt verbunden werden, durch den die Handlung, Duldung oder Unterlassung aufgegeben wird (§ 13 Abs. 2 S. 1 VwVG). Die Androhung muss sich auf ein **bestimmtes Zwangsmittel** beziehen (§ 13 Abs. 3 S. 1 VwVG); unzulässig sind die gleichzeitige Androhung mehrerer Zwangsmittel und der Vorbehalt, unter unterschiedlichen Zwangsmitteln zu wählen (§ 13 Abs. 3 S. 2 VwVG).

886 Soweit die Ersatzvornahme angedroht wird, sind in der Androhung die **voraussichtlichen Kosten** zu veranschlagen (§ 13 Abs. 4 S. 1 VwVG), wobei das Recht der Nachforderung unberührt bleibt, sofern die Ersatzvornahme einen **höheren Kostenaufwand** verursacht (§ 13 Abs. 4 S. 2 VwVG). Ein Zwangsgeld ist jeweils in **bestimmter Höhe** anzudrohen (§ 13 Abs. 5 VwVG). Zwangsmittel können so oft wiederholt und hierbei jeweils erhöht oder gewechselt werden, bis die Verpflichtung erfüllt ist (§ 13 Abs. 6 S. 1 VwVG). Eine erneute Androhung ist jedoch erst zulässig, wenn das zunächst angedrohte Zwangsmittel erfolglos bleibt (§ 13 Abs. 6 S. 2 VwVG).

---

25 Nachw. bei *V. Götz*, Allgemeines Polizei- und Ordnungsrecht, 14. Aufl. 2008, § 13 Rn. 39.
26 Vgl. z. B. § 70 Abs. 1 NVwVG.

Im Fall 42 ist die Stadt K (aufgrund der entsprechenden Vorschriften des Landesvollstreckungs- **887** gesetzes) grundsätzlich berechtigt gewesen, ein Zwangsgeld von 5.000 DM festzusetzen, nachdem E seiner Verpflichtung nicht nachgekommen ist. Auch die Festsetzung weiterer Zwangsgelder in vergleichbarer Höhe wäre zulässig, weil es – gerade bei den in Frage stehenden Vermögenswerten – nicht angehen kann, dass sich der Besserverdienende von der Verpflichtung zur Befolgung einer solchen Maßnahme freikauft. Die Erwägung des BVerwG, die Behörde müsse vor Androhung weiterer Zwangsgelder prüfen, ob das Grundstück enteignet werden könne,[27] überzeugt nicht. Die Enteignung ist kein alternatives Zwangsmittel, sondern eine Möglichkeit, das Grundeigentum zu erlangen, falls ein freihändiger Erwerb gescheitert ist (§ 87 Abs. 2 S. 1 BauGB).

Sofern die Verpflichtung nicht innerhalb der Frist, die in der Androhung bestimmt **888** ist, erfüllt wird, **setzt** die Behörde das Zwangsmittel **fest** (§ 14 S. 1 VwVG).

Das Zwangsmittel wird der Festsetzung gemäß **angewendet** (§ 15 Abs. 1 VwVG). **889** Leistet der Pflichtige bei der Ersatzvornahme oder bei unmittelbarem Zwang Widerstand, so kann dieser mit Gewalt gebrochen werden (§ 15 Abs. 2 S. 1 VwVG). Der Vollzug ist einzustellen, sobald sein Zweck erreicht ist (§ 15 Abs. 3 VwVG). Die Festsetzung des Zwangsgelds ist jedoch auch dann zulässig, wenn der Pflichtige der Verpflichtung zuwiderhandelt, eine Handlung zu dulden oder zu unterlassen (§ 11 Abs. 2 VwVG). In diesem Fall verliert das Zwangsgeld seine Funktion als **Beuge-mittel** und nimmt stattdessen **Sanktionscharakter** an.[28] Die Änderung der Zielrichtung erweist sich insbesondere als notwendig, wenn aufgrund des Zuwiderhandelns die Unterlassung nicht mehr möglich ist.

Die zuständige Behörde hatte einem Arzt, der in der Öffentlichkeit mehrfach für »Sterbehilfe« einge- **890** treten war, bei Androhung eines Zwangsgelds in Höhe von 10.000 DM verboten, eine in einem konkreten Fall beabsichtigte »Sterbehilfe« zu leisten. Der Arzt hatte sich zuvor an die Staatsanwalt- schaft mit der Bitte gewandt, ihm die Straflosigkeit einer solchen Handlung zu bestätigen. Sofern der Arzt gleichwohl die »Sterbehilfe« geleistet hätte, hätte das Zwangsgeld gegen ihn verhängt werden können. Als Sanktion für die Zuwiderhandlung wäre es unabhängig davon, ob die Sterbehilfe im konkreten Fall strafbar war oder nicht, zulässig gewesen.[29]

2. Sofortiger Vollzug (§ 6 Abs. 2 VwVG)

Das in §§ 13 ff. VwVG geregelte dreiaktige Zwangsverfahren setzt voraus, dass ein **891** unanfechtbarer (oder sofort vollziehbarer) **Verwaltungsakt** vorliegt. Es gibt jedoch Fallkonstellationen, bei denen ein Verwaltungsakt nicht erlassen werden kann, weil der Adressat unbekannt oder nicht erreichbar ist.

Im Fall 41 würde das dreiaktige Verfahren voraussetzen, dass an F eine Verfügung ergangen ist, mit **892** der sie aufgefordert wird, ihr Fahrzeug zu entfernen und für den Fall der Zuwiderhandlung die Ersatzvornahme angedroht wird. Dass sie einer solchen Aufforderung folgen würde, ist unzweifel- haft. Die Polizei müsste jedoch warten, bis F an ihrem Fahrzeug erscheint. Bis zu diesem Zeitpunkt würde der »polizeiwidrige« Zustand – Parken trotz Halteverbots – andauern.

Nach § 6 Abs. 2 VwVG kann Verwaltungszwang **ohne** vorausgehenden **Verwal- 893** tungsakt** angewendet werden, wenn der sofortige Vollzug zur Verhinderung einer rechtswidrigen Tat, die einen Straf- oder Bußgeldtatbestand verwirklicht, oder zur Abwendung einer drohenden Gefahr notwendig ist und die Behörde hierbei inner-

---

27 So BVerwGE 84, 354 (361).
28 Vgl. *C. Gusy*, Polizeirecht, 7. Aufl. 2009, Rn. 444; *J. Ipsen*, Niedersächsisches Polizei- und Ord-
    nungsrecht, 4. Aufl. 2010, Rn. 599.
29 Vgl. hierzu *J. Ipsen*, Niedersächsisches Polizei- und Ordnungsrecht, 4. Aufl. 2010, Rn. 600.

halb ihrer gesetzlichen Befugnisse handelt. Der **sofortige Vollzug** – oder **Sofortvollzug** – ist auch in den Landesvollstreckungsgesetzen bzw. Polizei- und Ordnungsgesetzen der Bundesländer geregelt,[30] sofern diese nicht die alternative Konstruktion der »**unmittelbaren Ausführung einer Maßnahme**« vorsehen.[31] Der Sofortvollzug ist dadurch gekennzeichnet, dass ein zu vollstreckender Verwaltungsakt nicht ergangen ist, der Verwaltungszwang also **ohne** vorausgehenden Verwaltungsakt angewendet wird. In Betracht kommen als Zwangsmittel nur die **Ersatzvornahme** und der **unmittelbare Zwang**, weil das **Zwangsgeld** den Erlass eines Verwaltungsakts notwendig voraussetzt.[32]

894 Der Konstruktion nach zielt der Sofortvollzug darauf ab, den Pflichtigen mit den Folgen der Zwangsmaßnahme zu belasten, ohne dass gegen ihn ein Grundverwaltungsakt ergangen wäre. Hieraus folgt auch die spezifische Problematik dieses Rechtsinstituts, denn der Umstand, dass aus besonderen Gründen ein Verwaltungsakt nicht erlassen werden kann, darf nicht zu einer Ausweitung der behördlichen Befugnisse führen. § 6 Abs. 2 VwVG setzt deshalb voraus, dass die Behörde **innerhalb** ihrer **gesetzlichen Befugnisse** handeln muss.

895 Im Fall 41 wird das Fahrzeug der F rund eine Stunde, nachdem die Polizei es entdeckt hat, abgeschleppt. Grundsätzlich bewegt sich die Polizei hierbei innerhalb ihrer gesetzlichen Befugnisse, weil das Parken im Halteverbot eine Verkehrsordnungswidrigkeit darstellt und somit eine Gefahr im ordnungsrechtlichen Sinne bedeutet. Das BVerwG hält es jedoch mit dem bundesrechtlichen Verhältnismäßigkeitsgrundsatz für unvereinbar, dass Fahrzeuge bereits wegen eines Verstoßes gegen § 12 Abs. 4 S. 1 StVO abgeschleppt werden.[33] Fraglich ist allerdings, ob es sich hierbei um eine Frage der Verhältnismäßigkeit handelt, weil eine andere Möglichkeit, die Gefahr für die öffentliche Sicherheit zu beseitigen, nicht besteht. Mehr spricht deshalb dafür, hier eine Ermessensbindung anzunehmen, weil bei geringfügigen Ordnungswidrigkeiten Fahrzeuge regelmäßig *nicht* abgeschleppt werden.[34]

V. Rechtsschutz gegen Vollstreckungsmaßnahmen

896 Beim Rechtsschutz gegen Maßnahmen der Verwaltungsvollstreckung ist danach zu unterscheiden, ob der **Grundverwaltungsakt** oder (ausschließlich) die **Zwangsmaßnahme** angefochten wird. In der Regel wird sich der Adressat eines Verwaltungsakts, dessen Vollzug mit Mitteln des Verwaltungszwangs droht oder begonnen hat, gegen den Verwaltungsakt wehren und die statthaften Rechtsbehelfe (Widerspruch, Anfechtungsklage) einlegen. Sofern der Rechtsbehelf auf die mit dem Grundverwaltungsakt verbundene **Androhung** beschränkt wird, bestimmt § 18 Abs. 1 S. 2 VwVG ausdrücklich, dass er sich auf den Verwaltungsakt erstreckt, soweit dieser nicht bereits Gegenstand eines Rechtsbehelfsverfahrens ist. Ist nämlich der (Grund-) Verwaltungsakt bereits angefochten worden, so betrifft die mit dem Rechtsbehelf geltend gemachte Rechtswidrigkeit folgerichtig auch die Androhung eines Zwangsmittels und jede weitere Vollzugsmaßnahme.

---

30 Nachw. bei *V. Götz*, Allgemeines Polizei- und Ordnungsrecht, 14. Aufl. 2008, § 13 Rn. 4.
31 Vgl. *V. Götz*, Allgemeines Polizei- und Ordnungsrecht, 14. Aufl. 2008, § 12 Rn. 16.
32 Vgl. *J. Ipsen*, Niedersächsisches Polizei- und Ordnungsrecht, 4. Aufl. 2010, Rn. 580.
33 Vgl. BVerwGE 90, 189 (193); bestätigt in: BVerwG, DVBl. 2002, S. 1560 (1561).
34 Vgl. *J. Ipsen*, Niedersächsisches Polizei- und Ordnungsrecht, 4. Aufl. 2010, Rn. 305 ff.

Anders verhält es sich, wenn der **Grundverwaltungsakt** – wie für den Regelfall von **897** § 6 Abs. 1 VwVG vorausgesetzt – **unanfechtbar** ist. Würde unter dieser Voraussetzung ein gegen die Zwangsmaßnahme eingelegter Rechtsbehelf damit begründet werden können, der *Grundverwaltungsakt* sei rechtswidrig, würden auf dem Umweg über den Rechtsschutz gegen Vollstreckungsmaßnahmen die Vorschriften über die Unanfechtbarkeit von Verwaltungsakten praktisch gegenstandslos. § 18 Abs. 1 S. 3 VwVG zieht daraus die zutreffende Konsequenz, dass eine Androhung, die nicht mit dem Grundverwaltungsakt verbunden ist und dieser unanfechtbar geworden ist, nur insoweit angefochten werden kann, als eine Rechtsverletzung durch die Androhung selbst behauptet wird. Soweit keine ausdrückliche Regelung besteht, folgt diese Beschränkung aus dem Umstand, dass bei Unanfechtbarkeit des Grundverwaltungsakts Streitgegenstand des Rechtsbehelfsverfahrens *nur* der Vollzugsakt als solcher wäre.[35]

> Im Fall 42 hatte E die Verfügung, mit der ihm die Bebauung seines Grundstücks aufgegeben wurde, **898** und die Androhung bzw. Festsetzung der Zwangsgelder in Höhe von 5.000, 6.000 und 7.000 DM unanfechtbar werden lassen. Erst gegen die Festsetzung des Zwangsgelds in Höhe von 7.000 DM und die Androhung eines weiteren Zwangsgelds in Höhe von 8.000 DM erhob er verwaltungsgerichtliche Klage. Das BVerwG hat folgerichtig nicht geprüft, ob das Baugebot rechtmäßig war, sondern sich darauf beschränkt, die Festsetzung des Zwangsgelds in Höhe von 7.000 DM und die Androhung eines weiteren Zwangsgelds in Höhe von 8.000 DM zu erörtern und hierbei erwogen, ob eine *Enteignung* in Betracht käme.[36]

Der **Sofortvollzug** ist dadurch gekennzeichnet, dass ein Zwangsmittel **ohne** voraus- **899** gehenden **Verwaltungsakt** angewandt wird.[37] Welcher Rechtsbehelf gegen eine Zwangsmaßnahme statthaft ist, die im Wege des Sofortvollzugs ergangen ist, hängt von deren Rechtsqualität ab. Soweit die Maßnahmen als Verwaltungsakte zu qualifizieren sind, ist grundsätzlich die **Anfechtungsklage** statthaft (§ 42 Abs. 1 1. Alt. VwGO). Soweit sie sich erledigt haben, kommt die **Fortsetzungsfeststellungsklage** in Betracht (§ 113 Abs. 1 S. 4 VwGO).[38] Hiervon scheint § 18 Abs. 2 VwVG auszugehen, in dem gegen Zwangsmittel, die ohne vorausgehenden Verwaltungsakt angewendet werden, die Rechtsbehelfe für zulässig erklärt werden, »die gegen Verwaltungsakte allgemein gegeben sind.« Gegen die Qualifikation der **Anwendung** von Zwangsmitteln als Verwaltungsakt bestehen jedoch erhebliche Bedenken, insbesondere ist fraglich, worin die **Regelung,** aber auch die **Rechtswirkung** liegen soll.

> Im Fall 43 *regelt* die polizeiliche Verfügung (Platzverweis) die Einzelfälle (Sammelverfügung), indem **900** den auf der Straße Anwesenden geboten wird, sich zu entfernen. Wenn ein solches Gebot zwangsweise durchgesetzt wird, also Schlagstock oder Wasserwerfer eingesetzt werden, liegt hierin keine weitere *Regelung*, sondern die schlichte Ausübung von Gewalt. Der unmittelbare Zwang ist dadurch gekennzeichnet, dass nicht mehr allein auf den Willen, sondern auf den Körper des Pflichtigen (oder auf Sachen) eingewirkt wird.[39] Das BVerwG hat demgegenüber im Ausgangsfall »die Begriffsmerkmale des Verwaltungsakts« als erfüllt angesehen.[40]

---

35 Vgl. oben Fn. 15.
36 So BVerwGE 84, 354 (361).
37 Vgl. oben Rn. 891 ff.
38 Vgl. unten Rn. 1130 ff.
39 Vgl. nur *M. Ruffert,* in: Erichsen/Ehlers, AllgVerwR, § 27 Rn. 12; *H. Maurer,* AllgVerwR, § 20 Rn. 17.
40 So BVerwGE 26, 161 (164).

901 Gelegentlich ist die Konstruktion versucht worden, die Anwendung unmittelbaren Zwangs als **konkludente Duldungsverfügung** zu qualifizieren.[41] Auch eine solche Konstruktion muss scheitern, weil die Zwangsanwendung nicht darauf gerichtet ist, diese zu dulden – was für sich bereits schwer vorstellbar wäre –, sondern den Verwaltungsakt durchsetzen soll und in dem Augenblick eingestellt werden muss, in dem das Ziel erreicht ist.

902 Im Ausgangsfall 43 zielte der Einsatz von Schlagstöcken also nicht auf »Duldung« der Schläge, sondern war darauf gerichtet, die Anwesenden gewaltsam auseinander zu treiben. In dem Augenblick, in dem dieser Erfolg erreicht war, war jede weitere Zwangsanwendung unzulässig.

903 Ausschlaggebend muss endlich sein, dass auch **Schusswaffen** als Zwangsmittel eingesetzt werden können (§§ 9 ff. UZwG) und nach den Landespolizeigesetzen auch der »gezielte Todesschuss« zulässig ist.[42] Die Grenze vertretbarer Konstruktionsjurisprudenz wäre zweifellos überschritten, würde man einen solchen Schuss (auch) als konkludente Duldungsverfügung einordnen. Da der Rechtsschutz nicht von der Handlungsform, sondern von der öffentlich-rechtlichen Natur der Streitigkeit abhängt,[43] erweisen sich derartige Konstruktionen zudem als überflüssig.

904 Mit der inzwischen h. M. ist die Anwendung unmittelbaren Zwangs als typische Erscheinungsform des **Realakts** anzusehen.[44] Fraglich kann nur sein, ob die **Feststellungsklage** (§ 43 Abs. 1 VwGO) oder die **Fortsetzungsfeststellungsklage** (§ 113 Abs. 1 S. 4 VwGO) die statthafte Klageart ist.[45]

905 Das BVerwG hat im Fall 43 – ausgehend von einem Verwaltungsakt – die *Fortsetzungsfeststellungsklage* für statthaft gehalten, obwohl sich die angefochtene Maßnahme *vor* Klageerhebung erledigt hatte und § 113 Abs. 1 S. 4 VwGO seinem Wortlaut nach (Erledigung *nach* Klageerhebung) nicht anwendbar war. Die Analogie zu § 113 Abs. 1 S. 4 VwGO wurde ergänzt durch einen Verzicht auf das Widerspruchsverfahren, das einer Anfechtungsklage grundsätzlich vorausgehen muss (§§ 68 ff. VwGO).[46]

906 Der Rechtsschutz gegen die **Ersatzvornahme** würde sich nach den gleichen Grundsätzen richten, weil auch diese als tatsächliches Handeln (Realakt) einzuordnen ist.[47] Wenn die Ersatzvornahme als Maßnahme des Verwaltungszwangs abgeschlossen ist, stellt sich allerdings die Frage der Kostenfolge. Da die Ersatzvornahme – auch im Wege des sofortigen Vollzugs – **auf Kosten** des Pflichtigen angewandt wird, werden ihm die Kosten regelmäßig durch besonderen **Bescheid** (Leistungsbescheid) auferlegt. Um diesen nicht unanfechtbar werden zu lassen, muss der Pflichtige einen Rechtsbehelf einlegen, mit dem er die Rechtswidrigkeit des Kostenbescheids geltend macht. Dieser ist nur begründet, wenn die Zwangsmaßnahme rechtswidrig war, die Voraussetzungen des sofortigen Vollzugs der Ersatzvornahme also nicht vorlagen. In derartigen Fällen erübrigt sich eine Feststellungs- oder Fortsetzungsfeststellungsklage, weil der (Kosten-)Pflichtige durch den Leistungsbescheid gegenwärtig noch beschwert ist.

---

41 Vgl. *V. Götz*, JuS 1985, S. 869; ferner: *Wolff/Bachof/Stober/Kluth*, Verwaltungsrecht I, § 45 Rn. 40.
42 Vgl. *V. Götz*, Allgemeines Polizei- und Ordnungsrecht, 14. Aufl. 2008, § 13 Rn. 50 m. w. N.
43 Vgl. unten Rn. 1003 ff.
44 Nachw. bei *H. Maurer*, AllgVerwR, § 20 Rn. 26.
45 Vgl. *F. Hufen*, Verwaltungsprozessrecht, § 18 Rn. 36 ff.
46 Vgl. BVerwGE 26, 161 (165 ff.) und unten Rn. 1135.
47 Vgl. *M. Ruffert*, in: Erichsen/Ehlers, AllgVerwR, § 27 Rn. 23; *R. Pietzner*, VerwArch 84 (1993), S. 272.

Im Fall 41 hat F den Kostenbescheid angefochten, dessen Rechtmäßigkeit davon abhing, dass die **907** Zwangsmaßnahme ihrerseits rechtmäßig war. Verwaltungsgericht und Berufungsgericht hatten der Klage stattgegeben, das BVerwG verwies die Sache an das Berufungsgericht mit der Maßgabe zurück, nochmals zu prüfen, ob das Vorgehen der Polizei gegen den Verhältnismäßigkeitsgrundsatz verstoßen habe.[48]

VI. Rechtsprechung

BVerwGE 26, 161 (Unmittelbarer Zwang als Verwaltungsakt); **E** 50, 171 (Durchsetzung vertraglicher **908** Pflichten); **E** 84, 354 (Enteignung als milderes Mittel gegenüber wiederholter Zwangsgeldfestsetzung); **E** 90, 189 (Abschleppen eines PKW); **E** 102, 316 (Abschleppmaßnahme bei nachträglich aufgestelltem Verkehrsschild); **BVerwG**, DVBl. 1989, S. 362 (Androhung als Verwaltungsakt); **BVerwG**, NVwZ 1998, S. 393 (Androhung eines Zwangsgelds »für jeden Fall der Zuwiderhandlung«); **BVerwG**, DVBl. 2002, S. 1560 (Verhältnismäßigkeit einer Abschleppmaßnahme); **OVG Berlin**, NVwZ-RR 2000, S. 649 (Feststellender Verwaltungsakt über unmittelbare Ausführung einer Maßnahme); **VGH Mannheim**, DÖV 1996, S. 792 (Unzulässigkeit der Beitreibung eines festgesetzten Zwangsgelds bei Erledigung des Verwaltungsakts); **SächsOVG**, SächsVBl. 1996, S. 67 (Androhung eines Zwangsgelds für künftige Verstöße schließt Festsetzung für begangene Verstöße aus); **VGH Kassel**, NVwZ-RR 1996, S. 361 (Vorläufiger Rechtsschutz im Vollstreckungsverfahren).

VII. Literatur

M. App, Einführung in das Verwaltungsvollstreckungsrecht, JuS 2004, S. 786; *M. App/A. Wettlaufer*, **909** Praxishandbuch Verwaltungsvollstreckungsrecht, 5. Aufl. 2011; *C. Enders*, Der vollzogene Grundverwaltungsakt als Gegenstand der Vollstreckungsabwehr neben dem Leistungsbescheid, NVwZ 2000, S. 1232; *ders.*, Der Verwaltungsakt als Titel für die Anforderung der Kosten seiner Vollstreckung, NVwZ 2009, S. 958; *H. Engelhardt/M. App/A. Schlatmann*, Verwaltungs-Vollstreckungsgesetz, Verwaltungszustellungsgesetz, 9. Aufl. 2011; *J. Erdmann*, Die Kostentragung bei Maßnahmen des unmittelbaren Zwangs, 1986; *K. Fischer*, Das polizeiliche Abschleppen von Kraftfahrzeugen, JuS 2002, S. 446; *D. Heckmann*, Der Sofortvollzug rechtswidriger polizeilicher Verfügungen, VBlBW 1993, S. 41; *H.-D. Horn*, Verwaltungsvollstreckung, Jura 2004, S. 447, 597; *H. v. Kalm*, Die Duldungsverfügung im Rahmen der Verwaltungsvollstreckung, DÖV 1996, S. 463; *T. Koch/F. Niebaum*, »Ich sehe was, was Du nicht siehst!« – OVG Münster, NVwZ-RR 1996, 59, JuS 1997, S. 312; *B. Malmendier*, Die Zwangsmittelfestsetzung in der Verwaltungsvollstreckung des Bundes und der Länder, VerwArch 94 (2003), S. 25; *S. Muckel*, Effektiver Rechtsschutz gegen polizeilichen Kostenbescheid erfordert Inzidentprüfung des zugrunde liegenden Verwaltungsaktes, JA 2011, S. 239; *R. Pietzner*, Rechtsschutz in der Verwaltungsvollstreckung, VerwArch 84 (1993), S. 261; *R. Poscher*, Verwaltungsakt und Verwaltungsrecht in der Vollstreckung, VerwArch 89 (1998), S. 111; *W.-R. Schenke/P. Baumeister*, Probleme des Rechtsschutzes bei der Vollstreckung von Verwaltungsakten, NVwZ 1993, S. 1; *J. Schwabe*, Das Abschleppen aus Fußgängerzonen: Grundsatzprobleme eines »ganz einfachen« Falles, NVwZ 1994, S. 629; *W. Weiß*, Gibt es einen Rechtswidrigkeitszusammenhang in der Verwaltungsvollstreckung? DÖV 2001, S. 275; *S. Werner*, Ausgewählte Grundfragen des Verwaltungsvollstreckungsrechts, JA 2000, S. 902.

---

48 Vgl. BVerwGE 90, 189 (193).

3. Abschnitt. Das Verwaltungsverfahren

Der Begriff »Verfahren« bezeichnet in der Alltagssprache eine Abfolge von Hand- **910**
lungen, die sich nach festgelegten Regeln richtet und auf ein bestimmtes Ergebnis
abzielt. In diesem Sinne wird der Begriff vor allem im technischen Sprachgebrauch
verwandt, in dem von »Fertigungsverfahren« oder »Produktionsverfahren« die Rede
ist. In der neueren Verwaltungslehre gibt es Tendenzen, Anleihen im Bereich der
Betriebswirtschaftslehre zu machen und die von der Verwaltung hervorgebrachten
Ergebnisse ebenfalls als »Produkte« zu bezeichnen.[1] Obwohl die Übernahme be-
triebswirtschaftlicher Steuerungsmodelle in die öffentliche Verwaltung nur begrenzt
möglich ist,[2] weisen die Verfahrensbegriffe in Verwaltung und Wirtschaft eine unver-
kennbare Parallelität auf. Das **Verwaltungsverfahren** ist **regelbestimmt** und **ergeb-
nisorientiert**. Nach der Legaldefinition des **§ 9 VwVfG** ist es

> »die nach außen wirkende Tätigkeit der Behörden, die auf die Prüfung der Voraussetzungen, die
> Vorbereitung und den Erlass eines Verwaltungsaktes oder auf den Abschluss eines öffentlich-
> rechtlichen Vertrags gerichtet ist; es schließt den Erlass des Verwaltungsaktes oder den Ab-
> schluss des öffentlich-rechtlichen Vertrags ein.«

Die Definition lässt deutlich werden, dass der Verwaltungsakt nicht allein als *Aus-* **911**
gangspunkt von Rechtsbehelfsverfahren, sondern zunächst als *Endpunkt* eines Verwaltungsverfahrens zu betrachten ist.

---

1 Vgl. *J. Ipsen*, in: Ipsen/Stüer (Hrsg.), Öffentliche Verwaltung in Europa, 1999, S. 123 (136 f.) m. w. N.
2 Vgl. hierzu *H. P. Bull*, in: Ipsen (Hrsg.), Verwaltungsreform – Herausforderung für Staat und
   Kommunen, 1996, S. 69 (73 ff.).

§ 15 Grundzüge des Verwaltungsverfahrens

912   **Fall 44:** L bewirbt sich um die Übernahme in den Vorbereitungsdienst für ein Lehramt. Das Kultusministerium lädt ihn zu einer mündlichen Anhörung, weil sich Zweifel an seiner Verfassungstreue ergeben haben. L bittet darum, dass bei dem Einstellungsgespräch die Anwesenheit eines Rechtsanwalts als Rechtsbeistand gestattet wird. Die Behörde lehnt dies ab.

(vgl. BVerwGE 62, 169)

913   **Fall 45:** R war Richter am Bundesfinanzhof und gehörte einem Senat an, in dem die Stelle des Vorsitzenden neu zu besetzen war. Eine förmliche Ausschreibung fand nicht statt. Der Präsident des Bundesfinanzhofs erkundete aber in Gesprächen mit den Richtern des Senats deren Interesse an einer Bewerbung und deren Meinung in der Besetzungsfrage. Aufgrund dieser Gespräche verfasste er einen Vermerk und richtete an den Bundesminister der Justiz einen »Besetzungsbericht«. Daraufhin wurde K, der ebenfalls dem Senat angehörte, aber dem Dienst- und Lebensalter nach erheblich jünger als R war, zum Vorsitzenden des Senats ernannt. Der von R eingelegte Widerspruch wurde zurückgewiesen. R klagte daraufhin auf Einsicht in den »Besetzungsbericht« des Präsidenten.

(BVerwGE 67, 300)

I. Form, Beginn und Fortgang des Verwaltungsverfahrens

1. Nichtförmliches und förmliches Verwaltungsverfahren

914   Das Verwaltungsverfahren ist an bestimmte Formen nicht gebunden, soweit keine besonderen Rechtsvorschriften für die Form des Verfahrens bestehen (§ 10 S. 1 VwVfG). Die **Nichtförmlichkeit** des Verwaltungsverfahrens findet ihre Parallele in der Bestimmung, dass der Verwaltungsakt schriftlich, elektronisch, mündlich oder in anderer Weise (z. B. durch Zeichen) erlassen werden kann (§ 37 Abs. 2 S. 1 VwVfG), also ebenfalls an **keine Form** gebunden ist.[1] Auch soweit für den Verwaltungsakt eine besondere Form vorgeschrieben ist (Schriftform, Urkundsform),[2] bleibt das Verwaltungsverfahren nichtförmlich. Ein förmliches Verwaltungsverfahren ist nur durchzuführen, wenn dies durch besondere Rechtsvorschriften angeordnet ist.[3]

2. Beginn des Verwaltungsverfahrens

915   Die Behörde entscheidet nach **pflichtgemäßem Ermessen,** ob und wann sie ein Verwaltungsverfahren durchführt (§ 22 S. 1 VwVfG). Dies gilt nicht, wenn die Behörde aufgrund von Rechtsvorschriften **von Amts wegen** oder auf **Antrag** tätig werden muss (§ 22 S. 2 Nr. 1 VwVfG) oder nur auf Antrag tätig werden *darf* und ein Antrag nicht vorliegt (§ 22 S. 2 Nr. 2 VwVfG). § 22 VwVfG will genau gelesen sein, denn in der knappen Vorschrift kommen nicht weniger als vier **Verfahrensprinzipien** zum Ausdruck, die in unterschiedlicher Kombination auftreten können. Zum einen stehen sich **Amts-**(Offizial-) **grundsatz** und **Antragsgrundsatz** gegenüber, zum anderen ist der **Opportunitätsgrundsatz** vom **Legalitätsgrundsatz** zu unterscheiden.

---

1 Vgl. oben Rn. 642.
2 Vgl. oben Rn. 644.
3 Vgl. unten Rn. 939 ff.

Der **Amts-** bzw. **Antragsgrundsatz** betrifft die Frage, auf wessen Anstoß das Ver-   **916**
waltungsverfahren beginnt. Als Grundsatz geschieht dies nach § 22 S. 1 VwVfG **von
Amts wegen,** so dass das **Offizialprinzip** als Verfahrensgrundsatz angesehen werden
kann.[4] Der Amtsgrundsatz kann sich mit dem **Opportunitäts-** oder dem **Legalitäts-
prinzip** verbinden. Der Umstand, dass ein Verwaltungsverfahren nur von Amts
wegen eingeleitet werden *kann,* bedeutet nicht, dass es auch eingeleitet werden *muss.*
Das ebenfalls als Verfahrensgrundsatz niedergelegte **Opportunitätsprinzip** (§ 22 S. 1
VwVfG) wird eingeschränkt, soweit das **Legalitätsprinzip** – nämlich die Pflicht zur
Einleitung des Verfahrens – herrscht.[5] Hinsichtlich der Einleitung des Verfahrens sind
Antrags- und Opportunitätsprinzip unvereinbar. Soweit ein Antrag vorliegt, **muss**
dieser – nicht zuletzt aus verfassungsrechtlichen Gründen[6] – **beschieden** werden.[7]
Möglich ist demgegenüber die Kombination von Antrags- und Opportunitätsprinzip
im Hinblick auf den Verwaltungsakt: ein Verwaltungsakt kann einerseits antrags-
bedürftig sein, die beantragte Begünstigung gleichwohl im Ermessen der Behörde
stehen.

Kein Antrag im Sinne des § 22 VwVfG ist die bloße **Mitteilung** eines **Sachverhalts**   **917**
durch einen Dritten, möge diese auch in der Erwartung erfolgen, dass die Behörde
»etwas unternimmt«.[8] Sie unterscheidet sich vom Antrag dadurch, dass die Behörde
nicht ausdrücklich aufgefordert wird, einen Verwaltungsakt zu erlassen. Ein Bescheidungsanspruch kann aber auch bei derartigen Mitteilungen aus Art. 17 GG
folgen, weil mit Petitionen nicht nur Rechtsansprüche geltend gemacht werden
können.

3. Verfahrensverlauf

Da das Verwaltungsverfahren regelmäßig nichtförmlich ist, fehlt es an Vorschriften   **918**
über den **Verfahrensverlauf.** Nach § 10 S. 2 VwVfG ist es »einfach, zweckmäßig und
zügig« durchzuführen, was sich im Grunde von selbst versteht. Die Behörde hat den
Sachverhalt von Amts wegen zu **ermitteln** (§ 24 Abs. 1 S. 1 VwVfG). Sie bestimmt
Art und Umfang der Ermittlungen; an das Vorbringen und an die Beweisanträge der
Beteiligten ist sie nicht gebunden (§ 24 Abs. 1 S. 2 VwVfG). Neben den **Unter-
suchungsgrundsatz,** der auch das verwaltungsgerichtliche Verfahren beherrscht
(§ 86 VwGO), tritt der Grundsatz der **Vollständigkeit** und **Objektivität,** demzufolge
die Behörde alle für den Einzelfall bedeutsamen, auch die für den Beteiligten günstigen Umstände zu berücksichtigen hat (§ 24 Abs. 2 VwVfG).

---

4 Vgl. *H. Pünder,* in: Erichsen/Ehlers, AllgVerwR, § 14 Rn. 16; *H. Schmitz,* in: Stelkens/Bonk/Sachs,
  VwVfG, § 22 Rn. 2.
5 Vgl. die instruktive Übersicht bei *H. Schmitz,* in: Stelkens/Bonk/Sachs, VwVfG, § 22 Rn. 5.
6 Nach Art. 17 GG hat jedermann das Recht, sich einzeln oder in Gemeinschaft mit anderen
  schriftlich mit Bitten oder Beschwerden an die zuständigen Stellen und an die Volksvertretung zu
  wenden. Nach zutreffender Auslegung enthält das Petitionsrecht nicht nur ein »Einbringungs-
  recht«, sondern auch einen Bescheidungsanspruch; vgl. *J. Ipsen,* Staatsrecht II, 15. Aufl. 2012,
  Rn. 547 f. m. w. N.
7 Vgl. *H. Pünder,* in: Erichsen/Ehlers, AllgVerwR, § 14 Rn. 17; *D. Kallerhoff,* in: Stelkens/Bonk/
  Sachs, VwVfG, § 24 Rn. 75 f.
8 Vgl. *Bull/Mehde,* AllgVerwR/VerwL, Rn. 622; *H. Maurer,* AllgVerwR, § 19 Rn. 16; *H. Schmitz,* in:
  Stelkens/Bonk/Sachs, VwVfG, § 22 Rn. 21.

II. Die Beteiligten des Verwaltungsverfahrens

1. Beteiligungsfähigkeit und Handlungsfähigkeit (§ 11 VwVfG)

919 Fähig, am Verfahren beteiligt zu sein, sind gem. § 11 VwVfG
- natürliche und juristische Personen (Nr. 1),
- Vereinigungen, soweit ihnen ein Recht zustehen kann (Nr. 2), und
- Behörden (Nr. 3).

920 Die **Beteiligungsfähigkeit** im Verwaltungsverfahren entspricht der Beteiligungsfähigkeit im **Verwaltungsprozess** (§ 61 VwGO) mit dem Unterschied, dass Behörden im Verwaltungsprozess nur dann beteiligungsfähig sind, sofern das Landesrecht dies bestimmt (§ 61 Nr. 3 VwGO).

921 Die Beteiligungsfähigkeit im Verwaltungsverfahren ist *nicht* gleichbedeutend mit der Parteifähigkeit im Zivilprozess (§ 50 Abs. 1 ZPO), die von der Rechtsfähigkeit abhängig ist. Behörden sind als solche niemals rechtsfähig (sondern nur der »hinter« ihnen stehende Verwaltungsträger),[9] aber fähig, am Verwaltungsverfahren beteiligt zu sein.

922 Von der Beteiligungsfähigkeit zu unterscheiden ist die **Handlungsfähigkeit** (§ 12 VwVfG), die die Fähigkeit zur **Vornahme von Verfahrenshandlungen** betrifft. Sie entspricht der **Prozessfähigkeit** im Verwaltungsprozess (§ 62 Abs. 1 VwGO), die für Vereinigungen und für Behörden ebenfalls eine besondere Bestimmung enthält (§ 62 Abs. 3 VwGO).

2. Die Verfahrensbeteiligten (§ 13 VwVfG)

923 **Verfahrensbeteiligte** sind nach § 13 Abs. 1 VwVfG
- Antragsteller und Antragsgegner (Nr. 1),
- diejenigen, an die die Behörde den Verwaltungsakt richten will oder gerichtet hat (Nr. 2),
- diejenigen, mit denen die Behörde einen öffentlich-rechtlichen Vertrag schließen will oder geschlossen hat (Nr. 3), und
- diejenigen, die nach Abs. 2 von der Behörde zu dem Verfahren hinzugezogen worden sind (Nr. 4).

924 Die **Behörde,** die das Verwaltungsverfahren eingeleitet hat, ist **nicht** Beteiligte des Verwaltungsverfahrens. Selbst wenn sie einen Antrag ablehnt, ist die Behörde nicht als »Antragsgegner« im Sinne des § 13 Abs. 1 Nr. 1 VwVfG zu qualifizieren, sondern bleibt Trägerin des Verfahrens.[10] Als »**Antragsgegner**« sind nur solche Beteiligten des Verwaltungsverfahrens anzusprechen, zu deren Lasten sich ein beantragter Verwaltungsakt auswirken würde.[11] In diesem Fall hat das Verwaltungsverfahren **kontradiktorischen** (streitentscheidenden) Charakter. Im verwaltungsgerichtlichen Verfahren ist die Behörde dagegen stets Beteiligte, sofern das Landesrecht dies bestimmt

---

9 Vgl. oben Rn. 206 ff.
10 Vgl. *W. Clausen,* in: Knack/Henneke, VwVfG, § 13 Rn. 6 m. w. N.; *Bonk/Schmitz,* in: Stelkens/Bonk/Sachs, VwVfG, § 13 Rn. 18.
11 Vgl. *Bonk/Schmitz,* in: Stelkens/Bonk/Sachs, VwVfG, § 13 Rn. 19; a. A. *W. Clausen,* in: Knack/Henneke, VwVfG, § 13 Rn. 8.

(§ 61 Nr. 3 VwGO), andernfalls ist Beteiligter der Verwaltungsträger, der ggf. durch die Behörde vertreten wird.[12]

III. Rechte der Verfahrensbeteiligten

1. Anhörungsrecht (§ 28 VwVfG)

Bevor ein Verwaltungsakt erlassen wird, der in die Rechte eines Beteiligten eingreift, **925** ist diesem Gelegenheit zu geben, sich zu den für die Entscheidung erheblichen Tatsachen **zu äußern** (§ 28 Abs. 1 VwVfG). Nach § 28 Abs. 2 VwVfG kann von der **Anhörung** abgesehen werden, wenn sie nach den Umständen des Einzelfalls **nicht geboten** ist, insbesondere wenn

- eine sofortige Entscheidung wegen Gefahr im Verzug oder im öffentlichen Interesse notwendig erscheint (Nr. 1),
- durch die Anhörung die Einhaltung einer für die Entscheidung maßgeblichen Frist in Frage gestellt würde (Nr. 2),
- von den tatsächlichen Angaben eines Beteiligten, die dieser in einem Antrag oder einer Erklärung gemacht hat, nicht zu seinen Ungunsten abgewichen werden soll (Nr. 3),
- die Behörde eine Allgemeinverfügung oder gleichartige Verwaltungsakte in größerer Zahl oder Verwaltungsakte mit Hilfe automatischer Einrichtungen erlassen will (Nr. 4) oder
- Maßnahmen in der Verwaltungsvollstreckung getroffen werden sollen (Nr. 5).

Überdies unterbleibt die Anhörung, wenn ihr ein zwingendes **öffentliches Interesse** **926** entgegensteht (§ 28 Abs. 3 VwVfG).

Das rechtliche Gehör vor Gericht (Art. 103 Abs. 1 GG) hat Grundrechtsqualität.[13] **927** Nach überwiegender Meinung soll Art. 103 Abs. 1 GG jedoch nicht auf das Verwaltungsverfahren anwendbar sein.[14] In jedem Fall ist die Anhörung durch das **Rechtsstaatsprinzip** geboten,[15] das Raum für eine differenzierte Handhabung lässt.

> Im Fall 44 war eine Anhörung zwingend erforderlich, weil auf die Einstellung in den Vorbereitungs- **928** dienst ein aus Art. 12 Abs. 1 GG abzuleitender Rechtsanspruch besteht und eine Ablehnung der Einstellung deshalb Eingriffscharakter hat.[16] Ob die Ablehnung (ausnahmsweise) gerechtfertigt ist, lässt sich nur aufgrund des Gesamteindrucks des Bewerbers feststellen.

2. Bevollmächtigte und Beistände (§ 14 VwVfG)

Ein Verfahrensbeteiligter kann sich durch einen **Bevollmächtigten** vertreten lassen **929** (§ 14 Abs. 1 S. 1 VwVfG). Ist für das Verfahren ein Bevollmächtigter bestellt, so soll sich die Behörde an ihn wenden (§ 14 Abs. 3 S. 1 VwVfG). Zu Verhandlungen und Besprechungen kann ein Beteiligter mit einem **Beistand** erscheinen (§ 14 Abs. 4 S. 1 VwVfG). Das von dem Beistand Vorgetragene gilt als von dem Beteiligten vorgebracht, soweit dieser nicht unverzüglich widerspricht (§ 14 Abs. 4 S. 2 VwVfG).

---

12 Vgl. unten Rn. 1170.
13 Vgl. *J. Ipsen,* Staatsrecht II, 15. Aufl. 2012, Rn. 911 ff.
14 Nachw. bei *C. Degenhart,* in: Sachs (Hrsg.), GG, 6. Aufl. 2011, Art. 103 Rn. 8 m. w. N.
15 Vgl. *C. Degenhart,* in: Sachs (Hrsg.), GG, 6. Aufl. 2011, Art. 103 Rn. 8; vgl. auch EuGH, DVBl. 1987, S. 230.
16 Vgl. BVerfGE 39, 334 (373 f.).

930 Im Fall 44 wäre die Zurückweisung des Beistands nur rechtmäßig, wenn § 14 VwVfG in dem betreffenden Verfahren nicht anwendbar wäre. Das BVerwG hat das Einstellungsgespräch für den Vorbereitungsdienst als »Eignungsprüfung« im Sinne des § 2 Abs. 3 Nr. 2 VwVfG angesehen, für die § 14 VwVfG (neben anderen Vorschriften) nicht gilt.[17] Die Entscheidung überzeugt nicht, weil L seine (fachliche) Eignung bereits durch das Staatsexamen nachgewiesen hatte und ihm insofern ein Einstellungsanspruch zukam. Gegenstand des Gesprächs konnte deshalb nur sein, ob L die Gewähr dafür bot, dass er jederzeit für die freiheitliche demokratische Grundordnung im Sinne des Grundgesetzes (§ 4 Abs. 1 Nr. 2 BRRG a. F., vgl. nunmehr § 7 Abs. 1 Nr. 2 BeamtStG) eintrat. Ein thematisch derart eingeengtes Gespräch lässt sich aber nicht als »Eignungsprüfung« im Sinne des § 2 Abs. 3 Nr. 2 VwVfG ansehen.[18] Vielmehr liegt der Vergleich mit dem früheren Anerkennungsverfahren von Kriegsdienstverweigerern nahe, bei denen es ebenfalls um eine innere Einstellung ging und die belehrt werden mussten, dass sie zur Anhörung mit einem Beistand erscheinen konnten (§ 14 Abs. 2 S. 2 KDVG a. F.). Gegen die Auffassung des BVerwG spricht überdies, dass die Qualifizierung als Eignungsprüfung nach § 2 Abs. 3 Nr. 2 VwVfG auch die Anwendbarkeit des § 28 VwVfG ausschlösse, L folglich auf eine Anhörung keinen Anspruch gehabt hätte. Anders ist zu entscheiden, wenn es sich um ein »normales« Einstellungsgespräch handelt, bei dem es in erster Linie um die fachliche Eignung geht.

3. Akteneinsicht (§ 29 VwVfG)

931 Die Behörde hat den Beteiligten **Einsicht** in die das Verfahren betreffenden **Akten** zu gestatten, soweit deren Kenntnis zur Geltendmachung oder Verteidigung ihrer rechtlichen Interessen erforderlich ist (§ 29 Abs. 1 S. 1 VwVfG). Ausgenommen von der Akteneinsicht sind bis zum Abschluss des Verwaltungsverfahrens Entwürfe zu Entscheidungen sowie die Arbeiten zu ihrer unmittelbaren Vorbereitung (§ 29 Abs. 1 S. 2 VwVfG). Die Behörde ist überdies zur Gestattung der Akteneinsicht nicht verpflichtet, soweit durch sie die ordnungsgemäße Erfüllung der Aufgaben der Behörde beeinträchtigt, das Bekanntwerden des Inhalts der Akten dem Wohle des Bundes oder eines Landes Nachteile bereiten würde oder soweit die Vorgänge nach einem Gesetz oder ihrem Wesen nach geheim gehalten werden müssen (§ 29 Abs. 2 VwVfG). Weitergehende Rechte sehen schon seit längerer Zeit – beschränkt auf einen bestimmten gegenständlichen Bereich – etwa das Umweltinformationsgesetz[19] und – beschränkt auf die jeweilige Landesverwaltung – die Informationszugangs- bzw. Informationsfreiheitsgesetze verschiedener Länder[20] vor. Seit dem 1. 1. 2006 gibt es ferner das »Gesetz zur Regelung des Zugangs zu Informationen des Bundes«,[21] nach dem grundsätzlich jedermann gegenüber den Bundesbehörden einen Anspruch auf Zugang zu amtlichen Informationen hat (§ 1 Abs. 1 S. 1 IFG). Der Informationsanspruch nach dem IFG wird durch den Anspruch aus § 29 VwVfG nicht verdrängt (§ 1 Abs. 3 IFG).[22]

932 Nach h. M. beschränkt sich das Akteneinsichtsrecht nach § 29 Abs. 1 VwVfG auf das **laufende Verfahren**.[23] Soweit damit eine Akteneinsicht *nach Erlass* des Verwaltungsakts ausgeschlossen wird,[24] vermag diese Auffassung nicht zu überzeugen. Beteiligte

---

17 So BVerwGE 62, 169 (171 ff.).
18 Ähnlich OVG Hamburg, NJW 1976, S. 205 (206).
19 Gesetz vom 22. 12. 2004 (BGBl. I S. 3704).
20 Überblick bei *F. Schoch*, Informationsfreiheitsgesetz, Kommentar, 2009, Einl. Fn. 102 ff.
21 Gesetz vom 5. 9. 2005 (BGBl. I S. 2722).
22 Vgl. *Kloepfer/von Lewinski*, DVBl. 2005, S. 1277 (1280).
23 Vgl. BVerwGE 67, 300 (303 f.); *H. Pünder*, in: Erichsen/Ehlers, AllgVerwR, § 14 Rn. 33; *W. Clausen*, in: Knack/Henneke, VwVfG, § 29 Rn. 3.
24 Vgl. *H. Maurer*, AllgVerwR, § 19 Rn. 21.

eines Verwaltungsverfahrens können regelmäßig erst dann ihre rechtlichen Interessen geltend machen und verteidigen, wenn der Verwaltungsakt ergangen ist. Es wäre deshalb widersprüchlich, das Akteneinsichtsrecht zwar *vor* Erlass des Verwaltungsakts einzuräumen, es *danach* aber in das Ermessen der Verwaltung zu stellen. Überdies wäre die Einschränkung in § 29 Abs. 1 S. 2 VwVfG unverständlich, nach der bestimmte Vorgänge »bis zum Abschluss des Verwaltungsverfahrens« von der Einsicht ausgenommen sind. Diese Vorschrift kann sinnvoll nur in der Weise ausgelegt werden, dass die Behörde ihren Willensbildungsprozess *während* des laufenden Verfahrens nicht offenbaren muss, nach dessen Abschluss aber auch *diese* Vorgänge Gegenstand des Akteneinsichtsrechts sind.[25] Letztlich vermag auch nicht die Erwägung zu überzeugen, dass im Verwaltungsverfahrensgesetz keine über den Verfahrensabschluss hinausgehenden Gegenstände geregelt werden können, denn der Rechtsanspruch auf Akteneinsicht des abgeschlossenen Verwaltungsverfahrens könnte als dessen Nachwirkung verstanden werden. Das Argument, auch das Widerspruchsverfahren sei ein Verwaltungsverfahren und deshalb jedenfalls in diesem Verfahren Akteneinsicht nach § 29 VwVfG zu gestatten,[26] vermag ebenfalls nicht zu überzeugen. Dieses Verwaltungsverfahren beginnt erst mit der Einlegung des Widerspruchs (§ 69 VwGO). Die Akteneinsicht findet demgegenüber ihre eigentliche Bestimmung darin, die Erfolgsaussichten des Widerspruchs zu prüfen und ihn ggf. entsprechend zu begründen.

Die besseren Argumente sprechen deshalb dafür, nicht auf den Abschluss des (ursprünglichen) Verwaltungsverfahrens, sondern auf die **Möglichkeit** der **Rechtsverteidigung** abzustellen. Da es Verfahrensbeteiligten schon aus Gründen der Verwaltungsökonomie nicht gestattet sein kann, die Akten zeitlich unbegrenzt einzusehen, muss das Akteneinsichtsrecht auf den Zeitraum beschränkt werden, in dem Rechtsbehelfe noch zulässig sind.   **933**

> Im Fall 45 hatte R gegen die (bevorstehende) Ernennung seines Kollegen zwar Widerspruch eingelegt, den Bescheid des Bundesministers der Justiz jedoch nicht angefochten. Insofern war *dieses* (Ernennungs-)Verfahren abgeschlossen, ohne noch Nachwirkungen äußern zu können. Das BVerwG hat zutreffend entschieden, dass durch den Antrag auf Akteneinsicht *kein* Verwaltungsverfahren eingeleitet würde, in dem die Akten des ursprünglichen Verwaltungsverfahrens der Einsicht unterlägen.[27] Für ein nach heutiger Rechtslage zu erwägendes Akteneinsichtsrecht nach Maßgabe des IFG käme es dagegen nicht auf die Möglichkeit der Rechtsverteidigung an. Im konkreten Fall wäre der Anspruch freilich unter Umständen gemäß § 5 Abs. 2 IFG ausgeschlossen.   **934**

IV. Verwaltungsverfahren als Verwaltungsrechtsverhältnis

Mit dem Beginn des Verwaltungsverfahrens werden nicht nur einzelne Rechte und Pflichten der Beteiligten begründet, das Verwaltungsverfahren ist vielmehr insgesamt als Rechtsverhältnis, nämlich als »**Verfahrensrechtsverhältnis**« zu qualifizieren.[28]   **935**

---

25 Anders offenbar, jedoch ohne Begründung: BVerwGE 67, 300 (304).
26 Ähnlich offenbar BVerwG, NVwZ 1995, S. 1131 (1132); *W. Clausen*, in: Knack/Henneke, VwVfG, § 29 Rn. 21.
27 So BVerwGE 67, 300 (304).
28 So zutr. *Bull/Mehde*, AllgVerwR/VerwL, Rn. 618; *W. Clausen*, in: Knack/Henneke, VwVfG, Vor § 9 Rn. 15; *E. Schmidt-Aßmann*, in: Isensee/Kirchhof (Hrsg.), HdbStR V, 3. Aufl. 2007, § 109 Rn. 60 f.; *W. Schmitt Glaeser*, in: Lerche/Schmitt Glaeser/Schmidt-Aßmann (Hrsg.), Verfahren als staats- und verwaltungsrechtliche Kategorie, 1984, S. 35 (84 ff.); *H. Schmitz*, in: Stelkens/Bonk/Sachs, VwVfG, § 9 Rn. 5 ff.; kritisch: *H. Maurer*, AllgVerwR, § 8 Rn. 25.

Über die im Einzelnen geregelten Rechte und Pflichten hinaus werden durch das Verfahrensrechtsverhältnis weitere Rechte und Rechtspflichten begründet.[29] Für das Verwaltungsverfahren, das auf Abschluss eines öffentlich-rechtlichen Vertrages abzielt, leuchtet dies ohne weiteres ein. Auch im Zivilrecht wird bereits mit Aufnahme der Vertragsverhandlungen ein vorvertragliches **Vertrauensverhältnis** begründet, das wechselseitige Rechte und Pflichten enthält.[30] Verwaltungsverfahren, die auf Erlass eines Verwaltungsakts abzielen, folgen grundsätzlich keinen anderen Regeln. So werden heute bereits wechselseitige **Informationspflichten** angenommen.[31] Insbesondere aber trifft die Verwaltungsbehörde die Verpflichtung zu **fairem** und **neutralem Verhalten**. Diese Pflichten sind in Art. 20 Abs. 2 GG angelegt. Die alleinige Legitimation staatlichen Handelns durch das Volk und die durch Wahlen vermittelte Legitimationskette[32] schließen jegliche obrigkeitsstaatliche Attitüde von Behörden aus.

V. Rechtsprechung

936 EuGH, NVwZ 1999, S. 1209 (Umweltinformationsgesetz 1994); **BVerwGE** 62, 169 (Rechtsbeistand bei Einstellungsgesprächen); E 67, 300 (Akteneinsicht nach vollzogener Ernennung); E 102, 282 (Auswahlermessen nach dem Umweltinformationsgesetz 1994); E 130, 223 (Anspruch auf Zugang zu Umweltinformationen); **BVerwG**, NVwZ-RR 1993, S. 90 (keine Anhörung bei fehlendem Begründungszwang); **OVG Münster**, DVBl. 1993, S. 509 (Prüfungsspezifisches Anhörungsrecht).

VI. Literatur

937 *W. Berg*, Die Rechtsprechung zum Verwaltungsverfahrensrecht seit 1998, JZ 2005, S. 1039; *H. P. Bull*, Informationsfreiheitsgesetze – wozu und wie?, ZG 17 (2002), S. 201; *K.-P. Dolde*, Verwaltungsverfahren und Deregulierung, NVwZ 2006, S. 857; *J. Fluck*, Verwaltungstransparenz durch Informationsfreiheit, DVBl. 2006, S. 1406; *J. Fluck/S. Merenyi*, Zugang zu behördlichen Informationen, VerwArch 97 (2006), S. 381; *R. Gröschner/J. Masing*, Transparente Verwaltung – Konturen eines Informationsverwaltungsrechts, VVDStRL 63 (2004), S. 344, 377; *A. Guckelberger*, Informatisierung der Verwaltung und Zugang zu Verwaltungsinformationen, VerwArch 97 (2006), S. 62; *M. Hochhuth*, Vor schlichthoheitlichem Verwaltungseingriff anhören?, NVwZ 2003, S. 30; *M. Kloepfer/K. v. Lewinski*, Das Informationsfreiheitsgesetz des Bundes (IFG), DVBl. 2005, S. 1277; *W. Neumann*, Die Entwicklung des Verwaltungsverfahrensrechts, NVwZ 2000, S. 1244; *J. Oebbecke*, Beratung durch Behörden, DVBl. 1994, S. 147; *A. Roßnagel*, Das elektronische Verwaltungsverfahren, NJW 2003, S. 469; *M. Schmidt-Preuß*, Gegenwart und Zukunft des Verfahrensrechts, NVwZ 2005, S. 489; *H. Schmitz*, Moderner Staat – Modernes Verwaltungsverfahrensrecht, NVwZ 2000, S. 1238; *ders.*, Die Regelung der elektronischen Kommunikation im Verwaltungsverfahrensgesetz, DÖV 2005, S. 885; *H. Schmitz/A. Schlatmann*, Digitale Verwaltung? – Das Dritte Gesetz zur Änderung verwaltungsverfahrensrecht-

---

29 Vgl. *H. Schmitz*, in: Stelkens/Bonk/Sachs, VwVfG, § 9 Rn. 14.

30 Vgl. nunmehr § 311 Abs. 2 BGB:

»Ein Schuldverhältnis mit Pflichten nach § 241 Abs. 2 entsteht auch durch

1. die Aufnahme von Vertragsverhandlungen,

2. die Anbahnung eines Vertrags, bei welcher der eine Teil im Hinblick auf eine etwaige rechtsgeschäftliche Beziehung dem anderen Teil die Möglichkeit zur Einwirkung auf seine Rechte, Rechtsgüter und Interessen gewährt oder ihm diese anvertraut, oder

3. ähnliche geschäftliche Kontakte.«

31 Vgl. *Bull/Mehde*, AllgVerwR/VerwL, Rn. 618.

32 Vgl. oben Rn. 54.

licher Vorschriften, NVwZ 2002, S. 1281; *F. Schoch,* Das Recht auf Zugang zu staatlichen Informationen, DÖV 2006, S. 1; *ders.,* Das rechtliche Gehör Beteiligter im Verwaltungsverfahren (§ 28 VwVfG), Jura 2006, S. 833; *G. Sydow,* Europäisierte Verwaltungsverfahren, JuS 2005, S. 97, 202; *J. Ziekow,* Von der Reanimation des Verfahrensrechts, NVwZ 2005, S. 263.

§ 16 Besondere Verfahrensgestaltungen

938 **Fall 46:** Am 8. 7. 1979 erließ die Regierung von Oberbayern den Planfeststellungsbeschluss für den Flughafen München II. Gegen den Beschluss wurden zahlreiche Klagen erhoben. Unter anderem wurde geltend gemacht, der Planfeststellungsbeschluss sei rechtswidrig, weil Staatsminister J und Ministerialdirigent R vom Bayerischen Staatsministerium für Wirtschaft und Verkehr, der Fachaufsichtsbehörde der Bezirksregierung, gleichzeitig Aufsichtsratsmitglieder der beigeladenen Flughafengesellschaft gewesen und im Planfeststellungsverfahren tätig geworden seien.

(BVerwGE 69, 256)

939 Mit der **Nichtförmlichkeit** des Verwaltungsverfahrens wird ein Grundsatz statuiert, der durch eine Vielzahl von Spezialvorschriften ergänzt und teilweise ersetzt wird. Mit dem Verwaltungsakt als typischem Endpunkt des Verwaltungsverfahrens sind Verwaltungsentscheidungen ganz unterschiedlicher Qualität und Dimension angesprochen. Die Genehmigung zum Bau eines Einfamilienhauses nach den Landesbauordnungen kann, sofern das Vorhaben planungsrechtlich zulässig ist, ohne Anhörung Dritter und mündliche Verhandlung erteilt werden. Hierfür gilt die Bestimmung, dass das Verfahren einfach, zweckmäßig und zügig durchzuführen ist (§ 10 S. 2 VwVfG). Eine völlig andere Qualität hinsichtlich ihrer Raumbedeutsamkeit und ihres Gefährdungspotentials haben jedoch Genehmigungen von **Anlagen** nach dem **Bundes-Immissionsschutzgesetz** (§ 4 BImSchG) und von **Kernenergieanlagen** (§ 7 AtG), die ebenfalls ihrer Rechtsnatur nach Verwaltungsakte sind. Es leuchtet ein, dass auch das Verwaltungsverfahren, in dem materiell richtige Entscheidungen erzeugt werden sollen, der Komplexität des Verfahrensgegenstandes Rechnung tragen muss.[1]

I. Förmliches Verwaltungsverfahren (§§ 63 ff. VwVfG)

1. Begriff des förmlichen Verwaltungsverfahrens

940 Das **förmliche Verwaltungsverfahren** nach §§ 63 ff. VwVfG findet statt, wenn es durch Rechtsvorschrift angeordnet ist (§ 63 Abs. 1 VwVfG). Die Begriffswahl könnte zu der Vermutung verleiten, dass alle anderen Verwaltungsverfahren *nichtförmlich* im Sinne des § 10 S. 1 VwVfG sind. Dies ist jedoch nicht der Fall, weil es neben dem in §§ 63 ff. VwVfG geregelten noch *andere* förmliche Verwaltungsverfahren gibt. Das **Planfeststellungsverfahren**, das **Enteignungsverfahren** sowie das **Bußgeldverfahren** sind ebenfalls Erscheinungsformen des förmlichen Verwaltungsverfahrens.[2] Dieser Umstand nötigt dazu, zwischen einem förmlichen Verwaltungsverfahren im engeren Sinne – nämlich dem in §§ 63 ff. VwVfG geregelten – und einem förmlichen Verwaltungsverfahren im weiteren Sinne zu unterscheiden.

2. Besonderheiten des förmlichen Verwaltungsverfahrens

941 Die »Förmlichkeit« des förmlichen Verwaltungsverfahrens besteht in **formalisierten Beteiligtenrollen** und – vor allem – einer grundsätzlich obligatorischen **mündlichen Verhandlung.** Das Verfahren wird damit dem (verwaltungs-)gerichtlichen Verfahren

---

1 Vgl. hierzu *H. Pünder*, in: Erichsen/Ehlers, AllgVerwR, § 15 Rn. 1 ff.; vgl. auch *Bull/Mehde*, Allg-VerwR/VerwL, Rn. 652 ff.; *H. Maurer*, AllgVerwR, § 19 Rn. 4 ff.
2 Vgl. hierzu *Bull/Mehde*, AllgVerwR/VerwL, Rn. 656 ff.; *H. Dürr*, in: Knack/Henneke, VwVfG, Vor § 63 Rn. 8 ff.

angenähert. Sofern ein Antrag erforderlich ist, muss dieser schriftlich (oder zur Niederschrift bei der Behörde) gestellt werden (§ 64 VwVfG). Den Beteiligten ist Gelegenheit zu geben, sich vor der Entscheidung zu **äußern** (§ 66 Abs. 1 VwVfG). Im Gegensatz zu der Regelung des § 28 VwVfG kennt § 66 VwVfG keine Ausnahmen. Soweit Zeugen und Sachverständige vernommen werden und die Einnahme des Augenscheins erfolgt, ist den Beteiligten Gelegenheit zu geben, der Vernehmung beizuwohnen und sachdienliche Fragen zu stellen (§ 66 Abs. 2 VwVfG).

Der entscheidende Unterschied zwischen förmlichem und nichtförmlichem Verwaltungsverfahren ist das Erfordernis der **mündlichen Verhandlung.** Während im nichtförmlichen Verwaltungsverfahren die Behörde grundsätzlich »bürokratisch« entscheiden kann, ist für das förmliche Verwaltungsverfahren eine mündliche Verhandlung vorgeschrieben (§ 67 Abs. 1 S. 1 VwVfG), zu der die Beteiligten mit angemessener Frist schriftlich zu laden sind (§ 67 Abs. 1 S. 2 VwVfG). Die mündliche Verhandlung ist – im Gegensatz zum Gerichtsverfahren (§ 169 GVG) – nicht öffentlich (§ 68 Abs. 1 S. 1 VwVfG). Der Verhandlungsleiter hat – ähnlich wie der Vorsitzende des Verwaltungsgerichts (§ 86 Abs. 3 VwGO) – die Sache mit den Beteiligten zu erörtern und darauf hinzuwirken, dass unklare Anträge erläutert, sachdienliche Anträge gestellt, ungenügende Anträge ergänzt sowie alle für die Feststellung des Sachverhalts wesentlichen Erklärungen abgegeben werden (§ 68 Abs. 2 VwVfG). **942**

Die Behörde kann gem. § 67 Abs. 2 VwVfG **ohne** mündliche Verhandlung entscheiden, wenn **943**

- einem Antrag im Einvernehmen mit allen Beteiligten in vollem Umfang entsprochen wird (Nr. 1);
- kein Beteiligter innerhalb einer hierfür gesetzten Frist Einwendungen gegen die vorgesehene Maßnahme erhoben hat (Nr. 2);
- die Behörde den Beteiligten mitgeteilt hat, dass sie beabsichtige, ohne mündliche Verhandlung zu entscheiden, und kein Beteiligter innerhalb einer hierfür gesetzten Frist Einwendungen dagegen erhoben hat (Nr. 3);
- alle Beteiligten auf sie verzichtet haben (Nr. 4) oder
- wegen Gefahr im Verzuge eine sofortige Entscheidung notwendig ist (Nr. 5).

Verwaltungsakte, die das förmliche Verfahren abschließen, sind **schriftlich** zu erlassen, schriftlich zu **begründen** und den Beteiligten **zuzustellen** (§ 69 Abs. 2 S. 1 VwVfG). Ein elektronischer Verwaltungsakt ist mit einer dauerhaft überprüfbaren, qualifizierten elektronischen Signatur zu versehen (§ 69 Abs. 2 S. 2 VwVfG). Die Zustellung kann unter besonderen Umständen durch eine öffentliche Bekanntmachung ersetzt werden (§ 69 Abs. 2 S. 3 VwVfG). Sofern das förmliche Verwaltungsverfahren auf andere Weise als durch Verwaltungsakt abgeschlossen wird, sind die Beteiligten hiervon zu benachrichtigen (§ 69 Abs. 3 S. 1 VwVfG). **944**

Sofern gegen einen Verwaltungsakt, der im förmlichen Verfahren erlassen worden ist, verwaltungsgerichtliche Klage erhoben wird, bedarf es **keiner** Nachprüfung in einem **Vorverfahren** (§ 70 VwVfG). § 70 VwVfG stellt insoweit eine gesetzliche Bestimmung im Sinne des § 68 Abs. 1 S. 2 VwGO dar. **945**

3. Anwendungsfälle des förmlichen Verwaltungsverfahrens

Die §§ 63 ff. VwVfG gelangen nur zur Anwendung, wenn dies durch **Rechtsvorschrift** angeordnet ist (§ 63 Abs. 1 VwVfG). Das Verwaltungsverfahrensgesetz stellt **946** mit dem förmlichen Verwaltungsverfahren ein Modell zur Verfügung, auf das Bundes- und Landesgesetzgeber zugreifen können.[3] Dies ist jedoch nur in Einzelfällen geschehen,[4] so dass die **praktische Bedeutung** dieser Vorschriften des Verwaltungsverfahrensgesetzes **gering** geblieben ist. Allerdings haben die §§ 63 ff. VwVfG nach wie vor Modellcharakter für die Bundes- und Landesgesetzgebung. Sofern die Fachgesetzgebung Vorschriften enthält, die mit den §§ 63 ff. VwVfG übereinstimmen,[5] leisten die Kommentierungen zu diesen Vorschriften eine wesentliche Hilfe für das Verständnis der Spezialgesetze.

II. Planfeststellungsverfahren

947 Auch das Planfeststellungsverfahren ist ein **förmliches Verwaltungsverfahren** im weiteren Sinne und bildet hierfür – neben dem Enteignungsverfahren – den klassischen Anwendungsfall.

1. Vorhaben und Vorhabenträger

948 Gegenstand des Planfeststellungsverfahrens sind **raumbedeutsame Vorhaben,** die regelmäßig Gegenstand von **Fachplanungsgesetzen** sind. Als Beispiele können der Bau von

- Bundesfernstraßen (§ 17 FStrG),
- Schienenwegen der Eisenbahn (§§ 18 ff. AEG),
- Magnetschwebebahnen (§§ 1 ff. MBPlG),
- Verkehrsflughäfen (§§ 8 ff. LuftVG),
- Bundeswasserstraßen (§§ 14 ff. WaStrG),
- Anlagen für die Zwischen- und Endlagerung radioaktiver Abfälle (§ 9 b AtG) sowie
- Deponien (§ 35 Abs. 2 KrWG)

gelten.[6]

949 Diesen Vorhaben ist gemeinsam, dass sie **hochkomplex** sind, regelmäßig **öffentlichen Zwecken** dienen, andererseits aber eine Vielzahl unterschiedlicher oder gar gegensätzlicher Interessen berührt werden. Ziel des Planfeststellungsverfahrens ist es, in die **Abwägung** und **Entscheidung** alle für den Plan erheblichen Umstände einzubeziehen und hierbei alle betroffenen Rechte und Interessen zu berücksichtigen.[7]

950 Der Träger des Vorhabens hat den Plan der **Anhörungsbehörde** zur Durchführung des Anhörungsverfahrens einzureichen (§ 73 Abs. 1 S. 1 VwVfG). Der Plan besteht aus Zeichnungen und Erläuterungen, die das Vorhaben, seinen Anlass und die von

---

3 Vgl. *Bull/Mehde,* AllgVerwR/VerwL, Rn. 656; *H. Dürr,* in: Knack/Henneke, VwVfG, Vor § 63 Rn. 8 ff., 16 f.; *H. Maurer,* AllgVerwR, § 19 Rn. 4; *M. Sachs,* in: Stelkens/Bonk/Sachs, VwVfG, § 63 Rn. 2, 37 f.

4 Nachw. bei *M. Sachs,* in: Stelkens/Bonk/Sachs, VwVfG, § 63 Rn. 39 ff.; ergänzend *H. Dürr,* in: Knack/Henneke, VwVfG, § 63 Rn. 6.

5 Vgl. *Bull/Mehde,* AllgVerwR/VerwL, Rn. 656.

6 Weitere Beispiele bei *Bonk/Neumann,* in: Stelkens/Bonk/Sachs, VwVfG, § 72 Rn. 32 ff.; umfassend nunmehr: *Stüer/Probstfeld,* Die Planfeststellung, S. 176 ff.

7 Vgl. *H. Pünder,* in: Erichsen/Ehlers, AllgVerwR, § 15 Rn. 2; *Hoppe/Just,* DVBl. 1997, S. 789 f.; vgl. grundlegend zur Struktur der planerischen Entscheidung *N. Luhmann,* Politische Planung, 5. Aufl. 2007.

dem Vorhaben betroffenen Grundstücke und Anlagen erkennen lassen (§ 73 Abs. 1 S. 2 VwVfG). Träger des Vorhabens können natürliche oder juristische Personen des Privatrechts oder Verwaltungsträger sein, ohne dass dies auf die Verfahrensgestaltung einen Einfluss hätte.[8] Ob das Vorhaben **gemeinnützig** oder **privatnützig** ist, spielt nur nach Maßgabe des betreffenden Fachgesetzes eine Rolle.[9] Soweit ein Träger öffentlicher Verwaltung Träger des Vorhabens ist, wird das Anhörungsverfahren in der Regel durch eine *andere* Behörde (Anhörungsbehörde) durchgeführt.[10]

> Vorhabenträger war im Ausgangsfall die Flughafen M-GmbH, also eine Gesellschaft des privaten **951** Rechts, an der juristische Personen des öffentlichen Rechts – unter anderem der Freistaat Bayern und die Stadt München – beteiligt waren. Anhörungs- und Planfeststellungsbehörde war demgegenüber die Regierung von Oberbayern.[11]

2. Anhörungsverfahren (§ 73 VwVfG)

Die Anhörungsbehörde fordert innerhalb eines Monats die Behörden, deren Auf- **952** gabenbereich durch das Vorhaben berührt wird, zur Stellungnahme auf und veranlasst, dass der Plan in den Gemeinden, in denen sich das Vorhaben auswirkt, **ausgelegt** wird (§ 73 Abs. 2 VwVfG). Die Gemeinden haben den Plan für die Dauer eines Monats zur Einsicht auszulegen (§ 73 Abs. 3 S. 1 VwVfG). Die Behörden, deren Zuständigkeiten betroffen werden, haben innerhalb einer von der Anhörungsbehörde zu setzenden Frist von maximal drei Monaten ihre **Stellungnahme** abzugeben (§ 73 Abs. 3 a S. 1 VwVfG). Nach dem Erörterungstermin eingehende Stellungnahmen werden regelmäßig nicht mehr berücksichtigt (§ 73 Abs. 3 a S. 2 VwVfG).

Jeder, dessen Belange durch das Vorhaben **berührt** werden, kann bis zwei Wochen **953** nach Ablauf der Auslegungsfrist schriftlich oder zur Niederschrift bei der Anhörungsbehörde oder bei der Gemeinde **Einwendungen** gegen den Plan erheben (§ 73 Abs. 4 S. 1 VwVfG). Mit Ablauf der Einwendungsfrist sind alle Einwendungen **ausgeschlossen,** die nicht auf besonderen privatrechtlichen Titeln beruhen (§ 73 Abs. 4 S. 3 VwVfG). Die – ursprünglich im Verwaltungsverfahrensgesetz nicht enthaltene – **Präklusionsvorschrift** bewirkt eine Vereinheitlichung der Genehmigungsverfahren für Großanlagen und Planfeststellungsverfahren.[12] Die Präklusion betrifft nicht nur das laufende Anhörungsverfahren, sondern als **materielle (echte) Präklusion** auch ein späteres **verwaltungsgerichtliches Verfahren.**[13] Soweit Einwendungen präkludiert sind, kann ein Betroffener sie auch in einem späteren verwaltungsgerichtlichen Verfahren nicht geltend machen, so dass eine mögliche Klage (mangels Klagebefugnis)

---

8 Vgl. *Bonk/Neumann*, in: Stelkens/Bonk/Sachs, VwVfG, § 73 Rn. 16.

9 Vgl. BVerwGE 55, 220 (Nassauskiesung = privatnützig); 85, 44 (Abfallbeseitigung = gemeinnützig); dazu D. *Murswiek*, JuS 1991, S. 428 (429); *J. Kühling*, FS H. Sendler, 1991, S. 391 (396 ff.); *H. Fouquet*, VerwArch 87 (1996), S. 217 f.

10 Vgl. zu der Problematik der Planfeststellung »in eigener Sache«: *H. Dürr*, in: Knack/Henneke, VwVfG, § 74 Rn. 9 m. w. N.

11 Vgl. BVerwGE 69, 256 (257 f.). Flughäfen bedürfen außer der Planfeststellung einer Genehmigung, für die im Ausgangsfall das Bayerische Staatsministerium für Wirtschaft und Verkehr zuständig war (§ 6 LuftVG, §§ 39 Abs. 1, 50 LuftVZO).

12 Zur Präklusion vgl. *H. Pünder*, in: Erichsen/Ehlers, AllgVerwR, § 15 Rn. 8.

13 Vgl. BVerwG, DVBl. 1996, S. 684 = NVwZ 1997, S. 171; *Bonk/Neumann*, in: Stelkens/Bonk/Sachs, VwVfG, § 73 Rn. 88 m. w. N.

insoweit **unzulässig** ist.[14] Das Bundesverfassungsgericht hat verfassungsrechtliche Bedenken gegen die Einwendungspräklusion zurückgewiesen.[15]

954 Die Auslegung des Plans ist Sache der Gemeinden (§ 73 Abs. 3 S. 1 VwVfG), die diese ortsüblich bekannt zu machen haben (§ 73 Abs. 5 S. 1 VwVfG). In der Bekanntmachung ist auf die Rechtsfolgen hinzuweisen, die mit der Unterlassung von Einwendungen oder der Nichtteilnahme am Erörterungstermin verbunden sind (§ 73 Abs. 4 S. 4, Abs. 5 S. 2 Nr. 3 VwVfG). Nicht ortsansässig Betroffene, deren Person und Aufenthalt bekannt sind oder sich ermitteln lassen, sollen auf Veranlassung der Anhörungsbehörde benachrichtigt werden (§ 73 Abs. 5 S. 3 VwVfG).

955 Im Zentrum des Planfeststellungsverfahrens steht der **Erörterungstermin,** in dem die Anhörungsbehörde die rechtzeitig erhobenen Einwendungen gegen den Plan und die Stellungnahmen der Behörden zu dem Plan mit dem Träger des Vorhabens, den Behörden, den Betroffenen sowie den Personen, die Einwendungen erhoben haben, zu erörtern hat (§ 73 Abs. 6 S. 1 VwVfG). Die Anhörungsbehörde gibt zum Ergebnis des Anhörungsverfahrens eine Stellungnahme ab und leitet diese nach Abschluss der Erörterung mit dem Plan, den Stellungnahmen der Behörden und den nicht erledigten Einwendungen der Planfeststellungsbehörde zu (§ 73 Abs. 9 VwVfG).

3. Planfeststellungsbeschluss und Rechtswirkungen (§§ 74, 75 VwVfG)

956 Die Planfeststellungsbehörde erlässt den **Planfeststellungsbeschluss,** also den Verwaltungsakt, mit dem der Plan festgestellt wird (§ 74 Abs. 1 S. 1 VwVfG). Im Planfeststellungsbeschluss entscheidet die Planfeststellungsbehörde über die **Einwendungen,** über die bei der Erörterung vor der Anhörungsbehörde keine Einigung erzielt worden ist (§ 74 Abs. 2 S. 1 VwVfG). Sie hat dem Träger des Vorhabens Vorkehrungen oder die Errichtung und Unterhaltung von Anlagen aufzuerlegen, die zum Wohl der Allgemeinheit oder zur Vermeidung nachteiliger Wirkungen auf Rechte anderer erforderlich sind (sog. »Schutzauflagen«, § 74 Abs. 2 S. 2 VwVfG). Sind solche Vorkehrungen oder Anlagen untunlich oder mit dem Vorhaben unvereinbar, so hat der Betroffene Anspruch auf angemessene Entschädigung in Geld (§ 74 Abs. 2 S. 3 VwVfG).

957 Der Planfeststellungsbeschluss ist dem Träger des Vorhabens, den bekannten Betroffenen und denjenigen, über deren Einwendungen entschieden worden ist, **zuzustellen** (§ 74 Abs. 4 S. 1 VwVfG). Sind außer an den Träger des Vorhabens **mehr als 50 Zustellungen** vorzunehmen, können diese Zustellungen **durch öffentliche Bekanntmachung** ersetzt werden (§ 74 Abs. 5 S. 1 VwVfG).

958 Durch die Planfeststellung wird die **Zulässigkeit des Vorhabens** einschließlich der notwendigen Folgemaßnahmen an anderen Anlagen im Hinblick auf alle von ihm berührten öffentlichen Belange **festgestellt.** Neben der Planfeststellung sind andere behördliche Entscheidungen, insbesondere öffentlich-rechtliche Genehmigungen, Verleihungen, Erlaubnisse, Bewilligungen, Zustimmungen und Planfeststellungen **nicht erforderlich** (§ 75 Abs. 1 S. 1 VwVfG). Neben diese **Konzentrationswirkung**

---

14 So BVerwGE 60, 297 (LS 1): »Der Einwendungsausschluß des § 3 Abs. 1 AtAnlV erstreckt sich auch auf das verwaltungsgerichtliche Verfahren und führt zum Verlust der Möglichkeit, Genehmigungsabwehransprüche durchzusetzen; dies ist verfassungsrechtlich nicht zu beanstanden.«
15 Vgl. BVerfGE 61, 82 (112 ff.); 88, 118 (124).

als das die Planfeststellung kennzeichnende Merkmal[16] tritt die **Gestaltungswirkung,** aufgrund derer alle öffentlich-rechtlichen Beziehungen zwischen dem Träger des Vorhabens und den durch den Plan Betroffenen rechtsgestaltend geregelt werden (§ 75 Abs. 1 S. 2 VwVfG).[17]

> Im Planfeststellungsverfahren gelten gem. § 72 Abs. 1 VwVfG auch die »übrigen Vorschriften **959** dieses Gesetzes«, so dass im Ausgangsfall § 20 VwVfG zu beachten ist. Nach § 20 Abs. 1 S. 1 Nr. 5 VwVfG dürfen diejenigen Personen für eine Behörde nicht tätig werden, die bei einem Beteiligten als Mitglied des Aufsichtsrates tätig sind, wobei nicht nur die unmittelbar handelnde Behörde – im Ausgangsfall die Regierung von Oberbayern als Planfeststellungsbehörde –, sondern auch das Staatsministerium als (Fach-) Aufsichtsbehörde in Betracht kommt. Staatsminister J und Ministerialdirigent R gehören als Aufsichtsratsmitglieder der Flughafen M-GmbH zu dem betroffenen Personenkreis und hätten im vorliegenden Fall nicht für die Behörde tätig werden dürfen. Nach Ansicht des BVerwG war jedoch zweifelhaft, dass ein aktives Tätigwerden von J und R vorlag. Dazu wäre nach Ansicht des Gerichts der Versuch der Einflussnahme auf das Planfeststellungsverfahren durch aufsichtsbehördliche Weisungen und weisungsähnliche Handlungen gegenüber der Regierung von Oberbayern erforderlich gewesen; die bloße Kenntnisnahme von dem Verfahren reiche nicht aus, zumal das Ministerium als zuständige Behörde für die zusätzlich benötigte luftverkehrsrechtliche Genehmigung (§ 6 Abs. 1 S. 1 LuftVG) ein berechtigtes Informationsinteresse habe.[18] Überdies erscheint es dem Gericht zweifelhaft, ob die Verletzung des § 20 VwVfG überhaupt zu einem Anspruch des Klägers auf Aufhebung des Planfeststellungsbeschlusses führen könne. Der notwendige Kausalzusammenhang sei vielmehr nur zu bejahen, wenn nach den Umständen des jeweiligen Falles die konkrete Möglichkeit bestehe, dass »ohne den angenommenen Verfahrensmangel die Entscheidung anders ausgefallen wäre.«[19]

4. Rechtsschutz gegen Planfeststellungsbeschlüsse

Gegen Planfeststellungsbeschlüsse steht der Rechtsweg zu den Verwaltungsgerichten **960** in Gestalt der **Anfechtungsklage** (§ 42 Abs. 1 1. Alt. VwGO) offen. Vor Erhebung einer verwaltungsgerichtlichen Klage bedarf es **keiner Nachprüfung** in einem **Vorverfahren** (§§ 74 Abs. 1 S. 2, 70 VwVfG). Nach Maßgabe des **§ 48 Abs. 1 VwGO** sind in zahlreichen Planfeststellungsverfahren die **Oberverwaltungsgerichte** in erster Instanz zuständig. Der verwaltungsgerichtliche Rechtsschutz wird zum einen durch die Einwendungspräklusion (§ 73 Abs. 4 S. 3 VwVfG), zum anderen aber durch die Vorschrift eingeschränkt, dass Mängel bei der Abwägung der von dem Vorhaben berührten öffentlichen und privaten Belange nur »**erheblich**« sein sollen, wenn sie offensichtlich und auf das Abwägungsergebnis von **Einfluss** gewesen sind (§ 75 Abs. 1 a S. 1 VwVfG). Selbst **erhebliche Mängel** bei der Abwägung führen nur dann zur Aufhebung des Planfeststellungsbeschlusses, wenn sie nicht durch **Planergänzung** oder durch ein **ergänzendes Verfahren** behoben werden können (§ 75 Abs. 1 a S. 2 VwVfG).

Wird mit der Durchführung des Plans nicht innerhalb von **fünf Jahren** nach Eintritt **961** der Unanfechtbarkeit begonnen, so tritt er **außer Kraft** (§ 75 Abs. 4 VwVfG).

---

16 Vgl. *H. Pünder,* in: Erichsen/Ehlers, AllgVerwR, § 15 Rn. 14; *Kühling/Herrmann,* Fachplanungsrecht, Rn. 89, 520 ff.

17 Vgl. *H. Pünder,* in: Erichsen/Ehlers, AllgVerwR, § 15 Rn. 15; *Kühling/Herrmann,* Fachplanungsrecht, Rn. 527.

18 Vgl. BVerwGE 69, 256 (267 f.).

19 So BVerwGE 69, 256 (270).

III. Besondere Verfahrensgestaltungen

962 Während das förmliche Verwaltungsverfahren und das Planfeststellungsverfahren besondere **Verfahrensarten** sind, die sich von dem nichtförmlichen Verwaltungsverfahren unterscheiden, sieht das Verwaltungsverfahrensgesetz besondere **Verfahrensgestaltungen** vor, die die Verfahrensarten in bestimmter Hinsicht ergänzen.

1. Verfahren über eine einheitliche Stelle (§§ 71 a–e VwVfG)

963 Die bisherigen §§ 71 a ff. VwVfG (Beschleunigung von Genehmigungsverfahren, Sternverfahren, Antragskonferenz) waren erst 1996 durch das Genehmigungsverfahrensbeschleunigungsgesetz[20] in das Verwaltungsverfahrensgesetz eingefügt worden und dienten allein dem Zweck, Genehmigungsverfahren zu beschleunigen. Hintergrund war die sog. »Standortdiskussion«, in der vielfach vorgebracht wurde, dass Deutschland als Industriestandort wegen überlanger Genehmigungsverfahren nicht mehr attraktiv sei.[21] Durch das 4. Gesetz zur Änderung verwaltungsverfahrensrechtlicher Vorschriften (4. VwVfÄndG) vom 11. 12. 2008,[22] dessen Art. 1 am 18. 12. 2008 in Kraft getreten ist, wird im Teil V mit dem neu gefassten Abschnitt 1 a (§§ 71 a–71 e: »Verfahren über eine einheitliche Stelle«) nunmehr ein gänzlich neues Verfahrensmodell in das Verwaltungsverfahrensgesetz (VwVfG) eingeführt.[23] Das Gesetz dient der Umsetzung verwaltungsverfahrensrechtlicher Bestimmungen der Richtlinie 2006/123/EG des Europäischen Parlaments und des Rates vom 12. 12. 2006 über Dienstleistungen im Binnenmarkt (Dienstleistungsrichtlinie – DLRL).[24] Die Richtlinie verlangt, dass im nationalen Recht umfangreiche Informationspflichten, Entscheidungsfristen und Genehmigungsfiktionen eingeführt werden. Die Bezeichnung »Verfahren über eine einheitliche Stelle« macht zugleich deutlich, dass es sich um ein allgemeines Verfahrensmodell handelt, das Verbesserungen auch für Inländer bringen und nicht nur auf den Anwendungsbereich der Dienstleistungsrichtlinie und den dort verwendeten Begriff des »einheitlichen Ansprechpartners« begrenzt sein soll. Hinsichtlich der bisherigen §§ 71 a ff. VwVfG sieht der Gesetzgeber den ursprünglichen Zweck, eine Signal- und Anstoßwirkung zu erzielen, als erfüllt an, so dass auf eine ausdrückliche Erwähnung der einzelnen Instrumente im Verwaltungsverfahrensgesetz selbst künftig verzichtet werden kann.[25] Die bisher in § 71 b VwVfG nur für Genehmigungsverfahren für wirtschaftliche Unternehmungen ausdrücklich geregelte Beschleunigungsaufforderung wird bereits von der allgemeinen Verpflichtung zur zügigen Durchführung von Verwaltungsverfahren in § 10 S. 2 VwVfG erfasst. Hieraus folgt auch die Verpflichtung der Behörde, soweit möglich und geboten Instrumente der Verfahrensbeschleunigung wie etwa das Sternverfahren oder die Antragskonferenz anzuwenden.[26] Lediglich die

---

20 Gesetz zur Beschleunigung der Genehmigungsverfahren (GenBeschlG) vom 12. 9. 1996 (BGBl. I S. 1354); vgl. dazu *H. J. Bonk,* NVwZ 1997, S. 320; *H. Jäde,* UPR 1996, S. 361; *Schmitz/Wessendorf,* NVwZ 1996, S. 955; *B. Stüer,* DVBl. 1997, S. 326.

21 Vgl. *M. Bullinger,* JZ 1994, S. 1129; *O. Schlichter,* DVBl. 1995, S. 173.

22 BGBl. I S. 2418.

23 Vgl. *U. Ramsauer,* NordÖR 2008, S. 417; *K. Ruge,* NdsVBl. 2008, S. 305; *Schmitz/Prell,* NVwZ 2009, S. 1; *A. Windoffer,* DÖV 2008, S. 797; *J. Ziekow,* GewArch 2007, S. 179, 217.

24 ABl. EU Nr. L 376, S. 36.

25 Vgl. BT-Drs. 16/10493 vom 7. 10. 2008, S. 17. *K. Ruge,* NdsVBl. 2008, S. 305 (308), sieht in dem »Verfahren über eine einheitliche Stelle« eine sinnvolle Weiterentwicklung der bisherigen §§ 71 a ff. VwVfG.

26 Vgl. *W. van Lessen,* Der Landkreis 2008, S. 137 (138); *K. Ruge,* NdsVBl. 2008, S. 305 (307).

Regelungen über besondere Beratungs- und Auskunftspflichten werden den allgemeinen Regelungen in § 25 VwVfG als Absatz 2 angefügt; sie gelten damit nicht mehr nur für Genehmigungsverfahren, die wirtschaftliche Unternehmungen betreffen, sondern allgemein.[27]

Die Neuerung der Verfahrensabwicklung über eine »einheitliche Stelle« soll nach **964** § 71 a Abs. 1 VwVfG nur dann gelten, wenn dies durch Rechtsvorschrift – etwa im Fachrecht – angeordnet wird. Der klaren Anwendung im Fachrecht bedarf es schon deshalb, weil das Verfahren unmittelbare Rechtswirkungen nicht nur gegenüber der »einheitlichen Stelle«, sondern auch gegenüber den zuständigen Behörden entfaltet. Dabei hat die Verfahrensabwicklung über die »einheitliche Stelle« einen Angebotscharakter: Der Antragsteller, Anzeigepflichtige oder Informationsberechtigte kann frei darüber entscheiden, ob und wie weit er die Hilfe der »einheitlichen Stelle« in Anspruch nehmen will.[28] Der unmittelbare Kontakt mit den zuständigen Fachbehörden muss demgegenüber möglich bleiben, weil er vielfach unverzichtbar ist. Der »einheitlichen Stelle« werden durch die §§ 71 a ff. VwVfG weder Aufsichtsbefugnisse noch Eingriffskompetenzen übertragen. Mit der Aufnahme des Kontakts zur »einheitlichen Stelle« entsteht jedoch ein *Verfahrensrechtsverhältnis*, aus dem Verfahrensrechte und -pflichten erwachsen können.[29] Die »einheitliche Stelle« hat die Funktion eines aktiven unterstützenden Verfahrensmittlers zwischen Antragssteller und den jeweils zuständigen Behörden.[30] Wird die »einheitliche Stelle« in Anspruch genommen, sieht das Verfahrensmodell vor, dass grundsätzlich die gesamte Verfahrensabwicklung und Kommunikation über sie erfolgt. Eine ihrer Hauptaufgaben besteht darin, alle Anzeigen, Anträge, Willenserklärungen und Unterlagen entgegenzunehmen und unverzüglich den zuständigen Behörden weiterzuleiten (§ 71 b Abs. 1 VwVfG). Die Pflicht zur unverzüglichen Weiterleitung an die zuständigen Behörden stellt sicher, dass durch die Inanspruchnahme keine unnötige Verfahrensverzögerung entsteht und sich die zuständige Behörde schnellstmöglich mit der Angelegenheit befassen kann. Die »einheitliche Stelle« fungiert indes nicht nur als Mittler, sondern kann selbst hoheitlich tätig werden, beispielsweise bei der Bekanntgabe von Verwaltungsakten (arg. ex § 71 b Abs. 5 S. 2 VwVfG). § 71 c VwVfG erweitert und konkretisiert in diesem Zusammenhang die allgemeine Beratungspflicht nach § 25 VwVfG. Deutlich wird, dass die Informationspflichten auch einem eventuellen Verwaltungsverfahren im Sinne von § 9 VwVfG vorgelagert sein können. Mit § 71 d VwVfG wird zudem eine über die allgemeine Amtshilfepflicht nach § 4 VwVfG hinausgehende Verpflichtung der »einheitlichen Stellen« und zuständigen Behörden zur gegenseitigen Unterstützung bei der Erfüllung der jeweiligen Aufgaben begründet. Die zuständigen Behörden werden insbesondere verpflichtet, der »einheitlichen

---

27 Vgl. dazu allgemein *J. Oebbecke*, DVBl. 1994, S. 147; speziell auf die aktuelle Rechtslage bezogen *Schmitz/Prell*, NVwZ 2009, S. 1 (9 f.).

28 Vgl. *Schmitz/Prell*, NVwZ 2009, S. 1 (3 f.).

29 Vgl. zum *Verfahrens*rechtsverhältnis als Unterfall des *Verwaltungs*rechtsverhältnisses oben Rn. 935 und *E. Schmidt-Aßmann*, in: Isensee/Kirchhof (Hrsg.), HdbStR V, 3. Aufl. 2007, § 109 Rn. 60 f.; *M. Schmidt-Preuß*, Kollidierende Privatinteressen im Verwaltungsrecht, 2. Aufl. 2005, S. 495 ff.; *W. Schmitt Glaeser*, in: Lerche/Schmitt Glaeser/Schmidt-Aßmann (Hrsg.), Verfahren als staats- und verwaltungsrechtliche Kategorie, 1984, S. 35 (84 ff.); *H. Schmitz*, in: Stelkens/Bonk/Sachs, VwVfG, § 9 Rn. 5 ff.; *R. Wahl*, VVDStRL 41 (1983), S. 151 (180 ff.).

30 Vgl. *Schmitz/Prell*, NVwZ 2009, S. 1 (4); *A. Windoffer*, DÖV 2008, S. 797 (798); *Ziekow/Windoffer*, in: Schlachter/Ohler (Hrsg.), Europäische Dienstleistungsrichtlinie, Handkommentar 2008, Art. 6 Rn. 17.

Stelle« die erforderlichen Informationen zum Verfahrensstand zur Verfügung zu stellen (§ 71 d S. 2 VwVfG).

965 Das 4. VwVfÄndG führte neben der Verfahrensabwicklung über eine »einheitliche Stelle« noch weitere Verfahrensregelungen ein, die von den Behörden auch dann zu beachten sind, wenn sich der Antragsteller unmittelbar an die zuständige Behörde wendet (§ 71 a Abs. 2 VwVfG). Dies betrifft nach den §§ 71 b Abs. 3, 4 und 6; 71 c Abs. 2; 71 e VwVfG insbesondere umfassende Auskunfts- und Informationspflichten der Behörden, qualifizierte Empfangsbestätigungen und unverzügliche Nachforderungen fehlender Unterlagen, Zugangsvermutungen bei der Bekanntgabe eines Verwaltungsakts per Post in das Ausland sowie Ansprüche auf elektronische Verfahrensabwicklungen. Auch die elektronische Verfahrensabwicklung (§ 71 e VwVfG) stellt lediglich ein Angebot der Verwaltung dar, so dass kein Zwang zur elektronischen Verfahrensabwicklung ausgeübt wird. Dementsprechend bestimmt § 71 e VwVfG, dass Verfahren auf Verlangen elektronisch durchzuführen sind und insoweit die allgemeinen Vorschriften über die elektronische Kommunikation nach § 3 a VwVfG gelten. § 3 a VwVfG begründet nach allgemeiner Ansicht zwar keine Verpflichtung für die Behörden, einen Zugang für elektronische Kommunikation zu eröffnen (»Prinzip der Freiwilligkeit«).[31] Der Begriff »Zugang« stellt auf die objektiv vorhandene technische Kommunikationseinrichtung ab, also z. B. auf die Verfügbarkeit eines elektronischen Postfachs.[32] Im Anwendungsbereich der Dienstleistungsrichtlinie müssen aber alle Verfahren und Formalitäten im Zusammenhang mit einer Dienstleistungstätigkeit elektronisch abgewickelt werden können (Art. 8 Abs. 1 DLRL). Die betreffenden Behörden sind hier also verpflichtet, entsprechende Kommunikationsmöglichkeiten anzubieten.[33]

2. Massenverfahren (§§ 17–19 VwVfG)

966 Das »**Massenverfahren**« ist ebenfalls keine eigene Verfahrensart; vielmehr trägt das Gesetz lediglich der gängigen Praxis gleichförmiger Eingaben Rechnung. Namentlich bei Verfahren zur Genehmigung technischer Großanlagen oder Planfeststellungsverfahren haben sich in der Vergangenheit nicht selten Bürgerinitiativen gebildet, die Unterschriften unter bereits formulierte Einwendungen sammelten. Würden derartige Eingaben aufgrund von Hunderten oder gar Tausenden von Unterschriften individuell behandelt werden, könnte jede behördliche Tätigkeit lahm gelegt und damit ein Verfahren beliebig verzögert werden. Um diesen Effekt zu vermeiden, stellt das Gesetz die **Fiktion** auf, dass derjenige Unterzeichner **als Vertreter** der übrigen Unterzeichner **gilt**, der mit seinem Namen, seinem Beruf und seiner Anschrift als Vertreter bezeichnet ist (§ 17 Abs. 1 S. 1 VwVfG). Soweit derartige Angaben fehlen, kann die Behörde gleichförmige Eingaben unberücksichtigt lassen (§ 17 Abs. 2 S. 1 VwVfG), muss dies aber ortsüblich bekannt machen (§ 17 Abs. 2 S. 2 VwVfG). Ferner kann sie gleichförmige Eingaben insoweit unberücksichtigt lassen, als Unterzeichner ihren Namen oder ihre Anschrift nicht oder unleserlich angegeben haben (§ 17 Abs. 2 S. 3 VwVfG).

---

31 Vgl. *A. Roßnagel*, NJW 2003, S. 469 (472); *H. Schmitz*, in: Stelkens/Bonk/Sachs, VwVfG, § 3 a Rn. 10; *J. Skrobotz*, VR 2003, S. 397 (403); *J. Ziekow*, VwVfG, § 3 a Rn. 4.
32 Vgl. *H. Schmitz*, in: Stelkens/Bonk/Sachs, VwVfG, § 3 a Rn. 9.
33 Vgl. *Schmitz/Prell*, NVwZ 2009, S. 1 (6); *J. Ziekow*, GewArch 2007, S. 179 (183).

Sind an einem Verwaltungsverfahren **mehr als fünfzig Personen** im gleichen Interes- 967
se beteiligt, ohne vertreten zu sein, so kann die Behörde sie auffordern, innerhalb
einer angemessenen Frist einen **gemeinsamen Vertreter** zu bestellen, wenn sonst die
ordnungsgemäße Durchführung des Verwaltungsverfahrens beeinträchtigt wäre (§ 18
Abs. 1 S. 1 VwVfG). Kommen sie der Aufforderung nicht fristgemäß nach, so kann
die Behörde **von Amts wegen** einen gemeinsamen Vertreter bestellen (§ 18 Abs. 1
S. 2 VwVfG). Der Vertreter hat die Interessen der Vertretenen sorgfältig wahrzuneh-
men (§ 19 Abs. 1 S. 1 VwVfG), kann alle das Verwaltungsverfahren betreffenden
Verwaltungshandlungen vornehmen (§ 19 Abs. 1 S. 2 VwVfG) und ist an Weisungen
nicht gebunden (§ 19 Abs. 1 S. 3 VwVfG). Der von der Behörde bestellte Vertreter
hat gegen den Rechtsträger der Behörde Anspruch auf **angemessene Vergütung** und
Erstattung seiner **Auslagen** (§ 19 Abs. 3 S. 1 VwVfG). Die Behörde kann von den
Vertretenen zu gleichen Teilen Ersatz ihrer Aufwendungen verlangen (§ 19 Abs. 3
S. 2 VwVfG).

Die Zustellung der in einem »Massenverfahren« ergangenen Verwaltungsakte richtet 968
sich nach den jeweiligen Spezialvorschriften, die inhaltlich aber übereinstimmen. Im
förmlichen Verwaltungsverfahren kann die Zustellung des Verwaltungsakts durch
öffentliche Bekanntmachung ersetzt werden, sofern mehr als 50 Zustellungen vorzunehmen wären (§ 69 Abs. 2 S. 3 VwVfG). Für das **Planfeststellungsverfahren**
enthält § 74 Abs. 5 S. 1 VwVfG eine entsprechende Regelung. Die öffentliche Bekanntmachung beschränkt sich auf den verfügenden Teil des Planfeststellungsbeschlusses und die Rechtsbehelfsbelehrung sowie den Hinweis auf die Auslegung
des Beschlusses (§ 74 Abs. 5 S. 2 VwVfG). Die Betroffenen und diejenigen, die
Einwendungen erhoben haben, können den Planfeststellungsbeschluss jedoch innerhalb der Rechtsbehelfsfrist von der Planfeststellungsbehörde anfordern (§ 74 Abs. 5
S. 4 VwVfG).

Im Ausgangsfall hat die Regierung von Oberbayern als Planfeststellungsbehörde den Planfest- 969
stellungsbeschluss vom 8. 7. 1979 in mehreren Tageszeitungen bekannt gemacht. Das BVerwG[34]
ging jedoch ebenso wie das BVerfG[35] von der ursprünglich in § 74 Abs. 5 S. 1 VwVfG enthaltenen
Zahl von 300 vorzunehmenden Zustellungen aus.

3. Gestuftes Verwaltungsverfahren

Für Verfahren zur Genehmigung technischer Großanlagen besteht die Möglichkeit, 970
ein **gestuftes Verfahren** durchzuführen. Auf Antrag kann durch **Vorbescheid** über
einzelne Genehmigungsvoraussetzungen sowie über den Standort der Anlage entschieden werden (§ 9 Abs. 1 BImSchG, § 7 a AtG). Auch über weitere, abtrennbare
Fragen kann durch **Teilgenehmigung** entschieden werden. In der Verwaltungspraxis
sind (eine oder mehrere) Errichtungsgenehmigungen und (eine oder mehrere) Be-
triebsgenehmigungen üblich.[36]

Genau genommen handelt es sich beim gestuften Verfahren nicht um Stufen *eines* 971
Verwaltungsverfahrens, sondern um eine Mehrzahl von Verwaltungsverfahren, die
der Genehmigung einer Anlage dienen.[37] Die abschnittsweise Genehmigung eines

---

34 Vgl. BVerwGE 67, 206 (212 f.).
35 Vgl. BVerfG, NJW 1985, S. 729 (Vorprüfungsausschuss).
36 Vgl. *J. Ipsen*, VVDStRL 48 (1990), S. 195 m. w. N.; BVerwGE 80, 207 (221 f.) – Mühlheim-Kärlich.
37 Vgl. *E. Kutscheidt*, FS H. Sendler, S. 304, 309; a. A. *U. Becker*, VerwArch 87 (1996), S. 581 (590 f.).

Großvorhabens ist jedoch nur sinnvoll, wenn mit jeder Verfahrensstufe ein Teil der Komplexität abgearbeitet worden ist.[38] Eine Verfahrensstufung ist auch im Planfeststellungsverfahren möglich, soweit die Behörde sich im Planfeststellungsbeschluss eine abschließende Entscheidung vorbehält (§ 74 Abs. 3 VwVfG).[39]

IV. Rechtsprechung

972   BVerfGE 61, 82 (»Sasbach«); E 95, 1 (»Südumfahrung Stendal«); BVerfG, NVwZ 2003, S. 197 (Planfeststellung einer Start- und Landebahn – Hamburg-Finkenwerder); BVerwGE 48, 56 (»Bundesstraße 42«); E 60, 297 (Materielle Präklusion – »Wyhl«); E 67, 206 und E 69, 256 (Flughafen München II); E 80, 207 (»Mühlheim-Kärlich«); E 107, 1 (Ostsee-Autobahn); E 110, 302 (Straßenplanung im Flora-Fauna-Habitat-Gebiet); E 128, 1 (A 143 – Westumfahrung Halle); E 128, 278 (Aktionsplan zur Luftreinhaltung); E 128, 358 (Airbus Hamburg-Finkenwerder); E 129, 83 (Entschädigungsanspruch bei Grundstücksübernahme wegen Flughafenausbau); E 129, 296 (Anspruch auf Feinstaubreduzierung); E 130, 138 (Klage auf nachträgliche Änderung einer planfestgestellten Ausgleichsmaßnahme); E 130, 299 (A 44 – Hessisch Lichtenau); E 131, 274 (Straßenrechtliche Planfeststellung – A 30 Bad Oeynhausen); E 133, 239 (Straßenrechtliche Planfeststellung – A 44 Ratingen – Velbert); E 134, 45 (Straßenrechtliche Planfeststellung – A 4 Kerpen – Düren); E 134, 166 Naturschutzrechtliche Abwägung in der Planfestellung – Verkehrsflughafen Münster/Osnabrück); E 134, 308 (Straßenrechtliche Planfeststellung – A 33 Bielefeld – Steinhagen); E 136, 291 (FFH-Gebietsschutz in der straßenrechtlichen Planfestellung – A44 Hasselbach); E 136, 332 (Straßenrechtliche Planfeststellung – A 61 Kaldenkirchen – Staatsgrenze); BVerwG, NVwZ 2001, S. 78 (Planfeststellung wegen Änderung eines Schienenweges); BVerwG, NVwZ 2001, S. 206 (Klagerecht gegen einen Planfeststellungsbeschluss); BVerwG, NVwZ 2003, S. 209 (Anspruch auf Übernahme eines Grundstücks im Planfeststellungsverfahren).

V. Literatur

973   *K. Brandt,* Präklusion im Verwaltungsverfahren, NVwZ 1997, S. 233; *H. Fouquet,* Die allgemeinen materiellen Voraussetzungen der Planfeststellung, VerwArch 87 (1996), S. 212; *W. Hoppe/H. Schlarmann/R. Buchner/M. Deutsch,* Rechtsschutz bei der Planung von Verkehrsanlagen und anderen Infrastrukturvorhaben, 4. Aufl. 2011; *J. Ipsen,* Die Genehmigung technischer Großanlagen, AöR 107 (1982), S. 259; *ders.,* Die Bewältigung der wissenschaftlichen und technischen Entwicklungen durch das Verwaltungsrecht, VVDStRL 48 (1990), S. 177; *H. D. Jarass,* Die materiellen Voraussetzungen der Planfeststellung in neuerer Sicht, DVBl. 1998, S. 1202; *J. Kühling/N. Herrmann,* Fachplanungsrecht, 2. Aufl. 2000; *E. Kutscheidt,* Das gestufte Genehmigungsverfahren – Glanz und Elend eines Rechtsinstituts, FS H. Sendler, 1991, S. 303; *U. Schliesky,* Verwaltungsreform als Aufgabe, VerwArch 99 (2008), S. 313; *D. Solveen,* Zur materiellen Präklusion im Fernstraßenplanungsrecht, DVBl. 1997, S. 803; *B. Stüer,* Fachplanung und Wirtschaftsstandort Deutschland, NWVBl. 1998, S. 169; *ders./W. E. Probstfeld,* Die Planfeststellung, 2003; *S. Timmermanns,* Planfeststellung und Plangenehmigung, VBlBW 1998, S. 285.

---

38 Vgl. *J. Ipsen,* AöR 107 (1982), S. 275 f.; *U. Stelkens,* in: Stelkens/Bonk/Sachs, VwVfG, § 35 Rn. 251 f.

39 Vgl. *Bonk/Neumann,* in: Stelkens/Bonk/Sachs, VwVfG, § 74 Rn. 199 ff.

4. Abschnitt. Der Rechtsschutz durch die Verwaltungsgerichte (Primärrechtsschutz)

Art und Ausmaß der gerichtlichen Kontrolle sind für das Verwaltungshandeln, aber **974** auch für die Entwicklung des Verwaltungsrechts von entscheidender Bedeutung. In Gestalt der »**Verwaltungsrechtspflege**« kannte auch der vorkonstitutionelle Staat eine Kontrolle des Verwaltungshandelns.[1] Die in § 182 der Paulskirchenverfassung (1849) enthaltene Bestimmung »Die Verwaltungsrechtspflege hört auf; über alle Rechtsverletzungen entscheiden die Gerichte.« lässt jedoch erkennen, dass die verwaltungsinterne Kontrolle den rechtsstaatlichen Anforderungen, die seinerzeit erhoben wurden,[2] nicht genügte. Art. 107 WRV schrieb bereits vor, dass

»Im Reiche und in den Ländern (...) nach Maßgabe der Gesetze Verwaltungsgerichte zum Schutze der einzelnen gegen Anordnungen und Verfügungen der Verwaltungsbehörden bestehen«

müssten.[3]

Die Beschränkung der verwaltungsgerichtlichen Kontrolle auf Verwaltungsakte **975** (»Anordnungen und Verfügungen«) hatte zur Folge, dass die Dogmatik des Verwaltungsakts in das Zentrum der Verwaltungsrechtswissenschaft rückte und andere Handlungsformen der Verwaltung vernachlässigt wurden. Erst die Rechtsweggarantie des Grundgesetzes (Art. 19 Abs. 4 GG) stattete den Rechtsschutz gegen das Handeln öffentlicher Gewalt mit Grundrechtsrang aus und gewährleistete, dass Gerichte gegen jegliches Verwaltungshandeln angerufen werden konnten. Die Verwaltungsrechtswissenschaft hat sich seitdem – durchaus zögernd – auch den übrigen Handlungsformen der Verwaltung geöffnet. Die Entwicklung des Verwaltungsrechtsschutzes zwischen 1849 und 1949 kann noch heute als Beleg dafür dienen, dass *Rechtsschutz* und *Rechtsdogmatik* stets in einem Wechselverhältnis stehen. Die rechtswissenschaftliche Durchdringung des Verwaltungsrechts und die Ausbildung einer selbständigen Verwaltungsgerichtsbarkeit weisen deutliche zeitliche Parallelen auf.

---

1 Vgl. *F. Hufen*, Verwaltungsprozessrecht, § 2 Rn. 5 ff.
2 Vgl. die bekannten Schriften von *Otto Bähr*, Der Rechtsstaat, 1864, und *Rudolf Gneist*, Der Rechtsstaat und die Verwaltungsgerichte in Deutschland, 2. Aufl. 1879.
3 Zur Verwaltungsgerichtsbarkeit in der Weimarer Republik vgl. *M. Ibler*, Rechtspflegender Rechtsschutz im Verwaltungsrecht, 1999, S. 279 ff.

§ 17 Die Eröffnung des Verwaltungsrechtswegs

976 | **Fall 47:** In der vom Bundesministerium für Jugend, Familie und Gesundheit veröffentlichten Liste diethylenglykolhaltiger Weine (vgl. Fall 38) war auch eine von W abgefüllte »Auslese« enthalten und sein Name genannt. W erhob Klage gegen die Aufnahme des Weins in die Liste vor dem örtlich zuständigen Verwaltungsgericht.

(BVerwGE 87, 37)

977 | **Fall 48:** Die Gemeinde Oberammergau veranstaltet seit dem Jahr 1634 alle 10 Jahre Passionsspiele. Nach den »Bestimmungen über das Recht der Mitwirkung bei den Passionsspielen 1990« waren bestimmte Gruppen von Gemeindeeinwohnern mitwirkungsberechtigt; Frauen nur dann, wenn sie ledig und nach dem 30. 5. 1955 geboren waren. Die Mitwirkungsberechtigung war überdies Voraussetzung für die Wahlberechtigung zum und für die Wählbarkeit in das Passionsspielkomitee. F1, F2 und F3 hatten zu diesem Zeitpunkt bereits die Altersgrenze überschritten und waren zudem verheiratet. Ihr Antrag auf Zulassung zur Wahl des Passionsspielkomitees wurde durch Beschluss des Gemeinderats abgelehnt. Daraufhin erhoben sie Klage zum Verwaltungsgericht München, das den Rechtsstreit an das Landgericht München II verwies.

(VGH München, NJW 1990, 2014)

978 | **Fall 49:** N, der in der Nähe einer katholischen Kirche wohnt, fühlt sich durch das Glockenläuten gestört. Er wendet sich sowohl gegen das morgendliche »Angelus-Läuten« wie auch gegen das viertelstündliche Zeitschlagen. Welche Rechtsschutzmöglichkeiten stehen N zur Verfügung?

(BVerwGE 68, 62; 90, 163)

I. Die verfassungsrechtliche Rechtsweggarantie (Art. 19 Abs. 4 GG)

979 Wird jemand durch die öffentliche Gewalt in seinen Rechten verletzt, so steht ihm der **Rechtsweg** offen (Art. 19 Abs. 4 S. 1 GG). Soweit eine andere Zuständigkeit nicht begründet ist, ist der **ordentliche Rechtsweg** gegeben (Art. 19 Abs. 4 S. 2 GG). Die **Rechtsweggarantie** ist ein Grundrecht des *status positivus* und räumt den Grundrechtsträgern einen **Anspruch auf effektiven Rechtsschutz** ein.[1] Der Begriff der »**öffentlichen Gewalt**« ist gleichzusetzen mit dem der »**vollziehenden Gewalt**« im Sinne des Art. 20 Abs. 3 GG.[2]

980 Art. 19 Abs. 4 GG erweckt den Eindruck, als stehe der Rechtsweg nur demjenigen offen, der definitiv in seinen Rechten verletzt ist (»Wird jemand durch die öffentliche Gewalt in seinen Rechten verletzt [...]«). Die Frage, *ob* eine Rechtsverletzung vorliegt, bildet jedoch regelmäßig den Streitgegenstand eines Verfahrens und wird erst durch die richterliche Entscheidung beantwortet. Art. 19 Abs. 4 S. 1 GG ist deshalb dahin auszulegen, dass der Rechtsweg für denjenigen eröffnet ist, der **behauptet,** durch einen Exekutivakt in seinen Rechten verletzt zu sein.[3]

981 Art. 19 Abs. 4 GG garantiert den **gerichtlichen,** nicht notwendig aber den **verwaltungsgerichtlichen Rechtsschutz.**[4] Die subsidiäre Zuständigkeit der ordentlichen

---

1 Vgl. *J. Ipsen*, Staatsrecht II, 15. Aufl. 2012, Rn. 888.
2 Vgl. BVerfGE 10, 264 (267); std. Rspr.
3 Vgl. BVerfGE 13, 132 (151); 27, 297 (305).
4 Vgl. *H. Schulze-Fielitz*, in: Dreier (Hrsg.), GG, Bd. I, 2. Aufl. 2004, Art. 19 IV Rn. 6.

Gerichte (Art. 19 Abs. 4 S. 2 GG) ist jedoch nahezu bedeutungslos geblieben, weil der Gesetzgeber die Zuständigkeit der **allgemeinen** und **besonderen Verwaltungsgerichte** durch **Generalklauseln** geregelt hat.[5] Die Rechtsweggarantie hat sich insofern mittelbar als Gewährleistung eines umfassenden verwaltungsgerichtlichen Rechtsschutzes erwiesen.

> In den Ausgangsfällen machen sämtliche Kläger geltend, in ihren Rechten verletzt zu sein. Im Fall **982** 47 sieht sich W durch die Veröffentlichung der Liste DEG-haltiger Weine in seinem Wettbewerbsrecht beeinträchtigt. F1, F2 und F3 machen geltend, ungerechtfertigt von der Teilnahme an den Passionsspielen ausgeschlossen zu sein, während N sich durch das Glockenläuten gestört fühlt und damit ebenfalls geltend macht, in seinen Rechten verletzt zu sein. Sofern derartige Fälle als Klausuraufgaben gestellt werden, ist stets zu prüfen, ob der *Beschwerte* (nämlich derjenige, der geltend macht, in seinen Rechten verletzt zu sein) das Verwaltungsgericht anrufen kann. Dies setzt voraus, dass der Verwaltungsrechtsweg nach § 40 Abs. 1 VwGO (oder nach einer Spezialvorschrift) eröffnet ist. Der Verwaltungsrechtsweg ist also nicht aufgrund der Rechtsweggarantie, sondern erst nach Maßgabe des einfachen Rechts gegeben. Allein für den theoretischen Fall, dass für eine Rechtsverletzung durch die öffentliche Gewalt überhaupt kein Rechtsweg vorgesehen ist, würde die Subsidiaritätsklausel zugunsten der ordentlichen Gerichte nach Art. 19 Abs. 4 S. 2 GG eingreifen.

II. Die Struktur der verwaltungsgerichtlichen Generalklausel (§ 40 Abs. 1 VwGO)

Nach § 40 Abs. 1 S. 1 VwGO ist der Verwaltungsrechtsweg **983**

> »in allen öffentlich-rechtlichen Streitigkeiten nichtverfassungsrechtlicher Art gegeben, soweit die Streitigkeiten nicht durch Bundesgesetz einem anderen Gericht ausdrücklich zugewiesen sind.«

§ 40 Abs. 1 VwGO bildet damit das Gegenstück zu der Generalklausel des **§ 13** **984** **GVG**, nach der die bürgerlichen Streitigkeiten vor die **ordentlichen Gerichte** gehören. Die Zweiteilung der Rechtsordnung in Privatrecht und öffentliches Recht spiegelt sich damit in zwei Generalklauseln und dem durch sie eröffneten Zugang zu zwei unterschiedlichen Gerichtsbarkeiten wider.[6] Allerdings wird durch § 40 Abs. 1 S. 1 VwGO zugleich eine Einschränkung auf die öffentlich-rechtlichen Streitigkeiten **nichtverfassungsrechtlicher Art** vorgenommen, so dass der Rechtsweg zu den Verwaltungsgerichten von vornherein nicht das gesamte Gebiet des öffentlichen Rechts umfasst.[7] Abgesehen von dieser Einschränkung handelt es sich bei § 40 Abs. 1 S. 1 VwGO um eine echte **Generalklausel**, die den Zugang zu den Verwaltungsgerichten eröffnet, sofern keine Spezialregelungen eingreifen. Die in § 40 Abs. 1 VwGO (und § 13 GVG) enthaltene Regelung ist als Absage an das **Enumerationssystem** und damit als rechtshistorischer Fortschritt zu bewerten.[8]

Generalklauseln stehen – gleichgültig, ob sie dem materiellen Recht oder dem Prozessrecht zugehören – in einem Spannungsverhältnis zu **Spezialgesetzen**. Als Rechts **985** anwendungsgrundsatz gilt, dass das Spezialgesetz (»*lex specialis*«) dem allgemeinen

---

5 Vgl. *M. Sachs*, in: Sachs (Hrsg.), GG, 6. Aufl. 2011, Art. 19 Rn. 150.
6 Vgl. *D. Ehlers*, in: Schoch/Schmidt-Aßmann/Pietzner, VwGO, § 40 Rn. 18 f.; *Schmitt Glaeser/Horn*, Verwaltungsprozeßrecht, Rn. 33.
7 Vgl. unten Rn. 1018 ff.
8 Vgl. *F. Hufen*, Verwaltungsprozessrecht, § 11 Rn. 4; *D. Ehlers*, in: Schoch/Schmidt-Aßmann/Pietzner, VwGO, § 40 Rn. 4.

Gesetz vorgeht (»[...] *derogat [legi] generali*«). Die mit der verwaltungsgerichtlichen Generalklausel verbundene Anwendungsproblematik besteht deshalb nicht allein darin, sie von der Generalklausel des § 13 GVG abzugrenzen, sondern auch ihr Verhältnis zu speziellen gesetzlichen Vorschriften über den Rechtsweg zu bestimmen. Das im Wortlaut der Vorschrift zum Teil *geregelte*, zum Teil aber *vorausgesetzte* Verhältnis zu spezialgesetzlichen Rechtswegbestimmungen ist für das Verständnis der verwaltungsgerichtlichen Generalklausel (und damit für jede Klausurlösung) unerlässlich.

986 § 40 Abs. 1 S. 1 VwGO stellt eine **positive** und eine **negative Aussage** nebeneinander:

987 • Der Verwaltungsrechtsweg ist in allen öffentlich-rechtlichen Streitigkeiten nichtverfassungsrechtlicher Art **gegeben.**

988 • Der Verwaltungsrechtsweg ist **nicht gegeben,** wenn eine öffentlich-rechtliche Streitigkeit nichtverfassungsrechtlicher Art durch Bundesgesetz (oder Landesgesetz) ausdrücklich einem **anderen Gericht** zugewiesen worden ist.

989 Man könnte meinen, dass sich die negative Aussage des § 40 Abs. 1 S. 1 VwGO von selbst versteht, weil eine spezielle Regelung über den Rechtsweg ohnehin nach allgemeinen Grundsätzen der Generalklausel vorgehen würde. Die Bestimmung ist jedoch unverzichtbar, weil sie an das Spezialgesetz bestimmte Anforderungen richtet; in Betracht kommt nur ein Gesetz, das **ausdrücklich** (nicht etwa »aus der Natur der Sache«) die Streitigkeit einem **anderen Gericht** zuweist.

990 Bliebe es bei diesen Grundsätzen, würde in den Ausgangsfällen lediglich zu prüfen sein, ob – wenn die öffentlich-rechtliche (und nichtverfassungsrechtliche) Qualität der Streitigkeit festgestellt worden ist – diese Streitigkeit durch Gesetz einem anderen Gericht zugewiesen ist.

991 Hierbei würde vernachlässigt, dass spezialgesetzliche Bestimmungen über den Rechtsweg auch dann der Generalklausel vorgehen, wenn auf sie nicht ausdrücklich Bezug genommen ist. Neben den in § 40 Abs. 1 S. 1 VwGO genannten gesetzlichen Vorschriften, die eine öffentlich-rechtliche Streitigkeit (nichtverfassungsrechtlicher Art) einem *anderen* Gericht zuweisen, gibt es eine Anzahl spezieller Gesetze, die der Generalklausel aufgrund ihrer Spezialität vorgehen, aber ebenfalls den **Verwaltungsrechtsweg** eröffnen. Außer der Prüfung, ob der Verwaltungsrechtsweg aufgrund spezialgesetzlicher Bestimmung zugunsten eines anderen Gerichts ausgeschlossen wird, muss folglich geprüft werden, ob der Verwaltungsrechtsweg aufgrund **spezialgesetzlicher Bestimmung** (und damit nicht aufgrund der Generalklausel) **eröffnet** ist.

992 Die (bei jeder Klausur unentbehrliche) **Rechtswegprüfung** empfiehlt sich deshalb in drei Schritten:

993 1. Zunächst ist zu prüfen, ob die Streitigkeit durch eine **spezialgesetzliche Bestimmung** den Verwaltungsgerichten zugewiesen ist, denn in diesem Falle wäre § 40 Abs. 1 S. 1 VwGO nicht einschlägig.

994 2. Sofern eine spezialgesetzliche Zuweisung zu den Verwaltungsgerichten nicht ersichtlich ist, muss geprüft werden, ob eine **öffentlich-rechtliche Streitigkeit nichtverfassungsrechtlicher Art** vorliegt, weil andernfalls der Verwaltungsrechtsweg nach § 40 Abs. 1 S. 1 VwGO nicht eröffnet sein kann.

995 3. Sofern eine öffentlich-rechtliche Streitigkeit nichtverfassungsrechtlicher Art gegeben ist, ist weiterhin zu prüfen, ob eine **bundesgesetzliche oder landesgesetzliche Sonderzuweisung** an ein anderes Gericht (§ 40 Abs. 1 S. 1 2. Hs. VwGO) vor-

liegt. Erst wenn diese Frage zu verneinen ist, steht fest, dass der Verwaltungsrechtsweg nach § 40 Abs. 1 S. 1 VwGO eröffnet ist.

Für die unter Ziffer 1. zu prüfenden Spezialgesetze hat sich der Begriff der »auf-   996
drängenden Rechtswegzuweisung«, für die unter Ziffer 3. zu prüfenden Vorschriften der Begriff der »abdrängenden Sonderzuweisung« durchgesetzt.[9] Trotz der
nicht zu leugnenden Suggestionswirkung derartiger Gegensatzpaare (»auf« und
»ab«), ist das Begriffspaar letztlich nicht aussagekräftig. Weder werden den Verwaltungsgerichten durch Spezialgesetze Rechtsstreitigkeiten »aufgedrängt«, noch werden
diese von der Verwaltungsgerichtsbarkeit »abgedrängt«, sofern Sonderzuweisungen
bestehen. Das unnötig dramatisch anmutende Begriffspaar verstellt vielmehr den
Blick für den schlichten Tatbestand, dass Spezialgesetze im ersteren Fall die Zuständigkeit der **Verwaltungsgerichte**, in letzterem die Zuständigkeit **anderer Gerichte**
begründen.

1. Die Eröffnung des Verwaltungsrechtswegs durch spezielle Gesetze

Wichtigster Fall einer Eröffnung des Verwaltungsrechtswegs durch spezielles Bun-   997
desgesetz ist **§ 54 Abs. 1 BeamtStG**, demzufolge für alle Klagen der Beamten, Ruhe-
standsbeamten, früheren Beamten und der Hinterbliebenen aus dem Beamtenverhältnis der Verwaltungsrechtsweg gegeben ist. Für Klagen des Dienstherrn gilt das
Gleiche (§ 54 Abs. 1 BeamtStG a. E.). Durch das BeamtStG wird das Statusrecht der
Beamten der Länder, Gemeinden und Gemeindeverbände sowie der sonstigen der
Aufsicht eines Landes unterstehenden Körperschaften, Anstalten und Stiftungen des
öffentlichen Rechts geregelt (§ 1 BeamtStG). Soweit eine Streitigkeit aus dem Beamtenverhältnis vorliegt,[10] ist diese nach § 54 Abs. 1 BeamtStG den Verwaltungsgerichten zugewiesen. Beamtenrechtliche Streitigkeiten sind, weil das Beamtenverhältnis ein
öffentlich-rechtliches Dienst- und Treueverhältnis darstellt (Art. 33 Abs. 4 GG), *auch*
als »öffentlich-rechtlich« im Sinne des § 40 Abs. 1 S. 1 VwGO zu qualifizieren. Diese
Vorschrift kommt jedoch aufgrund der Spezialität des § 54 Abs. 1 BeamtStG nicht
zur Anwendung. Für die Beamten der Länder, Gemeinden und Gemeindeverbände
gilt darüber hinaus noch § 126 BRRG fort,[11] wobei der Anwendungsbereich unklar
bleibt. Für Bundesbeamte ist der Verwaltungsrechtsweg über § 126 Abs. 1 BBG
eröffnet.

Neben § 54 BeamtStG und § 126 BBG gibt es weitere spezialgesetzliche Zuweisun-   998
gen an die Verwaltungsgerichte, die im weiteren Sinne zum öffentlichen Dienstrecht
gehören.[12] Der Unterschied zu § 40 Abs. 1 S. 1 VwGO besteht darin, dass diese

---

9 Vgl. *D. Ehlers*, in: Schoch/Schmidt-Aßmann/Pietzner, VwGO, § 40 Rn. 27, 482; *K. Rennert*, in:
Eyermann, VwGO, § 40 Rn. 99, 163; *W.-R. Schenke*, Verwaltungsprozessrecht, Rn. 136; *Schmitt
Glaeser/Horn*, Verwaltungsprozeßrecht, Rn. 33, 61; das Begriffspaar geht offenbar auf *H.-U. Erich-
sen* zurück (vgl. nur Jura 1994, S. 420).
10 Vgl. hierzu im Einzelnen *D. Ehlers*, in: Schoch/Schmidt-Aßmann/Pietzner, VwGO, § 40 Rn. 40 ff.;
Redeker/v. Oertzen, VwGO, § 40 Rn. 29 ff.
11 § 63 Abs. 2 S. 2 BeamtStG vom 17. 6. 2008 (BGBl. I S. 1010).
12 Vgl. nur § 82 SG; § 32 WPflG findet gem. § 2 S. 1 WpflG nur im Spannungs- und Verteidigungsfall
Anwendung. Für den freiwilligen Wehrdienst gem. §§ 54 ff. WpflG findet § 32 WpflG keine
Anwendung, da die §§ 3 – 53 WpflG nur anzuwenden sind, soweit dies im 7. Abschnitt bestimmt
ist. Eine solche Bestimmung ist jedoch nicht gegeben. § 78 Abs. 2 ZDG i. V. m. § 82 SG (Ein-
berufungen erfolgen gem. § 1 a ZDG aber lediglich im Spannungs- und Verteidigungsfall!). Für

Bundesgesetze jeweils einen bestimmten Sachbereich regeln und für die auf diesem Sachgebiet entstehenden Streitigkeiten den Verwaltungsrechtsweg eröffnen.

2. »Öffentlich-rechtliche Streitigkeit nichtverfassungsrechtlicher Art« (§ 40 Abs. 1 S. 1 VwGO)

999 Der Verwaltungsrechtsweg ist nach § 40 Abs. 1 S. 1 VwGO nur für »**öffentlich-rechtliche Streitigkeiten nichtverfassungsrechtlicher Art**« eröffnet. Positiv muss deshalb in jedem einzelnen Fall festgestellt werden, dass die Streitigkeit dem **öffentlichen Recht** zuzurechnen ist, negativ, dass sie **nicht** dem **Verfassungsrecht** zugehört, das ebenfalls ein Teilgebiet des öffentlichen Rechts darstellt. Bemerkenswert ist, dass die in jedem Verwaltungsstreitverfahren (und bei nahezu jeder Klausur) zu prüfende Frage der Rechtswegeröffnung keineswegs als geklärt angesehen werden kann.[13]

1000 Eine »Streitigkeit« setzt voraus, dass es unterschiedliche Beteiligte gibt, die hinsichtlich eines »Streitgegenstandes« kontroverse Auffassungen vertreten.[14] Von anderen (familiären, politischen, moralischen) Streitigkeiten unterscheiden sich *Rechts*streitigkeiten dadurch, dass die (Streit-) Beteiligten sich zur Bekräftigung ihres Standpunkts auf das *Recht* stützen und dieses mit Hilfe staatlicher Organe (Behörden, Gerichte) durchzusetzen versuchen.

1001 In den Ausgangsfällen sieht sich W in seinem Grundrecht aus Art. 12 GG verletzt und will erreichen, dass er aus der Liste gestrichen wird. F1, F2 und F3 wollen eine Beteiligung an den Passionsspielen und den vorhergehenden »Wahlen« gegen die Gemeinde durchsetzen, während N erreichen will, dass die Kirche das Glockenläuten unterlässt.

1002 Damit ist deutlich, dass eine »**Streitigkeit**« im Sinne des § 40 Abs. 1 S. 1 VwGO stets eine am Maßstab des Rechts zu beurteilende **Beziehung zwischen zwei Rechtssubjekten,** mit anderen Worten ein **Rechtsverhältnis,** voraussetzt. »Streitigkeiten« im Sinne des § 40 Abs. 1 S. 1 VwGO sind also Streitigkeiten innerhalb und über **Verwaltungsrechtsverhältnisse.** Hierdurch wird die oben vertretene Auffassung bekräftigt, dass – auch einseitiges – Verwaltungshandeln stets **Rechtsverhältnisse** begründet.[15] Öffentlich-rechtliche Streitigkeiten sind also nichts anderes als Streitigkeiten über Rechtsverhältnisse, die dem öffentlichen Recht zuzuordnen sind.

1003 Mit dieser Formulierung ist noch nicht viel gewonnen, sie verdeutlicht aber, dass es sich bei Streitigkeiten im Sinne des § 40 Abs. 1 S. 1 VwGO stets um Rechtsverhältnisse – also die Beziehung zwischen zwei Rechtssubjekten, die durch das Recht geprägt wird – handeln muss. Die entscheidende Frage ist, wann ein Rechtsverhältnis dem **Zivilrecht** und wann es dem **öffentlichen Recht** zuzuordnen ist. Nach einer geläufigen Formulierung ist hierbei auf die »streitentscheidende Norm« abzustellen.[16] Häufig oder gar regelmäßig wird man mit einer solchen Formel zurechtkommen, weil zumindest die Schulfälle auf eine »streitentscheidende Norm« hin angelegt sind.

Streitigkeiten in Bezug auf den Bundesfreiwilligendienst ist gem. § 2 Abs. 1 Nr. 8 a ArbGG der Rechtsweg zu den Arbeitsgerichten eröffnet. §§ 83, 106 BPersVG.

13 Vgl. zu den in diesem Zusammenhang auftretenden Fragen *Stern/Blanke,* Verwaltungsprozessrecht in der Klausur, Rn. 156 ff.

14 Vgl. *D. Ehlers,* in: Schoch/Schmidt-Aßmann/Pietzner, VwGO, § 40 Rn. 98.

15 Vgl. oben Rn. 169 ff.

16 Vgl. *F. Hufen,* Verwaltungsprozessrecht, § 11 Rn. 17; *Schmitt Glaeser/Horn,* Verwaltungsprozeßrecht, Rn. 52; *K. Rennert,* in: Eyermann, VwGO, § 40 Rn. 31; *D. Ehlers,* in: Schoch/Schmidt-Aßmann/Pietzner, VwGO, § 40 Rn. 203 ff., 216.

Gleichwohl sprechen zwei Gründe dagegen, diese Formel zu übernehmen. Die »*streitentscheidende*« Norm ist nicht stets erkennbar und würde deshalb eine teilweise Vorwegnahme der Begründetheitsprüfung (der Klage) erfordern, was vom Aufbau her unökonomisch wäre. Zum anderen gibt es Konstellationen, in denen eine »streitentscheidende Norm« überhaupt nicht existiert, das Gericht seine Entscheidung vielmehr auf allgemeine Grundsätze oder Erwägungen stützt.

> Im Fall 47 existierte (noch) keine gesetzliche Regelung, die das handelnde Bundesministerium zu einer derartigen Maßnahme ermächtigt hätte. Das BVerwG hat die Warnung zwar als grundrechtlich relevant qualifiziert, sie aber als der Bundesregierung zugewiesene »Regierungsaufgabe« und damit verfassungsgemäß angesehen.[17] Eine streitentscheidende – etwa einfachgesetzliche – Norm wäre also gar nicht feststellbar gewesen. Entscheidend war vielmehr, dass das Bundesministerium eine öffentliche Aufgabe (Gefahrenabwehr) wahrnahm und dies sich nachteilig auf W auswirkte.   **1004**

Die oben genannte Formel ist deshalb dahin zu erweitern, dass eine öffentlich-rechtliche Streitigkeit im Sinne des § 40 Abs. 1 S. 1 VwGO vorliegt, wenn das (streitige) **Rechtsverhältnis** durch **Normen** des **öffentlichen Rechts konstituiert** wird.   **1005**

> Der Unterschied zwischen beiden Formeln zeigt sich im Fall 48. F1, F2 und F3 machen Mitwirkungsrechte gegenüber der Gemeinde aufgrund von Vorschriften der Gemeindeordnung geltend, die ein öffentlich-rechtliches Benutzungsverhältnis konstituieren. Wegen der Diskriminierung der Frauen dürften in der Sache die Grundrechte aus Art. 3 Abs. 2 und 3 GG streitentscheidend sein.[18]   **1006**

Die Frage, ob ein Rechtsverhältnis durch Normen des öffentlichen Rechts konstituiert wird, wirft das Grundsatzproblem der Abgrenzung von öffentlichem und privatem Recht auf.[19] In diesem Zusammenhang erweist sich erneut, dass allein die **Sonderrechtstheorie** den Anforderungen entspricht, die an eine Abgrenzungstheorie zu stellen sind, und die »Subordinationstheorie« abzulehnen ist.[20]   **1007**

> Im Fall 47 wäre durchaus zweifelhaft, ob sich W zur Bundesregierung in einem »Subordinationsverhältnis« befindet, weil er von deren Maßnahme nicht *unmittelbar* betroffen ist. Variiert man den Fall dahingehend, dass ein Verbraucherschutzverband die Warnung mit entsprechender Publizität ausspricht, würde bei W der gleiche Effekt des Umsatzrückgangs eingetreten sein. Auch im Fall 48 ist ein Verhältnis der Über- und Unterordnung nicht ersichtlich: Wenn die Gemeinde Passionsspiele veranstaltet, so tritt sie den Einwohnern gerade nicht mit Zwang oder vergleichbaren »hoheitlichen« Maßnahmen gegenüber. Als unbrauchbar erweist sich die »Subordinationstheorie« auch im letzten Beispielsfall: Nicht ersichtlich ist, in welcher Weise zwischen dem konfessionslosen N und der Katholischen Kirche ein Verhältnis von Über- und Unterordnung bestehen sollte.   **1008**

Auch auf der Basis der Sonderrechtstheorie lassen sich nicht durchweg glatte Problemlösungen erzielen. Bei der Rechtswegfrage muss unterschieden werden, ob **Normen** (als öffentlich-rechtlich oder privatrechtlich) **qualifiziert** werden oder ein **Handeln** (und damit ein Rechtsverhältnis) einer Norm **zugeordnet** wird.[21] Die Qualifikation von Rechtsvorschriften zu dem einen oder dem anderen Rechtsgebiet verursacht regelmäßig geringere Schwierigkeiten als die Zuordnung eines Handelns (und des mit ihm bewirkten Anspruchs) *zu* einer Rechtsnorm. Dies ist insbesondere der Fall, wenn keine Handlungsermächtigungen existieren, die Zuordnung des Rechtsverhältnisses   **1009**

---

17 So BVerwGE 87, 37 (51), bestätigt durch BVerfGE 105, 252 (270 ff.).
18 Der VGH hat diese Frage zunächst offen gelassen, weil es für die Eröffnung des Verwaltungsrechtswegs hierauf nicht ankam: vgl. VGH München, NJW 1990, S. 2014.
19 Vgl. oben Rn. 13 ff.
20 Vgl. oben Rn. 30.
21 Vgl. oben Rn. 34 ff.

zu dem einen oder anderen Rechtsgebiet im Hinblick auf den Rechtsweg gleichwohl unausweichlich ist.

1010   In allen drei Ausgangsfällen existierte keine »Handlungsermächtigung«. Das Bundesministerium konnte sich bei seiner Warnung auf keine spezielle Vorschrift stützen, sondern sah angesichts der diethylenglykolhaltigen Weine Handlungsbedarf.[22] Die Oberammergauer Passionsspiele sind eine traditionsreiche Einrichtung, für die eine »gesetzliche Ermächtigung« abwegig wäre. Schließlich wird man vergeblich nach einer gesetzlichen Vorschrift suchen, die die Kirchen zum Glockenläuten ermächtigte.

1011   Die genannten Beispiele machen deutlich, dass stets das **Rechtsverhältnis** – die »Streitigkeit« – dem **öffentlichen** oder **privaten Recht** zugeordnet werden muss. Das (Verwaltungs-) Rechtsverhältnis mag durch einseitiges behördliches Handeln begründet werden und hierfür – wie regelmäßig – eine Rechtsgrundlage erforderlich sein. Eine dem öffentlichen Recht zuzuordnende Ermächtigung prägt das zwischen Verwaltung und Bürger bestehende Rechtsverhältnis in der Weise, dass auch dieses dem öffentlichen Recht zuzuordnen ist. Fehlt es jedoch – wie in den Beispielsfällen – an Handlungsermächtigungen, kann der geltend gemachte **Anspruch** und dessen **Zuordnung** hilfreich sein. Da aber zivilrechtliche und öffentlich-rechtliche Ansprüche gleichermaßen auf ein Tun oder Unterlassen eines Verwaltungsträgers gerichtet sein können, erlauben auch Anspruchsgrundlagen keine sichere Zuordnung zum einen oder anderen Rechtsgebiet.

1012   Ein Rückschluss von der Anspruchsgrundlage auf die Zuordnung des Rechtsverhältnisses ist in unseren Beispielsfällen nur im Fall 48 möglich. F1, F2 und F3 berufen sich bei der von ihnen beanspruchten Teilnahme an den Wahlen auf den Gleichheitssatz, hinsichtlich der Beteiligung an den Passionsspielen auf den kommunalrechtlichen Zulassungsanspruch.[23] Würden die Passionsspiele von einem Privaten veranstaltet, könnte dieser grundsätzlich frei darüber entscheiden, wer teilnehmen darf. In den Fällen 47 und 49 sieht die Sache allerdings anders aus. Die von W und N geltend gemachten Unterlassungsansprüche können sowohl zivilrechtlicher (§ 1004 BGB) als auch öffentlich-rechtlicher Natur (ggf. § 1004 BGB analog)[24] sein. Die Eigenart des geltend gemachten Anspruchs lässt also keine sichere Zuordnung zum öffentlichen oder privaten Recht zu.

1013   Die öffentlich-rechtliche Streitigkeit im Sinne des § 40 Abs. 1 S. 1 VwGO lässt sich deshalb definieren als

> **Rechtsverhältnis, an dem aufgrund der konstituierenden Rechtsnormen notwendig der Staat oder ein anderer Träger öffentlicher Verwaltung beteiligt ist.**[25]

1014   Selbst mit dieser Formel sind die Zuordnungsprobleme noch keineswegs gelöst, weil es letztlich einer **Gesamtschau** bedarf, um eine plausible Zuordnung vorzunehmen. Ein Beleg hierfür ist nicht zuletzt die unterschiedliche Beurteilung derselben Rechts-(weg-)frage durch die Verwaltungsgerichte.

1015   Im Fall 47 halfen weder eine Handlungsermächtigung noch eine spezifische Anspruchsgrundlage weiter. Das BVerwG hat vielmehr darauf abgestellt, dass das Bundesministerium eine »Regierungsaufgabe« erfüllt habe. Die Aufgabe der *staatlichen* Gefahrenabwehr kann nicht von einem beliebigen Privaten (etwa einem Verbraucherschutzverband) erfüllt werden. Der Unterschied liegt nicht

---

22 Inzwischen gibt es eine Vielzahl derartiger Ermächtigungen in Bundes- und Landesgesetzen (vgl. oben Rn. 834).
23 Vgl. VGH München, NJW 1990, S. 2014 (2015).
24 Vgl. *F. Ossenbühl*, Staatshaftungsrecht, 5. Aufl. 1998, S. 297.
25 Vgl. oben Rn. 169.

zuletzt in der besonderen demokratischen Legitimation des Regierungshandelns. Zu Recht haben deshalb alle drei Instanzen den Verwaltungsrechtsweg als eröffnet angesehen.

Im Fall 48 machen F1, F2 und F3 ihre Rechte als Gemeindebürgerinnen geltend. Das Rechts- **1016** verhältnis zur *Gemeinde* bildet deshalb den Inhalt des Rechtsstreits. Zwar kann eine Gemeinde auch privatrechtlich (fiskalisch) handeln,[26] im Ausgangsfall geht es indes um Teilhaberechte von Gemeindebürgerinnen. Selbst wenn eine Gemeinde in privatrechtlicher Rechtsform (etwa durch Gründung einer juristischen Person des Privatrechts) handelt, bleiben die ihr gegenüber bestehenden (Zulassungs-) Ansprüche erhalten.[27] Das Rechtsverhältnis zwischen F1, F2 und F3 und der Gemeinde wird also durch Normen des Kommunalrechts konstituiert und ist damit dem öffentlichen Recht zuzuordnen. Gleichwohl hat das Verwaltungsgericht in erster Instanz den Verwaltungsrechtsweg als nicht gegeben angesehen und den Rechtsstreit an das Landgericht verwiesen.[28]

Im Fall 49 hat das BVerwG – im Gegensatz zur Vorinstanz – den Verwaltungsrechtsweg für gegeben **1017** gehalten, weil die Kirche eine öffentlich-rechtliche Körperschaft (Art. 140 GG i. V. m. Art. 137 Abs. 5 S. 1 WRV) sei und die Kirchenglocken als »res sacrae« und folgerichtig als öffentliche Sachen zu qualifizieren seien.[29] Die Rechtsnatur der Kirchen als öffentlich-rechtliche Körperschaften hat allerdings nicht zur Folge, dass sie gegenüber Dritten, die ihnen nicht angehören, öffentlich-rechtliche Befugnisse ausüben könnten. Das Rechtsverhältnis zu Dritten bestimmt sich vielmehr ausschließlich nach zivilrechtlichen Vorschriften.[30] Damit ist freilich nicht entschieden, ob N mit seinem – richtigerweise im Zivilrechtsweg zu verfolgenden – Anspruch durchdringen würde. Das liturgische Glockenläuten ist als Religionsausübung im Sinne des Art. 4 Abs. 2 GG zu verstehen und wird verfassungsrechtlich gewährleistet. Dies schließt aus, dass ein Privater mit einem Unterlassungsanspruch durchdringen kann.[31] Anders wird das Zeitschlagen bewertet, das nach Auffassung des BVerwG nach geltendem Immissionsschutzrecht zu beurteilen ist.[32]

Auch verfassungsrechtliche Streitigkeiten gehören zum öffentlichen Recht und wür- **1018** den folgerichtig die Verwaltungsgerichte beschäftigen, wenn sie nicht von vornherein vom Verwaltungsrechtsweg ausgenommen würden. Allerdings bleibt zu klären, was das negative Tatbestandsmerkmal »**nichtverfassungsrechtlicher Art**« bedeutet. Auch hier ist es hilfreich, statt auf den insoweit unergiebigen Begriff der »Streitigkeit« auf das im Streit befindliche **Rechtsverhältnis** abzustellen. Ein Rechtsverhältnis ist nicht schon dann als »verfassungsrechtlich« anzusprechen, wenn Verfassungsrecht – etwa in Gestalt von Grundrechten – anzuwenden ist; als »verfassungsrechtlich« werden nur Rechtsverhältnisse qualifiziert, die zwischen **Verfassungsorganen** bestehen. Im Schrifttum hat sich hierfür der Begriff der »**doppelten Verfassungsunmittelbarkeit**« eingebürgert.[33] Wie stets versprechen derartige Wortungetüme mehr als sie zu halten vermögen.[34] Auch die Formulierung, es müsse sich »auf beiden Seiten« um einen

26 Vgl. oben Rn. 195 ff.
27 Vgl. BVerwG, DVBl. 1990, S. 154; *F.-L. Knemeyer*, Bayerisches Kommunalrecht, 12. Aufl. 2007, Rn. 316 ff.; *J. Ipsen*, Niedersächsisches Kommunalrecht, 4. Aufl. 2011, Rn. 671 f.
28 Vgl. VGH München, NJW 1990, S. 2014.
29 Vgl. BVerwGE 68, 62 (63).
30 Vgl. *K. Rennert*, in: Eyermann, VwGO, § 40 Rn. 95 ff.; *D. Ehlers*, in: Schoch/Schmidt-Aßmann/Pietzner, VwGO, § 40 Rn. 475; *Kopp/Schenke*, VwGO, § 40 Rn. 38 ff.
31 So im Ergebnis auch BVerwGE 68, 62 (68).
32 So BVerwGE 90, 163 (166 f.). Die Zuständigkeit des Verwaltungsgerichts ergab sich bei diesem Rechtsstreit aus dem Umstand, dass die zuständige Behörde gegen die Kirchenstiftung eine Verfügung erlassen hatte, die Immissionsrichtwerte einzuhalten, die Verfügung aber von der Kirchenstiftung angefochten wurde.
33 Vgl. *F. Hufen*, Verwaltungsprozessrecht, § 11 Rn. 49; *Schmitt Glaeser/Horn*, Verwaltungsprozeßrecht, Rn. 56.
34 Zurückhaltend auch *D. Ehlers*, in: Schoch/Schmidt-Aßmann/Pietzner, VwGO, § 40 Rn. 141 ff.; *H. Bethge*, JuS 2001, S. 1100.

Streit zwischen unmittelbar am Verfassungsleben beteiligten Rechtsträgern handeln,[35] führt nicht viel weiter. In der Sache geht es darum, dass verfassungsrechtliche Streitigkeiten durch ein **institutionelles** und ein **materiell-rechtliches Element** gekennzeichnet sind.[36] Institutionell ist vorauszusetzen, dass an dem Rechtsverhältnis **Staatsorgane** (bzw. Organteile) oder Bürger in organähnlicher Stellung beteiligt sind. **Materiell** muss es sich um die in der Verfassung niedergelegten wechselseitigen Rechte und Pflichten handeln.

1019   Im Fall 47 stehen sich ein Bundesministerium und ein Bürger, nämlich W, gegenüber. Dieser klagt jedoch nicht wegen Verletzung einer organschaftlichen Stellung (etwa als Wahlberechtigter), sondern weil er sich in seinen Grundrechten verletzt fühlt. Es fehlt mithin bereits an der institutionellen Voraussetzung, dass die Beteiligten eine Organ- oder organähnliche Stellung einnehmen müssen. Hiervon abgesehen würde es auch am *materiellen* Kriterium fehlen, weil die in Art. 1 bis 19 GG niedergelegten Grundrechte im Gegensatz zu Art. 38 (oder 29) GG keine organähnliche Stellung für den Bürger begründen.

1020   Verfassungsrechtliche Streitigkeiten gibt es auf Bundes- und Landesebene, so dass es nicht ausreicht, den Blick lediglich auf die Zuständigkeiten des Bundesverfassungsgerichts (Art. 93 GG) zu richten. Auch die den Landesverfassungsgerichten zugewiesenen Verfahren sind »verfassungsrechtlicher Art«, und der Verwaltungsrechtsweg ist demgemäß nicht eröffnet.[37] *Nicht* zu den verfassungsrechtlichen Streitigkeiten gehören die »**Kommunalverfassungsstreitverfahren**«, in denen Organe der kommunalen Gebietskörperschaften um ihre wechselseitigen Rechte und Pflichten streiten.[38] Die »Kommunalverfassung« ist ein geläufiger Begriff für das innere Organisationsrecht der Gemeinden und Kreise, nicht aber mit den (Staats-) Verfassungen der Bundesrepublik oder der Bundesländer zu verwechseln.[39]

3. Sonderzuweisungen (§ 40 Abs. 1 S. 1 2. Hs. und S. 2 VwGO)

1021   Der Verwaltungsrechtsweg ist nach § 40 Abs. 1 S. 1 VwGO **nicht** gegeben, wenn die Streitigkeit durch Gesetz ausdrücklich einem **anderen** Gericht zugewiesen ist (§ 40 Abs. 1 S. 1 2. Hs. VwGO). Auf dem Gebiet des Landesrechts können öffentlich-rechtliche Streitigkeiten einem anderen Gericht auch durch Landesgesetz zugewiesen werden (§ 40 Abs. 1 S. 2 VwGO). Die hier angesprochenen Streitigkeiten fallen *an sich* unter die Generalklausel, weil sie dem öffentlichen Recht zuzuordnen und nicht-verfassungsrechtlicher Art sind. Für sie wird aber durch (spezielles) Bundesgesetz ein **anderer Rechtsweg** eröffnet. Nach dem Grundsatz vom Vorrang der *lex specialis* würde § 40 Abs. 1 S. 1 1. Hs. VwGO bei derartigen Sonderzuweisungen ohnehin zurücktreten. Der 2. Halbsatz enthält jedoch die Klarstellung, dass eine Sonder-

---

35   *F. Hufen*, Verwaltungsprozessrecht, § 11 Rn. 49.

36   Vgl. *K. Rennert*, in: Eyermann, VwGO, § 40 Rn. 19 ff.; *W.-R. Schenke*, Verwaltungsprozessrecht, Rn. 125 f.

37   Ähnlich *D. Ehlers*, in: Schoch/Schmidt-Aßmann/Pietzner, VwGO, § 40 Rn. 138, 151.

38   Nachw. bei *D. Ehlers*, in: Schoch/Schmidt-Aßmann/Pietzner, VwGO, § 40 Rn. 176. Zum Kommunalverfassungsstreit im Verwaltungsprozess ausführlich *M. Ogorek*, JuS 2009, S. 511; *F. Schoch*, Jura 2008, S. 826.

39   Vgl. *J. Ipsen*, Niedersächsisches Kommunalrecht, 4. Aufl. 2011, Rn. 199, 489. Der prinzipielle Unterschied besteht darin, dass das Grundgesetz und die Landesverfassungen auf der verfassunggebenden Gewalt (des Volkes) beruhen, die »Kommunalverfassungen« dagegen in den Kommunalgesetzen der Länder niedergelegt, also keine Emanationen des »Gemeindevolkes« sind. Allerdings bleibt zu beachten, dass die kommunale Selbstverwaltung durch das Grundgesetz (Art. 28 Abs. 2 GG) und die Landesverfassungen gewährleistet wird.

zuweisung **ausdrücklich** erfolgen muss. Diese Bestimmung dient dem Interesse des Rechtssuchenden, ist aber auch wegen des Erfordernisses des gesetzlichen Richters (Art. 101 Abs. 1 S. 2 GG) notwendig.[40] Spezialgesetzliche (»abdrängende«) Sonderzuweisungen gibt es in so großer Zahl, dass es illusorisch wäre, sie sich im Einzelnen zu merken.[41] Sinnvoller ist es deshalb, Fallgruppen zu bilden, die von der Frage geleitet werden, ob der Rechtsweg zu **besonderen Verwaltungsgerichten** oder zu den **ordentlichen Gerichten** eröffnet ist.

a) Zuweisung an die Sozialgerichte (§ 51 SGG)

Nach § 51 Abs. 1 Nr. 1–10 SGG entscheiden die Gerichte der **Sozialgerichtsbarkeit** über öffentlich-rechtliche Streitigkeiten in Angelegenheiten der Sozialversicherung und in weiteren sozialrechtlichen Teilgebieten, die entweder gegenständlich benannt oder durch Bezugnahme auf spezielle Gesetze bezeichnet sind. Überdies sind den Sozialgerichten Streitigkeiten in Angelegenheiten der gesetzlichen Krankenversicherung und der Pflegeversicherung zugewiesen, die privatrechtlicher Natur sind (§ 51 Abs. 2 SGG).   **1022**

Die Sozialgerichte sind **besondere Verwaltungsgerichte,** die von ihnen zu entscheidenden Streitigkeiten sind also dem öffentlichen Recht (Sozialrecht) zuzurechnen und überdies nichtverfassungsrechtlicher Art. § 51 SGG erfasst jedoch nicht alle »sozialrechtlichen Streitigkeiten«, denn neben den in dieser Vorschrift bezeichneten Streitigkeiten verbleibt eine umfangreiche Zuständigkeit der allgemeinen Verwaltungsgerichte auf dem Gebiet des Sozialrechts, weil es insoweit an einer ausdrücklichen Zuweisung an die Sozialgerichte fehlt.[42]   **1023**

b) Zuweisung an die Finanzgerichte (§ 33 FGO)

Nach § 33 Abs. 1 FGO ist der **Finanzrechtsweg** gegeben in   **1024**

- öffentlich-rechtlichen Streitigkeiten über Abgabenangelegenheiten, soweit die Abgaben der Gesetzgebung des Bundes unterliegen und durch Bundesfinanzbehörden oder Landesfinanzbehörden verwaltet werden (Nr. 1);
- öffentlich-rechtlichen Streitigkeiten über die Vollziehung von Verwaltungsakten in anderen als den in Nr. 1 bezeichneten Angelegenheiten, soweit die Verwaltungsakte durch Bundesfinanzbehörden oder Landesfinanzbehörden nach den Vorschriften der Abgabenordnung zu vollziehen sind (Nr. 2);
- öffentlich-rechtlichen und berufsrechtlichen Streitigkeiten über Angelegenheiten, die in bestimmten Teilen des Steuerberatungsgesetzes geregelt werden (Nr. 3);
- anderen Streitigkeiten, soweit für diese durch Bundesgesetz oder Landesgesetz der Finanzrechtsweg eröffnet ist (Nr. 4).

Auch die Finanzgerichte sind **besondere Verwaltungsgerichte.** Die in § 33 Abs. 1 FGO angesprochenen Streitigkeiten erfüllen mithin die in § 40 Abs. 1 VwGO enthaltenen Voraussetzungen. Die in § 33 FGO genannten Streitigkeiten erfassen jedoch nicht das gesamte Abgabenrecht, sondern belassen Teile hiervon in der Zuständigkeit   **1025**

---

40 Vgl. *K. Rennert,* in: Eyermann, VwGO, § 40 Rn. 100.
41 Überblick bei *D. Ehlers,* in: Schoch/Schmidt-Aßmann/Pietzner, VwGO, § 40 Rn. 482 ff.
42 Die allgemeinen Verwaltungsgerichte sind etwa zuständig für die Jugendhilfe, die Schwerbehindertenfürsorge und die Ausbildungsförderung; vgl. auch *D. Ehlers,* in: Schoch/Schmidt-Aßmann/Pietzner, VwGO, § 40 Rn. 672.

der **allgemeinen Verwaltungsgerichte**. Aufgrund des **Behördenprinzips**, das § 33 FGO beherrscht, fallen Streitigkeiten über **kommunale Abgaben** in die Zuständigkeit der Verwaltungsgerichte nach § 40 Abs. 1 S. 1 VwGO, weil es insoweit an einer ausdrücklichen Zuweisung an die Finanzgerichte fehlt.[43]

c) Sonderzuweisungen an die ordentlichen Gerichte

1026   Am wenigsten übersichtlich sind die Zuweisungen an die **ordentliche Gerichtsbarkeit**. Sie sind im **Grundgesetz**, in der **Verwaltungsgerichtsordnung** und einer Vielzahl **spezieller Gesetze** enthalten.[44]

1027   • Das **Grundgesetz** enthält eine ausdrückliche Rechtwegzuweisung nur in **Art. 14 Abs. 3 S. 4 GG** für Streitigkeiten über die Höhe der Enteignungsentschädigung. Art. 34 S. 3 GG enthält keine (positive) Zuweisung, sondern nur das Verbot, den ordentlichen Rechtsweg auszuschließen.[45]

1028   • Nach **§ 40 Abs. 2 S. 1 VwGO** ist der ordentliche Rechtsweg für vermögensrechtliche Ansprüche aus **Aufopferung** für das gemeine Wohl und aus **öffentlich-rechtlicher Verwahrung** sowie für **Schadensersatzansprüche** aus der Verletzung öffentlich-rechtlicher Pflichten, die nicht auf einem öffentlich-rechtlichen Vertrag beruhen, gegeben. Mit der »Verletzung öffentlich-rechtlicher Pflichten« sind auch die **Amtspflichten** im Sinne des Art. 34 S. 1 GG erfasst, so dass die Sonderzuweisung für **Amtspflichtverletzungen** aus § 40 Abs. 2 S. 1 VwGO (und nicht aus Art. 34 S. 3 GG) folgt.[46]

1029   • Nach **§ 49 Abs. 6 S. 3 VwVfG** ist für Streitigkeiten über die Entschädigung beim **Widerruf** eines **begünstigenden Verwaltungsakts** der ordentliche Rechtsweg gegeben.

1030   Von der Sonderzuweisung nach § 40 Abs. 2 S. 1 VwGO ausgenommen sind Streitigkeiten, die mit **öffentlich-rechtlichen Verträgen** zusammenhängen, obwohl auch hier Pflichtverletzungen (Schlechterfüllung) Schadensersatzansprüche begründen können.[47] Für das öffentlich-rechtliche Vertragsrecht bleibt es deshalb bei der Zuständigkeit der Verwaltungsgerichte nach § 40 Abs. 1 S. 1 VwGO. Die in § 40 Abs. 2 S. 1 VwGO hinsichtlich des öffentlichen Vertragsrechts statuierte Ausnahme von der Sonderzuweisung kann nicht ihrerseits als »aufdrängende« Rechtswegzuweisung verstanden werden.[48] Als Faustregel darf gelten, dass nach § 40 Abs. 2 S. 1 VwGO für die wesentlichen Ansprüche aus **Aufopferung**[49] und **Unrechtshaftung**[50] die Zuständigkeit der **ordentlichen Gerichte** begründet worden ist.[51]

---

43 Vgl. *D. Ehlers,* in: Schoch/Schmidt-Aßmann/Pietzner, VwGO, § 40 Rn. 689.

44 Vgl. *D. Ehlers,* in: Schoch/Schmidt-Aßmann/Pietzner, VwGO, § 40 Rn. 499 ff.; *Redeker/v. Oertzen,* VwGO, § 40 Rn. 41 ff.; *K. Rennert,* in: Eyermann, VwGO, § 40 Rn. 103 ff.

45 Vgl. *H.-J. Papier,* in: Maunz/Dürig, GG, Bd. IV, Loseblatt, Stand: Januar 2012, Art. 34 Rn. 305; a. A. *J. Wieland,* in: Dreier (Hrsg.), GG, Bd. II, 2. Aufl. 2006, Art. 34 Rn. 60.

46 Str., Nachw. bei *D. Ehlers,* in: Schoch/Schmidt-Aßmann/Pietzner, VwGO, § 40 Rn. 517.

47 Vgl. *D. Ehlers,* in: Schoch/Schmidt-Aßmann/Pietzner, VwGO, § 40 Rn. 539.

48 Anders *F. Hufen,* Verwaltungsprozessrecht, § 11 Rn. 72; *W.-R. Schenke,* Verwaltungsprozessrecht, Rn. 147; wie hier: *D. Ehlers,* in: Schoch/Schmidt-Aßmann/Pietzner, VwGO, § 40 Rn. 37.

49 Vgl. unten Rn. 1363 ff.

50 Vgl. unten Rn. 1238 ff.

51 Vgl. im Einzelnen *D. Ehlers,* in: Schoch/Schmidt-Aßmann/Pietzner, VwGO, § 40 Rn. 519 ff.; *F. Hufen,* Verwaltungsprozessrecht, § 11 Rn. 69 ff.; *K. Rennert,* in: Eyermann, VwGO, § 40 Rn. 103 ff.

III. Rechtsprechung

BVerwGE 35, 103 (Hausverbot für Behördengebäude); **E** 68, 62 (Angelus-Läuten); **E** 87, 37 (»Die-thylenglykol«); **E** 90, 163 (Zeitschlagen); **E** 117, 145 (innerkirchliche Maßnahmen); **E** 129, 9 (Rechtsweg bei Streitigkeiten über die Vergabe öffentlicher Aufträge); **E** 137, 52 (Rechtsweg bei Auslieferung); **VGH Bad.-Württ.**, DÖV 2000, S. 786 (Rechtsweg bezüglich missbilligender Äußerungen einer Steuerberaterkammer); **VGH München**, NJW 1990, S. 2014 (Rechtsweg bei Mitwirkung an Passionsspielen); **VGH Kassel**, NVwZ 2003, S. 238 (Verwaltungsrechtsweg bei Vergabe von Räumen für eine KFZ-Zulassungsstelle) **OVG Münster**, NJW 2011, S. 2379 (Rechtsweg bei Anfechtung eines für ein Jobcenter ausgesprochenen Hausverbots). 1031

IV. Literatur

C. Althammer/C. Zieglmeier, Der Rechtsweg bei Beeinträchtigungen Privater durch die kommunale Daseinsvorsorge bzw. erwerbswirtschaftliches Handeln von Kommunen, DVBl. 2006, S. 810; *H. Bethge*, Verfassungsstreitigkeiten als Rechtsbegriff, Jura 1998, S. 529; *ders.*, Das Phantom der doppelten Verfassungsunmittelbarkeit, JuS 2001, S. 1100; *H.-U. Erichsen*, Die Zulässigkeit einer Klage vor dem Verwaltungsgericht, Jura 1994, S. 418; *T. Hebeler*, Rechtsweg bei Klagen gegen Anordnung erkennungsdienstlicher Maßnahmen, JA 2011, S. 959; *J. Ipsen*, Rechtsschutz gegen kommunale Wirtschaftstätigkeit, ZHR 170 (2006), S. 422; *J. Ipsen/T. Koch*, Öffentliches Recht und privates Recht – Abgrenzungsprobleme bei der Benutzung öffentlicher Einrichtungen, JuS 1992, S. 809; *C. Leifer*, Die Eröffnung des Verwaltungsrechtswegs als Problem des Klausuraufbaus, JuS 2004, S. 956; *D. Lorenz*, Kirchenglocken zwischen öffentlichem und privatem Recht – BVerwG, NJW 1994, 956 –, JuS 1995, S. 492; *J. Murach*, Rechtswegzuständigkeit bei Ersatzansprüchen aus verwaltungsrechtlichen Schuldverhältnissen nichtvertraglicher Art, BayVBl. 2001, S. 682; *M. Ogorek*, Der Kommunalverfassungsstreit im Verwaltungsprozess, JuS 2009, S. 511; *L. Renck*, Der Rechtsweg im gerichtlichen Verfahrensrecht – Allgemeine Grundsätze, JuS 1999, S. 361; *W.-R. Schenke*, Rechtsprechungsübersicht zum Verwaltungsprozeß – Teil 1, JZ 1996, S. 998; *ders.*, Streitigkeiten verfassungsrechtlicher Art im Sinne des § 40 VwGO, AöR 131 (2006), S. 117; *F. Schoch*, Der verwaltungsgerichtliche Organstreit, Jura 2008, S. 826; *F. Wittreck*, Auftakt zu einer neuen Runde: die Vereinheitlichung der öffentlich-rechtlichen Fachgerichtsbarkeiten, DVBl. 2005, S. 211. 1032

§ 18 Verwaltungsgerichtliche Klagearten

1033 Das Vorliegen einer öffentlich-rechtlichen Streitigkeit nichtverfassungsrechtlicher Art bedeutet, dass der Verwaltungsrechtsweg eröffnet ist, prinzipiell also die Verwaltungsgerichte Streitigkeiten dieser Art entscheiden. Von der Frage des »**Ob**« des verwaltungsgerichtlichen Rechtsschutzes ist die Frage zu unterscheiden, »**wie**« der Rechtsschutz durch die Verwaltungsgerichte im Einzelnen ausgestaltet ist. Die verwaltungsgerichtliche Generalklausel eröffnet den **Zugang** zu den Verwaltungsgerichten, enthält aber keine Aussage darüber, auf welche Weise der Rechtsschutz im Einzelnen bewirkt wird. Allerdings kann vorweg festgestellt werden, dass für jede Streitigkeit, für die der Rechtsweg eröffnet ist, auch eine entsprechende **Rechtsschutzform** (Klageart) zur Verfügung steht. Die Rechtswegeröffnung nach § 40 Abs. 1 VwGO wird durch die unterschiedlichen Klagearten nicht **relativiert** oder **reduziert**, sondern **kanalisiert**. Rechtsschutzformen **müssen** folglich in dem Umfang zur Verfügung stehen, wie der Verwaltungsrechtsweg eröffnet ist.[1]

1034 Die heute unbestrittene Auffassung musste sich erst durchsetzen, weil die Regelung der einzelnen Verfahrensarten als eine Art gegenläufiges Enumerationssystem missverstanden wurde.[2] Gegenüber derartigen – gelegentlich noch fortwirkenden – Tendenzen ist festzuhalten, dass der Rechtsschutz durch die Verwaltungsgerichte *allein* durch die **Generalklausel** und die spezialgesetzlichen Rechtswegzuweisungen und **nicht** zusätzlich durch eine statthafte Klageart eröffnet wird, für jede Streitigkeit, für die der Verwaltungsrechtsweg gegeben ist, vielmehr eine Verfahrensart statthaft sein *muss.*

1035 Die in der VwGO geregelten **Klagearten** stehen in engem Zusammenhang mit den **Handlungsformen** der Verwaltung, so dass der Schluss nahe läge, die **Handlungsform** bedinge die **Rechtsschutzform**. Entsprechend werden Handlungsformen und Rechtsschutzformen einander gegenübergestellt.[3] Die Gegenüberstellung macht deutlich, dass nicht jeder Handlungsform nur *eine* Verfahrensart entspricht, sondern dass es darauf ankommt, *was* der Kläger begehrt. Geht man vom Klagebegehren aus, so kann dieses auf ein

- **Gestaltungsurteil,**
- **Leistungsurteil** oder
- **Feststellungsurteil**

gerichtet sein. Insofern lassen sich grundsätzlich

- **Gestaltungsklagen,**
- **Leistungsklagen** und
- **Feststellungsklagen**

unterscheiden. Die verwaltungsgerichtlichen Klagearten lassen sich sämtlich auf diese Grundtypen des Rechtsschutzbegehrens zurückführen.[4]

---

1 Vgl. *F. Hufen*, Verwaltungsprozessrecht, § 13 Rn. 2; *J. Pietzcker*, in: Schoch/Schmidt-Aßmann/Pietzner, VwGO, Vorb. § 42 Abs. 1 Rn. 15 f.; *K. Rennert*, in: Eyermann, VwGO, § 40 Rn. 1; *Redeker/v. Oertzen*, VwGO, § 40 Rn. 1.
2 Vgl. oben Rn. 362 m. w. N.
3 Vgl. *F. Hufen*, Verwaltungsprozessrecht, § 13 Rn. 5.
4 Ähnlich *F. Hufen*, Verwaltungsprozessrecht, § 13 Rn. 4.

- Mit der **Gestaltungsklage** begehrt der Kläger vom Gericht, dass dieses die Rechtslage durch seine Entscheidung unmittelbar – also ohne weiteren behördlichen Akt – verändert.[5] Die Beschwer des Klägers wird durch die richterliche Entscheidung beseitigt. **Gestaltungsurteile** sind deshalb – ähnlich wie rechtsgestaltende Verwaltungsakte[6] – nicht vollstreckbar.[7]   **1036**

- Mit einem **Leistungsurteil** wird der Beklagte zu einer Leistung – etwa zum Erlass eines Verwaltungsakts, der Vornahme oder Unterlassung einer anderen Handlung – **verpflichtet.** Sie setzt nach materiellem Recht einen **Anspruch** voraus, der aber nicht schon mit Erlass des Urteils befriedigt wird, sondern ein weiteres **behördliches Handeln** erfordert. Derartige Urteile sind der Vollstreckung fähig, wenn sich die Behörde – entgegen ihrer Bindung an Gesetz und Recht (Art. 20 Abs. 3 GG) – nicht an das Urteil hält. Die Parallele zu den anspruchs- und pflichtenkonkretisierenden Verwaltungsakten, die – soweit sie nicht befolgt werden – im Wege der Verwaltungsvollstreckung durchgesetzt werden müssen, liegt auf der Hand.[8]   **1037**

- Mit **Feststellungsurteilen** wird ein Rechtsverhältnis als bestehend oder nicht bestehend festgestellt. Sie sind keiner Vollstreckung fähig; auch insofern drängt sich die Parallele zu der entsprechenden Kategorie von Verwaltungsakten auf.[9]   **1038**

Geht man von den Kategorien *möglicher* (auch verwaltungsgerichtlicher) Klagebegehren aus, die sich wiederum nach dem Rechtsschutzziel richten, ergibt sich folgende Zuordnung: **1039**

Klagetyp	Klageziel	Klageart nach VwGO	**1040**
Gestaltungsklage	Aufhebung eines Verwaltungsakts	Anfechtungsklage (§ 42 Abs. 1 1. Alt. VwGO)	
Leistungsklage	– Erlass eines Verwaltungsakts – Vornahme oder Unterlassung nichtförmlichen Verwaltungshandelns	Verpflichtungsklage (§ 42 Abs. 1 2. Alt. VwGO) Allgemeine Leistungsklage (ggf. als Unterlassungsklage)	
Feststellungsklage	Feststellung eines Rechtsverhältnisses oder der Nichtigkeit eines Verwaltungsakts	Feststellungsklage (§ 43 Abs. 1 VwGO)	

Die hier vorgenommene Zuordnung belegt, dass die Klagearten der Verwaltungsgerichtsordnung nicht mit den »*writs*« des englischen Rechts oder den römisch-rechtlichen *actiones* vergleichbar sind. Der Kläger erhebt nicht ausdrücklich eine Anfechtungs-, Verpflichtungs- oder andere Klage, sondern begehrt Rechtsschutz vom Verwaltungsgericht, indem er zunächst einen **Sachverhalt** unterbreitet (§ 82 Abs. 1 S. 1 VwGO). Die Klageschrift soll einen bestimmten **Antrag** enthalten (§ 82 Abs. 1 S. 2 VwGO), jedoch hat der Vorsitzende darauf hinzuwirken, dass sachdienliche Anträge gestellt werden (§ 86 Abs. 3 VwGO). Die Klagearten sind also nicht etwa vom Kläger zu benennen (was ohne sachkundigen Beistand regelmäßig auch unmöglich wäre), sie ergeben sich vielmehr daraus, dass das Gericht den – ggf. nach § 86 Abs. 3 VwGO   **1041**

---

5 Vgl. *M. Happ*, in: Eyermann, VwGO, § 42 Rn. 2; *Redeker/v. Oertzen*, VwGO, § 42 Rn. 1; *W.-R. Schenke*, Verwaltungsprozessrecht, Rn. 178.
6 Vgl. oben Rn. 861.
7 Vgl. *E. Schilken*, Zivilprozessrecht, 6. Aufl. 2010, Rn. 996.
8 Vgl. oben Rn. 373 ff., 861.
9 Vgl. oben Rn. 397 ff., 861.

aufgrund von Hinweisen gestellten – **Klageantrag** einer durch die Verwaltungsgerichtsordnung vorgesehenen **Rechtsschutzform** zuordnet.[10]

1042 Die Zuordnung setzt voraus, dass die betreffende Klageart für ein Rechtsschutzbegehren dieser Art durch die Verwaltungsgerichtsordnung vorgesehen, mithin **statthaft** ist. Die **Statthaftigkeit** der Klageart ist zwar Voraussetzung für die **Zulässigkeit** der jeweils erhobenen Klage,[11] mit dieser aber nicht zu verwechseln. Eine Klage ist zulässig, wenn sie alle in der Verwaltungsgerichtsordnung aufgeführten **Sachurteilsvoraussetzungen** erfüllt und das Gericht demgemäß in der **Sache** (und nicht nur durch Prozessurteil) entscheidet.[12] Die **Statthaftigkeit** bezieht sich jeweils auf eine bestimmte Klageart und betrifft die – gewissermaßen abstrakte – Prüfung, ob diese durch die Verwaltungsgerichtsordnung für die Beseitigung der geltend gemachten Beschwer vorgesehen ist. So ist die Anfechtungsklage die statthafte Klageart, wenn die Aufhebung eines Verwaltungsakts begehrt wird (§ 42 Abs. 1 1. Alt. VwGO). Die Verpflichtungsklage ist statthaft, wenn die Verurteilung der Behörde zum Erlass eines abgelehnten oder unterlassenen Verwaltungsakts begehrt wird (§ 42 Abs. 1 2. Alt. VwGO). Wenn ein Verwaltungsakt den Streitgegenstand bildet, ist demgegenüber die allgemeine Leistungsklage *unstatthaft*, weil sie für diesen Fall gesetzlich nicht vorgesehen ist. Die Feststellungsklage ist, sofern ein Verwaltungsakt den Streitgegenstand bildet, nur statthaft, wenn dessen Nichtigkeit festgestellt werden soll (§ 43 Abs. 1 2. Alt. VwGO).

1043 Die vorstehenden Überlegungen führen zu der Einsicht, dass die Prüfung der **Zulässigkeitsvoraussetzungen** einer Anfechtungs- oder Verpflichtungsklage (oder anderer Klagearten) – im Gegensatz zu den herkömmlichen Aufbauschemata – nicht möglich ist.[13] Die Aufbauschemata sind durch den inneren Widerspruch gekennzeichnet, dass sie die richtige Klageart voraussetzen, deren Statthaftigkeit aber erst im Rahmen der Zulässigkeitsstation geprüft wird. Dies entspricht nicht dem Vorgehen des Gerichts, dem nicht eine Anfechtungs-, Verpflichtungs- oder sonstige Klageart, sondern ein *Klageantrag* vorliegt, der einer Rechtsschutzform zuzuordnen ist. Genau genommen kann es deshalb keine Prüfung der Zulässigkeit einer Anfechtungs- und Verpflichtungsklage, sondern nur die einer verwaltungsgerichtlichen Klage geben, die die statthafte Rechtsschutzform einschließt. Auf eine entsprechende Antragstellung hat der Vorsitzende hinzuwirken (§ 86 Abs. 3 VwGO).[14]

---

10 Vgl. *J. Pietzcker*, in: Schoch/Schmidt-Aßmann/Pietzner, VwGO, Vorb. § 42 Abs. 1 Rn. 31: »Nach dem Gesagten muss der Kläger nicht im juristisch strengen Sinn die Klageart bestimmen, sondern lediglich einen bestimmten *Sachantrag* stellen, den das Gericht der richtigen Klageart zuordnet. Allerdings ist es Sache des Klägers, für die Erfüllung der Voraussetzungen der einzelnen Klagearten zu sorgen. Wenn er entgegen dem Hinweis des Gerichts bewusst auf einer nicht statthaften Klageart beharrt, ist die Klage abzuweisen. Dabei ist nicht hinreichend geklärt, ob die Klage als *unzulässig* oder als *unbegründet* abzuweisen ist, ob also die richtige Klageart eine Sachurteilsvoraussetzung darstellt oder den materiellen Anspruch betrifft.« Hiermit ist der von *F. Hufen*, Verwaltungsprozessrecht, 6. Aufl. 2005, § 13 Rn. 17, erhobenen Kritik bereits teilweise Rechnung getragen.

11 Vgl. *F. Hufen*, Verwaltungsprozessrecht, § 13 Rn. 1; *Stern/Blanke*, Verwaltungsprozessrecht in der Klausur, Rn. 138.

12 Vgl. unten Rn. 1163.

13 Ähnlich *F. Hufen*, Verwaltungsprozessrecht, 6. Aufl. 2005, § 13 Rn. 17; vgl. aber die Prüfungsschemata in § 14 Rn. 155 und § 15 Rn. 38.

14 Vgl. oben Fn. 10.

I. Anfechtungsklage (§ 42 Abs. 1 1. Alt. VwGO)

Fall 50: N ist Eigentümer eines Reihenhauses in einer Reihenhausanlage von 11 Häusern, für das aufgrund des Bebauungsplans Flachdächer vorgesehen sind. Die Stadt genehmigte einem anderen Eigentümer, E, den Bau eines Satteldachs. Hiergegen erhob N Widerspruch. Der Widerspruchsausschuss vertrat die Auffassung, die dem E erteilte Genehmigung sei objektiv rechtswidrig, verneinte aber eine Rechtsverletzung des N. Ein Widerspruchsbescheid erging nicht. Wenig später nahm die Stadt die E erteilte Baugenehmigung zurück, lehnte es jedoch ab, N die ihm entstandenen Kosten zu erstatten. Daraufhin klagt N auf eine ihm günstige Kostenentscheidung.

(BVerwGE 101, 64)

1044

Mit der Anfechtungsklage kann die Aufhebung eines (belastenden) Verwaltungsakts begehrt werden (§ 42 Abs. 1 1. Alt. VwGO). Da der Kläger keine Klageart zu »wählen«, sondern einen Sachverhalt zu unterbreiten hat und einen Antrag stellen soll (§ 82 Abs. 1 VwGO), ist die Formulierung vorzugswürdig, dass eine Klage als Anfechtungsklage statthaft ist, wenn der Kläger die Aufhebung eines (belastenden) Verwaltungsakts begehrt. Damit wird verdeutlicht, dass ein Kläger sich nicht von vornherein auf eine bestimmte Rechtsschutzform festlegen muss, um mit ihr ggf. abgewiesen zu werden, sondern dass die statthafte Klageart bis zum Schluss der mündlichen Verhandlung und der Antragstellung noch unsicher sein – und ggf. vom Ergebnis der Beweisaufnahme abhängen – kann.

1045

Die Anfechtungsklage ist eine **Gestaltungsklage,** weil der Kläger die Aufhebung eines Verwaltungsakts durch das Gericht (§ 113 Abs. 1 S. 1 VwGO) und damit eine unmittelbare Gestaltung der Rechtslage anstrebt. Der Satz lässt sich auch umdrehen: Sofern ein Kläger seinem Vortrag nach die Aufhebung eines Verwaltungsakts begehrt, ist seine Klage als Anfechtungsklage statthaft. Sofern er einen Antrag stellt, der nicht auf ein Gestaltungsurteil abzielt und hierauf beharrt – etwa die Behörde zu verurteilen, den Verwaltungsakt »zurückzunehmen« –, ist *diese* (Leistungs-, weil Verpflichtungs-) Klage *nicht* statthaft.

1046

Im Ausgangsfall wäre die Anfechtungsklage statthaft gewesen, wenn der von N gegen die dem E erteilte Baugenehmigung eingelegte Widerspruch zurückgewiesen worden wäre. Da N nach Rücknahme der Baugenehmigung nur noch eine ihm günstige Kostenentscheidung anstrebt, ist für dieses Begehren allein die *Verpflichtungsklage* statthaft.

1047

Die Anfechtungsklage ist untrennbar mit dem **Verwaltungsaktsbegriff** verbunden, weil sie auf die Aufhebung des Verwaltungsakts abzielt. Aus diesem Grund kann nicht dahingestellt bleiben, ob die Verwaltung durch Verwaltungsakt gehandelt hat oder nicht. Festzuhalten bleibt allerdings, dass der Verwaltungsakt nur die *Klageart* präjudiziert, der verwaltungsgerichtliche Rechtsschutz hingegen unabhängig von der (öffentlich-rechtlichen) Handlungsform der Verwaltung ist.[15]

1048

1. Klagebefugnis (§ 42 Abs. 2 VwGO)

Die Anfechtungsklage ist nur zulässig, wenn der Kläger geltend macht, durch den Verwaltungsakt **in seinen Rechten verletzt** zu sein (§ 42 Abs. 2 VwGO). Die **Kla-**

1049

---

15 Vgl. *J. Pietzcker,* in: Schoch/Schmidt-Aßmann/Pietzner, VwGO, Vorb. § 42 Abs. 1 Rn. 15 ff.

gebefugnis soll nach allgemeiner Auffassung **Popularklagen** verhindern.[16] Als Popularklagen werden verwaltungs- oder verfassungsgerichtliche Klagen definiert, mit denen der Kläger nicht die Verletzung *subjektiver* (also ihm zustehender) Rechte geltend macht, sondern lediglich die – objektive – Rechtswidrigkeit einer hoheitlichen Maßnahme rügt.

1050 Die Funktion der Klagebefugnis wird erst verständlich, wenn man sie in Beziehung zu der angestrebten Entscheidung setzt. Soweit der Verwaltungsakt rechtswidrig und der Kläger dadurch in seinen Rechten verletzt ist, hebt das Gericht den Verwaltungsakt auf (§ 113 Abs. 1 S. 1 VwGO). Die Anfechtungsklage ist also nur begründet, wenn der Verwaltungsakt rechtswidrig **und** der Kläger hierdurch in seinen Rechten verletzt ist. Fehlte es an dem (Zulässigkeits-) Erfordernis der Klagebefugnis, so könnte jedermann (*»quivis ex populo«*) zulässigerweise eine Anfechtungsklage mit der Begründung erheben, ein Verwaltungsakt sei (objektiv) rechtswidrig. Die Klage wäre aber nur begründet, wenn der Kläger in *subjektiven* Rechten verletzt wäre. Die Klagebefugnis hat die Funktion, eine Disparität zwischen **Zulässigkeit** und **Begründetheit** der Anfechtungsklage zu verhindern. Im Rahmen der Zulässigkeit wird bereits geprüft, ob für den Kläger überhaupt eine Verletzung eigener (= subjektiver) Rechte in Betracht kommt. Die Prüfung der Klagebefugnis stellt deshalb eine teilweise **Vorwegnahme** der Begründetheitsprüfung dar.[17]

1051 Umstritten ist, in welchem Umfang bei der Prüfung der Klagebefugnis Elemente der Begründetheitsprüfung vorweggenommen werden können. Mit anderen Worten stellt sich die Frage, welche Anforderungen an die **»Geltendmachung«** der Verletzung subjektiver Rechte im Sinne des § 42 Abs. 2 VwGO zu stellen sind. Auch hierzu gibt es unterschiedliche »Theorien«, die sich aber – wie stets – als mehr oder minder plausible Lösungsansätze darstellen.

1052 Wenn die Klagebefugnis erfordert, dass der Kläger die Verletzung subjektiver Rechte »geltend macht«, so kann dies bedeuten, dass er sie

- **ausdrücklich** (**»Verbalbehauptungstheorie«**) oder
- **schlüssig** behaupten (**»Schlüssigkeitstheorie«**) oder
- die Rechtsverletzung nach seinem Vortrag **möglich** sein muss (**»Möglichkeitstheorie«**).[18]

1053 Bei ausdrücklicher (»verbaler«) Geltendmachung könnte sich der Kläger darauf beschränken, formelhaft seine Rechte als verletzt auszugeben, obwohl auf den ersten Blick feststehen könnte, dass es sich gar nicht um *subjektive* Rechte handelt. Eine *schlüssige* Darlegung würde demgegenüber zu hohe Anforderungen an die Klagebefugnis stellen, weil hierdurch die Begründetheit – auf der Grundlage des klägerischen Vortrags – bereits vollständig vorweggenommen würde. Zu Recht hat sich deshalb

---

16 So schon die Amtl. Begründung BT-Drucks. III/55, S. 32; vgl. auch BVerwGE 17, 87 (91); 19, 269 (271); *F. Hufen*, Verwaltungsprozessrecht, § 14 Rn. 56; *W.-R. Schenke*, Verwaltungsprozessrecht, Rn. 490; *E. Schwerdtner*, NVwZ 1990, S. 630 (631).

17 Vgl. *Stern/Blanke*, Verwaltungsprozessrecht in der Klausur, Rn. 301; *W.-R. Schenke*, Verwaltungsprozessrecht, Rn. 493 f.

18 Von einem »Theorienstreit« kann keine Rede mehr sein, weil weder die »Verbalbehauptungs-« noch die »Schlüssigkeitstheorie« gegenwärtig noch vertreten wird. Sie werden nur noch erwähnt, um die »Möglichkeitstheorie« inhaltlich zu verdeutlichen.

die »**Möglichkeitstheorie**« durchgesetzt,[19] nach der auf der Grundlage des klägerischen Vortrags die Verletzung seiner Rechte möglich sein muss bzw. nicht nach jeder Betrachtungsweise ausgeschlossen sein darf.[20]

> Variiert man den Ausgangsfall dahin, dass N nach erfolglosem Widerspruchsverfahren Klage gegen die E erteilte Baugenehmigung erhebt, müsste er geltend machen können, durch diese in seinen Rechten verletzt zu sein. Mit anderen Worten müsste die Möglichkeit bestehen, dass das Satteldach auf einem Nachbarhaus N in *seinen* Rechten verletzt.   **1054**

In der Regel ist die Klagebefugnis unproblematisch. Der **Adressat** eines **belastenden Verwaltungsakts** kann regelmäßig geltend machen, durch diesen in seinen Rechten verletzt zu sein. Dazu bedarf es keiner besonderen »Theorie« (»Adressatentheorie«), sondern nur eines Blicks auf die Grundrechte, die den Bürger vor rechtswidrigen Einwirkungen in seine Freiheitssphäre schützen.[21] Anlass zu einer genaueren Prüfung der Klagebefugnis ist demgegenüber gegeben, wenn Kläger und Adressat des angefochtenen Verwaltungsakts nicht identisch sind, es sich also um einen **Verwaltungsakt mit Doppelwirkung** handelt.[22] Nach der herrschenden **Schutznormtheorie**[23] kann ein Kläger durch einen rechtswidrigen Verwaltungsakt nur dann in seinen Rechten verletzt sein, wenn das (verletzte) Gesetz auch **seinen Interessen** zu dienen bestimmt war. Von diesem Ausgangspunkt her hat die Rechtsprechung – insbesondere im Baunachbarrecht – eine subtile Dogmatik des Drittschutzes entwickelt.[24]   **1055**

> Im Ausgangsfall würde sich nach der Schutznormtheorie die Frage stellen, ob die Vorschriften des Bebauungsplans, die für die Reihenhaussiedlung Flachdächer vorschreiben, auch *Interessen der Nachbarn* (also des N) schützen sollen oder nur im *öffentlichen Interesse* erlassen worden sind.   **1056**

Umstritten ist, wieweit **Grundrechte** zur Darlegung der Klagebefugnis herangezogen werden können.[25] Da § 42 Abs. 2 VwGO nur ein grobes Raster zur Prüfung möglicher Betroffenheit darstellt, spielen naturgemäß Grundrechte eine besonders wichtige Rolle.[26] Würde man den Durchgriff auf die Grundrechte zur Darlegung der Klagebefugnis verneinen und die als verletzt zu rügenden Rechte lediglich auf der Ebene des einfachen Gesetzes suchen, stünde dies in klarem Gegensatz zu Art. 1 Abs. 3 GG.   **1057**

Allerdings ist bei der Berufung auf Grundrechte stets zu untersuchen, was der Kläger meint.   **1058**

> Wenn im Fall 16 die Kläger vortragen, durch den Betrieb der genehmigten Anlage in ihren Grundrechten auf Leben und körperliche Unversehrtheit verletzt zu werden, so ist dies zunächst eine tatsächliche Vermutung. Sie gewinnt rechtliche Relevanz dadurch, dass die »körperliche Unver-   **1059**

---

19 Vgl. *F. Hufen*, Verwaltungsprozessrecht, § 14 Rn. 108; *W.-R. Schenke*, Verwaltungsprozessrecht, Rn. 494.

20 Vgl. BVerwGE 95, 133 f., std. Rspr.; *M. Happ*, in: Eyermann, VwGO, § 42 Rn. 93; *R. Wahl/Schütz*, in: Schoch/Schmidt-Aßmann/Pietzner, VwGO, § 42 Abs. 2 Rn. 67; *F. Hufen*, Verwaltungsprozessrecht, § 14 Rn. 108; *W.-R. Schenke*, Verwaltungsprozessrecht, Rn. 494.

21 Vgl. *F. Hufen*, Verwaltungsprozessrecht, § 14 Rn. 60 ff.; *W.-R. Schenke*, Verwaltungsprozessrecht, Rn. 498, 510.

22 Vgl. oben Rn. 412 ff.

23 Vgl. *R. Wahl*, in: Schoch/Schmidt-Aßmann/Pietzner, VwGO, Vorb. § 42 Abs. 2 Rn. 94 ff.; *M. Happ*, in: Eyermann, VwGO, § 42 Rn. 86 f.; *W.-R. Schenke*, Verwaltungsprozessrecht, Rn. 497.

24 Hierzu ausführlich *Wahl/Schütz*, in: Schoch/Schmidt-Aßmann/Pietzner, VwGO, § 42 Abs. 2 Rn. 110 ff.

25 Vgl. *F. Hufen*, Verwaltungsprozessrecht, § 14 Rn. 83 ff.

26 Vgl. *Wahl/Schütz*, in: Schoch/Schmidt-Aßmann/Pietzner, VwGO, § 42 Abs. 2 Rn. 56.

sehrtheit« Schutzgut des Art. 2 Abs. 2 S. 1 GG ist. Da aufgrund der Genehmigung einer Anlage privatrechtliche Abwehransprüche ausgeschlossen werden (§ 14 BImSchG), ist deren Betrieb dem Staat zuzurechnen. Gegen staatlich zu verantwortende Einwirkungen auf die körperliche Unversehrtheit schützt Art. 2 Abs. 2 S. 1 GG. N1, N2 und N3 können deshalb grundsätzlich geltend machen, durch den Betrieb der Anlage in ihrer körperlichen Unversehrtheit gefährdet zu sein. Letztlich hängt die Klagebefugnis davon ab, ob eine solche Gefährdung möglich bzw. nach jeder Betrachtungsweise ausgeschlossen ist. Die Klagebefugnis nämlich würde ihre Filterfunktion und die Anfechtungsklage ihre subjektiv-rechtliche Ausrichtung einbüßen, wenn über Horrorszenarien letztlich jedermann als durch eine Anlage potentiell gefährdet angesehen würde.[27]

1060 Die Klagebefugnis ist *nicht* Zulässigkeitsvoraussetzung der Anfechtungsklage, soweit gesetzlich etwas anderes bestimmt ist. Hieraus erklärt sich das Institut der **Verbandsklage,** aufgrund dessen besonders anerkannte Natur- und Umweltschutzverbände gegen behördliche Genehmigungen die Anfechtungsklage erheben können, obwohl eine Verletzung *subjektiver Rechte* nicht in Betracht kommt.[28] Das Bundesverwaltungsgericht hat als »gesetzliche Bestimmung« im Sinne des § 42 Abs. 2 VwGO auch landesrechtliche Vorschriften anerkannt.[29] Die Einpassung der sog. »altruistischen« Verbandsklage in das System des verwaltungsgerichtlichen Rechtsschutzes kann gleichwohl nicht als gelungen angesehen werden, weil eine Anfechtungsklage nur begründet ist, wenn der (rechtswidrige) Verwaltungsakt den Kläger in *seinen* Rechten verletzt (§ 113 Abs. 1 S. 1 VwGO).[30] Eine derartige Rechtsverletzung ist indes ausgeschlossen, wenn es bereits an der Klagebefugnis fehlt.

2. Widerspruchsverfahren (§§ 68 ff. VwGO)

1061 Nach § 68 Abs. 1 S. 1 VwGO sind vor Erhebung der Anfechtungsklage Rechtmäßigkeit und Zweckmäßigkeit des Verwaltungsakts in einem **Vorverfahren** nachzuprüfen. Einer solchen Nachprüfung bedarf es nicht, wenn ein Gesetz dies bestimmt[31] oder wenn

4. der Verwaltungsakt von einer obersten **Bundesbehörde** oder einer obersten **Landesbehörde** erlassen worden ist, außer wenn ein Gesetz die Nachprüfung vorschreibt, oder

5. der **Abhilfebescheid** oder der **Widerspruchsbescheid** erstmals eine Beschwer enthält

(§ 68 Abs. 1 S. 2 VwGO).

---

27 Vgl. die Beispiele bei *F. Hufen,* Verwaltungsprozessrecht, § 14 Rn. 110.
28 Vgl. *Wahl/Schütz,* in: Schoch/Schmidt-Aßmann/Pietzner, VwGO, § 42 Abs. 2 Rn. 37, 228 ff.; *F. Hufen,* Verwaltungsprozessrecht, § 14 Rn. 93.
29 BVerwGE 35, 173 (174); 37, 47 (51); 92, 263 (264).
30 Vgl. *W.-R. Schenke,* Verwaltungsprozessrecht, Rn. 525 f.; *Redeker/v. Oertzen,* VwGO, § 42 Rn. 44.
31 Eine Auflistung abweichender Regelungen in den Bundes- und Landesgesetzen liefern *Dolde/ Porsch,* in: Schoch/Schmidt-Aßmann/Pietzner, VwGO, § 68 Rn. 14, Fn. 43. Besonders in der Landesgesetzgebung ist eine Tendenz zu beobachten, nur noch in Ausnahmefällen ein Widerspruchsverfahren vorzusehen. Der BayVerfGH hat dazu im Oktober 2008 entschieden, dass das bayerische Landesrecht zur Abschaffung und fakultativen Ausgestaltung des Widerspruchsverfahrens nicht gegen die bayerische Landesverfassung verstößt, vgl. BayVerfGH, NVwZ 2009, S. 716. Hierzu *C. Steinbeiß-Winkelmann,* NVwZ 2009, S. 686; vgl. auch *Beaucamp/Ringermuth,* DVBl. 2008, S. 426; *Dolde/Porsch,* VBlBW 2008, S. 428; *D. Kallerhoff,* NWVBl. 2008, S. 334; *M. Kamp,* NWVBl. 2008, S. 41; *R. Klenke,* in: Ipsen/Oebbecke (Hrsg.), Verwaltungsorganisation in Flächenstaaten, 2008, S. 139; *H. van Nieuwland,* NdsVBl. 2007, S. 38.

Das Widerspruchsverfahren ist sowohl **Verwaltungsverfahren,** weil es auf den Erlass 1062
eines Verwaltungsakts – in Gestalt des Widerspruchsbescheids – gerichtet ist (§ 9
VwVfG), aber auch **Vorverfahren,** weil sein Abschluss eine Sachurteilsvoraussetzung
der Anfechtungsklage bildet.[32]

Das Widerspruchsverfahren beginnt mit der **Erhebung des Widerspruchs** (§ 69 1063
VwGO). Der Widerspruch ist innerhalb **eines Monats,** nachdem der Verwaltungsakt
dem Beschwerten bekannt gegeben worden ist, **schriftlich** oder zur **Niederschrift bei
der Behörde** zu erheben, die den Verwaltungsakt erlassen hat (§ 70 Abs. 1 S. 1
VwGO). Die Frist wird auch durch Einlegung bei der Behörde, die den Widerspruchsbescheid *zu* erlassen hat, gewahrt (§ 70 Abs. 1 S. 2 VwGO). Diese Vorschrift
hat über ihre formale Bedeutung hinaus einen tieferen Sinn. Auf den Widerspruch hin
soll die Behörde zunächst den von ihr erlassenen Verwaltungsakt *selbst* überprüfen,
mit anderen Worten ist das Widerspruchsverfahren (auch) ein Verfahren der **Selbst-
korrektur.** Sofern der Widerspruch bei der **Widerspruchsbehörde** eingelegt wird, ist
dies zwar fristwahrend (§ 70 Abs. 1 S. 2 VwGO), der Widerspruch wird gleichwohl
an die Behörde, die den Verwaltungsakt erlassen hat (= Ausgangsbehörde), zurück-
geleitet. Diese hat zu prüfen, ob der Widerspruch **begründet** ist.[33] Sofern sie den
Widerspruch für begründet hält, **hilft** sie ihm **ab** und entscheidet über die Kosten
(§ 72 VwGO). Die **Abhilfeentscheidung** ist Verwaltungsakt und beendet das Widerspruchsverfahren.[34]

Der Sache nach handelt es sich um eine Rücknahme, sofern die Behörde den Ver- 1064
waltungsakt für rechtswidrig hält, um einen Widerruf, sofern die Behörde den Verwaltungsakt wegen Unzweckmäßigkeit aufhebt. Die für Rücknahme und Widerruf
bestehenden Einschränkungen[35] entfallen jedoch im Rechtsbehelfsverfahren. Nach
§ 50 VwVfG gelten § 48 Abs. 1 S. 2 und Abs. 2 bis 4 sowie § 49 Abs. 2 bis 4 und 6
VwVfG nicht,

»wenn ein begünstigender Verwaltungsakt, der von einem Dritten angefochten worden ist, während
des Vorverfahrens oder während des verwaltungsgerichtlichen Verfahrens aufgehoben wird, soweit
dadurch dem Widerspruch oder der Klage abgeholfen wird.«

In Rechtsprechung[36] und Literatur[37] wird ein Wahlrecht der Behörde zwischen einer 1065
Abhilfeentscheidung nach § 72 VwGO und der Rücknahme bzw. dem Widerruf nach
§§ 48, 49 VwVfG angenommen, das jedoch nicht missbräuchlich zuungunsten des
Anfechtenden ausgeübt werden dürfe.[38] Einleuchtend ist das nicht. Denn *entweder*
hilft die Behörde einem für (zulässig und) begründet gehaltenen Widerspruch ab;
dann ist es folgerichtig, dass sie nicht an die Einschränkungen der §§ 48, 49 VwVfG
gebunden sein kann, weil sich aufgrund des Rechtsbehelfs das in diesen Vorschriften
vorausgesetzte Vertrauen nicht hat herausbilden können, *oder* die Behörde hilft einem

---

32 Vgl. *Dolde/Porsch,* in: Schoch/Schmidt-Aßmann/Pietzner, VwGO, Vorb. § 68 Rn. 2 ff.; *K. Rennert,*
   in: Eyermann, VwGO, § 68 Rn. 1; *Redeker/v. Oertzen,* VwGO, § 68 Rn. 1; *M.-E. Geis,* in: Sodan/
   Ziekow, VwGO, § 68 Rn. 22 ff.
33 Vgl. *Kopp/Schenke,* VwGO, § 72 Rn. 1; *K. Rennert,* in: Eyermann, VwGO, § 72 Rn. 2.
34 Vgl. *Dolde/Porsch,* in: Schoch/Schmidt-Aßmann/Pietzner, VwGO, § 72 Rn. 15; *Kopp/Schenke,*
   VwGO, § 72 Rn. 3; *Schmitt Glaeser/Horn,* Verwaltungsprozeßrecht, Rn. 211.
35 Vgl. oben Rn. 723 ff.
36 Vgl. BVerwGE 101, 64 (70).
37 Vgl. *M. Sachs,* in: Stelkens/Bonk/Sachs, VwVfG, § 50 Rn. 5 und 64; *Kopp/Schenke,* VwGO, § 72
   Rn. 8.
38 Vgl. BVerwGE 101, 64 (69 f.).

Widerspruch nicht ab (etwa weil sie ihn für unzulässig hält), dann ist nicht einsichtig, warum die Einschränkungen der §§ 48, 49 VwVfG *nicht* gelten sollen, weil die Voraussetzungen des § 50 VwVfG nicht vorliegen. Weder erfolgt die Aufhebung innerhalb des Rechtsbehelfsverfahrens – sondern nur in zeitlicher Koinzidenz mit ihm – noch wird dem Widerspruch oder der Klage abgeholfen. Es ist deshalb nicht einsehbar, warum sich die Behörde unter erleichterten Voraussetzungen von einem von ihr erlassenen Verwaltungsakt lösen kann.

1066   Im Fall 50 hat das BVerwG einen Kostenanspruch des N verneint, weil keine Abhilfeentscheidung im Sinne des § 72 VwGO zu seinen Gunsten ergangen sei, die Behörde die Baugenehmigung vielmehr nach § 48 VwVfG (bzw. der entsprechenden landesrechtlichen Vorschrift) *zurückgenommen* habe.[39] Hierfür spricht insbesondere, dass im Ausgangsfall die Verletzung einer nachbarschützenden Norm nicht ersichtlich und der Widerspruch deshalb bereits *unzulässig* ist. Unter dieser Voraussetzung ist allerdings nicht einsehbar, warum die Behörde bei der *Rücknahme* der Baugenehmigung nicht an die Einschränkungen des § 48 VwVfG gebunden sein soll, weil sie im Gegensatz zu den Bestimmungen des § 50 VwVfG dem Widerspruch ja gerade nicht *abhilft*. Im Ergebnis tritt neben den Abhilfebescheid nach § 72 VwGO und die »normale« Rücknahme nach § 48 VwVfG eine *dritte* Aufhebungsmöglichkeit, die für die Behörde schon deshalb verlockend sein dürfte, weil sie weder die Kostenfolge des § 80 Abs. 1 VwVfG noch die Entschädigungspflicht nach § 48 Abs. 3 S. 1 VwVfG nach sich zieht. Dass das BVerwG einem Missbrauch dieser Wahlmöglichkeit zu begegnen versucht,[40] vermag über die Schwäche dieser Konstruktion nicht hinwegzutäuschen.

1067   Wie bei der Anfechtungsklage ist auch beim Widerspruch zwischen **Zulässigkeit** und **Begründetheit** zu unterscheiden. Zulässigkeitsvoraussetzung ist zum einen die Einhaltung der **Widerspruchsfrist** von einem Monat nach Bekanntgabe des Verwaltungsakts (§ 70 Abs. 1 S. 1 VwGO). Die Widerspruchsfrist beginnt nur zu laufen, wenn der Beteiligte über den **Rechtsbehelf**, die **Verwaltungsbehörde**, bei der der Rechtsbehelf anzubringen ist, den Sitz und die einzuhaltende Frist **schriftlich** oder elektronisch **belehrt** worden ist (§ 58 Abs. 1 VwGO). Ist die Belehrung unterblieben oder unrichtig erteilt, so ist der Widerspruch grundsätzlich **innerhalb eines Jahres** seit Zustellung, Eröffnung oder Verkündung zulässig (§ 58 Abs. 2 i. V. m. § 70 Abs. 2 VwGO).

1068   Setzt man im Ausgangsfall voraus, dass die dem E erteilte Baugenehmigung dem N – wie in der Verwaltungspraxis üblich – nicht zugestellt worden ist, so hätte mangels Bekanntgabe des Verwaltungsakts, die Widerspruchsfrist überhaupt nicht zu laufen begonnen. Das BVerwG lässt es genügen, dass der Nachbar »sichere Kenntnis von der Baugenehmigung« erlangt hat und hält es für treuwidrig, wenn er sich gleichwohl darauf beruft, die Baugenehmigung sei ihm nicht bekannt gegeben worden.[41] Im Ausgangsfall würde die Jahresfrist also mit der »sicheren Kenntnis« des N von der Genehmigung eines Satteldachs begonnen haben.

1069   Weitere Zulässigkeitsvoraussetzung ist die im Gesetz nicht ausdrücklich aufgeführte **Widerspruchsbefugnis.** Aus der Eigenart der Anfechtungsklage als Rechtsschutzform zur Abwehr von Beeinträchtigungen subjektiver Rechte folgern Rechtsprechung[42] und Literatur,[43] dass der Widerspruchsführer entsprechend § 42 Abs. 2

---

39 Vgl. BVerwGE 101, 64 (69 f.).
40 So BVerwGE 101, 64 (71).
41 So BVerwGE 44, 294 (298 ff.).
42 Vgl. OVG Lüneburg, NVwZ 1987, S. 341; OVG Münster, DÖV 1989, S. 456; VGH München, BayVBl. 1983, S. 212 (214).
43 Vgl. *Dolde/Porsch*, in: Schoch/Schmidt-Aßmann/Pietzner, VwGO, § 70 Rn. 41; *Kopp/Schenke*, VwGO, § 69 Rn. 6; *K. Rennert*, in: Eyermann, VwGO, § 69 Rn. 9; *F. Hufen*, Verwaltungsprozessrecht, § 6 Rn. 20.

VwGO geltend machen muss, durch den Verwaltungsakt in seinen Rechten verletzt zu sein. Die Auffassung stützt sich vor allem auf den Wortlaut des § 70 Abs. 1 VwGO, weil *beschwert* (»[...] nachdem der Verwaltungsakt dem *Beschwerten* bekannt gegeben worden ist ...«) nur der sein könne, der in seinen Rechten verletzt sei.[44] Die zur Klagebefugnis entwickelten Grundsätze sind also bereits bei Prüfung der Widerspruchsbefugnis anzuwenden.[45]

> Im Ausgangsfall war deshalb zweifelhaft, ob der Widerspruch des N überhaupt zulässig war. Die **1070** Genehmigung eines Satteldachs statt der bei den anderen Reihenhäusern allein zulässigen Flachdächer mag gegen objektives Baurecht (neben dem konkreten Bebauungsplan gegen das Verunstaltungsverbot) verstoßen; fraglich ist jedoch, ob ein Satteldach subjektive Rechte des Nachbarn verletzen kann. Das Beispiel zeigt, dass auch die Berufung auf Grundrechte kein Allheilmittel zur Darlegung von Rechtsverletzungen darstellt: Es ist nicht ersichtlich, wieweit ein Nachbar überhaupt in seinem Eigentum betroffen sein kann (etwa sein Haus nur eingeschränkt nutzen könnte), weil ein anderer ein Satteldach baut. In Betracht kommt deshalb nur ein Verstoß gegen baurechtliche Vorschriften, die allerdings nur dann die Widerspruchsbefugnis begründen würden, wenn sie ausdrücklich dem Schutz des Nachbarn zu dienen bestimmt sind.

Hilft die (Ausgangs-) Behörde dem Widerspruch nicht ab, so ergeht ein **Widerspruchsbescheid** (§ 73 Abs. 1 S. 1 VwGO). Der Widerspruchsbescheid ist der *terminus technicus* für den von der Widerspruchsbehörde zu erlassenden **Verwaltungsakt**, der das Widerspruchsverfahren abschließt. **1071**

Gemäß § 73 Abs. 1 S. 2 VwGO erlässt den Widerspruchsbescheid **1072**

- die **nächsthöhere Behörde**, soweit nicht durch Gesetz eine andere höhere Behörde bestimmt wird (Nr. 1),
- wenn die nächsthöhere Behörde eine oberste Bundes- oder oberste Landesbehörde ist, die **Behörde**, die den **Verwaltungsakt erlassen** hat (Nr. 2),
- in Selbstverwaltungsangelegenheiten die **Selbstverwaltungsbehörde**, soweit nicht durch Gesetz etwas anderes bestimmt wird (Nr. 3).

Im Regelfall (§ 73 Abs. 1 S. 2 Nr. 1 VwGO) sind also Ausgangs- und Widerspruchsbehörde nicht identisch, Widerspruchsbehörde ist vielmehr die in der Behördenhierarchie »nächsthöhere« Behörde. Die Zuständigkeit der nächsthöheren Behörde für den Erlass des Widerspruchs wird als **Devolutiveffekt** (von *devolvere* [lat.] = überwälzen) bezeichnet. Der Ausschluss des Devolutiveffekts nach § 73 Abs. 1 S. 2 Nr. 2 VwGO erklärt sich daraus, dass die Bundes- und Landesministerien (= oberste Behörden) ihrer Regierungsaufgabe wegen vom Erlass von Widerspruchsbescheiden entlastet sein sollen.[46] Bei Selbstverwaltungsangelegenheiten ist ein Devolutiveffekt nicht vorgesehen, weil es regelmäßig keine »nächsthöhere Behörde« gibt.[47] Dasselbe gilt, wenn ein (Landes-) Gesetz bestimmt, dass die Behörde, die den Verwaltungsakt erlassen hat, auch für die Entscheidung über den Widerspruch zuständig ist (§ 73 Abs. 1 S. 3 VwGO).[48] Behördenintern kann die Zuständigkeit jedoch wechseln, so **1073**

---

44 Vgl. *F. Hufen*, Verwaltungsprozessrecht, § 6 Rn. 20 ff.

45 Vgl. *Dolde/Porsch*, in: Schoch/Schmidt-Aßmann/Pietzner, VwGO, § 70 Rn. 41.

46 Vgl. BT-Drucks. III/55, S. 38; *Dolde/Porsch*, in: Schoch/Schmidt-Aßmann/Pietzner, VwGO, § 73 Rn. 10.

47 Vgl. *Dolde/Porsch*, in: Schoch/Schmidt-Aßmann/Pietzner, VwGO, § 73 Rn. 13.

48 Der Anwendungsbereich des mit Gesetz vom 3. 5. 2000 (BGBl. I S. 632) eingefügten § 73 Abs. 1 S. 3 VwGO ist bislang nicht vollkommen deutlich. Offenbar sollte landesrechtlichen Besonderheiten bei der Erfüllung staatlicher Aufgaben durch kommunale Gebietskörperschaften Rechnung getragen werden; vgl. *K. Rennert*, in: Eyermann, VwGO, § 73 Rn. 6 a.

dass ein begrenzter Devolutiveffekt gegeben ist. Überdies kann vorgeschrieben sein, dass **Ausschüsse** oder **Beiräte** für den Erlass des Widerspruchsbescheids zuständig sind (§ 73 Abs. 2 S. 1 VwGO).

1074 Im Ausgangsfall wäre (in Hessen) der *Widerspruchsausschuss* der beklagten Stadt für die Entscheidung des von N eingelegten Widerspruchs zuständig gewesen. Das BVerwG hat den Umstand, dass der Widerspruchsausschuss keine Entscheidung getroffen hat, als Indiz dafür gewertet, dass die Genehmigungsbehörde die von N angefochtene Baugenehmigung (nach § 48 VwVfG) zurücknehmen wollte.[49]

1075 Je nach Beurteilung der Rechtslage weist die Widerspruchsbehörde den Widerspruch entweder zurück oder sie gibt ihm statt, indem sie den angefochtenen Verwaltungsakt aufhebt. Umstritten ist, ob die Behörde auch dann in der Sache entscheiden kann, wenn der Widerspruch unzulässig ist. Das BVerwG bejaht dies für den Fall der Fristversäumnis und begründet es mit der vorgeblichen »Herrschaft« der Behörde über das Verfahren.[50]

1076 Wandelt man den Ausgangsfall dahingehend ab, dass die Baugenehmigung dem N zugestellt worden ist und dieser die Widerspruchsfrist versäumt hätte, so müsste die Behörde den verspäteten Widerspruch als *unzulässig* zurückweisen, weil die Baugenehmigung nach Fristablauf unanfechtbar geworden wäre. Eine solche Rechtsstellung kann die Behörde nicht dadurch nachträglich entwerten, dass sie in der Sache entscheidet (und damit den Rechtsweg zu einer Sachentscheidung eröffnet). Umstritten ist, ob die Behörde jedenfalls dann zur Sachentscheidung befugt ist, wenn Rechte Dritter nicht betroffen sind.[51]

1077 Sofern dem Widerspruch **stattgegeben** wird, ist die Beschwer des Widerspruchsführers beseitigt und das Verfahren beendet. Im Widerspruchsbescheid ist auch eine **Kostenentscheidung** zu treffen (§ 73 Abs. 3 S. 3 VwGO). Sofern dem Widerspruch stattgegeben wird, ist es selbstverständlich, dass die Behörde *ihre* Kosten selbst trägt. Nach § 80 Abs. 1 S. 1 VwVfG hat der Widerspruchsführer zusätzlich einen **Anspruch** auf **Erstattung** der zur zweckentsprechenden Rechtsverfolgung oder Rechtsverteidigung notwendigen **Aufwendungen**. Umgekehrt hat die Behörde einen Anspruch auf Erstattung ihrer entsprechenden Aufwendungen, soweit der Widerspruch erfolglos geblieben ist (§ 80 Abs. 1 S. 3 VwVfG).

1078 Im Ausgangsfall macht N einen Anspruch auf Kostenerstattung mit der Begründung geltend, die Baugenehmigung sei auf seinen Widerspruch hin aufgehoben worden, dieser sei also im Sinne des § 80 Abs. 1 S. 1 VwVfG »erfolgreich« gewesen. Die Behörde vertritt demgegenüber die Ansicht, über seinen Widerspruch sei gar nicht entschieden worden; vielmehr habe die Behörde die Baugenehmigung nach § 48 VwVfG zurückgenommen. Nach Auffassung des BVerwG soll ein derartiges Ausweichen nicht statthaft sein, um die Kostenfolge des § 80 Abs. 1 S. 1 VwVfG zu vermeiden.[52]

1079 Sofern ein Dritter durch den Widerspruchsbescheid (oder einen Abhilfebescheid) erstmalig beschwert ist, kann dieser den Bescheid unmittelbar mit der Klage anfechten. Eines (nochmaligen) Widerspruchsverfahrens bedarf es bei dieser Konstellation nicht (§ 68 Abs. 1 S. 2 Nr. 2 VwGO).

1080 Würde man im Ausgangsfall die Aufhebung der Baugenehmigung als *Abhilfebescheid* qualifizieren, so wäre E durch diesen Bescheid erstmalig belastet, denn bislang hatte er eine Baugenehmigung für

---

49 Vgl. BVerwGE 101, 64 (73).
50 Vgl. BVerwGE 15, 306 (310); 21, 142 (145); 28, 305 (308); 57, 342 (344).
51 So *Dolde/Porsch*, in: Schoch/Schmidt-Aßmann/Pietzner, VwGO, § 70 Rn. 36 ff.; ablehnend: *Kopp/Schenke*, VwGO, § 70 Rn. 9 m. w. N.; *W.-R. Schenke*, Verwaltungsprozessrecht, Rn. 679 ff.
52 Vgl. BVerwGE 101, 64 (72).

das Haus mit Satteldach. Das Gleiche würde gelten, wenn die Behörde auf den Widerspruch des N hin die E erteilte Baugenehmigung aufgehoben hätte. Auch in diesem Fall wäre E durch den Widerspruchsbescheid erstmalig beschwert. In beiden Fällen könnte E gegen den Bescheid Klage erheben, ohne dass es eines Widerspruchsverfahrens bedürfte. Für einen Rücknahmebescheid gilt § 68 Abs. 1 S. 2 Nr. 2 VwGO jedoch nicht, so dass E seinerseits Widerspruch einlegen müsste, wenn man der Auffassung des BVerwG folgt.

Problematisch ist zudem, ob der Widerspruchsbehörde die Befugnis zukommt, den **1080a**
angegriffenen Verwaltungsakt zum Nachteil des Widerspruchsführers zu ändern (sog. »reformatio in peius« oder – sprachlich verunglückt – »Verböserung« des Verwaltungsakts).[53] Es geht in der Sache um eine zusätzliche *Beschwer* des Widerspruchsführers im Hinblick auf den Gegenstand des Widerspruchsverfahrens.[54]

Die Verwaltungsgerichtsordnung regelt die Zulässigkeit einer *reformatio in peius* **1080b**
durch die Ausgangs- und/oder Widerspruchsbehörde im Rahmen des Widerspruchsverfahrens nicht ausdrücklich. Insbesondere aus §§ 68 Abs. 1 S. 2 Nr. 2, 78 Abs. 2 und 79 Abs. 2 VwGO kann eine Zulässigkeit der *reformatio in peius* nicht hergeleitet werden, weil dort nur geregelt ist, dass der Widerspruchsbescheid eine erstmalige Beschwer enthalten bzw. alleiniger Gegenstand der Anfechtungsklage sein kann, jedoch keine Aussage darüber getroffen wird, *ob* der Widerspruchsbescheid eine solche Beschwer enthalten *darf*. Die Rechtsprechung räumt der Widerspruchsbehörde indes das Recht ein, den Widerspruchsführer schlechter zu stellen als dieser vor Einlegung des Rechtsbehelfs stand.[55] Hierfür soll neben der Gesetzesbindung der Verwaltung (Art. 20 Abs. 3 GG) vor allem der Gesichtspunkt sprechen, dass die §§ 48 Abs. 1 S. 2, 49 Abs. 2 VwVfG selbst die Aufhebung bestandskräftiger Verwaltungsakte ermöglichen. Gleiches müsse daher erst recht *vor* deren Bestandskraft gelten, zumal § 79 Abs. 2 S. 1 VwGO belege, dass der Gesetzgeber von der Möglichkeit einer zusätzlichen selbständigen Beschwer zu Lasten des Widerspruchsführers ausgehe. Bei der weiteren Prüfung der formellen Rechtmäßigkeit der *reformatio in peius* ist vor allem die Zuständigkeit der Widerspruchsbehörde problematisch, wenn diese mit der Ausgangsbehörde nicht identisch ist.[56] Voraussetzung der materiellen Rechtmäßigkeit ist, dass die im Widerspruchsbescheid getroffene Regelung mit der materiellen Rechtslage vereinbar sein muss, insbesondere – soweit eine spezielle Regelung fehlt – mit den §§ 48 ff. VwVfG.[57]

53 Vgl. BVerwGE 65, 313 (319); 115, 259 (265 f.); *J.-D. Busch,* in: Knack/Henneke, VwVfG, § 79 Rn. 39; *Dolde/Porsch,* in: Schoch/Schmidt-Aßmann/Pietzner, VwGO, § 68 Rn. 47 ff.; *M.-E. Geis,* in: Sodan/Ziekow, VwGO, § 68 Rn. 221 ff. Aus jüngerer Zeit etwa *J. F. Lindner,* DVBl. 2009, S. 224; *R. Stein,* VR 2009, S. 148.

54 Die Problematik entschärft sich in den Bundesländern, in denen das Widerspruchsverfahren ganz oder teilweise abgeschafft worden ist, vgl. dazu oben Rn. 1061 mit Fn. 31.

55 BVerwGE 51, 310 (314); 65, 313 (319); 67, 129 (134); 115, 259 (265 f.); zustimmend *W.-R. Schenke,* Verwaltungsprozessrecht, Rn. 691 ff.; *J.-P. Schneider,* in: Hoffmann-Riem/Schmidt-Aßmann/Voßkuhle, Grundlagen des Verwaltungsrechts, Bd. II, § 28 Rn. 125.

56 Vgl. BVerwGE, NVwZ 1987, S. 215 f.; *M.-E. Geis,* in: Sodan/Ziekow, VwGO, § 68 Rn. 229; *M. Sachs,* in: Stelkens/Bonk/Sachs, VwVfG, § 48 Rn. 75 mit Fn. 173, wonach es in diesen Fällen genügen soll, wenn die Widerspruchsbehörde der Ausgangsbehörde übergeordnet und ihr gegenüber weisungsbefugt ist, ein Selbsteintrittsrecht ist nicht erforderlich.

57 Dazu im Einzelnen S. *Detterbeck,* AllgVerwR, Rn. 1374; *M.-E. Geis,* in: Sodan/Ziekow, VwGO, § 68 Rn. 230 ff.; *Kopp/Schenke,* VwGO, § 68 Rn. 10 c; *Wolff/Bachof/Stober/Kluth,* Verwaltungsrecht I, § 63 Rn. 56

1080c Der Zulässigkeit einer *reformatio in peius* steht jedoch die Rechtsschutzfunktion des Widerspruchs entgegen.[58] Für den Widerspruchsführer streitet vor allem der Grundsatz des Vertrauensschutzes, der aus dem Rechtsstaatsprinzip i. V. m. den Grundrechten folgt und sich einfachgesetzlich etwa in den §§ 48 Abs. 1 S. 2, Abs. 2 bis 4, 49 Abs. 2 bis 4, Abs. 6 VwVfG wiederfindet. Der Adressat eines belastenden oder nur teilweise begünstigenden Verwaltungsakts greift diesen nur insoweit an, wie er durch den Inhalt *beschwert* ist. Jede andere Deutung seines Willens wäre eine Unterstellung, verbunden mit dem »verheerenden Eindruck«,[59] dass der Rechtsstaat an die Einlegung des Rechtsbehelfs negative Folgen knüpft und sich dadurch dem Verdacht aussetzt, es gehe um die Benachteiligung eines den Verwaltungsakt anfechtenden Bürgers. Die von der Rechtsprechung vertretene Zulässigkeit der *reformatio in peius* könnte insbesondere dann prohibitiv wirken, wenn der Widerspruchsführer auch in Zukunft Verwaltungsakte ähnlicher Art zu erwarten hat.

3. Klagefrist (§ 74 VwGO)

1081 Wenn der Widerspruch erfolglos bleibt, kann innerhalb **eines Monats** nach Zustellung des Widerspruchsbescheids die **Anfechtungsklage** erhoben werden (§ 74 Abs. 1 S. 1 VwGO). Ist ein Widerspruchsverfahren nicht erforderlich, so kann die Anfechtungsklage innerhalb eines Monats **nach Bekanntgabe des Verwaltungsakts** erhoben werden (§ 74 Abs. 1 S. 2 VwGO). Bei fehlender oder fehlerhafter Rechtsbehelfsbelehrung verlängert sich die Klagefrist auf ein Jahr (§ 58 Abs. 2 S. 1 VwGO).

4. Richtiger Beklagter (§ 78 VwGO)

1082 Nach § 82 Abs. 1 S. 1 VwGO muss die Klage den Kläger, den Beklagten und den Gegenstand des Klagebegehrens bezeichnen. Ist in der Klage überhaupt kein Beklagter benannt, so ist sie, weil § 82 Abs. 1 S. 1 VwGO eine Sachurteilsvoraussetzung enthält, **unzulässig**. Allerdings ist dies nur ein theoretischer Fall, denn der Vorsitzende oder Berichterstatter haben den Kläger zu einer Ergänzung der Klageschrift aufzufordern, wenn die Klage den Anforderungen des § 82 Abs. 1 VwGO nicht genügt (§ 82 Abs. 2 S. 1 VwGO). Eine andere Frage ist, **gegen wen** die Klage im Einzelfall zu richten ist. Sie beantwortet sich nicht von selbst, weil »die« Verwaltung als monolithischer Block nicht existiert, sondern sich aus einer Vielzahl unterschiedlicher Verwaltungsorganisationen zusammensetzt. Auch »der Staat« käme als Beklagter nicht in Frage, weil es im Bundesstaat zwei staatliche Ebenen gibt, neben dem Bund also auch die Länder Staatsqualität haben.[60] § 61 VwGO grenzt zwar den Kreis möglicher Beteiligter ein, gilt aber für Kläger und Beklagte gleichermaßen und lässt die Frage offen, wer *richtiger* Beklagter ist. Die Lücke wird – für die Anfechtungs- und Verpflichtungsklage – durch **§ 78 VwGO** geschlossen.

1083 Entgegen einer im Schrifttum vertretenen Auffassung[61] enthält § 78 keine Regelung über die **Sachlegitimation**. Die aus dem Zivilprozess stammende Rechtsfigur der Sachlegitimation betrifft die Frage, ob dem Kläger das geltend gemachte Recht zu-

---

58 So auch *F. Hufen*, Verwaltungsprozessrecht, § 9 Rn. 17; *T. Klindt*, NWVBl. 1996, S. 452 (455 ff.); *J. F. Lindner*, DVBl. 2009, S. 224 (225 f.); *L. Renck*, BayVBl. 1974, S. 639 (641).

59 So *F. Hufen*, Verwaltungsprozessrecht, § 9 Rn. 17.

60 Vgl. *J. Ipsen*, Staatsrecht I, 24. Aufl. 2012, Rn. 535.

61 Vgl. *Schmitt Glaeser/Horn*, Verwaltungsprozeßrecht, Rn. 82 und 238; *M. Happ*, in: Eyermann, VwGO, § 78 Rn. 1.

steht – dann ist er aktivlegitimiert – und es ihm gegenüber dem Beklagten zusteht – dann ist dieser passivlegitimiert.[62] Ersichtlich ist die Sachlegitimation eine Frage der **Begründetheit** der **Klage,** denn ob der Kläger durch den Verwaltungsakt in seinen Rechten verletzt ist (nicht sein kann!), ist im Rahmen der Zulässigkeit weder zu prüfen noch zu entscheiden. Wer § 78 VwGO für eine Regelung der Passivlegitimation hält, kann folgerichtig die Frage, wer richtiger Beklagter im Sinne dieser Vorschrift ist, erst im Rahmen der Begründetheit prüfen.[63] Diese Auffassung ist weder mit dem **Wortlaut** (»die Klage ist zu richten ...«) noch mit der systematischen **Stellung** der Vorschrift zu vereinbaren. Ersichtlich soll im Anschluss an das Widerspruchsverfahren eine **weitere Zulässigkeitsvoraussetzung** für die Anfechtungs- und Verpflichtungsklage geregelt werden.[64] Für eine Regelung der Passivlegitimation würde dem Bundesgesetzgeber im Übrigen die Gesetzgebungskompetenz fehlen, weil diese gleichzeitig die Behördenzuständigkeit beträfe.[65] Zu Recht ist deshalb die Meinung im Vordringen, dass mit § 78 VwGO die **Prozessführungsbefugnis** aufseiten des Beklagten geregelt wird.[66]

Grundsätzlich ist die Klage gegen den **Bund,** das **Land** oder die **Körperschaft,** deren Behörde den angefochtenen Verwaltungsakt erlassen hat, zu richten (§ 78 Abs. 1 Nr. 1 VwGO). Das **Rechtsträgerprinzip** stellt damit den Regelfall dar, wobei es für die Bezeichnung des Rechtsträgers ausreicht, wenn der Kläger die Behörde benennt. Der Begriff »Körperschaft« ist nicht im technischen Sinne zu verstehen, sondern steht für jede **juristische Person** des **öffentlichen Rechts,** umfasst also auch Anstalten und Stiftungen.[67] Sofern Landesrecht dies bestimmt, tritt an die Stelle des Rechtsträgerprinzips das **Behördenprinzip** (§ 78 Abs. 1 Nr. 2 VwGO). Diese Vorschrift entspricht § 61 Nr. 3 VwGO, wonach Behörden im Verwaltungsprozess beteiligtenfähig sind, sofern das **Landesrecht** dies bestimmt. Die Frage nach dem »richtigen« Beklagten ist also je nachdem, ob der Bund, ein Land oder ein anderer Verwaltungsträger gehandelt hat, entweder nach dem Rechtsträger- oder nach dem Behördenprinzip zu beantworten. **1084**

> Im Fall 50 hat N Klage gegen die dem E erteilte Baugenehmigung erhoben, die von der Stadt S erteilt worden war. Richtige Beklagte ist gem. § 78 Abs. 1 Nr. 1 VwGO die Stadt (als Körperschaft). Das Landesrecht sieht gem. § 78 Abs. 1 Nr. 2 VwGO die Beklagteneigenschaft nur für (Landes-nicht für Kommunal-) Behörden vor. Die Stadt S würde durch den Hauptverwaltungsbeamten (Bürgermeister) im Verwaltungsprozess vertreten. **1085**

II. Verpflichtungsklage (§ 42 Abs. 1 2. Alt. VwGO)

> **Fall 51:** J, der die Erste Juristische Staatsprüfung im Jahr 1984 mit der Gesamtnote »befriedigend« (6,80 Punkte) bestanden hatte, beendete seinen Vorbereitungsdienst mit der Ausbildungsnote »vollbefriedigend« (9,22 Punkte). Im September 1988 bestand er die Zweite Juristische Staatsprüfung **1086**

---

62 Vgl. *E. Schilken,* Zivilprozessrecht, 6. Aufl. 2010, Rn. 76.

63 Vgl. oben Fn. 61 und *Pietzner/Ronellenfitsch,* Das Assessorexamen im Öffentlichen Recht, 12. Aufl. 2010, § 7 Rn. 22.

64 Vgl. *C. Meissner,* in: Schoch/Schmidt-Aßmann/Pietzner, VwGO, § 78 Rn. 3 ff., 22; *W.-R. Schenke,* Verwaltungsprozessrecht, Rn. 546.

65 Vgl. *F. Hufen,* Verwaltungsprozessrecht, § 12 Rn. 29; *M. Jestaedt,* NWVBl. 1989, S. 45 (49).

66 Vgl. *F. Hufen,* Verwaltungsprozessrecht, § 12 Rn. 30 m. w. N.; *C. Meissner,* in: Schoch/Schmidt-Aßmann/Pietzner, VwGO, § 78 Rn. 3 ff., 22.

67 Vgl. *C. Meissner,* in: Schoch/Schmidt-Aßmann/Pietzner, VwGO, § 78 Rn. 29.

nach Wiederholung mit der Gesamtnote »ausreichend« (6,23 Punkte). Bei der Festsetzung der Prüfungsgesamtnote hatte der Prüfungsausschuss von dem aus den Einzelnoten rechnerisch ermittelten Gesamtergebnis von 6,73 Punkten (»befriedigend«) unter Anwendung des § 5 d Abs. 3 S. 1 DRiG a. F. (§ 5 d Abs. 4 S. 1 DRiG n. F.) 0,5 Punkte abgezogen, was die Gesamtnote »ausreichend« (6,23 Punkte) ergab. J erhob daraufhin Klage gegen das Landesjustizprüfungsamt mit dem Antrag, den Beklagten unter Aufhebung der in der Prüfungsentscheidung festgesetzten und im Zeugnis bestätigten Prüfungsgesamtnote »ausreichend« (6,23 Punkte) zu verpflichten, ihm ein Zeugnis über das Bestehen der Zweiten Juristischen Staatsprüfung mit der Prüfungsgesamtnote »befriedigend« (6,73 Punkte) auszustellen.

(BVerwGE 99, 74)

1. Die Verpflichtungsklage als Leistungsklage

1087   Durch die Verpflichtungsklage kann die Verurteilung zum **Erlass eines** abgelehnten oder unterlassenen **Verwaltungsakts** begehrt werden (§ 42 Abs. 1 2. Alt. VwGO). Das Verwaltungsgericht gestaltet – im Gegensatz zum »kassatorischen« Anfechtungsurteil – nicht selbst; es ist vielmehr darauf beschränkt, die **Verpflichtung** der Verwaltungsbehörde **auszusprechen,** die beantragte **Amtshandlung vorzunehmen** (§ 113 Abs. 5 S. 1 VwGO). Die Ausgestaltung der Verpflichtungsklage als **Leistungsklage** ist eine Konsequenz des Gewaltenteilungsprinzips (Art. 20 Abs. 2 S. 2 und Abs. 3 GG). Könnte das Verwaltungsgericht selbst den begehrten Verwaltungsakt erlassen, so wäre dies genau genommen kein **Verwaltungs-,** sondern ein **Justizakt.**[68]

1088   Die Verpflichtungsklage ist als **besondere Leistungsklage** anzusprechen, weil sie allein auf den Erlass eines Verwaltungsakts gerichtet sein kann. Sie steht begrifflich im Gegensatz zur **allgemeinen Leistungsklage,** mit der behördliche Handlungen, die *nicht* Verwaltungsakte sind, begehrt werden können.[69]

2. Statthaftigkeit der Verpflichtungsklage (§ 42 Abs. 1 2. Alt. VwGO)

1089   Die Verpflichtungsklage ist nur statthaft, wenn der Kläger die Verurteilung der Behörde zum Erlass eines **Verwaltungsakts** begehrt (§ 42 Abs. 1 2. Alt. VwGO). Ebenso wie die Anfechtungsklage ist sie damit eine »**Verwaltungsaktsklage**«.[70] Die Frage, ob ein Verwaltungsakt begehrt wird, und damit die Lehre vom Verwaltungsakt, spielt deshalb für die Verpflichtungsklage eine ähnliche Rolle wie für die Anfechtungsklage. Wegen der im Vergleich zur allgemeinen Leistungsklage unterschiedlichen Sachurteilsvoraussetzungen, insbesondere des Erfordernisses eines Widerspruchsverfahrens (§§ 68 ff. VwGO), kann die Verwaltungsaktsqualität der begehrten Amtshandlung nicht dahingestellt bleiben. In Betracht kommt allerdings eine Umdeutung des Verpflichtungsantrags.[71]

1090   Im Ausgangsfall begehrte J eine Prüfungsentscheidung, die alle Merkmale des Verwaltungsaktsbegriffs (§ 35 S. 1 VwVfG) erfüllt. Zwar war bereits eine Prüfungsentscheidung ergangen, nach der J die Prüfung mit der Note »ausreichend« (6,23 Punkte) bestanden hatte. Es würde J allerdings nichts nützen, diese Entscheidung *anzufechten,* weil durch ein Anfechtungsurteil der Verwaltungsakt nur

---

68 Großzügiger: *J. Pietzcker,* in: Schoch/Schmidt-Aßmann/Pietzner, VwGO, § 42 Abs. 1 Rn. 90.
69 Vgl. *J. Pietzcker,* in: Schoch/Schmidt-Aßmann/Pietzner, VwGO, § 42 Abs. 1 Rn. 150.
70 So *J. Pietzcker,* in: Schoch/Schmidt-Aßmann/Pietzner, VwGO, § 42 Abs. 1 Rn. 94.
71 So *J. Pietzcker,* in: Schoch/Schmidt-Aßmann/Pietzner, VwGO, § 42 Abs. 1 Rn. 97.

aufgehoben werden könnte (§ 113 Abs. 1 S. 1 VwGO). Da J aber eine *andere* Prüfungsentscheidung anstrebte, ist – wie regelmäßig in Prüfungsangelegenheiten – die *Verpflichtungsklage* statthaft.

3. Klagebefugnis (§ 42 Abs. 2 VwGO)

Die Verpflichtungsklage ist nur zulässig, wenn der Kläger geltend macht, durch die **Ablehnung** oder **Unterlassung** eines **Verwaltungsakts** in seinen Rechten verletzt zu sein (§ 42 Abs. 2 VwGO). Die **Klagebefugnis** ist somit (besondere) Sachurteils-voraussetzung *auch* der Verpflichtungsklage, allerdings mit umgekehrten Vorzeichen: Während der Kläger bei der Anfechtungsklage geltend machen muss, *durch* den Verwaltungsakt in seinen (Abwehr-) Rechten verletzt zu sein, besteht bei der Ver-pflichtungsklage die geltend zu machende Rechtsverletzung gerade in der Ablehnung oder Unterlassung des Verwaltungsakts. Ein abgelehnter oder unterlassener Verwal-tungsakt kann den Kläger jedoch nur dann in seinen Rechten verletzen, wenn er ein **Recht** auf den (abgelehnten oder unterlassenen) Verwaltungsakt hat. Mit anderen Worten setzt die Klagebefugnis bei der Verpflichtungsklage voraus, dass der Kläger geltend macht, einen **Anspruch** auf **Erlass** des **Verwaltungsakts** zu haben. Das für die Klagebefugnis als verletzt zu rügende Recht ist deshalb identisch mit dem **mate-riellen Anspruch** auf Erlass des Verwaltungsakts.[72]

Anders als bei der Anfechtungsklage können **Grundrechte** nur ausnahmsweise zur Darlegung der Klagebefugnis herangezogen werden, weil sie regelmäßig keine **Leis-tungsansprüche** begründen.[73] Allerdings reicht es für die Klagebefugnis aus, wenn der Kläger geltend macht, von einer gesetzlich vorgesehenen Leistung unter **Verstoß** gegen den **Gleichheitssatz** (Art. 3 Abs. 1 GG) ausgeschlossen worden zu sein.

Für die Anforderungen, die an die **Geltendmachung** der **Rechtsverletzung** zu stellen sind, gelten ähnliche Grundsätze wie bei der Anfechtungsklage. Der Kläger muss substantiiert behaupten, einen **Anspruch** auf den Erlass des begehrten **Ver-waltungsakts** zu haben.[74] Dies spielt eine Rolle insbesondere bei **Ermessensakten,** auf deren Erlass es regelmäßig **keinen Rechtsanspruch** gibt, sondern denen nur ein Anspruch auf fehlerfreie **Ermessensbetätigung** korrespondiert.[75] Ausnahmsweise kann sich ein materieller **Anspruch** auf Erlass eines Ermessensakts daraus ergeben, dass das behördliche Ermessen reduziert und die Behörde zum Erlass des Verwaltun-gakts – etwa zum Einschreiten auf dem Gebiet der Gefahrenabwehr – **verpflichtet** ist.[76] Die materiell-rechtlichen Probleme der Ermessenslehre[77] stellen sich bei der Verpflichtungsklage gewissermaßen in einem **prozessualen Gewand,** bleiben in der Sache aber unverändert.

Im Ausgangsfall war Gegenstand der Klage des J eine Prüfungsentscheidung, die regelmäßig nur eingeschränkter verwaltungsgerichtlicher Kontrolle zugänglich ist. Der den Prüfungsorganen einge-räumte Beurteilungsspielraum[78] betrifft jedoch nur die *Bewertungen* von *Prüfungsleistungen,* die bei

1091

1092

1093

1094

---

72 So zutr. *Wahl/Schütz,* in: Schoch/Schmidt-Aßmann/Pietzner, VwGO, § 42 Abs. 2 Rn. 53.

73 Vgl. *Wahl/Schütz,* in: Schoch/Schmidt-Aßmann/Pietzner, VwGO, § 42 Abs. 2 Rn. 63; anders: *F. Hufen,* Verwaltungsprozessrecht, § 15 Rn. 21.

74 So *Wahl/Schütz,* in: Schoch/Schmidt-Aßmann/Pietzner, VwGO, § 42 Abs. 2 Rn. 71.

75 Vgl. hierzu *F. Hufen,* Verwaltungsprozessrecht, § 15 Rn. 26; *Wahl/Schütz,* in: Schoch/Schmidt-Aßmann/Pietzner, VwGO, § 42 Abs. 2 Rn. 82 ff.

76 Vgl. im Einzelnen *Wahl/Schütz,* in: Schoch/Schmidt-Aßmann/Pietzner, VwGO, § 42 Abs. 2 Rn. 88 ff.

77 Vgl. oben Rn. 512 ff.

78 Vgl. oben Rn. 479 ff.

J zur Gesamtnote »befriedigend« (6,73 Punkte) hätten führen müssen. J konnte deshalb einen *Anspruch* auf eine seinen Leistungen entsprechende Gesamtnote geltend machen. Das BVerwG hat – übereinstimmend mit dem OVG Lüneburg – die auf eine Gesamtnote in »befriedigend« (6,73 Punkte) gerichtete Verpflichtungsklage für zulässig gehalten und damit auch die Klagebefugnis bejaht, obwohl es die Abweichensregelung als Ermessensentscheidung qualifiziert hat.[79]

4. Widerspruchsverfahren (§§ 68 ff. VwGO)

1095 Für die Verpflichtungsklage gilt § 68 Abs. 1 VwGO entsprechend, wenn der **Antrag** auf Vornahme des Verwaltungsakts **abgelehnt** worden ist (§ 68 Abs. 2 VwGO). Das Widerspruchsverfahren muss der Verpflichtungsklage also nicht in jedem Fall, sondern nur dann vorausgehen, wenn der Antrag auf Vornahme des Verwaltungsakts abgelehnt worden ist. Sofern die Behörde sich nur in Schweigen hüllt, fehlt es an der wesentlichen Voraussetzung des Widerspruchsverfahrens im Sinne des § 68 Abs. 1 S. 1 VwGO, denn ein »Verwaltungsakt«, dessen Rechtmäßigkeit und Zweckmäßigkeit nachgeprüft werden könnte, ist überhaupt noch nicht erlassen worden. Würde es gleichwohl bei dem Erfordernis eines Widerspruchsverfahrens bleiben, könnte die Behörde den verwaltungsgerichtlichen Rechtsschutz dadurch unterlaufen, dass sie Anträge überhaupt nicht bescheidet. Der hierfür übliche Begriff der **Untätigkeitsklage** ist insofern missverständlich, als die Untätigkeit der Behörde nur den Grund bezeichnet, der eine Ausnahme vom Erfordernis des Widerspruchsverfahrens rechtfertigt. Die Klage selbst ist eine Verpflichtungsklage, mit anderen Worten nicht lediglich auf eine (wie auch immer geartete) **Bescheidung** des Antrags, sondern auf die Verpflichtung zum **Erlass** des begehrten Verwaltungsakts gerichtet.[80]

1096 Sofern der Antrag abgelehnt worden ist, richtet sich das Widerspruchsverfahren nach allgemeinen Grundsätzen, so dass insoweit auf die Ausführungen zur Anfechtungsklage zu verweisen ist.[81] Die nach (erfolglosem) Abschluss des Widerspruchsverfahrens erhobene Verpflichtungsklage wird üblicherweise als »**Versagungsgegenklage**« bezeichnet,[82] wobei auch diese Begriffsbildung nicht als geglückt erscheint. Die Verpflichtungsklage ist gerade nicht auf die Aufhebung der Versagung (nämlich des ablehnenden Verwaltungsakts), sondern auf **Verurteilung** zum **Erlass** des begehrten Verwaltungsakts gerichtet. Die begriffliche Konfusion wird dadurch erhöht, dass der Begriff der »Versagungsgegenklage« an die Stelle des früher gebräuchlichen der »Vornahmeklage« getreten ist.[83] Auf die *Vornahme* eines Verwaltungsakts ist jedoch jede Verpflichtungsklage gerichtet, sofern die Sache spruchreif ist (§ 113 Abs. 5 S. 1 VwGO). Insofern lässt sich die **Vornahmeklage** nur in Gegensatz zur **Bescheidungsklage** setzen, die – zumeist hilfsweise – erhoben wird, wenn ein gesetzlicher Anspruch nicht zu begründen ist.[84] Wegen der bis heute anhaltenden Begriffsverwirrung ist es angezeigt, sich auf den (allein im Gesetz enthaltenen) Begriff der **Verpflichtungsklage** zu beschränken und – ebenfalls der gesetzlichen Systematik folgend – nur danach zu unterscheiden, ob ein Widerspruchsverfahren erforderlich ist oder nicht.

---

79 Vgl. BVerwGE 99, 74 (76); vgl. oben Rn. 488.
80 Vgl. *F. Hufen*, Verwaltungsprozessrecht, § 15 Rn. 5.
81 Vgl. oben Rn. 1061 ff.
82 Vgl. *Schmitt Glaeser/Horn*, Verwaltungsprozeßrecht, Rn. 289.
83 Vgl. *Schmitt Glaeser/Horn*, Verwaltungsprozeßrecht, Rn. 289.
84 Vgl. oben Rn. 1095.

Im Ausgangsfall fand ein Widerspruchsverfahren nicht statt, weil die Behörde, die den Verwaltungs- **1097**
akt erlassen (nämlich die Prüfungsentscheidung getroffen) hatte – das Landesjustizprüfungsamt –,
als Teil des Justizministeriums eine oberste Landesbehörde ist und die Nachprüfung gesetzlich nicht
vorgeschrieben ist (§ 68 Abs. 1 S. 2 Nr. 1 VwGO).[85]

5. Klagefrist (§ 74 Abs. 2 VwGO)

Die für die Anfechtungsklage bestimmte **Klagefrist** von **einem Monat** nach Erlass **1098**
des Verwaltungsakts bzw. Widerspruchsbescheids (§ 74 Abs. 1 VwGO) gilt für die
Verpflichtungsklage entsprechend, wenn der **Antrag** auf Vornahme des **Verwaltungsakts** abgelehnt worden ist (§ 74 Abs. 2 VwGO). In diesem Fall ist, sofern nicht
die in § 68 Abs. 1 VwGO genannten Ausnahmen eingreifen, ein Widerspruchsverfahren erforderlich, so dass beide Klagearten parallel zu behandeln sind. Hat die
Behörde dagegen den Antrag überhaupt nicht beschieden (und ist deshalb ein Widerspruchsverfahren nicht möglich), so kann es folgerichtig auch keine Klagefrist geben.
§ 75 S. 2 VwGO enthält deshalb die umgekehrte Bestimmung, dass eine Verpflichtungsklage nicht vor Ablauf von **drei Monaten** seit dem Antrag erhoben werden
kann. Die nach früherem Recht vorgesehene »Verschweigung«, dass eine Klage
nämlich nur innerhalb eines Jahres seit Antragstellung erhoben werden konnte (§ 76
VwGO a. F.), ist fortgefallen. In Ausnahmefällen allerdings kann das Klagerecht
verwirkt werden.[86]

6. Richtiger Beklagter (§ 78 VwGO)

Die **Prozessführungsbefugnis** aufseiten des Beklagten folgt auch für die Verpflich- **1099**
tungsklage aus § 78 Abs. 1 VwGO. Die Verpflichtungsklage ist deshalb zu richten
gegen den Bund, das Land oder die Körperschaft, deren Behörde den beantragten
Verwaltungsakt unterlassen hat (§ 78 Abs. 1 Nr. 1 VwGO) bzw., sofern das Landesrecht dies bestimmt, gegen die Behörde selbst, die den beantragten Verwaltungsakt
unterlassen hat (§ 78 Abs. 1 Nr. 2 VwGO). Das Verwaltungsträgerprinzip wird – wie
bei der Anfechtungsklage – nur durch das Behördenprinzip ersetzt, wenn das Landesrecht dies bestimmt.[87]

Im Ausgangsfall war die Klage des J nicht (gem. § 78 Abs. 1 Nr. 1 VwGO) gegen das Land Nieder- **1100**
sachsen, sondern gem. § 78 Abs. 1 Nr. 2 VwGO gegen das *Niedersächsische Justizministerium –
Landesjustizprüfungsamt –* zu richten, weil § 8 Abs. 2 Nds. AGVwGO bestimmt, dass, sofern eine
Landesbehörde den angefochtenen Verwaltungsakt erlassen oder den beantragten Verwaltungsakt
unterlassen hat, die Klage gegen sie zu richten ist.[88]

---

85 Nach Einfügung des Abs. 5 in § 13 NJAG durch Gesetz v. 16. 10. 1996 (Nds. GVBl. S. 430) wurde
   in Niedersachsen die Durchführung eines Vorverfahrens erforderlich. Wegen § 8 a Abs. 3 S. 1 Nr. 1
   Nds. AG VwGO wäre im konkreten Fall auch nach grundsätzlicher Abschaffung des Widerspruchsverfahrens in Niedersachsen ein Widerspruchsverfahren weiterhin erforderlich.

86 Vgl. BVerwGE 44, 294 (298 f.); *F. O. Kopp*, DÖV 1977, S. 199; zu den Folgen einer Verwirkung vgl.
   Dolde/Porsch, in: Schoch/Schmidt-Aßmann/Pietzner, VwGO, § 75 Rn. 12 ff.

87 Vgl. oben Rn. 1084.

88 Das BVerwG hat die gegen das stattgebende Urteil des OVG Lüneburg eingelegte Revision mit der
   Begründung zurückgewiesen, ein Punktabzug gem. § 5 d Abs. 3 S. 1 (jetzt Abs. 4) DRiG bedürfe
   einer eingehenden Begründung und sei nicht bereits durch die »Atypik einzelner Leistungen«
   gerechtfertigt (BVerwGE 99, 74 [80 f.]).

III. Allgemeine Leistungsklage

1101 **Fall 52:** Das Bundesministerium für Jugend, Familie und Gesundheit veröffentlichte in seinem Pressedienst einen Bericht über so genannte »Jugendreligionen/Jugendsekten«, der in einer Warnung an die Eltern gipfelte, Jugendliche dem Einfluss derartiger Bewegungen zu überlassen. Die Bewegung »Transzendentale Meditation« (TM) klagte daraufhin gegen die Bundesregierung auf Widerruf der aufgestellten Behauptungen und zukünftige Unterlassung. Sie berief sich hierbei auf ihre Grundrechte aus Art. 2 Abs. 1 i. V. m. Art. 1 Abs. 1 und aus Art. 4 Abs. 1 GG.

(BVerwGE 82, 76)

1102 Die **allgemeine Leistungsklage** ist in der Verwaltungsgerichtsordnung nicht geregelt, wird aber als Klageart nach einhelliger Auffassung vorausgesetzt.[89] In mehreren Vorschriften wird die Leistungsklage entweder erwähnt (§§ 43 Abs. 2 S. 1, 111 S. 1 VwGO) oder die Verurteilung zu einer Leistung ermöglicht (§ 113 Abs. 4 VwGO).

1. Statthaftigkeit der allgemeinen Leistungsklage

1103 Mit der allgemeinen Leistungsklage kann ein **Tun, Dulden** oder **Unterlassen** begehrt werden, das nicht Verwaltungsakt ist.[90] Die allgemeine Leistungsklage stellt sich damit als die dem **nichtförmlichen Verwaltungshandeln** entsprechende Rechtsschutzform dar.[91] Anders als die Anfechtungs- und Verpflichtungsklage steht die allgemeine Leistungsklage aber nicht nur dem Bürger als Rechtsschutzform gegen die Verwaltung zur Verfügung; sie ist auch statthaft, wenn die Verwaltung vom Bürger eine Leistung (Handeln, Dulden, Unterlassen) verlangt und diese nicht durch Verwaltungsakt festsetzen kann.[92]

1104 Das **negative Tatbestandsmerkmal,** dass die von der Verwaltung begehrte Leistung nicht in einem Verwaltungsakt bestehen darf, ergibt sich aus der Spezialität der Verpflichtungsklage als besonderer Leistungsklage. Diese ist stets statthaft, wenn der Bürger von der Verwaltung den Erlass eines Verwaltungsakts begehrt. Die materiellrechtliche Frage der Abgrenzung von Verwaltungsakt und nichtförmlichem Verwaltungshandeln[93] erscheint hier gewissermaßen in einem prozessualen Gewand.

1105 Nach überwiegender Meinung ist die allgemeine Leistungsklage auch als **Unterlassungsklage** statthaft.[94] Die Beschränkung der allgemeinen Leistungsklage auf *Handlungen* mit der Folge, dass *Unterlassungen* (nichtförmlichen Verwaltungshandelns) durch eine allgemeine **Abwehrklage** zu verfolgen wären, konnte sich bislang nicht durchsetzen.[95]

---

89 BVerwGE 31, 301 (303 ff.); 36, 192 (199); *J. Pietzcker,* in: Schoch/Schmidt-Aßmann/Pietzner, VwGO, § 42 Abs. 1 Rn. 150; *Redeker/v. Oertzen,* VwGO, § 42 Rn. 23; *Schmitt Glaeser/Horn,* Verwaltungsprozeßrecht, Rn. 371.

90 Vgl. *J. Pietzcker,* in: Schoch/Schmidt-Aßmann/Pietzner, VwGO, Vorb. § 42 Abs. 1 Rn. 5; *F. Hufen,* Verwaltungsprozessrecht, § 17 Rn. 1; *W.-R. Schenke,* Verwaltungsprozessrecht, Rn. 344.

91 So bereits BVerwGE 31, 301 (303): »Mit ihr kann der Kläger nur eine Leistung begehren, die nicht Streitgegenstand der Verpflichtungsklage (als der besonderen Leistungsklage) sein kann.«

92 Vgl. *W.-R. Schenke,* Verwaltungsprozessrecht, Rn. 344.

93 Vgl. oben Rn. 336, 820 ff.

94 Vgl. *J. Pietzcker,* in: Schoch/Schmidt-Aßmann/Pietzner, VwGO, Vorb. § 42 Abs. 1 Rn. 5; *W.-R. Schenke,* Verwaltungsprozessrecht, Rn. 344; *Schmitt Glaeser/Horn,* Verwaltungsprozeßrecht, Rn. 370.

95 Vgl. aber – mit beachtlichen Gründen – *F. Hufen,* Verwaltungsprozessrecht, § 16 Rn. 1 ff.

Im Ausgangsfall begehrt die TM von der Bundesregierung zum einen den Widerruf der im Presse-   **1106**
dienst aufgestellten Behauptungen, zum anderen die Unterlassung zukünftiger Behauptungen.
Statthaft ist hierfür die allgemeine Leistungsklage, da die Bundesregierung lediglich »informiert«
und damit keine (für die Jugendsekten verbindliche) *Regelung* im Sinne des § 35 S. 1 VwVfG
getroffen hat. Die enge Verbindung von Unterlassen und Widerruf (= Leistung) könnte im Übrigen
dagegen sprechen, die *allgemeine Abwehrklage* als besondere Klageart anzusehen.

2. Klagebefugnis (§ 42 Abs. 2 VwGO analog)

Nach herrschender Meinung ist die allgemeine Leistungsklage nur zulässig, wenn der   **1107**
Kläger geltend macht, durch das behördliche Verhalten in seinen **Rechten** verletzt zu
sein.[96] Die Erforderlichkeit einer **Analogie** lässt sich jedoch in Zweifel ziehen.[97] Da
mit der allgemeinen Leistungsklage Ansprüche (auf Handeln, Dulden oder Unterlassen) durchgesetzt werden sollen, würde es dem Kläger an der Prozessführungsbefugnis fehlen, wenn er nicht geltend macht, dass ihm der Anspruch zusteht.[98] Auch über
die (Sachurteilsvoraussetzung der) Prozessführungsbefugnis würde folglich eine Po-
pularklage vermieden. Insofern sprechen nach wie vor beachtliche Gründe gegen eine
Analogie. Im Hinblick auf die praktischen Auswirkungen dürfte der Unterschied
zwischen beiden Auffassungen allerdings gering sein.

Im Ausgangsfall macht die TM geltend, durch die Äußerungen der Bundesregierung in ihren Grund-   **1108**
rechten verletzt zu sein. Als Abwehrrechte schützen Grundrechte vor (rechtswidrigen) Beeinträchtigungen jeder Art, so dass der Bürger – gestützt auf das jeweilige Grundrecht – deren Unterlassung
verlangen kann.[99] Mit der Berufung auf Grundrechte (Art. 1 Abs. 1, 2 Abs. 1 und 4 Abs. 1 GG) ist
im Ausgangsfall *sowohl* ein Anspruch geltend gemacht als auch (im Sinne der h. M.) die *Klagebefugnis* dargetan.

3. Richtiger Beklagter (§ 78 VwGO analog?)

Nach überwiegender Meinung ist § 78 VwGO **nicht** auf **allgemeine Leistungsklagen**   **1109**
anzuwenden, so dass es hier bei dem – das Prozessrecht allgemein bestimmenden –
Rechtsträgerprinzip bleibt.[100] Die Ersetzung des Rechtsträger- durch das Behördenprinzip müsste im Übrigen daran scheitern, dass die nach § 78 Abs. 1 Nr. 2 VwGO
vorausgesetzten landesrechtlichen Bestimmungen sich ausdrücklich auf Anfechtungs-
und Verpflichtungsklagen beschränken.

Wandelt man den Ausgangsfall dahingehend ab, dass eine *Landesbehörde* gehandelt hat, so wäre   **1110**
die Klage gleichwohl gegen das Land selbst (und nicht die Landesbehörde) zu richten, weil bei
allgemeinen Leistungsklagen das Rechtsträgerprinzip uneingeschränkt gilt.

---

96 Vgl. BVerwGE 36, 192 (199); 60, 144 (150); *Wahl/Schütz,* in: Schoch/Schmidt-Aßmann/Pietzner,
   VwGO, § 42 Abs. 2 Rn. 33; *F. Hufen,* Verwaltungsprozessrecht, § 17 Rn. 8; *W.-R. Schenke,* Verwaltungsprozessrecht, Rn. 493; *Schmitt Glaeser/Horn,* Verwaltungsprozeßrecht, Rn. 387.
97 Verneint wird die analoge Anwendung des § 42 Abs. 2 VwGO auf die allgemeine Leistungsklage von
   N. Achterberg, AllgVerwR, § 24 Rn. 116; *F. Schoch,* Übungen im Öffentlichen Recht II, S. 212 f.
98 Vgl. *F. Schoch,* Übungen im Öffentlichen Recht II, S. 213 m. w. N.
99 So BVerwGE 82, 76 (78); vgl. ferner: BVerfGE 105, 279.
100 Vgl. *C. Meissner,* in: Schoch/Schmidt-Aßmann/Pietzner, VwGO, § 78 Rn. 48; *Kopp/Schenke,*
   VwGO, § 78 Rn. 2.

4. Besondere Sachurteilsvoraussetzungen?

1111 Für die allgemeine Leistungsklage sind besondere Sachurteilsvoraussetzungen **nicht** vorgesehen. Insbesondere gibt es kein **Widerspruchsverfahren**[101] und keine **Klagefrist**. Im Einzelfall kann allerdings das Klagerecht **verwirkt** werden, wenn sich die Klage als unzulässige Rechtsausübung und damit als Verstoß gegen Treu und Glauben darstellt.[102]

IV. Feststellungsklage (§ 43 VwGO)

1112 **Fall 53:** V hat testamentarisch seine Einäscherung angeordnet und möchte überdies erreichen, dass die Asche auf dem ihm gehörenden Grundstück verstreut wird. Die entgegenstehenden Vorschriften des Friedhofsgesetzes, das Friedhofszwang auch für Urnen und Urnenzwang für Aschenreste Verstorbener vorsieht, hält er für verfassungswidrig. Nachdem die zuständige Behörde auch eine Ausnahmegenehmigung abgelehnt hat, erhebt V Klage auf Feststellung des Rechts auf urnenlose Beisetzung der Aschenreste auf seinem Grundstück.

(BVerwGE 45, 224)

1113 Die **Feststellungsklage** hat von allen verwaltungsgerichtlichen Klagearten die geringsten Konturen und ist in zahlreichen Einzelfragen umstritten.[103] Im Gegensatz zur Anfechtungs-, Verpflichtungs- und (allgemeinen) Leistungsklage ist eine Korrelation zu einer bestimmten Handlungsform der Verwaltung nicht auszumachen. Die im Hinblick auf die **Subsidiaritätsklausel** (§ 43 Abs. 2 VwGO) schwankende Rechtsprechung tut ein Übriges, um die Konturen dieser Klageart zu verwischen.[104]

1. Statthaftigkeit

1114 Die Klage ist statthaft zur **Feststellung** des **Bestehens** oder **Nichtbestehens** eines **Rechtsverhältnisses** oder der **Nichtigkeit** eines **Verwaltungsakts** (§ 43 Abs. 1 VwGO). Der zentrale – und noch immer ungeklärte – Begriff ist der des »Rechtsverhältnisses«. Die Definitionsversuche haben bislang zu keinem allgemein anerkannten Ergebnis geführt.[105] Zunehmend werden als »Elemente« des Rechtsverhältnisses die Beziehung zwischen zwei Rechtssubjekten, ein konkreter Sachverhalt sowie eine Norm des öffentlichen Rechts angenommen.[106] Damit sind unverkennbar die Kennzeichen des Verwaltungsrechtsverhältnisses benannt, das ebenfalls eine durch öffentlich-rechtliche Normen geprägte Rechtsbeziehung zwischen zwei Rechtssubjekten darstellt, die durch einen Sachverhalt konkretisiert sein muss.[107] Gegenstand der Feststellungsklage nach § 43 Abs. 1 VwGO ist mithin das **Verwaltungsrechtsverhältnis**, wie es im neueren Schrifttum entwickelt worden ist.[108] Die ausdrückliche Bestim-

---

101 Außer in beamtenrechtlichen Streitigkeiten, bei denen ein Widerspruchsverfahren ohne Rücksicht auf die Klageart vorgeschrieben ist (§ 54 Abs. 2 BeamtStG; § 126 Abs. 2 BBG; § 126 Abs. 3 BRRG).
102 Vgl. *Kopp/Schenke,* VwGO, § 74 Rn. 18.
103 Vgl. *J. Pietzcker,* in: Schoch/Schmidt-Aßmann/Pietzner, VwGO, § 43 Rn. 2 f.
104 Vgl. kritisch hierzu *F. Hufen,* Verwaltungsprozessrecht, § 18 Rn. 6.
105 Vgl. *T. von Danwitz,* Verw. 30 (1997), S. 339 (344).
106 Vgl. *J. Pietzcker,* in: Schoch/Schmidt-Aßmann/Pietzner, VwGO, § 43 Rn. 5; *F. Hufen,* Verwaltungsprozessrecht, § 18 Rn. 4 und 9.
107 Vgl. oben Rn. 173.
108 Zurückhaltend: *J. Pietzcker,* in: Schoch/Schmidt-Aßmann/Pietzner, VwGO, § 43 Rn. 7.

mung, dass mit der Feststellungsklage *auch* die Feststellung der Nichtigkeit eines Verwaltungsakts begehrt werden kann, spricht nicht gegen eine weite Definition des Rechtsverhältnisbegriffs, denn hierdurch wird klargestellt, dass Rechtsverhältnisse durch Verwaltungsakte begründet werden können. Die Klage auf Nichtigkeit eines Verwaltungsakts ist also genau genommen eine Klage auf Feststellung des Nichtbestehens eines Rechtsverhältnisses.[109]

> Im Ausgangsfall sind alle drei Elemente eines Rechtsverhältnisses gegeben. V und die Stadt H (als Friedhofsbehörde) sind die *Rechtssubjekte,* die einschlägigen *Normen* sind die des Friedhofsrechts, während der (streitige) *Sachverhalt* darin besteht, ob V's letzter Wille hinsichtlich seiner Bestattung erfüllt werden kann oder nicht. **1115**

Nach § 43 Abs. 2 S. 1 VwGO kann die Feststellung *nicht* begehrt werden, soweit der **1116** Kläger seine Rechte durch Gestaltungs- oder Leistungsklage verfolgen kann oder hätte verfolgen können. Die **Subsidiarität** der **Feststellungsklage** ist im Grunde eine Frage des Rechtsschutzbedürfnisses, wird aber unter dem Gesichtspunkt der **Statthaftigkeit** geprüft.[110] Dies hat zur Folge, dass im Prüfungsaufbau die Gestaltungs- und Leistungsklagen Vorrang haben und, sofern diese statthaft sind, die Feststellungsklage im Hinblick auf *ihre* Statthaftigkeit nicht mehr geprüft zu werden braucht. Sofern ein ausdrückliches Feststellungsbegehren vorliegt, aber eine Gestaltungs- oder Leistungsklage statthaft ist, ist die Feststellungsklage aufgrund der Subsidiaritätsklausel (weil unstatthaft) unzulässig.[111]

> Im Ausgangsfall hat V zunächst einen Antrag auf Erteilung einer Ausnahmegenehmigung nach den Bestimmungen des Friedhofsgesetzes gestellt, der jedoch abgelehnt wurde. Der daraufhin eingelegte Widerspruch wurde zurückgewiesen. OVG und BVerwG sahen gleichwohl den Feststellungsantrag als zulässig an, weil V seinem Vortrag nach nicht habe auf eine Ausnahmegenehmigung verwiesen werden können.[112] Ein *Rechtsverhältnis* im Sinne des § 43 Abs. 1 VwGO liegt in jedem Fall vor: V und die Behörde streiten in der Sache darum, ob die Vorschriften des Friedhofsrechts auf ihn anwendbar sind oder er testamentarisch eine andere Bestattungsart bestimmen kann. **1117**

2. Feststellungsinteresse

Die Klage ist nur zulässig, wenn der Kläger ein **berechtigtes Interesse** an der baldigen **1118** Feststellung hat (§ 43 Abs. 1 VwGO).

Das **Feststellungsinteresse** ist eine **besondere Sachurteilsvoraussetzung** für Fest- **1119** stellungsklagen und soll verhindern, dass die Verwaltungsgerichte zur Klärung abstrakter oder jedenfalls im Einzelfall nicht anstehender Rechtsfragen angerufen werden.[113] Die Rechtsprechung versteht hierunter

> »jedes anzuerkennende schutzwürdige Interesse rechtlicher, wirtschaftlicher oder ideeller Art (...), das hinreichend gewichtig ist, um die Position des Betroffenen zu verbessern.«[114]

Im Einzelfall bedarf es einer genauen Untersuchung der **Gründe**, die den Kläger zur **1120** Klageerhebung veranlassen. Soweit sich die Frage der Anwendung einer Rechtsnorm

---

109 Vgl. *J. Pietzcker,* in: Schoch/Schmidt-Aßmann/Pietzner, VwGO, § 43 Rn. 27.
110 Vgl. *F. Hufen,* Verwaltungsprozessrecht, § 18 Rn. 5.
111 Vgl. *Kopp/Schenke,* VwGO, § 43 Rn. 26; *J. Pietzcker,* in: Schoch/Schmidt-Aßmann/Pietzner, VwGO, § 43 Rn. 40.
112 So BVerwGE 45, 224 (226).
113 Vgl. hierzu *F. Hufen,* Verwaltungsprozessrecht, § 18 Rn. 12.
114 So BVerwGE 74, 1 (4); 100, 262 (271).

zu einem Rechtsverhältnis verdichtet hat,[115] ist das Interesse an der Feststellung zu bejahen, wenn die Norm im konkreten Fall Anwendung findet.[116] Einem Bürger ist nicht zuzumuten, durch Zuwiderhandeln gegen Rechtsnormen staatliche Sanktionen herauszufordern, um bei dieser Gelegenheit deren Anwendbarkeit gerichtlicher Nachprüfung zuzuführen.[117] Auch betriebliche Maßnahmen, die durch Rechtsvorschriften erforderlich werden, vermögen ein Feststellungsinteresse zu begründen. Mit dem Feststellungsinteresse darf jedoch die Prüfung der Statthaftigkeit der Feststellungsklage – und damit das Vorliegen eines (konkretisierten) Rechtsverhältnisses – nicht überspielt werden. Fehlt es bereits an einem solchen Rechtsverhältnis, ist das Feststellungsinteresse nicht mehr zu prüfen.

1121   Im Ausgangsfall will V geklärt wissen, ob seine Bestattung entsprechend seiner testamentarischen Anordnung möglich ist oder nicht. Das BVerwG hat zu Recht ein berechtigtes Interesse an der baldigen Feststellung bejaht: Es könne dem Kläger nicht zugemutet werden, »im Ungewissen darüber zu bleiben, ob sein Bestattungswunsch aus Rechtsgründen scheitert oder nicht.«[118]

3. Klagebefugnis (§ 42 Abs. 2 VwGO analog)?

1122   Umstritten ist, ob bei der Feststellungsklage neben (und ggf. vor) dem Feststellungsinteresse die **Klagebefugnis** in analoger Anwendung des § 42 Abs. 2 VwGO zu prüfen ist. Entgegen der in der Rechtsprechung bestehenden Tendenz[119] ist die Frage eindeutig zu **verneinen**. Für eine Analogie fehlt es bereits an einer **Regelungslücke**, denn Popularklagen werden bereits durch das Erfordernis des konkretisierten Rechtsverhältnisses und des eindeutig subjektiv gefärbten Feststellungsinteresses ausgeschlossen.[120]

1123   Der Ausgangsfall zeigt, dass die Prüfung möglicher Rechtsverletzungen neben dem Feststellungsinteresse nicht nur überflüssig, sondern auch im Einzelfall nicht unproblematisch ist. Während das *Interesse* des V an der Feststellung ohne weiteres bejaht werden kann, ist die Geltendmachung einer *Rechtsverletzung* nicht ohne weiteres möglich. Seine durch Art. 14 Abs. 1 S. 1 GG geschützte Testierfreiheit bleibt durch die Vorschriften des Friedhofsrechts uneingeschränkt. Das BVerfG hat allerdings eine (Grundrechts-) Verletzung für möglich gehalten und die gegen die Entscheidung des BVerwG gerichtete Verfassungsbeschwerde zugelassen.[121]

V. Fortsetzungsfeststellungsklage (§ 113 Abs. 1 S. 4 VwGO)

1124   **Fall 54:** Im Fall 43 erhob K verwaltungsgerichtliche Klage, mit der er die Feststellung begehrte, dass der Platzverweis und die Androhung unmittelbaren Zwangs nichtig, hilfsweise rechtswidrig gewesen seien. Außerdem beantragte er die Feststellung, dass die Art und Weise des Vollzugs des Platzverweises durch Anwendung unmittelbaren Zwangs ihm gegenüber rechtswidrig waren.

(BVerwGE 26, 161)

---

115 Vgl. oben Rn. 175 f.

116 Vgl. BVerwGE 39, 247 (248 f.).

117 Vgl. *F. Hufen*, Verwaltungsprozessrecht, § 18 Rn. 14.

118 So BVerwGE 45, 224 (226).

119 Vgl. BVerwG, NVwZ 1991, S. 470; NJW 1996, S. 139.

120 So zutr. *F. Hufen*, Verwaltungsprozessrecht, § 18 Rn. 17; *W.-R. Schenke*, Verwaltungsprozessrecht, Rn. 410; nunmehr auch *J. Pietzcker*, in: Schoch/Schmidt-Aßmann/Pietzner, VwGO, § 43 Rn. 31.

121 Vgl. BVerfGE 50, 256 (262): »(...) die Vorsorge des Lebenden für die Zeit nach seinem Tod gehört zur allgemeinen Handlungsfreiheit des Menschen.«

Die in der verwaltungsgerichtlichen Praxis bedeutsame »**Fortsetzungsfeststellungs- klage**« ist nicht als eigene Klageart konzipiert, sondern sollte ursprünglich dem Anfechtungskläger nur die Möglichkeit einräumen, sein Klageziel – Aufhebung des Verwaltungsakts – in abgewandelter Form – Feststellung der Rechtswidrigkeit des Verwaltungsakts – zu erreichen (§ 113 Abs. 1 S. 4 VwGO).[122] Die Rechtsentwicklung ist darüber hinweggegangen und hat im Ergebnis zu einer Klageart geführt, die einerseits Feststellungsklage ist, sich hinsichtlich ihrer Voraussetzungen aber von dieser unterscheidet. Die Kenntnis dieses durch Richterrecht entwickelten prozessualen Institutes ist unverzichtbar, weil es vielfältige **Anwendungsfälle** gibt. **1125**

1. Gesetzliche Regelung (§ 113 Abs. 1 S. 4 VwGO)

§ 113 Abs. 1 S. 4 VwGO hat folgenden Wortlaut: **1126**

> »Hat sich der Verwaltungsakt vorher durch Zurücknahme oder anders erledigt, so spricht das Gericht auf Antrag durch Urteil aus, dass der Verwaltungsakt rechtswidrig gewesen ist, wenn der Kläger ein berechtigtes Interesse an dieser Feststellung hat.«

Die gesetzliche Regelung geht also von einer **zeitlichen Abfolge** aus, wie sie für die **Anfechtungsklage** typisch ist: Ein (belastender) Verwaltungsakt wird erlassen und – regelmäßig nach erfolglosem Widerspruchsverfahren (§§ 68 ff. VwGO) – mit der Klage angefochten. Nach Klageerhebung wird der **Verwaltungsakt** durch die (beklagte) Behörde **zurückgenommen** oder **erledigt sich** auf andere Weise. Ohne die besondere Regelung in § 113 Abs. 1 S. 4 VwGO würde in diesem Fall der Rechtsstreit für erledigt zu erklären sein, so dass das Gericht nur über die **Kosten** zu entscheiden hätte (§ 161 Abs. 2 VwGO). Dem Beklagten würden, da bei der Kostenentscheidung der Sach- und Streitstand zu berücksichtigen ist (§ 161 Abs. 2 VwGO), zwar regelmäßig die Kosten des Verfahrens auferlegt werden; der Kläger aber wäre durch die Rücknahme (oder ein anderes erledigendes Ereignis) um den **prozessualen Erfolg** seiner Klage – das stattgebende Urteil – gebracht. **1127**

Das **prozessuale Dilemma** würde darin bestehen, dass die Anfechtungsklage nicht mehr zum Erfolg führen kann (weil der Verwaltungsakt nicht mehr wirksam ist), eine Klage auf Feststellung, dass der Verwaltungsakt rechtswidrig *gewesen* sei, hinsichtlich der Voraussetzungen des § 43 Abs. 1 VwGO zweifelhaft sein könnte, in jedem Fall aber eine **Klageänderung** erforderte (§ 91 VwGO). Der durch § 113 Abs. 1 S. 4 VwGO aufgezeigte Ausweg aus diesem Dilemma ist ebenso einfach wie einleuchtend: Die (Anfechtungs-) Klage wird **umgestellt** und richtet sich nunmehr auf die **Feststellung**, dass der Verwaltungsakt rechtswidrig *gewesen* ist. Voraussetzung für diese Feststellung ist allerdings das besondere Rechtsschutzbedürfnis in Gestalt des **Feststellungsinteresses**. Dieses folgt den zu § 43 Abs. 1 VwGO entwickelten Grundsätzen, wobei sich der Unterschied im Wortlaut der Vorschriften daraus erklärt, dass nach § 113 Abs. 1 S. 4 VwGO eine anhängige (Anfechtungs-)Klage vorausgesetzt wird. **1128**

> Im Ausgangsfall könnte die Klage jedenfalls nach dem Wortlaut des § 113 Abs. 1 S. 4 VwGO nicht umgestellt und die Feststellung der Rechtswidrigkeit des Verwaltungsakts nicht beantragt werden, weil der Verwaltungsakt nicht angefochten worden ist. Er *konnte* auch nicht angefochten werden, weil sich die Platzverweisung und ihre zwangsweise Durchsetzung durch Zeitablauf erledigt hatten. **1129**

---

122 Vgl. *F. Hufen*, Verwaltungsprozessrecht, § 18 Rn. 36.

2. Nachträgliche Fortsetzungsfeststellungsklage (§ 113 Abs. 1 S. 4 VwGO analog)

1130 Das **Bundesverwaltungsgericht** hat frühzeitig – wenngleich ohne nähere Begründung – die Auffassung vertreten, für die Anwendung des § 113 Abs. 1 S. 4 VwGO komme es nicht darauf an, ob sich der Verwaltungsakt *nach* oder *vor* Klageerhebung erledigt habe.[123] Überzeugend ist das nicht, weil eine Anfechtungsklage überhaupt nicht statthaft ist, wenn sich ein Verwaltungsakt erledigt hat; denn sie setzt einen wirksamen Verwaltungsakt voraus. Auch an einer planwidrigen Lücke als Voraussetzung für eine Analogie fehlt es genau genommen, denn die Feststellungsklage ist jedenfalls grundsätzlich für die Feststellung eines jeden Rechtsverhältnisses vorgesehen.[124] Gleichwohl hat die Fortsetzungsfeststellungsklage eine Art Siegeszug angetreten und wird auch dann für statthaft gehalten, wenn der Verwaltungsakt sich *vor* Klageerhebung erledigt hat.[125] In der neueren Rechtsprechung des Bundesverwaltungsgerichts bahnt sich allerdings eine Änderung an, die darauf hinauslaufen dürfte, statt der *nachträglichen* Fortsetzungsfeststellungsklage allein die Feststellungsklage nach § 43 VwGO für statthaft zu halten.[126]

1131 Im Ausgangsfall wäre jedenfalls nach der älteren Rechtsprechung des BVerwG die Fortsetzungsfeststellungsklage analog § 113 Abs. 1 S. 4 VwGO statthaft, obwohl sich die K (ursprünglich) beschwerenden Verwaltungs- bzw. Vollzugsakte (Platzverweisung, Androhung der Zwangsmaßnahme, Anwendung unmittelbaren Zwangs) durch Zeitablauf erledigt haben.

1132 Die analoge Anwendung des § 113 Abs. 1 S. 4 VwGO warf alsbald **Folgeprobleme** auf, die ebenfalls gelöst werden mussten. Wenn nämlich die Fortsetzungsfeststellungsklage auch statthaft war, wenn sich der Verwaltungsakt bereits *vor* Klageerhebung erledigt hatte, so stellte sich zwangsläufig die Frage, ob die **Sachurteilsvoraussetzungen** der **Anfechtungsklage** im Übrigen vorliegen mussten. Insbesondere galt dies für das **Widerspruchsverfahren**, dessen erfolgloser Abschluss Sachurteilsvoraussetzung für die Anfechtungsklage ist.[127]

1133 Im Ausgangsfall hätte dies bedeutet, dass K zunächst bei der zuständigen Polizeibehörde Widerspruch gegen die (erledigten) Verwaltungsakte hätte einlegen müssen. Erst nach Zurückweisung der Widersprüche wäre seine Fortsetzungsfeststellungsklage zulässig gewesen.

---

123 Vgl. BVerwGE 12, 87 (90).

124 So auch *M. Gerhardt*, in: Schoch/Schmidt-Aßmann/Pietzner, VwGO, § 113 Rn. 99 m. w. N.

125 Vgl. BVerwGE 12, 87 (90); 26, 161 (165); 87, 23 (25); std. Rspr.

126 Vgl. BVerwGE 109, 203 (209): »Im Hinblick darauf, daß nach der Rechtsprechung für die Zulässigkeit einer Klage auf Feststellung der Rechtswidrigkeit eines erledigten Verwaltungsakts weder die Durchführung eines Vorverfahrens erforderlich noch eine Klagefrist vorgeschrieben ist und sich das Feststellungsinteresse an den Anforderungen des § 43 VwGO und nicht an dem für § 113 Abs. 1 S. 4 VwGO Vorausgesetzten orientiert (...), hätte es möglicherweise nähergelegen, von vornherein den Rechtsschutzbereich der allgemeinen Feststellungsklage des § 43 VwGO entsprechend weiterzuentwickeln (...). Der Senat bezweifelt in der Tat, ob bei einer nicht von vornherein als Anfechtungs- und Verpflichtungsklage erhobenen Klage auf Feststellung der Rechtswidrigkeit eines Verwaltungsakts überhaupt entsprechend auf § 113 Abs. 1 S. 4 VwGO zurückzugreifen ist. Einer Feststellungsklage stünde jedenfalls nicht entgegen, daß es sich bei der Rechtswidrigkeit eines Verwaltungsakts nicht um ein feststellungsfähiges Rechtsverhältnis handeln würde (...). Dies bedarf indes keiner abschließenden Entscheidung.« Vgl. dazu: *M. Wehr*, DVBl. 2001, S. 785.

127 Vgl. oben Rn. 1061 ff.

Die Frage der Sachurteilsvoraussetzungen wird nach wie vor kontrovers beurteilt. **1134** Das Bundesverwaltungsgericht[128] und die ihm folgende herrschende Meinung[129] halten das Widerspruchsverfahren für nicht erforderlich, nach anderer Auffassung müssen alle Sachurteilsvoraussetzungen der Anfechtungsklage geprüft werden und vorliegen.[130]

Dem Bundesverwaltungsgericht ist zuzugestehen, dass der **Zweck des Widerspruchs-** **1135** **verfahrens,** nämlich die behördliche Kontrolle eines Verwaltungsakts hinsichtlich seiner Rechtmäßigkeit und Zweckmäßigkeit,[131] nur sehr begrenzt erreichbar ist, weil die Behörde den Verwaltungsakt nicht mehr *aufheben,* sondern ihn allenfalls für *rechtswidrig erklären* kann.[132] Allerdings spricht dieser Umstand entscheidend dagegen, dass § 113 Abs. 1 S. 4 VwGO überhaupt analogiefähig ist.[133]

> Im Ausgangsfall wäre die Klage des K nach Auffassung des BVerwG ohne vorgängiges Widerspruchsverfahren zulässig, während nach abweichender Meinung K zunächst Widerspruch einlegen und den Widerspruchsbescheid vor Klageerhebung abwarten müsste. **1136**

Die Sachurteilsvoraussetzungen sollen im Übrigen den Vorschriften über die **Anfech-** **1137** **tungsklage** zu entnehmen sein. Insbesondere werden die **Klagebefugnis** und die **Einhaltung der Klagefrist** verlangt.[134] Hinsichtlich der Klagefrist zeigt sich im Übrigen, dass sich die Analogie zu § 113 Abs. 1 S. 4 VwGO keineswegs nur *zugunsten* des Betroffenen auswirkt, denn die Anwendung des § 74 Abs. 1 (richtigerweise S. 2, da kein Widerspruchsverfahren erforderlich ist) VwGO unterwirft in der Sache die (allein noch mögliche) Feststellungsklage einer gesetzlich nicht vorgesehenen Frist.

> Im Ausgangsfall wäre folglich zu prüfen, ob die Anfechtungsklage gegen die angegriffenen Verwaltungsakte zulässig *gewesen* wäre, wenn diese sich nicht erledigt hätten. Da die Verwaltungsaktsqualität der Platzverweisung und der Androhung des unmittelbaren Zwangs zweifelsfrei ist, wäre die Anfechtungsklage die statthafte Klageart gewesen. Die *Klagebefugnis* des K ist offensichtlich, weil er in Grundrechten eingeschränkt war (auch wenn man die Anwendung des unmittelbaren Zwangs – wie hier – nicht als Verwaltungsakt, sondern als Realakt ansieht und deshalb die Anfechtungsklage insoweit nicht für statthaft hält). Das Erfordernis eines Widerspruchsverfahrens würde entfallen, die Klagefrist dagegen müsste eingehalten werden. Da die Klage aber wenige Tage nach den Vorfällen erhoben wurde, war sie zulässig. **1138**

Obwohl sich die Fortsetzungsfeststellungsklage nach Erledigung des Verwaltungsakts **1139** vor Klageerhebung in der Praxis durchgesetzt hat und als prozessuales Problem von Klausuren und Hausarbeiten nicht mehr fortzudenken ist, kann sie nicht als Beispiel »geglückter Rechtsfortbildung« angesehen werden. Im Ergebnis ist ein *mixtum compositum* aus Anfechtungs- und Feststellungsklage geschaffen worden, bei dem die

---

128 Vgl. BVerwGE 26, 161 (166); 56, 24 (26); 81, 226 (229).
129 Vgl. *Redeker/v. Oertzen,* VwGO, § 113 Rn. 50; *F. Hufen,* Verwaltungsprozessrecht, § 18 Rn. 55; *Schmitt Glaeser/Horn,* Verwaltungsprozeßrecht, Rn. 362; *H.-U. Erichsen,* Jura 1989, S. 49 (51); *M. Gerhardt,* in: Schoch/Schmidt-Aßmann/Pietzner, VwGO, § 113 Rn. 98.
130 So *W.-R. Schenke,* Verwaltungsprozessrecht, Rn. 666; *ders.,* FS C.-F. Menger, 1985, S. 461 (469); *Pietzner/Ronellenfitsch,* Das Assessorexamen im Öffentlichen Recht, 12. Aufl. 2010, § 31 Rn. 29 f.; *F. Schoch,* Übungen im Öffentlichen Recht II, S. 249 f.
131 Vgl. oben Rn. 1063.
132 Vgl. BVerwGE 26, 161 (166 f.).
133 Zweifelnd auch BVerwGE 109, 203 (209).
134 Vgl. *F. Hufen,* Verwaltungsprozessrecht, § 18 Rn. 54 ff.; a. A. nunmehr BVerwGE 109, 203 (207 f.).

Sachurteilsvoraussetzungen wechselnd der Anfechtungsklage und der Feststellungsklage entlehnt werden. Ob das Bundesverwaltungsgericht in seiner früheren Rechtsprechung (unzutreffend) angenommen hat, nur die *Nichtigkeit* eines Verwaltungsakts, nicht aber seine *Rechtswidrigkeit* sei feststellungsfähig und deshalb bestehe zwischen § 43 Abs. 1 und § 113 Abs. 1 S. 4 VwGO eine Lücke, kann angesichts der knappen Begründung nicht hinreichend beurteilt werden.[135] Die Notwendigkeit der Analogiebildung wird durch die neuere verwaltungsgerichtliche Rechtsprechung zudem fragwürdig, weil diese es gelegentlich dahingestellt sein lässt, ob es sich um eine *Fortsetzungs*feststellungsklage (§ 113 Abs. 1 S. 4 VwGO analog) oder um eine *Feststellungs*klage (§ 43 Abs. 1 VwGO) handelt.[136]

3. Statthaftigkeit bei Verpflichtungsklage

1140 Beide Varianten der Fortsetzungsfeststellungsklage werden als statthaft angesehen, wenn richtige Klageart die **Verpflichtungsklage** (gewesen) wäre.[137] Tritt das (die Verpflichtungsklage) erledigende Ereignis *nach* Klageerhebung ein, läge es in der Tat nahe, eine Lücke anzunehmen, denn in § 113 Abs. 5 VwGO fehlt eine § 113 Abs. 1 Satz 4 VwGO entsprechende Regelung. Dies mag auf den Umstand zurückzuführen sein, dass wenn die Behörde den mit der Verpflichtungsklage geltend gemachten Anspruch *nach* Klageerhebung erfüllt (entsprechend der »Zurücknahme« des Verwaltungsakts in § 113 Abs. 1 S. 4 VwGO), die Klage an sich *unbegründet* (weil der Anspruch erfüllt ist) oder – mangels Klagebefugnis – sogar *unzulässig* würde.[138] Insofern kann ein Bedürfnis für die Feststellung bestehen, dass die Ablehnung des beantragten Verwaltungsakts rechtswidrig *gewesen* ist. § 113 Abs. 1 S. 4 VwGO wird jedoch auf Verpflichtungsbegehren nach Eintritt der Erledigung angewandt, so dass im Ergebnis eine **doppelte Analogie** vorliegt. Auch in Fällen, in denen mangels Rechtsanspruchs auf die Leistung eine Verpflichtungsklage unzulässig wäre und stattdessen nur eine **Bescheidungsklage** hätte erhoben werden können, lässt das Bundesverwaltungsgericht eine entsprechende Fortsetzungsfeststellungsklage zu.[139]

4. Fortsetzungsfeststellungsklage bei Leistungsbegehren

1141 In der verwaltungsgerichtlichen Praxis wird die Fortsetzungsfeststellungsklage analog § 113 Abs. 1 S. 4 VwGO auch dann für statthaft gehalten, wenn sich ein Leistungs- oder Unterlassungsbegehren, das mit der **allgemeinen Leistungsklage** hätte verfolgt werden können, vor oder nach Klageerhebung erledigt hat.[140] Die Frage ist nach wie vor kontrovers,[141] bestätigt aber den Befund, dass sich die Fortsetzungsfeststellungsklage mittlerweile vollständig von ihrer gesetzlichen Grundlage gelöst und zu einem **eigenständigen Rechtsbehelf** entwickelt hat. Nicht ersichtlich ist indes, warum es notwendig sein soll, von der durch die Verwaltungsgerichtsordnung vorgegebenen

---

135 Vgl. hierzu *M. Gerhardt*, in: Schoch/Schmidt-Aßmann/Pietzner, VwGO, § 113 Rn. 98 f.

136 Kritisch insbesondere *F. Schoch*, Übungen im Öffentlichen Recht II, S. 269.

137 Vgl. *M. Gerhardt*, in: Schoch/Schmidt-Aßmann/Pietzner, VwGO, § 113 Rn. 100.

138 Vgl. *M. Gerhardt*, in: Schoch/Schmidt-Aßmann/Pietzner, VwGO, § 113 Rn. 100.

139 Vgl. BVerwGE 72, 38 (41).

140 Dafür: VGH München, NVwZ-RR 1991, S. 519; VGH München, BayVBl. 1992, S. 310; dagegen: OVG Hamburg, NVwZ 1995, S. 1135 (1136); OVG Münster, NJW 1994, S. 1673.

141 Dagegen: *W.-R. Schenke*, Verwaltungsprozessrecht, Rn. 337; *D. Ehlers*, Jura 2001, S. 419; dafür: *F. Hufen*, Verwaltungsprozessrecht, § 18 Rn. 44.

Formentypik abzuweichen, nach der in derartigen Fällen die Feststellungsklage nach § 43 VwGO statthaft ist.[142]

5. Feststellungsinteresse

Der stetigen Ausweitung der Fortsetzungsfeststellungsklage wirkt bis zu einem **1142** gewissen Grad das nach § 113 Abs. 1 S. 4 VwGO notwendige **Feststellungsinteresse** entgegen, das auch bei analoger Anwendung der Vorschrift zu fordern ist. Nach allgemeiner Ansicht sind die zu § 43 Abs. 1 VwGO entwickelten Grundsätze auch bei § 113 Abs. 1 S. 4 VwGO anwendbar.[143] In der Rechtsprechungspraxis haben sich typische Fallgruppen herausgebildet, in denen ein Feststellungsinteresse bejaht wird. Dies sind

- **Wiederholungsgefahr,**
- **Rehabilitationsinteresse,**
- **Vorbereitung eines Amtshaftungs- oder Entschädigungsprozesses.**[144]

Bei der Vorbereitung des Amtshaftungs- (oder Entschädigungs-)prozesses ist jedoch **1143** zu unterscheiden, ob sich der Verwaltungsakt *vor* oder *nach* Klageerhebung erledigt hat. Im ersteren Fall ist verwaltungsgerichtlicher Rechtsschutz überflüssig, weil das zuständige Zivilgericht den Fall unter jedem rechtlichen Gesichtspunkt entscheidet (§ 17 Abs. 2 S. 1 GVG), also insbesondere prüfen muss, ob der Verwaltungsakt rechtswidrig war. Hat der Kläger dagegen *vor* der Erledigung des Verwaltungsakts Klage erhoben, ist die Fortsetzungsfeststellungklage zulässig.[145] Der Umstand, dass die Verwaltung nach dem Vortrag des Klägers **rechtswidrig** gehandelt hat, reicht für die Begründung des Feststellungsinteresses keinesfalls aus. Dies folgt bereits aus dem Wortlaut des § 113 Abs. 1 S. 4 VwGO, der den Antrag auf Feststellung, dass der Verwaltungsakt *rechtswidrig* gewesen sei, von der zusätzlichen (Zulässigkeits-)Voraussetzung abhängig macht, dass ein berechtigtes Interesse an der Feststellung besteht.[146] Auch der Hinweis auf verletzte **Grundrechte** vermag für sich genommen kein Feststellungsinteresse zu begründen.[147] Grundrechte gewährleisten insgesamt die Freiheit vor rechtswidrigen Beeinträchtigungen der jeweils geschützten Sphäre.[148] Jedes rechtswidrige Handeln, das in die Freiheitssphäre eingreift, ist *per se* eine Grundrechtsverletzung. Es kann keinen Unterschied ausmachen, ob nur die allgemeine **Handlungsfreiheit** (Art. 2 Abs. 1 GG) oder »besonders wichtige« Grundrechte betroffen sind.[149] Eine Ausnahme ist nur hinsichtlich der Menschenwürde zu machen, die schlechthin unantastbar ist (Art. 1 Abs. 1 GG). In diese Richtung allerdings deutet auch das **Rehabilitationsinteresse.**

---

142 Vgl. *W.-R. Schenke,* Verwaltungsprozessrecht, Rn. 337; a. A. *F. Hufen,* Verwaltungsprozessrecht, § 18 Rn. 44.

143 Vgl. *M. Gerhardt,* in: Schoch/Schmidt-Aßmann/Pietzner, VwGO, § 113 Rn. 90; *F. Hufen,* Verwaltungsprozessrecht, § 18 Rn. 47; *Schmitt Glaeser/Horn,* Verwaltungsprozeßrecht, Rn. 356; *F. Schoch,* Übungen im Öffentlichen Recht II, S. 246; *Pietzner/Ronellenfitsch,* Das Assessorexamen im Öffentlichen Recht, 12. Aufl. 2010, § 18 Rn. 17.

144 Vgl. hierzu *F. Hufen,* Verwaltungsprozessrecht, § 18 Rn. 47 ff.; *D. Ehlers,* Jura 2001, S. 421 f.

145 So BVerwGE 106, 295 (298).

146 Vgl. BVerwGE 76, 258 (261); *Redeker/v. Oertzen,* VwGO, § 113 Rn. 45; *M. Gerhardt,* in: Schoch/Schmidt-Aßmann/Pietzner, VwGO, § 113 Rn. 90 ff.; *Pietzner/Ronellenfitsch,* Das Assessorexamen im Öffentlichen Recht, 11. Aufl. 2005, § 18 Rn. 17 ff.

147 Vgl. hierzu *F. Hufen,* Verwaltungsprozessrecht, § 18 Rn. 52.

148 Vgl. *J. Ipsen,* Staatsrecht II, 15. Aufl. 2012, Rn. 76.

149 So auch *F. Hufen,* Verwaltungsprozessrecht, § 18 Rn. 52.

1144 Im Ausgangsfall ist das Feststellungsinteresse des K eindeutig zu bejahen. Zwar liegt eine Wiederholungsgefahr eher fern, dafür besteht aber ein Rehabilitationsinteresse, das nicht zuletzt dadurch begründet wird, dass der (rechtswidrige) Schlagstockeinsatz gegen Menschen deren Würde verletzt. Die Vorbereitung eines Amtshaftungsprozesses (Schmerzensgeld) würde ein Feststellungsinteresse demgegenüber nach der neueren Rechtsprechung des Bundesverwaltungsgerichts nicht begründen, weil das zuständige Zivilgericht unmittelbar angerufen werden könnte.[150]

VI. Normenkontrollverfahren (§ 47 VwGO)

1145 **Fall 55:** Der Regionalplan für die in Bayern liegende Region M legt auf dem Gebiet der Gemeinde G eine Vorrangfläche für den Kies- und Sandabbau fest und nimmt dieses Gebiet insoweit von der Bannwalderklärung aus. Die Firma F hat bereits bei dem zuständigen Landratsamt beantragt, ihr den Abbau von etwa 7,65 Mio. m³ Kies auf einer Fläche von ca. 70 ha in einem auf dem Gemeindegebiet gelegenen Forst zu genehmigen. Die Gemeinde G verweigert das nach § 36 Abs. 1 BauGB erforderliche Einvernehmen und stellt beim zuständigen Oberverwaltungsgericht den Antrag, den Regionalplan für nichtig zu erklären.

(BVerwGE 81, 307)

1146 Das **Normenkontrollverfahren** nach § 47 VwGO nimmt unter den verwaltungsgerichtlichen Klagearten eine **Sonderstellung** ein. Ursprünglich handelte es sich um eine fakultative Verfahrensart, deren Statthaftigkeit allein von der Entscheidung des Landesgesetzgebers abhing.[151] Mit Wirkung vom 1. 1. 1977 ist § 47 VwGO dahingehend geändert worden, dass Satzungen, die nach Vorschriften des Bundesbaugesetzes (später: Baugesetzbuchs) erlassen worden sind, einer **obligatorischen Normenkontrolle** kraft Bundesrechts unterliegen (§ 47 Abs. 1 Nr. 1 VwGO) und es im Übrigen bei der fakultativen Bestimmung durch das Landesrecht verbleibt (§ 47 Abs. 1 Nr. 2 VwGO). Die überwiegende Zahl der Bundesländer hat von der Ermächtigung in § 47 Abs. 1 Nr. 2 VwGO Gebrauch gemacht,[152] so dass – mit Ausnahme von Berlin, Hamburg und Nordrhein-Westfalen – in **allen Bundesländern** die Normenkontrolle auch im Rang unter dem Landesgesetz stehender Rechtsvorschriften statthaft ist.

1147 Der Umstand, dass das Normenkontrollverfahren (früher vollständig, jetzt noch in wesentlichen Teilen) vom Landesgesetzgeber eingeführt werden *kann,* aber nicht eingeführt werden *muss,* **unterscheidet** es von allen anderen **Klagearten**. Diese bilden jeweils eine besondere Rechtsschutzform, durch die der nach § 40 Abs. 1 S. 1 VwGO eröffnete Rechtsweg kanalisiert wird, aber nicht ausgeschlossen werden kann.[153] Sofern eine öffentlich-rechtliche Streitigkeit nichtverfassungsrechtlicher Art vorliegt und keine Sonderzuweisung besteht, ist jedenfalls *eine* verwaltungsgerichtliche Klageart statt-

---

150 So BVerwGE 106, 295 (298). Anders aber noch BVerwGE 26, 161 (168).
151 § 47 S. 1 VwGO lautete in der Fassung vom 21. 1. 1960 (BGBl. I S. 17): »Die Landesgesetzgebung kann bestimmen, daß das Oberverwaltungsgericht im Rahmen seiner Gerichtsbarkeit auf Antrag über die Gültigkeit einer landesrechtlichen Verordnung oder einer anderen im Range unter dem Landesgesetz stehenden Rechtsvorschrift entscheidet, soweit nicht gesetzlich vorgesehen ist, daß die Rechtsvorschrift durch ein Verfassungsgericht nachprüfbar ist.«
152 Bad.-Württ.: § 4 AGVwGO; Bay.: Art. 5 AGVwGO; Bbg.: § 4 Abs. 1 VwGG; Brem.: Art. 7 AGVwGO; Hess.: § 15 Abs. 1 AGVwGO; Meckl.-Vorp.: § 13 AGGerStrG; Nieders.: § 7 AGVwGO; Rheinl.-Pf.: § 4 Abs. 1 AGVwGO; Saarl.: § 18 AGVwGO; Sachs.: § 24 Abs. 1 SächsJG; Sachs.-Anh.: § 10 AGVwGO; Schl.-H.: § 5 AGVwGO; Thür.: § 4 AGVwGO.
153 Vgl. oben Rn. 1033.

haft, weil andernfalls das Enumerationsprinzip wieder eingeführt und über Art. 19 Abs. 4 S. 2 GG die Zuständigkeit der ordentlichen Gerichte begründet würde.[154] Wäre auch das Normenkontrollverfahren nach § 47 VwGO eine »öffentlich-rechtliche Streitigkeit nichtverfassungsrechtlicher Art« im Sinne des § 40 Abs. 1 S. 1 VwGO, so müsste folgerichtig, soweit diese Verfahrensart nicht statthaft ist (oder war), eine andere Klageart – nämlich die Feststellungs- oder Leistungsklage – statthaft (gewesen) sein.[155] Diese Konsequenz wird in der Literatur jedoch nicht gezogen und ausnahmslos angenommen, die prinzipale Normenkontrolle vor den Verwaltungsgerichten sei nur insoweit statthaft, als § 47 VwGO dies vorsieht.[156] Folgt man dieser Auffassung, kann folgerichtig § 40 Abs. 1 S. 1 VwGO den **Rechtsweg** für Normenkontrollsachen **nicht eröffnen.** Durch § 47 Abs. 1 VwGO wird vielmehr der nach § 40 Abs. 1 S. 1 VwGO gegebene Rechtsweg **erweitert.**[157] Nicht überzeugend ist es demgegenüber, die Normenkontrolle als *verfassungsrechtliche* Streitigkeit zu qualifizieren,[158] denn die Antragsteller sind keine »am Verfassungsleben beteiligten Organe.«[159]

Bei genauer Betrachtung liegt überhaupt keine **Streitigkeit** im Sinne des § 40 Abs. 1 S. 1 VwGO vor. Hierfür spricht bereits der Wortlaut des § 47 Abs. 1 VwGO, der den **Rechtsweg** selbständig eröffnet (»[…] im Rahmen seiner Gerichtsbarkeit […]«). Würde durch § 47 VwGO – ähnlich wie bei § 48 VwGO – nur eine erstinstanzliche Zuständigkeit des Oberverwaltungsgerichts begründet werden, wäre diese Einschränkung überflüssig. Auch ist das Normenkontrollverfahren nach überwiegender Auffassung ein objektives **Beanstandungsverfahren,**[160] bei dem es um die abstrakte Frage geht, ob eine Rechtsnorm mit einer höherrangigen Rechtsnorm übereinstimmt.[161] Im Tenor ist die Rechtsnorm, soweit der Antrag Erfolg hat, demgemäß für **unwirksam** zu erklären (§ 47 Abs. 5 S. 2 VwGO). Zwar ist durch die 6. VwGO-Novelle die Antragsbefugnis (§ 47 Abs. 2 VwGO) der Klagebefugnis (§ 42 Abs. 2 VwGO) angeglichen worden.[162] Andererseits ist die Antragsberechtigung von Behörden[163] unverändert geblieben, was dafür spricht, dass das Normenkontrollverfahren seine ursprüngliche Rechtsnatur beibehalten hat.[164] Das aber bedeutet, dass der

1148

---

154 Vgl. oben Rn. 981.

155 Vgl. oben Rn. 1102 ff., 1113 ff.

156 Vgl. *W.-R. Schenke,* Verwaltungsprozessrecht, Rn. 876 ff.; *Gerhardt/Bier,* in: Schoch/Schmidt-Aßmann/Pietzner, VwGO, § 47 Rn. 15; *Redeker/v. Oertzen,* VwGO, § 47 Rn. 12 ff.

157 So auch *W.-R. Schenke,* Verwaltungsprozessrecht, Rn. 131; *Kuhla/Hüttenbrink,* Der Verwaltungsprozess, 3. Aufl. 2002, D Rn. 291. Undeutlich insoweit BVerwGE 99, 88 (96): »Die Normenkontrollgerichte sind nach § 47 Abs. 1 VwGO nur ›im Rahmen ihrer Gerichtsbarkeit‹ zur Kontrolle von untergesetzlichen Rechtsvorschriften berufen. Es muß sich also um ein Verfahren handeln, für die der Verwaltungsgerichtsweg im Sinne von § 40 VwGO eröffnet ist.«

158 So aber *W.-R. Schenke,* Verwaltungsprozessrecht, Rn. 131; a. A. *F. Hufen,* Verwaltungsprozessrecht, § 19 Rn. 5; *Gerhardt/Bier,* in: Schoch/Schmidt-Aßmann/Pietzner, VwGO, § 47 Rn. 4.

159 Vgl. oben Rn. 1018.

160 Vgl. BVerwGE 56, 172 (178); 68, 12 (14); 78, 85 (91); 82, 225 (230 ff.); *J. Schmidt,* in: Eyermann, VwGO, § 47 Rn. 5 f.; *Redeker/v. Oertzen,* VwGO, § 47 Rn. 1; *Kopp/Schenke,* VwGO, § 47 Rn. 3; *W.-R. Schenke,* Verwaltungsprozessrecht, Rn. 873.

161 Vgl. *Kopp/Schenke,* VwGO, § 47 Rn. 3; *F. Hufen,* Verwaltungsprozessrecht, § 19 Rn. 2; *W.-R. Schenke,* Verwaltungsprozessrecht, Rn. 916; *Schmitt Glaeser/Horn,* Verwaltungsprozeßrecht, Rn. 436.

162 Vgl. unten Rn. 1151.

163 Vgl. unten Rn. 1154.

164 Zwar soll nach der amtlichen Begründung (BT-Drucks. 12/8553, S. 9) der Individualrechtsschutz ein stärkeres Gewicht erhalten, die Bedeutung als objektives Beanstandungsverfahren wird jedoch hervorgehoben; vgl. auch *W. Schmitz-Rode,* NJW 1998, S. 415; a. A. *Gerhardt/Bier,* in: Schoch/

Antragsgegner (§ 47 Abs. 2 S. 2 VwGO) lediglich die Funktion des *defensor legis* hat und dem Verfahren keinen kontradiktorischen Charakter verleiht.[165]

1. Statthaftigkeit des Normenkontrollverfahrens (§ 47 Abs. 1 VwGO)

1149 Die obligatorische **Normenkontrolle** nach § 47 Abs. 1 Nr. 1 VwGO ist auf **Satzungen,** die nach den Vorschriften des Baugesetzbuchs erlassen worden sind, und **Rechtsverordnungen** aufgrund des § 246 Abs. 2 BauGB beschränkt. Zu den Satzungen gehören in erster Linie die **Bebauungspläne** (§ 10 BauGB), die **Veränderungssperre** (§ 16 Abs. 1 BauGB), die **Genehmigungspflicht** für die Begründung oder Teilung von Wohnungseigentum in Fremdenverkehrsgebieten (§ 22 Abs. 1 BauGB), die **Abrundungssatzung** (§ 34 Abs. 4 BauGB) sowie die **Erschließungssatzungen** (§ 132 BauGB).[166] Da die **Stadtstaaten** ermächtigt sind, anstelle von Satzungen nach dem BauGB **Rechtsverordnungen** zu erlassen (§ 246 Abs. 2 BauGB), wird das Normenkontrollverfahren auch für *diese* als statthaft erklärt. Die Erweiterung der Statthaftigkeit auf Bebauungspläne in *Gesetzesform,* wie sie das Bundesverfassungsgericht vorgenommen hat,[167] droht die Formentypik verwaltungsgerichtlicher Verfahrensarten zu sprengen.[168]

1150 Sofern die Landesgesetzgebung von der in § 47 Abs. 1 Nr. 2 VwGO enthaltenen Ermächtigung Gebrauch gemacht hat,[169] ist die Normenkontrolle auch insoweit statthaft. § 47 Abs. 1 Nr. 2 VwGO umfasst dann die Rechtsvorschriften, die von der Landesexekutive oder von unter Aufsicht des Landes stehenden Körperschaften, Anstalten oder Stiftungen erlassen worden sind.[170] Allerdings muss es sich um **Rechtsvorschriften** handeln, so dass die Formentypik rechtsstaatlicher Rechtsetzung[171] von § 47 Abs. 1 Nr. 2 VwGO aufgenommen wird. Unter »anderen im Rang unter dem Landesgesetz stehenden Rechtsvorschriften« sind **Satzungen** und **Rechtsverordnungen,** *nicht* dagegen Verwaltungsvorschriften, zu verstehen.[172] Es besteht auch kein Anlass, zwischen unterschiedlichen Kategorien von Verwaltungsvorschriften zu unterscheiden, um diese – im Gegensatz zu anderen – der Normenkontrolle zu unterwerfen.[173] Nach dem Grundgesetz kommt nur dem (förmlichen)

Schmidt-Aßmann/Pietzner, VwGO, § 47 Rn. 3, die die 6. VwGO-Novelle insoweit als Übergang von der objektiv-rechtlichen zur subjektiv-rechtlichen Verwaltungskontrolle deuten. Vgl. auch *M. Löhnig,* BayVBl. 1997, S. 274; *Redeker/v. Oertzen,* VwGO, § 47 Rn. 1.

165 In der Tendenz anders: *F. Hufen,* Verwaltungsprozessrecht, § 19 Rn. 4, der die Einordnung als objektives Beanstandungsverfahren als »alten Zopf« ansieht, ohne indessen den Gegensatz zwischen Rechtswegeröffnung und nur partieller Statthaftigkeit der (prinzipalen) Normenkontrolle zu sehen.

166 Weitere Beispiele bei *Gerhardt/Bier,* in: Schoch/Schmidt-Aßmann/Pietzner, VwGO, § 47 Rn. 17.

167 So BVerfGE 70, 35.

168 Vgl. *W.-R. Schenke,* Verwaltungsprozessrecht, Rn. 878; *ders.,* DVBl. 1985, S. 1368 ff.; *R. Kosmider,* JuS 1988, S. 448.

169 Vgl. oben Rn. 1146.

170 So *Gerhardt/Bier,* in: Schoch/Schmidt-Aßmann/Pietzner, VwGO, § 47 Rn. 19; *J. Schmidt,* in: Eyermann, VwGO, § 47 Rn. 28 ff.; *Kopp/Schenke,* VwGO, § 47 Rn. 25; *W.-R. Schenke,* Verwaltungsprozessrecht, Rn. 879.

171 Vgl. oben Rn. 96 ff.

172 Vgl. BayVGH, DVBl. 2001, S. 311; *W.-R. Schenke,* Verwaltungsprozessrecht, Rn. 881; *J. Schmidt,* in: Eyermann, VwGO, § 47 Rn. 24; *Schmitt Glaeser/Horn,* Verwaltungsprozeßrecht, Rn. 413; *Kopp/Schenke,* VwGO, § 47 Rn. 29; *F. Hufen,* Verwaltungsprozessrecht, § 19 Rn. 14 f.

173 Bedenklich deshalb BVerwGE 94, 335, das einen Runderlass der zuständigen Landesbehörde nach § 22 Abs. 3 BSHG a. F. als Rechtsvorschrift im Sinne des § 47 Abs. 1 Nr. 2 VwGO qualifizierte.

Gesetz, der Rechtsverordnung und der Satzung die Qualität von (Bundes- oder Landes-)**Recht** und damit allseitige Verbindlichkeit zu.[174] Die Vorgaben des Grundgesetzes – und nicht eine diffuse »Rechtsquellenlehre«[175] – sind auch für die Auslegung des § 47 Abs. 1 Nr. 2 VwGO maßgeblich. Da Verwaltungsvorschriften überdies nicht (notwendig) aufgrund förmlicher Beschlussakte zustande kommen und veröffentlicht werden, fehlt es an den Voraussetzungen, diese für »unwirksam« zu erklären.

2. Antragsbefugnis (§ 47 Abs. 2 S. 1 VwGO)

Den Antrag kann jede **natürliche** oder **juristische Person,** die geltend macht, durch **1151** die Rechtsvorschrift oder deren Anwendung in ihren **Rechten verletzt** zu sein oder in absehbarer Zeit verletzt zu werden, sowie jede **Behörde** stellen (§ 47 Abs. 2 S. 1 VwGO). Die **Antragsberechtigung** knüpft damit im Wesentlichen an die **Beteiligtenfähigkeit** (§ 61 VwGO) an, lässt aber gleichzeitig deutlich werden, dass es sich bei der Normenkontrolle um ein **besonderes Verfahren** handelt. Für **natürliche** und **juristische Personen** ist als zusätzliche Sachurteilsvoraussetzung die **Antragsbefugnis** vorgesehen. § 47 Abs. 2 S. 1 VwGO hat seine geltende Fassung im Wesentlichen durch die 6. VwGO-Novelle erhalten.[176] Ursprünglich reichte es aus, dass der Antragsteller »durch die Rechtsvorschrift oder deren Anwendung einen Nachteil erlitten oder in absehbarer Zeit zu erwarten« hatte. Das Bundesverwaltungsgericht hat den Nachteilsbegriff in einer Reihe von Entscheidungen zu präzisieren versucht und darauf abgestellt, ob der Antragsteller eine Beeinträchtigung rechtlich geschützter Interessen geltend machen konnte.[177]

Die mit der Neufassung des § 47 Abs. 2 VwGO bekundete gesetzgeberische Absicht **1152** zielt eindeutig auf die **Einengung** der Antragsbefugnis ab.[178] Allerdings wird durch – auch untergesetzliche – Rechtsnormen ein Rechtsverhältnis regelmäßig *nicht* in einer dem Verwaltungsakt vergleichbaren Weise konkretisiert, so dass der Kreis betroffener **subjektiver Rechte** auch nicht völlig absehbar ist.[179] Dem trägt die Rechtsvorschrift dadurch Rechnung, dass die Rechtsverletzung auch durch einen **Anwendungsakt** – regelmäßig einen Verwaltungsakt – in Betracht kommt. Auf diese Weise muss der weitere Geschehensablauf antizipiert und damit typisiert werden, weil andernfalls subjektive Rechte nicht benannt werden könnten. Überwiegend wird für ein **prag-**

Die Rechtsprechung ist mittlerweile überholt, weil gem. § 28 Abs. 1 SGB XII die Regelbedarfe in Jahren in denen eine Einkommens- und Verbrauchsstichprobe vorliegt durch Bundesgesetz geregelt werden bzw. nach § 28 a i. V. m. § 40 SGB XII durch Rechtsverordnung des Bundesministeriums für Arbeit und Soziales fortgeschrieben werden.

174 Vgl. oben Rn. 96 ff.
175 Vgl. oben Rn. 84.
176 Vgl. 6. Gesetz zur Änderung der Verwaltungsgerichtsordnung und anderer Gesetze vom 1. 11. 1996 (BGBl. I S. 1626). Durch Art. 3 des Gesetzes zur Erleichterung von Planungsvorhaben für die Innenentwicklung der Städte vom 21. 12. 2006 (BGBl. I S. 3316) ist insofern lediglich eine Friständerung erfolgt.
177 Vgl. BVerwGE 56, 172 (175); 59, 87 (94 f.); 64, 77 (80).
178 Vgl. *W.-R. Schenke,* NJW 1997, S. 81 (82); *J. Hüttenbrink,* DVBl. 1997, S. 1253 ff.; *Gerhardt/Bier,* in: Schoch/Schmidt-Aßmann/Pietzner, VwGO, § 47 Rn. 41.
179 Vgl. *Gerhardt/Bier,* in: Schoch/Schmidt-Aßmann/Pietzner, VwGO, § 47 Rn. 42 ff.; *J. Ziekow,* in: Sodan/Ziekow, VwGO, § 47 Rn. 144 ff.

matisches Vorgehen plädiert,[180] von dem auch die jüngste Rechtsprechung des Bundesverwaltungsgerichts gekennzeichnet ist.[181]

1153 Im Ausgangsfall müsste die Gemeinde, wenn sie den Normenkontrollantrag in ihrer Eigenschaft als juristische Person des öffentlichen Rechts (Gebietskörperschaft) stellt, nach neuer Rechtslage geltend machen, durch den Regionalplan in ihren Rechten verletzt zu sein. Gemeinden haben ihre Bebauungspläne den Zielen der Raumordnung anzupassen (§ 1 Abs. 4 BauGB; ähnlich § 4 Abs. 1 S. 1 ROG). Die Planungshoheit der Gemeinde ist Bestandteil der durch Art. 28 Abs. 2 S. 1 GG garantierten kommunalen Selbstverwaltung, die als verletztes Recht in Betracht käme.[182] Allerdings verlangt das BVerwG dafür, dass die örtliche Planung bereits hinreichend konkretisiert ist, während die abstrakte Möglichkeit einer Beeinträchtigung der Planungshoheit nicht ausreichen soll.[183] Einen »Nachteil« im Sinne des § 47 Abs. 2 S. 1 VwGO a. F. hatte das BVerwG allerdings in der Beeinträchtigung der Planungshoheit gesehen, zugleich aber betont, dieser Begriff sei weiter als der der Rechtsverletzung in § 42 Abs. 2 VwGO.[184] Ob die Gemeinde im Ausgangsfall dagegen eine *Rechtsverletzung* im Sinne des § 47 Abs. 2 S. 1 VwGO n. F. geltend machen könnte, erscheint nach den vom BVerwG entwickelten Grundsätzen zweifelhaft.[185]

1154 Außer natürlichen und juristischen Personen sind **Behörden** antragsberechtigt. Für den Normenkontrollantrag von Behörden sind **keine** weiteren **Sachurteilsvoraussetzungen** vorgesehen. Eine besondere Antragsbefugnis käme schon deshalb nicht in Betracht, weil Behörden (als solche) nicht rechtsfähig sind und insofern keine (subjektiven) Rechte, sondern nur gesetzliche Zuständigkeiten haben. Gleichwohl soll nach herrschender Meinung nicht jede Behörde berechtigt sein, einen Normenkontrollantrag zu stellen, so dass eine »Behördenpopularklage« ausgeschlossen ist.[186]

1155 Im Ausgangsfall wäre die Gemeinde, auch wenn man ihre Antragsbefugnis als *Körperschaft* verneint, in jedem Fall als *Behörde* antragsberechtigt (was das Normenkontrollgericht überhaupt nicht erwogen hatte).[187]

3. Rechtsschutzbedürfnis

1156 Alle Antragsteller müssen – allgemeinen Grundsätzen folgend – ein **Rechtsschutzbedürfnis** (oder »Rechtsschutzinteresse«) auch für den Normenkontrollantrag haben. Bei natürlichen und juristischen Personen dürfte das Rechtsschutzinteresse regelmäßig mit der Antragsbefugnis vorliegen. Von Behörden verlangt die Rechtsprechung, dass sie mit der Rechtsvorschrift, deren Prüfung verlangt wird, befasst sind, sie also zu beachten haben.[188]

180 Vgl. *Gerhardt/Bier*, in: Schoch/Schmidt-Aßmann/Pietzner, VwGO, § 47 Rn. 44; *W.-R. Schenke*, Verwaltungsprozessrecht, Rn. 890 ff.; *F. Hufen*, Verwaltungsprozessrecht, § 19 Rn. 19 ff.; *Redeker/v. Oertzen*, VwGO, § 47 Rn. 31 f.

181 Vgl. BVerwGE 110, 36 (38); 114, 301 (304 ff.); BVerwG, NVwZ 2000, S. 1296 (Landschaftsschutzverordnung); BVerwG, NVwZ 2000, S. 1413 (Bebauungsplan).

182 Vgl. BVerwGE 31, 263; *J. Ipsen*, ZG 9 (1994), S. 194 (203) m. w. N.

183 So BVerwGE 51, 6 (15); 69, 256 (261 f.).

184 So BVerwGE 81, 307 (311).

185 Vgl. aber auch BVerwGE 74, 124 (132).

186 Vgl. BVerwGE 81, 307 (308); *Gerhardt/Bier*, in: Schoch/Schmidt-Aßmann/Pietzner, VwGO, § 47 Rn. 79; *Redeker/v. Oertzen*, VwGO, § 47 Rn. 33 f.; *Kopp/Schenke*, VwGO, § 47 Rn. 82; *W.-R. Schenke*, Verwaltungsprozessrecht, Rn. 898; *F. Hufen*, Verwaltungsprozessrecht, § 19 Rn. 33; *Schmitt Glaeser/Horn*, Verwaltungsprozeßrecht, Rn. 427 f.

187 So zutr. BVerwGE 81, 307 (308 f.). Zweifelnd nunmehr jedoch: BVerwGE 114, 301 (308).

188 So BVerwGE 81, 307 (309). Dazu: *Gerhardt/Bier*, in: Schoch/Schmidt-Aßmann/Pietzner, VwGO, § 47 Rn. 79; *Kopp/Schenke*, VwGO, § 47 Rn. 82; *J. Ziekow*, in: Sodan/Ziekow, VwGO, § 47

> Im Ausgangsfall ist die Gemeinde durch den Regionalplan nicht nur im Hinblick auf spätere 1157
> Planungen präjudiziert; sie muss diesen vielmehr auch insoweit beachten, als ihr Einvernehmen
> nach § 36 Abs. 1 BauGB für die Baugenehmigung erforderlich ist. Das BVerwG hat deshalb
> zutreffend das Rechtsschutzbedürfnis bejaht.[189]

Ein Rechtsschutzbedürfnis ist für Behörden zu verneinen, wenn sie selber in der Lage 1158
wären, die Bindung an die Rechtsvorschrift zu beenden. Abgesehen davon, dass sich
ein Normenkontrollverfahren, in dem eine Behörde eine von ihr selbst erlassene
Norm zur Prüfung stellt, als (unzulässiger) »In-sich-Prozess« darstellen würde,[190]
fehlte es der Behörde auch am Rechtsschutzbedürfnis.[191] Dieses könnte allenfalls
vorliegen, wenn es entscheidend auf die **Nichtigkeit** der Rechtsnorm – also die
Geltungsbeendigung *ex tunc* – ankäme. Diese ist durch einen neuerlichen Normset-
zungsakt nicht zu erreichen.[192]

> Im Ausgangsfall könnte also nicht etwa die Behörde, die den Regionalplan erlassen hat, einen 1159
> Antrag im Normenkontrollverfahren mit dem Ziel stellen, dessen Verbindlichkeit »ein für alle Mal«
> überprüfen zu lassen. Sofern sie Zweifel an der Übereinstimmung des Plans mit höherrangigem
> Recht hätte, könnte sie diesen in eigener Zuständigkeit ändern.

4. Frist (§ 47 Abs. 2 S. 1 VwGO)

Der Antrag kann nur innerhalb eines Jahres nach Bekanntmachung der Rechtsvor- 1160
schrift gestellt werden (§ 47 Abs. 2 S. 1 VwGO). Die mit der 6. VwGO-Novelle
eingeführte **Antragsfrist** dürfte Überlegungen, wonach das Antragsrecht nach § 47
VwGO infolge Zeitablaufs verwirkt werden kann, im Wesentlichen gegenstandslos
gemacht haben.[193] Die Einhaltung der Antragsfrist ist eine Sachurteilsvoraussetzung.
Wird die Frist überschritten, ist der Normenkontrollantrag unzulässig.

VII. Exkurs: Aufbau der Zulässigkeits- und Begründetheitsprüfung einer verwaltungsgerichtlichen Klage

Die Prüfung der **Zulässigkeit** und **Begründetheit** einer **verwaltungsgerichtlichen** 1161
Klage ist als Gegenstand öffentlich-rechtlicher Aufgabenstellungen in (Vorgerückten-)
Übungen und Staatsprüfungen nahezu die Regel. Anders als bei zivilrechtlichen Fallgestaltungen, bei denen die prozessuale Durchsetzung des Anspruchs meist ausgeblen-
det wird, muss der Bearbeiter einer öffentlich-rechtlichen Aufgabenstellung regelmäßig die Zulässigkeit und Begründetheit eines Rechtsbehelfs (nicht notwendig einer
Klage) prüfen. Der verbreiteten Unsicherheit, wie eine derartige Prüfung aufzubauen
ist, sollen die **Aufbauschemata** entgegenwirken, die sich in den Lehrbüchern zum

---

Rn. 269 ff.; *W.-R. Schenke*, Verwaltungsprozessrecht, Rn. 912; *Schmitt Glaeser/Horn*, Verwaltungsprozeßrecht, Rn. 427, jeweils m. w. N.
189 So BVerwGE 81, 307 (310 f.).
190 Vgl. *Gerhardt/Bier*, in: Schoch/Schmidt-Aßmann/Pietzner, VwGO, § 47 Rn. 79.
191 Vgl. *Kopp/Schenke*, VwGO, § 47 Rn. 82; *J. Ziekow*, in: Sodan/Ziekow, VwGO, § 47 Rn. 239;
Redeker/v. Oertzen, VwGO, § 47 Rn. 24; *J. Schmidt*, in: Eyermann, VwGO, § 47 Rn. 59; *Schmitt
Glaeser/Horn*, Verwaltungsprozeßrecht, Rn. 428; *W.-R. Schenke*, Verwaltungsprozessrecht,
Rn. 912; a. A. *F. Hufen*, Verwaltungsprozeßrecht, § 19 Rn. 36 f.
192 Vgl. *Gerhardt/Bier*, in: Schoch/Schmidt-Aßmann/Pietzner, VwGO, § 47 Rn. 79.
193 So *Gerhardt/Bier*, in: Schoch/Schmidt-Aßmann/Pietzner, VwGO, § 47 Rn. 38; *Kopp/Schenke*,
§ 47 Rn. 87; *J. Schmidt*, in: Eyermann, VwGO, § 47 Rn. 73 f.

Verwaltungsprozessrecht[194] und in der juristischen Ausbildungsliteratur[195] in unübersehbarer Vielzahl finden. Weil mit derartigen Schemata das Ziel verfolgt wird, alle *möglichen* Fallgestaltungen zu erfassen, verleiten sie den Bearbeiter dazu, unnötig viele Sachurteilsvoraussetzungen zu prüfen. Bearbeitungen, in denen das Unproblematische problematisiert und das Überflüssige ausgebreitet wird, lassen bereits auf den ersten Blick das Unvermögen des Bearbeiters erkennen, die **Schwerpunkte** richtig zu setzen. Die Aufzählung einer größeren Zahl von Sachurteilsvoraussetzungen ist für sich genommen nur eine Gedächtnisleistung, trägt aber noch nicht zur Lösung eines Falles bei. Fallgestaltungen weisen regelmäßig eine **juristische Pointe** auf, auf die die Lösung zusteuern muss. Sofern der Fall auch ein **prozessuales Problem** aufwirft, ist ebenfalls ein entsprechender Schwerpunkt zu bilden. Ungeschickt und unnötig zeitraubend ist es demgegenüber, alle möglichen Sachurteilsvoraussetzungen als fraglich aufzuwerfen, um sodann zu konstatieren, dass sie gegeben sind.

1162 Der Bearbeiter einer Klausur- oder Hausarbeitsaufgabe muss sich stets bewusst sein, dass er ein Gutachten über einen **unstreitigen Sachverhalt** zu erstatten hat, die juristische Entscheidungssituation also nur **simuliert** wird. Zwar zielt die Aufgabenstellung zumeist auf eine **richterliche Entscheidung** ab, die gutachtlich vorzubereiten ist. Dem Richter liegt indes eine **reale Klage** vor, bei der meist schon auf den ersten Blick klar ist, ob sie den gesetzlichen Anforderungen entspricht oder nicht. Hinzu kommt die besondere richterliche Arbeitstechnik, zu prüfende rechtliche Voraussetzungen »dahingestellt« sein zu lassen, wenn andere eine hinreichend sichere Entscheidungsgrundlage bieten. Fehlt es an einer Sachurteilsvoraussetzung – etwa an der Klagebefugnis –, so wird allein *diese* geprüft (und ihr Vorliegen verneint), während alle anderen »dahingestellt« bleiben können. Im Extremfall kann sogar die Zulässigkeit der Klage überhaupt »dahingestellt« bleiben, wenn hinreichend sicher ist, dass die Klage »jedenfalls« **unbegründet** ist.

1163 Der Prüfungsaufbau in Klausur und Hausarbeit ist demgegenüber **schulmäßig** und unterscheidet sich deshalb wesentlich von der richterlichen Entscheidungspraxis. Obwohl die Unterscheidung von Zulässigkeit und Begründetheit der Klage sowie deren Voraussetzungen im Einzelnen durch die Verwaltungsgerichtsordnung vorgegeben sind, ist der **Prüfungsaufbau** normativ nicht festgelegt. Es handelt sich vielmehr um Regeln **juristischer Darstellungskunst.** Wenn man ein Prinzip als leitend ansehen will, so ist es das der **Logik.** Beim Prüfungsaufbau ist immer zu berücksichtigen, dass **Prämissen** hinsichtlich ihres Vorliegens stets geprüft werden, ehe hieraus **Folgerungen** gezogen werden. Gegebenenfalls muss eine nicht vorliegende Prämisse **hypothetisch** ersetzt werden. Der in der Praxis juristischer Ausbildung häufigste Fall ist der des **Hilfsgutachtens.** Ist eine Klage unzulässig, so kann sie logischerweise nicht begründet sein, denn die Sachurteilsvoraussetzungen müssen vorliegen, damit der Richter überhaupt **in der Sache** – über die Begründetheit der Klage – entscheidet. In der verwaltungsgerichtlichen Praxis würde eine Klage bei

---

194 Vgl. *F. Hufen,* Verwaltungsprozessrecht, § 14 Rn. 117; § 15 Rn. 31; § 16 Rn. 20; § 17 Rn. 12; § 18 Rn. 58; § 19 Rn. 42; *Schmitt Glaeser/Horn,* Verwaltungsprozeßrecht, Rn. 240, 286, 300, 310, 349, 357, 434, 469; *W.-R. Schenke,* Verwaltungsprozessrecht, Rn. 724 a; *T. Würtenberger,* Verwaltungsprozessrecht, Rn. 263, 318, 343, 374, 395, 432, 478.

195 Vgl. *H.-U. Erichsen,* Jura 1980, S. 103 ff., 153 ff.; *Pietzner/Ronellenfitsch,* Das Assessorexamen im Öffentlichen Recht, 12. Aufl. 2010, § 3 Rn. 40 f., § 8 Rn. 5 f., § 10 Rn. 5; *F. Schoch,* Übungen im Öffentlichen Recht II, S. 71; *G. Schwerdtfeger,* Öffentliches Recht in der Fallbearbeitung, Rn. 7, 10; *Stern/Blanke,* Verwaltungsprozessrecht in der Klausur, Rn. 372, 373, 446, 465, 492, 506, 528, 555.

Fehlen von Sachurteilsvoraussetzungen demgemäß als »unzulässig« abgewiesen werden. Schon aus Gründen der Arbeitsökonomie würde sich der Richter mit den materiell-rechtlichen Fragen überhaupt nicht beschäftigen. In der Übungs- und Prüfungspraxis verhält es sich anders: Dem Bearbeiter wird der bequeme Ausweg, eine Sachurteilsvoraussetzung als *nicht* gegeben anzusehen, zumeist verstellt: Fehlt es seiner Auffassung nach an einer Sachurteilsvoraussetzung, so ist regelmäßig ein Hilfsgutachten zu erstellen und auf diese Weise die Zulässigkeit der Klage zu fingieren.

Auch die Zulässigkeitsprüfung selbst folgt den **Regeln der Logik**. Statt sich komplizierte Aufbauschemata einzuprägen, sollte der Bearbeiter versuchen, unter den zahlreichen Sachurteilsvoraussetzungen eine Art **logischer Reihenfolge** zu bilden. Als grobes Raster empfiehlt es sich, vorweg den **Rechtsweg** sowie die **sachliche** und **örtliche Zuständigkeit** des angerufenen **Gerichts** zu prüfen (I.). In einem zweiten Abschnitt ist die **Zulässigkeit** der **Klage**, mit anderen Worten sind die **Sachurteilsvoraussetzungen** im Einzelnen zu prüfen (II.). In einem dritten Abschnitt (III.) ist die **Begründetheit** der **Klage** zu prüfen.   **1164**

Der **dreistufige Aufbau** anstelle des herkömmlichen **zweistufigen** ergibt sich daraus, dass eine vor einem unzuständigen Gericht erhobene Klage **nicht** mehr als **unzulässig** abgewiesen werden kann, sondern **verwiesen** werden muss (§ 17a GVG; ggf. i. V. m. § 83 S. 1 VwGO).[196] Wenn aber eine Klage wegen Anrufung des falschen Gerichts nicht als unzulässig abgewiesen werden kann, ist es folgerichtig, die **Eröffnung** des **Verwaltungsrechtswegs** sowie die örtliche und sachliche Zuständigkeit des Gerichts **nicht** als Sachurteilsvoraussetzung, sondern als **gesonderte Vorfrage** zu prüfen.[197]   **1165**

Bei Prüfungsaufgaben, denen zufolge die Zulässigkeit und Begründetheit einer verwaltungsgerichtlichen Klage zu prüfen ist, ergibt sich deshalb folgendes **Grobschema**:   **1166**

I. Rechtsweg und Zuständigkeit des Gerichts
II. Zulässigkeit der Klage
III. Begründetheit der Klage

Innerhalb des Abschnitts über die Gerichtszuständigkeit hat die **Zulässigkeit des Verwaltungsrechtswegs** (§ 40 Abs. 1 S. 1 VwGO)[198] gegenüber der **sachlichen** (§§ 45 ff. VwGO) und **örtlichen** (§ 52 VwGO) **Zuständigkeit** des Verwaltungsgerichts logische **Priorität**. Insoweit ist auf die Ausführungen zu Verwaltungsrechtsweg und Zuständigkeit der Verwaltungsgerichte zu verweisen.[199] Der erste Abschnitt der Prüfung einer verwaltungsgerichtlichen Klage lässt sich deshalb wie folgt gliedern: **1167**

---

196 Vgl. *F. Hufen*, Verwaltungsprozessrecht, § 10 Rn. 1; § 11 Rn. 75; *W.-R. Schenke*, Verwaltungsprozessrecht, Rn. 155; *Kopp/Schenke*, VwGO, § 83 Rn. 7; *Redeker/v. Oertzen*, VwGO, § 45 Rn. 2; § 52 Rn. 4; *Stern/Blanke*, Verwaltungsprozessrecht in der Klausur, Rn. 130.

197 So durchgehend *F. Hufen*, Verwaltungsprozessrecht, § 10 Rn. 1, § 14 Rn. 117 und in den folgenden Übersichten; anders noch *W.-R. Schenke*, Verwaltungsprozessrecht, Rn. 724 a; *Schmitt Glaeser/Horn*, Verwaltungsprozeßrecht, Rn. 31.

198 Aus sprachlichen Gründen wäre die »Eröffnung« des Rechtswegs vorzuziehen; die »Zulässigkeit« des Rechtswegs entspricht jedoch der inzwischen gebräuchlichen Gesetzessprache (§ 17 Abs. 1 S. 1 GVG).

199 Vgl. oben Rn. 1165.

I. Rechtsweg und Zuständigkeit des Gerichts
1. Zulässigkeit des Verwaltungsrechtswegs (§ 40 Abs. 1 S. 1 VwGO)
2. Sachliche und örtliche Zuständigkeit des angerufenen Gerichts (§§ 45 ff. VwGO)

1168 Sofern der Verwaltungsrechtsweg eröffnet und die Zuständigkeit des angerufenen Gerichts bejaht (oder mangels Angaben im Sachverhalt zu unterstellen) ist, beginnt die eigentliche **Zulässigkeitsprüfung** der Klage. Die Vielzahl der Sachurteilsvoraussetzungen, die in den herkömmlichen Aufbauschemata meist noch um **negative Voraussetzungen** ergänzt werden,[200] lässt die Zulässigkeitsprüfung als kompliziert und langwierig erscheinen. Der Bearbeiter sollte jedoch stets bedenken, dass keine wirkliche Klage vorliegt, sondern ein vom Aufgabensteller **konstruierter Fall** zu lösen ist. Soweit Zulässigkeitsprobleme auftauchen, werden diese regelmäßig im Sachverhalt angesprochen sein, so dass der Bearbeiter hierauf hingelenkt wird und einen entsprechenden Schwerpunkt bilden kann. Gleichwohl bleiben einige Sachurteilsvoraussetzungen *stets* zu prüfen. Ihre Reihenfolge ist nicht durch Rechtssatz vorgegeben, sondern folgt dem Gesetz der Logik. Da die Klage den **Kläger**, den **Beklagten** und den **Gegenstand des Klagebegehrens** bezeichnen muss (§ 82 Abs. 1 S. 1 VwGO),[201] empfiehlt es sich, die Sachurteilsvoraussetzungen in

- **klägerbezogene,**
- **klagebezogene und**
- **beklagtenbezogene Voraussetzungen**

zu gliedern.[202]

1169 Wenn das Gericht seine eigene Zuständigkeit bejaht hat, richtet es zuerst den Blick auf den **Kläger**. Die **Beteiligungsfähigkeit** (§ 61 VwGO), die der zivilprozessualen **Parteifähigkeit** (§ 50 Abs. 1 ZPO) entspricht, ist für natürliche und juristische Personen unproblematisch, weil sie rechtsfähig sind. Vereinigungen, insbesondere Fraktionen in kommunalen Vertretungskörperschaften, haben demgegenüber hinsichtlich ihrer Beteiligungsfähigkeit Fragen aufgeworfen.[203] Der (seltene) Fall, dass eine (Landes-) Behörde als *Klägerin* auftritt, setzt eine landesrechtliche Bestimmung voraus.[204]

1170 Zu den klägerbezogenen Zulässigkeitsvoraussetzungen gehören überdies die **Prozessfähigkeit** (§ 62 Abs. 1 VwGO) und die **Postulationsfähigkeit** (§ 67 Abs. 1 VwGO). Beide Zulässigkeitsvoraussetzungen können nur geprüft werden, wenn entsprechende Angaben im Sachverhalt enthalten sind, z. B. ein Minderjähriger Klage erhebt, ohne durch seine Eltern vertreten zu sein. **Juristische Personen,** (nichtrechtsfähige) Vereinigungen und Behörden sind als solche **nicht prozessfähig,** sondern handeln durch ihre **gesetzlichen Vertreter** (§ 62 Abs. 3 VwGO). Die Frage der **Postulationsfähig-**

---

200 Vgl. *W.-R. Schenke,* Verwaltungsprozessrecht, Rn. 724 a; *Schmitt Glaeser/Horn,* Verwaltungsprozeßrecht, Rn. 237, 310, 349, 357, 434; *G. Schwerdtfeger,* Öffentliches Recht in der Fallbearbeitung, Rn. 7.

201 Vgl. oben Rn. 1041.

202 Ähnlich *F. Hufen,* Verwaltungsprozessrecht, § 14 Rn. 117: »beteiligtenbezogene Zulässigkeitsvoraussetzungen«.

203 Nachw. bei *J. Ipsen,* Niedersächsisches Kommunalrecht, 4. Aufl. 2011, Rn. 499; *F. Schoch,* JuS 1987, S. 783 (785 f.).

204 Vgl. oben Rn. 924.

keit, ob nämlich der (beteiligungs- und prozessfähige) Kläger vor Gericht selbst **Anträge** stellen (»postulieren«) kann, hat aufgrund der 6. VwGO-Novelle erheblich an praktischer Bedeutung gewonnen. Beteiligte müssen sich seitdem nicht nur vor dem **Bundesverwaltungsgericht,** sondern auch vor dem **Oberverwaltungsgericht** durch einen **Rechtsanwalt** oder **Rechtslehrer** an einer staatlichen oder staatlich anerkannten Hochschule eines Mitgliedstaates der Europäischen Union, eines anderen Vertragsstaates des Abkommens über den Europäischen Wirtschaftsraum oder der Schweiz mit der Befähigung zum Richteramt als **Bevollmächtigten** vertreten lassen (§ 67 Abs. 4 S. 1 i. V. m. Abs. 2 S. 1 VwGO). Juristische Personen des öffentlichen Rechts und Behörden können sich durch eigene Beschäftigte mit Befähigung zum Richteramt oder durch Beschäftigte mit Befähigung zum Richteramt anderer Behörden oder juristischer Personen des öffentlichen Rechts einschließlich der von ihnen zur Erfüllung dieser Aufgaben gebildeten Zusammenschlüsse vertreten lassen (§ 67 Abs. 4 S. 4 VwGO). Eine fakultative Vertretung vor dem Verwaltungsgericht, die nicht durch einen Rechtsanwalt oder Rechtslehrer i. S. d. § 67 Abs. 2 Satz 1 VwGO erfolgt darf lediglich vorgenommen werden, wenn eine Ausnahme des § 67 Abs. 2 S. 2 VwGO vorliegt. Die Postulationsfähigkeit ist jedoch nur zu prüfen, wenn der Sachverhalt entsprechende **Angaben** enthält, etwa wenn ein Kläger selbst einen Normenkontrollantrag (§ 47 VwGO) stellt. Erfahrungsgemäß liegt die verwaltungsprozessuale Pointe eines Falles jedoch bei anderen Sachurteilsvoraussetzungen, so dass es beim Kläger zumeist mit der Bejahung der Beteiligungsfähigkeit (§ 61 VwGO) sein Bewenden hat.

Breiteren Raum nehmen naturgemäß die **klagebezogenen** Sachurteilsvoraussetzungen ein. An erster Stelle steht hier die **Statthaftigkeit** der Klageart (Rechtsschutzform), aus der wiederum besondere **Sachurteilsvoraussetzungen** (Klagebefugnis, Widerspruchsverfahren) folgen. **1171**

Bei der Prüfung der **statthaften Klageart** hat der Bearbeiter zu untersuchen, welche **Rechtsschutzform** die Verwaltungsgerichtsordnung für ein **bestimmtes Klagebegehren** vorsieht. Mit anderen Worten liegt nicht von vornherein eine in die Formentypik einzuordnende (Anfechtungs-, Verpflichtungs-, Leistungs- oder Feststellungs-) Klage vor. Der Kläger verfolgt vielmehr ein bestimmtes **Klageziel,** für das es zweitrangig ist, ob es in der einen oder der anderen Rechtsschutzform erreicht wird. Zwar ist der Fall denkbar, dass der Kläger durch Beharren auf einem bestimmten Antrag die richtige Klageart verfehlt und seine Klage deshalb als unzulässig abgewiesen wird.[205] In den Übungs- und Prüfungsfällen kommt es demgemäß darauf an, die dem **Klagebegehren** entsprechende (statthafte) **Klageart** aufzufinden und das Vorliegen der spezifischen Sachurteilsvoraussetzungen zu prüfen. Die Statthaftigkeit ist regelmäßig vom materiellen Recht, insbesondere der Handlungsform der Verwaltung, abhängig. Bei der Anfechtungs- und Verpflichtungsklage kann eine eingehende Prüfung geboten sein, ob ein Verwaltungsakt vorliegt.[206] Stets ist aber zu beachten, dass die Klage nicht unzulässig ist, weil eine bestimmte Klageart unstatthaft ist. Aus der Eröffnung des Verwaltungsrechtswegs durch **Generalklausel** (§ 40 Abs. 1 S. 1 VwGO) folgt vielmehr, dass für *jede* »öffentlich-rechtliche Streitigkeit nichtverfassungsrechtlicher Art« (irgend-)eine Klageart statthaft sein muss.[207] Dass eine Klageart **1172**

---

205 Vgl. *J. Pietzcker,* in: Schoch/Schmidt-Aßmann/Pietzner, VwGO, Vorb. § 42 Abs. 1 Rn. 31.
206 Vgl. oben Rn. 1048, 1089.
207 Vgl. zum Sonderfall des Normenkontrollverfahrens oben Rn. 1146 ff.

statthaft ist, bedeutet wiederum nicht, dass sie auch zulässig sein muss, weil ihre Zulässigkeit noch an anderen Sachurteilsvoraussetzungen scheitern kann.

1173 Sofern die statthafte Klageart ermittelt worden ist, sind die **besonderen Sachurteilsvoraussetzungen** zu prüfen, die von der jeweiligen Klageart abhängen. Für die **Anfechtungs-** und **Verpflichtungsklage** sind dies in erster Linie die **Klagebefugnis** (§ 42 Abs. 2 VwGO), das (erfolglos durchgeführte) **Widerspruchsverfahren** (§§ 68 ff. VwGO) und die **Einhaltung der Klagefrist** (§ 74 VwGO). Sofern die allgemeine **Leistungsklage** statthaft ist, ist nur die **Klagebefugnis** in analoger Anwendung zu prüfen, sofern der Bearbeiter die Analogie zu § 42 Abs. 2 VwGO für geboten hält.[208] Ist die **Feststellungsklage** statthaft, so ist als besondere Sachurteilsvoraussetzung das **Feststellungsinteresse** (§ 43 Abs. 1 VwGO) zu prüfen.[209] Die Subsidiarität (§ 43 Abs. 2 VwGO) ist demgegenüber keine besondere Sachurteilsvoraussetzung der Feststellungsklage; sie wird im Rahmen der Statthaftigkeit geprüft.[210]

1174 Als ungeschriebene, für alle Klagearten geltende Sachurteilsvoraussetzung wird das **Rechtsschutzbedürfnis** angenommen. Selbst wenn alle Sachurteilsvoraussetzungen gegeben sind, soll es gleichwohl am Rechtsschutzbedürfnis fehlen, wenn der Kläger sein Ziel auf einfachere Weise oder überhaupt nicht mehr erreichen kann bzw. sich die Klage als Rechtsmissbrauch darstellt.[211] Ob es neben der Klagebefugnis (§ 42 Abs. 2 VwGO) und dem Feststellungsinteresse (§§ 43 Abs. 1, 113 Abs. 1 S. 4 VwGO) überhaupt noch einer solchen »Auffangkategorie«[212] bedarf, ist umstritten, wird in der verwaltungsprozessualen Literatur aber überwiegend bejaht.[213] Es sind indes **Ausnahmefälle,** die überdies von einer gewissen Evidenz gekennzeichnet sind, in denen trotz Vorliegens aller übrigen Sachurteilsvoraussetzungen das Rechtsschutzbedürfnis zu verneinen ist. Es ist deshalb nur zu prüfen, wenn eine **atypische** Sachverhaltskonstellation vorliegt.

1175 Die klagebezogenen Zulässigkeitsvoraussetzungen lassen sich deshalb wie folgt gliedern:

> 1. Klagebezogene Sachurteilsvoraussetzungen
>   a) Statthafte Klageart
>   b) Besondere Sachurteilsvoraussetzungen (je nach Klageart: Klagebefugnis, Widerspruchsverfahren, Klagefrist, Feststellungsinteresse)
>   c) bei atypischer Fallkonstellation: allgemeines Rechtsschutzbedürfnis

1176 **Beklagtenbezogene Sachurteilsvoraussetzungen** gibt es naturgemäß kaum, insbesondere ist die Passivlegitimation keine Frage der Zulässigkeit, sondern der Be-

---

208 Vgl. oben Rn. 1107.
209 Vgl. oben Rn. 1118 ff.
210 Vgl. oben Rn. 1116.
211 Vgl. hierzu *F. Hufen,* Verwaltungsprozessrecht, § 23 Rn. 10 ff.; *W.-R. Schenke,* Verwaltungsprozessrecht, Rn. 560 f.; *Schmitt Glaeser/Horn,* Verwaltungsprozeßrecht, Rn. 117; *Kopp/Schenke,* VwGO, Vorb. § 40 Rn. 30.
212 So *F. Hufen,* Verwaltungsprozessrecht, § 23 Rn. 11.
213 Vgl. *Schmitt Glaeser/Horn,* Verwaltungsprozeßrecht, Rn. 117; *K. Rennert,* in: Eyermann, VwGO, Vorb. § 40 Rn. 11; vgl. zur Abgrenzung des Rechtsschutzbedürfnisses von den geltend gemachten subjektiven Rechten: *Kopp/Schenke,* VwGO, Vorb. § 40 Rn. 36; *W.-R. Schenke,* Verwaltungsprozessrecht, Rn. 562 a.

gründetheit der Klage.[214] Allerdings muss auch beim Beklagten die Beteiligungsfähigkeit (§ 61 VwGO) geprüft werden, weil eine gegen einen nicht beteiligungsfähigen Beklagten gerichtete Klage als unzulässig abzuweisen ist.[215] Daneben enthält § 78 VwGO die Bestimmung, gegen wen die (Anfechtungs- und Verpflichtungs-)Klage zu richten ist.[216] Da hiermit die **Prozessführungsbefugnis** aufseiten des Beklagten (und nicht etwa die Passivlegitimation) geregelt wird,[217] ist im Rahmen der Zulässigkeit auch zu prüfen, ob die Klage sich gegen den »richtigen« Beklagten richtet. Während § 78 VwGO unmittelbar nur für Anfechtungs- und Verpflichtungsklagen gilt, soll die Bestimmung nach verbreiteter Meinung **analog** auch bei anderen **Verfahrensarten** angewandt werden.[218] Die **Zulässigkeitsprüfung** einer **verwaltungsgerichtlichen Klage** lässt sich deshalb in ihren Grundzügen wie folgt darstellen:

I. Zulässigkeit der Klage
1. Klägerbezogene Sachurteilsvoraussetzungen
    a) Beteiligungsfähigkeit (§ 61 VwGO)
    b) Prozess- und Postulationsfähigkeit (§§ 62, 67 VwGO) – nur bei entsprechender Sachverhaltsgestaltung
2. Klagebezogene Sachurteilsvoraussetzungen
    a) Statthafte Klageart (Anfechtungs-, Verpflichtungs-, Leistungs-, Feststellungs- oder Fortsetzungsfeststellungsklage)
    b) Besondere Sachurteilsvoraussetzungen (Klagebefugnis, ggf. Widerspruchsverfahren und Klagefrist bei Anfechtungs- und Verpflichtungsklagen, Klagebefugnis nach h. M. bei allgemeinen Leistungsklagen; Feststellungsinteresse bei Feststellungsklagen)
    c) Allgemeines Rechtsschutzbedürfnis (nur bei entsprechender Sachverhaltskonstellation)
5. Beklagtenbezogene Sachurteilsvoraussetzungen
    d) Beteiligungsfähigkeit (§ 61 VwGO)
    e) (passive) Prozessführungsbefugnis (§ 78 VwGO)

Die **Begründetheit der Klage** ist in einem dritten, von der Rechtsweg- und der Zulässigkeitsprüfung zu trennenden Abschnitt zu prüfen. Die Prüfung der Begründetheit folgt der Zulässigkeitsprüfung stets dann, wenn nach den »Erfolgsaussichten« einer Klage gefragt ist oder die Aufgabenstellung in vergleichbarer Weise die prozessuale Situation simuliert. Die Zulässigkeit einer möglichen Klage kann jedoch auch als **Annex** der materiell-rechtlichen Problematik eines Falles zu prüfen sein. Es kommt hier entscheidend darauf an, wie die **Aufgabenstellung** lautet. Es ist deshalb ganz töricht, jede mögliche Fallgestaltung in das Korsett von Zulässigkeits- und Begründetheitsprüfung einer Klage zu zwängen. Gelegentlich (namentlich im juristischen Vorbereitungsdienst) wird es sich zudem um die Prüfung der Erfolgsaussichten

1177

---

214 Vgl. *Kopp/Schenke,* VwGO, Vorb. § 40 Rn. 28; *Schmitt Glaeser/Horn,* Verwaltungsprozeßrecht, Rn. 82.

215 Vgl. *W. Bier,* in: Schoch/Schmidt-Aßmann/Pietzner, VwGO, § 61 Rn. 9.

216 Vgl. *C. Meissner,* in: Schoch/Schmidt-Aßmann/Pietzner, VwGO, § 78 Rn. 3 m. w. N.

217 Vgl. *W.-R. Schenke,* Verwaltungsprozessrecht, Rn. 545 f. Die Einordnung des § 78 VwGO als Vorschrift über die Passivlegitimation entspricht inzwischen nicht mehr der h. M.: vgl. *C. Meissner,* in: Schoch/Schmidt-Aßmann/Pietzner, VwGO, § 78 Rn. 8 ff.; *Kopp/Schenke,* VwGO, § 78 Rn. 1; *M. Jestaedt,* NWVBl. 1989, S. 45 (47 f.); siehe dazu auch *J. Rozek,* JuS 2007, S. 602.

218 Vgl. oben Rn. 1109.

eines **Widerspruchs** handeln, auf den unmittelbar nur die §§ 68 ff. VwGO anwendbar sind, während es im Übrigen – etwa bei der »Widerspruchsbefugnis« – einer Analogie bedarf.[219]

1178 Geht man vom Regelfall aus, dass nach Rechtsweg und Zulässigkeit der Klage deren Begründetheit zu prüfen ist, so erweist sich als entscheidend, um **welche Klageart** es sich handelt. Während zu Beginn der Zulässigkeitsprüfung erst geprüft werden muss, welche Klageart (überhaupt) statthaft ist und sich hieraus die zu erörternden besonderen Sachurteilsvoraussetzungen ergeben, steht die Begründetheitsprüfung bei schulmäßigem Aufbau unter der **Voraussetzung,** dass die Klage als Anfechtungs-, Verpflichtungs-, Leistungs-, Feststellungs- oder Fortsetzungsfeststellungsklage **zulässig** ist. Gesetzliche Vorschriften über die Begründetheit finden sich jedoch nur für die **Anfechtungsklage** (§ 113 Abs. 1 S. 1 VwGO), die **Fortsetzungsfeststellungsklage** (§ 113 Abs. 1 S. 4 VwGO) und die **Verpflichtungsklage** (§ 113 Abs. 5 VwGO). Da diese Vorschriften nicht nur den **Urteilsinhalt** (»Tenor«) betreffen, sondern zugleich die Voraussetzungen der Begründetheit festlegen, bestimmen sie auch den **Aufbau** der Begründetheitsprüfung.

1179 Die **Begründetheit einer Anfechtungsklage** setzt nach § 113 Abs. 1 S. 1 VwGO voraus, dass

- der (angefochtene) Verwaltungsakt rechtswidrig und
- der Kläger dadurch in seinen Rechten verletzt ist.

1180 Bei der Prüfung der Rechtmäßigkeit bzw. Rechtswidrigkeit eines Verwaltungsakts wird herkömmlich danach unterschieden, ob ein Verstoß gegen Formvorschriften (»formelle Rechtswidrigkeit«) oder eine inhaltliche Unvereinbarkeit mit dem geltenden Recht (»materielle Rechtswidrigkeit«) vorliegt. Die »formelle« Rechtmäßigkeit bzw. Rechtswidrigkeit eines Verwaltungsakts – und damit die Beachtung aller Form- und Verfahrensvorschriften – lässt sich jedoch ohne Kenntnis seiner **Rechtsgrundlage** überhaupt nicht prüfen. Vorweg muss deshalb die (mögliche) **Rechtsgrundlage** des **Verwaltungsakts** überhaupt erst benannt werden.[220] Fehlte es für einen (belastenden) Verwaltungsakt schlechthin an einer gesetzlichen Grundlage, so wäre er durch das Verwaltungsgericht ohne weitere Prüfung aufzuheben. Ein belastender Verwaltungsakt nämlich greift notwendig in **Grundrechte** – ggf. die allgemeine Handlungsfreiheit (Art. 2 Abs. 1 GG) – ein und bedarf *deshalb* der gesetzlichen Grundlage.[221] Es ist kein in Art. 20 Abs. 3 GG zu lokalisierender **allgemeiner Gesetzesvorbehalt,** der eine gesetzliche Grundlage für Eingriffe in die Rechtssphäre des Bürgers fordert,[222] die Notwendigkeit einer gesetzlichen Grundlage ergibt sich vielmehr unmittelbar aus den grundrechtlichen **Gesetzesvorbehalten.** Die Benennung möglicher Rechtsgrundlagen ist deshalb ein Erfordernis prozessualer Logik: Wären

---

219 Vgl. *F. Hufen,* Verwaltungsprozessrecht, § 6 Rn. 20; *W.-R. Schenke,* Verwaltungsprozessrecht, Rn. 649 ff.; *Kopp/Schenke,* VwGO, § 69 Rn. 6; *K. Rennert,* in: Eyermann, VwGO, § 69 Rn. 9; *H.-U. Erichsen,* Jura 1992, S. 649.

220 Dieser Aufbau hat sich mittlerweile durchgesetzt: vgl. *F. Hufen,* Verwaltungsprozessrecht, § 25 Rn. 3; *H. Maurer,* AllgVerwR, § 10 Rn. 29; *W.-R. Schenke,* Verwaltungsprozessrecht, Rn. 731; *Schmitt Glaeser/Horn,* Verwaltungsprozeßrecht, Rn. 240; *F. Schoch,* Übungen im Öffentlichen Recht II, S. 75.

221 Vgl. *J. Ipsen,* Staatsrecht II, 15. Aufl. 2012, Rn. 172.

222 So aber *F. Schoch,* Übungen im Öffentlichen Recht II, S. 89; vgl. auch BVerfGE 49, 89 (126); 77, 170 (230); ebenfalls kritisch: *H. Maurer,* AllgVerwR, § 6 Rn. 4.

überhaupt keine Eingriffsermächtigungen ersichtlich (was schwerlich denkbar ist), müsste der Verwaltungsakt sofort aufgehoben werden. Der »gesetzlose« Verwaltungsakt gehört freilich eher in das Reich der Phantasie. In Übung und Prüfung werden stets eine oder mehrere Rechtsgrundlagen für das behördliche Handeln in Betracht kommen, deren Voraussetzungen dann im Einzelnen zu prüfen sind. Eine im Sachverhalt enthaltene **Begründung** der **Behörde** tut ein Übriges, um den Bearbeiter auf **mögliche Rechtsgrundlagen** hinzulenken. Im Übrigen zeigen sich hier die Grenzen der Simulationsfähigkeit von Verwaltungsrealität: In der Verwaltungspraxis werden die rechtlichen Grundlagen des behördlichen Handelns stets benannt.

Im zweiten Abschnitt sind **Form-** und **Verfahrensvorschriften** zu prüfen, auf deren Darstellung zu verweisen ist.[223] Die Prüfung des Verwaltungsakts auf Verfahrensfehler schließt die Prüfung ein, ob diese geheilt worden sind.[224] Der Ausschluss des Aufhebungsanspruchs nach § 46 VwVfG lässt demgegenüber die Rechtswidrigkeit des Verwaltungsakts unberührt und ist deshalb an späterer Stelle zu prüfen.[225]　**1181**

In einem weiteren Abschnitt ist zu prüfen, ob der Verwaltungsakt von der in Betracht kommenden Rechtsgrundlage **gedeckt** ist. Dieser herkömmlich als »materielle« Rechtmäßigkeitsprüfung angesprochene Prüfungsabschnitt erfordert einen **Vergleich** zwischen den einzelnen Tatbestandsmerkmalen der Rechtsgrundlage und dem erlassenen Verwaltungsakt. Ist auch nur *ein* Tatbestandsmerkmal nicht erfüllt, ist das behördliche Handeln insoweit nicht gerechtfertigt. Sind bei keiner der in Betracht kommenden Rechtsgrundlagen die tatbestandlichen Voraussetzungen erfüllt, so ist der Verwaltungsakt seinem Inhalt nach **rechtswidrig**.　**1182**

Ist die (von der Behörde benannte oder sonstwie ersichtliche) Rechtsgrundlage hinsichtlich ihrer Tatbestandsvoraussetzungen erfüllt und der Verwaltungsakt insoweit gerechtfertigt, bleibt zu prüfen, ob der Verwaltungsakt gegen andere **Rechtsnormen** oder **Rechtsgrundsätze** verstößt, die das Verwaltungshandeln inhaltlich bestimmen. In Betracht kommen hierbei vor allem der **Bestimmtheitsgrundsatz** und das **Übermaßverbot**, die teilweise gesetzlich geregelt sind,[226] aber auch im Übrigen unmittelbar geltendes (Verfassungs-)Recht darstellen.[227]　**1183**

Von der Prüfung der Rechtmäßigkeit bzw. Rechtswidrigkeit des Verwaltungsakts ist die Prüfung der **Rechtsverletzung** des **Klägers** zu unterscheiden und zu trennen. Da in Gestalt der Klagebefugnis die Rechtsverletzung bereits als möglich erkannt worden ist, bleibt, wenn der angefochtene Verwaltungsakt sich als rechtswidrig erweist, regelmäßig nur die Feststellung auch einer **Rechtsverletzung** des Klägers. Die von § 113 Abs. 1 S. 1 VwGO geforderte **Kausalität** (»dadurch«) zwischen **Rechtswidrigkeit** und　**1184**

---

223 Vgl. oben Rn. 625 ff.
224 Vgl. oben Rn. 698 ff.
225 So zutr. *F. Hufen,* Verwaltungsprozessrecht, § 25 Rn. 9; *Schmitt Glaeser/Horn,* Verwaltungsprozeßrecht, Rn. 240; vgl. auch die Reihenfolge bei *M. Gerhardt,* in: Schoch/Schmidt-Aßmann/Pietzner, VwGO, § 113 Rn. 6, 27.
226 Zum Übermaßverbot vgl. *F. Ossenbühl,* Jura 1997, S. 618. Einfachgesetzlich statuiert ist der Grundsatz der Verhältnismäßigkeit im Polizei- und Ordnungsrecht; Nachw. bei *V. Götz,* Allgemeines Polizei- und Ordnungsrecht, 14. Aufl. 2008, § 11 Rn. 12. Das Bestimmtheitsgebot ist unter anderem in § 37 Abs. 1 VwVfG positiviert.
227 Vgl. *B. Grzeszick,* in: Maunz/Dürig, GG, Bd. III, Loseblatt, Stand: Januar 2012, Art. 20 VII. Abschn. Rn. 58 ff., 107 ff.; *F.-J. Peine,* AllgVerwR, Rn. 136 ff., 673; *E. Schmidt-Aßmann,* in: Isensee/Kirchhof (Hrsg.), HdbStR II, 3. Aufl. 2003, § 24 Rn. 85, 87; *K. Stern,* Staatsrecht I, 2. Aufl. 1980, S. 796 ff.; 861 ff.; *Wolff/Bachof/Stober/Kluth,* Verwaltungsrecht I, § 30 Rn. 7 ff.

Rechtsverletzung wird deshalb regelmäßig vorliegen. Sie ist nicht dahin zu erweitern, dass der Kläger durch den spezifischen Fehler in seinen Rechten verletzt ist.[228] In der Literatur sind allerdings Ansätze unverkennbar, die in diese Richtung zielen.[229]

1185 Wenn die Rechtsverletzung durch den rechtswidrigen Verwaltungsakt zu bejahen ist, hat der Kläger einen **Aufhebungsanspruch.** Dieser allerdings wird teilweise **ausgeschlossen** (§ 46 VwVfG), was die Frage aufwirft, ob ggf. nach Rechtswidrigkeit und Rechtsverletzung in einem gesonderten Abschnitt zu prüfen ist, ob der Aufhebungsanspruch ausgeschlossen ist. Insoweit bleibt die weitere Rechtsentwicklung abzuwarten.

1186 Die **Begründetheit** einer **Anfechtungsklage** wird nach § 113 Abs. 1 S. 1 VwGO somit in folgenden Abschnitten geprüft:

> 1. Rechtmäßigkeit (Rechtswidrigkeit) des Verwaltungsakts
>   a) Mögliche Rechtsgrundlage des Verwaltungsakts
>   b) Einhaltung von Form- und Verfahrensvorschriften (»formelle« Rechtmäßigkeit)
>   c) Tatbestandsvoraussetzungen der Rechtsgrundlage (»materielle« Rechtmäßigkeit)
>   d) Übereinstimmung mit anderen Rechtsnormen und Rechtsgrundsätzen
> 2. Rechtsverletzung des Klägers durch den Verwaltungsakt (§ 113 Abs. 1 S. 1 VwGO)
> 3. Ausschluss des Aufhebungsanspruchs (§ 46 VwVfG)

1187 Der **Aufhebungsanspruch** nach § 113 Abs. 1 S. 1 VwGO ist ein prozessual umgemünzter **grundrechtlicher Abwehranspruch,** der folgerichtig zur Beseitigung der Beschwer durch **Gestaltungsurteil** führt. Mit der **Verpflichtungsklage** dagegen macht der Kläger einen Anspruch auf Erlass eines **Verwaltungsakts** geltend, den die Behörde abgelehnt oder unterlassen hat. In **§ 113 Abs. 5 S. 1 VwGO** wird zwar eine § 113 Abs. 1 S. 1 VwGO entsprechende Formulierung gewählt; diese allerdings lässt nicht auf den ersten Blick erkennen, dass die **Verpflichtungsklage** nur begründet ist, wenn ein **Anspruch** des **Klägers** auf Erlass eines Verwaltungsakts **rechtswidrig nicht erfüllt** worden ist.

1188 Trotz der Parallelität von § 113 Abs. 1 S. 1 und Abs. 5 S. 1 VwGO darf nicht übersehen werden, dass an die **Begründetheit** der **Verpflichtungsklage** andere Anforderungen zu stellen sind als an die der Anfechtungsklage. Für die Aufhebung eines Verwaltungsakts reicht es aus, dass er aus *irgendeinem* Grund rechtswidrig ist und als solcher – nicht notwendig durch den spezifischen Fehler – den Kläger in seinen Rechten verletzt. Der verfassungsrechtliche Hintergrund besteht darin, dass der Bürger Einschränkungen seiner Grundrechte nur aufgrund **formell** und **materiell** rechtmäßiger **Akte** (Gesetz, Verwaltungsakt) hinzunehmen hat. Durch die neuere Gesetzgebung ist die Schutzfunktion des Verfahrensrechts zwar nicht unerheblich relativiert worden. Entgegen weiterreichender gesetzgeberischer Pläne[230] bleibt es

---

228 Vgl. *F. Hufen,* Verwaltungsprozessrecht, § 25 Rn. 48.
229 Vgl. *M. Gerhardt,* in: Schoch/Schmidt-Aßmann/Pietzner, VwGO, Vorb. § 113 Rn. 4; vgl. auch BVerwGE 75, 214 (228).
230 Vgl. *M. Gerhardt,* in: Schoch/Schmidt-Aßmann/Pietzner, VwGO, § 113 Rn. 109.

jedoch gegenwärtig dabei, dass *jeder* – nicht geheilte – Rechtsverstoß gegen formelles oder materielles Recht den Verwaltungsakt rechtswidrig macht und den Aufhebungsanspruch begründet, soweit der Kläger durch den Verwaltungsakt in seinen Rechten verletzt ist.[231]

Im Fall der **Verpflichtungsklage** will der Kläger demgegenüber einen **Anspruch** **1189** durchsetzen, den die Verwaltung nicht erfüllt hat. Ist ein **Ablehnungsbescheid** ergangen und dieser aus formellen Gründen **rechtswidrig**, so müsste dieser »an sich« aufgehoben werden. Die Klage wäre jedoch noch nicht **begründet**, weil sie – anders als die Anfechtungsklage – auf die Verurteilung zum **Erlass** des beanspruchten **Verwaltungsakts** gerichtet ist. Mit anderen Worten kann die Ablehnung oder Unterlassung eines Verwaltungsakts den Kläger nur dann in **seinen Rechten** verletzen, wenn er einen **Anspruch** – nämlich ein subjektives »Recht« – auf den begehrten Verwaltungsakt hat.[232] Nach der Formulierung des § 113 Abs. 5 S. 1 VwGO ist auch die Begründetheit der Verpflichtungsklage in **zwei Abschnitten** zu prüfen, zunächst also die (objektive) Rechtswidrigkeit und danach die (subjektive) Rechtsverletzung zu untersuchen. Die Verletzung von Verfahrens- und Formvorschriften allein bewirkt also nicht, dass eine Verpflichtungsklage **begründet** ist. Stets muss dem Kläger ein – gesetzlicher, vertraglicher oder anderweitig begründeter – **Anspruch** auf **Erlass des Verwaltungsakts** zustehen, der abgelehnt oder unterlassen worden ist.

Bliebe es bei diesem Grundsatz, müssten Verpflichtungsklagen stets dann als unbe- **1190** gründet abgewiesen werden, wenn der Verwaltungsakt im **Ermessen** der Behörde steht. Ermessensfehler der Behörde würden zwar den ablehnenden Bescheid **rechtswidrig** erscheinen lassen und den Kläger in seinem (anerkannten) Recht auf **fehlerfreie Ermessensentscheidung** verletzen;[233] aufgrund des der Behörde eingeräumten Ermessens aber fehlte es dem Kläger an dem von der Verpflichtungsklage vorausgesetzten **Anspruch** auf eine **bestimmte behördliche Entscheidung**.[234] § 113 Abs. 5 S. 1 VwGO beugt dieser Konsequenz dadurch vor, dass als zusätzliche Voraussetzung für ein Verpflichtungsurteil die »**Spruchreife**« bestimmt wird. Die Spruchreife ist ein prozessualer Begriff, der alle **tatsächlichen** und **rechtlichen Voraussetzungen** für eine abschließende gerichtliche **Entscheidung** umfasst.[235] Normalerweise hat das Gericht selbst die Spruchreife durch **Sachaufklärung** herzustellen. Bei Ermessensentscheidungen und strukturell vergleichbaren Behördenentscheidungen ist die Letztentscheidungsbefugnis des Gerichts jedoch eingeschränkt.[236] Unter dieser Voraussetzung ist eine (isolierte) Aufhebung des abgelehnten Verwaltungsakts nicht möglich, weil die Verpflichtungsklage auf die Verurteilung zum Erlass eines Verwaltungsakts abzielt. Ein Verpflichtungsurteil kann dagegen auch nicht ergehen, wenn es an einem **Rechtsanspruch** auf den begehrten Verwaltungsakt (noch) fehlt. Den Ausweg aus

---

231 Vgl. oben Rn. 1179 ff.
232 Vgl. *F. Hufen*, Verwaltungsprozessrecht, § 26 Rn. 3; *J. Schmidt*, in: Eyermann, VwGO, § 113 Rn. 33; *M. Gerhardt*, in: Schoch/Schmidt-Aßmann/Pietzner, VwGO, § 113 Rn. 64; *W.-R. Schenke*, Verwaltungsprozessrecht, Rn. 841.
233 Vgl. *F. Hufen*, Verwaltungsprozessrecht, § 26 Rn. 19; *M. Gerhardt*, in: Schoch/Schmidt-Aßmann/ Pietzner, VwGO, § 113 Rn. 16.
234 Vgl. oben Rn. 1093.
235 Vgl. *F. Hufen*, Verwaltungsprozessrecht, § 26 Rn. 16.
236 So *F. Hufen*, Verwaltungsprozessrecht, § 26 Rn. 18 ff.; *J. Schmidt*, in: Eyermann, VwGO, § 113 Rn. 41; *Kopp/Schenke*, VwGO, § 113 Rn. 195 ff.; *W.-R. Schenke*, Verwaltungsprozessrecht, Rn. 845 ff.; *M. Gerhardt*, in: Schoch/Schmidt-Aßmann/Pietzner, VwGO, § 113 Rn. 73.

diesem Dilemma bietet § 113 Abs. 5 S. 2 VwGO, demzufolge das Gericht den Beklagten verpflichten kann, den Kläger unter Beachtung der Rechtsauffassung des Gerichts (erneut) zu **bescheiden** (Bescheidungsurteil).

1191 Die **Begründetheit** einer **Verpflichtungsklage** ist deshalb in drei Abschnitten zu prüfen:

1. Rechtswidrigkeit der Ablehnung oder Unterlassung des beantragten Verwaltungsakts (§ 113 Abs. 5 S. 1 VwGO)
2. Rechtsverletzung des Klägers (§ 113 Abs. 5 S. 1 VwGO)
3. Spruchreife; ggf. Bescheidungsurteil (§ 113 Abs. 5 S. 2 VwGO)

1192 Für (allgemeine) **Leistungsklagen** und **Feststellungsklagen** fehlt es an einer gesetzlichen **Tenorierungsvorschrift**, die einen Anhalt für die Begründetheitsprüfung geben könnte. Je nachdem, ob es sich um eine Klage auf **Leistung** oder **Unterlassung** handelt, ist die Klage nur begründet, wenn der Kläger einen darauf zielenden Anspruch hat.[237] Feststellungsklagen sind begründet, wenn – je nach Klagebegehren – das streitige Rechtsverhältnis besteht oder nicht besteht.[238]

VIII. Rechtsprechung

1193 BVerfGE 83, 130 (Jugendgefährdende Schriften – Kontrolldichte bei unbestimmten Rechtsbegriffen); BVerwGE 26, 161 (Schwabinger Krawalle); E 31, 301 (Ziel einer Verpflichtungsklage); E 36, 192 (Dienstpostenbewertung – allgemeine Leistungsklage); E 60, 154 (Möglichkeit einer Rechtsverletzung); E 45, 224 (Friedhofszwang); E 62, 86 (Krankenhausbedarfsplan – Fortsetzungsfeststellungsklage bei Verpflichtungsbegehren); E 78, 3 (Eindeutigkeit staatlichen Handelns); E 78, 93 (Kriegsdienstverweigerer – »isolierte Anfechtungsklage«); E 80, 270 (Güterverkehrsgenehmigung); E 81, 226 (Fortsetzungsfeststellungswiderspruch); E 81, 307 (Regionalplan); E 82, 76 (Transzendentale Meditation); E 89, 327 (Feststellungsklage); E 99, 74 (Juristische Staatsprüfung); E 101, 64 (Flachdach); E 106, 295 (Feststellungsinteresse bei Erledigung des VA vor Klageerhebung); E 109, 203 (Klagefrist bei vorprozessual erledigtem Verwaltungsakt); E 110, 36 (Festsetzung einer anderen Nutzungsart im Bebauungsplan als Recht i. S. d. § 47 Abs. 2 S. 1 VwGO); E 111, 306 (Subsidiarität der Feststellungsklage – »Universelles Leben«); E 114, 301 (Antragsbefugnis einer Gemeinde im Normenkontrollverfahren); E 119, 217 (Ziele in einem Regionalplan als Rechtsvorschriften i. S. d. § 47 Abs. 1 Nr. 2 VwGO); E 119, 341 (Fortsetzungsfeststellungsinteresse wegen faktischer Grundrechtsbeeinträchtigung); E 128, 382 (Darstellung von Konzentrationszonen im Flächennutzungsplan als normenkontrollfähige Rechtsvorschrift); E 129, 199 (Feststellungsklage gegen Dosenpfand); E 131, 113 (Anfechtungsklage einer Gemeinde gegen Widerspruchsbescheid, der zur Erteilung einer Baugenehmigung verpflichtet); E 131, 129 (Drittschutz von Vorschriften zum Schutze vor terroristischen Anschlägen gegen atomare Anlagen); E 132, 64 (Klagebefugnis und Rechtsschutzbedürfnis für Konkurrentenklage im Krankenhausrecht); E 138, 1 (Ausnahmsweise Entbehrlichkeit des Widerspruchverfahrens); E 138, 102 (Aufhebung der Ernennung zum Präsidenten des Oberlandesgerichts wegen Verhinderung des Rechtsschutzes eines Konkurrenten); BVerwG, DVBl. 1995, S. 1250 (Klagebefugnis bei Feststellungsklage); BVerwG, NJW 1997, S. 2465 (»Instrumentenkoffer« – Verpflichtungsklage nach Erledigung); BVerwG, BayVBl. 2000, S. 118 (Abhilfeentscheidung – Rücknahmeentscheidung); BVerwG, DVBl. 2000, S. 636 (Voraussetzungen einer Feststellungsklage – Frisch-

---

237 Vgl. *F. Hufen*, Verwaltungsprozessrecht, § 27 Rn. 1, § 28 Rn. 2; *W.-R. Schenke*, Verwaltungsprozessrecht, Rn. 867; *Schmitt Glaeser/Horn*, Verwaltungsprozeßrecht, Rn. 393; *J. Pietzcker*, in: Schoch/Schmidt-Aßmann/Pietzner, VwGO, § 42 Abs. 1 Rn. 150.

238 Vgl. *F. Hufen*, Verwaltungsprozessrecht, § 29 Rn. 3.

zellenverordnung); **BVerwG**, NVwZ-RR 2000, S. 324 (Hauptsacheerledigung bei Nichtigkeitsfeststellungsklage); **BVerwG**, NVwZ 2000, S. 1296 (Antragsbefugnis gem. § 47 Abs. 2 Satz 1 VwGO n. F. – Reitverbote in einer Landschaftsschutzverordnung); **BVerwG**, NVwZ 2000, S. 1413 (Antragsbefugnis gem. § 47 Abs. 2 Satz 1 VwGO n. F. im Normenkontrollverfahren gegen Bebauungspläne); **BVerwG**, NVwZ 2002, S. 1126 (Rechtsschutzinteresse für Normenkontrollantrag); **BayVGH**, BayVBl. 1986, S. 726 (Leistungsklage gegen den Bürgermeister); **BayVGH**, DVBl. 2001, S. 311 (Verwaltungsvorschriften als untauglicher Gegenstand einer Normenkontrolle).

IX. Literatur

R. Alleweldt, Verbandsklage und gerichtliche Kontrolle von Verfahrensfehlern: Neue Entwicklungen im Umweltrecht, DÖV 2006, S. 621; *J. Bader,* Ermessensergänzung im Verwaltungsprozess – BVerwG 121, 297, JuS 2006, S. 199; *P. Baumeister,* Der maßgebliche Zeitpunkt im Verwaltungsrecht und Verwaltungsprozessrecht, Jura 2005, S. 655; *H. Biermann,* Das Widerspruchsverfahren unter Reformdruck. Förmliche verwaltungsinterne Kontrolle als nutzloses und kostenintensives Auslaufmodell?, DÖV 2008, S. 395; *K.-P. Dolde/W. Porsch,* Die Abschaffung des Widerspruchsverfahrens – ein bedauernswerter Abbruch eines Grundpfeilers der VwGO?, VBlBW 2009, S. 121; *D. Ehlers,* Die Fortsetzungsfeststellungsklage, Jura 2001, S. 415; *ders.,* Die Europäisierung des Verwaltungsprozessrechts, DVBl. 2004, S. 1441; *ders.,* Die verwaltungsgerichtliche Anfechtungsklage, Jura 2004, S. 30, 176; *ders.,* Die verwaltungsgerichtliche Verpflichtungsklage, Jura 2004, S. 310; *ders.,* Die verwaltungsgerichtliche Normenkontrolle, Jura 2005, S. 171; *ders.,* Die allgemeine verwaltungsgerichtliche Leistungsklage, Jura 2006, S. 351; *ders.,* Verwaltungsgerichtliche Feststellungsklage, Jura 2007, S. 179; *K. Engst,* Das Widerspruchsverfahren als ein- oder zweistufiges Verwaltungsverfahren, Jura 2006, S. 166; *H.-U. Erichsen,* Das Vorverfahren nach §§ 68 ff. VwGO, Jura 1992, S. 645; *W. Frenz,* Die Verpflichtungsklage, JA 2011, S. 917; *M.-E. Geis/S. Hinterseh,* Grundfälle zum Widerspruchsverfahren, JuS 2001, S. 1074, 1176; JuS 2002, S. 34; *A. Glaser,* Die nachträgliche Feststellungsklage, NJW 2009, S. 1043; *E. Gurlit,* Die Klagebefugnis des Adressaten im Verwaltungsprozeß, Verw. 28 (1995), S. 449; *T. Holzner,* Die Abschaffung des Widerspruchsverfahrens. Problemstellung und rechtliche Erwägungen, DÖV 2008, S. 217; *J. Ipsen,* Aufbau verwaltungsgerichtlicher Klausuren, NdsVBl. 2000, S. 176, 199; *M. Kamp,* Reform des Widerspruchsverfahrens in Nordrhein-Westfalen, NWVBl. 2008, S. 41; *R. Klenke,* Behörden als Beklagte – Vom Sinn der Regelung gemäß § 78 Abs. 1 Nr. 2 VwGO, NWVBl. 2004, S. 85; *ders.,* Für und Wider des Widerspruchsverfahrens, in: Ipsen/Oebbecke (Hrsg.), Verwaltungsorganisation in Flächenstaaten, 2008, S. 139; *S. Kreiner,* Parlamentsgesetzlich geändertes Verordnungsrecht und gerichtliche Normenkontrolle, BayVBl. 2005, S. 106; *B. Kretschmer,* Prüfungsaufbau und ausgewählte Probleme im Verwaltungsprozessrecht, Jura 2012, S. 175; *P. Kunig,* Die Zulässigkeit verwaltungsgerichtlicher Feststellungsklagen, Jura 1997, S. 326; *H. W. Laubinger,* Feststellungsklage und Klagebefugnis (§ 42 Abs. 2 VwGO), VerwArch 82 (1991), S. 459; *C.-D. Munding,* Die beamtenrechtliche Konkurrentenklage im Wandel der Rechtsprechung von BVerwG und BVerfG, DVBl. 2011, S. 1512; *M. Quaas/R. Zuck,* Prozesse in Verwaltungssachen, 2. Aufl. 2011; *J. Rozek,* Verwirrspiel um § 78 VwGO? – Richtiger Klagegegner, passive Prozessführungsbefugnis und Passivlegitimation, JuS 2007, S. 602; *U. Rüssel,* Zukunft des Widerspruchsverfahrens, NVwZ 2006, S. 523; *M. Ruffert,* Die Erledigung von Verwaltungsakten »auf andere Weise«, BayVBl. 2003, S. 33; *R. D. Saller,* Die Nebenentscheidungen in Ausgangs- und Widerspruchsbescheid – Kostenentscheidung und Aufwendungsersatz nach § 80 VwVfG, NdsVBl. 2001, S. 258; *R. P. Schenke,* Neue Wege im Rechtsschutz gegen vorprozessual erledigte Verwaltungsakte? NVwZ 2000, S. 1255; *ders.,* Die Neujustierung der Fortsetzungsfeststellungsklage, JuS 2007, S. 697; *W.-R. Schenke,* Rechtsschutz gegen das Unterlassen von Rechtsnormen, VerwArch 82 (1991), S. 307; *ders.,* Die Unwirksamkeit eines Verwaltungsakts als Folge der Feststellung seiner Rechtswidrigkeit, JZ 2003, S. 31; *ders.,* Probleme des Vertretungszwangs nach dem novillierten § 67 IV VwGO, NvWZ 2009, S. 801; *W.-R. Schenke/P. Baumeister,* Probleme des Rechtsschutzes bei der Vollstreckung von Verwaltungsakten, NVwZ 1993, S. 1; *V. Schlette,* Die Klagebefugnis – § 42 II VwGO, Jura 2004, S. 90; *T.-I. Schmidt,* Das System der verwaltungsgerichtlichen Klagearten, DÖV 2009, S. 932; *F. Schoch,* Übungen im Öffent-

1194

lichen Recht II. Verwaltungsrecht und Verwaltungsprozeßrecht, 1992; *ders.*, Das Widerspruchsverfahren nach §§ 68 ff. VwGO, Jura 2003, S. 752; *ders.*, Rechtsschutz gegen die Umbenennung von Straßen, Jura 2011, S. 344; *ders.*, Untersagungsverfügung gegen Papstsatire, Jura 2011, S. 109; *I. Schübel-Pfister*, Aktuelles Verwaltungsprozessrecht, JuS 2012, S. 420; *H. Sodan/S. Kluckert*, Die verwaltungsprozessuale Feststellungsfähigkeit von vergangenen und zukünftigen Rechtsverhältnissen, VerwArch 94 (2003), S. 3; *U. Steiner*, Die allgemeine Leistungsklage im Verwaltungsprozeß, JuS 1984, S. 853; *ders.*, Zum Stand des verwaltungsrechtlichen Rechtsschutzes in Deutschland, BayVBl. 2012, S. 129; *P. Stelkens*, Aktuelle Probleme und Reformen in der Verwaltungsgerichtsbarkeit, NVwZ 2000, S. 155; *M. Stuttmann*, Das örtlich zuständige Gericht bei der Anfechtungs- und Verpflichtungsklage, DVBl. 2011, S. 1202; *A. Uhle*, Verwaltungsgerichtliche Normenkontrolle von Gesetzesrecht?, DVBl. 2004, S. 1272; *M. Wehr*, Abschied von der Fortsetzungsfeststellungsklage analog § 113 Abs. 1 Satz 4 VwGO, DVBl. 2001, S. 785; *M. Winkler*, Der Beginn der Klagefrist für den durch einen Widerspruchsbescheid erstmalig beschwerten Dritten, BayVBl. 2000, S. 235.

§ 19 Grundzüge des vorläufigen Rechtsschutzes

I. Arten des vorläufigen Rechtsschutzes

Fall 56: Die von den Organen des Verfassungsschutzes als »rechtsextrem« eingeordnete N-Partei 1195
wird seit einiger Zeit nach den Vorschriften des Landesverfassungsschutzgesetzes »observiert«. Sie
beantragt beim zuständigen Verwaltungsgericht, dem Landesamt für Verfassungsschutz »im Wege
der einstweiligen Anordnung zu untersagen, bei der Erhebung von Informationen einschließlich
personenbezogener Daten über die N-Partei und deren Mitglieder nachrichtendienstliche Mittel
anzuwenden.« Gegen den stattgebenden Beschluss des Verwaltungsgerichts legte die Behörde beim
Verwaltungsgerichtshof Beschwerde mit dem Ziel ein, den Beschluss abzuändern und den Antrag
abzulehnen. Sie führt aus, dass die Parteiarbeit der N-Partei durch die Observation nicht beeinträchtigt werde, weil der Einsatz nachrichtendienstlicher Mittel keine ihrer Aktivitäten behindere.
Werde die Observation dagegen unterbrochen, würde der Ausgang des Verfahrens in unzulässiger
Weise vorweggenommen. In diesem Fall nämlich würde das zur Nachrichtengewinnung aufgebaute
System zusammenbrechen, weil V-Leute nicht vorübergehend inaktiviert werden könnten. Sie
stünden nach der Hauptsacheentscheidung nicht mehr zur Verfügung.

(VGH München, NJW 1993, 3090)

Die Verfahren vor den Verwaltungsgerichten dauern naturgemäß eine gewisse Zeit, 1196
während der der Adressat eines belastenden Verwaltungsakts nach den bisher entwickelten Grundsätzen die Belastung zu tragen hätte und dem Antragsteller eines
(begünstigenden) Verwaltungsakts die Begünstigung vorenthalten bliebe. Entsprechendes gilt für die Unterlassung nichtförmlichen Verwaltungshandelns und die
Gewährung von Leistungen, die nicht Verwaltungsakte sind.[1] Ein verspäteter und
damit nicht (mehr) effektiver Rechtsschutz würde nicht nur das **Grundrecht** aus
Art. 19 Abs. 4 GG einschränken, sondern auch auf das Verhältnis von **Staat** und
Bürger insgesamt zurückwirken. Die für die Verwaltungsaktsdogmatik prägende
Trennung von **Wirksamkeit** und **Rechtmäßigkeit** (§ 43 Abs. 2 VwVfG)[2] ist nur
unter der Prämisse tragbar, dass, sofern ein Verwaltungsakt angefochten wird, alsbald
ein Gericht über dessen Rechtmäßigkeit oder Rechtswidrigkeit entscheidet.[3] Würde
eine solche Entscheidung längere Zeit auf sich warten lassen, ohne dass Regelungen
für die Zeit zwischen Verwaltungshandeln und gerichtlicher Entscheidung getroffen
wären, so wäre der Rechtsschutz suchende Bürger stets im Nachteil und der Staat
säße – geradezu buchstäblich – am »längeren Hebel«. Die Rückwirkungen auf das
Selbstverständnis der Verwaltung einerseits und das Selbstbewusstsein des Bürgers
andererseits sind leicht vorstellbar: Die Verwaltung könnte sicher sein, dass ihr
Handeln jedenfalls »bis auf weiteres« für den Bürger maßgeblich ist; diesem bliebe
nur die Hoffnung, eines fernen Tages zu »seinem Recht« zu kommen. Da das Vertrauen in die rechtsstaatlichen Institutionen ohnehin fragil ist und sich bereits in der
Gegenwart Tendenzen zur Selbsthilfe abzeichnen, ist es vordringliche Aufgabe des
Verwaltungsprozessrechts, einen **effektiven Rechtsschutz** zu gewährleisten. Da verwaltungsgerichtliche (Hauptsache-)Verfahren nicht beliebig verkürzt werden können,
ohne dass hiergegen rechtsstaatliche Bedenken entstünden, sind Regelungen über den
vorläufigen Rechtsschutz – nämlich für die Zeit zwischen Einlegung eines Rechtsbehelfs und dem gerichtlichen Urteil – unabweisbar. Das Bundesverfassungsgericht

---

1 Vgl. oben Rn. 820 ff.
2 Vgl. oben Rn. 662 ff.
3 Vgl. oben Rn. 697.

hat die **verfassungsrechtliche Fundierung** des vorläufigen Rechtsschutzes nachdrücklich betont:

1197 »Das Verfahrensgrundrecht des Art. 19 Abs. 4 GG garantiert nicht nur das formelle Recht und die theoretische Möglichkeit, die Gerichte anzurufen, sondern auch die Effektivität des Rechtsschutzes; der Bürger hat einen substantiellen Anspruch auf eine tatsächlich wirksame gerichtliche Kontrolle. Die Bedeutung der grundgesetzlichen Gewährleistung liegt vornehmlich darin, die ›Selbstherrlichkeit‹ der vollziehenden Gewalt im Verhältnis zum Bürger zu beseitigen (...). Ihr kommt nicht nur die Aufgabe zu, jeden Akt der Exekutive, der in Rechte des Bürgers eingreift, vollständig – das heißt in tatsächlicher und rechtlicher Hinsicht (...) – der richterlichen Prüfung zu unterstellen, sondern auch irreparable Entscheidungen, wie sie durch die sofortige Vollziehung einer hoheitlichen Maßnahme eintreten können, soweit als möglich auszuschließen.«[4]

1198 In der prozessualen **Praxis** ist der vorläufige Rechtsschutz mindestens ebenso bedeutsam wie das Hauptsacheverfahren. Die Tendenz, dass zunehmend Verfahren des vorläufigen Rechtsschutzes dem Hauptsacheverfahren nicht nur vorausgehen, sondern es weithin ersetzen, ist nicht unbedenklich.[5] Im Verfahren des vorläufigen Rechtsschutzes ist die rechtliche Prüfung weniger intensiv als im Hauptsacheverfahren. Die »summarische Prüfung« lässt sich jedoch nur rechtfertigen, wenn sie *vorläufig* bleibt und nicht etwa *endgültig* über das Schicksal des Verwaltungsakts (oder anderer Verwaltungshandlungen) entscheidet. Das hierin liegende prinzipielle Problem des verwaltungsgerichtlichen Rechtsschutzes ist bislang nicht gelöst worden.[6]

1199 Die Verwaltungsgerichtsordnung weist ein **dualistisches System** des vorläufigen Rechtsschutzes auf, das an die **statthafte Klageart in der Hauptsache** anknüpft. Es geht also nicht allein darum, ob das Klagebegehren auf Abwehr oder Leistung (eines Verwaltungsakts oder nichtförmlichen Verwaltungshandelns) gerichtet ist; die beiden Formen des vorläufigen Rechtsschutzes unterscheiden sich vielmehr nahezu schematisch nach der Klageart:

1200 • **Wäre (oder ist) in der Hauptsache eine Anfechtungsklage statthaft, so richtet sich der vorläufige Rechtsschutz nach §§ 80, 80 a VwGO.**

1201 • **Soweit in der Hauptsache andere Klagearten statthaft wären (oder sind), richtet sich der vorläufige Rechtsschutz nach § 123 VwGO.**

1202 Dass die eine Rechtsschutzform die andere jeweils **ausschließt**, ist gesetzlich **bestimmt** (§ 123 Abs. 5 VwGO). Nach Einführung des § 80 a VwGO ist überdies ein ebenso langer wie unfruchtbarer Streit darüber beendet worden, auf welche Weise vorläufiger Rechtsschutz bei Verwaltungsakten mit Doppelwirkung zu erlangen ist.[7] Die Bezugnahme (auch) auf hypothetisch statthafte Klagearten erklärt sich daraus, dass der vorläufige Rechtsschutz nicht voraussetzt, dass in der **Hauptsache** bereits eine **Klage** anhängig ist. Vorläufiger Rechtsschutz ist nicht einmal notwendig **gerichtlicher,** sondern auch **behördlicher** Rechtsschutz. Soweit der **Suspensiveffekt** eintritt (§ 80 Abs. 1 S. 1 VwGO), ist überdies eine besondere (behördliche oder gerichtliche) **Entscheidung** gar nicht erforderlich: Der vorläufige Rechtsschutz tritt **kraft Gesetzes** ein.

---

4 So BVerfGE 35, 263 (274).
5 Vgl. *F. Hufen,* Verwaltungsprozessrecht, § 31 Rn. 6; *F. Schoch,* in: Schoch/Schmidt-Aßmann/Pietzner, VwGO, Vorb. § 80 Rn. 2 f.; *ders.,* VerwArch 82 (1991), S. 147; *D. Mampel,* DVBl. 1997, S. 1156; *R. Brühl,* JuS 1995, S. 627.
6 Ähnlich *F. Hufen,* Verwaltungsprozessrecht, § 31 Rn. 6.
7 Vgl. OVG Koblenz, NVwZ 1993, S. 699; *Redeker/v. Oertzen,* VwGO, § 80 a Rn. 1; *Kopp/Schenke,* VwGO, § 80 a Rn. 1; *F. Schoch,* in: Schoch/Schmidt-Aßmann/Pietzner, VwGO, § 80 a Rn. 1; *J. Schmidt,* in: Eyermann, VwGO, § 80 a Rn. 1.

II. Vorläufiger Rechtsschutz nach §§ 80, 80 a VwGO

1. Aufschiebende Wirkung von Rechtsbehelfen und Ausschluss der aufschiebenden Wirkung (§ 80 Abs. 1 und 2 VwGO)

Nach § 80 Abs. 1 S. 1 VwGO haben Widerspruch und Anfechtungsklage **aufschie-** **1203** **bende Wirkung.** Das gilt auch bei rechtsgestaltenden und feststellenden Verwaltungsakten sowie bei Verwaltungsakten mit **Doppelwirkung** (§ 80 Abs. 1 S. 2 VwGO). Die aufschiebende Wirkung von Widerspruch und Anfechtungsklage tritt als **gesetzliche Folge** der Einlegung dieser Rechtsbehelfe ein, ohne dass es einer besonderen behördlichen oder gerichtlichen Entscheidung bedürfte. Es handelt sich bei § 80 Abs. 1 S. 1 VwGO also um einen vorläufigen Rechtsschutz *ex lege*.[8] Der **Rechtsbehelf** muss allerdings **eingelegt** sein; die *Möglichkeit*, gegen einen Verwaltungsakt (noch) fristgerecht Widerspruch einzulegen oder Anfechtungsklage zu erheben, löst die aufschiebende Wirkung *nicht* aus.[9] Des *vorläufigen* Rechtsschutzes bedarf nur derjenige, der überhaupt Rechtsschutz begehrt.

Hiermit ist im Grunde auch schon die Frage entschieden, worauf sich die »aufschie- **1204** bende« Wirkung der Rechtsbehelfe bezieht. Da nach § 43 Abs. 1 S. 1 VwVfG der Verwaltungsakt für den Adressaten mit Bekanntgabe **wirksam** wird und wirksam **bleibt,** solange er nicht **zurückgenommen, widerrufen,** anderweitig **aufgehoben** oder **erledigt** ist (§ 43 Abs. 2 VwVfG), kann er folgerichtig nicht (nachträglich) *unwirksam* werden, weil der Adressat (oder ein betroffener Dritter) einen Rechtsbehelf einlegt.[10] Das Bundesverwaltungsgericht weist der aufschiebenden Wirkung nur die Folge zu, dass der angefochtene Verwaltungsakt vorläufig **nicht vollzogen** werden darf.[11] Diese als **»Vollziehbarkeitstheorie«**[12] apostrophierte Auffassung ist der – auch »eingeschränkten« – **»Wirksamkeitstheorie«**[13] vorzuziehen. Die Unterschiede zwischen beiden »Theorien« dürften im Ergebnis geringer ausfallen, als dies auf den ersten Blick erscheinen mag.[14] Die Auffassung des Bundesverwaltungsgerichts ist überdies nicht als »Vollstreckbarkeitstheorie« zu missdeuten, sondern erfasst jegliche Form der »Vollziehung«,[15] also auch das Gebrauchmachen von einem gestaltenden Verwaltungsakt.[16]

---

8 Vgl. *F. Schoch,* in: Schoch/Schmidt-Aßmann/Pietzner, VwGO, § 80 Rn. 77; *J. Schmidt,* in: Eyermann, VwGO, § 80 Rn. 12; *Redeker/v. Oertzen,* VwGO, § 80 Rn. 7.

9 Vgl. BVerwG, NVwZ 1992, S. 791.

10 Zu dem »Theorienstreit« vgl. *F. Hufen,* Verwaltungsprozessrecht, § 32 Rn. 2 ff.; *W. R. Schenke,* Verwaltungsprozessrecht, Rn. 948 ff.; *Schmitt Glaeser/Horn,* Verwaltungsprozeßrecht, Rn. 250; *Finkelnburg/Dombert/Külpmann,* Vorläufiger Rechtsschutz, Rn. 630; *Redeker/v. Oertzen,* VwGO, § 80 Rn. 4 f.; *F. Schoch,* in: Schoch/Schmidt-Aßmann/Pietzner, VwGO, § 80 Rn. 88 ff.; *ders.,* Jura 2001, S. 676.

11 So BVerwGE 13, 1 (5); 66, 218 (222); 99, 109 (112).

12 Vgl. *Schmitt Glaeser/Horn,* Verwaltungsprozeßrecht, Rn. 250; *Finkelnburg/Dombert/Külpmann,* Vorläufiger Rechtsschutz, Rn. 629 f.

13 Hierzu *W.-R. Schenke,* Verwaltungsprozessrecht, Rn. 949 ff.; *Kopp/Schenke,* VwGO, § 80 Rn. 22.

14 Vgl. aber den Fall bei *W.-R. Schenke,* Verwaltungsprozessrecht, Rn. 951, der jedoch über das Entschädigungsrecht gelöst werden könnte.

15 Zur Verwirrung trägt im Übrigen bei, dass der Begriff »Vollziehbarkeit« in zweierlei Bedeutung gebraucht wird. »Vollziehbar« sind alle (wirksamen) Verwaltungsakte in dem Sinne, dass die in ihnen vorgesehenen Rechtsfolgen eintreten. Der Begriff ist nicht zu verwechseln mit der *Vollstreckbarkeit,* die sich auf bestimmte Kategorien von Verwaltungsakten beschränkt (vgl. oben Rn. 861) und voraussetzt, dass der Verwaltungsakt entweder *unanfechtbar* oder *sofort vollziehbar* ist (§ 6 Abs. 1 VwVG).

16 Vgl. *Finkelnburg/Dombert/Külpmann,* Vorläufiger Rechtsschutz, Rn. 631; *F. Hufen,* Verwaltungsprozessrecht, § 32 Rn. 4; *Schmitt Glaeser/Horn,* Verwaltungsprozeßrecht, Rn. 250; *Redeker/v. Oertzen,* VwGO, § 80 Rn. 4.

1205 Von praktischer Relevanz ist demgegenüber die Kontroverse, ob Widerspruch und Anfechtungsklage schlechthin aufschiebende Wirkung haben oder ob diese nur ausgelöst wird, wenn der Rechtsbehelf **zulässig** ist. Das Gesetz schweigt, was als Zeichen dafür gewertet werden könnte, dass außer den **formalen Voraussetzungen** (Schriftlichkeit) des Rechtsbehelfs keine weiteren erfüllt sein müssen, um die aufschiebende Wirkung des Rechtsbehelfs eintreten zu lassen. Die Folgen allerdings wären weittragend: Unter Umständen könnte ein Widerspruchsführer oder Kläger *nach* Fristablauf und *ohne* eigene Betroffenheit verhindern, dass der Adressat eines (gestaltenden) Verwaltungsakts von seiner Genehmigung, Konzession oder Erlaubnis Gebrauch macht. Das hierin liegende Droh- und Missbrauchspotential kann zwar verringert, nicht aber vollständig dadurch ausgeschlossen werden, dass die Behörde die sofortige Vollziehung im überwiegenden Interesse eines Beteiligten anordnen kann (§ 80 Abs. 2 S. 1 Nr. 4 VwGO) und eine entsprechende Befugnis dem Gericht zukommt (§ 80 Abs. 5 VwGO). Auf der anderen Seite kann sich die **Zulässigkeitsprüfung** bei Widerspruch und Anfechtungsklage als verwickelt darstellen. Würde man als Voraussetzung der aufschiebenden Wirkung die definitive Zulässigkeit des Rechtsbehelfs fordern, könnte die Behörde oder ein betroffener Privater die aufschiebende Wirkung stets mit dem Argument in Frage stellen, an der Zulässigkeit des eingelegten Rechtsbehelfs bestünden Zweifel. Dies aber hätte zur Folge, dass letztlich erst *nach* der behördlichen oder gerichtlichen Entscheidung Klarheit darüber bestünde, ob der Rechtsbehelf aufschiebende Wirkung hatte oder nicht. Damit aber wäre an die Stelle des vorläufigen Rechtsschutzes *ex lege* ein solcher kraft behördlicher bzw. gerichtlicher Entscheidung getreten.

1206 Rechtsprechung[17] und Literatur[18] versuchen, diesem Dilemma auf Wegen zu entgehen, die Anklänge an die früher zum nichtigen Verwaltungsakt vertretenen »Theorien«[19] aufweisen. Wie dort erweist sich die Entgegensetzung von **Evidenz** und **Art** (Schwere) des **Fehlers** als künstlich, weil nur bestimmte Zulässigkeitsvoraussetzungen *evidentermaßen* fehlen können. Das gilt zum einen für die **Widerspruchs-** und **Klagebefugnis**, die allein die Eigenart des Verwaltungsrechtsschutzes als **Schutz subjektiver Rechte** wahren können.[20] Das Gleiche soll nach herrschender Meinung für die **Widerspruchs-** und **Klagefrist** gelten,[21] obwohl Fristen keineswegs immer eindeutig festzulegen sind.

1207 Beurteilt man Fall 50 nach dem seinerzeit geltenden Recht und den soeben aufgezeigten Grundsätzen, wäre der Widerspruch des N *unzulässig* gewesen und hätte *keine* aufschiebende Wirkung

---

17 Vgl. BVerwG, DVBl. 1993, S. 256 (258); VGH München, BayVBl. 1994, S. 407 (408); OVG Lüneburg, NVwZ 1987, S. 999 (1000); OVG Hamburg, NVwZ 1987, S. 1002.

18 Vgl. *Finkelnburg/Dombert/Külpmann*, Vorläufiger Rechtsschutz, Rn. 646 ff.; *Pietzner/Ronellenfitsch*, Das Assessorexamen im Öffentlichen Recht, 12. Aufl. 2010, § 53 Rn. 20; *Redeker/v. Oertzen*, VwGO, § 80 Rn. 11; *Kopp/Schenke*, VwGO, § 80 Rn. 50; *J. Schmidt*, in: Eyermann, VwGO, § 80 Rn. 13; *Schmitt Glaeser/Horn*, Verwaltungsprozeßrecht, Rn. 248.

19 Vgl. oben Rn. 676.

20 Vgl. *F. Schoch*, in: Schoch/Schmidt-Aßmann/Pietzner, VwGO, § 80 Rn. 83; *W.-R. Schenke*, Verwaltungsprozessrecht, Rn. 958; *Finkelnburg/Dombert/Külpmann*, Vorläufiger Rechtsschutz, Rn. 650; *J. Schmidt*, in: Eyermann, VwGO, § 80 Rn. 13; grundlegend: *F. Schoch*, Vorläufiger Rechtsschutz und Risikoverteilung im Verwaltungsrecht, S. 1156 und passim.

21 Vgl. *Finkelnburg/Dombert/Külpmann*, Vorläufiger Rechtsschutz, Rn. 651; *F. Hufen*, Verwaltungsprozessrecht, § 32 Rn. 6; *Redeker/v. Oertzen*, VwGO, § 80 Rn. 11; *J. Schmidt*, in: Eyermann, VwGO, § 80 Rn. 13; *F. Schoch*, in: Schoch/Schmidt-Aßmann/Pietzner, VwGO, § 80 Rn. 84 m. w. N.

ausgelöst. Die dem E erteilte Baugenehmigung verstieß zwar gegen objektives Baurecht, weil nach dem Bebauungsplan nur Flachdächer vorgesehen waren. Diese Vorschriften hatten aber keine nachbarschützende Wirkung, so dass N von vornherein nicht geltend machen konnte, in *eigenen* Rechten verletzt zu sein und ihm deshalb die Widerspruchsbefugnis (§ 42 Abs. 2 VwGO analog) fehlte. E wäre also nicht gehindert gewesen, von seiner Baugenehmigung auch nach Einlegung des Widerspruchs durch N Gebrauch zu machen: Die aufschiebende Wirkung des Widerspruchs war insoweit nicht eingetreten.[22] Variiert man den Fall dahingehend, dass E eine Baugenehmigung unter (rechtswidriger) Befreiung von nachbarschützenden Vorschriften erteilt worden wäre (§ 31 Abs. 2 BauGB) und N z. B. drei Monate nach Baubeginn Widerspruch eingelegt hätte, so wäre *dessen* Zulässigkeit keineswegs ohne weiteres zu beurteilen. Die Widerspruchsfrist (§ 70 Abs. 1 S. 1 VwGO) hätte nicht zu laufen begonnen, weil Baugenehmigungen den Nachbarn regelmäßig nicht bekannt gegeben (zugestellt) werden. § 58 VwGO ist unmittelbar nicht anzuwenden, weil auch diese Vorschrift die Bekanntgabe des Verwaltungsakts (wenn auch mit fehlerhafter bzw. unterbliebener Rechtsbehelfsbelehrung) voraussetzt. Die *Verwirkung* des Rechtsbehelfs, die nach der Rechtsprechung in diese Lücke tritt, und ihn *unzulässig* macht,[23] ist auf den Tag genau überhaupt nicht festzulegen.

In streitigen Fällen bedurfte es stets der gerichtlichen Entscheidung. Sofern das Gericht im Rahmen des sog. »Aussetzungsverfahrens« zur Auffassung gelangte, der eingelegte Widerspruch habe aufschiebende Wirkung, **stellte** es diese **fest,** weil die (gesetzlichen) Voraussetzungen für die Anordnung oder Wiederherstellung der aufschiebenden Wirkung nicht gegeben waren.[24]   **1208**

Die aufschiebende Wirkung entfällt nur (§ 80 Abs. 2 S. 1 VwGO)   **1209**

- bei der **Anforderung** von öffentlichen **Abgaben und Kosten** (Nr. 1),
- bei unaufschiebbaren **Anordnungen** und **Maßnahmen** von **Polizeivollzugsbeamten** (Nr. 2),
- in anderen durch **Bundesgesetz** oder für Landesrecht durch **Landesgesetz** vorgeschriebenen Fällen, insbesondere für **Widersprüche** und **Klagen Dritter** gegen Verwaltungsakte, die **Investitionen** oder die **Schaffung** von **Arbeitsplätzen** betreffen (Nr. 3),
- in den Fällen, in denen die **sofortige Vollziehung** im **öffentlichen Interesse** oder im **überwiegenden Interesse** eines **Beteiligten** von der **Behörde,** die den Verwaltungsakt erlassen oder über den Widerspruch zu entscheiden hat, besonders **angeordnet** wird (Nr. 4).

Die **Länder** können überdies bestimmen, dass Rechtsbehelfe keine **aufschiebende**   **1210** **Wirkung** haben, soweit sie sich gegen Maßnahmen richten, die in der Verwaltungsvollstreckung durch die Länder nach **Bundesrecht** getroffen werden (§ 80 Abs. 2 S. 2 VwGO).

Die Fassung, die § 80 Abs. 2 VwGO durch die 6. VwGO-Novelle erhalten hat, lässt   **1211** wiederum den Konflikt zwischen **Vollzugs-** und **Rechtsschutzinteresse** erkennen, der vom Ansatz her zunehmend zugunsten des Interesses an der Durchsetzung des Verwaltungsakts gelöst wird. Neben die »klassischen« Ausnahmefälle (öffentliche Abgaben, Vollzugspolizei, besondere Anordnung im öffentlichen Interesse) ist eine Erweiterung der Öffnungsklauseln nach § 80 Abs. 2 S. 1 **Nr. 3** VwGO getreten. Die Zahl der **Spezialgesetze,** nach denen die aufschiebende Wirkung von Rechtsbehelfen

---

22 Vgl. BVerwGE 101, 64 (67).
23 Vgl. BVerwGE 44, 294 (298); 78, 85 (88).
24 Vgl. z. B. VGH München, NVwZ-RR 1990, S. 639.

ausgeschlossen ist, lässt sich kaum noch übersehen.[25] Der gesetzliche Ausschluss der aufschiebenden Wirkung ist in diesen Fällen an die Stelle der Anordnung der sofortigen Vollziehung nach § 80 Abs. 2 S. 1 Nr. 4 VwGO getreten, die nach früherer Verwaltungspraxis bei Großvorhaben üblich war. Systematisch ersetzt in diesen Fällen der behördliche und gerichtliche Rechtsschutz den (bisherigen) **gesetzlichen** Rechtsschutz. Ob hierin eine – vorgeblich europarechtlich geforderte[26] – **Vorstufe** zur vollständigen Abschaffung des vorläufigen Rechtsschutzes *ex lege* zu sehen ist, kann gegenwärtig noch nicht beurteilt werden.

1212   Wäre Fall 50 nach *geltendem Recht* zu beurteilen, hätte der Widerspruch des N *keine* aufschiebende Wirkung, ohne dass es überhaupt der Prüfung seiner Zulässigkeit bedürfte. Nach § 212 a Abs. 1 BauGB haben Widerspruch und Anfechtungsklage eines Dritten gegen die bauaufsichtliche Zulassung eines Vorhabens *keine* aufschiebende Wirkung. Die Vorschrift ist an die Stelle des § 10 Abs. 2 BauGBMaßnG getreten, die die aufschiebende Wirkung nur für Bauvorhaben, die Wohnzwecken dienten, ausschloss. N könnte eine aufschiebende Wirkung seines Widerspruchs also nur durch behördliche (§ 80 Abs. 4 VwGO) oder gerichtliche (§ 80 Abs. 5 VwGO) Entscheidung erlangen.

2. Die Aussetzung der Vollziehung (§ 80 Abs. 4 VwGO)

1213   Nach § 80 Abs. 4 S. 1 VwGO kann die Behörde, die den Verwaltungsakt erlassen oder über den Widerspruch zu entscheiden hat, in den Fällen des Absatzes 2 die **Vollziehung aussetzen,** soweit nicht bundesgesetzlich etwas anderes bestimmt ist. Die Aussetzung *soll* bei öffentlichen Abgaben und Kosten erfolgen, wenn ernstliche **Zweifel** an der Rechtmäßigkeit des angegriffenen Verwaltungsakts bestehen, oder wenn die Vollziehung für den Abgaben- oder Kostenpflichtigen eine **unbillige,** nicht durch überwiegende öffentliche Interessen gebotene **Härte** zur Folge hätte (§ 80 Abs. 4 S. 3 VwGO). Aussetzung der Vollziehung bedeutet nicht Herstellung oder Wiederherstellung der aufschiebenden Wirkung.[27] »Vollziehung« ist im Sinne von »Vollstreckung« zu verstehen, so dass die Behörde durch § 80 Abs. 4 VwGO ermächtigt wird, von **Maßnahmen des Verwaltungszwangs** abzusehen. Dies wird durch § 80 Abs. 4 S. 3 VwGO bestätigt, der das **behördliche Ermessen** unter den dort genannten Tatbestandsvoraussetzungen **einengt.** Entsprechend ist die Zulässigkeit eines Antrags an das Gericht, die aufschiebende Wirkung anzuordnen, von einem Aussetzungsantrag nach § 80 Abs. 4 VwGO abhängig gemacht worden (§ 80 Abs. 6 VwGO). Die insoweit eingeengte Vollstreckbarkeit von Leistungsbescheiden soll zu einer angemessenen **Risikoverteilung** zwischen Bürger und Behörde führen, weil letztere andernfalls aufgrund des § 80 Abs. 2 S. 1 Nr. 1 VwGO ihre Forderungen stets ohne Rücksicht auf die hiergegen vorgebrachten rechtlichen Bedenken beitreiben könnte.

1214   Bei **gestaltenden** und **feststellenden Verwaltungsakten,** die nicht vollstreckbar sind,[28] ist § 80 Abs. 4 S. 1 VwGO nur anwendbar, wenn man den Begriff der »Vollziehung« *weit* – also nicht nur im Sinne der Vollstreckung durch die Behörde –

---

25 Vgl. die zahlreichen Beispiele bei *F. Schoch,* in: Schoch/Schmidt-Aßmann/Pietzner, VwGO, § 80 Rn. 157 ff.

26 Vgl. dazu *F. Hufen,* Verwaltungsprozessrecht, § 31 Rn. 5; *Schmitt Glaeser/Horn,* Verwaltungsprozeßrecht, Rn. 245 a; *F. Schoch,* in: Schoch/Schmidt-Aßmann/Pietzner, VwGO, § 80 Rn. 22; *D. Triantafyllou,* NVwZ 1992, S. 133.

27 Vgl. *Finkelnburg/Dombert/Külpmann,* Vorläufiger Rechtsschutz, Rn. 841; *J. Schmidt,* in: Eyermann, VwGO, § 80 Rn. 51; *F. Schoch,* in: Schoch/Schmidt-Aßmann/Pietzner, VwGO, § 80 Rn. 277; anders: *F. Hufen,* Verwaltungsprozessrecht, § 32 Rn. 22.

28 Vgl. oben Rn. 861.

versteht. Nach § 80 a Abs. 1 Nr. 2 VwGO kann kein Zweifel daran bestehen, dass die Behörde *auch* ermächtigt ist, bei gestaltenden Verwaltungsakten nach § 80 Abs. 4 VwGO zu verfahren.

> Legt man im Fall 50 die *geltende* Rechtslage zugrunde, so hätte der Widerspruch des N keine **1215** aufschiebende Wirkung (§ 212 a Abs. 1 BauGB). Die Bauaufsichts- oder Widerspruchsbehörde könnte aber gem. § 80 Abs. 4 S. 1 i. V. m. § 80 a Abs. 1 Nr. 2 VwGO die Vollziehung der dem E erteilten Baugenehmigung *aussetzen* und überdies *einstweilige Maßnahmen* zur Sicherung der Rechte des N treffen. Allerdings würde ein solches Vorgehen im konkreten Fall ausscheiden, da der Widerspruch des N mangels Verletzung eigener Rechte unzulässig wäre.

Trotz der Parallelität zwischen dem behördlichen Aussetzungsverfahren und dem **1216** gerichtlichen Rechtsschutz nach § 80 Abs. 5 VwGO hat ersteres in der Verwaltungspraxis bislang keine wesentliche Bedeutung erlangt.[29] Dies dürfte nicht zuletzt daran liegen, dass Behörden nicht geneigt sind, ihre eigenen Entscheidungen in Frage zu stellen.[30] Eine Änderung der Entscheidungspraxis ist jedoch bei **Leistungsbescheiden** aufgrund des § 80 Abs. 6 S. 1 VwGO zu erwarten.[31]

3. Das gerichtliche »Aussetzungsverfahren« (§§ 80 Abs. 5, 80 a Abs. 3 S. 1 VwGO)

Im Gegensatz zu dem behördlichen Verfahren nach § 80 Abs. 4 VwGO hat die **1217** gerichtliche Gewährung einstweiligen Rechtsschutzes nach § 80 Abs. 5 VwGO **erhebliche praktische Bedeutung.** Die Verfahren nach § 80 Abs. 5 VwGO werden ebenfalls als **»Aussetzungsverfahren«** bezeichnet, womit eine Art Sammelbezeichnung für Verfahren gemeint ist, die *nicht* unter § 123 VwGO fallen.[32]

Nach § 80 Abs. 5 S. 1 VwGO kann das Gericht der Hauptsache die **aufschiebende** **1218** **Wirkung** in den Fällen des Abs. 2 Nr. 1–3 ganz oder teilweise **anordnen**, im Falle des Abs. 2 Nr. 4 ganz oder teilweise **wiederherstellen.** Der Antrag ist schon **vor Erhebung der Anfechtungsklage** zulässig (§ 80 Abs. 5 S. 2 VwGO). Dass zwischen Anordnung und Wiederherstellung der aufschiebenden Wirkung differenziert wird, entspricht den Vorgaben des § 80 Abs. 2 S. 1 VwGO: Sofern die aufschiebende Wirkung kraft Gesetzes *ausgeschlossen* ist (§ 80 Abs. 2 S. 1 Nr. 1–3 VwGO), muss sie eigens *angeordnet* werden. Entfällt die aufschiebende Wirkung hingegen aufgrund einer *besonderen Vollziehungsanordnung* (§ 80 Abs. 2 S. 1 Nr. 4 VwGO), ist sie *wiederherzustellen,* weil sie aufgrund der gesetzlichen Regelung hätte eintreten sollen. Ist hingegen unter den Beteiligten streitig, ob ein Rechtsbehelf überhaupt aufschiebende Wirkung hat, so stellt das Verwaltungsgericht, sofern es die Frage bejaht, diese schlicht *fest.*[33]

Das **Aussetzungsverfahren** ist ein eigenes gerichtliches Verfahren des vorläufigen **1219** Rechtsschutzes, das auf **Antrag des Beschwerten** eingeleitet wird. Da der Antrag darauf gerichtet ist, die aufschiebende Wirkung eines Rechtsbehelfs anzuordnen oder

---

29 Vgl. *F. Schoch,* in: Schoch/Schmidt-Aßmann/Pietzner, VwGO, § 80 Rn. 275: »nahezu bedeutungslos«.

30 Dies gilt im Übrigen auch für das Widerspruchsverfahren, in dem nicht selten versucht wird, den angefochtenen Verwaltungsakt nach Möglichkeit »zu halten«.

31 Vgl. *Redeker/v. Oertzen,* VwGO, § 80 Rn. 35; *J. Schmidt,* in: Eyermann, VwGO, § 80 Rn. 48.

32 Vgl. *F. Schoch,* in: Schoch/Schmidt-Aßmann/Pietzner, § 80 Rn. 326; *Finkelnburg/Dombert/Külpmann,* Vorläufiger Rechtsschutz, Rn. 935.

33 *F. Schoch,* in: Schoch/Schmidt-Aßmann/Pietzner, VwGO, § 80 Rn. 352, 398.

wiederherzustellen, muss der Rechtsbehelf eingelegt sein. Da der Antrag schon vor Erhebung der Anfechtungsklage zulässig ist (§ 80 Abs. 5 S. 2 VwGO), kann dies der **Widerspruch** sein. Sofern ein Widerspruchsverfahren gesetzlich nicht vorgesehen ist (§ 68 Abs. 1 S. 2 VwGO), muss Anfechtungsklage erhoben worden sein.[34]

1220 Soweit die übrigen Sachentscheidungsvoraussetzungen gegeben sind,[35] trifft das Gericht die Entscheidung aufgrund **summarischer Prüfung** der Sach- und Rechtslage.[36] Hierbei ist stets das **Vollzugsinteresse** mit dem **Aussetzungsinteresse** abzuwägen. Die Interessenabwägung kann durch die Erfolgsaussichten des Rechtsbehelfs bestimmt werden, soweit diese nach summarischer Prüfung der Rechtslage absehbar sind. Das (öffentliche) Vollzugsinteresse überwiegt, wenn der Rechtsbehelf **geringe Erfolgsaussichten** hat, dagegen überwiegt das Suspensivinteresse, wenn er **Erfolg versprechend** ist, weil es kein öffentliches Interesse an der auch nur vorläufigen Durchsetzung eines mehr oder minder offensichtlich rechtswidrigen Verwaltungsakts geben kann.[37] Hierin allerdings liegt die **Problematik** des vorläufigen Rechtsschutzes nach § 80 Abs. 5 VwGO: Das Gericht muss vermeiden, sich aufgrund einer nur summarischen Prüfung hinsichtlich des **Hauptsacheverfahrens** festzulegen. Auf der anderen Seite ginge die Forderung, die Erfolgsaussichten des Rechtsbehelfs und somit die materiellen Rechtsfragen vollständig außer Acht zu lassen, an der Eigenart richterlicher Entscheidungsfindung vorbei.[38] Soweit die Erfolgsaussichten nicht **eindeutig** sind, müssen jeweils **hypothetische Konstellationen** verglichen werden: Die Lage nach (hypothetischem) Vollzug des Verwaltungsakts und (hypothetischem) Erfolg des Rechtsbehelfs muss mit derjenigen verglichen werden, die einträte, wenn die aufschiebende Wirkung angeordnet bzw. wiederhergestellt würde, der Rechtsbehelf aber erfolglos bliebe.[39] An dieser Stelle kann sich **gerechtigkeitsorientierte,** zugleich aber **pragmatische Argumentation** entfalten.

1221 Im Fall 50 hätte der Widerspruch des N nach geltendem Recht *keine* aufschiebende Wirkung (§ 212 a Abs. 1 BauGB), so dass ein Antrag auf Anordnung (nicht Wiederherstellung!) der aufschiebenden Wirkung nach § 80 Abs. 5 S. 1 VwGO in Betracht käme. Das Gericht würde die Erfolgsaussichten des Rechtsbehelfs summarisch prüfen und dabei feststellen, dass der Widerspruch des N unzulässig ist, weil die Baugenehmigung keine nachbarschützenden Vorschriften verletzt und N deshalb nicht widerspruchsbefugt (§ 42 Abs. 2 VwGO analog) ist. Die Interessenabwägung würde deshalb eindeutig zugunsten des Vollzugsinteresses ausfallen, weil ein Aussetzungsinteresse gegenüber einem Verwaltungsakt, der nicht in die Rechte des Widerspruchsführers eingreifen *kann*, kaum begründbar ist. Legt man in diesem Fall die 1984 geltende Rechtslage zugrunde, hätte der Widerspruch des N ebenfalls keine aufschiebende Wirkung gehabt, weil es an der Widerspruchsbefugnis fehlte und ein offensichtlich unzulässiger Widerspruch keine aufschiebende Wirkung zu

34 Vgl. *F. Schoch,* in: Schoch/Schmidt-Aßmann/Pietzner, VwGO, § 80 Rn. 55; *J. Schmidt,* in: Eyermann, VwGO, § 80 Rn. 65; *Redeker/v. Oertzen,* VwGO, § 80 Rn. 54; *Schmitt Glaeser/Horn,* Verwaltungsprozeßrecht, Rn. 279.

35 Vgl. hierzu *F. Hufen,* Verwaltungsprozessrecht, § 32 Rn. 30 ff.; *Schmitt Glaeser/Horn,* Verwaltungsprozeßrecht, Rn. 277 ff.; *W.-R. Schenke,* Verwaltungsprozessrecht, Rn. 990 ff.; *Finkelnburg/Dombert/Külpmann,* Vorläufiger Rechtsschutz, Rn. 936 ff.; *F. Schoch,* Jura 2002, S. 39 ff.

36 Vgl. BVerfG, NVwZ 1996, S. 58 (59); *F. Schoch,* in: Schoch/Schmidt-Aßmann/Pietzner, VwGO, § 80 Rn. 399 f.; *Redeker/v. Oertzen,* VwGO, § 80 Rn. 49; *J. Schmidt,* in: Eyermann, VwGO, § 80 Rn. 68 f.; *W.-R. Schenke,* Verwaltungsprozessrecht, Rn. 1002 f.

37 Vgl. *Finkelnburg/Dombert/Külpmann,* Vorläufiger Rechtsschutz, Rn. 967; *F. Hufen,* Verwaltungsprozessrecht, § 32 Rn. 39.

38 Vgl. hierzu *F. Schoch,* in: Schoch/Schmidt-Aßmann/Pietzner, VwGO, § 80 Rn. 263: »materiellakzessorischer Prüfungsansatz unausweichlich.«

39 Vgl. *F. Hufen,* Verwaltungsprozessrecht, § 32 Rn. 39.

entfalten vermag.[40] Insofern hätte E auch in diesem Fall weiterbauen können. Vermutlich hätte N aber den Standpunkt eingenommen, dass sein Widerspruch nach fristgerechter Einlegung aufschiebende Wirkung gehabt habe und diese von E missachtet worden sei. N hätte deshalb nach § 80 Abs. 5 VwGO (analog) beantragen können, die aufschiebende Wirkung seines Rechtsbehelfs *festzustellen.*[41]

4. Abänderungsverfahren (§ 80 Abs. 7 VwGO)

Das Gericht kann Beschlüsse über Anträge nach § 80 Abs. 5 VwGO jederzeit **ändern** oder **aufheben** (§ 80 Abs. 7 S. 1 VwGO). Jeder Beteiligte kann die Änderung oder Aufhebung wegen veränderter oder im ursprünglichen Verfahren ohne Verschulden nicht geltend gemachter Umstände beantragen (§ 80 Abs. 7 S. 2 VwGO). Das **Abänderungsverfahren** soll eine Anpassung an veränderte Umstände ermöglichen, die sich gerade im Verfahren des einstweiligen Rechtsschutzes als notwendig erweisen kann. Der Antrag auf Abänderung ist kein **Rechtsbehelf** gegen den Beschluss des Verwaltungsgerichts nach § 80 Abs. 5 VwGO. Mit anderen Worten macht der Antragsteller nach § 80 Abs. 7 VwGO nicht geltend, der Beschluss sei (rechtlich) *falsch,* vielmehr trägt er vor, dieser sei infolge veränderter Umstände falsch *geworden.* Als Rechtsbehelf gegen einen Beschluss nach § 80 Abs. 5 VwGO ist allein die **Beschwerde** statthaft (§ 146 Abs. 1, 4 VwGO). Wird ein Änderungsantrag nach § 80 Abs. 7 VwGO dagegen abgelehnt, so ist hiergegen ebenfalls die Beschwerde gegeben.[42]

1222

III. Einstweilige Anordnung (§ 123 VwGO)

Nach § 123 **Abs. 5** VwGO gelten die Vorschriften der Absätze 1 bis 3 nicht für die Fälle der §§ 80 **und 80 a VwGO.** Dies bedeutet negativ, dass, sofern im Hauptsacheverfahren die **Anfechtungsklage** statthaft ist, sich der vorläufige Rechtsschutz **ausschließlich** nach §§ 80 und 80 a VwGO richtet.[43] *Positiv* bedeutet dies, dass bei allen anderen Klagearten der vorläufige Rechtsschutz nach § 123 VwGO zu gewähren ist.[44] Zwischen beiden Formen des vorläufigen Rechtsschutzes gibt es keine Lücke.[45]

1223

1. Sachentscheidungsvoraussetzungen

Das Anordnungsverfahren ist ein eigenständiges Verfahren des vorläufigen Rechtsschutzes, das nicht voraussetzt, dass die Klage in der Hauptsache bereits erhoben worden ist (§ 123 Abs. 1 S. 1 VwGO). Insofern müssen die **Sachentscheidungsvoraussetzungen** vorliegen, die üblicherweise bei verwaltungsgerichtlichen Klagen zu prüfen sind. Hierzu gehören die **Statthaftigkeit,** die – weil sie sich nach der statthaften Klageart in der *Hauptsache* richtet – gewissermaßen »doppelt« zu prüfen

1224

---

40 Vgl. oben Rn. 1205 ff.

41 Vgl. oben Rn. 1208.

42 Vgl. *Kopp/Schenke,* VwGO, § 80 Rn. 203; *Finkelnburg/Dombert/Külpmann,* Vorläufiger Rechtsschutz, Rn. 1133; *K. Redeker,* NVwZ 1991, S. 528; vgl. auch OVG Hamburg, NVwZ 1995, S. 1004 (1005).

43 Vgl. *F. Schoch,* in: Schoch/Schmidt-Aßmann/Pietzner, VwGO, § 123 Rn. 1; *J. Schmidt,* in: Eyermann, VwGO, § 80 Rn. 3; *F. Hufen,* Verwaltungsprozessrecht, § 31 Rn. 8; Schmitt Glaeser/Horn, Verwaltungsprozeßrecht, Rn. 245.

44 Vgl. oben Rn. 1087 ff., 1102 ff., 1113 ff.

45 Vgl. *F. Schoch,* in: Schoch/Schmidt-Aßmann/Pietzner, VwGO, § 123 Rn. 1; *Finkelnburg/Dombert/Külpmann,* Vorläufiger Rechtsschutz, Rn. 11; *Kopp/Schenke,* VwGO, § 123 Rn. 1.

ist. Hierbei sind die – unter Umständen nicht einfachen – Abgrenzungsprobleme hinsichtlich der Handlungsformen der Verwaltung und der sich hieraus ergebenden verwaltungsprozessualen Folgerungen zu erörtern.[46]

1225 Siedelt man Fall 50 in Niedersachsen an und beurteilt ihn nach geltendem Recht, so hätte E für sein Wohngebäude *keine* Baugenehmigung gebraucht, wenn man voraussetzt, im einschlägigen Bebauungsplan sei ein Wohngebiet festgesetzt worden und das Gebäude habe bestimmte andere Anforderungen erfüllt (§ 69 a Abs. 1 NBauO). Würde N in diesem Fall verhindern wollen, dass E (entgegen den Festsetzungen des Bebauungsplans) das Gebäude mit einem *Satteldach* versieht, wäre die *Anfechtungsklage* ersichtlich *unstatthaft,* weil ein Verwaltungsakt überhaupt nicht ergangen ist. N könnte sich deshalb nur an die Bauaufsichtsbehörde wenden und diese auffordern, gegen die vorgeblich rechtswidrige Baumaßnahme einzuschreiten. Sofern diese untätig bleibt, wäre allein die Verpflichtungsklage statthaft; vorläufiger Rechtsschutz könnte von N nur über § 123 VwGO beantragt werden.[47]

1226 Zu den Sachentscheidungsvoraussetzungen gehört nach ganz h. M. die **Antragsbefugnis,** deren Maßstab aus § 42 Abs. 2 VwGO folgt.[48] Der Antragsteller muss also geltend machen, in **eigenen Rechten** verletzt zu sein.

1227 Im Fall 50 würden sich hieran die gleichen Zweifel knüpfen wie hinsichtlich der Widerspruchsbefugnis bzw. der Klagebefugnis bei einer Anfechtungsklage des N.[49] Wenn der Bebauungsplan Flachdächer vorsieht, so liegt dem ersichtlich eine bestimmte Gestaltungsabsicht zugrunde. Auch wenn sich Nachbarn an einem Satteldach »stören«, können sie hierdurch doch nicht in eigenen *Rechten* verletzt sein. Sofern N ein Einschreiten der Behörde gegen E im Wege der einstweiligen Anordnung erzwingen wollte, würden sich bereits Bedenken hinsichtlich seiner *Antragsbefugnis* ergeben.

2. Begründetheit des Antrags

1228 Nach § 123 Abs. 1 VwGO sind zu unterscheiden die **Sicherungsanordnung** (Satz 1) und die **Regelungsanordnung** (Satz 2). Zwischen beiden Formen der einstweiligen Anordnung lässt sich keine deutliche Trennlinie ziehen, so dass gelegentlich vorgeschlagen wird, überhaupt auf eine Abgrenzung zu verzichten.[50] Wichtiger als die Frage, ob die Anordnung der Sicherung des *status quo* dient oder darüber hinausgeht,[51] sind die in § 123 Abs. 1 Sätze 1 und 2 VwGO geregelten Voraussetzungen für den Erlass der einstweiligen Anordnung:

- **wenn die Gefahr besteht, dass durch eine Veränderung des bestehenden Zustands die Verwirklichung eines Rechts des Antragstellers vereitelt oder wesentlich erschwert werden könnte (Satz 1);**
- **wenn diese Regelung, vor allem bei dauernden Rechtsverhältnissen, um wesentliche Nachteile abzuwenden oder drohende Gewalt zu verhindern oder aus anderen Gründen nötig erscheint (Satz 2).**

---

46 Vgl. *F. Hufen,* Verwaltungsprozessrecht, § 33 Rn. 6.

47 Vgl. hierzu *H. K. Schmaltz,* NdsVBl. 1995, S. 241 (247); *M. Uechtritz,* NVwZ 1996, S. 640 (644).

48 Vgl. *Finkelnburg/Dombert/Külpmann,* Vorläufiger Rechtsschutz, Rn. 73 f.; *W.-R. Schenke,* Verwaltungsprozessrecht, Rn. 1031; *Schmitt Glaeser/Horn,* Verwaltungsprozeßrecht, Rn. 319.

49 Vgl. oben Rn. 1070.

50 Vgl. *F. Schoch,* in: Schoch/Schmidt-Aßmann/Pietzner, VwGO, § 123 Rn. 49; *Finkelnburg/Dombert/Külpmann,* Vorläufiger Rechtsschutz, Rn. 111 m. w. N.; *Schmitt Glaeser/Horn,* Verwaltungsprozeßrecht, Rn. 317.

51 Vgl. *F. Schoch,* in: Schoch/Schmidt-Aßmann/Pietzner, VwGO, § 123 Rn. 49 f.; *M. Happ,* in: Eyermann, VwGO, § 123 Rn. 21; *Kopp/Schenke,* VwGO, § 123 Rn. 6, 8.

Die hier umschriebenen Tatbestandsvoraussetzungen bezeichnen den **Anordnungs-** 1229 **grund,** besser: *die Gründe,* aus denen eine einstweilige Sicherungs- oder Regelungsanordnung notwendig erscheint. Mit anderen Worten muss der Antragsteller einen *Grund* haben, gerade eine *einstweilige* Anordnung zu beantragen. Dass er einen **Anspruch** geltend macht, der ja ohnehin Voraussetzung für eine erfolgreiche Klage in der Hauptsache wäre, reicht demgegenüber nicht aus. Zu dem **Anordnungsanspruch** muss vielmehr die **besondere Gefährdungssituation** treten, die in § 123 Abs. 1 Sätze 1 und 2 VwGO in strukturell vergleichbarer Weise gekennzeichnet ist und den **Anordnungsgrund** bezeichnet. Man mag daran zweifeln, ob die dem **zivilprozessualen Arrest** (§§ 916 ff. ZPO) nachempfundene Terminologie für das Verwaltungsprozessrecht »passt«. Wichtiger als eine subtile Abgrenzung von Sicherungs- und Regelungsanordnung ist deshalb die Prüfung, ob dem Antragsteller

- ein **Anordnungsgrund** und
- ein **Anordnungsanspruch**

zur Seite stehen.

Ähnlich wie bei dem Verfahren nach § 80 Abs. 5 VwGO bedarf es auch im An- 1230 ordnungsverfahren einer **Abwägung** der unterschiedlichen **Interessen.**[52] Zwischen Anordnungsgrund und Anordnungsanspruch besteht insofern ein Zusammenhang, als bei offensichtlichem Vorliegen eines Anordnungsanspruchs an den Anordnungsgrund geringere Anforderungen gestellt werden können.[53]

3. Entscheidungsinhalt und Vorwegnahmeverbot

Der **Inhalt** der gerichtlichen Entscheidung richtet sich nach dem gestellten **Antrag,** 1231 ist im Einzelnen aber gesetzlich nicht vorgegeben. Anders als im Verfahren nach § 80 VwGO gibt es keine festgelegte **Tenorierung.**[54] Die richterliche **Gestaltungsfreiheit** ist jedoch durch den Umstand begrenzt, dass es sich um ein Verfahren des *vorläufigen* Rechtsschutzes handelt. Die h. M. nimmt deshalb an, dem Gericht sei es verwehrt, im Verfahren der einstweiligen Anordnung das Hauptsacheverfahren **vorwegzunehmen.**[55] Die geläufige Formel berücksichtigt nicht, dass es im Verfahren des vorläufigen Rechtsschutzes **notwendig** um die **teilweise** Vorwegnahme der Hauptsache geht, weil sowohl **Erlass** als auch **Nichterlass** einer einstweiligen Anordnung den Zeitraum bis zur Hauptsacheentscheidung endgültig gestalten.[56]

---

52 Vgl. BVerfGE 51, 268 (280): »Bereits überschaubare Erfolgsaussichten des Hauptsacheverfahrens sind in die Überlegungen mit einzubeziehen.«; BVerfG, DVBl. 1996, S. 1367 (1368); *Schmitt Glaeser/Horn,* Verwaltungsprozeßrecht, Rn. 321; *R. Brühl,* JuS 1995, S. 919; *Kuhla/Hüttenbrink,* Der Verwaltungsprozess, 3. Aufl. 2002, J Rn. 210.

53 Vgl. *W.-R. Schenke,* Verwaltungsprozessrecht, Rn. 1033; *Finkelnburg/Dombert/Külpmann,* Vorläufiger Rechtsschutz, Rn. 135; *Kopp/Schenke,* VwGO, § 123 Rn. 25.

54 Vgl. *F. Schoch,* in: Schoch/Schmidt-Aßmann/Pietzner, VwGO, § 123 Rn. 133; *Finkelnburg/Dombert/Külpmann,* Vorläufiger Rechtsschutz, Rn. 216; *R. Brühl,* JuS 1995, S. 920.

55 Vgl. OVG Münster, NVwZ-RR 1995, S. 329; OVG Münster, DVBl. 1995, S. 934 (935); VGH Mannheim, DVBl. 1995, S. 160 (161); *Redeker/v. Oertzen,* VwGO, § 123 Rn. 6, 12; *Kopp/Schenke,* VwGO, § 123 Rn. 13; *M. Happ,* in: Eyermann, VwGO, § 123 Rn. 66 a; *Finkelnburg/Dombert/Külpmann,* Vorläufiger Rechtsschutz, Rn. 174 ff.; *W.-R. Schenke,* Verwaltungsprozessrecht, Rn. 1034 f.

56 So zutr. *F. Schoch,* in: Schoch/Schmidt-Aßmann/Pietzner, VwGO, § 123 Rn. 148; *ders.,* Jura 2002, S. 326.

1232   Der Ausgangsfall bietet ein anschauliches Beispiel für das unausweichliche Paradoxon, das darin liegt, dass sowohl der Erlass einer einstweiligen Anordnung als auch ihre Ablehnung den Zustand vorläufig *endgültig* gestaltet. Wenn antragsgemäß eine einstweilige Anordnung ergeht, so ist die Verfassungsschutzbehörde während des fraglichen Zeitraums *endgültig* gehindert, die N-Partei zu observieren. Die Hauptsache wird für diesen Zeitraum folgerichtig *vorweggenommen*, weil sich die Observation für die Vergangenheit nicht nachholen lässt, selbst wenn die Verfassungsschutzbehörde in der Hauptsache obsiegen würde. Umgekehrt würde auch mit der Ablehnung der einstweiligen Anordnung der Zeitraum bis zur Hauptsacheentscheidung *endgültig* geregelt und damit ebenfalls die Hauptsacheentscheidung *teilweise* vorweggenommen. Es kommt hierfür nicht darauf an, ob die mit der Observation gewonnenen Erkenntnisse gespeichert bleiben und gegebenenfalls verwandt werden dürfen, wenn sie sich aufgrund der Hauptsacheentscheidung als unzulässig erweisen sollte. Die Observation als solche greift in die Grundrechte, insbesondere das Recht auf informationelle Selbstbestimmung, der Partei wie der handelnden Parteimitglieder ein, ohne dass es darauf ankäme, ob die gewonnenen Daten erhalten bleiben. Durch den Erlass wie durch die Ablehnung der einstweiligen Anordnung würde der Zeitraum bis zur Hauptsacheentscheidung also in jedem Fall endgültig geregelt und die Hauptsache insoweit für diesen Zeitraum vorweggenommen.

1233   Ähnlich wie im Verfahren nach § 80 VwGO ist es ein Gebot **effektiven Rechtsschutzes** und damit des Art. 19 Abs. 4 GG, dass die Verwaltungsentscheidung nicht stets maßgeblich bleibt, bis das Gericht in der Hauptsache entscheidet. Die geläufige Formel vom »Verbot der Vorwegnahme der Hauptsache« bedarf deshalb der **Revision**. Die Grenzen, die dem Verfahren des vorläufigen Rechtsschutzes gesetzt sind, werden nur überschritten, wenn die Hauptsacheentscheidung **gegenstandslos** wird.[57]

1234   Im Ausgangsfall würde die Hauptsache *nicht* dadurch vorweggenommen, dass der Verfassungsschutzbehörde die weitere Observation untersagt würde. Unerheblich ist hierbei, ob die vorläufige Untersagung die nachrichtendienstlichen Aktivitäten in Zukunft faktisch beeinträchtigen würde, wenn die Verfassungsschutzbehörde im Hauptsacheverfahren obsiegt.[58] Grundrechtseingriffe können nicht allein um dessentwillen zugelassen werden, weil es besonders aufwendig wäre, die technischen Voraussetzungen für *erneute* Grundrechtseingriffe zu schaffen. Entscheidend ist deshalb im Ausgangsfall nicht die Vorwegnahme der Hauptsache, sondern die Abwägung der fiktiven Folgen bei Erlass oder Ablehnung einer einstweiligen Anordnung.[59]

IV. Rechtspolitische Erwägungen

1235   Die Verfahren des vorläufigen Rechtsschutzes stellen das **Zentrum** des verwaltungsgerichtlichen **Rechtsschutzes** dar. Was auf den ersten Blick als paradox erscheinen mag, gewinnt auf den zweiten an Plausibilität. Allein der vorläufige Rechtsschutz kann gewährleisten, dass sich der Bürger gegenüber dem Staat nicht stets in einer von vornherein **unterlegenen Position** befindet.[60] Es sind nicht nur die viel beklagte Verfahrensdauer und die aus Art. 19 Abs. 4 GG abzuleitende Rechtsschutzeffektivität, die derartige Verfahren erfordern. Ausschlaggebend ist vielmehr die Rechtssubjektivität des Bürgers, der zum Staat nicht in einem allgemeinen Gewalt- oder Subordinationsverhältnis steht, aufgrund dessen er alle Belastungen vorläufig zu tragen hätte und auf Begünstigungen entsprechend warten müsste. Der Bürger als Rechts-

---

57 So *F. Schoch*, Vorläufiger Rechtsschutz, S. 1670; *ders.*, in: Schoch/Schmidt-Aßmann/Pietzner, VwGO, § 123 Rn. 156; *ders.*, VerwArch 82 (1991), S. 172 f.; *H. Huba*, JuS 1990, S. 986.
58 A. A. VGH München, NJW 1993, S. 3090, wobei es im entschiedenen Fall nicht auf die Vorwegnahme der *Hauptsache-*, sondern der Beschwerdeentscheidung (§ 149 VwGO) ankam.
59 Vgl. oben Rn. 1230.
60 Vgl. oben Rn. 1196.

subjekt steht den Verwaltungsträgern, die ebenfalls Rechtssubjektivität besitzen, prinzipiell gleichberechtigt gegenüber. Sofern der Staat in Erfüllung seiner öffentlichen Aufgaben Anordnungen erlassen und durchsetzen muss, sind diese zwar vorläufig wirksam, hängen im Ergebnis aber von ihrer Rechtmäßigkeit ab. Umgekehrt sind staatliche Leistungen gesetzlich vorgesehen und werden aufgrund von Rechtsansprüchen gewährt. Bei beiden Konstellationen handelt es sich also um (Verwaltungs-) Rechtsverhältnisse, in denen ein »Mehrwert« des einen gegenüber dem anderen Rechtssubjekt verfassungsrechtlich nicht gewollt ist. Dem muss das Rechtsschutzsystem in der Weise Rechnung tragen, dass die institutionelle und instrumentelle Überlegenheit des Verwaltungsapparates, die als Tatsache unbestreitbar ist, nicht (erneut) zu obrigkeitsstaatlicher Attitüde führt. Das System des vorläufigen Rechtsschutzes und seine Handhabung durch die Rechtsprechung sind insofern nicht auf eine prozessuale Technizität beschränkt, sondern zeigen – einem Seismographen vergleichbar – das Verhältnis des Bürgers zum Staat in seiner Ruhelage, aber auch mögliche Eruptionen an.

V. Rechtsprechung

BVerfGE 35, 263 (Verfassungsrechtlicher Rechtsschutzauftrag); E 51, 268 (Vorläufiger Rechtsschutz bei Schulorganisationsakten); E 79, 69 (Auslegung des § 123 VwGO unter Berücksichtigung betroffener Grundrechte); **BVerfG**, DVBl. 1996, S. 1367 (Vorläufiger Rechtsschutz bei Zulassung zu einer berufsbezogenen Prüfung); **BVerwGE** 13, 1 (Rechtliche Bedeutung des Suspensiveffekts); E 132, 250 (Aufrechnung mit einer durch angefochtenen Leistungsbescheid geltend gemachten Forderung); **BVerwG**, DVBl. 1993, S. 256 (Keine aufschiebende Wirkung bei unzulässigem Widerspruch); **OVG Hamburg**, NVwZ 1987, S. 1002 (Aufschiebende Wirkung bei unzulässigem Widerspruch); **OVG Hamburg**, NVwZ 1995, S. 1004 (Abänderungsbeschluss nach § 80 Abs. 7 VwGO); **OVG Münster**, NVwZ-RR 2000, S. 121 (Anforderungen an ein Gesetz nach § 80 Abs. 3 Satz 1 Nr. 3 VwGO); **VGH Mannheim**, NVwZ-RR 2000, S. 470 (Einstweiliger Rechtsschutz gegen Straßenbau). | 1236

VI. Literatur

A. Budroweit/A. Wuttke, Der vorläufige Rechtsschutz bei Verwaltungsakten mit Drittwirkung (§§ 80, 80 a VwGO), JuS 2006, S. 876; *F. Ekardt/K. Beckmann*, Vorläufiger Rechtsschutz zwischen Beschleunigungs- und Internationalisierungstendenzen im Verwaltungsrecht, DÖV 2006, S. 672; *K. Finkelnburg/M. Dombert/C. Külpmann*, Vorläufiger Rechtsschutz im Verwaltungsstreitverfahren, 6. Aufl. 2011; *M. Happ*, Verfassungsrechtliches zu einer Interessenabwägung im Verfahren nach § 80 V VwGO?, NVwZ 2005, S. 282; *L. Hummel*, Der vorläufige Rechtsschutz im Verwaltungsprozess, JuS 2011, S. 317, 413, 502, 704; *B. Kienemund*, Das Gesetz zur Bereinigung des Rechtsmittelrechts im Verwaltungsprozess, NJW 2002, S. 1231; *M. Kotulla*, Der Suspensiveffekt des § 80 Abs. 1 VwGO, ein Rechtsschutzinstrument auf Abruf? VerwArch 91 (2000), S. 521; *S. Mückl*, Die einstweilige Anordnung nach § 123 VwGO im System des vorläufigen Rechtsschutzes, JA 2000, S. 329; *L. Renck*, Verwaltungsaktswirkungen, Rechtsmittelwirkungen und vorläufiger Rechtsschutz, BayVBl. 1994, S. 161; *W.-R. Schenke*, Probleme der Vollziehungsanordnung gemäß § 80 Abs. 2 Satz 1 Nr. 4, § 80 a Abs. 1 Nr. 1 und Abs. 2 VwGO, VerwArch 91 (2000), S. 587; *F. Schoch*, Vorläufiger Rechtsschutz und Risikoverteilung im Verwaltungsrecht, 1988; *ders.*, Grundfragen des verwaltungsgerichtlichen vorläufigen Rechtsschutzes, VerwArch 82 (1991), S. 145; *ders.*, Der verwaltungsprozessuale vorläufige Rechtsschutz, Jura 2001, S. 671; Jura 2002, S. 37, 318; *P.-M. Schulz*, Vorbeugender gerichtlicher Rechtsschutz gegen FFH-Gebiete, NVwZ 2001, S. 289; *W. Zimmerling/R. Brehm*, Vorläufiger Rechtsschutz im Prüfungsrecht, DVBl. 2001, S. 27. | 1237

5. Abschnitt. Haftung für rechtswidriges Behördenhandeln (Sekundärrechtsschutz)

Vorbemerkungen

Angesichts der Vielfalt des Verwaltungshandelns und des Umfangs öffentlicher Aufgaben ist es unvermeidlich, dass Behörden im Einzelfall **rechtswidrig** handeln. Das Verwaltungsrecht als Steuerungsmittel des Verwaltungshandelns ist zwar darauf angelegt, den Akteuren Maßstäbe *rechtmäßigen* Handelns zur Verfügung zu stellen. Zahlreiche Vorschriften des Verwaltungs- und Verwaltungsprozessrechts gehen – ebenso wie die Verwaltungsrechtsdogmatik insgesamt – jedoch von der Möglichkeit aus, dass diese Maßstäbe verfehlt werden und sehen für diesen Fall besondere Verfahren und Entscheidungen für ihre Feststellung vor.[1] Zwar bedeutet jegliches **rechtswidrige Handeln** der Verwaltung zugleich einen **Verfassungsverstoß**, denn die Verwaltung ist an Gesetz und Recht gebunden (Art. 20 Abs. 3 GG). Die rechtlichen Maßstäbe für das Verwaltungshandeln sind jedoch nicht stets präexistent, sondern müssen vielfach erst herausgebildet werden. Selbst detaillierte gesetzliche Vorschriften sind nicht ohne weiteres anwendbar, sondern bedürfen weiterer **Umsetzungsakte** in Gestalt von Durchführungsverordnungen oder Einführungserlassen.[2] Rechtswidriges Behördenhandeln bedeutet deshalb nicht notwendig einen krassen Verstoß gegen rechtsstaatliche Grundsätze, sondern kann sich als nachvollziehbare Verfehlung normativer Maßstäbe darstellen, die mit ähnlicher Plausibilität auch anders hätten ausgelegt werden können. Die unterschiedliche Beurteilung derselben Rechtsfrage im Instanzenzug der Verwaltungsgerichtsbarkeit gibt hierfür reiche Anschauung. Gleichwohl gilt für das gesamte Verwaltungsrecht das **Prinzip der Alternativität,** nach dem das Verwaltungshandeln *entweder* rechtmäßig *oder* rechtswidrig ist, möge sich dies auch erst nachträglich – im Verwaltungsstreitverfahren und ggf. in der Revisionsinstanz – herausstellen. | 1238

Die **Rechtsweggarantie** (Art. 19 Abs. 4 GG) stellt die bedeutsamste Vorkehrung dafür dar, dass der Bürger der Staatsgewalt nicht ausgeliefert ist, sondern die Gerichte zu seinem Rechtsschutz anrufen kann.[3] Es gibt allerdings Konstellationen, bei denen der **primäre Rechtsschutz** durch die Verwaltungsgerichte nicht (mehr) hilft, weil das Verwaltungshandeln irreversibel ist. Mit der Fortsetzungsfeststellungsklage vermag der Betroffene zwar die Feststellung zu erreichen, dass das Verwaltungshandeln rechtswidrig *gewesen* ist;[4] doch reicht diese Genugtuung jedenfalls dann nicht aus, wenn bereits ein Schaden eingetreten ist. Neben den *primären* Rechtsschutz, der auf die Abwehr von oder die Verpflichtung zum Verwaltungshandeln gerichtet ist, tritt die Pflicht des Staates, für **Schäden** einzustehen, die aufgrund **rechtswidrigen Behördenhandelns** eingetreten sind. Das »**Staatshaftungsrecht**«[5] ist deshalb als **sekundä-** | 1239

---

1 Vgl. oben Rn. 1033 ff.
2 Vgl. oben Rn. 142 ff.
3 Vgl. oben Rn. 979 ff.
4 Vgl. oben Rn. 1125 ff.
5 Vgl. *F. Ossenbühl,* Staatshaftungsrecht, 5. Aufl. 1998; *Detterbeck/Windthorst/Sproll,* Staatshaftungsrecht, 2000.

rer Rechtsschutz des Bürgers einzuordnen, der ihm offen steht, wenn der primäre Rechtsschutz durch die Verwaltungsgerichte versagt oder nicht ausreicht.

1240 Die Bezeichnung des verwaltungsgerichtlichen Rechtsschutzes als »primär« und der regelmäßig vor den ordentlichen Gerichten durchzusetzenden Staatshaftung als »sekundär« weist bereits auf die **Priorität** des verwaltungsgerichtlichen Rechtsschutzes hin.[6] Der Vorrang des Primärrechtsschutzes hat nach der Rechtsprechung des Bundesverfassungsgerichts Verfassungsrang.[7] Während nach dem bekannten Wort *Otto Mayers* im Konstitutionalismus der Grundsatz »Dulde und liquidiere« galt, mit anderen Worten der Bürger hoheitliches Handeln zu ertragen hatte, sich aber für Schäden bei der Staatskasse (dem »Fiskus«) schadlos halten konnte,[8] ist das Verhältnis von Staat und Bürger unter dem Grundgesetz durch wechselseitige Rechte und Pflichten gekennzeichnet. Verwaltungshandeln ist für den Bürger nur insoweit bindend, als es mit dem Recht übereinstimmt; soweit diese Übereinstimmung zweifelhaft ist und der Bürger sich in seinen Rechten verletzt fühlt, kann er die Verwaltungsgerichte zu seinem Schutz anrufen, *muss* dies allerdings auch, wenn er den Rechtsschutz nicht einbüßen will. Ein **Wahlrecht** zwischen dem Primärrechtsschutz durch die Verwaltungsgerichte und möglichen Ersatzansprüchen besteht **nicht**.[9]

1241 Das »**Staatshaftungsrecht**« oder das »**Recht der staatlichen Ersatzleistungen**«[10] ist weit davon entfernt, ein begrifflich durchgeformtes, in sich geschlossenes und einfach handhabbares Rechtsgebiet zu sein. Die Rechtsinstitute und Anspruchsgrundlagen fügen sich zu keinem geschlossenen System zusammen, sondern stammen aus unterschiedlichen Epochen und haben sich teilweise als unzureichend erwiesen. Zu den Merkwürdigkeiten der Gesetzgebung der Gegenwart gehört es, dass auf dem Gebiet der **Sozialentschädigung** stete Fortschritte zu verzeichnen sind, während das engere **Staatshaftungsrecht** in einem rechtspolitisch unbefriedigenden Zustand verblieben ist.[11]

1242 Das Ungenügen des Staatshaftungsrechts hat die Rechtsprechung frühzeitig dazu veranlasst, durch **Richterrechtsbildung** »Haftungslücken« auszufüllen. Die von ihrem rechtspolitischen Anliegen her billigenswerte Judikatur des Bundesgerichtshofs hat sich indes auf verfassungsrechtliche Grundlagen gestützt, die durch das Bundesverfassungsgericht teilweise in Zweifel gezogen worden sind.[12] Das Staatshaftungsrecht stellt sich deshalb in seinem gegenwärtigen Zustand als ein von unterschiedlichen Strömungen und Gerichten geprägtes »**case law**« dar, das sich dem Verständnis nur erschließt, wenn die wesentlichen Rechtsinstitute in ihrer gesetzlichen und judiziellen Entwicklung berücksichtigt werden. Erst durch ein neues **Staatshaftungsgesetz,** für das dem Bund seit 1994 die (konkurrierende) Gesetzgebungskompetenz

---

6 Vgl. *Erbguth/Höfling/Streinz/Epiney,* Primär- und Sekundärrechtsschutz im Öffentlichen Recht, VVDStRL 61 (2002), S. 221 ff.

7 Grundlegend: BVerfGE 58, 300 (324) – »Nassauskiesung«.

8 Nach der (älteren) »Fiskustheorie« trat neben den Souverän als selbständiges Haftungssubjekt der »Fiskus«, gegen den Forderungen zu richten waren, ohne dass die monarchische Souveränität eingeschränkt wurde. Der Fiskus ist deshalb auch als »Prügelknabe« des Staates bezeichnet worden; vgl. hierzu O. *Mayer,* Deutsches Verwaltungsrecht I, S. 48 ff.; *K. Zeidler,* VVDStRL 19 (1961), S. 208 (221 ff.).

9 Vgl. unten Rn. 1285 ff., 1323.

10 Vgl. *H. Maurer,* AllgVerwR, 7. Teil.

11 Kritisch dazu auch *F. Ossenbühl,* Staatshaftungsrecht, 5. Aufl. 1998, S. 3 ff.

12 Insbesondere durch den sog. »Nassauskiesungs-Beschluss« (BVerfGE 58, 300).

zusteht (Art. 74 Abs. 1 Nr. 25 GG),[13] wäre eine größere systematische Konsistenz erreichbar. Gegenwärtig ist nicht absehbar, ob bzw. zu welchem Zeitpunkt ein derartiges Gesetz erlassen wird.[14]

---

13 Der Kompetenztitel »die Staatshaftung« (Art. 74 Abs. 1 Nr. 25 GG) ist mit dem 42. ÄndG zum Grundgesetz vom 27. 10. 1994 (BGBl. I S. 3146) in das Grundgesetz eingefügt worden.
14 Das auf den Kompetenztitel aus Art. 74 Nr. 1 GG (jetzt: Art. 74 Abs. 1 Nr. 1 GG) gestützte Staatshaftungsgesetz vom 26. 6. 1981 (BGBl. I S. 553) ist vom Bundesverfassungsgericht mit Urteil vom 19. 10. 1982 (BVerfGE 61, 149) für nichtig erklärt worden, weil das Gericht eine Bundeskompetenz verneinte.

§ 20 Die Amtshaftung

1243 **Fall 57:** Die Polizeibeamten P1 und P2 entdecken auf einer Streifenfahrt einen PKW, der von der Fahrbahn abgekommen und beschädigt im Straßengraben liegen geblieben ist. Nach Aufnahme des Unfalls beauftragen sie die Firma K mit der Bergung des Unfallfahrzeugs. Zwischen dem Land L und der Firma K besteht eine schriftliche Vereinbarung, wonach die Firma auf Anforderung der Polizei die im Stadtbereich »wegzusetzenden Fahrzeuge einschließlich der darin und daran befindlichen Gegenstände im Rahmen der (folgenden) Bestimmungen abzuschleppen, unterzubringen, zu verwahren und zu pflegen« hat. Die Firma beauftragt ihre Fahrer F1 und F2 mit der Bergung. Diese versuchen, das Unfallfahrzeug aus dem Straßengraben mit einem am Abschleppfahrzeug befestigten Stahlseil herauszuziehen. Während P1 und P2 die Bergungsstelle zu sichern versuchen, fährt die entgegen-kommende G mit ihrem PKW gegen das über die Straße gespannte Stahlseil, das die Dachholme ihres Fahrzeugs durchschneidet und sie selbst erheblich verletzt. Sie fordert Ersatz des Sachschadens und Verdienstausfalls sowie ein Schmerzensgeld.

(BGHZ 121, 161)

I. Haftungsmodelle

1244 Soweit durch **behördliches Handeln** einem Bürger ein **Schaden** entsteht, gibt es prinzipiell drei Möglichkeiten, hierfür Ersatz zu verlangen. Der Geschädigte könnte zum einen denjenigen in Anspruch nehmen, der ihn geschädigt hat **(Eigenhaftung)**. Denkbar wäre auch, dass er sich unmittelbar an den Verwaltungsträger wendet, bei dem der Bedienstete angestellt ist **(Staatshaftung)**. In Betracht käme schließlich, dass ein dem Geschädigten nach materiellem Recht zustehender Anspruch gegen den Bediensteten auf die Anstellungskörperschaft übergeleitet wird **(Amtshaftung)**.

1. Eigenhaftung

1245 Die Eigenhaftung des Beamten hat in Deutschland eine bis ins 18. Jahrhundert zurückreichende Tradition. § 88 II 10 ALR lautete:

»Wer ein Amt übernimmt, muß auf die pflichtgemäße Führung desselben die genaueste Aufmerksamkeit wenden.«

1246 § 89 II 10 ALR schrieb vor:

»Jedes dabei begangene Versehen, welches bei gehöriger Aufmerksamkeit, und nach den Kenntnissen, die bei der Verwaltung des Amtes erfordert werden, hätte vermieden werden können und sollen, muß er vertreten.«

1247 Die damit begründete **Eigenhaftung** des Beamten ist mit der so genannten »Mandatstheorie« begründet worden, nach der der Dienstherr dem Beamten ein Mandat (Auftrag) nur für *rechtmäßiges* Handeln erteilt habe, dieser also *contra mandatum* handele, wenn er einem Dritten rechtswidrig und schuldhaft einen Schaden zufüge.[1] Die Konstruktion einer privatrechtlichen Haftung des Beamten für eine Amtspflichtverletzung liegt auch dem heute noch geltenden **§ 839 Abs. 1 S. 1 BGB** zugrunde:

---

1 Vgl. *F. Ossenbühl*, Staatshaftungsrecht, S. 7 f.

> »Verletzt ein Beamter vorsätzlich oder fahrlässig die ihm einem Dritten gegenüber obliegende Amtspflicht, so hat er dem Dritten den daraus entstehenden Schaden zu ersetzen.«

Das Modell der Eigenhaftung des Beamten hat frühzeitig Kritik herausgefordert, die sich nicht zuletzt darauf stützte, dass für den Erfüllungsgehilfen (§ 278 BGB) und den Verrichtungsgehilfen (§ 831 BGB) eine Haftung des Geschäftsherrn einträte.[2] Die gesetzgeberische Entscheidung, für hoheitliches Handeln nur eine privatrechtliche Eigenhaftung des Beamten in Gestalt einer unerlaubten Handlung vorzusehen, und ihre Rechtfertigung in der Literatur hat bereits *Otto Mayer* als »recht wunderlich« bezeichnet.[3]   **1248**

Die rechtlichen und rechtspolitischen Bedenken gegen das Modell der Beamtenhaftung liegen auf der Hand. Der Staat würde sich hiermit aus der Verantwortung stehlen, obwohl diese gleich doppelt begründet wäre: einerseits dadurch, dass eine **öffentliche Aufgabe** erfüllt wird, andererseits dadurch, dass er den Beamten **angestellt** (und damit ausgewählt) und mit der Erfüllung der öffentlichen Aufgabe **betraut** hat. Die Vorstellung, dass der nahezu allgegenwärtige Staat das Haftungsrisiko auf seine Bediensteten verlagert und damit gleichsam »privatisiert«, ist aus heutiger Sicht eine groteske gesetzgeberische Fehlleistung. Abgesehen davon, dass dem Geschädigten in der Regel ein nicht zahlungsfähiger Schuldner gegenüberstünde, hätte das Haftungsrisiko für die Motivation der Bediensteten schwer übersehbare Auswirkungen.   **1249**

2. Staatshaftung

§ 1 Abs. 1 des vom Bundesverfassungsgericht für nichtig erklärten[4] Staatshaftungsgesetzes vom 26. 6. 1981 (BGBl. I S. 553) hatte folgenden Wortlaut: **1250**

> »Verletzt die öffentliche Gewalt eine Pflicht des öffentlichen Rechts, die ihr einem anderen gegenüber obliegt, so haftet ihr Träger dem anderen für den daraus entstehenden Schaden nach diesem Gesetz.«

Das (menschliche) Handeln wird durch diese Vorschrift gleichsam anonymisiert und einem Abstraktum (»öffentliche Gewalt«) zugeordnet, für das der jeweilige Verwaltungsträger – nämlich die juristische Person des öffentlichen Rechts – einzustehen hat. Ob die Anonymisierung und Abstraktion überzeugend waren, da es sich ja um *menschliches* Fehlverhalten handelt, mag dahinstehen.[5] Entscheidend ist, dass eine **unmittelbare Staatshaftung** begründet wurde, der Geschädigte also nur *einen* potentiellen Anspruchsgegner hatte. Ausdrücklich war nach § 1 Abs. 3 StHG eine Haftung des Bediensteten ausgeschlossen.   **1251**

3. Amtshaftung

Die geltende **Amtshaftung** stellt eine **Kombination** der Beamtenhaftung und der Staatshaftung dar. Ihr liegt die Eigenhaftung des Beamten nach § 839 BGB zugrunde, so dass die Tatbestandsvoraussetzungen dieser Norm im Wesentlichen erfüllt sein   **1252**

---

2 Vgl. *Bull/Mehde*, AllgVerwR/VerwL, Rn. 1088 ff.; *H. Maurer*, AllgVerwR, § 26 Rn. 3 ff.
3 So *O. Mayer*, Deutsches Verwaltungsrecht I, S. 186, Fn. 9.
4 Vgl. BVerfGE 61, 149.
5 § 1 Abs. 2 StHG enthielt für das Versagen technischer Einrichtungen die Fiktion, dass dieses unter bestimmten Voraussetzungen als Pflichtverletzung galt.

müssen. Die Haftung wird jedoch durch Art. 34 S. 1 GG auf den Staat und andere Verwaltungsträger verlagert:

> »Verletzt jemand in Ausübung eines ihm anvertrauten öffentlichen Amtes die ihm einem Dritten gegenüber obliegende Amtspflicht, so trifft die Verantwortlichkeit grundsätzlich den Staat oder die Körperschaft, in deren Dienst er steht.«

1253 Durch die Kombination von **haftungsbegründender** (§ 839 Abs. 1 BGB) und **haftungsverlagernder** (Art. 34 S. 1 GG) **Norm** entsteht eine **einheitliche Anspruchsgrundlage** der Amtshaftung (§ 839 Abs. 1 BGB i. V. m. Art. 34 S. 1 GG).[6]

II. Der Aufbau des Amtshaftungsanspruchs (§ 839 BGB i. V. m. Art. 34 GG)

1254 Nach herrschender[7] – wenngleich bestrittener[8] – Meinung ist **§ 839 BGB** die **Anspruchsnorm**, während **Art. 34 GG** die Haftung auf die Körperschaft **verlagert**. Art. 34 GG erschöpft sich hiernach in der Funktion, dem Geschädigten einen leistungsfähigen Schuldner zu verschaffen[9] und den Beamten von der Haftung freizustellen. Neben die – schon durch Art. 131 WRV bewirkte – **Verlagerung** tritt nach Art. 34 GG eine **Erweiterung** der Haftung. Vergleicht man die Tatbestandsmerkmale des Art. 34 S. 1 GG mit denen des § 839 Abs. 1 S. 1 BGB, so ergibt sich eine **Inkongruenz** hinsichtlich des **Handlungssubjekts**. Während nach § 839 Abs. 1 BGB die Amtspflichtverletzung von einem »Beamten« begangen sein muss, reicht es nach Art. 34 S. 1 GG aus, dass »jemand in Ausübung eines ihm anvertrauten öffentlichen Amtes« eine Amtspflicht verletzt. Man hat diese offensichtliche Inkongruenz dadurch zu beseitigen versucht, dass der **Beamtenbegriff** in § 839 BGB je nach Zusammenhang **enger** (nämlich *status*rechtlich) oder **weiter** (nämlich *haftungs*rechtlich) interpretiert wurde.[10] Einleuchten will das nicht, weil folgerichtig *derselbe* Begriff je nach Zusammenhang *unterschiedliche* Bedeutungen aufwiese. Überzeugender ist deshalb die Auffassung, dass Art. 34 S. 1 GG die Haftung zugleich **erweitert**, indem nicht mehr auf die (statusrechtliche) Beamteneigenschaft, sondern auf das Handeln nach öffentlichem Recht abgestellt wird.[11] Die Tatbestandsmerkmale des Amtshaftungsanspruchs folgen deshalb aus **beiden Bestimmungen** gemeinsam. Art. 34 GG und § 839 BGB sind bei der Falllösung zusammen zu lesen.[12]

1255 Im Ausgangsfall sind P1 und P2 als Polizeibeamte »Beamte« im statusrechtlichen Sinne und erfüllen damit die Voraussetzung des § 839 Abs. 1 BGB. F1 und F2 sind bei einer privaten Firma angestellt, also nicht einmal im öffentlichen Dienst beschäftigt. Sie erfüllen deshalb *nicht* den Beamtenbegriff des § 839 Abs. 1 BGB, auch wenn man ihn »haftungsrechtlich« erweitern würde.

---

6 So zutr. *H. Maurer*, AllgVerwR, § 26 Rn. 7 ff.

7 Vgl. *H.-J. Papier*, in: MünchKom., BGB, Bd. 5, 5. Aufl. 2009, § 839 Rn. 119; *F. Ossenbühl*, Staatshaftungsrecht, S. 10 f.; *B. Grzeszick*, in: Erichsen/Ehlers, AllgVerwR, § 44 Rn. 4.

8 Vgl. *J. Wieland*, in: Dreier (Hrsg.), GG, Bd. II, 2. Aufl. 2006, Art. 34 Rn. 36; *H. J. Bonk*, in: Sachs (Hrsg.), GG, 6. Aufl. 2011, Art. 34 Rn. 53 jew. m. w. N.

9 Gelegentlich ist deshalb von »Schuldübernahme« die Rede: vgl. *B. Bender*, Staatshaftungsrecht, 3. Aufl. 1981, Rn. 77.

10 Vgl. *H.-J. Papier*, in: MünchKom., BGB, Bd. 5, 5. Aufl. 2009, § 839 Rn. 129 ff.

11 So *H. Vinke*, in: Soergel, BGB, Bd. 12, 13. Aufl. 2005, § 839 Rn. 32 ff.; *Bull/Mehde*, AllgVerwR/VerwL, Rn. 1105; *B. Grzeszick*, in: Erichsen/Ehlers, AllgVerwR, § 44 Rn. 4; vgl. auch *B. Bender*, Staatshaftungsrecht, Rn. 394.

12 So zutr. *F. Ossenbühl*, Staatshaftungsrecht, S. 10.

Allerdings könnten sie als »jemand« im Sinne des Art. 34 S. 1 GG anzusprechen sein und durch ihr Handeln einen Amtshaftungsanspruch ausgelöst haben.

1. Handeln in Ausübung eines öffentlichen Amtes

Der Amtshaftungsanspruch setzt voraus, dass »jemand in Ausübung eines ihm anver- **1256** trauten öffentlichen Amtes« handelt. Unter »Amt« ist nach ganz herrschender Auffassung nicht ein bestimmter, dem Handelnden übertragener **Status** (Beamtenstatus, Minister- oder Abgeordnetenamt, andere öffentliche »Ämter«), sondern eine **Funktion** zu verstehen.[13] Dieser Ansatz hat bei der Prüfung des Amtshaftungstatbestands weit tragende Konsequenzen, denn es muss nicht notwendig ein Amtsträger **individualisiert** werden, was in großen bürokratischen Organisationen vielfach unmöglich wäre. Es kommt vielmehr darauf an, dass »jemand« auf der Grundlage und nach dem Maßstab des **öffentlichen Rechts** gehandelt hat.[14] Damit erweist sich die **Abgrenzung** zwischen **öffentlichem** und **privatem Recht** erneut als unabdingbar, denn für privatrechtliches Handeln einer Körperschaft wird *nicht* nach Amtshaftungsgrundsätzen gehaftet.[15] Entscheidend ist deshalb für das Tatbestandsmerkmal »Handeln in Ausübung eines öffentlichen Amtes« nicht der Status eines individuellen Amtsträgers, sondern die Zuordnung der Rechtsgrundlage oder des rechtlichen Maßstabs zum öffentlichen Recht.

Im Ausgangsfall handeln P1 und P2 auf der Grundlage des Landespolizeigesetzes und damit nach **1257** öffentlichem Recht. Fraglich ist dagegen, ob F1 und F2 ebenfalls auf öffentlich-rechtlicher Grundlage handeln und deshalb *ihr* Handeln einen Amtshaftungsanspruch auszulösen vermag. Dies wird nicht von vornherein durch den Umstand ausgeschlossen, dass zwischen dem Land L und dem Abschleppunternehmen ein privatrechtlicher Vertrag geschlossen worden ist. Auf welche Weise dem Handelnden das »Amt« – mit anderen Worten: die öffentlich-rechtliche Funktion – »anvertraut« worden ist, ist für die Haftung gegenüber Dritten unerheblich.

Auszugehen ist von der Prämisse, dass nicht ein bestimmter Status der handelnden **1258** Personen, sondern die **Zuordnung** des Handelns zum **öffentlichen Recht** das besondere Haftungsregime der Amtshaftung begründet. Damit sind zwar die Abgrenzungsprobleme nicht gelöst, es wird jedoch eine andere Perspektive eingenommen und eine andere Methode zu ihrer Lösung gewählt. Unter dieser Prämisse handelt es sich nicht mehr darum, ausgehend von dem Archetypen des Beamten im statusrechtlichen Sinne den Kreis möglicher Amtsträger »behutsam« zu erweitern; ausschlaggebend ist vielmehr, ob »jemand« auf der **Grundlage** oder nach dem **Maßstab** öffentlich-rechtlicher Vorschriften handelt.

Ausgehend von dieser Prämisse bereitet es keinerlei gedankliche Schwierigkeiten, **1259** auch das Handeln **Privater** als »Ausübung eines öffentlichen Amtes« zu begreifen. Offensichtlich ist dies bei dem sog. »**beliehenen Unternehmer**«, einem Privaten also, dem durch Rechtsvorschrift öffentlich-rechtliche Befugnisse übertragen worden sind.[16] Typisches Beispiel hierfür sind die **Sachverständigen** der **Technischen Über-**

---

13 Vgl. nur *F. Ossenbühl*, Staatshaftungsrecht, S. 12 ff.; *H. J. Bonk*, in: Sachs (Hrsg.), GG, 6. Aufl. 2011, Art. 34 Rn. 57; *H.-J. Papier*, in: Maunz/Dürig, GG, Bd. IV, Loseblatt, Stand: Januar 2012, Art. 34 Rn. 104 ff.; *E. Gurlit*, in: v. Münch/Kunig (Hrsg.), GG, Bd. 1, 6. Aufl. 2012, Art. 34 Rn. 11 ff.; *H. D. Jarass*, in: Jarass/Pieroth, GG, 11. Aufl. 2011, Art. 34 Rn. 6; *H. Maurer*, Allg-VerwR, § 26 Rn. 12.

14 Vgl. *H. J. Bonk*, in: Sachs (Hrsg.), GG, 6. Aufl. 2011, Art. 34 Rn. 57; *Bull/Mehde*, AllgVerwR/ VerwL, Rn. 1107.

15 Kritisch hierzu *J. Wieland*, in: Dreier (Hrsg.), GG, Bd. II, 2. Aufl. 2006, Art. 34 Rn. 41 f.

16 Vgl. *F. Ossenbühl*, Staatshaftungsrecht, S. 15 ff.

wachungsvereine, deren Gutachter- und Prüfertätigkeit vom Bundesgerichtshof in ständiger Rechtsprechung als öffentlich-rechtlich qualifiziert worden ist.[17]

1260   Im Ausgangsfall handelt es sich *nicht* um einen »beliehenen« Unternehmer, weil es bereits an einer gesetzlichen Vorschrift fehlt, die dem Abschleppunternehmen öffentlich-rechtliche Befugnisse übertragen hätte. Das Unternehmen wird vielmehr aufgrund eines mit dem Land abgeschlossenen »Rahmenvertrages« tätig, der nur die zivilrechtlichen Beziehungen zwischen den Vertragspartnern regelt.

1261   Auch das Handeln anderer Privater ist im Einzelfall dem öffentlichen Recht und damit dem Haftungsregime der Amtshaftung zugeordnet worden, wenngleich die Rechtsfigur des »**Verwaltungshelfers**« nicht unumstritten ist.[18] Private Unternehmer, die im Auftrag von Behörden handeln, sind von der Rechtsprechung nur unter der Voraussetzung dem öffentlichen Recht zugeordnet worden, dass sie als **Werkzeug der Verwaltung** handeln.[19] Später hat der Bundesgerichtshof eine Formel entwickelt, nach der um so eher die Voraussetzungen der Amtshaftung gegeben sind, »je enger die Verbindung zwischen der übertragenen Tätigkeit und der von der Behörde zu erfüllenden hoheitlichen Aufgabe und je begrenzter der Entscheidungsspielraum des Unternehmers ist«.[20]

1262   Im Ausgangsfall ist das Abschleppen des Fahrzeugs als Maßnahme der Verwaltungsvollstreckung (Ersatzvornahme) zu qualifizieren und somit eindeutig dem öffentlichen Recht zuzuordnen.[21] Hierbei kann es nicht darauf ankommen, ob die Polizei die Maßnahme selbst ausführt (Selbstvornahme) oder einen Dritten mit der Ausführung beauftragt (Fremdvornahme).[22] Der Zusammenhang zwischen dem Handeln des Abschleppunternehmers und der »hoheitlichen« Anordnung ist jedenfalls so eng, dass er als »Erfüllungsgehilfe« der Polizei erscheint.[23] Entscheidend ist dabei nicht, ob der private Unternehmer so vollständig von den Anweisungen der Behörde abhängig ist, wie es die »Werkzeugtheorie« verlangt. Selbst wenn P1 und P2 an der Unfallstelle nicht (mehr) anwesend gewesen wären, wäre es für die Zuordnung des Handelns von F1 und F2 ausreichend gewesen, dass das Abschleppen eine Vollstreckungshandlung darstellte.[24]

1263   Die schädigende Handlung muss »**in Ausübung**«, nicht allein »**bei Gelegenheit**« der Ausübung des öffentlichen Amtes erfolgt sein. Mit dieser Formel versucht die Rechtsprechung seit jeher, in Parallele zu **§ 831 BGB** die Haftung der öffentlichen Hand einzugrenzen. Die höchstrichterlichen Entscheidungen[25] verstehen sich in der Regel von selbst: Die Amtshaftung ist nicht dazu bestimmt, private Racheakte von Polizeibeamten oder andere persönlich gefärbte Handlungen abzudecken.

1264   Wandelt man den Ausgangsfall dahin ab, dass F1 und F2 nach vollzogenem Abschleppen mit dem Wagen eine Spritztour unternehmen und dabei einen Unfall verursachen, so ist der Zusammenhang mit der Vollstreckungshandlung gelöst: Die schädigende Handlung wäre lediglich »bei Gelegenheit« der »Amtsausübung« erfolgt.[26]

1265   Die Abgrenzungsproblematik hat im bekannten »Fluglotsenfall« eine Rolle gespielt, bei dem es um die Haftung der Bundesrepublik für Vermögensschäden ging, die die

---

17 Vgl. BGHZ 49, 108 (113); 122, 85 (87 ff.). Vgl. auch oben Rn. 329.

18 Vgl. *F. Ossenbühl*, Staatshaftungsrecht, S. 18 f.

19 Zur »Werkzeugtheorie« vgl. die kritischen und umfassenden Nachweise bei *F. Ossenbühl*, Staatshaftungsrecht, S. 21 (Fn. 56 ff.); vgl. auch *T. Meysen*, JuS 1998, S. 405 f.

20 So BGHZ 121, 161 (165 f.) mit Anm. *S. Kreissl*, NVwZ 1994, S. 349. Vgl. auch *M. Notthoff*, NVwZ 1994, S. 771.

21 Vgl. oben Rn. 878.

22 Vgl. hierzu: *Drews/Wacke/Vogel/Martens*, Gefahrenabwehr, 9. Aufl. 1986, S. 532 f.

23 Vgl. BGHZ 121, 161 (166).

24 Vgl. BGHZ 121, 161 (167).

25 Vgl. die Nachweise bei *F. Ossenbühl*, Staatshaftungsrecht, S. 25 f.

26 Vgl. zur »Schwarzfahrt« aber auch BGHZ 124, 15 (18).

(seinerzeit noch beamteten) Fluglotsen bei einem »Bummelstreik« verursacht hatten. Während die Bundesregierung – offenbar in Anlehnung an die überwundene »Mandatstheorie« – die Auffassung vertrat, die Fluglotsen hätten sich lediglich »bei Gelegenheit« der Amtsausübung schädigend verhalten, hat der Bundesgerichtshof zutreffend entschieden, der Zusammenhang zwischen der Flugsicherungsaufgabe und dem schädigenden Handeln – nämlich deren Verzögerung – sei nicht aufgehoben.[27]

2. Verletzung einer Amtspflicht

Im Gegensatz zu § 823 Abs. 1 BGB löst bei § 839 Abs. 1 BGB nicht die Verletzung eines Rechtsguts oder absoluten Rechts, sondern die Verletzung einer »**Amtspflicht**« die Haftung aus. Deshalb muss die Amtspflicht, die verletzt worden ist, benannt werden.[28]
 1266

> Der konstruktive Unterschied lässt sich am Ausgangsfall deutlich machen: Wäre eine Haftung nach § 823 Abs. 1 (ggf. i. V. m. § 831) BGB zu prüfen, käme es darauf an, dass ein Rechtsgut (Körper, Gesundheit) oder ein absolutes Recht (Eigentum) verletzt worden ist. Hieraus würde die Rechtswidrigkeit des Handelns von F1 und F2 zu schließen sein. Für die Amtshaftung ist demgegenüber zu prüfen, ob F1 und F2 eine *Amtspflicht* verletzt haben und hierdurch der Schaden entstanden ist.
> **1267**

Ursprünglich waren mit »Amtspflichten« *Dienstpflichten* gemeint, die der »Beamte« aufgrund seines Dienstverhältnisses dem Dienstherrn gegenüber zu erfüllen hatte.[29] Mit der Erstreckung der Amtshaftung auf jeden, der auf der Grundlage oder nach dem Maßstab öffentlich-rechtlicher Vorschriften handelt, mussten folgerichtig auch die Amtspflichten erweitert werden, denn ein *Dienstverhältnis* – und sei dies privatrechtlich begründet – zwischen Handelndem und haftender Körperschaft wird nicht mehr vorausgesetzt. Es bedarf gelegentlich eines nicht geringen Aufwandes, um derartige »Amtspflichten« zu konstruieren.
 1268

> Ginge es im Ausgangsfall um das Handeln von P1 und P2, lägen die Dinge einfach: Sie sind Beamte und haben gegenüber ihrem Dienstherrn (dem Land L) Dienstpflichten zu erfüllen, deren Verletzung eine Amtshaftung begründen kann. F1 und F2 stehen aber zum Land L in überhaupt keinem Dienstverhältnis, sondern schulden nur dem Abschleppunternehmer die Erfüllung ihrer arbeitsvertraglichen Pflichten. Vertragspartner des Landes ist allein der Unternehmer, so dass die Amtspflichten im Grunde nur durch den Rahmenvertrag begründet sein könnten.
> **1269**

Die Rechtsprechung hat den Kreis der Amtspflichten im Laufe der Zeit weit gezogen und stetig ergänzt.[30] Eine Sichtung ergibt die Unterscheidung zwischen **unspezifischen** und **spezifischen** Amtspflichten. Als **unspezifische Amtspflichten** sind diejenigen Rechtspflichten anzusprechen, die ohnehin jeder gegenüber jedermann hat und die deshalb (auch) zu den Amtspflichten zu rechnen sind. Insbesondere die Pflicht, keine **unerlaubten Handlungen** zu begehen und die **Verkehrssicherungspflicht**
 1270

---

27 Vgl. BGHZ 69, 128 (132).
28 Vgl. die Übersicht bei *F. Ossenbühl*, Staatshaftungsrecht, S. 41 ff.; *B. Grzeszick*, in: Erichsen/Ehlers, AllgVerwR, § 44 Rn. 16 ff.
29 Vgl. *F. Ossenbühl*, Staatshaftungsrecht, S. 42.
30 Vgl. hierzu die reichhaltige Kasuistik bei *F. Ossenbühl*, Staatshaftungsrecht, S. 43 ff.; *B. Grzeszick*, in: Erichsen/Ehlers, AllgVerwR, § 44 Rn. 16 ff.; vgl. auch *W. Schlick/E. Rinne*, NVwZ 1997, S. 1067 ff.; *dies.*, NJW 2002, Beil. 14, S. 10 ff.; *W. Schlick*, NVwZ 2000, Beil. II, S. 14 ff.; *G. Schwager-Wenz*, DVBl. 1993, S. 1171.

treffen im Grundsatz jeden Bürger, *mutieren* aber im Rahmen des Amtshaftungstatbestandes zu öffentlich-rechtlichen Pflichten.[31]

1271   Im Ausgangsfall kommen als Amtspflicht die Pflicht zur Schonung unbeteiligter Dritter, die Pflicht zum Unterlassen unerlaubter Handlungen und die Verkehrssicherungspflicht in Betracht. Wandelt man den Sachverhalt dahingehend ab, dass bei sonst gleichem Geschehensverlauf der Fahrzeughalter H das Abschleppunternehmen beauftragt hat, so zeigt sich insoweit die *Identität* von Rechtspflichten und Amtspflichten.

1272   Die **spezifischen Amtspflichten** sind dadurch gekennzeichnet, dass sie ein behördliches Handeln voraussetzen, zu dem es **keine** zivilrechtliche Parallele gibt. Die Pflichten zu **rechtmäßigem Handeln**, zu **fehlerfreier Ermessensausübung**, zu **rascher Sachentscheidung** und zu **konsequentem Verhalten**[32] sind ersichtlich mit Blick auf den staatlichen Verwaltungsapparat entwickelt worden. Entsprechendes Handeln Privater ist entweder nicht denkbar oder es würde keine Haftung auslösen. Insofern reicht die Amtshaftung weiter als die Haftung aus unerlaubter Handlung.[33]

3. Drittbezogenheit der Amtspflicht

1273   Nur solche Amtspflichtverletzungen vermögen die Amtshaftung auszulösen, die dem Handelnden **einem Dritten gegenüber** obliegen. Die in § 839 Abs. 1 S. 1 BGB und Art. 34 S. 1 GG identische Formulierung stellt ein zusätzliches, haftungsbegrenzendes Tatbestandsmerkmal der Amtshaftung dar. Die konstruktive Schwierigkeit besteht darin, dass Amtspflichten ihrem Ursprung nach nur gegenüber dem *Dienstherrn* bestehen und die Drittbezogenheit deshalb besonderer Begründung bedarf. Die Problematik weist eine Parallele zum subjektiven Recht auf und ist deshalb in Anlehnung an die **Schutznormtheorie**[34] zu lösen. Der Schulfall – trotz falscher statischer Berechnung wird eine Baugenehmigung erteilt, der Bauherr verlangt nach Einsturz des Gebäudes Schadensersatz[35] – spricht für sich: Die Drittbezogenheit stellt sich als **Korrektiv** dar, mit dem unbillige Ergebnisse vermieden werden sollen.[36]

1274   Im Ausgangsfall ist offensichtlich, dass die verletzten Pflichten zur Schonung Dritter bzw. Unterlassung unerlaubter Handlung und die Verkehrssicherungspflicht gerade gegenüber *Dritten* bestehen.

1275   Bei einer Vielzahl der Amtspflichten, die von der Rechtsprechung entwickelt worden sind, ist die Drittbezogenheit ohnehin offensichtlich. So wäre es abwegig, die Pflicht zu fehlerfreier Ermessensausübung oder zur Erteilung richtiger Auskünfte lediglich als dem »öffentlichen Interesse« dienend zu qualifizieren.

4. Kausalität

1276   Die Amtspflichtverletzung muss für den eingetretenen Schaden **kausal** gewesen sein. Die Rechtsprechung wendet bei der Amtshaftung die auch sonst im Deliktsrecht

---

31 Vgl. *Bull/Mehde*, AllgVerwR/VerwL, Rn. 1117.
32 Vgl. hierzu *F. Ossenbühl*, Staatshaftungsrecht, S. 43 ff.
33 Vgl. aus entgegengesetzter Perspektive *D. Czybulka/B. Jeand'Heur*, JuS 1992, S. 397.
34 Vgl. oben Rn. 1055.
35 Vgl. BGHZ 39, 358.
36 Das gleiche Ergebnis würde über den Gedanken des Mitverschuldens (§ 254 Abs. 1 BGB) erreicht werden, denn es ist nicht ohne weiteres einsehbar, dass die behördliche Pflicht zur sorgfältigen Prüfung und rechtmäßigen Bescheidung eines Bauantrags nicht (auch) gegenüber dem Antragsteller (Bauherrn) bestehen sollte.

vertretene Theorie des **adäquaten Kausalzusammenhangs** an.[37] Nur solche Ursachen werden in den Kausalzusammenhang einbezogen, die bei einem normalen **Geschehensablauf** geeignet sind, entsprechende Schäden zu verursachen.[38] Für die Amtspflichtverletzung bedeutet dies, dass der konkrete mit dem hypothetischen Geschehensverlauf, bei dem *nicht* amtspflichtwidrig gehandelt worden wäre, zu vergleichen ist. Entfällt aufgrund der Hypothese auch der Schaden, ist die Kausalität zu bejahen.[39]

> Im Ausgangsfall wäre zu fragen, wie sich der Geschehensablauf dargestellt hätte, wenn F1 und F2   **1277**
> den verunglückten PKW erst nach entsprechender Sicherung aus dem Graben gezogen hätten. Es
> liegt auf der Hand, dass G ihren Wagen dann rechtzeitig abgebremst hätte und der Schaden nicht
> eingetreten wäre.

Schwierigkeiten bereitet die Prüfung des Kausalitätserfordernisses gelegentlich bei   **1278** **Ermessensentscheidungen,** bei denen sich das »rechtmäßige Alternativverhalten« nicht mit Gewissheit feststellen lässt.[40] Gegebenenfalls ist auf die **Entscheidungspraxis** der Behörde abzustellen.[41]

5. Verschulden

Die Amtshaftung ist eine **Verschuldenshaftung,** setzt also voraus, dass die Pflicht-   **1279** verletzung **vorsätzlich** oder **fahrlässig** erfolgte (§ 839 Abs. 1 S. 1 BGB). Der Konstruktion des § 839 Abs. 1 BGB als unerlaubter Handlung folgend, müsste ein **individualisierbarer** Amtsträger die Amtspflicht in **vorwerfbarer Weise** verletzt haben. Die durch Art. 34 S. 1 GG bewirkte Ausweitung und damit Anonymisierung des Handlungssubjekts, derzufolge es ausreicht, dass auf der Grundlage oder nach dem Maßstab des öffentlichen Rechts gehandelt worden ist,[42] würde damit partiell zurückgenommen. Das Verschuldenserfordernis in § 839 Abs. 1 S. 1 BGB kann andererseits nicht als **verfassungswidrig** angesehen werden, weil Art. 34 (S. 2) GG selbst von einer Verschuldenshaftung ausgeht. Die Rechtsprechung hat den Ausweg aus diesem Dilemma in einer **Typisierung** und **Objektivierung** des Verschuldensmaßstabs gesucht.[43] Soweit das Handeln nicht bestimmten Verhaltensstandards entspricht (Typisierung) oder die Organisation Mängel aufweist (Objektivierung), ist das Verschuldenserfordernis erfüllt.[44] Die »Entindividualisierung des Verschuldens«[45] deutet ebenso wie die Ausweitung des Handlungssubjekts in die Richtung einer originären **Staatshaftung,** die als das dem Rechts- und Sozialstaat einzig adäquate Haftungsregime gilt.[46] Soweit jedoch individuell vorwerfbares Fehlverhalten vorliegt, bedarf es der von der Rechtsprechung entwickelten Konstruktionen nicht, um einen Anspruch aus Amtshaftung zu begründen.

---

37 So BGHZ 96, 157 (171); *F. Ossenbühl,* Staatshaftungsrecht, S. 71; *B. Grzeszick,* in: Erichsen/Ehlers, AllgVerwR, § 44 Rn. 30 jew. m. w. N.
38 Vgl. bereits RGZ 158, 34 (38).
39 Vgl. hierzu *F. Ossenbühl,* Staatshaftungsrecht, S. 71; *B. Grzeszick,* in: Erichsen/Ehlers, AllgVerwR, § 44 Rn. 30.
40 Vgl. *F. Ossenbühl,* Staatshaftungsrecht, S. 71.
41 Vgl. *B. Grzeszick,* in: Erichsen/Ehlers, AllgVerwR, § 44 Rn. 31.
42 Vgl. oben Rn. 1256 ff.
43 Vgl. *F. Ossenbühl,* Staatshaftungsrecht, S. 76 f.
44 Nachw. bei *H.-J. Papier,* in: MünchKom., BGB, Bd. 5, 5. Aufl. 2009, § 839 Rn. 282 ff.; *B. Grzeszick,* in: Erichsen/Ehlers, AllgVerwR, § 44 Rn. 28 f.
45 So *F. Ossenbühl,* Staatshaftungsrecht, S. 77.
46 Vgl. unten Rn. 1282.

1280   Im Ausgangsfall hätten F1 und F2 weitere Sicherungsmaßnahmen treffen müssen, um zu verhindern, dass ein unbeteiligter Verkehrsteilnehmer durch das Stahlseil verletzt wurde. Ein Verschulden in Form der (groben) Fahrlässigkeit ist im Ausgangsfall deshalb offensichtlich.

III. Einschränkungen und Ausschluss der Amtshaftung

1. Subsidiaritätsklausel (§ 839 Abs. 1 S. 2 BGB)

1281   Die Beamtenhaftung ist ausgeschlossen, wenn der Verletzte auf andere Weise Ersatz zu erlangen vermag und der Beamte nur fahrlässig gehandelt hat (§ 839 Abs. 1 S. 2 BGB). Die hierdurch bewirkte **Subsidiarität** der Beamtenhaftung sollte den Beamten bei nur fahrlässigem Handeln vor Inanspruchnahme durch den Geschädigten bewahren und sein Haftungsrisiko mindern.[47] Obwohl die gesetzgeberische Intention nach Überleitung der Haftung auf den Verwaltungsträger **obsolet** geworden ist, hat die Rechtsprechung an der Subsidiaritätsklausel festgehalten und sie zunächst mit der **Entlastung** der öffentlichen Hand gerechtfertigt.[48] Der Bundesgerichtshof hat seine Rechtsprechung später revidiert und die Anwendung der Subsidiaritätsklausel schrittweise reduziert.[49]

1282   Die bereichsspezifische »teleologische Reduktion«[50] wird dem Problem nicht gerecht. § 839 Abs. 1 S. 2 BGB ist vielmehr überwiegend **verfassungswidrig** (geworden) und deshalb in den Fällen der **Haftungsverlagerung** auf Verwaltungsträger **unanwendbar**. Die Subsidiaritätsklausel ließ sich allein durch die Konstruktion der Beamtenhaftung rechtfertigen. Soweit diese durch die Haftungsverlagerung überholt worden ist, gibt es keine Begründung für die Subsidiarität mehr, die einer verfassungsrechtlichen Prüfung standhalten würde.[51] Die Entlastung der öffentlichen Hand ist als Begründung für die Subsidiarität angesichts der sozialstaatlichen Dynamik der Gegenwart unbrauchbar (geworden). Ein Gemeinwesen, das in den letzten Jahrzehnten durch einen ständigen Zuwachs der öffentlichen Leistungen gekennzeichnet ist, kann die durch öffentlich-rechtliche *Unrechtshandlungen* Geschädigten nicht mehr auf anderweitige Ersatzmöglichkeiten verweisen. Was zunächst nur rechtspolitisches Desiderat gewesen sein mag, hat sich zur **verfassungsrechtlichen Notwendigkeit** entwickelt.[52] Das Bundesverfassungsgericht hat aus dem Wortlaut des Art. 34 S. 1 GG (»grundsätzlich«) den Schluss gezogen, die Staatshaftung habe sich nicht zum lückenlosen Prinzip verdichtet;[53] zu berücksichtigen ist indes, dass seit der Entscheidung wiederum mehr als 25 Jahre wachsender sozialstaatlicher Aufgaben vergangen sind, das Haftungsregime aber unverändert geblieben ist. **Gründe des Allgemeinwohls** vermögen deshalb einen Haftungsausschluss zunehmend weniger zu rechtfertigen.[54] Während die sozialstaatliche Entwicklung dahin gekennzeichnet werden kann, die **individuellen Lebensrisiken** auf die **Allgemeinheit** zu verlagern,[55] kann die Haftung

---

47 Vgl. hierzu *F. Ossenbühl*, Staatshaftungsrecht, S. 79 f.
48 Vgl. BGHZ 13, 88 (104 f.).
49 Vgl. *F. Ossenbühl*, Staatshaftungsrecht, S. 80 ff.
50 So *F. Ossenbühl*, Staatshaftungsrecht, S. 80.
51 Vgl. *K. Bettermann*, DÖV 1954, S. 299 (304); *K. Nüßgens*, FS W. Geiger, 1989, S. 456 (473 f.); *J. Stangl*, JA 1995, S. 575.
52 Vgl. auch *J. Stangl*, JA 1995, S. 575.
53 So BVerfGE 61, 149 (199).
54 Vgl. hierzu *H. J. Bonk*, in: Sachs (Hrsg.), GG, 6. Aufl. 2011, Art. 34 Rn. 88 m. w. N.
55 Vgl. *J. Ipsen*, DVBl. 1983, S. 1029 (1035).

für staatliches Unrecht nicht umgekehrt dem privaten Schädiger – in Gestalt einer anderweitigen Ersatzmöglichkeit – aufgebürdet werden.[56]

Im Übrigen ist die Rechtsprechung des Bundesgerichtshofs nicht frei von Widersprüchen. So soll die Subsidiaritätsklausel bei **Teilnahme am Straßenverkehr** nicht anzuwenden sein, wohl aber, wenn Sonderrechte in Anspruch genommen werden.[57] Die Differenzierung entbehrt jeder Logik: Gerade wenn der Staat in Gestalt von **Sonderrechten** im eigentlichen Sinne »hoheitlich« handelt, ist auch eine Haftung nach öffentlichem Recht angezeigt, die dem besonderen Gefahrenpotential Rechnung trägt. **1283**

> Würde der Ausgangsfall dahingehend abgewandelt, dass das Land L wegen einer Amtspflichtverletzung von P1 und P2 verklagt würde, so könnte die Klägerin nach richtiger Auffassung nicht auf eine mögliche Ersatzpflicht der Abschleppfirma oder ihrer Versicherung verwiesen werden. **1284**

2. Versäumung von Rechtsmitteln (§ 839 Abs. 3 BGB)

Nach § 839 **Abs.** 3 BGB tritt die Ersatzpflicht nicht ein, »wenn der Verletzte vorsätzlich oder fahrlässig unterlassen hat, den Schaden durch Gebrauch eines Rechtsmittels abzuwenden.« Die *ratio legis* der Schadensabwendungspflicht und des Mitverschuldens (§ 254 BGB)[58] hat durch die neuere Rechtsprechung eine **verfassungsrechtliche Dimension** erreicht. Das Bundesverfassungsgericht hat in dem bekannten »Nassauskiesungs-Beschluss« eine Wahlmöglichkeit des Eigentümers zwischen Eingriffsabwehr und Entschädigung verneint.[59] Dieser – im Rahmen des Art. 14 GG entwickelte – Grundsatz ist auf die Haftung für staatliches Unrecht übertragbar. Die **Rechtsweggarantie** (Art. 19 Abs. 4 GG) und das umfassende System verwaltungsgerichtlichen Rechtsschutzes[60] versetzen den Bürger vielfach in die Lage, die schädigende Handlung selbst abzuwehren. Die bewusste Abkehr von dem Grundsatz des »Dulde und liquidiere«[61] versperrt dem Bürger folgerichtig den Ausweg zu *liquidieren*, wenn er nur zu *dulden* bereit ist.[62] **1285**

Das »**Rechtsmittel**« – worunter alle gerichtlichen und außergerichtlichen Rechtsbehelfe zu verstehen sind[63] – muss allerdings nach der **Entscheidungspraxis** der Behörde bzw. des Gerichts eine hinreichende Gewähr dafür bieten, dass der Schaden nicht eingetreten wäre.[64] Vielfach ist eine schädigende Handlung – insbesondere *tatsächliches* Verwaltungshandeln – jedoch nicht durch Rechtsbehelfe abzuwehren. Auch kommt ein Haftungsausschluss nach § 839 Abs. 3 BGB nicht in Betracht, wenn Rechtsmittel entweder gesetzlich nicht vorgesehen oder ausgeschöpft worden sind. **1286**

> Wandelt man Fall 38 dahingehend ab, dass die Weine des W zu Unrecht in die Liste diethylenglykolhaltiger Weine aufgenommen worden wären, so hätte er – ggf. durch Antrag auf einstweilige Anordnung – die Verbreitung der Liste verhindern müssen und sich nicht darauf beschränken **1287**

---

56 Vgl. dazu BGHZ 120, 124 (125 ff.); 121, 65 (71 f.).
57 Vgl. BGHZ 68, 217 einerseits und BGHZ 85, 225 andererseits.
58 Vgl. *F. Ossenbühl*, Staatshaftungsrecht, S. 92 f. m. w. N.
59 Vgl. oben Rn. 1240.
60 Vgl. oben Rn. 979 ff.
61 Vgl. oben Rn. 1240.
62 Vgl. BVerfGE 58, 300 (324); BGH, NJW 1990, S. 899.
63 Vgl. *F. Ossenbühl*, Staatshaftungsrecht, S. 94 f. m. w. N.
64 Vgl. *H. Maurer*, AllgVerwR, § 26 Rn. 32.

> können, Schadensersatz für einen etwaigen Umsatzrückgang zu fordern. Im Ausgangsfall hilft demgegenüber kein Rechtsbehelf, weil das Abschleppmanöver unmittelbar den Schaden verursacht hat.

3. Richterspruchprivileg (§ 839 Abs. 2 BGB)

1288 Da auch das Richteramt Ausübung öffentlicher Gewalt ist, kommt grundsätzlich auch für Schäden, die durch **richterliches Handeln** verursacht worden sind, der Amtshaftungsanspruch in Betracht.[65] Würden auch gerichtliche Urteile Amtshaftungsansprüche auslösen, so könnten diese in der Sache **nicht rechtskräftig** werden. Selbst wenn die formelle Rechtskraft eingetreten wäre, könnte die unterlegene Prozesspartei auf dem Umweg über einen Anspruch nach § 839 BGB i. V. m. Art. 34 GG die gleiche Sache mit der Begründung erneut rechtshängig machen, der Richter habe bei seinem Urteil schuldhaft eine Amtspflicht verletzt.

1289 > Wenn im Ausgangsfall die Klage der G rechtskräftig abgewiesen worden wäre, wäre es nach den bisher erörterten Grundsätzen nicht ausgeschlossen, das Land L wegen einer Amtspflichtverletzung des entscheidenden Richters (ggf. des Richterkollegiums) in Anspruch zu nehmen. Da zu den Amtspflichten eines Richters die genügende Sachaufklärung und richtige Rechtsanwendung gehören, ließe sich die Klage unschwer damit begründen, diese Pflichten seien verletzt worden.

1290 Nach zutreffender Auffassung stellt § 839 Abs. 2 BGB deshalb (heute) kein »Richterprivileg«, sondern ein »**Richterspruchprivileg**« dar,[66] das neben der Rechtskraft der Entscheidung auch die richterliche Unabhängigkeit schützt. Ein Anspruch aus Amtshaftung kommt deshalb bei Urteilen und vergleichbaren Entscheidungen[67] nur in Betracht, wenn der Richter eine **Straftat,** insbesondere Rechtsbeugung (§ 339 StGB), begangen hat.

IV. Anspruchsinhalt und Anspruchsgegner

1. Anspruchsinhalt

1291 Nach der Systematik des Bürgerlichen Gesetzbuchs stellt § 839 BGB eine **unerlaubte Handlung** besonderen Zuschnitts dar, auf die die allgemeinen Vorschriften (§§ 249–255, §§ 842–846 BGB) anwendbar sind.[68] Gleichwohl richtet sich der Anspruch nur auf **Geldersatz** (§ 251 Abs. 1 BGB), während ein Anspruch auf **Naturalrestitution** (§ 249 BGB) ausgeschlossen ist.[69] Der Grund hierfür liegt in der Konstruktion der Amtshaftung als einer auf den Staat **übergeleiteten** Haftung. Da die Amtshaftung in ihrem Ausgangspunkt eine privatrechtliche **Beamtenhaftung** darstellt und hierdurch jedenfalls noch teilweise geprägt ist, wären solche Maßnahmen zur Herstellung des ursprünglichen Zustandes ausgeschlossen, die der Beamte aus eigenem Entschluss (als Privatmann) nicht veranlassen könnte. Diese Konsequenz wäre allerdings nur zwingend, wenn Art. 34 GG lediglich die ausschließlich in § 839 BGB begründete Haftung verlagerte und die Haftung durch diese Verfassungsbestimmung nicht auch

---

65 Vgl. *F. Ossenbühl,* Staatshaftungsrecht, S. 101.
66 So zutr. *B. Bender,* Staatshaftungsrecht, Rn. 633.
67 Vgl. hierzu *F. Ossenbühl,* Staatshaftungsrecht, S. 102 m. w. N.
68 Vgl. *F. Ossenbühl,* Staatshaftungsrecht, S. 110.
69 So allgemeine Meinung seit BGHZ 34, 99 (104 ff.); vgl. *B. Grzeszick,* in: Erichsen/Ehlers, Allg-VerwR, § 44 Rn. 42; jew. m. w. N. *F. Ossenbühl,* Staatshaftungsrecht, S. 110 f.; *H.-J. Papier,* in: MünchKom., BGB, Bd. 5, 5. Aufl. 2009, § 839 Rn. 295.

erweitert würde.[70] Da der Amtshaftungsanspruch durch Art. 34 GG aber ohnehin erweitert wird, erschiene es paradox, einen Anspruch auf **Naturalrestitution** nur deshalb zu verneinen, weil dieser sich auf öffentlich-rechtliches Handeln richtet. Die nach der Rechtsprechung des Bundesgerichtshofs unvermeidliche **Haftungslücke** wird durch den richterrechtlich entwickelten **Folgenbeseitigungsanspruch** geschlossen.[71]

Der Schadensersatzanspruch schließt den Ersatz des **immateriellen Schadens** ein. Insbesondere ist bei Körperverletzungen **Schmerzensgeld** zu gewähren (§ 253 Abs. 2 BGB).   1292

> Im Ausgangsfall hat G einen Vermögensschaden in Gestalt des beschädigten PKW, möglicher Krankenhauskosten und des Verdienstausfalls (§ 252 BGB) erlitten. Nach § 253 Abs. 2 BGB hätte sie, soweit die anderen Haftungsvoraussetzungen gegeben sind, wegen des Körperschadens auch einen Anspruch auf Schmerzensgeld.   1293

Soweit aufgrund der Rechtsprechung des Bundesgerichtshofs der Ersatz des immateriellen Schadens auch bei **Ehrkränkungen** zuzusprechen ist, sind diese Grundsätze auch im Rahmen des Amtshaftungsanspruchs anzuwenden.[72]   1294

2. Anspruchsgegner

Die durch Art. 34 S. 1 GG bewirkte Verlagerung der Schadensersatzpflicht trifft »den **Staat** oder die **Körperschaft**«, in deren Dienst der Amtsträger steht. Damit ist bindend festgelegt, dass **Haftungssubjekt** nur eine **juristische Person des öffentlichen Rechts** sein kann.[73] Zur Frage, *welcher* Verwaltungsträger haftet, sind sog. »Theorien« (Anstellungs-, Anvertrauens- und Funktionstheorie) entwickelt worden,[74] mit denen freilich der Wortlaut der Verfassung nicht überspielt werden kann. Ersichtlich liegt Art. 34 S. 1 GG die Vorstellung zugrunde, dass regelmäßig die **Anstellungskörperschaft** haftet.[75] Nur in atypischen Fällen, in denen es entweder keine Anstellungskörperschaft gibt oder die öffentlich-rechtliche Tätigkeit einer anderen Körperschaft zuzurechnen ist, besteht Anlass zu weiteren Erwägungen.   1295

> Im Ausgangsfall würde für P1 und P2, die im Dienst des Landes L stehen, das Land Anspruchsgegner sein. Bei F1 und F2 fehlt es an einer (öffentlich-rechtlichen) Anstellungskörperschaft, denn ihr Arbeitgeber ist die Abschleppfirma, die jedoch als Haftungssubjekt des Amtshaftungsanspruchs nicht in Betracht kommt. Sinnvoll ist es deshalb, darauf abzustellen, wessen *Funktion* F1 und F2 mit dem Abschleppen erfüllen, nämlich eine von der Polizei angeordnete Vollstreckungsmaßnahme, so dass das Land L als Anspruchsgegner in Betracht kommt. Die »Anvertrauenstheorie« ist insofern problematisch, als der Vertrag zwischen dem Land und der Firma zustande gekommen ist, es im konkreten Fall aber um die Amtspflichtverletzung von F1 und F2 geht. Würde man den Ausgangsfall in der Weise variieren, dass das Abschleppen eines Fahrzeugs durch *städtische* Bedienstete (Ordnungsamt) angeordnet und eine private Abschleppfirma hiermit betraut worden wäre, würde ebenfalls die »Funktionstheorie« zu einem angemessenen Ergebnis (nämlich der Haftung der *Stadt*) führen.   1296

---

70 Vgl. oben Rn. 1254.
71 Vgl. unten Rn. 1333 ff.
72 Vgl. *F. Ossenbühl*, Staatshaftungsrecht, S. 111; so auch BGHZ 78, 274 (280).
73 Vgl. *F. Ossenbühl*, Staatshaftungsrecht, S. 114.
74 Vgl. *H. J. Bonk*, in: Sachs (Hrsg.), GG, 6. Aufl. 2011, Art. 34 Rn. 106; *B. Grzeszick*, in: Erichsen/ Ehlers, AllgVerwR, § 44 Rn. 9; *F. Ossenbühl*, Staatshaftungsrecht, S. 112 ff.
75 Vgl. BGHZ 99, 326 (330); *F. Ossenbühl*, Staatshaftungsrecht, S. 113; *J. Wieland*, in: Dreier (Hrsg.), GG, Bd. II, 2. Aufl. 2006, Art. 34 Rn. 55.

3. Verjährung

1297 Für die **Verjährung** des **Amtshaftungsanspruchs** gelten, nachdem die deliktsrechtliche Spezialbestimmung des § 852 BGB a. F. durch das Schuldrechtsmodernisierungsgesetz mit Wirkung zum 1. 1. 2002 gestrichen worden ist, die allgemeinen Regelungen der §§ 194 ff. BGB. Danach beträgt die regelmäßige Verjährungsfrist **drei** Jahre (§ 195 BGB). Sie beginnt grundsätzlich mit dem Ende des Jahres, in dem der Anspruch entstanden ist und der Geschädigte Kenntnis von dem Schaden und dem Schädiger erlangt hat oder ohne grobe Fahrlässigkeit hätte erlangen müssen (§ 199 Abs. 1 BGB), wobei § 199 Abs. 2, 3 BGB absolute Höchstfristen von 30 bzw. 10 Jahren vorsehen. Soweit der Geschädigte mit Mitteln des Primärrechtsschutzes versucht, die schädigende Handlung abzuwehren kommt ihm verjährungshemmende Wirkung analog §§ 204 Abs. 1 Nr. 1, 209 BGB auch für den Amtshaftungsprozess zu.[76]

V. Anspruchskonkurrenzen

1298 Neben dem Amtshaftungsanspruch sind andere **Ansprüche** öffentlich-rechtlicher und privatrechtlicher Provenienz denkbar, die grundsätzlich mit ihm konkurrieren. Die Ausbildung der Amtshaftung als verschuldensabhängiger Haftung schließt deshalb eine **Gefährdungshaftung** der aufgrund des Art. 34 GG haftenden Körperschaft oder eines anderen Haftungssubjekts *nicht* aus. Hauptanwendungsfall ist die **Halterhaftung** nach § 7 StVG.

1299 Im Ausgangsfall hat der BGH eine Haftung der Abschleppfirma nach § 7 StVG bejaht, weil ein Schaden auch dann beim »Betrieb eines Fahrzeugs« eintrete, wenn dieses als Abschleppfahrzeug eingesetzt werde.[77] Die Fahrerhaftung nach § 18 StVG, die verschuldensabhängig ist, wird nach Auffassung des BGH demgegenüber durch § 839 BGB/Art. 34 GG verdrängt.[78]

1300 Mit dem Amtshaftungsanspruch konkurrieren ebenfalls **Entschädigungsansprüche** aus enteignungsgleichem Eingriff[79] sowie Ansprüche, die aufgrund der Gefahrenabwehrgesetze der meisten Bundesländer für Schäden bei Maßnahmen der Gefahrenabwehr begründet werden.[80]

VI. Rechtsprechung

1301 **EuGH,** DVBl. 2006, S. 1105 (Staatshaftung für judikatives Unrecht); **BVerfGE** 61, 149 (Nichtigkeit des Staatshaftungsgesetzes); **BVerwGE** 139, 135 (Entschädigungsanspruch behinderter Bewerber für ein Richteramt bei rechtswidrig verweigerten Vorstellungsgespräch); **BVerwG,** DÖV 2000, S. 602 (Schadensersatz wegen entgangener Beförderung); **BGHZ** 34, 99 (Widerruf ehrkränkender Behauptungen); **Z** 39, 358 (Schutzzweck statischer Berechnungen); **Z** 49, 108 (Haftung für TÜV-Sachverständige); **Z** 53, 217 (Haftende Körperschaft); **Z** 69, 128 (Fluglotsenstreit); **Z** 99, 326 (Haftende Körperschaft); **Z** 106, 323; 108, 224 (Haftung für Überplanung von Altlastenflächen); **Z** 121, 161 (Haftung für privaten Abschleppunternehmer); **Z** 124, 15 (Schwarzfahrt); **BGH,** NVwZ 2000, S. 1209

---

76 Vgl. BGHZ 181, 199 (217); vgl. zur Rechtslage vor der Schuldrechtsreform: BGHZ 95, 238 (242); dazu *F. Ossenbühl*, Staathaftungsrecht, S. 109.

77 So BGHZ 121, 161 (168).

78 So BGHZ 121, 161 (167 f.).

79 Vgl. unten Rn. 1327 ff.

80 Nachw. bei *V. Götz*, Allgemeines Polizei- und Ordnungsrecht, 14. Aufl. 2008, § 15 Rn. 22 f.

(Verkehrssicherungspflicht für Verkehrszeichen); **BGH,** JZ 2001, S. 97 (Tatbestandsmerkmal der »Ausübung eines öffentlichen Amtes«), mit Anm. *F. Ossenbühl;* **BGH,** NVwZ-RR 2003, S. 543 (Pflichtverletzung durch TÜV); **BGH,** DVBl. 2001, S. 1273 (Persönliche Haftung des Bürgermeisters); **BGH,** NVwZ-RR 2003, S. 543 (Plichtverletzung durch TÜV); **BGH,** DÖV 2005, S. 162 (Rückgriff gegen Verwaltungshelfer); **BGH,** NJW 2009, S. 71 (Amtshaftung eines Notars, Haftungsausschluss wegen versäumter Grundbuchbeschwerde); **BGH,** NJW 2009, S. 1207 (Amtshaftung nach amtspflichtwidriger Aufhebung einer Baugenehmigung); **BGH,** NJW-RR 2009, S. 658 (Amtshaftung eines Gerichtsvollziehers); **OLG Frankfurt a. Main,** NJW 2001, S. 3270 (Amtspflichtverletzung durch richterliche Tätigkeit).

VII. Literatur

G. Beaucamp, Überprüfung bestandskräftiger Verwaltungsakte durch die Zivilgerichte, DVBl. 2004, S. 352; *D. Czybulka/B. Jeand'Heur,* Das Amtshaftungsrecht in der Fallbearbeitung, JuS 1992, S. 396; *S. Detterbeck/K. Windthorst/H.-D. Sproll,* Staatshaftungsrecht, 2000; *C. Dörr,* Der gemeinschaftsrechtliche Staatshaftungsanspruch in der Rechtsprechung des Bundesgerichtshofs, DVBl. 2006, S. 598; *W. Dötsch,* Verjährung vermögensrechtlicher Ansprüche im öffentlichen Recht, DÖV 2004, S. 277; *W. Durner,* Grundfälle zum Staatshaftungsrecht, JuS 2005, S. 793, 900; *H. G. Fischer,* Die gemeinschaftsrechtliche Staatshaftung, JA 2000, S. 348; *S. Haack,* Die Haftung des Staates für Zufallsschäden, VerwArch 96 (2005), S. 70; *S. Lampert,* Schäden am Kraftfahrzeug als Folge behördlich veranlasster Abschleppmaßnahmen, NJW 2001, S. 3526; *A. Leisner-Egensperger,* Die Erlaßhaftung: Amtshaftung für Verwaltungsvorschriften?, DÖV 2004, S. 65; *T. Meysen,* Der haftungsrechtliche Beamtenbegriff am Ziel? – BGH, NJW 1996, 2431, JuS 1998, S. 404; *F. Ossenbühl,* Staatshaftungsrecht, 5. Aufl. 1998, S. 6 ff.; *ders.,* Anmerkungen zur Hoheitshaftung im Europarecht, FS H.-W. Rengeling, 2008, S. 369; *J. Pietzcker,* Rechtsprechungsbericht zur Staatshaftung, AöR 132 (2007), S. 393; *E. Rinne,* Straßenverkehrsregelungs- und Straßenverkehrssicherungspflicht in der amtshaftungsrechtlichen Rechtsprechung des Bundesgerichtshofs, NVwZ 2003, S. 9; *E. Rinne/W. Schlick,* Die Rechtsprechung des BGH zu den öffentlich-rechtlichen Ersatzleistungen, NJW 2004, S. 1918; *dies.,* Die Rechtsprechung des BGH zu den öffentlich-rechtlichen Ersatzleistungen, NJW 2005, S. 3541; *W. Schlick,* Die Rechtsprechung des BGH zu den öffentlich-rechtlichen Ersatzleistungen. Teil 2: Amtshaftung, NJW 2008, S. 127; *F. Schoch,* Europäisierung des Staatshaftungsrechts, FS H. Maurer, 2001, S. 759; *C. Steinweg,* Zur Bedeutung der Bestandskraft von Verwaltungsakten im Amtshaftungsprozess, NJW 2003, S. 3037; *U. Stelkens,* Staatshaftungsreform im Mehrebenensystem, DÖV 2005, S. 770; *B. Stüer,* Planungsrechtliche Zulässigkeit, Entschädigung und Amtshaftung, DVBl. 2011, S. 472.

1302

§ 21 Entschädigungsanspruch aus enteignungsgleichem Eingriff

1303 **Fall 58:** F fuhr mit seinem PKW über eine durch eine Ampelanlage gesicherte Kreuzung der Stadt S. Die Ampelanlage war mit einer Signalsicherung versehen, deren Aufgabe es ist, die gleichzeitige Freigabe einander feindlicher Verkehrsströme (»feindliches Grün«) zu verhindern. Gleichwohl zeigte die Ampelanlage sowohl für die Fahrtrichtung des F als auch für die – kreuzende – Fahrtrichtung des G grünes Licht. Die von F und G gesteuerten PKW stießen mitten auf der Kreuzung zusammen, wodurch erheblicher Sachschaden entstand.

(BGHZ 99, 249)

1304 Die Amtshaftung ist stets Gegenstand **rechtspolitischer Kritik** gewesen, die in neuerer Zeit an Intensität noch zugenommen hat.[1] Da eine Neuordnung des Staatshaftungsrechts zunächst ausblieb und dann fehlschlug,[2] blieb es der Rechtsprechung überlassen, das Staatshaftungsrecht an die Erfordernisse einer seit Erlass des Bürgerlichen Gesetzbuchs völlig veränderten staatlichen und sozialen Wirklichkeit anzupassen. Die hierbei angewandten Methoden der **Rechtsfortbildung**, die ihrerseits die Kritik herausgefordert haben,[3] dürfen nicht vergessen machen, dass die Rechtsprechung eine wichtige rechtsstaatliche Funktion erfüllt hat. Nicht das insgesamt behutsame Vorgehen der zivilgerichtlichen Rechtsprechung, sondern die auch nach Einführung der Bundeszuständigkeit für das Staatshaftungsrecht (Art. 74 Abs. 1 Nr. 25 GG) anhaltende Verweigerungshaltung der Legislative verdient missbilligt zu werden.[4]

1305 Das Staatshaftungsrecht hat sich aufgrund der seit Jahrzehnten dominierenden Judikatur des Bundesgerichtshofs zu einem »case law« entwickelt. Da die richterrechtlich entwickelten Haftungstatbestände über keinen ausdeutbaren Normtext verfügen, ergibt sich eine bis heute andauernde Rechtsunsicherheit, die erhebliche Prozessrisiken zur Folge hat.

I. Eigentumsschutz als dogmatischer Anknüpfungspunkt

1306 Nahezu wortgleich mit Art. 14 Abs. 1 GG gewährleistete Art. 153 Abs. 1 WRV das »Eigentum«. Schon die Weimarer Doktrin hat den Begriff des »Eigentums« weit ausgelegt und auf alle **vermögenswerten Rechte** bezogen.[5] Dem weiten **Eigentumsbegriff** entsprach ein ebenso weiter Enteignungsbegriff mit der Folge, dass der Entzug vermögenswerter Rechte grundsätzlich als **entschädigungspflichtig** angesehen wurde.[6] Ansätze aus der Rechtsprechung des Reichsgerichts[7] aufnehmend, machte

---

1 Vgl. *F. Ossenbühl*, Staatshaftungsrecht, S. 6; *S. Pfab*, Staatshaftung in Deutschland, 1997, S. 21 ff., 151 ff.
2 Vgl. BVerfGE 61, 149.
3 Vgl. insbesondere *M. Heidenhain*, Amtshaftung und Entschädigung aus enteignungsgleichem Eingriff, 1965.
4 Vgl. *F. Ossenbühl*, DVBl. 1994, S. 977 (979 f.); siehe auch *S. Pfab*, Staatshaftung in Deutschland, 1997, S. 95 ff., die insoweit von einem »Gesetzgebungsauftrag« spricht.
5 Vgl. *M. Wolff*, Reichsverfassung und Eigentum, FG W. Kahl, 1923, Teil IV, S. 3; ausführlich hierzu *J. Eschenbach*, Der verfassungsrechtliche Schutz des Eigentums, 1996, S. 37 ff. m. w. N.
6 Vgl. *H.-J. Papier*, in: Maunz/Dürig, GG, Bd. II, Loseblatt, Stand: Januar 2012, Art. 14 Rn. 525 ff.
7 Vgl. RGZ 140, 276 (281 ff.).

der Bundesgerichtshof zwischen der **Amtshaftung** – nämlich dem Schadensersatz für rechtswidriges, schuldhaftes Staatshandeln – und der **Enteignung** – der Entschädigung für den rechtmäßigen Entzug vermögenswerter Rechte – eine »**Haftungslücke**« aus.[8] Lag nämlich ein **rechtswidriger,** aber **schuldloser Eingriff** in das Eigentum vor, so war mangels Verschuldens ein Amtshaftungsanspruch, wegen der Rechtswidrigkeit aber ein Entschädigungsanspruch ausgeschlossen. Der Bundesgerichtshof suchte die Haftungslücke durch einen kühnen »Erst-recht-Schluss« zu schließen, indem er argumentierte, wenn der Staat schon für die *rechtmäßige* Entziehung von Rechten Entschädigung leiste, so müsse er dies »erst recht« für die *rechtswidrige* Eigentumsbeeinträchtigung tun.[9] In einem zweiten »Erst-recht-Schluss« wurde der Anspruch aus enteignungsgleichem Eingriff auf **rechtswidrig-schuldhaftes** Handeln erstreckt.[10] Damit war *in nuce* ein verschuldensunabhängiger **Staatshaftungstatbestand** geschaffen worden, der allerdings auf **Eingriffe** in das **Eigentum** (im Sinne vermögenswerter Rechte) beschränkt blieb.

Die frühzeitig erkannte,[11] aber erst später ins allgemeine Bewusstsein gerückte konstruktive Schwäche des Anspruchs aus »**enteignungsgleichem Eingriff**« lag (und liegt) darin, dass sich eine Enteignung nicht mit negativen Vorzeichen versehen lässt, ohne dass sie ihren Rechtscharakter als Enteignung verlöre.[12] Enteignungen sind keine beliebigen Einwirkungen auf das Eigentum, sondern nach Art. 14 Abs. 3 GG durch **formelle** und **materielle Voraussetzungen** gekennzeichnet. Die Enteignung wurzelt im **Aufopferungsgedanken** und unterscheidet sich damit prinzipiell von der staatlichen **Unrechtshaftung.** Während rechtswidriges Handeln nicht geduldet zu werden braucht und grundsätzlich mit **Rechtsbehelfen** abgewehrt werden kann, muss die Enteignung hingenommen werden, *wenn* und *weil* sie rechtmäßig ist. Sind die Voraussetzungen des Art. 14 Abs. 3 GG dagegen nicht erfüllt, so handelt es sich genau genommen nicht um eine »Enteignung«, sondern um eine rechtswidrige Einwirkung auf das Eigentum, die wiederum mit den Mitteln des Primärrechtsschutzes abgewehrt werden kann. Das **Bundesverfassungsgericht** hat nach einer drei Jahrzehnte währenden Dominanz der BGH-Rechtsprechung den Enteignungsbegriff **formalisiert**[13] und die Enteignungsentschädigung als Anknüpfungspunkt für Richterrechtsbildungen entwertet. Es darf als rechtshistorische Ironie bezeichnet werden, dass das Institut des enteignungsgleichen Eingriffs von der durch das Bundesverfassungsgericht entwickelten Dogmatik der Eigentumsgarantie unberührt blieb. Inzwischen dürfte der Anspruch aus enteignungsgleichem Eingriff gewohnheitsrechtliche Geltung erlangt haben.[14]

1307

---

8 Vgl. *M. Heidenhain,* Amtshaftung und Entschädigung aus enteignungsgleichem Eingriff, S. 67 ff.; *J. Ipsen,* DVBl. 1983, S. 1036.
9 Grundlegend BGHZ 6, 270 (290 f.).
10 Vgl. BGHZ 13, 88 (92).
11 Vgl. *M. Heidenhain,* Amtshaftung und Entschädigung aus enteignungsgleichem Eingriff, S. 116 ff.
12 Vgl. *J. Ipsen,* DVBl. 1983, S. 1033 f.
13 Grundlegend BVerfGE 58, 300 (324 ff.).
14 Vgl. BVerfG, NJW 1992, S. 36 (37); BGHZ 90, 17 (28 ff.); *F. Ossenbühl,* Staatshaftungsrecht, S. 224 f.; *J. Ipsen,* DVBl. 1983, S. 1035 ff.

II. Tatbestandsvoraussetzungen des Anspruchs aus enteignungsgleichem Eingriff

1. Einwirkung auf das Eigentum

1308 Aufgrund seiner dogmatischen Herleitung kommt ein Anspruch aus enteignungsgleichem Eingriff nur für **Einwirkungen** auf das **Eigentum** in Betracht. Die Analogie zu Art. 14 Abs. 3 GG hat sich zwar nicht als tragfähig erwiesen, die Anbindung an die Eigentumsgarantie ist jedoch von der Rechtsprechung nie aufgegeben worden.[15] Das »Eigentum« im Sinne des Art. 14 Abs. 1 S. 1 GG ist als Sammelbegriff für jedes vermögenswerte (private) Recht zu verstehen.[16] Zum Eigentumsbegriff gehören auch die »Ausstrahlungen« des Herrschaftsrechts und dessen **Substrat**, nämlich die Sache, an der das Herrschaftsrecht besteht.[17] Die Einwirkungen können durch **Rechtsakt** oder **Realakt** erfolgen. Soweit Rechtsakte vorliegen, ist regelmäßig der Vorrang des Primärrechtsschutzes zu beachten, der – ähnlich wie bei § 839 Abs. 3 BGB – unter Umständen einen Entschädigungsanspruch ausschließt.[18]

1309 Im Ausgangsfall sind infolge des technischen Defekts der Ampel die Fahrzeuge des F und des G beschädigt worden, so dass eine Einwirkung auf das Eigentum vorliegt und eine Haftung der Stadt aus enteignungsgleichem Eingriff grundsätzlich in Betracht kommt. Hätten F und G auch Verletzungen davongetragen, wäre ein Schmerzensgeldanspruch aus *enteignungsgleichem* Eingriff dagegen nicht in Betracht gekommen. Hierin liegt ein nicht unerheblicher Unterschied zur Amtshaftung, die durch die Amtspflichtverletzung ausgelöst wird und jeglichen materiellen und immateriellen Schaden abdeckt.

2. ... auf der Grundlage des öffentlichen Rechts

1310 Das herkömmliche Erfordernis eines »**hoheitlichen Eingriffs**« in das Eigentum sollte durch die Formulierung ersetzt werden, dass die Einwirkung auf das Eigentum auf der **Grundlage** des **öffentlichen Rechts** erfolgen, also dem Amtshaftungstatbestand vergleichbar dem öffentlichen Recht **zuzurechnen** sein muss. Bei Verwaltungsakten ist hierbei auf die Rechtsgrundlage im engeren Sinne abzustellen. Tatsächliches Verwaltungshandeln ist demgegenüber nicht immer eindeutig zuzuordnen, weil es insoweit an Eingriffsermächtigungen fehlt.[19] Auf der Grundlage der Sonderrechtstheorie lassen sich aber auch hier angemessene Lösungen entwickeln.[20]

1311 Im Ausgangsfall hat die Stadt als zuständige Straßenverkehrsbehörde (§ 44 Abs. 1 StVO) auf der Grundlage öffentlich-rechtlicher Vorschriften (§ 45 StVO) gehandelt, so dass die »hoheitliche« Natur der Ampelanlage nicht fraglich sein kann.

3. Rechtswidrigkeit

1312 Der Entschädigungsanspruch aus enteignungsgleichem Eingriff setzt voraus, dass die Einwirkung auf das Eigentum **rechtswidrig** war.[21] Dieses Tatbestandsmerkmal zeigt

---

15 Nachw. bei F. *Ossenbühl*, Staatshaftungsrecht, S. 242.
16 Vgl. *J. Ipsen*, Staatsrecht II, 15. Aufl. 2012, Rn. 721 ff.
17 Vgl. F. *Ossenbühl*, Staatshaftungsrecht, S. 152 f.
18 Vgl. BGHZ 90, 17 (31 f.); 110, 12 (14 f.); OLG Hamm, NVwZ-RR 1998, S. 214 (215) unter Berufung auf § 254 BGB.
19 Vgl. oben Rn. 831 ff.
20 Vgl. oben Rn. 825 ff.
21 Vgl. F. *Ossenbühl*, Staatshaftungsrecht, S. 258.

am deutlichsten, dass das Institut des enteignungsgleichen Eingriffs ein richterrechtlich entwickelter Staatshaftungstatbestand ist.[22] Die Feststellung der Rechtswidrigkeit stößt auf Schwierigkeiten, wenn kein individualisierbares Handeln vorliegt, das an Rechtsnormen gemessen werden könnte. Insoweit muss geprüft werden, ob der eingetretene Schaden von der Rechtsordnung »gebilligt« wird. Rechtswidrige Einwirkungen können grundsätzlich mit Hilfe des Primärrechtsschutzes abgewehrt werden, so dass das Rechtswidrigkeitsurteil impliziert, dass die Maßnahme »an sich« nicht hätte ergehen dürfen.

> Im Ausgangsfall zeigt die Ampel in beiden Fahrtrichtungen grün und gibt damit den Verkehr frei (§ 37 Abs. 2 S. 3 Nr. 1 S. 1 StVO). Da Lichtzeichen und Verkehrszeichen Gebote enthalten, die einander hier widersprachen, waren diese Maßnahmen rechtswidrig.[23] **1313**

Neben der Rechtswidrigkeit der Einwirkung ist ein »**Sonderopfer**« als zusätzliches **1314** Tatbestandsmerkmal nicht zu verlangen.[24] Mit dem Vorliegen eines »Sonderopfers« hat der Bundesgerichtshof seinerzeit die Notwendigkeit eines zusätzlichen Entschädigungstatbestandes begründet.[25] Der Topos des Sonderopfers ist aus dem Aufopferungsgedanken abgeleitet. Dem Betroffenen einer Enteignung wird im Interesse der Allgemeinheit ein *besonderes Opfer* zugemutet, das – sofern keine Entschädigung gewährt würde – eine nicht zu rechtfertigende **Ungleichbehandlung** bedeuten würde. Dieser Gedanke lässt sich auf *rechtswidrige* Beeinträchtigungen (des Eigentums) jedoch nicht übertragen. Der von rechtswidrigem Handeln Betroffene wird zwar in gewisser Hinsicht zum »Opfer«, erbringt aber kein »Sonderopfer« zugunsten der Allgemeinheit. Hier – wie anderswo – zeigt sich, dass staatliche Maßnahmen nicht beliebig mit positiven oder negativen Vorzeichen versehen werden können, ohne sich inhaltlich zu ändern.[26] Der prinzipielle Unterschied zwischen **Aufopferung** und **Staatshaftung** besteht gerade darin, dass nur erstere (gegen Entschädigung) geduldet werden muss, während letztere einen an sich abzuwehrenden Schaden ausgleicht.[27] Die vom Bundesgerichtshof vorgenommene Gleichsetzung von Rechtswidrigkeit und Sonderopfer[28] darf in erster Linie als Versuch angesehen werden, die dogmatische Kontinuität zu begründen, ist letztlich aber nicht überzeugend. Für den Anspruch aus enteignungsgleichem Eingriff reicht deshalb die Feststellung der **Rechtswidrigkeit** aus, ohne dass daneben noch ein »Sonderopfer« zu prüfen und zu begründen wäre.[29]

In vergleichbarer Weise überflüssig wäre die Prüfung, ob die Einwirkung auf das **1315** Eigentum »dem Wohle der Allgemeinheit« diente.[30] Die **Gemeinwohlbezogenheit** ergibt sich bereits aus der Zuordnung zum öffentlichen Recht. Würde darüber hinaus verlangt, dass das Eigentum, auf das eingewirkt wird, in irgendeiner Weise der Allgemeinheit »zugute« kommt, wäre wiederum darauf hinzuweisen, dass die Enteignung nicht mit negativen Vorzeichen versehen werden kann. Die **rechtswidrige Einwirkung** auf das Eigentum ist grundsätzlich durch den **Primärrechtsschutz** ab-

---

22 Vgl. oben Rn. 1304.
23 Vgl. BGHZ 99, 249 (253 f.); OLG Karlsruhe, MDR 1993, S. 321.
24 Vgl. hierzu *A. Schmitt-Kammler,* NJW 1990, S. 2515.
25 Vgl. BGHZ 6, 270 (290 f.).
26 Vgl. *J. Ipsen,* DVBl. 1983, S. 1034.
27 Vgl. oben Rn. 1240.
28 So BGHZ 32, 208 (212 f.).
29 A. A. offenbar *F. Ossenbühl,* Staatshaftungsrecht, S. 258 f., insbes. Fn. 92.
30 Nachw. bei *F. Ossenbühl,* Staatshaftungsrecht, S. 259 f.

zuwehren und wird sich im Übrigen häufig darin erschöpfen, dass die Sache *vernichtet* wird.

1316 | Im Ausgangsfall ist durch die fehlerhafte Ampelschaltung ein Schaden entstanden, der niemandem nützt und auch nicht der Allgemeinheit »zugute« kommt. Gemeinwohlbezogen ist nur die Ampelanlage als solche, was aber bereits bei der Zuordnung zum öffentlichen Recht zu prüfen (und zu bejahen) ist.

1317 Zutreffend wird in der Literatur deshalb ein zusätzliches Tatbestandsmerkmal der »Gemeinwohlbezogenheit« abgelehnt.[31]

1318 Angesichts der unübersehbaren Kasuistik wird nicht immer hinreichend deutlich, dass zwischen der dem öffentlichen Recht zuzuordnenden **Einwirkung** auf das Eigentum und dessen **Auswirkung** ein Kausalzusammenhang bestehen muss. Die Einwirkung (oder der »Eingriff«) nämlich ist die **Maßnahme** (Handlung, Unterlassung), die erst einen **Handlungserfolg** (Schaden) zeitigen muss, um den Entschädigungsanspruch auszulösen. Merkwürdigerweise wird das Kausalitätserfordernis kaum diskutiert, obwohl die Rechtsnatur des Anspruchs aus enteignungsgleichem Eingriff als Staatshaftungstatbestand mittlerweile anerkannt ist. Stattdessen wird unter dem Tatbestandsmerkmal »**Unmittelbarkeit**« versucht, die Haftung aus enteignungsgleichem Eingriff einzugrenzen.[32]

1319 Der Versuch des **Bundesgerichtshofs,** das Merkmal der »Unmittelbarkeit« im Sinne einer »unmittelbaren Verursachung« anzuwenden, muss als gescheitert angesehen werden.

1320 | In der ersten Entscheidung des BGH zum »feindlichen Grün« wurde ein Anspruch aus enteignungsgleichem Eingriff mit der Begründung verneint, zwischen den Eingriff (nämlich die Ampelschaltung) und den Schaden sei ein weiteres Ereignis in Gestalt des kollidierenden Fahrzeugs getreten, das die Unmittelbarkeit ausschließe.[33] Die an die polizeirechtliche »Theorie der unmittelbaren Verursachung« angelehnte Auffassung des BGH ist zu Recht auf Kritik gestoßen.[34] Der BGH hat an dieser Rechtsprechung nicht festgehalten.[35]

1321 Offen ist, ob durch das Tatbestandsmerkmal der **Unmittelbarkeit** andere Ergebnisse erzielt würden, als auf der Grundlage der im Zivilrecht üblichen **Adäquanztheorie.** *Ossenbühl* zufolge ist die »Unmittelbarkeit«

»zu einem Gehäuse geworden, in dem alle mehr oder weniger plausiblen Zurechnungskriterien und Zurechnungserwägungen angesiedelt werden.«[36]

1322 Es handelt sich also nicht eigentlich um ein Tatbestandsmerkmal, sondern um den Versuch, den judiziellen Staatshaftungstatbestand einzugrenzen.

4. Subsidiarität

1323 Das im Grundgesetz angelegte Verhältnis von Primär- und Sekundärrechtsschutz betrifft auch den Entschädigungsanspruch aus enteignungsgleichem Eingriff. Soweit der Geschädigte den Schaden durch **Einlegung** eines **Rechtsbehelfs** hätte abwenden

---

31 Vgl. *F. Ossenbühl*, Staatshaftungsrecht, S. 260 m. w. N. in Fn. 97.
32 Vgl. hierzu *H. Maurer*, AllgVerwR, § 27 Rn. 93; *F. Ossenbühl*, Staatshaftungsrecht, S. 251 f.
33 Vgl. BGHZ 54, 332 (338).
34 Vgl. nur *H.-J. Papier*, in: MünchKom. BGB, Bd. 5, § 839 Rn. 48 f. m. w. N.
35 Vgl. BGHZ 99, 249 (256).
36 So *F. Ossenbühl*, Staatshaftungsrecht, S. 251.

können, gelten die zu § 839 Abs. 3 BGB entwickelten Grundsätze analog. Auch **§ 254 BGB** ist analog anwendbar.[37] Hieraus folgt, dass im Einzelfall zu prüfen ist, welche Rechtsbehelfe mit welchen Erfolgsaussichten hätten eingelegt werden können.[38]

5. Anspruchsgegner

Nach der Rechtsprechung ist **passivlegitimiert** die Körperschaft, die durch den   1324
Eingriff **begünstigt** ist.[39] Vielfach wird es keine »Begünstigung« im Sinne eines messbaren Vorteils geben, so dass insoweit auf den für die Aufgabenerfüllung zuständigen Verwaltungsträger abzustellen ist.[40]

Der Rechtsnatur des Anspruchs aus enteignungsgleichem Eingriff als Staatshaftungs-   1325
(und nicht als Enteignungs-) Tatbestand würde es dagegen entsprechen, von vornherein den **Verwaltungsträger,** dem die Einwirkung **zuzurechnen** ist, als passivlegitimiert anzusehen.[41]

> Im Ausgangsfall wird man vergeblich nach einem Anspruchsgegner suchen, der durch den Eingriff   1326
> *begünstigt* wurde. Anspruchsgegner ist deshalb der für die Ampelschaltung zuständige Verwaltungsträger (nämlich die Stadt S).

III. Anspruchskonkurrenzen

Der Anspruch aus enteignungsgleichem Eingriff konkurriert mit dem **Amtshaf-**   1327
tungsanspruch.[42] Obwohl beide Anspruchsinstitute hinsichtlich der Tatbestandsmerkmale des rechtswidrigen öffentlich-rechtlichen Handelns identisch sind, weisen sie hinsichtlich des Verschuldenserfordernisses und des Entschädigungsumfangs Unterschiede auf. Sie sind deshalb nebeneinander zu prüfen.

Soweit ein Entschädigungsanspruch wegen rechtswidrigen Handelns **spezialgesetz-**   1328
lich vorgesehen ist, geht dieser dem richterrechtlich entwickelten (und gewohnheitsrechtlich verfestigten) Institut des enteignungsgleichen Eingriffs **vor** und verdrängt diesen in seinem Anwendungsbereich.[43]

> Im Ausgangsfall sah § 39 Abs. 1 b OBG NW vor, dass für rechtswidrige Maßnahmen von Ord-   1329
> nungsbehörden ohne Rücksicht auf das Verschulden Schadensersatz zu leisten ist. In Abkehr von
> seiner früheren Rechtsprechung hat der BGH die Haftung der Stadt für defekte Ampelanlagen
> bejaht.[44] Der spezialgesetzliche Anspruch aus § 39 Abs. 1 b OBG NW verdrängte deshalb den
> richterrechtlich entwickelten Entschädigungsanspruch.

---

37 Vgl. BGHZ 90, 17 (31 f.); 140, 285 (287).
38 Vgl. *F. Ossenbühl,* Staatshaftungsrecht, S. 262.
39 Vgl. BGHZ 76, 387 (396 f.); BGH, JZ 1997, S. 557 (558 f.) m. Anm. *F. Ossenbühl,* S. 559 ff.
40 Vgl. *F. Ossenbühl,* Staatshaftungsrecht, S. 263.
41 Kritisch auch *F. Ossenbühl,* Staatshaftungsrecht, S. 263 f.
42 Vgl. BGHZ 13, 88 (94 f.).
43 Vgl. *F. Ossenbühl,* Staatshaftungsrecht, S. 267.
44 So BGHZ 99, 249 (256).

IV. Rechtsweg

1330 Für Entschädigungsansprüche aus enteignungsgleichem Eingriff ist der **Zivilrechtsweg** eröffnet, weil es sich – im weiteren Sinne – um **Aufopferungsansprüche** handelt (§ 40 Abs. 2 S. 1 VwGO). Soweit die Verwaltungsgerichte bereits zuständig sind, kann der Anspruch auch im Verwaltungsrechtsweg geltend gemacht werden (§ 17 Abs. 2 GVG).[45] Da es sich bei dem Anspruch aus enteignungsgleichem Eingriff *weder* um einen Amtshaftungsanspruch noch um einen Anspruch auf Enteignungsentschädigung handelt, schließen Art. 34 S. 3 GG und Art. 14 Abs. 3 S. 4 GG die Zuständigkeit der Verwaltungsgerichte nicht aus.

V. Rechtsprechung

1331 **BVerfGE** 58, 300 (»Nassauskiesung«); **BVerfG**, DVBl. 2000, S. 350 (Vorrang des Primärrechtsschutzes gegenüber Entschädigung aus enteignungsgleichem Eingriff); **BGHZ** 6, 270 (Enteignungsgleicher Eingriff); **Z** 13, 88 (Enteignungsgleicher Eingriff und Amtshaftung); **Z** 32, 208 (Rechtswidrigkeit und Sonderopfer); **Z** 76, 387 (Begünstigter als Anspruchsgegner); **Z** 90, 17 (Subsidiarität; Anwendbarkeit von § 254 BGB); **Z** 99, 249 (»Feindliches Grün«); **Z** 100, 136 (»Legislatives Unrecht«); **Z** 110, 12 (Subsidiarität); **Z** 131, 163 (Einweisung von Obdachlosen – Unmittelbarkeit); **Z** 140, 286 (Entschädigung für Autobahnbau); **BGH**, NVwZ-RR 2000, S. 744 (Enteignungsgleicher Eingriff in Winzerbetrieb durch Vertriebsverbot von Traubenkernöl).

VI. Literatur

1332 *A. v. Arnauld,* Enteignender und enteignungsgleicher Eingriff heute, VerwArch 93 (2002), S. 394; *W. Dötsch,* Öffentlich-rechtliche Schmerzensgeldansprüche?, NVwZ 2003, S. 185; *D. Ehlers,* Eigentumsschutz, Sozialbindung und Enteignung bei der Nutzung von Boden und Umwelt, VVDStRL 51 (1992), S. 211; *S. Haack,* Die Haftung des Staates für Zufallsschäden, VerwArch 96 (2005), S. 70; *M. Heidenhain,* Amtshaftung und Entschädigung aus enteignungsgleichem Eingriff, 1965; *J. Ipsen,* Enteignung, enteignungsgleicher Eingriff und Staatshaftung, DVBl. 1983, S. 1029; *U. Kischel,* Entschädigungsansprüche für Eigentumsbeeinträchtigungen, VerwArch 97 (2006), S. 450; *F. Ossenbühl,* Staatshaftungsrecht, 5. Aufl. 1998; *H.-J. Papier,* in: MünchKom. BGB, Bd. 5, 5. Aufl. 2009, § 839 Rn. 25 ff.; *E. Rinne,* Die Rechtsprechung des BGH zu den öffentlich-rechtlichen Ersatzleistungen, NVwZ-Beilage Nr. II/2000, S. 7; *E. Rinne/W. Schlick,* Die Rechtsprechung des BGH zu den öffentlichrechtlichen Ersatzleistungen, NVwZ 1997, S. 34; *dies.,* Die Rechtsprechung des BGH zu den öffentlich-rechtlichen Ersatzleistungen, NJW-Beil. Nr. 14/2002, S. 4; *dies.,* Die Rechtsprechung des BGH zu den öffentlich-rechtlichen Ersatzleistungen, NJW 2005, S. 3330; *W. Schlick,* Die Rechtsprechung des BGH zu den öffentlich-rechtlichen Ersatzleistungen. Teil 1: Öffentlich-rechtliche Entschädigung, NJW 2008, S. 31; *A. Schmitt-Kammler,* Das »Sonderopfer« – ein lebender Leichnam im Staatshaftungsrecht?, NJW 1990, S. 2515; *ders.,* Der Aufopferungsgedanke, JuS 1995, S. 473; *F. Schoch,* Rechtliche Konsequenzen der neuen Eigentumsdogmatik für die Entschädigungsrechtsprechung des BGH, FS K.-H. Boujong, 1996, S. 655.

---

45 Vgl. *F. Ossenbühl,* Staatshaftungsrecht, S. 268.

§ 22 Der Folgenbeseitigungsanspruch

Fall 59: E ist Eigentümer einer Wohnung, die er an O vermietet hat. Aufgrund eines rechtskräftigen **1333** Räumungsurteils des Amtsgerichts soll der Gerichtsvollzieher die Räumung der Wohnung durchführen. Da O obdachlos zu werden droht, weist ihn der Bürgermeister der Gemeinde G durch Verfügung in die bisherige Wohnung ein und ordnet die sofortige Vollziehung an. Die Einweisung ist auf drei Monate befristet. Nach Ablauf der drei Monate beantragt E beim Verwaltungsgericht den Erlass einer einstweiligen Anordnung, mit der die Gemeinde G verpflichtet werden soll, die Wohnung zu räumen.

(VGH Mannheim, NVwZ 1987, 1101)

1334 Amtshaftungsanspruch und Entschädigungsanspruch aus enteignungsgleichem Eingriff richten sich übereinstimmend auf Geldersatz. Die Naturalrestitution (§ 249 BGB) soll nach überwiegender Meinung beim Amtshaftungsanspruch wegen der besonderen Konstruktion der übergeleiteten Haftung ausgeschlossen sein.[1] Der Anspruch aus enteignungsgleichem Eingriff richtet sich wegen seiner Anlehnung an die Enteignung von vornherein auf Entschädigung in Geld.[2] Beide Ansprüche versagen deshalb, wenn der Betroffene durch **rechtswidrige Folgen** des Verwaltungshandelns beschwert ist.

1335 Setzt man im Ausgangsfall voraus, dass die Einweisung des O *rechtmäßig* war, so stand dem E eine Entschädigung nach dem Gefahrenabwehrgesetz des Landes für den Einweisungszeitraum zu.[3] Die Einweisung (Verwaltungsakt) zeitigt nach Ablauf der Einweisungsfrist *rechtswidrige Folgen*, weil O die Wohnung nunmehr unberechtigt bewohnt. Ein Anspruch auf Entschädigung wegen einer rechtswidrig *gewordenen* Maßnahme steht ihm möglicherweise zu; es geht ihm jedoch ersichtlich darum, dass die Behörde für die Räumung der Wohnung sorgt. Die Wiederherstellung des ursprünglichen Zustandes kann jedoch weder über die Amtshaftung noch über den enteignungsgleichen Eingriff (auch in seinen spezialgesetzlichen Ausprägungen) verlangt werden.

1336 Die hier sichtbar werdende **Haftungslücke** wird durch den richterrechtlich entwickelten **Folgenbeseitigungsanspruch** geschlossen, der auf die **Wiederherstellung** des *status quo ante* gerichtet ist.[4]

I. Dogmatische Herleitung des Folgenbeseitigungsanspruchs

1337 In Rechtsprechung und Schrifttum herrscht Übereinstimmung darin, *dass* es den Folgenbeseitigungsanspruch *gibt*, während über die dogmatische Herleitung die Auffassungen auseinander gehen.[5] Die **verfassungsrechtliche,**[6] überwiegend **grundrechtliche**[7] **Fundierung** des Folgenbeseitigungsanspruchs darf nicht darüber hinweg-

---

1 Vgl. BGHZ 34, 99 (104); 78, 274 (276); 121, 367 (374); *F. Ossenbühl*, Staatshaftungsrecht, S. 110 f.; *H. Maurer*, AllgVerwR, § 26 Rn. 44; vgl. auch schon oben Rn. 1291.

2 Vgl. *F. Ossenbühl*, Staatshaftungsrecht, S. 265.

3 Der so genannte »polizeirechtliche Aufopferungsanspruch« des in Anspruch genommenen Nichtstörers findet sich in allen Gefahrenabwehrgesetzen der Bundesländer: Nachw. bei *V. Götz*, Allgemeines Polizei- und Ordnungsrecht, 14. Aufl. 2008, § 15 Rn. 4.

4 Vgl. *F. Ossenbühl*, Staatshaftungsrecht, S. 301 f.

5 Vgl. die Nachw. bei *F. Ossenbühl*, Staatshaftungsrecht, S. 293 ff.; siehe auch *W. Brugger*, JuS 1999, S. 625.

6 Vgl. BVerwGE 69, 366 (370): »Der erkennende Senat sieht die rechtliche Grundlage des Folgenbeseitigungsanspruchs in Art. 20 Abs. 3 GG, durch dessen Regelungen die vollziehende Gewalt an Gesetz und Recht gebunden wird.«

7 Vgl. BVerwGE 82, 76 (95).

täuschen, dass es sich in der Sache um ein richterrechtlich entwickeltes Rechtsinstitut handelt, das im Laufe der Zeit **gewohnheitsrechtliche Geltung** angenommen hat. Dies erklärt auch die lässige Haltung, die das Bundesverwaltungsgericht in der Frage der dogmatischen Herleitung einnimmt:

1338 »Die ungeschriebenen tatbestandlichen Voraussetzungen des Folgenbeseitigungsanspruchs sind in ihren Strukturen weitgehend geklärt, mögen auch in der näheren dogmatischen Ableitung dieses Anspruchs unverändert unterschiedliche Auffassungen vertreten werden (...). Dabei dürften zunehmend durch Richterrecht geprägte, gewohnheitsrechtliche Gesichtspunkte überwiegen, nachdem Bundes- oder Landesgesetzgeber ihre Regelungskompetenz nicht wahrgenommen haben (...). Es unterliegt keinen ernsthaften Zweifeln, daß Grundsätze des materiellen Rechtsstaates, zu denen auch die Grundrechte gehören, bei rechtswidrigem Handeln eine Sanktion verlangen, die sich nicht nur in der Zahlung einer Entschädigung erschöpfen kann.«[8]

1339 Damit ist in erfrischender Offenheit das Problem der Haftungslücke bezeichnet und die richterrechtliche Verantwortung für ihre Ausfüllung übernommen worden.

1340 Der Folgenbeseitigungsanspruch ist zwar **verfassungsrechtlich notwendig,** gleichwohl auf der Ebene des **einfachen Rechts** anzusiedeln. Die verfassungsrechtliche Herleitung oder Begründung des Folgenbeseitigungsanspruchs ist streng von der Frage zu trennen, auf welcher Stufe der Normenhierarchie eine verfassungsrechtliche Entwicklung anzusiedeln ist. Ebenso wenig wie der vom Bundesgerichtshof entwickelte Anspruch aus enteignungsgleichem Eingriff hat der vom Bundesverwaltungsgericht entwickelte Folgenbeseitigungsanspruch **Verfassungsrang,** weil allein das Bundesverfassungsgericht kompetenziell in der Lage wäre, Richterrechtsbildungen mit Verfassungsrang zu entwickeln.[9]

II. Voraussetzungen des Folgenbeseitigungsanspruchs

1341 Das **Bundesverwaltungsgericht** umschreibt die Voraussetzungen des Anspruchs auf Folgenbeseitigung wie folgt:

- Es muss ein hoheitlicher **Eingriff** vorliegen, der ein **subjektives Recht** des Betroffenen **verletzt.**
- Für den Betroffenen muss ein **rechtswidriger Zustand** entstanden sein, der andauert.[10]

1342 Der zweigliedrige Anspruchsaufbau mag dem Regelfall entsprechen, kann aber auch die Frage aufwerfen, warum der Betroffene nicht im Wege des Primärrechtsschutzes gegen den Eingriffsakt vorgeht. Um überdies Missverständnissen zu entgehen, die das Erfordernis des »hoheitlichen Eingriffs«[11] verursachen kann, sollte der **rechtswidrige Zustand** als Voraussetzung des Folgenbeseitigungsanspruchs in den Vordergrund gerückt werden.[12] Im Gegensatz zum Aufhebungsanspruch gegenüber Eingriffen durch rechtswidrige Verwaltungsakte (§ 113 Abs. 1 S. 1 VwGO)[13] oder zu Unterlassungsansprüchen gegenüber nichtförmlichem Verwaltungshandeln[14] kommt es

---

8 So BVerwGE 94, 100 (103).
9 Die Parallele zur Parlamentsgesetzgebung liegt auf der Hand. Auch wenn das Parlament ein verfassungsrechtlich *notwendiges* Gesetz erlässt, hat *dieses* nicht Verfassungsrang.
10 So BVerwGE 94, 100 (104).
11 Vgl. *F. Schoch,* Jura 1993, S. 482.
12 So auch *F. Schoch,* Jura 1993, S. 483; a. A. die h. M., vgl. nur *F. Ossenbühl,* Staatshaftungsrecht, S. 312 ff.
13 Vgl. oben Rn. 1185.
14 Vgl. oben Rn. 1105, 1192.

beim Folgenbeseitigungsanspruch *nicht* darauf an, ob der *Eingriffsakt* rechtswidrig war.[15] Entscheidend ist vielmehr, dass der **rechtswidrige Zustand** durch **öffentlich-rechtliches Handeln** herbeigeführt worden und damit einem Verwaltungsträger zurechenbar ist.

> Im Ausgangsfall besteht der »hoheitliche Eingriffsakt« in der Einweisung des O in die Wohnung des E und damit seiner Inanspruchnahme als *Nichtstörer*.[16] Unbeschadet der Frage, ob die *Einweisung* rechtmäßig oder rechtswidrig war,[17] war der durch die Einweisung von der Gemeinde verursachte *Zustand* rechtswidrig, weil O die Wohnung nach Ablauf der Einweisungsfrist nicht geräumt hatte.   **1343**

Es ist deshalb angezeigt, die vom Bundesverwaltungsgericht aufgezeigten Tatbestandsvoraussetzungen umzukehren, so dass der Folgenbeseitigungsanspruch gegeben ist, wenn   **1344**

- ein **rechtswidriger Zustand** besteht,
- der den Betroffenen in **seinen Rechten verletzt** und
- durch **öffentlich-rechtliches Handeln** verursacht worden und damit einem **Verwaltungsträger zurechenbar** ist.

Auf eine Kurzformel gebracht, setzt der Folgenbeseitigungsanspruch die **Folgenverantwortung** des **Verwaltungsträgers** voraus. Ob und inwieweit diese Verantwortung besteht, ist im einzelnen Fall zu prüfen.   **1345**

> In den »Einweisungsfällen« ist durchaus streitig gewesen, ob die Behörde für den nach Fristablauf rechtswidrig gewordenen Zustand verantwortlich ist. Der Vermieter sei – so wurde argumentiert – nach Fristablauf nicht gehindert, von seinem Räumungstitel (wieder) Gebrauch zu machen.[18] Rechtsprechung und h. L. weisen der Behörde demgegenüber regelmäßig eine Folgenverantwortung zu.[19]   **1346**

Weitere Anspruchsvoraussetzung ist die **Fortdauer** des rechtswidrigen Zustands.[20]   **1347**

III. Inhalt des Folgenbeseitigungsanspruchs

Der Folgenbeseitigungsanspruch richtet sich auf die **Beseitigung** des **rechtswidrigen Zustands,** der durch das Verwaltungshandeln entstanden ist.[21] Im Schrifttum wird der Anspruch grundsätzlich von dem Anspruch auf **Naturalrestitution** (§ 249 BGB) abgegrenzt. Während Bezugspunkt der Naturalrestitution ein fiktiver Zustand sei, der ohne das schädigende Ereignis bestehen würde, richte sich der Folgenbeseitigungsanspruch lediglich auf die **Wiederherstellung** des ursprünglichen Zustands.[22] In dieser Allgemeinheit trifft die Unterscheidung nicht zu; der Folgenbeseitigungsanspruch kann sich durchaus der Naturalrestitution annähern. Die Rechtsprechung ist geradezu aufgefordert, das Institut so weit zu entwickeln, dass es den zivilrechtlichen Haftungsvorschriften gleichkommt.   **1348**

---

15 So zutr. BVerwGE 82, 76 (95): »Der Folgenbeseitigungsanspruch knüpft mithin nicht an die Rechtswidrigkeit des Eingriffsakts, sondern an die Rechtswidrigkeit des dadurch geschaffenen Zustands an.«

16 Vgl. *J. Ipsen,* Niedersächsisches Polizei- und Ordnungsrecht, 4. Aufl. 2010, Rn. 234 ff.

17 In dem vom VGH Mannheim (NVwZ 1987, S. 1101) entschiedenen Fall war über den Widerspruch gegen die Einweisungsverfügung noch nicht entschieden worden.

18 Nachw. bei *V. Götz,* VBlBW 1987, S. 425; vgl. zuletzt auch *W. Roth,* DVBl. 1996, S. 1401 m. w. N.

19 Vgl. BGHZ 130, 332 (334 ff.) m. Anm. *W. Rüfner,* JuS 1997, S. 309.

20 Vgl. BVerwGE 80, 178 (179).

21 Vgl. BVerwGE 69, 366 (369 f.); 82, 76 (78, 92).

22 Vgl. *F. Ossenbühl,* Staatshaftungsrecht, S. 301; *H. Maurer,* AllgVerwR, § 30 Rn. 11.

1349   Im Ausgangsfall handelt es sich – genau genommen – nicht um die Wiederherstellung eines *früheren* Zustands, denn dieser bestand darin, dass O die Wohnung des E bewohnte und E im Begriff war, das Räumungsurteil zu vollstrecken. Um *diesen* Zustand wiederherzustellen, bedurfte es keines besonderen Anspruchs, denn der Zustand ergab sich nach Ablauf der befristeten Einweisungsverfügung gewissermaßen von selbst. Wenn man mit der h. M. einen Anspruch des Vermieters gegen die Behörde auf »Exmittierung« des Eingewiesenen bejaht, so ist Bezugspunkt der fiktive Zustand, der *ohne* den Eingriffsakt – die Einweisung – bestanden hätte: Dann nämlich wäre die Wohnung vom Gerichtsvollzieher längst geräumt worden. Anders wäre der Fall nur zu beurteilen, wenn die Wohnung aufgrund des Titels bereits geräumt gewesen wäre und die Behörde den O wieder eingewiesen hätte. Die unterschiedlichen Konstellationen machen deutlich, dass der Folgenbeseitigungsanspruch der Naturalrestitution nahe kommen *kann,* aber nicht *muss.*

1350 Von dem Ziel des Anspruchs, das auf die Beseitigung der Folgen gerichtet ist, sind die **Mittel** zu unterscheiden, die der Verwaltungsträger **einsetzen** muss, um den Anspruch zu erfüllen. Vielfach wird ein *tatsächlicher* Zustand auch durch *tatsächliches* Verwaltungshandeln (Realakt) beseitigt werden können. Allerdings kann zur Beseitigung des Zustandes auch ein **Verwaltungsakt** gegenüber einem Dritten erforderlich sein, der in Erfüllung des Folgenbeseitigungsanspruchs erlassen werden muss.[23]

1351   Im Ausgangsfall muss O zunächst durch Ordnungsverfügung *verpflichtet* werden, das Haus zu räumen. Allein mit dem Erlass der Verfügung wäre der Folgenbeseitigungsanspruch des E allerdings noch nicht erfüllt, weil dieser darauf gerichtet ist, dass O die Wohnung *tatsächlich* räumt. Der Folgenbeseitigungsanspruch richtet sich deshalb auch darauf, dass die Gemeinde die Ordnungsverfügung für sofort vollziehbar erklärt und mit Mitteln des Verwaltungszwangs durchsetzt. Der VGH Mannheim hat den Anspruch auf Erlass einer Ordnungsverfügung dagegen allein mit dem Gesichtspunkt der *Ermessensreduktion* begründet[24] und hierbei übersehen, dass die Ermessensreduktion bei Erlass und Durchsetzung der Verfügung lediglich eine Konsequenz des Folgenbeseitigungsanspruchs darstellt.[25]

IV. Ausschlussgründe

1352 Die Gründe, aus denen der Folgenbeseitigungsanspruch entweder nicht zur Entstehung gelangt oder wieder **entfällt,** folgen aus allgemeinen Rechtsgrundsätzen und stellen für sich keine besonderen »Tatbestandsmerkmale« des Anspruchs dar. Sie werden von der Rechtsprechung gleichwohl häufig im Zusammenhang mit den Anspruchsvoraussetzungen genannt.[26]

1. Unmöglichkeit der Folgenbeseitigung

1353 Ein Anspruch auf Folgenbeseitigung setzt voraus, dass die **Folgenbeseitigung** der Behörde (noch) **möglich** ist. Dies entspricht dem Rechtsgrundsatz »*ultra posse nemo obligatur«.* Die zur **tatsächlichen Unmöglichkeit** gerechneten Fälle[27] verstehen sich im Grunde von selbst und würden auch nach allgemeinem Schadensersatzrecht statt

---

23 Vgl. VGH Kassel, NVwZ 1995, S. 301 f.
24 Vgl. VGH Mannheim, NVwZ 1987, S. 1101.
25 Ähnlich *V. Götz,* VBlBW 1987, S. 425.
26 Vgl. z. B. VGH Mannheim, VBlBW 1983, S. 141; OVG Münster, DÖV 1983, S. 1020 (1021); BauR 1987, S. 46.
27 Vgl. *F. Ossenbühl,* Staatshaftungsrecht, S. 318.

eines Anspruchs auf Naturalrestitution (§ 249) einen Anspruch auf Geldersatz auslösen (§ 251 BGB).

Weniger geklärt ist die Frage der **rechtlichen Unmöglichkeit,** die dann vorliegen soll, 1354
wenn die Behörde nicht über die zur Erfüllung des Anspruchs notwendigen Rechtsgrundlagen verfügt.[28] Eine Behörde ist indes regelmäßig in der Lage, einen rechtswidrigen Zustand zu beseitigen. Sofern spezielle Eingriffsermächtigungen fehlen, können Maßnahmen auf die gefahrenabwehrrechtliche Generalklausel gestützt werden. Dass die Maßnahmen in das Ermessen der Behörde gestellt sind, ändert an der rechtlichen Befugnis der Behörde nichts. Es wäre abwegig, ihr die rechtliche Möglichkeit zur Folgenbeseitigung abzusprechen, wenn sie zwar einschreiten *könnte,* aber nicht *will.*[29]

> Im Ausgangsfall bedeutet das Verbleiben des O in der Wohnung des E eine Störung der öffentlichen 1355
> Sicherheit, die als Schutzgut neben der (objektiven) Rechtsordnung auch die *subjektiven Rechte*
> umfasst.[30] Der Schutz privater Rechte obliegt den Gefahrenabwehrbehörden allerdings nur dann,
> wenn gerichtlicher Rechtsschutz nicht rechtzeitig zu erlangen ist und ohne behördliche Hilfe die
> Verwirklichung des Rechts vereitelt oder wesentlich erschwert würde.[31] Der Folgenbeseitigungs-
> anspruch begründet hierfür eine Zuständigkeit, die bei normalem Verlauf der Dinge nicht besteht:
> Sofern ein Vermieter einen Räumungstitel in der Hand hält, ist die »Exmittierung« Aufgabe des
> Gerichtsvollziehers, nicht der Polizei. Auch das den Gefahrenabwehrbehörden eingeräumte Ermes-
> sen[32] führt nicht zur rechtlichen *Unmöglichkeit,* weil es aufgrund des Folgenbeseitigungsanspruchs
> richtiger Auffassung nach *reduziert* ist.[33] Es wäre widersinnig, dem E einerseits einen Folgenbesei-
> tigungsanspruch zuzusprechen, es andererseits aber in das Ermessen der Behörde zu stellen, ob sie
> ihn *erfüllt.*

2. Zumutbarkeit der Folgenbeseitigung

In der Rechtsprechung wird stets betont, dass die Wiederherstellung des früheren 1356
Zustands für die Behörde **zumutbar** sein müsse.[34] Ähnlich wie die Unmittelbarkeit
beim Entschädigungsanspruch aus enteignungsgleichem Eingriff ist die Zumutbarkeit
eine Art »Sicherheitsventil«,[35] das vorsorglich in das richterrechtlich entwickelte
Rechtsinstitut eingebaut worden ist, um Ausuferungen zu verhindern. Die Zumutbarkeit steht damit in der Nachbarschaft der **unzulässigen Rechtsausübung,** die als
Ausprägung des Grundsatzes von Treu und Glauben anerkannt ist,[36] und verhindern
soll, dass jemand das Recht zu Schikanezwecken und Ähnlichem ausnutzt. Die
Zumutbarkeit ist damit eine Art Reservetatbestandsmerkmal, das nur in mehr oder
minder evidenten **Ausnahmefallen** Anwendung findet.[37]

---

28 Vgl. *F. Ossenbühl,* Staatshaftungsrecht, S. 318 f.
29 Zu dieser Problematik *F. Ossenbühl,* Staatshaftungsrecht, S. 319 f. m. w. N.
30 Vgl. *V. Götz,* Allgemeines Polizei- und Ordnungsrecht, 14. Aufl. 2008, § 4 Rn. 3 und 18 ff.; siehe
  auch VGH Mannheim, NVwZ 1987, S. 1101.
31 Vgl. *V. Götz,* Allgemeines Polizei- und Ordnungsrecht, 14. Aufl. 2008, § 4 Rn. 20 f.; *Pieroth/*
  Schlink/Kniesel, Polizei- und Ordnungsrecht, 6. Aufl. 2010, § 5 Rn. 42 ff.
32 Übersicht bei *V. Götz,* Allgemeines Polizei- und Ordnungsrecht, 14. Aufl. 2008, § 11 Rn. 1 ff.
33 Vgl. *F. Ossenbühl,* Staatshaftungsrecht, S. 319 f.
34 Nachw. bei *F. Ossenbühl,* Staatshaftungsrecht, S. 321.
35 So zutr. *F. Ossenbühl,* Staatshaftungsrecht, S. 322.
36 Vgl. BVerwGE 80, 178 (179); 94, 100 (111).
37 Vgl. BVerwGE 94, 100 (114 ff.).

3. Legalisierung des rechtswidrigen Zustands

1357 Sofern der rechtswidrige Zustand *legalisiert* worden ist, entfällt der Folgenbeseitigungsanspruch. Dagegen reicht die *Möglichkeit* der Legalisierung nicht aus, um den Anspruch zu vernichten.[38] Genau genommen fehlt es in diesem Fall an den Tatbestandsvoraussetzungen, weil ein legalisierter Zustand gerade nicht als »rechtswidrig« bezeichnet werden kann, auch wenn er zu einem früheren Zeitpunkt rechtswidrig *gewesen* ist.

1358 Würde im Ausgangsfall die Behörde den O erneut in die Wohnung des E einweisen, stünden diesem hiergegen alle Möglichkeiten des Primär- und Sekundärrechtsschutzes zu Gebote, während der (ursprüngliche) Folgenbeseitigungsanspruch untergegangen wäre. Dagegen bliebe der Folgenbeseitigungsanspruch gegen die Gemeinde erhalten, wenn sie O zwar erneut einweisen *könnte*, von einer erneuten Einweisung aber – aufgrund von Ermessenserwägungen – absehen würde.

V. Rechtsweg

1359 Folgenbeseitigungsansprüche sind dem öffentlichen Recht zuzuordnen, für ihre Geltendmachung ist deshalb der **Rechtsweg** zu den **Verwaltungsgerichten** eröffnet.[39] Die Klageart hängt davon ab, ob sich der Anspruch auf tatsächliches Verwaltungshandeln richtet oder ob die Folgen nur durch Erlass eines Verwaltungsakts beseitigt werden können.[40]

1360 Im Ausgangsfall wäre die *Verpflichtungsklage* statthafte Klageart, weil zur »Exmittierung« des O eine Verfügung erforderlich ist. Der VGH Mannheim hat die beklagte Gemeinde durch einstweilige Anordnung verpflichtet, eine solche Verfügung zu erlassen.[41]

VI. Rechtsprechung

1361 BVerwGE 69, 366 (Folgenbeseitigungsanspruch); E 80, 178 (Grenze unzulässiger Rechtsausübung); E 82, 24 (Berücksichtigung von Mitverantwortung); E 82, 76 (Folgenbeseitigungsanspruch bei behördlichen Warnungen: »Transzendentale Meditation«); E 94, 100 (Unmittelbarkeit); BGHZ 130, 332 (Folgenbeseitigungsanspruch bei Exmittierung von Obdachlosen, Kostentragung); **VGH Kassel**, NVwZ 1995, S. 300 (Rechtliche Unmöglichkeit); **VGH München**, BayVBl. 1995, S. 758 (Folgenbeseitigungsanspruch eines Anscheinsstörers); **VGH Mannheim**, NVwZ 1987, S. 1101 (Obdachlosigkeit, Anspruch des Eigentümers auf Einschreiten); **OVG Münster**, NVwZ 2000, S. 217 (Folgenbeseitigungsanspruch bei Fehlbelegung einer Grabstätte).

VII. Literatur

1362 *W. Brugger*, Gestalt und Begründung des Folgenbeseitigungsanspruchs, JuS 1999, S. 625; *C. Bumke*, Der Folgenbeseitigungsanspruch, JuS 2005, S. 22; *C. Enders*, Die Exmittierung von Obdachlosen als Problem der Folgenbeseitigung?, Verw. 30 (1997), S. 29; *W. Erbguth*, Vom Folgenbeseitigungsanspruch zum Folgenentschädigungsanspruch?, VGH München, NVwZ 1999, 1237, JuS 2000, S. 336; *M. Faber*, Folgenbeseitigungsanspruch nach ehrverletzenden Meinungsäußerungen, NVwZ

---

38 Vgl. *H. Maurer*, AllgVerwR, § 30 Rn. 15.
39 Vgl. *F. Ossenbühl*, Staatshaftungsrecht, S. 334.
40 So zutr. *F. Ossenbühl*, Staatshaftungsrecht, S. 335.
41 Vgl. VGH Mannheim, NVwZ 1987, S. 1101.

2003, S. 159; *V. Götz*, Anmerkung zu VGH Mannheim, VBlBW 1987, 423, VBlBW 1987, S. 424; *F. Ossenbühl*, Staatshaftungsrecht, 5. Aufl. 1998; *W. Roth*, Kein Folgenbeseitigungsanspruch bei Wiedereinweisung des Räumungsschuldners, DVBl. 1996, S. 1401; *K.-H. Ruder*, Die polizei- und ordnungsrechtliche Unterbringung von Obdachlosen, NVwZ 2001, S. 1223; *W. Rüfner*, Folgenbeseitigungsanspruch bei Wiedereinweisung eines Mieters in seine bisherige Wohnung – BGHZ 130, 332, JuS 1997, S. 309; *F. Schoch*, Der Folgenbeseitigungsanspruch, Jura 1993, S. 478; *T. Zöller*, Die Tatbestandsstruktur des Folgenbeseitigungsanspruchs, SächsVBl. 1997, S. 197.

6. Abschnitt. Die Aufopferung

Während Ansprüche aus Amtshaftung und enteignungsgleichem Eingriff wie auch **1363** der Folgenbeseitigungsanspruch **rechtswidriges Handeln** oder einen **rechtswidrigen Zustand** voraussetzen, zielt der Aufopferungsanspruch auf Entschädigung für **rechtmäßiges Handeln**. Die **Haftungstatbestände** greifen ein, wenn der Staat handelt, wie er nicht hätte handeln dürfen, der Primärrechtsschutz aber versagt. Soweit gegen die staatlichen Maßnahmen behördlicher oder gerichtlicher Rechtsschutz zu erlangen ist, muss hiervon Gebrauch gemacht werden (§ 839 Abs. 3 BGB). **Ansprüche aus Aufopferung** setzen demgegenüber voraus, dass der Eingriffsakt – weil rechtmäßig – mit den Mitteln des Primärrechtsschutzes nicht hat verhindert werden *können*. Dem Betroffenen wird ein **besonderes Opfer** zum **Wohle der Allgemeinheit** auferlegt, das schon aus Gründen der Gleichbehandlung nach Kompensation verlangt. Der Anspruch hat in den §§ 74, 75 der Einleitung zum Allgemeinen Landrecht für die Preußischen Staaten (1794) eine erste Positivierung gefunden:

»Einzelne Rechte und Vorteile der Mitglieder des Staats müssen den Rechten und Pflichten zur **1364** Beförderung des gemeinschaftlichen Wohls, wenn zwischen beyden ein wirklicher Widerspruch (Collision) eintritt, nachstehn.

Dagegen ist der Staat denjenigen, welcher seine besonderen Rechte und Vortheile dem Wohle des gemeinen Wesens aufzuopfern genöthigt wird, zu entschädigen gehalten.«

Der Aufopferungsgedanke wirkt bis in die Gegenwart fort und findet sich im **Grund-** **1365** **gesetz** (Art. 14 Abs. 3 GG), im **einfachen Gesetzesrecht** (Aufopferungsansprüche der Gefahrenabwehrgesetze) und in **richterrechtlichen Instituten** (Anspruch aus enteignendem Eingriff). Die unterschiedlichen Ausprägungen der Aufopferung haben gemeinsam, dass die staatlichen Maßnahmen, die den Anspruch auslösen, rechtlich nicht zu beanstanden sind.

§ 23 Enteignung und Enteignungsentschädigung

1366 Fall 60: E betreibt im nördlichen Münsterland eine Kiesbaggerei. Das Grundstück, auf dem die Aufbereitungsanlage steht, ist sein Eigentum. Auch auf zwei angrenzenden Parzellen, die E gepachtet hat, wird bis in den Grundwasserbereich hinein Sand und Kies abgebaut. Die Abbauflächen liegen in der Schutzzone III A eines von der Stadt R errichteten Wasserwerks, die durch Verordnung festgesetzt worden ist. E beantragt, ihm zur Fortsetzung des Kiesabbaus eine Erlaubnis nach dem Wasserhaushaltsgesetz zu erteilen. Dies lehnt die Behörde mit der Begründung ab, die Entfernung zur Brunnenanlage des Wasserwerks sei zu gering und deshalb seien Verunreinigungen, die die öffentliche Wasserversorgung gefährden könnten, nicht auszuschließen.

(BVerfGE 58, 300)

1367 Die **Enteignung** als Erscheinungsform der Aufopferung stellt das Eigentum als Rechtsinstitut nicht in Frage, sondern hat im Gegenteil eine **affirmative Funktion**. An die Stelle des Bestandsschutzes, wie er in Art. 14 Abs. 1 S. 1 GG gewährleistet ist, tritt in Gestalt des Anspruchs auf Enteignungsentschädigung (Art. 14 Abs. 3 Sätze 2 und 3 GG) der Schutz des **Eigentumswertes**.[1] Im Gegensatz zur **Sozialisierung** (Art. 15 GG), die zur Durchsetzung sozial- und wirtschaftspolitischer Konzepte bestimmt ist, gleichwohl auch nur gegen Entschädigung zulässig wäre (Art. 15 S. 2 GG), wirkt die Enteignung nur punktuell und setzt stets voraus, dass sie zum »Wohle der Allgemeinheit« erforderlich ist (Art. 14 Abs. 3 S. 1 GG).

I. Der verfassungsrechtliche Eigentumsbegriff

1368 Der verfassungsrechtliche **Begriff des Eigentums** ist ungleich weiter als der des Bürgerlichen Gesetzbuchs und umfasst

»alle vermögenswerten Rechte (...), die dem Berechtigten von der Rechtsordnung in der Weise zugeordnet sind, daß er die damit verbundenen Befugnisse nach eigenverantwortlicher Entscheidung zu seinem privaten Nutzen ausüben darf.«[2]

1369 Die Ausbildung eines spezifisch verfassungsrechtlichen Eigentumsbegriffs – das so genannte »**Verfassungseigentum**« – hat bereits unter der Geltung der Weimarer Reichsverfassung begonnen und beruht auf der Erwägung, dass neben dem **Sacheigentum** (Mobiliar- und Grundeigentum) auch andere **vermögenswerte Rechte** des grundrechtlichen Schutzes bedürfen. Das **Bundesverfassungsgericht** hat in seiner Rechtsprechung eine Vielzahl privater vermögenswerter Rechte dem Eigentumsbegriff unterstellt.[3] Der Begriff der »**vermögenswerten Rechte**« ist wörtlich zu nehmen: Es muss sich um **subjektive** (private) **Rechte** handeln, die einen materiellen **Wert** haben. *Nicht* zu den vermögenswerten Rechten zählen bloße **Gewinnaussichten** und **Erfolgschancen,** die sich noch nicht zu einem Recht verdichtet haben.[4] In der Rechtsprechung des Bundesgerichtshofs findet sich zur Abgrenzung von vermögenswerten Rechten und bloßen Gewinnaussichten eine

---

1 Vgl. BVerfGE 24, 367 (397, 400 f.); 56, 249 (260 f.); *H. Maurer,* AllgVerwR, § 27 Rn. 39; *H.-W. Rengeling,* AöR 105 (1980), S. 429.
2 So BVerfGE 83, 201 (209).
3 Nachw. bei *J. Ipsen,* Staatsrecht II, 15. Aufl. 2012, Rn. 723; zur Rechtsentwicklung ausführlich *J. Eschenbach,* Der verfassungsrechtliche Schutz des Eigentums, S. 33 ff.
4 Vgl. BVerfGE 30, 292 (335); 45, 142 (173); 68, 193 (222); 74, 129 (148); 77, 84 (118); 95, 173 (188); 105, 252 (277).

breite Kasuistik.[5] Nach Auffassung des Bundesverfassungsgerichts fallen auch **öffentlich-rechtliche Ansprüche** unter den Schutz der Eigentumsgarantie, wenn sie auf nicht unerheblichen Eigenleistungen beruhen und zudem der Existenzsicherung dienen.[6]

II. Inhalts- und Schrankenbestimmungen des Eigentums (Art. 14 Abs. 1 S. 2 GG)

Das Schutzgut des Art. 14 GG ist im Wesentlichen durch das **positive Recht** geprägt. Dem Gesetzgeber ist ausdrücklich die Aufgabe zugewiesen, den »**Inhalt**« des Eigentums zu bestimmen (Art. 14 Abs. 1 S. 2 GG). Die durch Art. 14 Abs. 1 S. 2 GG dem Gesetzgeber ebenfalls zugewiesene Aufgabe, die **Schranken** des Eigentums festzulegen, wird von einer verbreiteten Meinung als Beleg dafür gewertet, dass sich »Inhalt« und »Schranken« des Eigentums nicht trennen lassen.[7] Diese Auffassung geht von unzutreffenden **Prämissen** aus. Der Gesetzgeber nämlich erschafft vermögenswerte Rechte nicht in einem Schöpfungsakt von rechtlicher Souveränität; regelmäßig handelt es sich vielmehr um **Vermögenswerte**, die im Wirtschaftsverkehr anerkannt sind und übertragen werden. Gesetzliche Inhaltsbestimmungen fügen der **wirtschaftlichen** lediglich die **rechtliche Anerkennung** hinzu, dienen also regelmäßig dem Ziel, Vermögenswerte **verkehrsfähig** zu machen.[8] | **1370**

Im Gegensatz zu den Inhaltsbestimmungen **engen** die gesetzlichen Schranken **Eigentümerbefugnisse** ein. Grundsätzlich kann der Eigentümer mit einer Sache nach Belieben verfahren und andere von der Einwirkung ausschließen (§ 903 S. 1 BGB). In der Literatur werden der verfassungsrechtliche und der **zivilrechtliche Eigentumsbegriff zu Unrecht in einen prinzipiellen Gegensatz** zueinander gestellt.[9] Die Eigentümerbefugnisse nach § 903 S. 1 BGB stehen nämlich ebenfalls unter dem Vorbehalt, dass »nicht das Gesetz oder Rechte Dritter entgegenstehen«. Ebendies sind die in Art. 14 Abs. 1 S. 2 GG genannten **Schranken** des Eigentums, die sich sowohl aus **zivilrechtlichen** wie aus **öffentlich-rechtlichen Vorschriften** ergeben können. | **1371**

Die zur Begründung der genannten Ansicht herangezogene Sozialbindung des Eigentums, nach der Eigentum verpflichtet und sein Gebrauch zugleich dem **Wohle der Allgemeinheit** dienen soll (Art. 14 Abs. 2 GG), spricht nicht *gegen*, sondern *für* die hier vertretene Auffassung. Der Akzent ist auf das Wort »zugleich« zu legen, das nichts anderes bedeuten kann, als dass das Eigentum in erster Linie dem *Eigentümer* nützen soll. Die **affirmative Funktion** der **Sozialbindungsklausel** wird nicht selten übersehen und damit der Befund verdeckt, dass die Formel von der **Privatnützigkeit** des Eigentums im Grunde ein Pleonasmus ist.[10] | **1372**

---

5 Vgl. die Übersicht bei *F. Ossenbühl*, Staatshaftungsrecht, 5. Aufl. 1998, S. 163.
6 So BVerfGE 69, 272 (300).
7 Vgl. *B.-O. Bryde*, in: v. Münch/Kunig (Hrsg.), GG, Bd. 1, 6. Aufl. 2012, Art. 14 Rn. 47; *H.-J. Papier*, in: Maunz/Dürig, GG, Bd. II, Loseblatt, Stand: Januar 2012, Art. 14 Rn. 307; *H. Rittstieg*, in: AK, GG, Bd. 1, 3. Aufl., Loseblatt, Stand: August 2002, Art. 14/15, Rn. 165 ff.
8 Vgl. *J. Ipsen*, Staatsrecht II, 15. Aufl. 2012, Rn. 741; ausführlich *J. Eschenbach*, Der verfassungsrechtliche Schutz des Eigentums, S. 558 ff.
9 Vgl. etwa *B.-O. Bryde*, in: v. Münch/Kunig (Hrsg.), GG, Bd. 1, 6. Aufl. 2012, Art. 14 Rn. 12; *J. Wieland*, in: Dreier (Hrsg.), GG, Bd. I, 2. Aufl. 2004, Art. 14 Rn. 27 m. w. N.
10 Vgl. *J. Ipsen*, Staatsrecht II, 15. Aufl. 2012, Rn. 745.

1373 Mit der Einfügung der **Sozialbindungsklausel** hat der Verfassunggeber klargestellt, dass das Eigentum nicht isoliert, sondern nur in seiner Einbindung in staatliche und gesellschaftliche Zusammenhänge gesehen werden kann. Demgemäß können sich gesetzliche Schrankenbestimmungen nicht nur auf die Gefahrenabwehr, sondern auch auf weitere **Gemeinwohlinteressen** gründen.

1374 Gesetze, die die Eigentümerbefugnisse beschränken, sind am verfassungsrechtlichen **Übermaßverbot** zu messen. Regelmäßig werden die Eigentümerbefugnisse nur eingeschränkt und nicht etwa aufgehoben. Ausgenommen hiervon sind lediglich Gefahrenquellen, die – ebenfalls nach Maßgabe des Verhältnismäßigkeitsprinzips – im Rahmen der Schrankenbestimmung beseitigt werden können.

1375 Im Ausgangsfall steht das eine Grundstück im Eigentum des E, zwei weitere hat er gepachtet, so dass auch die entsprechenden Nutzungsrechte dem (verfassungsrechtlichen) Eigentumsbegriff zuzurechnen sind. Entscheidend ist die Frage, ob die *Nutzung des Grundwassers* durch Nassauskiesung ebenfalls zum Grundeigentum gehört oder hiervon zu trennen ist. Wird dies (mit dem BGH) bejaht, stellt sich die Ablehnung der wasserrechtlichen Erlaubnis (zumindest) als Eigentumsbeschränkung dar. Sofern man (mit dem BVerfG) die Benutzung des Grundwassers vom Grundeigentum trennt, wäre E durch die Ablehnung der Erlaubnis jedenfalls nicht in seinem *Eigentum* verletzt.[11]

III. Die Enteignung (Art. 14 Abs. 3 GG)

1376 Die **Enteignung** ist ein Rechtsinstitut für den **Konfliktfall** zwischen **Privateigentum** und **Gemeinwohl**. Sie unterscheidet sich von der Schrankenbestimmung nach Art. 14 Abs. 1 S. 2 GG in dreifacher Hinsicht:

1377 • Schrankenbestimmungen **engen** die Eigentümerbefugnisse regelmäßig nur **ein**, während durch die **Enteignung** vermögenswerte Rechte **entzogen** oder **belastet** werden.

1378 • Während Schrankenbestimmungen regelmäßig darauf abzielen, den Gebrauch des Eigentums **sozialverträglich** zu machen, steht das Enteignungsobjekt nicht als solches den Gemeinwohlinteressen entgegen, sondern wird umgekehrt wegen seiner besonderen Lage oder Beschaffenheit **benötigt**.

1379 • Während Eigentumsbeschränkungen regelmäßig **ohne Entschädigung** hinzunehmen sind, ist die Enteignung nur gegen eine **angemessene Entschädigung** zulässig (Art. 14 Abs. 3 Sätze 2 und 3 GG).[12]

1380 Zwischen Eigentumsbeschränkungen und Enteignung kann es wegen dieser prinzipiellen Unterschiede **keine fließenden Übergänge** geben. Während nach der früheren Rechtsprechung des Bundesgerichtshofs die Grenzen zwischen Eigentumsbeschränkung und Enteignung unscharf waren und deshalb geeignete »Abgrenzungstheorien« gesucht wurden,[13] hat das Bundesverfassungsgericht den Enteignungsbegriff *formalisiert*. Unter »Enteignung« ist nicht mehr jede nachhaltige, von der Schrankenbestimmung nicht mehr gedeckte Einwirkung auf das Eigentum zu verstehen; die Enteignung setzt vielmehr die **rechtmäßige Entziehung** (oder Belastung) von Rechten zum Wohle der Allgemeinheit gegen Entschädigung voraus.[14]

---

11 Vgl. hierzu BVerfGE 58, 300 (336 f.).
12 Vgl. *J. Ipsen*, Staatsrecht II, 15. Aufl. 2012, Rn. 754.
13 Vgl. *O. Kimminich*, BK, Bd. 3, Loseblatt, Stand: Juni 2012, Art. 14 Rn. 190 ff.; BGHZ 6, 270 (280); 27, 15 (22); 31, 1 (2); 54, 293 (296); *Nüßgens/Boujong*, Eigentum, Sozialbindung, Enteignung, Rn. 341 ff.; *H. Maurer*, AllgVerwR, § 27 Rn. 16 ff.
14 Nachw. bei *J. Ipsen*, Staatsrecht II, 15. Aufl. 2012, Rn. 755 m. Fn. 84.

Die Enteignung darf nur »durch Gesetz« (Legalenteignung) oder »aufgrund eines **1381** Gesetzes« (Administrativenteignung) erfolgen. Der Regelfall ist die **Administrativenteignung,** die in einem förmlichen Enteignungsverfahren durch besonderen Verwaltungsakt erfolgt. Die **Legalenteignung** ist nach der Rechtsprechung des Bundesverfassungsgerichts auf Sonderfälle beschränkt, weil gegen ein Gesetz kein Rechtsweg zur Verfügung steht; der Enteignete ist vielmehr auf den (außerordentlichen) Rechtsbehelf der Verfassungsbeschwerde angewiesen.[15] Entscheidend ist indes, dass die Enteignung vom Gesetzgeber als solche gewollt und damit *ex ante,* nicht erst *ex post* feststellbar sein muss.[16]

> Selbst wenn man entgegen der Auffassung des BVerfG die Grundwasserbenutzung als Bestandteil **1382** des Grundeigentums ansehen würde, könnte die Ablehnung einer wasserrechtlichen Erlaubnis gleichwohl keine »Enteignung« sein, wenn hierfür keine Entschädigung vorgesehen wäre. Hierdurch nämlich würde der Gesetzgeber zu erkennen geben, dass dem Eigentümer keine Rechte entzogen werden sollen bzw. das Eigentum lediglich eingeschränkt wird. Sofern der Eigentümer sich hierdurch für übermäßig belastet hält, muss er mit den Mitteln des Primärrechtsschutzes die Maßnahmen abwehren bzw. – wenn dies nicht mehr möglich ist – Schadensersatz oder Entschädigung wegen enteignungsgleichen Eingriffs verlangen. Eine Enteignungsentschädigung hingegen kann nur gewährt werden, wenn sie gesetzlich vorgesehen ist.[17]

IV. Entschädigungspflichtige Inhaltsbestimmung?

Zunehmend wird die Frage erörtert, ob es auch eine **entschädigungspflichtige 1383 Inhaltsbestimmung** (des Eigentums) geben könne.[18] Soweit für diese Kreation die Rechtsprechung des Bundesverfassungsgerichts in Anspruch genommen wird,[19] ist die Begründung allzu dürftig: Die sog. »Pflichtexemplar-Entscheidung«[20] eignet sich schon aus Mangel an argumentativer Substanz nicht als Ausgangspunkt für eine neue dogmatische Figur.[21]

Die begriffliche Verbindung von Ausgleichspflicht und Inhaltsbestimmung erweist **1384** sich von vornherein als **missglückt.** Sie ist nur aus dem Umstand erklärbar, dass Rechtsprechung und Schrifttum es vielfach nicht für erforderlich gehalten haben, zwischen **Inhaltsbestimmung** und **Schranken** zu unterscheiden.[22] Versteht man die Inhaltsbestimmung im oben skizzierten Sinne als Herstellung der **Verkehrsfähigkeit** von **Vermögenswerten,**[23] so wäre es abwegig, hierfür eine **Entschädigungspflicht** anzunehmen.

---

15 Vgl. BVerfGE 24, 367 (402 f.), 58, 300 (331).

16 Vgl. *J. Ipsen,* DVBl. 1983, S. 1030; *Bull/Mehde,* AllgVerwR/VerwL, Rn. 1206.

17 Vgl. BVerfGE 58, 300 (319).

18 Vgl. *B.-O. Bryde,* in: v. Münch/Kunig (Hrsg.), GG, Bd. 1, 6. Aufl. 2012, Art. 14 Rn. 64; *L. Schulze-Osterloh,* Das Prinzip der Eigentumsopferentschädigung im Zivilrecht und im öffentlichen Recht, S. 276; *dies.,* NJW 1981, S. 2537; *G. Schwerdtfeger,* JuS 1983, S. 109; *F. Ossenbühl,* FS K. H. Friauf, S. 391.

19 Vgl. *B.-O. Bryde,* in: v. Münch/Kunig (Hrsg.), GG, Bd. 1, 6. Aufl. 2012, Art. 14 Rn. 64; *F. Ossenbühl,* FS K. H. Friauf, S. 394; *Steinberg/Lubberger,* Aufopferung, Enteignung und Staatshaftung, S. 211 ff.

20 Vgl. BVerfGE 58, 137.

21 Ähnlich *J. Wieland,* in: Dreier (Hrsg.), GG, Bd. I, 2. Aufl. 2004, Art. 14 Rn. 132 f.; *H.-J. Papier,* in: Maunz/Dürig, GG, Bd. II, Loseblatt, Stand: Januar 2012, Art. 14 Rn. 378 a ff.; *J. Eschenbach,* Jura 1998, S. 403; *O. Kimminich,* NuR 1985, S. 2.

22 Vgl. *H.-J. Papier,* in: Maunz/Dürig, GG, Bd. II, Loseblatt, Stand: Januar 2012, Art. 14 Rn. 307; *J. Eschenbach,* Der verfassungsrechtliche Schutz des Eigentums, S. 680.

23 Vgl. oben Rn. 1370.

1385 In Betracht kommt deshalb allein eine Entschädigung für **Einschränkungen** des Eigentums. Nicht übersehen werden darf hierbei, dass nach Art. 14 Abs. 1 S. 2 (und Abs. 2) GG die Beschränkungen des Eigentums gerade **nicht** entschädigungspflichtig sein sollten, die Entschädigungspflicht vielmehr mit der **Enteignung** verknüpft ist. Auch das **Bundesverfassungsgericht** ist ursprünglich von der Alternative ausgegangen, dass der Gesetzgeber *entweder* eine (nicht entschädigungspflichtige) **Eigentumsbeschränkung** *oder* eine (entschädigungspflichtige) **Enteignung** vorsehen kann.[24] Ob unter dieser Voraussetzung eine Entschädigung dazu führen kann, dass intensivere Eigentumsbeschränkungen zulässig sind als sie am Maßstab des Art. 14 Abs. 2 GG zulässig *wären*, bleibt auch angesichts der neueren Rechtsprechung des Bundesverfassungsgerichts[25] zweifelhaft. In letzter Konsequenz nämlich bedeutet diese Konstruktion den Weg zurück zum »Dulde und liquidiere« und damit die Aufgabe des durch das Grundgesetz begründeten Vorrangs des primären vor dem sekundären Rechtsschutz. Sofern Rechte aus Gründen des Wohles der Allgemeinheit entzogen oder belastet werden, steht ohnehin das Institut der entschädigungspflichtigen Enteignung offen.[26]

V. Rechtsprechung

1386 BVerfGE 24, 367 (Hamburger Deichordnungsgesetz); E 56, 249 (»Gondelbahn«); E 58, 137 (»Pflichtexemplar«); E 58, 300 (»Nassauskiesung«); E 83, 201 (»Vorkaufsrecht«); E 100, 226 (Denkmalschutzgesetz Rheinland-Pfalz); E 102, 1 (Zustandshaftung des Grundstückseigentümers bei Altlastensanierung); BVerwGE 94, 1 (Naturschutzverordnung als Schrankenbestimmung); BGH, DVBl. 2000, S. 1608 (Ausgleichsanspruch des Nachbarn eines Drogenhilfezentrums).

VI. Literatur

1387 *C. Brüning*, Die Aufopferung im Spannungsfeld von verfassungsrechtlicher Eigentumsgarantie und richterrechtlicher Ausgestaltung, JuS 2003, S. 2; *J. Eschenbach*, Der verfassungsrechtliche Schutz des Eigentums, 1996; *ders.*, Die Ausgleichspflicht der Inhaltsbestimmung, Jura 1998, S. 401; *J. Ipsen*, Enteignung, enteignungsgleicher Eingriff und Staatshaftung, DVBl. 1983, S. 1029; *H. D. Jarass*, Inhalts- und Schrankenbestimmung oder Enteignung?, NJW 2000, S. 2841; *O. Kimminich*, Die »Zufallsenteignung« im System verfassungsrechtlichen Eigentumsschutzes, NuR 1985, S. 1; *U. Kischel*, Wann ist die Inhaltsbestimmung ausgleichspflichtig?, JZ 2003, S. 604; *K. Nüßgens/K. Boujong*, Eigentum, Sozialbindung, Enteignung, 1987; *F. Ossenbühl*, Ausgleichspflichtige Inhaltsbestimmungen des Eigentums, FS K. H. Friauf, 1996, S. 391; *H.-J. Papier*, Die Weiterentwicklung der Rechtsprechung zur Eigentumsgarantie des Art. 14 GG, DVBl. 2000, S. 1398; *H.-W. Rengeling*, Das Grundeigentum als Schutzobjekt der Eigentumsgarantie (Art. 14 GG) und als Gegenstand verwaltungsrechtlicher Planung, Gestaltung und Schrankensetzung, AöR 105 (1980), S. 423; *E. Rinne/W. Schlick*, Die Rechtsprechung des BGH zu den öffentlich-rechtlichen Ersatzleistungen, NJW 2004, S. 1844; *L. Schulze-Osterloh*, Das Prinzip der Eigentumsopferentschädigung im Zivilrecht und im öffentlichen Recht, 1980; *dies.*, Entschädigungspflichtige Inhalts- und Schrankenbestimmung des Eigentums und Enteignung, NJW 1981, S. 2537; *J. Stangl*, Die Enteignung, JA 2000, S. 574; *R. Steinberg/A. Lubberger*, Aufopferung – Enteignung und Staatshaftung, 1991.

---

24 Vgl. BVerfGE 58, 300 (324).
25 BVerfGE 100, 226.
26 So in der Tendenz auch BVerfGE 100, 226 (241).

§ 24 Anspruch aus enteignendem Eingriff

Fall 61: B ist Eigentümer eines 65 ha großen Hofs in der Nähe der von der Stadt S betriebenen **1388** Mülldeponie. Dort wird unter anderem Hausmüll gelagert, der trotz des Bemühens der Stadt um möglichst rasche Abdeckung einen ständigen Anziehungspunkt für Scharen von Krähen und Möwen bildet. Die Vögel lassen sich auch auf den nahe gelegenen Feldern nieder und richten dort an der jungen Saat Schäden an, die aber normalerweise nicht zum vollständigen Ausfall der Ernte führen. Im Winter 1974/75 herrschte eine besonders milde Witterung. Nach Abschluss der Zuckerrüben- ernte Ende Oktober hatte B Winterweizen ausgesät. Als die Pflanzen einige Zentimeter hoch waren, fielen Schwärme von Vögeln ein und pickten die Keimlinge auf. Da der Boden nicht gefroren und auch nicht von einer schützenden Schneedecke bedeckt war, konnten die Möwen und Krähen die Pflanzen in großer Zahl aus der Erde reißen, so dass sie vertrockneten. B verlangt von der Stadt Entschädigung für den ihm entstandenen Ernteausfall.

(BGH, NJW 1980, 770)

I. Die dogmatische Herleitung des Anspruchs aus enteignendem Eingriff

Gegenüber *rechtswidrigen* Beeinträchtigungen steht dem Bürger ein gerichtlich **1389** durchsetzbarer **Abwehranspruch** zu Gebote, an dessen Stelle – sofern sich das Unrecht nicht mehr aus der Welt schaffen lässt – ein Schadensersatz- oder Entschädi- gungsanspruch tritt. Unterscheidet man hierbei zwischen der **Handlung** und dem **Handlungserfolg** (Schaden), so sind beide als **rechtswidrig** zu qualifizieren.[1] Die Enteignung setzt demgegenüber eine rechtmäßige Handlung (Enteignungsakt) vo- raus, deren Handlungserfolg – die Zuordnung eines vermögenswerten Rechts zu einem neuen Rechtsträger – ebenfalls **rechtmäßig** ist. Unter besonderen Umständen allerdings kann rechtmäßiges Verwaltungshandeln einen **Handlungserfolg** (Schaden) bewirken, der einerseits dem Betroffenen nicht **zugemutet** werden kann, gegenüber dem aber andererseits sein grundrechtliches **Abwehrrecht** versagt.[2] Das Zusammen- treffen von rechtmäßigem Verwaltungshandeln und rechtswidrigem Handlungserfolg hat eine spezifisch öffentlich-rechtliche Diskussion über **Handlungs- und Erfolgs- unrecht** entstehen lassen.[3]

Das »Erfolgsunrecht« – also die rechtliche Missbilligung eines eingetretenen Schadens **1390** – ergibt sich nicht von selbst, sondern ist Ergebnis einer rechtlichen Bewertung, der der **Aufopferungsgedanke** zugrunde liegt. Die Frage ist indes, *was* aufgeopfert wird und wie sich diese Spielart der Aufopferung von der Enteignung einerseits und von der Eigentumsbeschränkung andererseits unterscheidet.

Der **Bundesgerichtshof** hat den Anspruch aus enteignendem Eingriff als Gegenstück **1391** zum zivilrechtlichen **Aufopferungsanspruch** bezeichnet.[4] Der bürgerlich-rechtliche Aufopferungsanspruch (§ 906 Abs. 2 S. 2 BGB) setzt voraus, dass eine an sich *ver- bietbare* Einwirkung auf das Eigentum aus Gründen der Verhältnismäßigkeit nicht verboten werden kann, hierdurch aber die **Opfergrenze** des Eigentümers überschrit-

---

1 Vgl. oben Rn. 1318.
2 Vgl. oben Rn. 1307, 1312.
3 Vgl. *F. Ossenbühl*, Staatshaftungsrecht, S. 273.
4 Vgl. BGHZ 91, 20 (27); vgl. auch BGHZ 48, 98 (102); 72, 289 (292).

ten wird. An sich kann der Eigentümer einer Sache andere von jeder Einwirkung ausschließen, soweit nicht das Gesetz oder Rechte Dritter entgegenstehen (§ 903 S. 1 BGB). Der Eigentümer eines Grundstücks kann die Zuführung von Gasen, Dämpfen, Gerüchen, Rauch, Ruß, Wärme, Geräuschen, Erschütterungen und ähnliche von einem anderen Grundstück ausgehende Einwirkungen insoweit *nicht* verbieten, als die Einwirkung die Benutzung seines Grundstücks nicht oder nur unwesentlich beeinträchtigt (§ 906 Abs. 1 S. 1 BGB). Hierin liegt eine **Einschränkung des Eigentums,** die gleichwohl unterhalb der vom Gesetzgeber einzuhaltenden **Opfergrenze** verbleibt, weil die Immissionen einerseits der Nutzung des *anderen* Grundstücks entspringen, also ebenfalls **grundrechtlich** geschützt sind, andererseits die Nachbarn nur **unwesentlich** beeinträchtigen. *Wesentliche* Beeinträchtigungen braucht der Nachbar hiernach nicht zu dulden, sondern kann sie grundsätzlich verbieten. Die Verbietbarkeit wird allerdings insofern eingeschränkt, als die wesentliche Beeinträchtigung durch eine **ortsübliche Benutzung** des anderen Grundstücks herbeigeführt wird und nicht durch Maßnahmen verhindert werden kann, die Benutzern dieser Art wirtschaftlich zumutbar sind (§ 906 Abs. 2 S. 1 BGB). Die **Duldungspflicht** des Eigentümers wird kompensiert durch einen **Anspruch** auf einen **angemessenen Ausgleich,** wenn die Einwirkung eine ortsübliche Benutzung des Grundstücks oder dessen Ertrag über das zumutbare Maß hinaus beeinträchtigt (§ 906 Abs. 2 S. 2 BGB). Soweit also die Opfergrenze (Zumutbarkeit) überschritten wird und der Eigentümer gleichwohl zur Duldung verpflichtet ist, tritt die **Entschädigungspflicht** ein.

1392 Dem bürgerlich-rechtlichen Aufopferungsanspruch liegt ein **Interessenausgleich** zugrunde: Der Eigentümer des emittierenden Grundstücks soll zur Vermeidung von Emissionen alles tun, was ihm zumutbar ist; der Nachbar muss ertragen, was *ihm* zumutbar ist, wobei die Ortsüblichkeit zusätzlich den Rahmen der Zumutbarkeit bestimmt. Vor diesem Hintergrund entschädigt der **Ausgleichsanspruch** vordergründig für eine **unzumutbare Belastung.** Er ist gleichwohl als »**Aufopferungsanspruch**« anzusehen, weil der aus dem Eigentum folgende Abwehranspruch trotz Überschreitung der Opfergrenze ausgeschlossen ist. »Aufgeopfert« wird damit ein Bestandteil des Eigentums in Gestalt des Abwehrrechts, das nach § 903 S. 1 BGB dem betroffenen Eigentümer »an sich« zu Gebote stünde.

1393 Das §§ 903 ff. BGB zugrunde liegende Modell der Eigentumsgewährleistung, der Einschränkung des Eigentums bei unwesentlichen Beeinträchtigungen und der Entschädigungspflicht für wesentliche und unzumutbare Beeinträchtigungen findet sich auch in einer Vielzahl öffentlich-rechtlicher Vorschriften, namentlich des **Fachplanungsrechts.**[5] Auch hier handelt es sich um eine **Einschränkung des Eigentums,** soweit die **Zumutbarkeitsgrenze** (Opfergrenze) nicht überschritten wird. Wird darüber hinaus das aus dem Eigentum (Art. 14 Abs. 1 S. 1 GG) folgende Abwehrrecht ausgeschlossen, handelt es sich um eine strukturell § 906 Abs. 2 BGB vergleichbare »**Aufopferung**«, die hier allerdings regelmäßig im **öffentlichen Interesse** liegt. Damit ist auch der Bogen zur **Enteignung** geschlagen, die ebenfalls nur zum »Wohle der Allgemeinheit« zulässig ist (Art. 14 Abs. 3 S. 1 GG). Zwar wird als »Enteignung« regelmäßig nur ein solcher Akt angesprochen, bei dem Rechte entzogen oder belastet werden, grundsätzlich also ein **Wechsel** in der **Rechtsinhaberschaft** stattfindet. Typisch hierfür ist die »klassische« Enteignung, nämlich die Entziehung des Grund-

---

5 Vgl. § 95 WHG; § 74 Abs. 2 S. 3 VwVfG; § 42 Abs. 2 BImSchG.

eigentums oder seine Belastung mit dinglichen Rechten (Dienstbarkeiten). Indes kann es für die Qualifikation als Enteignung nicht entscheidend sein, ob ein dem Eigentum zuzuordnendes Recht *übergeht;* entscheidend ist vielmehr, dass ein dem Eigentum zuzuordnendes Recht aus Gründen des Wohls der Allgemeinheit vom Eigentümer *nicht* mehr *ausgeübt* werden kann. Soweit also Eigentümer zur Duldung von Einwirkungen verpflichtet werden, die über die Opfergrenze hinausgehen und hierfür eine Entschädigung beanspruchen können, liegt materiell eine **Enteignung** im Sinne des Art. 14 Abs. 3 GG vor.[6]

Wäre der Ausgangsfall nach geltendem Recht zu beurteilen, so wäre ein Planfeststellungsverfahren **1394** erforderlich gewesen, auf das die §§ 72 bis 78 VwVfG anwendbar sind (§ 38 Abs. 1 KrWG). Nach § 75 Abs. 2 S. 1 VwVfG sind Ansprüche auf Unterlassung des Vorhabens, auf Beseitigung oder Änderung der Anlagen oder auf Unterlassung ihrer Benutzung ausgeschlossen, sofern der Planfeststellungsbeschluss unanfechtbar geworden ist. Treten nicht voraussehbare Wirkungen des Vorhabens oder der dem festgestellten Plan entsprechenden Anlagen auf das Recht eines anderen erst nach Unanfechtbarkeit des Planes auf, so kann der Betroffene Vorkehrungen oder die Errichtung und Unterhaltung von Anlagen verlangen, welche die nachteiligen Wirkungen ausschließen (§ 75 Abs. 2 S. 2 VwVfG). Sind solche Vorkehrungen oder Anlagen untunlich oder mit dem Vorhaben unvereinbar, so richtet sich der Anspruch auf angemessene Entschädigung in Geld (§ 75 Abs. 2 S. 4 VwVfG). Da seinerzeit aber weder das KrW-/AbfG noch das VwVfG in Kraft war, kam nur ein Anspruch aus *enteignendem* Eingriff in Betracht, wenn die *Rechtmäßigkeit* des Deponiebetriebs außer Frage stand.

Die gesetzlich geregelten **Aufopferungsansprüche** gehen dem richterrechtlichen Institut des Anspruchs aus enteignendem Eingriff vor und führen dazu, dass er zunehmend an Bedeutung verliert. Gleichwohl treten immer wieder **atypische Konstellationen** auf, in denen das Verwaltungshandeln für sich genommen **rechtmäßig** ist, die **Folgewirkungen** indes zu einer **unzumutbaren Schädigung** Dritter führen. Der Versuch, die Risikoverteilung allein durch Kausalitätserwägungen zu steuern, muss letztlich scheitern. **1395**

Im Ausgangsfall hatte das Berufungsgericht die Klage abgewiesen, weil es die Schädigung des B **1396** nicht der Stadt S zurechnete, sondern ein »außerhalb der hoheitlichen Maßnahme liegendes selbständiges Ereignis« annahm.[7] Dies wäre nur unter Zugrundelegung der Theorie der unmittelbaren Verursachung[8] begründbar gewesen. Der BGH hat demgegenüber zu Recht angenommen, dass im Sinne seiner Rechtsprechung der Schaden auch *unmittelbar* auf das hoheitliche Handeln zurückzuführen sei.[9]

II. Tatbestandsmerkmale des Anspruchs aus enteignendem Eingriff

Als »Tatbestandsmerkmale« bleiben der **Eingriff** in das (Verfassungs-)**Eigentum** und **1397** das hierdurch auferlegte **Sonderopfer.**[10] Da das Sonderopfer aber regelmäßig in der Pflicht zur **Duldung** von **Einwirkungen** besteht, bedarf es einer Prüfung, woraus sich eine solche Pflicht ergibt. Der **Bundesgerichtshof** hat, sofern es an öffentlich-

---

6 Vgl. *B. Grzeszick,* in: Erichsen/Ehlers, AllgVerwR, § 45 Rn. 43.
7 Vgl. BGH, NJW 1980, S. 770.
8 Vgl. oben Rn. 1320.
9 So BGH, NJW 1980, S. 770.
10 Vgl. *F. Ossenbühl,* Staatshaftungsrecht, S. 276 f.; BGHZ 72, 289 (292).

rechtlichen Vorschriften fehlte, eine Bewertung am Maßstab des § 906 BGB vorgenommen.[11]

1398 Im Ausgangsfall vertrat der BGH die Auffassung, B könne die Zuführung der von der Mülldeponie ausgehenden Emissionen schon deshalb nicht verbieten, weil ein derartiges Verbot zu einer nicht vertretbaren Stilllegung des dem öffentlichen Interesse dienenden gemeinwichtigen Betriebs der Mülldeponie führen würde.[12]

1399 Aufgrund der in den vergangenen Jahrzehnten ständig gestiegenen Normendichte im Verfahrensrecht wird eine Duldungspflicht allein aufgrund öffentlichen Interesses allerdings zunehmend weniger anzuerkennen sein. Insofern dient der Anspruch aus enteignendem Eingriff nur noch der Schließung von **Entschädigungslücken** bei nicht beabsichtigten und nicht vorhersehbaren **Fern- und Nebenwirkungen** öffentlich-rechtlichen Handelns. Ein Abwehranspruch kommt in diesen Fällen entweder nicht in Betracht, weil es sich um ein »*fait accompli*« handelt oder weil die **Durchsetzung** eines **Abwehranspruchs** zu einem Ergebnis führen würde, das mit der Abwägung öffentlicher und privater Interessen schlechthin unvereinbar wäre.

1400 Im Ausgangsfall treffen *beide* Gesichtspunkte zu. Einerseits ist der Schaden bereits eingetreten, so dass es nur darauf ankommt, ob B ihn selbst zu tragen hat oder von der Stadt S Entschädigung verlangen kann. Für die Zukunft war andererseits die Frage zu stellen, ob B die von der Mülldeponie ausgehenden Einwirkungen unterbinden kann. Zutreffend hat der BGH hier die Interessenabwägung nach § 906 Abs. 2 BGB herangezogen, was freilich unter der Voraussetzung steht, dass die Zumutbarkeitsgrenze gegenüber Emissionen Privater und öffentlich-rechtlicher Emittenten gleich ist.[13]

III. Rechtsweg

1401 Der Anspruch aus enteignendem Eingriff ist vor den **ordentlichen Gerichten** geltend zu machen, weil es sich um einen **Aufopferungsanspruch** handelt (§ 40 Abs. 2 S. 1 VwGO).

IV. Rechtsprechung

1402 **BGHZ** 91, 20 (Entschädigungspflicht wegen enteignenden Eingriffs); **Z** 129, 124 (Fluglärmimmissionen); **Z** 133, 271 (wesentliche Beeinträchtigung; Opfergrenze); **Z** 140, 200 (Beschädigung eines denkmalgeschützten Gebäudes durch Straßenbauarbeiten); **BGH**, NJW 1980, S. 770 (Ernteausfall wegen Betriebs einer Mülldeponie); **BGH**, NJW 1999, S. 938 (Beschädigung eines denkmalgeschützten Gebäudes); **OLG Schleswig**, NVwZ-RR 2000, S. 752 (Enteignender Eingriff durch Fraßschäden nach Eindeichung).

V. Literatur

1403 *K. Boujong*, Enteignungsgleicher und enteignender Eingriff, UPR 1984, S. 137; *S. Detterbeck/K. Windthorst/H.-D. Sproll*, Staatshaftungsrecht, 2000; *M. Jaschinski*, Der Fortbestand des Anspruchs aus enteignendem Eingriff, 1997; *C. Külpmann*, Enteignende Eingriffe? – Das Entschädigungsinstitut des enteignenden Eingriffs und die neuere verfassungsrechtliche Dogmatik der Eigentumsgarantie, 2000;

---

11 So BGH, NJW 1980, S. 770.
12 So BGH, NJW 1980, S. 770.
13 Vgl. BGHZ 111, 63 (65 f.).

J. Lege, Der Rechtsweg bei Entschädigung für »enteignende« Wirkungen, NJW 1995, S. 2745; *H. Maurer*, Der enteignende Eingriff und die ausgleichspflichtige Inhaltsbestimmung des Eigentums, DVBl. 1991, S. 781; *F. Ossenbühl*, Staatshaftungsrecht, 5. Aufl. 1998; *L. Osterloh*, Eigentumsschutz, Sozialbindung und Enteignung bei der Nutzung von Boden und Umwelt, DVBl. 1991, S. 906; *H.-J. Papier*, Der enteignungsgleiche und enteignende Eingriff, Jura 1981, S. 65; *F. Schoch*, Die Haftungsinstitute des enteignungsgleichen und enteignenden Eingriffs im System des Staatshaftungsrechts, Jura 1989, S. 529.

Sachverzeichnis

Die Zahlen bezeichnen die Randnummern.